# 红色记忆

## 红军长征在藏族地区及其当代启示

黄维忠 格桑卓玛 王文长 主编

中国藏学出版社

# 本书编委会

主编：黄维忠　格桑卓玛　王文长

编委：沈红宇　邱熠华　张小敏　刘俊波

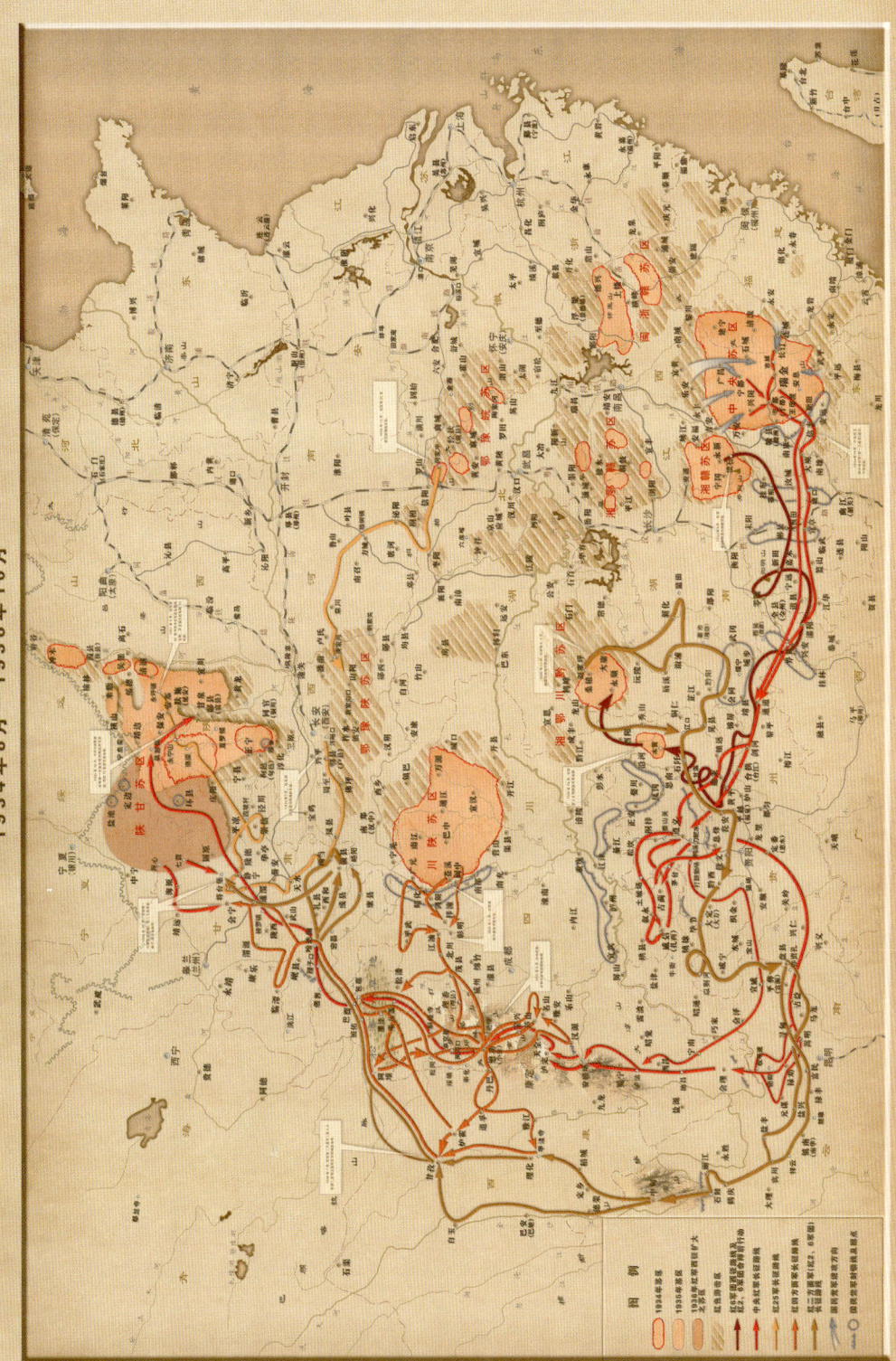

中国工农红军长征图
1934年8月—1936年10月

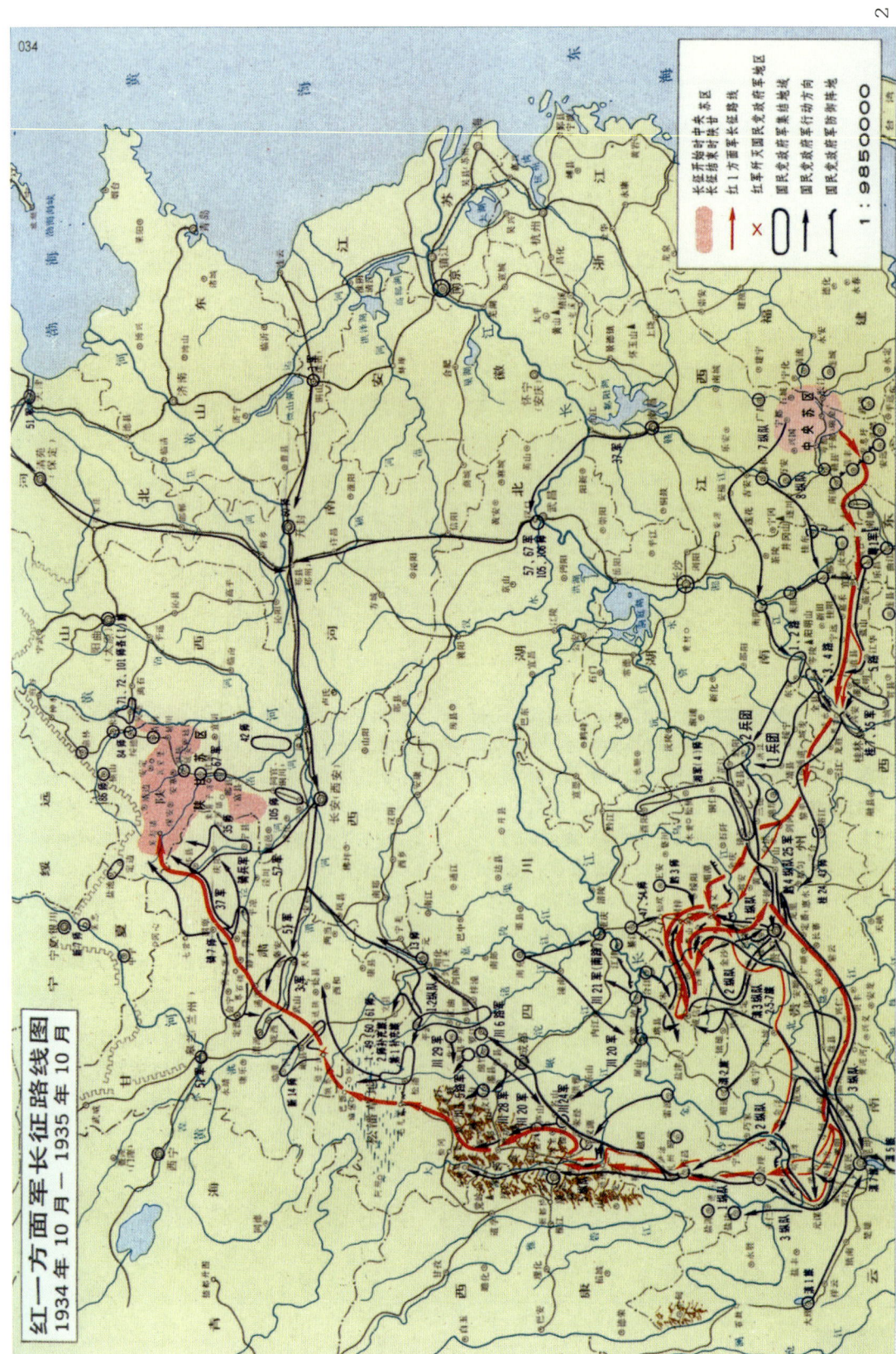

红一方面军长征路线图
1934年10月－1935年10月

红二方面军长征路线图
1935年11月19日—1936年10月22日

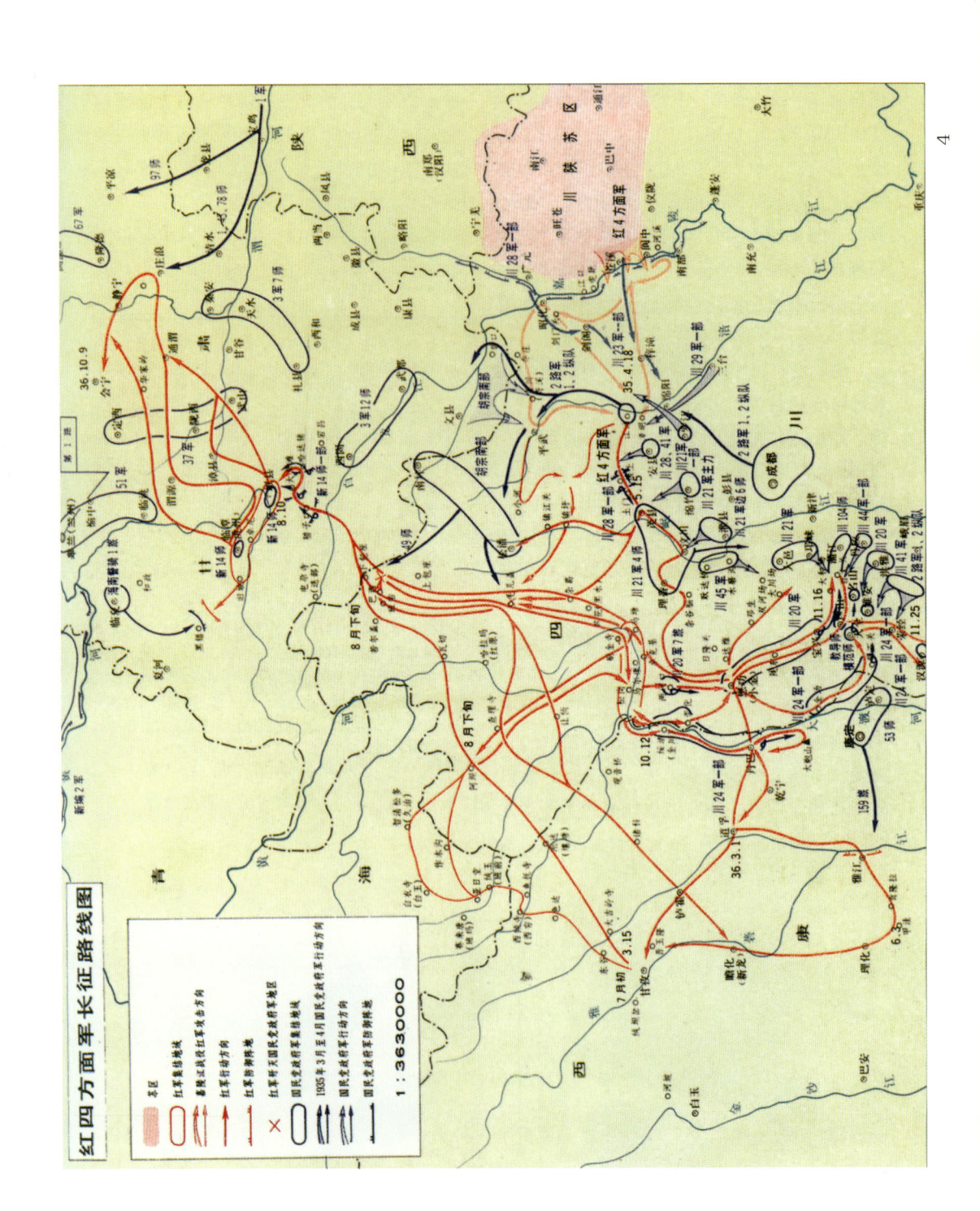

红四方面军长征路线图

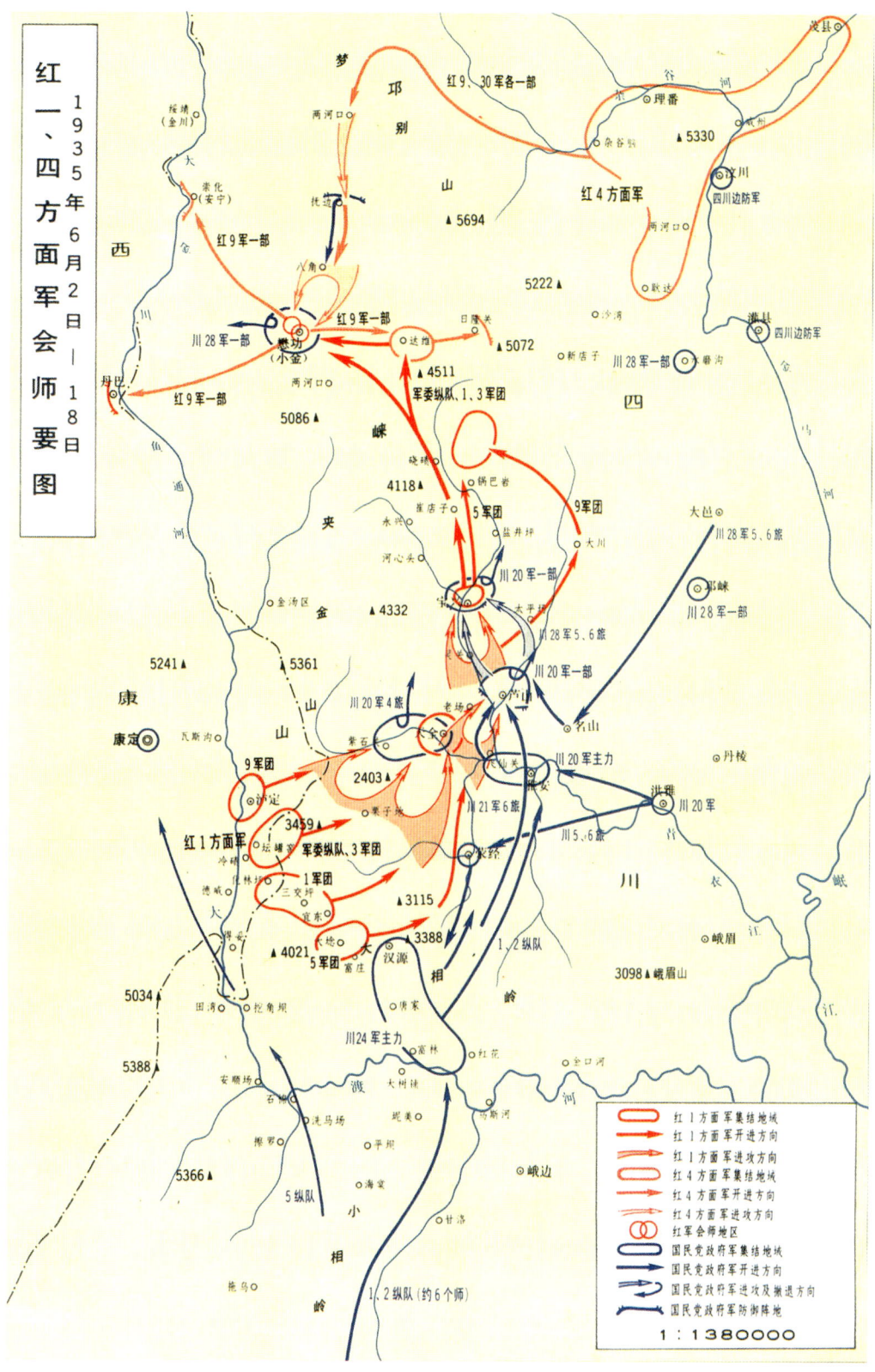

红一、四方面军会师要图（1935年6月2日—18日）

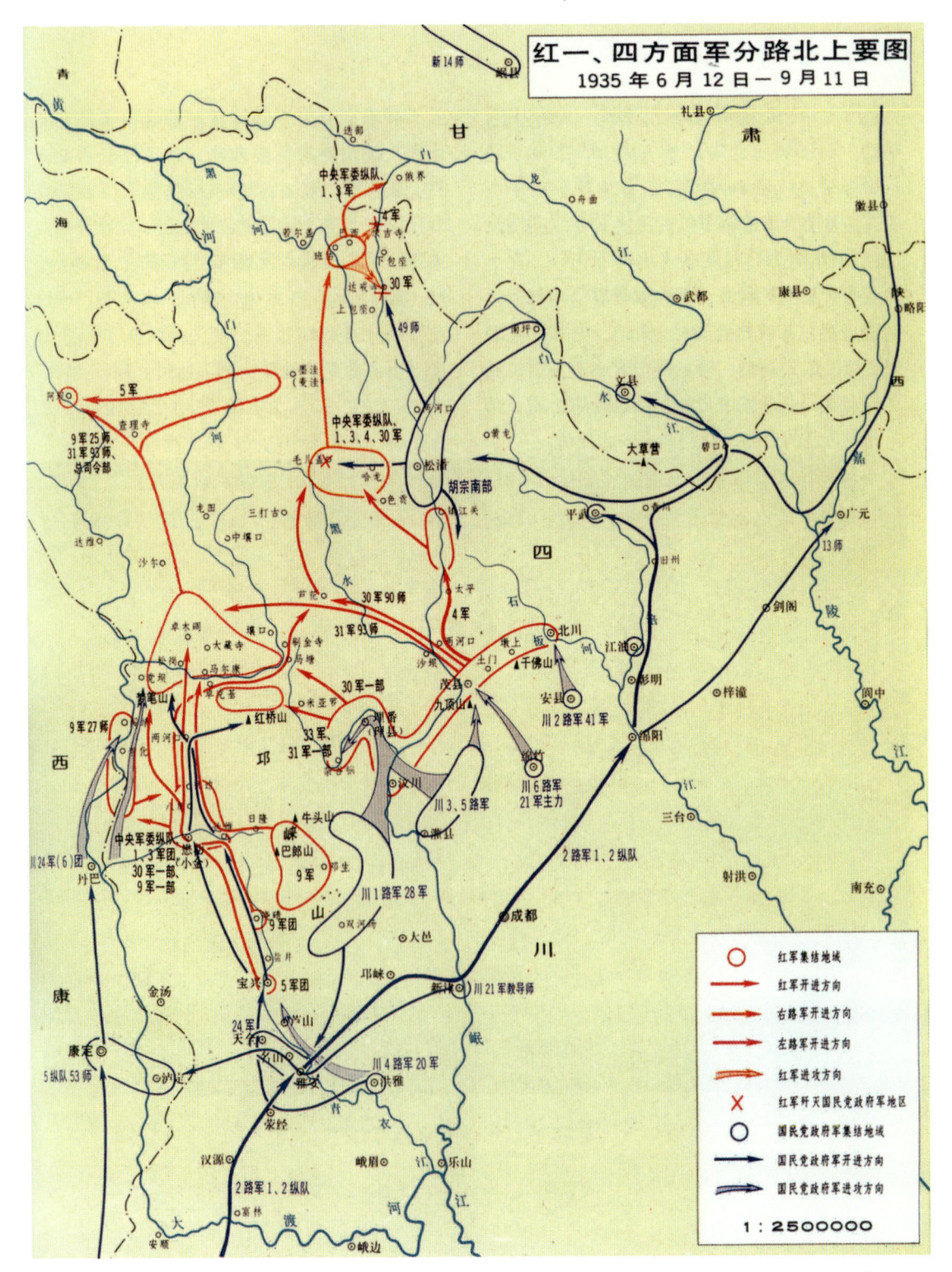

# 红一、四方面军分路北上要图
## 1935年6月12日—9月11日

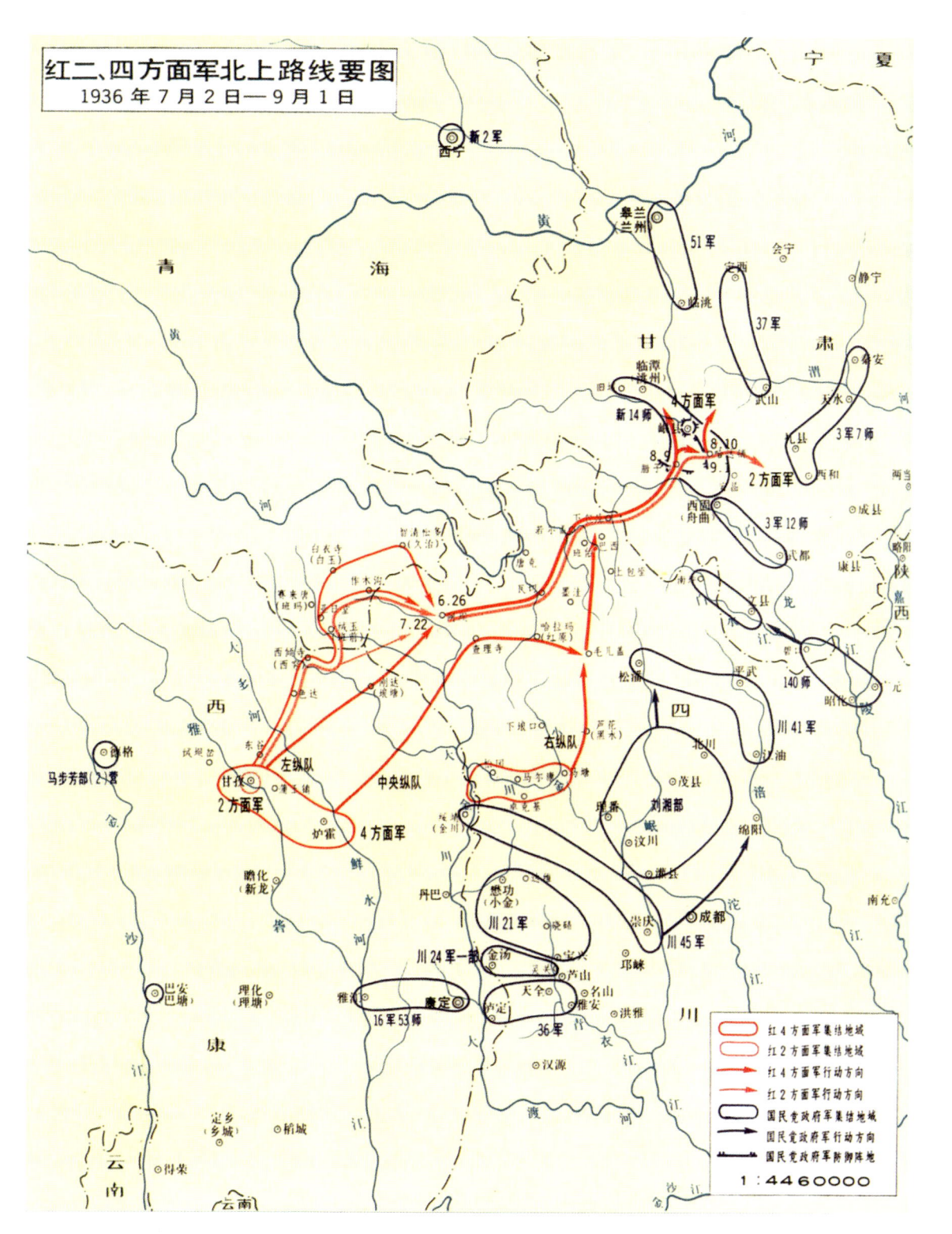

# 红二、四方面军北上路线要图
1936年7月2日—9月1日

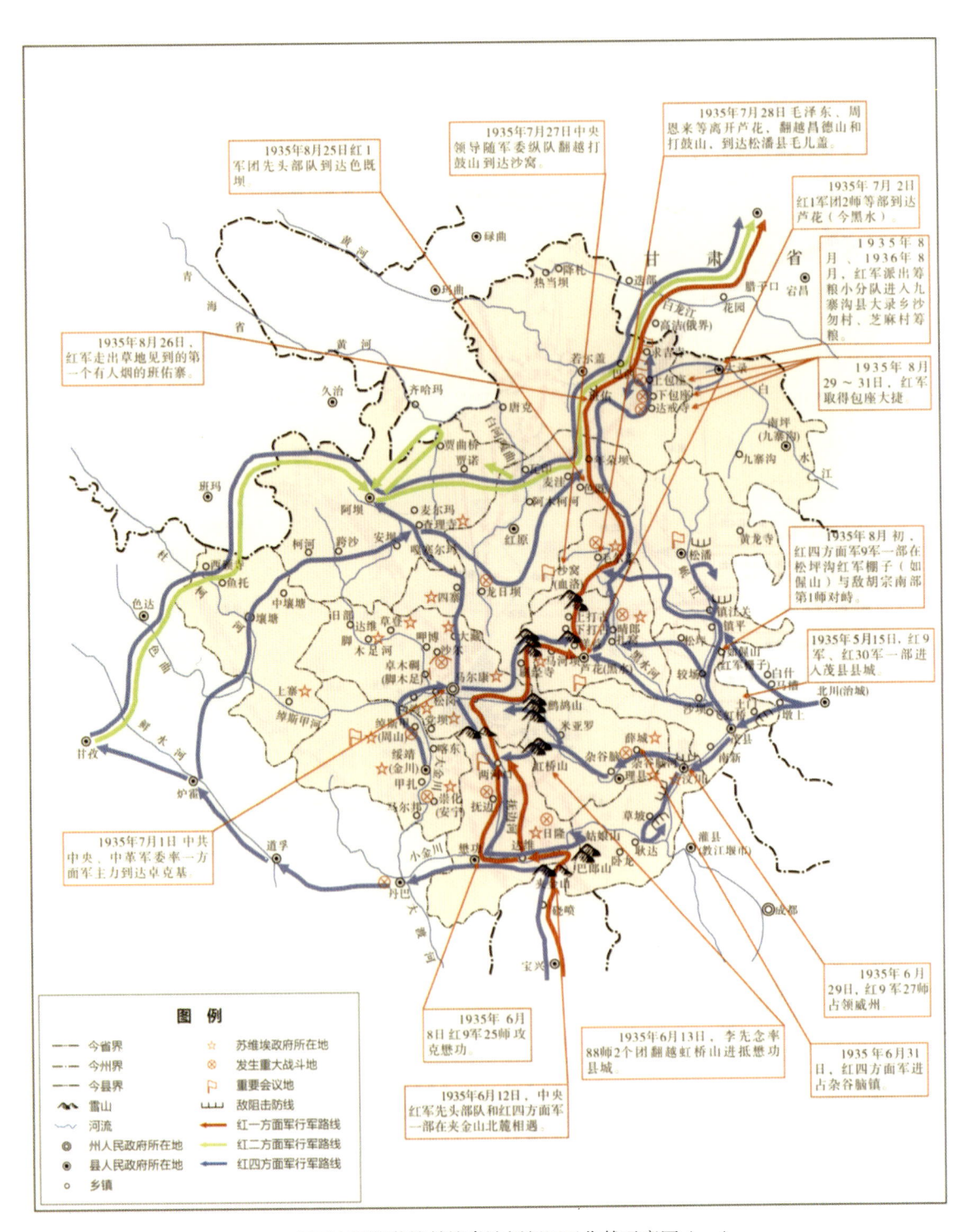

8. 红军在阿坝藏族羌族自治州行军及作战示意图（一）

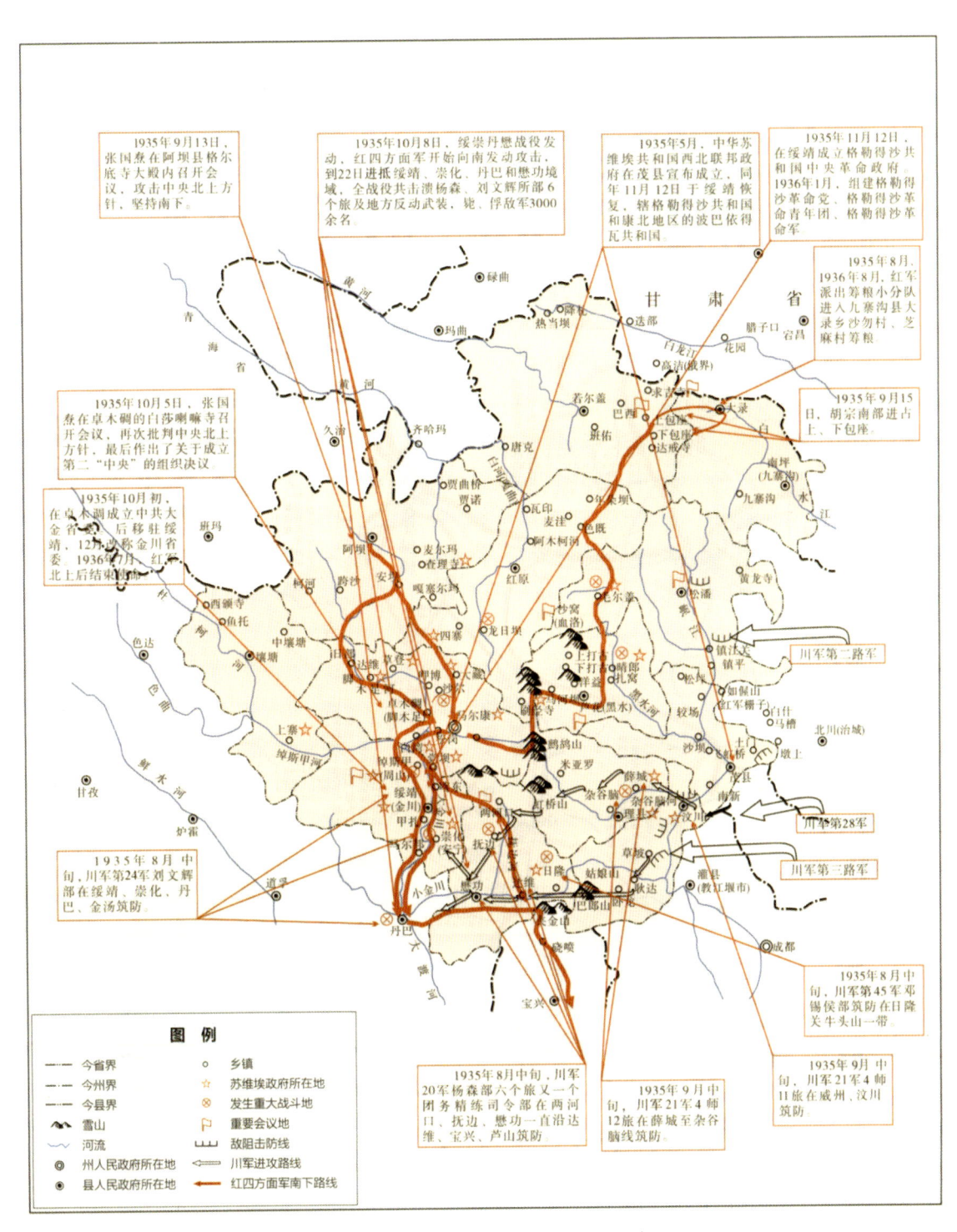

## 9. 红军在阿坝藏族羌族自治州行军及作战示意图（二）

**图中标注文字：**

- 1935年9月13日，张国焘在阿坝县格尔底寺大殿内召开会议，攻击中央北上方针，坚持南下。

- 1935年10月8日，绥崇丹懋战役发动，红四方面军开始向南发动攻击，到22日进抵绥靖、崇化、丹巴和懋功境域，全战役共击溃杨森、刘文辉所部6个旅及地方反动武装，毙、俘敌军3000余名。

- 1935年5月，中华苏维埃共和国西北联邦政府在茂县宣布成立，同年11月12日为绥靖恢复，辖格勒得沙共和国和康北地区的波巴依得瓦共和国。

- 1935年11月12日，在绥靖成立格勒得沙共和国中央革命政府。1936年1月，组建格勒得沙革命党、格勒得沙革命青年团、格勒得沙革命军。

- 1935年8月、1936年8月，红军派出筹粮小分队进入九寨沟县大录乡沙勿村、芝麻村等筹粮。

- 1935年10月5日，张国焘在卓木碉的白莎喇嘛寺召开会议，再次批判中央北上方针，最后作出了关于成立第二"中央"的组织决议。

- 1935年9月15日，胡宗南部进占上、下包座。

- 1935年10月初，在卓木碉成立中共大金省委，12月改称金川省委，1936年7月，红军北上后结束。

- 1935年8月中旬，川军第24军刘文辉部在绥靖、崇化、丹巴、金汤筑防。

- 1935年8月中旬，川军20军杨森部六个旅又一个团务精练司令部在两河口、抚边、懋功一直沿达维、宝兴、芦山筑防。

- 1935年9月中旬，川军21军4师6旅在薛城至杂谷脑筑防。

- 1935年9月中旬，川军21军4师11旅在威州、汶川筑防。

- 1935年8月中旬，川军第45军邓锡侯部筑防在日隆关牛头山一带。

- 川军第二路军
- 川军第28军
- 川军第三路军

**图例：**
- 今省界
- 今州界
- 今县界
- 雪山
- 河流
- 州人民政府所在地
- 县人民政府所在地
- 乡镇
- 苏维埃政府所在地
- 发生重大战斗地
- 重要会议地
- 敌阻击防线
- 川军进攻路线
- 红四方面军南下路线

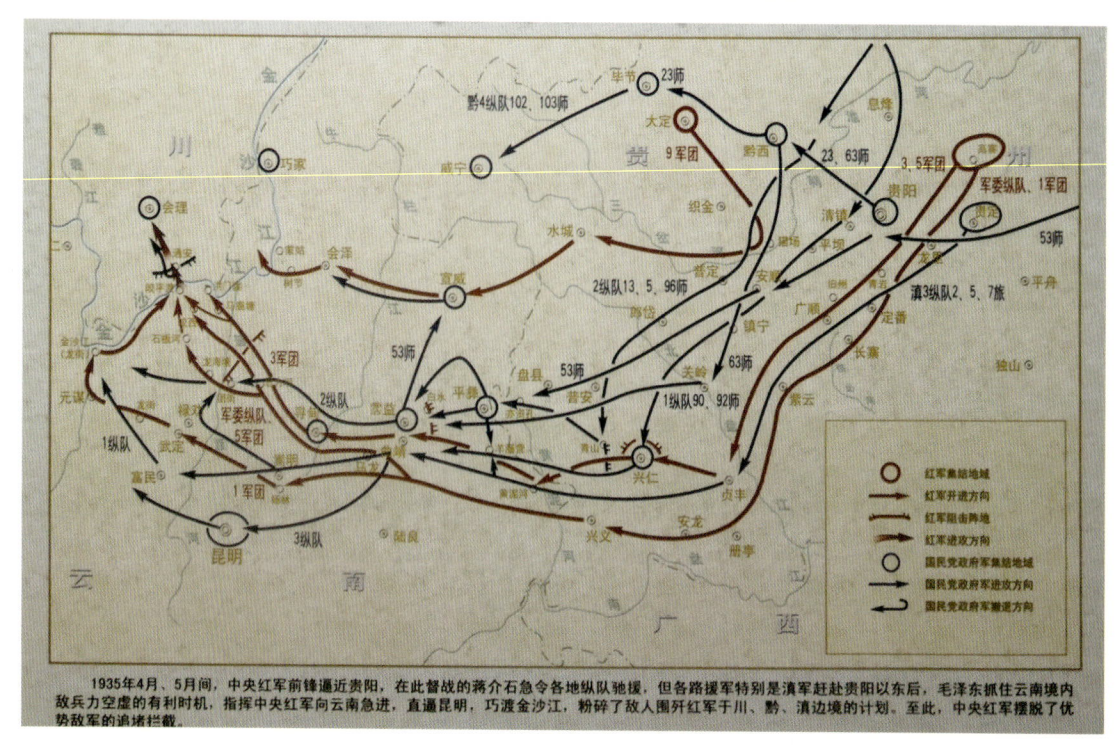

10. 西进云南与巧渡金沙江要图

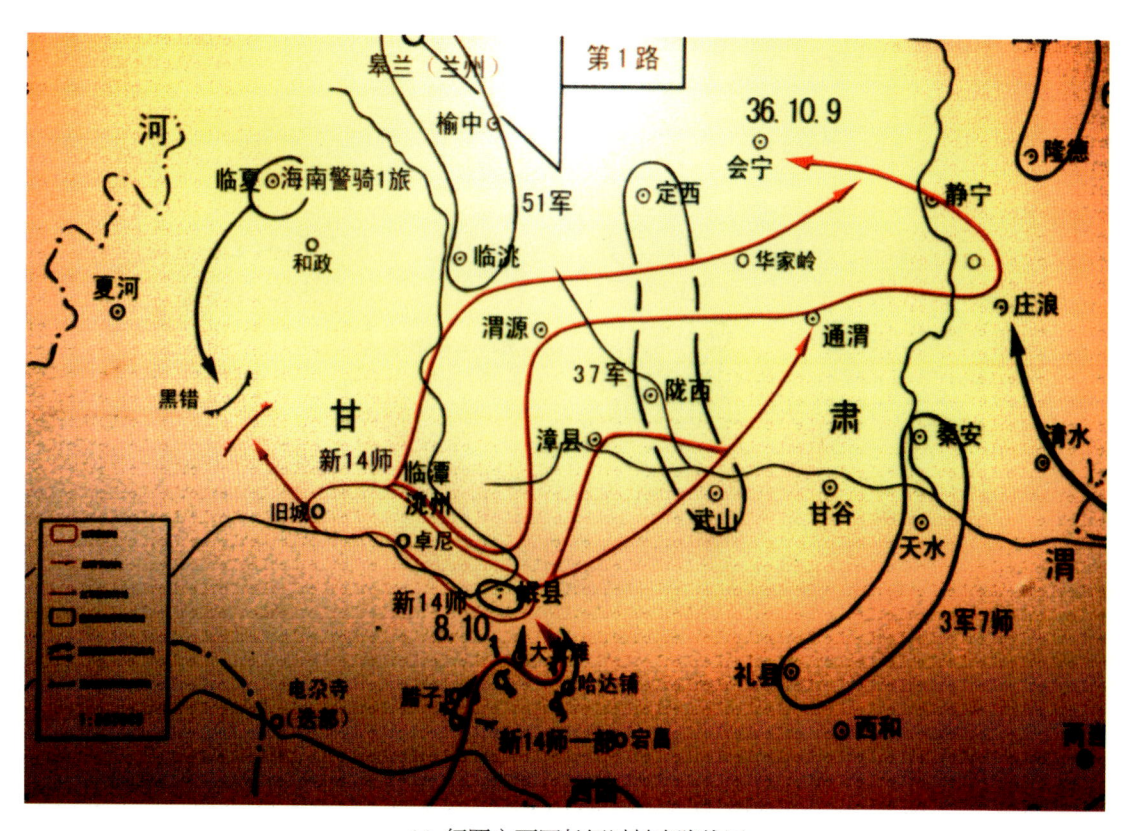

11. 红四方面军长征过甘肃路线图

12. 红军翻越的宝兴县硗碛乡泽根村夹金山垭口

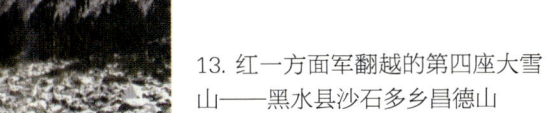

13. 红一方面军翻越的第四座大雪山——黑水县沙石多乡昌德山

14. 红军翻越的鹧鸪雪山（理县与马尔康市交界处）

15. 两河口会议会址

16. 芦花会议会址

17. 若尔盖县阿西茸乡牙弄村周恩来旧居及巴西会议会址

18. 沙窝会议会址

19. 卓克基政治局常委会议会址——卓克基官寨

20. 上左：索花寺毛尔盖会议会址

21. 上右：俄界会议旧址

22. 中左：中共中央西北局求吉寺会议会址

23. 下：中甸会议召开的场面

24. 阿坝县哇尔玛红军战斗遗址

25. 包座战役中达戒寺战斗遗址

26. 红四方面军与红六军团会师地甘孜县普玉隆村孜苏寺今貌

27. 黑水县瓦钵梁子红军战壕

28. 红二方面军第六军团政治部主任张子意的长征日记（部分）

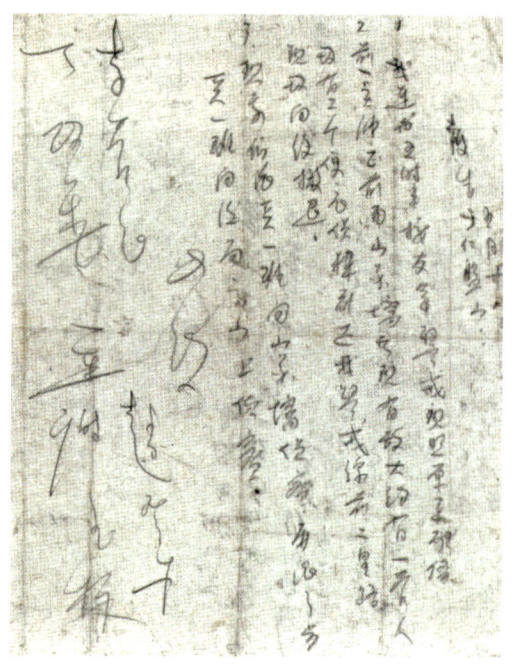

29. 红军某部夺取泸定桥前写的侦察报告

30. 红军在阿坝县攻克的柯河姊妹碉

31. 红六军团与红三十二军胜利会师地理塘县甲洼今貌

32. 红军长征强夺泸定桥时桥上的铁锁链

33. 包座战役求吉寺战斗遗址纪念碑

34. 小金达维会师桥

35. 小金县老营乡红军战斗、经过的猛固桥

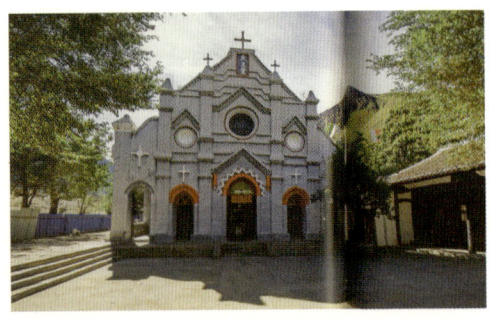

36. 小金县美兴镇天主教堂今貌，此为红一方面军和红四方面军会师庆祝大会召开地。

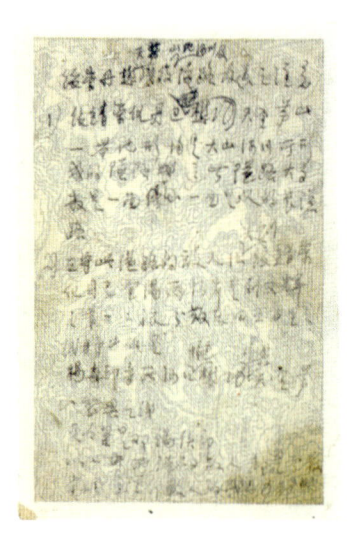

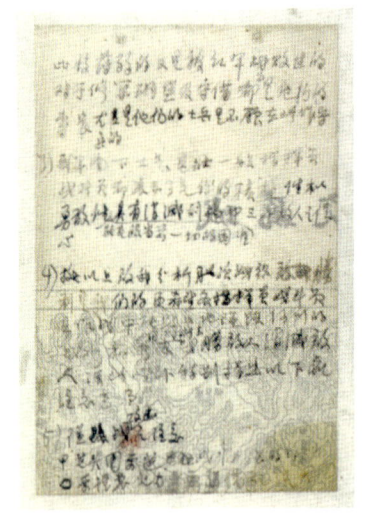

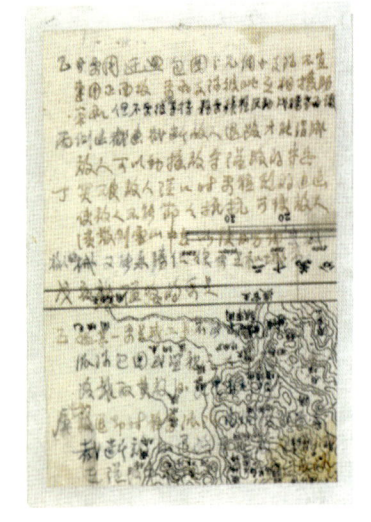

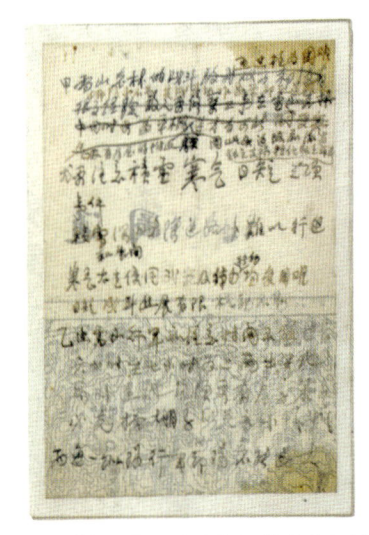

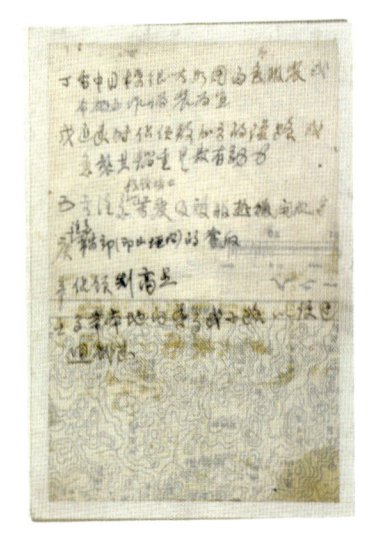

37. 朱德写的《绥（靖）崇（化）丹（巴）懋（功）天（全）芦（山）战役山地河川及隘路攻击之注意》手稿

38. 1936年7月，红六军团长征经过的今班玛县扎洛村，至今尚存碉堡旧址。

39. 1936年7月中旬，红六军团长征经过今班玛县之亚尔堂乡于木大沟。此沟被群众誉为"红军沟"。

40. 巴塘县党巴乡党巴村红军驻地旧址，1936年6月6日红二军团抵达巴塘党巴村。

41. 红二方面军总指挥部驻地旧址阿坝县茸安乡安坝

42. 白玉县建设镇红二军团驻地白玉寺旧址

43. 当年红军经过中甸时的红军桥

44. 稻城"红军桥"

45. 得荣县子庚乡岗曲河上的"红军桥"

46. 噶丹·松赞林寺（归化寺）

47. 红二、六军团在甘孜的驻地甘孜寺旧址

48. 红军渡江用的船只

49-50. 红军总司令朱德在泸定住地旧址

51. 金川县红军大学、红军独立师师部

52. 红六军团指挥部驻地旧址理塘县甲洼镇向阳寺

53. 金川县徐向前指挥部（红五军军部）旧址

54. 若尔盖县巴西乡的红军驻地班佑寺遗迹

55. 若尔盖县求吉乡求吉河上红一方面军经过的风雨桥遗址

56. 毛泽东在若尔盖县求吉乡甲吉村住地旧址

57-58. 乡城县香巴拉镇色尔宫村红六军团指挥部旧址及旧址内景

59. 小金县抚边乡党中央、中革军委领导人住地旧址

60. 小金县达维镇喇嘛寺毛泽东住地旧址

61. 新龙县沙堆乡红军经过的波日桥遗址

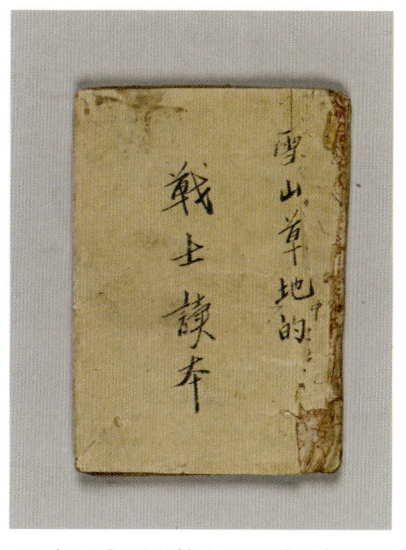

62. 红二方面军第六军团政治部在长征途中翻印的《雪山草地中的战士读本》

63.《雪山草地中的战士读本》内页

64. 红二、六军团在长征途中的宣传画

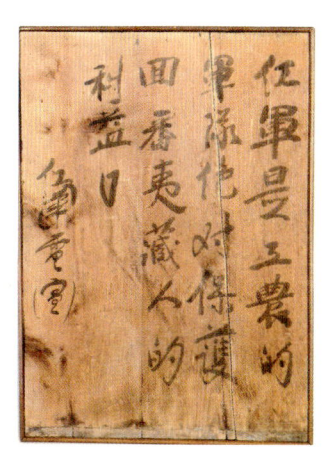

65. 红军在卓克基写的标语"红军是工农的军队绝对保护回番夷藏人的利益！"

66. 红军在甘肃甘南写的标语"回番汗（汉）民族一律平等"

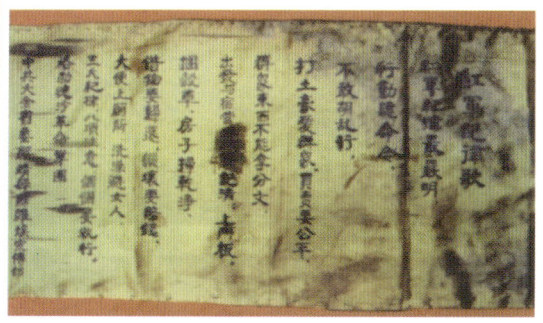

67. 红军在阿坝县时印发的《纪律歌》

68. 红军在黑水县留下的标语

69. 红军在壤塘县留下的标语

70. 红军在若尔盖县留下的藏文标语

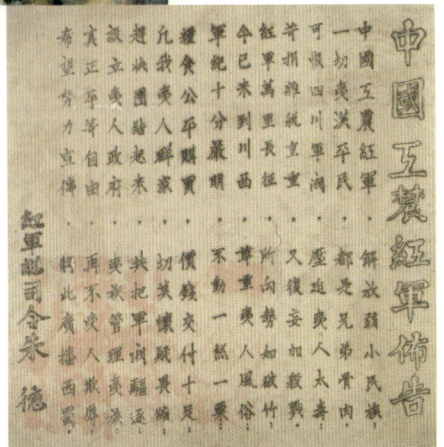

71. 红军在中甸留下的标语

72. 红军长征途中在四川为宣传民族政策发布的《中国工农红军布告》

73. 理县杂谷脑镇危关红军錾刻的标语"苏维埃政府是为回番民族谋利益的政府"

74. 马尔康市脚木足（旧称卓木碉）乡白莎村村民土地保坎石上的红军石刻标语

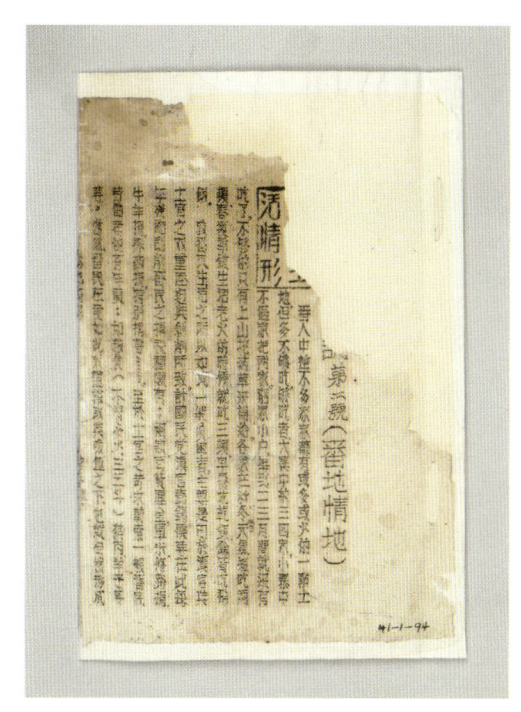

75. 红四方面军总政治部介绍川西北一带少数民族的社会情况及风俗习惯的《番地情形》册子

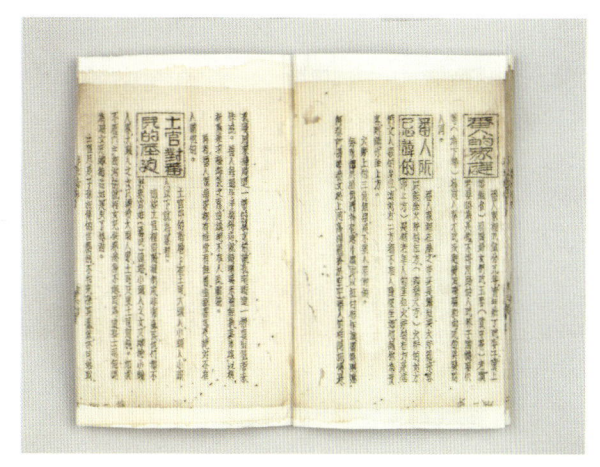

76.《番地情形》册子内页

77. 红四方面军总政治部印发的宣传红军宗旨的传单

78. 茂县土门乡三元桥之一福缘桥上的红军石刻标语

79. 茂县凤仪镇勒都村红军留下的《红军对番民十大约法》

80–81. 小金县抚边乡红军书写的标语

82. 乡城县香巴拉镇红六军团书写的标语

83. 波巴人民共和国中央政府印章

85. 甘孜县城甘孜镇孔撒土司官寨——波巴人民共和国中央政府驻地旧址

84. 格勒得沙中央政府

86. 金川县城勒乌镇（今金川镇）格勒得沙中央政府驻地旧址

87. 理县薛城苏维埃政府旧址

88. 茂县凤仪镇陕西街茂县苏维埃政府驻地旧址

89. 理县薛城镇的理番县革命政府驻地旧址

91. 泸定县岚安区苏维埃政府驻地旧址

90. 汶川县苏维埃主席曾大陛任职期间使用过的印章

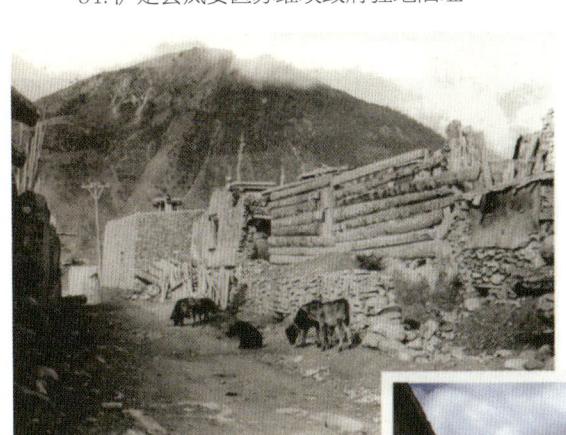

92. 道孚县波巴政府遗址

93. 道孚县波巴政府驻地今貌

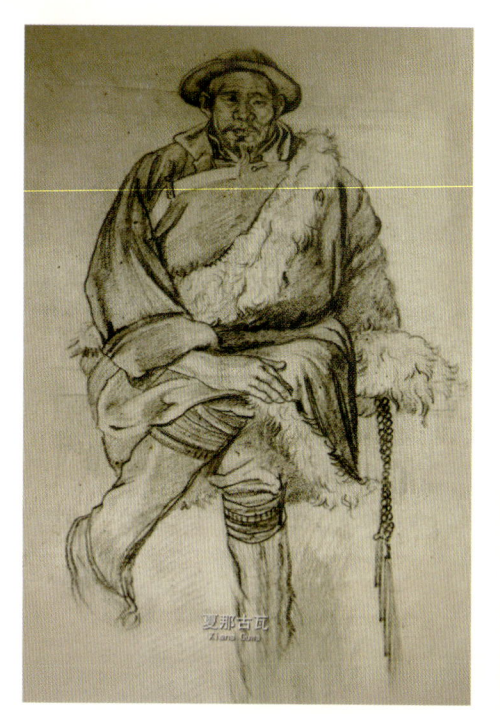

94. 噶丹·松赞林寺僧人夏拿古瓦画像

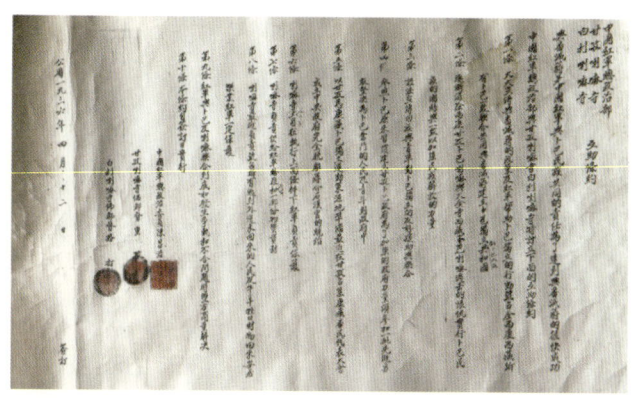

95. 红军与甘孜寺、白利寺签订的《互助条约》

96. 红军在黑水筹粮时付给藏族群众的布币

老红军留影

老红军徐洪顺　　老红军蒲海清

老红军李兴元　　老红军李绍清

97. 甘孜县的老红军

98. 红军在黑水县熬制土岩盐用过的工具

99. 红军长征途经川康地区时买粮用的银子

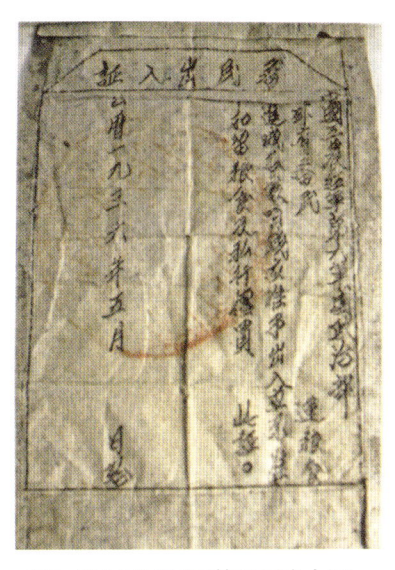

100. 红六军团开具的番民出入证

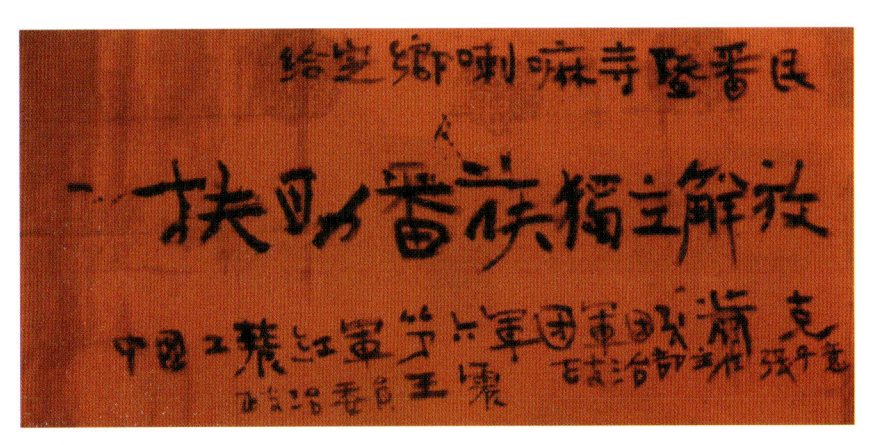

101. 红六军团为感谢桑披寺对红军的支援而赠送给乡城桑披寺的"扶助番族独立解放"锦幛

102. 红四方面军被服厂使用过的熨斗

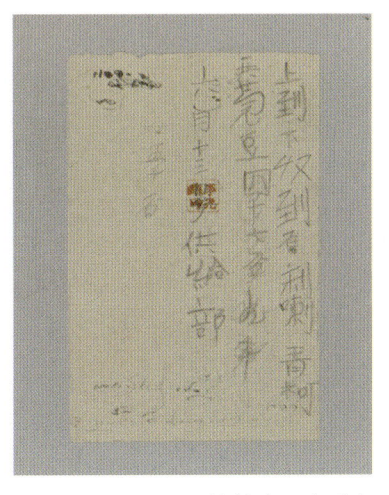

103. 红四方面军开给甘孜县白利寺喇嘛支援红军青稞豌豆的收据

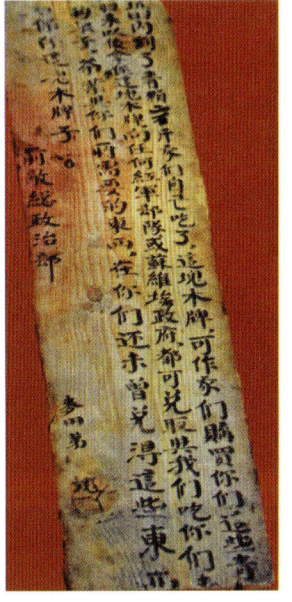

104. 松潘县毛尔盖发现的红军写在木板上的借据

105. 参加红军的藏族战士孟特尔、天宝、杨东生、扎喜旺徐、沙纳（从左至右）到达陕北后的合影

106. 乡城县桑披寺遗址

107. 一个藏族战士的恋歌

108. 贺龙向归化寺赠送的题为"兴盛番族"的红绸锦幛

109. 中甸僧众支援红军装粮食的牛皮口袋

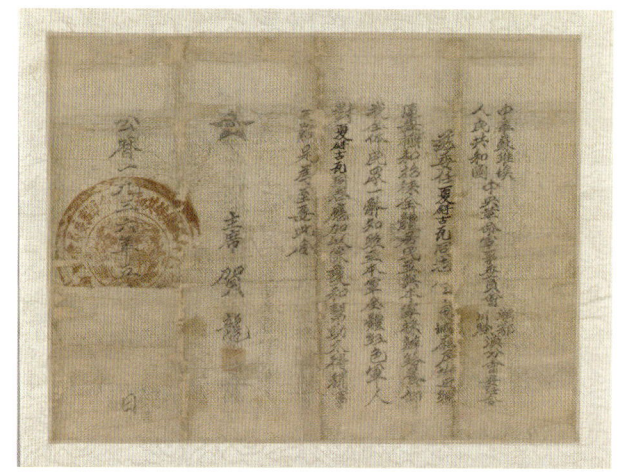

111. 卓尼土司杨积庆

110. 中央军委湘鄂川黔滇分会主席贺龙委任夏拿古瓦为红军采办给养的委任令

112. 甘孜县朱德总司令与五世格达活佛纪念馆塑像

113. 红军长征途经四川泸定时送给农民的毯子

114. 红军长征途经四川茂县大金乡打土豪分田地时分给群众的铜碗

115. 红军长征途经四川道孚时送给藏民的铜锅

116. 红四方面军长征途经四川茂县大金乡时送给游击队员的马刀

117. 红四方面军总医院第二分院离开四川炉霍时，将自制药品的药碾留在当地藏民鲁罗门因家。

118. 红五军团长征途经四川泸定岚安乡时送给群众的铜壶

119. 包座战役主战场遗址纪念碑

120. 迪庆红军长征博物馆

121. 甘孜县朱德总司令与五世格达活佛纪念馆内老红军王定国的题字

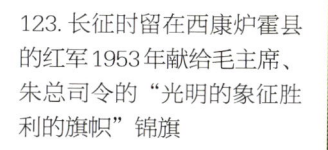

122. 甘孜县朱德总司令与五世格达活佛纪念馆

123. 长征时留在西康炉霍县的红军1953年献给毛主席、朱总司令的"光明的象征胜利的旗帜"锦旗

124. 马尔康红军长征博物馆

125. 壤塘县壤柯镇红军烈士墓

126. 卓尼土司杨积庆革命纪念馆

（图片提供）
图 1、23、43、46、108、120 由迪庆红军长征博物馆和冬梅馆长提供
图 2、3、4、5、6、7、38、39 选自《中国工农红军长征史料丛书·图片》；
图 13、17、18、19、20、26、31、35、36、40、41、42、44、45、47、49、50、52、55、56、57、58、59、60、61、68、69、80、81、82、96、100、101、104、106、125 选自《红军长征在四川图志》（上）；
图 8、9、12、14、22、24、25、27、30、33、34、54、67、73、74、78、79、83、85、86、87、88、89、90、91、92、93、95、98、119、122 选自《红军长征在四川图志》（下）；
图 10、48、64、71、94、102、107、109 摄自迪庆红军长征博物馆；
图 11 选自《永恒的红色记忆》；
图 14、15、16 选自《长征在阿坝现场解说》；
图 21 选自《雪域丰碑》；
图 28、29、32、37、62、63、65、66、72、77、103、105、110、113、114、115、116、118、127 选自《信念·精神·传承——纪念红军长征胜利 80 周年馆藏文物图集》；
图 51、84 选自《历史的定格》；
图 70 选自《阿坝州志之红军长征在阿坝》；
图 75、76、99、117、123 选自《从长征文物看红军对藏区的宣传》；
图 97、112、121 摄自朱德总司令与五世格达活佛纪念馆；
图 111、126 摄自卓尼土司杨积庆革命纪念馆；
其他未注明出处者系本书编著者所摄

127. 长征时期留在西康新龙县的红军 1953 年献给毛主席的"感谢英明伟大的领袖毛主席对我们的优待和关怀"锦旗

# 目　录

前言 / 1

## 第一章　红军长征经过藏区 / 5
　　第一节　红军长征概说 / 6
　　第二节　红军长征在藏区的基本情况 / 10
　　第三节　红军长征在藏区的主要活动 / 33

## 第二章　马克思主义民族理论在藏区的探索与实践 / 63
　　第一节　马克思主义的中国化历程 / 64
　　第二节　党的民族政策的演变 / 71
　　第三节　马克思主义民族理论在藏区的具体实践 / 85

## 第三章　藏族各界人士对红军长征胜利的贡献 / 147
　　第一节　藏族各界人士积极支援红军长征 / 148
　　第二节　协助红军克服长征中的军事困难 / 154
　　第三节　帮助红军解决长征中的生存困难 / 175
　　第四节　其他支援红军的活动 / 193

## 第四章　红军长征对藏区的深远影响 / 201
### 第一节　政治方面的影响 / 202
### 第二节　经济政策方面的影响 / 218
### 第三节　宗教政策方面的影响 / 224
### 第四节　民族关系方面的影响 / 228

## 第五章　红军长征对当代的启示 / 245
### 第一节　长征精神及其当代启示 / 246
### 第二节　马克思主义民族理论中国化及其当代启示 / 266

## 附　录 / 287
### 附录一　红军长征在藏区的历史档案 / 288
### 附录二　红军长征留下的标语与歌曲 / 394
### 附录三　长征亲历者（在藏区）的回忆和访谈文章 / 406
### 附录四　红军长征中的部分藏族人物 / 622
### 附录五　红军长征在藏区大事记 / 657
### 附录六　主要专用名词汉藏对照及简释 / 670

## 主要参考文献 / 675
## 后　记 / 681

# 前言

**红色记忆**
——红军长征在藏族地区及其当代启示

1934年10月至1936年10月,中国工农红军进行的长征是中国现代史上的重大事件,也是中国革命的伟大转折点,为人类谱写了千古不朽的壮丽史诗。

1934年10月10日,中共中央、中央军委率领中央红军主力和中央机关直属部队共8.6万余人从江西瑞金出发,向湘西转移,开始长征。在长江南北各苏区的红军主力,也相继离开原苏区,进行长征。

红一方面军从1934年10月10日由江西瑞金出发,至1935年10月19日到达陕甘苏区吴起镇,历时一年,途经江西、福建、广东、湖南、广西、贵州、云南、四川、甘肃、陕西、宁夏等11省,行程二万五千里。红二方面军(红二、六军团)从1935年11月19日由湖南桑植出发,突破澧水、沅江封锁线,经历乌江战斗、乌蒙山回旋战役、甘南战役等,至1936年10月22日到达甘肃会宁,历时11个月,途经湖南、贵州、云南、四川、西康①、青海、甘肃、陕西等8省,行程一万六千里。红四方面军从1935年5月由四川岷江地区出发,经历土门战役、绥崇丹懋战役、天芦名雅邛大战役等,至1936年10月9日到达甘肃会宁,与红一方面军会师,历时约18个月,途经四川、西康、青海、甘肃4省,行程八千余里。

1936年10月,红军第一、二、四方面军在甘肃会宁胜利会师,长征结束。因红一方面军行程为二万五千里,因此,长征又常被称作二万五千里长征。

红军长征过程中经过了壮、瑶、苗、土家、侗、布依、彝、白、纳西、傣、羌、藏、回等少数民族聚居或杂居的广西、湖南、贵州、云南、四川、西康、青海、甘肃、宁夏等省(区),这也是红军长征途中环境最艰苦、

---

① 西康:中国旧省名,所辖范围主要包括今四川省雅安市、甘孜藏族自治州、阿坝藏族羌族自治州、西藏自治区昌都市等。1955年撤销西康省,金沙江以东部分并入四川省,金沙江以西部分并入西藏自治区。

斗争最激烈、战斗最频繁的地区。红军长征行进在少数民族地区的时间超过了全程的1/3。据相关史料记载，红一方面军行进在少数民族地区的时间是125天，占整个长征时间的33.7%。红二方面军（二、六军团）在少数民族地区的行程是5669里，占全部行程的近1/3。红四方面军近4/5的长征时间是在少数民族地区度过的。这是中国共产党的革命队伍第一次频繁而广泛地接触少数民族。

长征期间，红军三大主力全部经过藏区，自1935年5月至1936年10月，红军一、二、四方面军经过今四川甘孜、阿坝，云南中甸，青海果洛，甘肃甘南、天祝等藏区。红军在藏区停留的时间最长，红军在两年时间里，有长达18个月的时间是在藏区渡过的，而且驻扎面积超过20万平方公里。红军在藏区召开的中央政治局会议最多，党中央在长征中召开的多次影响中国前途命运的重要会议，如两河口会议、芦花会议、沙窝会议、毛尔盖会议、巴西会议等都是在藏区举行的。尤其是党在藏区实现了三个转变：一是通过在藏区的长征，完成了战略思想的转变，确立了北上抗日的方针；二是通过马克思主义民族理论在藏区的初步实践，开始独立自主地制定民族政策；三是通过与张国焘分裂主义的斗争，确立了以毛泽东同志为核心的党的第一代中央领导集体。

长征期间，马克思主义民族理论在藏区得到初步实践，党不仅针对以藏族为代表的少数民族工作制定了一系列正确的方针、政策，而且在坚持联邦制原则、民族自决权原则、少数民族自己管理自己原则的前提下，领导建立了一批劳动苏维埃、工农苏维埃政府、人民革命政府等多种形式的民族政权组织形式。其中，1935年11月18日在今四川省阿坝藏族羌族自治州金川县成立的格勒得沙共和国是中国革命史上第一个省级少数民族革命政权。这些藏族政权根据当地社会发展状况，积极吸纳一批有进步思想的民族、宗教上层人士担任领导职务，参与政权建设。这是我党在民族地区开展统一战线工作的重大创新和

**红色记忆**
——红军长征在藏族地区及其当代启示

  有益探索，也使得马克思主义民族理论指导下的民族解放运动在当地得到了社会各界的拥护和支持。同时，这些实践也为新中国成立初期民族区域自治制度的顺利实施积累了重要的经验。1950—1957年间，藏族地区先后成立了10个州级自治政府和2个县级自治政府，经民主协商和会议讨论，选举产生了主要由当地藏族知名人士组成并担任主要领导职务的政府机构。1965年9月1日，西藏自治区正式成立。西藏自治区的成立，标志着人民民主政权在西藏的全面建立，标志着人民代表大会制度和民族区域自治制度在西藏的全面实行。

  长征期间，红军队伍从各级领导到普通士兵都身体力行、模范执行党的各项民族政策，由此赢得了各族人民的信任和拥护。藏区各阶层人士在政治、经济、军事等方面积极支持、援助红军，通过踊跃参军壮大革命武装力量，提供粮食物资给养，掩护救治伤病等多种方式，为红军顺利翻雪山、过草地、突破国民党军队的围追堵截，北上抗日，提供了重要的支持，为保存中国工农红军这颗革命的火种，为中国革命的胜利做出了极大的贡献！

  红军长征过藏区，充分体现了党和藏区各族群众的血肉联系，体现了人民军队和人民的鱼水关系，体现了各族人民的中华民族共同体意识，体现出祖国各民族人民"共同团结奋斗，共同繁荣发展"这一新时期民族工作主题的历史渊源。

  长征留给我们最可宝贵的精神财富，就是中国共产党人和红军将士用生命和热血铸就的伟大长征精神。长征精神对于中国的今天、美好未来，依然具有重大的现实意义。新近召开的党的十八届六中全会确立了中国共产党新的核心——以习近平总同志为核心的党中央，这是我国在新长征路上迈出的重要一步，必将促使长征精神在未来持续发扬光大，为实现中华民族伟大复兴的中国梦提供源源不断的精神动力。

# 第一章
# 红军长征经过藏区

1934年10月至1936年10月，中国工农红军进行的长征是中国现代史上的重大事件，也是中国革命的伟大转折点，为人类谱写了千古不朽的壮丽史诗。1934年10月10日，中共中央、中央军委率领中央红军主力和中央机关直属部队共8.6万余人从江西瑞金出发，向湘西转移，开始长征。

长征期间，红军三大主力全部经过藏区，自1935年5月至1936年10月，红军一、二、四方面军经过今四川甘孜、阿坝，云南中甸，青海果洛，甘肃甘南、天祝等藏区。红军在藏区停留的时间最长，红军在两年时间里，有长达18个月的时间是在藏区渡过的，而且驻扎面积超过20万平方公里。红军在藏区召开的中央政治局会议最多，党中央在长征中召开的多次影响中国前途命运的重要会议，如两河口会议、芦花会议、沙窝会议、毛尔盖会议、巴西会议等都是在藏区举行的。

## 第一节　红军长征概说

　　红军长征是中国革命史上的重大历史事件，是人类精神和意志的伟大远征，是中国共产党、中国工农红军和中华民族的骄傲。毛泽东同志指出："长征是历史纪录上的第一次，长征是宣言书，长征是宣传队，长征是播种机""长征一完结，新局面就开始。"①

　　1927年大革命失败后，国民党反动派对中国共产党和革命的人民群众进行血腥屠杀和残酷镇压。为了反抗国民党的血腥统治，挽救革命，中国共产党于8月1日发动著名的南昌起义，打响了武装反抗国民党反动统治的第一枪；8月7日，中共中央在汉口召开紧急会议，纠正了陈独秀右倾机会主义错误，确定了实行土地革命和武装斗争的总方针。在这一方针的指导下，中国共产党在全国范围内组织和领导了湘赣边界秋收起义、广州起义等近百次不同规模的武装起义，先后建立了数十支红军和游击队，开展游击战争，开辟革命根据地，在根据地内普遍开展土地革命，建立各级政权。土地革命的烈火在广大地区燃烧起来。

　　为了消灭蓬勃发展的红军和革命根据地，蒋介石从1930年12月起接连发动了4次大规模军事"围剿"，但均告失败。1931年"九·一八"事变后，面对日本帝国主义强占我东北三省、加速侵华的危急局势，以蒋介石为首的国民党政府推行"攘外必先安内"的政策，继续集中

---

① 毛泽东：《论反对日本帝国主义的策略》，《毛泽东选集》（第一卷），人民出版社，1991年，第149—150页。

力量大规模"围剿"革命根据地,企图消灭中国共产党及其领导的工农红军。

在第四次"围剿"被红军打破后,1933年9月,蒋介石集中100万兵力、200多架飞机,对各个革命根据地发动第五次"围剿"。这次"围剿"的重点是中央苏区。蒋介石集中50万兵力,并把驻赣、粤、闽、湘、鄂各省部队,分编为北路、南路、西路军,再加上第十九路军,集中"围剿"中央革命根据地,以及与之相邻近的湘赣、湘鄂赣、闽浙赣等革命根据地。[1]

面对严峻形势,以王明为代表的"左"倾教条主义领导人,否定前四次反"围剿"胜利的诱敌深入、集中兵力、运动歼敌等作战原则,采取军事冒险主义的进攻方针,命令中央红军主力在江西、福建分兵作战。在这种错误方针指导下,中央红军陷入被动。

1934年7月,国民党军队开始向中央苏区发起全面进攻。中共中央、中央革命军事委员会(简称中革军委,又称中央军委)为了减轻中央苏区的压力,以中国工农红军第七军团组成北上抗日先遣队,到闽浙皖赣边地区,开展抗日民主活动,发动游击战争,创立新的根据地。7月初,北上抗日先遣队由江西瑞金出发,转战闽东、闽北、浙西和皖赣边,宣传了抗日主张,扩大了中国共产党和工农红军的政治影响,但未能达到大量调动国民党军队,减轻中央苏区压力的目的。7月23日,中共中央、中革军委又命令在湘赣苏区坚持斗争6年的红六军团撤离苏区,西征到湖南中部开展游击战争,并与同在湘西活动的红二军团取得联系,配合中央红军的战略行动。[2]

7月以后,反"围剿"斗争的形势进一步恶化。10月上旬,国民党军队重兵集团加紧向中央苏区推进。博古等人未经中央政治局讨论,

---

[1] 中共中央党史研究室第一研究部编著:《红军长征史》,中共党史出版社,2016年,第1—2页。
[2] 中共中央党史研究室第一研究部编著:《红军长征史》,中共党史出版社,2016年,第26页。

即决定放弃中央苏区,向湘西转移。

1934年10月10日,中共中央、中央军委率领中央红军主力和中央机关直属部队共8.6万余人从江西瑞金出发,向湘西转移,开始长征。在长江南北各苏区的红军主力,也相继离开原苏区,开始长征。11月16日,中共鄂豫皖省委根据中央指示,率领红二十五军主力共2900余人,退出鄂豫皖苏区,向平汉铁路以西转移,开始长征。1935年5月,川陕苏区的红四方面军在嘉陵江战役后,继续西进,攻占茂县、理番(今阿坝藏族羌族自治州理县)等地,并以一部兵力占领懋功(今阿坝州小金县),策应中央红军北上。11月19日,中共湘鄂川黔省委和军委分会率领红二、六军团由湖南桑植出发,开始长征。

中央红军(红一方面军)从江西瑞金出发—渡过于都河—挺进湘西—冲破四道封锁线—改向贵州—渡过乌江—夺取遵义—四渡赤水—巧渡金沙江—强渡大渡河,飞夺泸定桥—翻雪山—过草地—到达陕北吴起镇—甘肃会宁。

红一方面军从1934年10月10日由江西瑞金出发,至1935年10月19日到达陕甘苏区吴起镇,历时一年,途经江西、福建、广东、湖南、广西、贵州、云南、四川、甘肃、陕西、宁夏等11省,行程二万五千里。

红二方面军(红二、六军团)从1935年11月19日由湖南桑植出发,突破澧水、沅江封锁线,经历乌江战斗、乌蒙山回旋战役、甘南战役等,至1936年10月22日到达甘肃会宁,历时11个月,途经湖南、贵州、云南、四川、西康、青海、甘肃、陕西等8省,行程一万六千里。

红四方面军从1935年5月由四川岷江地区出发,经历土门战役、绥崇丹懋战役、天芦名雅邛大战役等,至1936年10月9日到达甘肃会宁,与红一方面军会师,历时约18个月,途经四川、西康、青海、甘肃4省,行程八千余里。

红二十五军从1934年11月16日由河南省罗山县何家冲出发,经历独树镇战斗、庚家河战斗、袁家沟口战斗、四坡村战斗等,至1935

年9月15日在陕北苏区延川县永平镇，与陕甘红军胜利会师，历时10个月，途经河南、湖北、甘肃、陕西4省，行程近万余里。

1936年10月，红军第一、二、四方面军在甘肃会宁胜利会师，长征结束。

在1934年10月至1936年10月的两年时间里，各路红军以百折不挠的革命精神和所向无敌的英雄气概，翻越了陡峭险峻甚至终年积雪的座座高山，跨过了激流汹涌、难以渡过的条条江河，穿过了沼泽遍布、神秘莫测的茫茫草地，冲出了国民党数十万军队一层又一层、一次又一次的围追堵截；他们顶寒风，冒雨雪，忍饥挨饿，遭冷受冻，甚至吃草根、咽树皮，经受了难以想象的千辛万苦，终于赢得了长征的胜利。这是中国共产党及其领导的工农红军创造的人间奇迹，是中华民族一部惊天动地的英雄史诗，是中国革命史上一座不朽的历史丰碑。[①]

红军长征的胜利，使中国共产党和工农红军度过了自第五次反"围剿"失败以来最危险、最艰难的时期，"实现了中国共产党和中国革命事业从挫折走向胜利的伟大转折，开启了中国共产党为实现民族独立、人民解放而斗争的新的伟大进军"[②]。

---

① 中共中央党史研究室第一研究部编著：《红军长征史》，中共党史出版社，2016年，第4—5页。
② 习近平：《在纪念红军长征胜利80周年大会上的讲话》（2016年10月21日），人民出版社，2016年，第2页。

**红色记忆**
——红军长征在藏族地区及其当代启示

## 第二节　红军长征在藏区的基本情况

红军长征所经过的地方，大多是少数民族居住比较集中的地区。这些区域地形复杂，边远偏僻，敌人的力量相对薄弱，回旋余地较大。1934年10月至1936年10月，中国工农红军经过赣、湘、桂、黔、滇、川、康、甘、宁、青等省，途经苗、瑶、壮、侗、土家、回、彝、白、纳西、藏、羌、蒙古、裕固等少数民族聚居和杂居地区，与各少数民族进行了广泛而密切的接触。据相关史料记载，红一方面军（仅统计红一军团）行进在少数民族地区125天，占长征时间的1/3，红二方面军（红二、六军团）行进在少数民族地区5669里，占全部行程近1/3，红四方面军近4/5的时间是在少数民族地区度过的。①

长征期间，红军在藏族地区停留的时间最长。自1935年5月至1936年10月，红军经过四川甘孜、阿坝，云南中甸（今迪庆藏族自治州香格里拉市），青海果洛，甘肃甘南、天祝（今甘肃省天祝藏族自治县）等藏区。换言之，红军长征两年时间里，长达18个月的时间是在川滇甘青等藏区，驻扎面积超过20万平方公里。而且，党中央在长征中召开的多次影响中国前途命运的重要会议，如两河口会议、芦花会议、沙窝会议、毛尔盖会议、巴西会议等都是在藏区举行的，著名的"飞夺泸定桥""过雪山草地""勇克包座"等也都发生在藏区。红军长

---

① 林华明：《红军长征与民族工作》，《党史通讯》1986年第9期，第14页。

征期间，当地各族民众在政治、经济、军事等方面积极支持、援助红军，通过踊跃参军壮大革命武装力量，提供粮食物资给养，掩护救治伤病等多种方式，为红军长征取得胜利作出了重大贡献。

## 一、红军长征在四川藏区①

1935年5月至1936年8月，中国工农红军第一、二、四方面军三大主力长征相继经过四川藏区。在16个月的时间里，红军在四川藏区的马尔康、若尔盖、小金、红原、松潘、茂县、康定、泸定、丹巴等地经过和停驻。在此期间，党确立了建立最广泛抗日民族统一战线的策略，结合民族地区的实际，由长征前发动少数民族群众开展反对土司、王公的阶级斗争转向与少数民族上层人士建立民族统一战线，开展广泛的统战工作。长征期间，在四川藏区卓有成效地实践了民族平等、宗教信仰自由、尊重民族语言文字和风俗习惯、团结上层人士等政策，建立红色政权和革命武装，建立格勒得沙政府及波巴政府。

### （一）红一方面军及红一、四方面军懋功会师后的行程

1935年6月，红一方面军在毛泽东、周恩来、朱德等同志领导下，开始翻越夹金山，进入懋功境内，并与红四方面军李先念所部会师。6月12日，中央红军先头部队红一军团第二师第四团翻过终年积雪、人迹罕至的夹金山，到达四川懋功县城东南的达维镇，在达维的木城沟与红四方面军先头部队第九军第二十五师第七十四团会师。6月17日，中共中央和中央军委到达达维，18日到达懋功，与红四方面军胜利会

---

① 参见中共四川省委党史研究室编：《红军长征在四川图志》（下），成都：四川人民出版社，2016年；天浩然：《长征时期马克思主义在四川藏区的传播研究》，西南民族大学硕士学位论文，2013年。其中，红军长征在阿坝州、甘孜州各地的行军路线及里程均引自《红军长征在四川图志》（下）相关内容。

师。① 懋功会师使中央红军和红四方面军指战员备受鼓舞。会师时，中央红军约2万人，四方面军约8万人。中央红军于会师后改称第一方面军。

6月21日，总政治部在懋功县城天主教堂召开了两军驻懋功团以上干部同乐会。毛泽东在驻地接见红四方面军在懋功的高级干部，分析当前形势，提出了会师后的方针和任务。②

红一方面军和红四方面军两大主力军在懋功胜利会师，粉碎了蒋介石各个消灭红军的计划，壮大了红军的力量，为开创红军和革命发展的新局面创造了有利的条件。

两大主力会师不久，部队陆续北进，于6月下旬开始从懋功出发，经抚边、两河口（今小金县两河口）等地翻越梦笔山，分驻卓克基、马塘、梭磨、马尔康、松岗等地。红一、三军团与中央机关于7月上旬继续向黑水前进，经刷经寺翻长板山（又名亚克夏山、马塘梁子）、打古山（又名塔鲁岗、拖罗岗）后，到达沙窝（今阿坝州松潘县血洛寨），7月下旬进驻毛尔盖（今阿坝州松潘县毛尔盖）和黑水及松潘县城西南部地区。

8月上旬红一、四方面军合编后分左右两路北上。右路军由党中央、前敌总指挥部率领，辖一、三、四、三十军及军委纵队、红军大学，分别于黑水、茂县西北部，向松潘、毛尔盖附近地带集中，8月18日开始陆续穿越草地，8月24日后，部队进抵班佑、巴西（今阿坝州若尔盖县巴西乡）地区。左路军由红军总司令部率领，辖五、九、三十一、三十二、三十三军及军委纵队一部，从理番、四土（今阿坝州马尔康市属梭磨乡、卓克基镇、松岗镇、党坝乡）北进，8月下旬进抵阿坝地区。由于张国焘一再坚持令四方面军南下并已有所行动，党

---

① 中共中央党史研究室第一研究部编著：《红军长征史》，中共党史出版社，2016年，第179、第184页。
② 田利军：《1930年代中期川西北及康北红色政权研究》，《四川师范大学学报》（社会科学版），2011年第4期。

中央于9月10日凌晨率一方面军离开巴西,次日到达俄界(今甘肃省甘南州迭部县达拉乡),走出川西北雪山草地,继续北上。

## (二)红四方面军行动路线

1935年5月中旬,红四方面军在张国焘、徐向前、陈昌浩等率领下为策应中央红军,突破土门封锁线后进占茂县及松潘南部地区。随即北袭松潘、西进黑水,主力南下控制了汶川、理番大部地区。6月上旬,李先念率三十军、九军各一部,翻虹桥山进占两河口、懋功县城(今阿坝州小金县城美兴镇)、达维等地。实现两大主力红军会师后,于6月中旬派部队进占崇化(今阿坝州金川县安宁)和丹巴(今甘孜州丹巴县),后与一方面军陆续北上。四方面军主力于7月中旬开始从岷江东部逐步收缩阵地,向理番、四土、茂县西北部及松潘西南地区转移,后分别编入左、右路军北上。

中共中央率一方面军北出甘南后,9月中旬四方面军主力奉张国焘之令南下。左路军经查理寺折返四大坝、草登、安坝等地。右路军中的四军、三十军亦经毛尔盖、黑水地区,陆续于10月初到达脚木足、松岗、马尔康、卓克基、梭磨一带。10月8日开始分左右两纵队向南进攻。相继攻占观音桥、党坝、绰斯甲(今阿坝州金川县周山)、绥靖(今阿坝州金川县城关)、崇化、丹巴县城,再挥师东进攻占懋功,到10月下旬控制了靖化、丹巴、懋功大部境域。接着翻越夹金山向南,于11月上旬占领宝兴、芦山、天全等地。南下失败后1936年2月中旬起,再北越夹金山进懋功,经丹巴翻党岭山向康北(今甘孜州北部地区)转进。部分仍留在懋功、靖化、丹巴地区活动。

## (三)红二、四方面军联合北上路线

1936年6月,红二方面军在任弼时、贺龙等领导下,在甘孜与红四方面军会师后,分左、中、右三路联合北上。由徐向前率领中纵队,于6月中旬从炉霍出发进入杜柯河地区（今阿坝州壤塘县杜柯），进占壤塘（今阿坝州壤塘县）等地，7月初进入今阿坝县境内，经查理寺，于8月初抵包座地区。右纵队在董振堂率领下于7月初从丹巴、绥靖地区北上，经今马尔康县境进入黑水，再经毛尔盖，于8月上旬到达包座地区。左纵队于7月初从甘孜、东谷等地出发到西倾寺（今阿坝州壤塘县西穷）、青海班玛，7月底先行进占包座。到8月初，两方面军共同越过茫茫草地，集结于包座、巴西、求吉寺地区，并于8月5日后相继向甘南挺进。8月中旬陆续走出川西北，进入甘肃境内。10月，与红一方面军在甘肃会宁胜利会师。

## （四）红军长征在阿坝藏族羌族自治州的行军路线及里程

### 1. 红军在茂县的行军路线及里程

（1）土门战役334里：一路经大垭口（茂县、安县交界点）—佛字顶（4里）—观音梁子（九家沟）（6里）—土门（34里）—茂县（58里）；一路经张家坪（茂县、北川县交界点）—桃坪（22里）—土门（12里）—甘沟（28里）—光明（土地岭）（16里）—茂县（14里）；一路经岭岗（茂县与北川交界点）—赤土坡（22里）—老君山（40里）—宝顶（10里）—渭门（48里）—茂县（20里）。

（2）红军从茂县县城向汶川、松潘、黑水进军436里：茂县—南新（40里）—文镇（进入汶川）（20里）；茂县—渭门（20里）—飞虹（4里）—石大关（30里）—较场（38里）—松坪沟、太平（进入黑水、松潘）（72里）；茂县—飞虹（42里）—黑虎（6里）—三龙（64里）—曲谷（30里）—雅都（32里）—维城（进入黑水）（38里）。

（3）红军在茂县境内352里：岭岗（茂县与北川交界点）—赤土坡（22里）—老君山（40里）—宝顶（10里）—渭门（48里）—茂县城（20里）—维城（212里）。

2. 红军在汶川县的行军路线及里程

（1）红三十三军、红九军等部队在汶川县行军路线及里程

红三十三军在汶川县454里：一路从茂县进入汶川青坡—苋山（36里）—克枯（34里）—黄家坝到理县；另一路从小金翻巴朗山—汶川县头道桥（70里）—卧龙关（35里）—川北营（20里）—皮条河受阻返回（58里）—川北营（20里）—卧龙关（35里）—头道桥出境到小金（70里）。

红九军二十七师174里：从茂县—汶川县到青坡（24里）—萝卜寨（16里）—索桥（16里）—雁门（20里）—威州（8里）—万村（8里）—七盘沟（15里）—万村（15里）—威州（8里）—铁邑下庄（24里）—出境（20里）。

红三十一军一部1097里：（1935年6月8日到达耿达，在老鸦山受阻，于8月中旬原路返回草坡）威州—郭竹铺（13里）—新桥（14里）—木兰（6里）—岭岗（30里）—板子沟（33里）—大茅坪（21里）—涂禹山（9里）—马埝坪（10里）—白土坎（12里）—和平（21里）—克约（22里）—碉头（20里）—马岭山（足湾）（13里）—樟排（18里）—码头（33里）—麻龙（50里）—卧龙核桃坪（122里）—灯草坪（8里）—耿达桥（32里）—老鸦山受阻原路返回草坡（36里）—耿达桥（36里）—灯草坪（32里）—核桃坪（8里）—麻龙（122里）—码头（50里）—樟排（33里）—马岭山（足湾）（18里）—碉头（13里）—克约（22里）—和平（22里）—白土坎（21里）—马埝坪（12里）—涂禹山（10里）—大茅坪（9里）—板子沟（21里）—岭岗（33里）—木兰（30里）—新桥（5里）—禹碑岭（31里）—龙口（2里）—麻邑（10里）—铁邑（14里）—下庄出境到理县（20里）。

（2）南下红军在汶川县的行军路线及里程

1935年10月，南下红军两个营（番号不详）在汶川县366里：从小金进入汶川卧龙镇—头道桥（70里）—卧龙关（35里）—川北营（20

里）—皮条河受阻原路返回小金（58里）—川北营（58里）—卧龙关（20里）—头道桥（35里）—出境到小金（70里）。

3. 红军在理县的行军路线及里程

红四方面军第九军、三十军、三十一军、三十三军和四军各一部在理县702里：古城—桃坪（4里）—通化（8里）—卡子（4里）—三岔（84里）—甘溪（26里）—木卡（18里）—欢喜村（4里）—尔瓦（20里）—理番县薛城（24里）—龙袍寨（22里）—仔达（10里）—四门关（24里）—上孟（84里）—甘堡（6里）—危关（6里）—杂谷脑（22里）—营盘子（10里）—朴头（30里）—梭罗沟中寨（84里）—古尔沟（18里）—沙坝（52里）—夹壁（10里）—米亚罗镇（56里）—米亚罗（6里）—大郎坝（20里）—山脚坝（20里）—鹧鸪山垭口（30里）

4. 红军在马尔康市的行军路线及里程

（1）红一、红四方面军北上和红四方面军南下在马尔康市的行军路线及里程

红一、红四方面军北上右路军198.8里：梦笔山—纳足红军坪（45.8里）—卓克基（37.2里）—梭磨（48.6里）—马塘（67.2里）。

1935年九十月间，红四方面军第四军、三十军南下分两路经过黑水到马尔市卓克基131.8里：马塘—梭磨（67.2里）—卓克基（48.6里）—马尔康（16里）。

红四方面军北上左路军在马尔康市316里：1935年7月上旬，红三十一、红九、红三十三军经鹧鸪山垭口—马塘（47.2里）—梭磨（67.2里）—卓克基（48.6里）；1935年8月15日，左路军经卓克基—马尔康大郎脚沟口（16里）—大藏寺（102里）—卡尔古山（35里）。

1935年9月下旬，左路军由阿坝南下在马尔康市813里：草登科拉机—草登尕秋里（44里）—草登代基（4里）—草登泽湾（27里）—

草登撕拉尔底（24里）—龙尔甲二查（15里）—龙尔甲干木鸟（17里）—龙尔甲木尔渣（24里）—沙尔宗呷博（24里）—脚木足孔龙（84里）—脚木足白莎（6里）；大藏卡尔古—大藏寺（35里）—沙尔宗（53里）—龙尔甲（49里）—脚木足白莎（89里）；大藏卡尔古—大藏寺（35里）—马尔康大郎脚沟（101里）—卓克基（16里）—马塘（136里）；马尔康大郎脚沟—松岗（30里）。

(2) 红四方面军发动绥崇丹懋战役在马尔康市的行军路线及里程

右纵队（红三十一军九十三师、九军二十五师）283里：马塘—梭磨（67里）—卓克基（48里）—马尔康（16里）—松岗（30里）—白湾热足（16里）—白湾可尔因（44里）—党坝剑北（62里）。

左纵队（红四、三十、三十二军及九军二十七师大部）78里：脚木足—白湾热足（35里）—白湾可尔因（44里）。

(3) 红四方面军分左中右三个纵队再次北上在马尔康市的行军路线及里程

红五军、三十一军九十一师组成的右纵队304里：金川—党坝剑北—白湾可尔因（62里）—松岗（60里）—马尔康（30里）—卓克基（16里）—梭磨马塘（136里）。

5. 红军在黑水县的行军路线及里程

(1) 红四方面军西进岷江流域在黑水县的行军路线及里程

红四方面军一部62里：过赤不苏河—瓦钵梁子（6里）—西市窝（14里）—维古（3里）—两河口（39里）—沙坝。

红三十一军主力和西路军司令部224里：茂县赤不苏—瓦钵梁子（10里）—瓜里（3里）—约合多（1里）—西市窝（15里）—俄口（10里）—维古（6里）—别窝（8里）—雅都（11里）—木日窝（15里）—西尔（7里）—云林寺（15里）—红岩（5里）—竹格都（7里）—芦花（20里）—昌德（24里）翻昌德山—三打古（33里）翻打古山—毛儿盖（34里）。

红四方面军第十一师288里：恩棚山—马河坝（179里）—杨柳秋（21里）—昌德（17里）翻昌德山—三打古（37里）翻打古山—毛儿盖（34里）。

红三十一军九十师225里：茂县河坝—色尔古（18里）—石碉楼（16里）—龙坝（15里）—维古（10里）—西尔（30里）—芦花（43里）—昌德（25里）翻昌德山—三打古（33里）翻打古山—毛儿盖（35里）。

红四军一部390里：观音梁子—黑水地渔寨（3里）—得罗寨（6里）；茂县与黑水交界处—色尔古（10里）—维古（28里）—芦花（74里）—昌德（25里）翻昌德山—三打古（33里）翻打古山—毛儿盖（35里）；茂县与黑水交界处—五里（6里）—慈坝（64里）—扎窝（33里）—晴朗（24里）—下达盖（29里）—上达盖（10里）—毛儿盖（10里）。

红九军、红三十军各一部106里：潘马拉敦—麦扎（卡龙）俄寨（18里）—翻山到晴朗（37里）—下达盖（29里）—上达盖（12里）—毛儿盖（10里）。

红九军、红四军179里：茂县松坪沟—翻日多沃山（37里）—慈坝（34里）—扎窝（33里）—晴朗（24里）—下达盖（29里）—上达盖（12里）—毛儿盖（10里）。

红军一部238里：大瓜子寨—瓦钵梁子（27里）—俄市坝（23里）—维古（12里）—木苏（12里）—双溜索（9里）—西尔（15里）—红岩（19里）—芦花（27里）—昌德（26里）翻昌德山—三打古（33里）翻打古山—毛儿盖（35里）。

红军一部109里：松潘沙代沟—麦扎（卡龙）才盖村（9里）—晴朗（49里）—下达盖（29里）—上达盖（12里）—毛儿盖（10里）。

（2）红一方面军和红四方面军北上在黑水县的行军路线及里程

红一军团和红三十军133里：翻长坂山—马河坝（26里）—银针（7里）—生长寨（20里）—羊茸（7里）—昌德（6里）—下达古寨（22里）—中打古寨（6里）—上打古寨（5里）翻打古山—毛儿盖（34里）。

红一方面军主力部队和红四方面军一部206里：翻长坂山—马河坝(32里)—牙曲(6里)—杨柳秋(16里)—泽盖(34里)—芦花(12里)(和东进黑水的红四军、红三十一军一部会合)，由此分两路，红一、红四方面军大部经芦花—昌德（26里）翻昌德山—三打古（33里）翻打古山—毛儿盖（34里）；红四方面军一部经芦花—泽盖（11里）翻谷汝山—扎窝（29里）—晴朗（24里）—下达盖（29里）—上达盖（10里）—毛儿盖（10里）。

(3) 红四方面军南下时红四、红三十军等部在黑水县的行军路线及里程

第一路191里：翻达索肯山—晴朗（51里）—扎窝（24里）—翻谷汝山到泽盖（29里）—马河坝（55里）—康乐（马塘）（32里）。

第二路247里：毛儿盖—才盖（41里）—格达（8里）—纳之（14里）—麦扎（卡龙）（15里）—知木林（30里）—扎窝（24里）—翻谷汝山到泽盖（29里）—马河坝（55里）—康乐（马塘）（32里）。

(4) 红四方面军第二次北上在黑水县的行军路线及里程

1936年7月，红四方面军分左中右三个纵队第二次北上，右纵队202里：红原康乐（马塘）—长坂山—银针—杨柳秋—沙石多—生长—羊茸—泽盖—中芦花—谷汝山—扎窝—晴朗—毛儿盖。

**6. 红军在松潘县的行军路线及里程**

(1) 红四方面军西进岷江流域在松潘县的行军路线及里程

1935年5月初，红四方面军一部从平武土城撤退的红军分别翻越蝉丫和大灰堆，到达白羊的平坝和半边街，在松潘境内行军里程62里。

1935年5月中旬，红三十军八十九师先头部队从片口沿河西上，进入松潘县白羊乡境，在松潘境内行军里程24里。

1935年5月中旬，进入松潘县白羊乡的红四方面军分三路追击溃逃之敌，深入松潘岷江沿岸。其中一路翻越桦子岭到达甲竹寺；一路

翻越桦子岭，沿山梁右插马场、小草地，到达金瓶岩、平夷堡（今永和村）；一路进小白草沟，经罗坝到达靖夷堡（今解放村），行军里程292里。

1935年5月19日，进入松潘南部岷江沿岸的红军，从镇江关兵分三路攻打松潘县城，行军里程426里。

1935年5月中下旬，红四方面军一部由茂县较场溯岷江进入松潘县南部地区，在松潘县行军里程26里。

1935年6月，红四方面军第九军七十三团、七十五团经茂县松坪沟翻雪山大神台、红军棚子向小姓沟方向夹击，后遭国民党军胡宗南部阻击，又撤回到红军棚子一带与敌激战对峙，在松潘境内行军里程148里。

(2) 红一、四方面军共同北上在松潘县的行军路线及里程

1935年7月7日，红一方面军一军团、红四方面军第三十军八十八师翻越拖罗冈，进入松潘毛儿盖，在松潘境内行军里程92里。

1935年7月下旬，右路军主力经黑水县晴朗沿毛儿盖河进入松潘毛儿盖，在松潘境内行程96里。

1935年7月，红四方面军第九军一部由马拉墩（红土）出发进入小黑水，在松潘境内行军里程68里。

1935年7月10日，红一方面军第一军二师四团翻越腊子山攻占哈龙（卡龙，今松潘县燕云乡）。14日，四团由哈龙向牦牛沟（牟尼沟）进发，红四方面军第四军二六八团到哈龙，左权、李先念率二六五团跟进，二六七团由哈龙向小姓沟行进156里。

1935年8月，松潘南部的红四方面军一部经镇江关沿热务沟到卡龙、毛儿盖地区，行军里程390里。

1935年8月下旬，红一、四方面红军分左、右两翼离开毛儿盖，经屈锦桥进入草地。红一、四方面军从毛儿盖到屈锦桥行,军里程54里；一方面军为左翼部队，从屈锦桥向左进沟，翻长江黄河分水岭，行军

里程 82 里；红四方面军为右翼部队，经屈锦桥翻腊子山口，沿冬亚卡向北进入草地，行军里程 52 里。

（3）红四方面军南下在松潘县的行军路线及里程

1935 年 9 月中旬，红四方面军第四、第三十军南下，经毛儿盖、晴朗，翻长坂山返回马尔康地区，在松潘境内行军里程 302 里。

7. 红军在红原县的行军路线及里程

1935 年 7 月，右路军 122 里：马塘—刷马路口（24 里）—亚休村（10 里）—长坂山北坡（20 里）—黑水、松潘、色地麦拖岗、色地坝（24 里）—年朵坝边境（44 里）。

1935 年 8 月上旬，左路军 233 里：马塘—刷经寺（41 里）—壤口（51 里）—龙日坝（67 里）—江茸边境（74 里）。

1936 年 7 月，红四方面军分左、中、右三路纵队再次北上 776 里：左路纵队一部经贾洛—瓦切格央（15.6 里）—麦洼（27.8 里）—色地坝（20.8 里）—年朵坝边境（17.5 里）；另一部经贾洛—阿木柯河渡口（33 里）—色地坝（93 里）—年朵坝边境（46 里）；中路纵队经查理—安曲渡口（29 里）—龙日（46 里）—阿木柯河（82 里）—色地坝（120 里）—年朵坝边境（41 里）；右路纵队经马塘—刷马路口（24 里）—亚休村（10 里）—长坂山北坡（20 里）—黑水、松潘、色地麦拖岗、色地坝（24 里）—年朵坝边境（44 里）—若尔盖包座。

8. 红军在若尔盖县的行军路线及里程

1935 年 8 月，右路军 548 里：松潘、若尔盖界—年朵坝（198 里）—班佑村（210 里）—巴西（52 里）—钦多（56 里）—川甘界（32 里）。

红四方面军第四、三十军南下 516 里：钦多—巴西（56 里）—班佑村（52 里）—大草地（210 里）—若尔盖、松潘交界处（198 里）。

红四方面第二次北上和红二方面军在若尔盖县 1596 里：左纵队和

红二方面军由阿坝县贾洛—若尔盖县唐克镇姜壤渡口(200里),松潘县、若尔盖县交界处—年朵坝（198里）—班佑（210里）—巴西（52里）—钦多（44里）—川甘交界处（32里）；中纵队由松潘县、若尔盖县交界处—年朵坝（198里）—包座（102里）—钦多（98里）—川甘交界处（32里）；右纵队由松潘县、若尔盖县交界处—年朵坝（198里）—包座（102里）—钦多（98里）—川甘交界处（32里）。

红四方面军兵工厂868里：红原瓦切—唐克（110里）—嫩哇（210里）—红星镇（84里）—降扎（42里）—达扎寺镇（260里）—班佑（42里）—巴西（44里）—钦多（44里）—川甘交界处（32里）。

9. 红军在壤塘县的行军路线及里程

1936年6月14日，红四方面军第二次北上时，红二、红四方面军总部部分机关及三十军九十三师等部252里：甘孜扎格海格—修卡（45里）—漳腊寨（37里）—中壤塘（87里）—邢木达（9里）—萨玛尔（18里）—阿坝界（56里）。

红四军一部（由陈昌浩带领）231里：塘摇沟—西穷寺（43里）—鱼托寺（20里）—经约郎沟到南木达（61里）—中壤塘（24里）—邢木大（9里）—萨玛尔（18里）—阿坝界（56里）。

10. 红军在九寨沟县的行军路线及里程

1935年9月，红一、四方面军在若尔盖巴西、求吉停留期间，曾派出部队到九寨沟县大录地区筹粮，在九寨沟县行军里程66里：拉玛克盖（喇嘛岭）—大录乡芝麻村（44里）—沙勿村（15里）—大录村（6里）。

1936年8月，红四方面军第二次北上和红二方面军北上集结若尔盖县巴西、求吉地区时，也曾派出部队到九寨沟县大录地区筹粮，在九寨沟县行军里程127里：若尔盖县求吉翻喇嘛岭—芝麻村（44里）—

沙勿村（15里）—玉瓦桥（48里）—杏子坝（6里）—玉瓦寨翻山至甘肃迭部多尔乡（14里）。

11.红军在小金县的行军路线及里程

（1）红一方面军在小金县的行军路线及里程

达维会师前165里：夹金山—达维（80里）；宝兴垄东—枷担湾牧场（70里）—美沃（80里）—懋功（15里）。

达维会师后525里：达维—日尔（15里）—麻子桥（22里）—沃日（8里）—猛固桥（20里）—县城（15里）；懋功—猛固桥（15里）—双柏（20里）—凉水井（35里）—八角（30里）—木坡（20里）—抚边（80里）—两河（100里）；懋功—崇德（15里）—老街（70里）—空卡梁子（60里）梦笔山顶。

（2）红四方面军在小金县行军路线及里程

红四方面军策应红一方面军765里：虹桥山—两河（75里）—抚边（80里）—木坡（20里）—八角（30里）—双柏凉水井（35里）—猛固桥（20里）—懋功（15里）；懋功—宅垄（35里）—新格（25里）—丹巴交界处（10里）；懋功—猛固桥（15里）—沃日（20里）—麻子桥（8里）—日尔（22里）—达维（15里）—夹金沟（红军坪）（40里）—达维（40里）；达维—日隆（100里）—巴朗山顶（100里）—邓生（60里）。

红四方面军南下及发动绥崇丹懋战役1440里：丹巴交界处—懋功县城（70里）—猛固桥（15里）—沃日（20里）—麻子桥（8里）—日尔（22里）—达维（15里）—夹金山顶（80里）—宝兴；金川交界处—抚边美诺沟万里城（40里）—抚边（80里）—结斯（85里）—日尔（60里）—达维（15里）—夹金山顶（80里）—宝兴；达维—日隆（100里）—巴朗山顶（100里）—邓生（60里）—汶川；达维—夹金山（80里）—迂回到巴朗山（80里）；抚边万里城梁子—两河（100里）—抚边（80里）—木坡（20里）—八角（30里）—双柏凉水井（35里）—猛固桥

（20里）—沃日（20里）—麻子桥（8里）—日尔（22里）—达维（15里）—夹金山顶（80里）—宝兴。

红四方面军发动天芦名雅邛大战役390里：懋功县城—猛固桥（15里）—沃日（20里）—麻子桥（8里）—日尔（22里）—达维（15里）—夹金山垭口（80里）；百丈关返回经夹金山—懋功县城（160里）—丹巴交界处（70里）。

红四方面军向康北转移475里：宝兴—夹金山顶—达维（80里）—日尔（15里）—麻子桥（22里）—沃日（8里）—猛固桥（20里）—懋功县城（15里）—宅垄（35里）—新格（25里）—丹巴交界处（10里）；宝兴（垄东）—夹金山—枷担湾牧场（100里）—汗牛乡（80里）—窝底乡（15里）—潘安乡（25里）—丹巴亚堡（25里）。

12. 红军在金川县的行军路线及里程

红四方面军第九军二十七师八十一团210里：空山卡子—中梁子（26里）—卡撒沟（62里）—安宁（4里）—党坝（118里）。

红四方面军第二次北上434里：左纵队经麦斯眼卡—亚顶山（80里）—周山（120里）—崇化（118里）—绥靖（70里）—根则（46里）；右纵队经党坝海螺子台—绥靖（46里）—根则（76里）—马奈（14里）—崇化（36里）—独松（30里）—绥靖（40里）—根则（76里）。

13. 红军在阿坝县的行军路线及里程

（1）红四方面军第一次过阿坝县的行军路线及里程

龙日坝—查理寺（180里）—阿坝县（92里）。

马尔康脚木足—查真梁子（140里）—阿坝县（180里）。

马尔康草登—茸安（120里）—安羌（136里）—阿坝县（56里）。

马尔康草登—柯河（144里）—阿坝县（128里）。

各莫—若柯河牧场（48里）—求吉玛（254里）—齐哈玛（60里）

（寻黄河渡口往返各莫）。

（2）红四方面军南下时在阿坝县的行军路线及里程

马尔康草登—茸安（120里）—安羌（136里）—查理寺（92里）—贾洛（132里）—噶曲河（白河）（92里）（原路返回马尔康草登）。

阿坝县—麦尔玛（76里）—甲本塘（112里）—噶曲河（白河）（104里）（原路返回阿坝县）。

阿坝县—安羌（56里）—查理寺（92里）—贾洛（132里）—唐克（92公里）（原路返回阿坝县）。

（3）红四方面军第二次北上时在阿坝县的行军路线及里程

壤塘西倾—柯河（112里）—茸安（72里）—麦尔玛（92里）—贾洛（106里）—唐克过噶曲河（白河）（90里）。

班玛作木沟—柯河（126里）—阿坝县（130里）—箭步塘（甲本塘）（178里）—噶曲河（白河）（52里）。

甘孜—作木沟—柯河（126里）—垮沙（38里）—阿坝县（126里）—箭步塘（甲本塘）（150里）—噶曲河（白河）（52里）。

## （五）红军长征在甘孜藏族自治州的行军路线及里程

1. 红一方面军在甘孜州的行军路线及里程

红一方面军从石棉县安顺场到泸定县后再向天全县进军322里：湾东—共和（54.6里）—咱地（19.4里）—磨西（7.4里）—德威（47里）—杵泥（27里）—田坝（44.8里）—泸定县（45.2里）—冷碛（38.2里）—兴隆（11.4里）—飞越岭（27里）。

右路军143里：挖角—得妥（64里）—兴隆（52里）—飞越岭（27里）。

2. 红四方面军在甘孜州的行军路线及里程

南下作战422.2里：小金川—丹巴（39里）—金汤（206里）—

麦崩（64.4里）—时济（41.8里）—岚安（71里）。

西进康北989.6里：丹巴—党岭雪山（134.6里）—松林口（385.8里）—道孚（69.6里）—炉霍（140.2里）—甘孜（193.8里）—绒坝岔（65.6里）。

接应二、六军团5278.6里：红四军十一师经炉霍—大盖(262.4里)—新龙（105里）—甘孜（214.2里）；红四军十师经道孚—甲斯孔（124.2里）—新龙（315.8里）—甘孜（214.2里）；红九军经道孚—八美（157.8里）—新都桥（126.6里）—八美（126.6里）—道孚（157.8里）—炉霍（140.2里）；红三十二军经道孚—雅江（286.4里）—德差（135.2里）—甲洼(357.6里)—君坝（257里）—新龙（151.4里）—甘孜（214.2里）；红四军十二师、独立师经道孚—雅江（286.4里）—道孚（286.4里）—炉霍（140.2里）；红四军经新龙—五花（502.4里）—新龙（502.4里）—甘孜（214.2里）。

3. 红二、红六军团甘孜会师前在甘孜州的行军路线及里程

红二军团2216.8里：子庚—松麦（130.8里）—茨巫（88.2里）—中咱（108里）—党巴（286.8里）—莫多（152.2里）—松多（207.8里）—措拉（61.6里）—沙马（172.2里）—盖玉（56.8里）—绒盖（113里）—白玉（29.6里）—赠科（156里）—绒坝岔（588.2里）—甘孜（65.6里）。

红六军团1407.8里：云南—乡城(100里)—稻城扎冲村(227.2里)—甲洼（458里）—君坝（257里）—新龙（151.4里）—甘孜（214.2里）。

4. 红二、红四方面军共同北上时在甘孜州的行军路线及里程

左纵队（红三十军、骑兵师、总部五局及四军第十、第十一师、省委党校）210.6里：甘孜—东谷（110.6里）—阿坝境（约100里）。

中纵队（四方面军总指挥部、红九军、三十一军第九十三师、红

四军第十二师、独立师、红军大学、总供给部、卫生部）425.6里：炉霍—色达（305.6里）—阿坝境（约120里）。

右纵队（红三十一军第九十一师两个团）158.2里：丹巴—小金川（98.2里）—阿坝境（约60里）。

## 二、红军长征在云南藏区

1935年11月，红二、六军团离开湘鄂川黔根据地开始长征。从湖南桑植出发，经贵州石阡、盘县，云南宾川、鹤庆等地，于1936年4月25日，到达云南丽江石鼓镇。4月25—28日，红二、六军团1.8万余人分别从石鼓到巨甸之间的五个主要渡口渡过金沙江，取道中甸北上。由此，红二、六军团进入到平均海拔3000米以上的云南藏区中甸县（今云南省迪庆藏族自治州香格里拉市）境内。

4月27日清晨，红二军团以十二团为先锋，沿崎岖小路，向雅哈雪山行进。雅哈雪山海拔4200米，山势陡峭险峻，山岭终年积雪，道路崎岖，人马难行。途中经过的干崖房地势险要，只有一条崎岖小路从石门关的口子通过，小路上下都是悬崖。红军在此遭遇小中甸土司汪学鼎带领的100多兵丁的伏击，前卫四师参谋长高利国等红军指战员牺牲。击溃汪学鼎部后，红军继续向雅哈雪山行进。终于翻过雅哈雪山，进入小中甸宿营。随后，大部队相继翻越了雅哈雪山，4月30日起陆续到达中甸县城及近郊休整。

红二、六军团在中甸休整后，于5月5日分为两路北上。二军团由左路向尼西方向进入四川得荣。六军团由右路向格咱方向进入四川乡城，途中又翻越了翁上甲子小雪山和翁水咱浪大雪山两座雪山。从中甸出发前，贺龙、任弼时等领导同志一再叮嘱，要认真总结翻越雅哈雪山的经验教训，上雪山之前须带足饮水、干粮、辣椒、生姜等，准备好足够的衣物、裹好脚，减少非战斗减员。由于准备较充分，六军团先头部队于5月10日顺利翻过翁上甲子小雪山，到翁上上、中、下各村寨宿营，六军团主力部队11日也越过翁上甲子小雪山。5月12日，六军团前卫部队翻越第三座雪山翁水咱浪大雪山。5月13日，六军团主力部队也翻越了翁水咱浪大雪山。

从北渡金沙江到离开中甸县城历时约18天，这是红二、六军团长征途中进入藏区的第一站。红军在中甸境内得到短期的休整，并筹集粮秣，为继续北上甘孜作了思想和物质上的准备。

### 三、红军长征在青海藏区

1936年7月2日，红二、六军团与红四方面军在四川甘孜会师。7月5日，根据党中央的命令，红二、六军团和三十二军组成二方面军，随后二、四方面军编为左、中、右三个纵队，分别从四川的甘孜、炉霍、绥靖等地出发北上。朱德、张国焘率领的左纵队2.5万余人由四川甘孜出发去阿坝。1936年7月2日，李先念率领的先遣部队首先进入唐摇沟（今青海省班玛县知钦乡第三牧委会牧场）地区。12日，红军第六军十六师等移住鱼托寺。17日，第六军其他部队继续西行到亚公寺，后进入子母达沟，随后向阿坝进发。7月26日，贺龙率领红二军到达阿坝与六军和三十二军会合。红军在班玛地区行军约20天，行程约600里。

红军在班玛期间，曾在唐摇沟口、吉德寺、班前寺、灯塔寺、扎洛寺、纳大村、子母达村等地驻防、筹粮。红军还曾在今班玛县亚尔堂乡政府所在地王柔、江日堂乡亚尔堂村等地宿营。红军一部自亚尔堂向久治县境内的白玉寺挺进时，强渡阿什羌河，曾与马步芳军激战。

### 四、红军长征在甘肃藏区

#### （一）红军长征在甘南藏族自治州

红军长征经过甘南藏区，准确来说一共有三次，行军路线和活动

# 第一章
## 红军长征经过藏区

范围主要是甘南的迭部县及临潭县。[①]

第一次：1935年8月下旬，红四方面军从四川阿坝出发，以格尔登寺的两位僧人为向导，沿结柯河到达今甘南玛曲县齐哈玛寺院。由于自然环境和条件的限制，北渡黄河失败，不久便离开甘南折回川西。

第二次：1935年9月5日，红一方面军一军的先头部队以及林彪、聂荣臻率领的一军主力部队，先后进至今甘肃迭部县达拉沟，沿达拉河而下，经过广利，抵达迭部县俄界。中共中央率领红一方面军三军，以及军委直属纵队来到俄界，与红一军会合。之后在甘南的行军路线是：迭部旺藏寺（瓦藏寺）—茨日那村—麻牙寺（莫牙寺）—然尕沟—崔古仓村（谷卡）—卡朗山（格法）—桑坝乡黑拉村—班藏寺—腊子口。于9月18日离开腊子口向岷县进发到陕甘，离开甘南藏区。

第三次：1936年7月2日，红二、四方面军于四川甘孜地区会师后，经巴西、包座等雪山草地地区，于8月初到达甘南藏区迭部县的达拉乡，之后在甘南的行军路线是：尼傲峡—九龙峡—麻牙寺—花园乡—水泊沟村—代古寺—洛大新寺—鹰鸽嘴—腊子河—尖藏村—康多庄—腊子口—临潭。于9月30日分三路撤离临潭县城，离开甘南地区。

### 1. 红一方面军途经甘南（1935.9.5—1935.9.18）

1935年8月下旬的包座战役，为红军向北进入甘肃南部开创了时机，打开了通往陕甘的大门。但张国焘却在四川阿坝按兵不动，拒不执行中央要求左路军全力向甘肃洮河以东发展的指示，转而酝酿向西康及青海的少数民族地区进军。在此紧急时刻，毛泽东召集周恩来、王稼祥、张闻天、秦邦宪等人在阿西村举行中央政治局紧急会议。会议最终决定军队马上离开巴西一带危险地区，转向甘肃境内移动，并命令林彪

---

[①] 彭露：《红军长征在甘南藏区——兼论红军在甘南的民族政策与实践》，兰州大学硕士论文，2012年，第10—12、17—18页。

率领红一方面军一军团,派出先头部队向俄界进发;三军团由彭德怀率领担任后卫,保护中央能够最终安全脱离危险区。

1935年9月5日,红一方面军一军的先头部队,以及林彪、聂荣臻率领的一军主力部队,先后进至今甘南州迭部县达拉沟,沿达拉河而下,经过广利,抵达迭部县俄界。11日,中共中央率领红一方面军三军团以及军委直属纵队来到俄界,与红一军会合,就近居住在当地的藏民小屋内。党中央和红军在此进行了短暂休整,并于9月12日召开了俄界会议。

9月14日,部队陆续到达旺藏寺。旺藏寺有喇嘛四五百人,是方圆一二百公里范围内最大的一座寺院。当时,三军团以及军委纵队暂住于旺藏寺,一军团住在旺藏村。毛泽东则住在旺藏寺东面300多米处,一个叫茨日那的藏民村庄西头的一栋木楼里。为了等待掉队人员、休整部队,红军决定一军团二师四团往腊子口进发,攻取要地;其余红军沿着白龙江南岸,一路向东面、距离旺藏寺约25公里的麻牙寺前进。当晚,红军度过艰险的独木桥到达白龙江北岸,赶到麻牙寺休整。

9月16日,红军离开麻牙寺向东北进入然尕沟,来到崔古仓村。后又翻过卡郎大山,抵达今迭部县桑坝乡黑拉村。当时这里大约有20户民居。跟之前的情形一样,这里的居民在国民党的欺骗和威胁下,也都逃离村庄,整个村庄空无一人。红军只能在此稍作休整,于17日经班藏寺继续向东北,朝腊子口方向行进。同时,红军的先头部队也胜利攻取腊子口,这就是著名的腊子口战役。9月18日,红军整队离开腊子口向岷县进发到陕甘,离开甘南藏区。

2. 红二、四方面军转战甘南(1936.8.2—1936.9.30)

1936年7月2日,在四川甘孜藏区,中国工农红军二、四方面军胜利会师。朱德、贺龙、刘伯承等人坚决批判张国焘的错误路线,并决定响应党中央沿红一方面军北上转移的长征路线的号召。从甘孜出发，一路先后经过西康的车谷，以及四川西北方向的阿坝、包座和巴西等大片雪山草地地区，终于在1936年8月初成功进入到今甘南藏区迭部县的达拉乡，接着先后穿越尼傲峡、九龙峡，来到了麻牙寺。红一方面军头一年的路线是由这里进入到然尕沟，再越过卡朗山，经桑坝乡最终到腊子口。红二、四方面军放弃了这条路线，从麻牙寺继续沿着白龙江的大路顺流而下，经花园乡、水泊沟村先后到了代古寺和洛大新寺，在此休息调整后，于第二天越过鹰鸽嘴，一路顺着腊子河，继续向北逆行，经过尖藏村和康多庄之后，最终到达腊子口。

8月9日，红四方面军三十军八十八师作为先头部队，歼灭约一个营的敌守军，再次抢渡腊子口，越过达拉山。

8月19日，红二、四方面军到达哈达铺，全军四五万人，全部进驻岷县，全面实施党中央制定的洮岷西固战役计划。而临潭作为洮岷西固战役计划之一部分，前于8月14日，红四方面军十二师就充当先头部队从岷县马营仓，沿洮河逆流西上，攻占临潭县府所在的新城。红军进城之后驻守在城隍庙和西门外端阳沟附近，以及东西两街的学校里，又一并接管了国民党的县政府，瓦解了国民党在当地的势力。为宣传党的民族政策和口号，红军在街上张贴"红军不欺压穷人，红军不拉夫、不派款，汉回番民团结起来"等标语。

9月16—18日，中共中央西北局于岷县的三十里铺召开军事会议，通过了继续北上陕甘的方针。27日，红四方面军经洮州（今甘南藏族自治州临潭县）会议决定，继续北上，尽快与红一方面军会师。30日，红四方面军分三路撤军临潭，离开甘南地区。

### （二）红军长征在甘肃省天祝县

1936年10月，中国工农红军一、二、四方面军三大主力在甘肃会宁胜利会师后，红四方面军总部及第三十军、九军、五军等共2.18万余人，奉中共中央和中革军委指示，西渡黄河执行宁夏战役计划。由

**红色记忆**
——红军长征在藏族地区及其当代启示

于形势的变化，宁夏战役计划中止。11月11日，中共中央和中革军委命令渡河部队组成西路军，向河西走廊进军。西路军广大指战员坚决执行中央命令，在极其困难的情况下连续奋战半年之久，歼敌2.5万余人，对配合河东红军战略行动，推动"西安事变"的和平解决起到了重要作用。

## 第三节　红军长征在藏区的主要活动

### 一、红军长征在藏区的主要会议

1935年5月至1936年10月，红军长征途中在藏区举行的主要会议，是红军长征途中召开的重要会议的组成部分。其中的两河口会议、芦花会议、沙窝会议、毛尔盖会议、巴西会议等重要会议，主要是在党的正确政治路线同张国焘错误政治路线作斗争的过程中召开的。这些会议的召开解决了红军的团结统一问题，坚定了红军北上创建川陕甘根据地的必胜信心，对中国革命的发展，党的民族政策的确立和发展，以及马克思主义中国化等产生了重大影响。

1. 中共西北特区委员会及"西北联邦政府"成立会议

1935年5月中旬，张国焘在四川茂县召集部分四方面军高级干部开会，商讨在少数民族地区建立地方工作机构等问题。会上正式成立"中共西北特区委员会"。西北特委的成立未向中共中央请示。会议还决定成立"中华苏维埃共和国西北联邦政府"。同时决定尽快拟制有关布告和成立宣言。5月30日，张国焘以主席名义在茂县发布《中华苏维埃共和国西北联邦政府成立宣言》，正式宣布"西北联邦政府"成立。①

---

① 中共阿坝州委党史研究室、阿坝州地方志办公室编：《阿坝州志之红军长征在阿坝》，四川大学出版社，2007年，第61页。

## 2. 磨西会议

1935年5月29日傍晚，毛泽东同志与中央红军一军团团部到达位于甘孜泸定县南部的磨西镇，夜宿磨西天主教堂神甫房。当晚，毛泽东、朱德、周恩来、王稼祥、张闻天、秦邦宪、陈云、邓小平等同志举行了著名的"磨西会议"。在这次会议上决定红军不去康定，制定了攻打泸定桥的作战方案。征求陈云意见，中央准备派他出川到上海恢复被敌人破坏的党组织，并到苏联向共产国际汇报中国革命情况及遵义会议的决定。同时布置了抓紧补充军用粮食的工作。会议还决定夺取泸定桥后研究北上路线。

## 3. 泸定会议

1935年5月30日，中共中央率领中央红军主力从泸定桥渡过大渡河，到达泸定城。随后，中共中央在县城附近召开了中共中央政治局常委会议，即泸定会议。这次会议主要分析和讨论了过大渡河以后的形势与任务，决定红军前进的行动路线。会议作出了两个重要决定：一是中央红军去川西北与四方面军会合，向北走雪山草地一线，避开人烟稠密地区；二是派陈云去上海恢复白区地下党组织，并与共产国际联系。

泸定会议以准确的军情分析、正确的决策部署、精确的路线而成为长征史上的一次重要会议。

## 4. 两河口会议

1935年6月26—28日，为统一战略方针，实现北上建立川陕甘根据地的主张，中共中央政治局在懋功的两河口举行会议。参加会议的有毛泽东、张闻天、周恩来、朱德、博古、张国焘、王稼祥、邓发、刘少奇、凯丰，以及刘伯承、林彪、聂荣臻、彭德怀、林伯渠、李富春等。会议首先由周恩来代表中共中央和中央军委就战略方针、战略行动和战略指挥问题作报告。指出今后的战略方针应是向北发展,在岷山以北建立川陕甘革命根据地,并要求把部队指挥权集中于中央军委。张国焘在会上主张依托懋功地区向川康边发展,认为北有雪山、草地及胡宗南部二十余团兵力,北上"站不住脚",并以中央红军第五次反"围剿"的失败为由攻击中央,要求改组中央和中央军委。中央政治局其他同志一致同意周恩来的报告,并对张国焘关于红军长征和政治形势的错误估计以及要求改组中央和中央军委的意见进行了适当的批评,进一步说明了北上方针的正确性,并强调红军应由中央军委统一指挥。会议决定委托张闻天起草中央政治局决定。①

6月28日,经过充分讨论后,会议通过了《中共中央政治局关于一、四方面军会合后战略方针的决定》。《决定》指出:

一、在一、四方面军会合后,我们的战略方针是集中主力向北进攻,在运动战中大量消灭敌人。首先取得甘肃南部以创造川陕甘苏区根据地,使中国苏维埃运动放在更巩固、更广大的基础上,以争取中国西北各省以至全中国的胜利。

二、为了实现这一战略方针,在战役上必须首先集中主力消灭或打击胡宗南军,夺取松潘与控制松潘以北地区,使主力能够胜利地向甘南前进。

三、必须派出一个支队向洮河、夏河活动,控制这一地带,使我们能够背靠于甘青新宁四省的广大地区有利地向东发展。

四、大小金川流域在军事政治经济条件上均不利于大红军的活动与发展,但必须留下小部分力量,发展游击战争,使这一地区变为川陕甘苏区之一部。

五、为了实现这一战略方针,必须坚决反对避免战争退却逃跑以

---

① 中国工农红军长征史料丛书编审委员会:《中国工农红军长征史料丛书·综述·大事记·表册》,解放军出版社,2016年,第153—154页。

及保守偷安停止不动的倾向,这些右倾机会主义的动摇是目前创造新苏区的斗争中的主要危险。①

两河口会议是两大红军主力会师后的一次重要会议。会议确定的两军共同北上,建立川陕甘苏区根据地的战略方针,为深入开展革命运动,指明了正确的前进方向。

### 5. 卓克基会议

1935年7月1日,毛泽东、周恩来、朱德率中央机关及直属部队进驻马尔康卓克基官寨,并于7月3日在卓克基召开了政治局常委会议,毛泽东、朱德、张闻天、王稼祥、张国焘、博古等参加了会议。会议主要讨论了党的民族工作和民族政策问题,通过了《关于民族政策的决议》,确定了红军在少数民族地区工作的方针及党的民族政策,保证了红军民族工作的正确开展。会议讨论通过了《告康藏西番民众书——进行西藏民族革命运动的斗争纲领》,指出中国共产党的民族政策是解放被压迫的各民族,建立自由选举的革命政府,并积极帮助一切革命的民族。号召藏族群众反对帝国主义及国民党军阀,成立游击队,加入红军,实现民族自决。②

### 6. 芦花会议

为贯彻两河口会议的决定,中央军委于6月29日制定了以夺取甘南,赤化川陕甘为目的的《松潘战役计划》,并将一、四方面军分编为左、中、右三路北进。张国焘虽然在两河口会议上表示拥护党中央的北上方针,会后也赞成攻打松潘、平武地区,但行动上一直按兵不动,并召开红四方面军会议歪曲中央路线,挑拨一、四方面军的关系,怂恿

---

① 中共中央党史研究室第一研究部编著:《红军长征史》,中共党史出版社,2016年,第196—197页。
② 《阿坝日报》2016年10月21日第3版。

四方面军一些人员提出无理要求。党中央拒绝了他们的无理要求。但为了顾全大局和增进两大主力红军的团结，1935年7月18日，中共中央在四川黑水县芦花召开政治局常委扩大会议，讨论组织问题。出席会议的有毛泽东、张闻天、周恩来、朱德、博古，以及张国焘、王稼祥、邓发、凯丰、徐向前。会议决定由张国焘任红军总政治委员，博古任红军总政治部主任，还增补陈昌浩任中革军委常委，原红军总政委周恩来调中共中央常委会工作。①这样，张国焘才开始调动部队北进。但是，由于张国焘的阻挠，红军进展迟缓，使松潘战役计划未能实现。在这种情况下，7月19日，中央军委又制定了松潘战役第二步计划。②

为了增强一、四方面军的团结和信任，进一步统一两大主力红军的行动，7月21—22日，中共中央政治局在芦花召开会议。出席会议的有毛泽东、张闻天、周恩来、朱德、博古、张国焘、王稼祥、邓发、凯丰，以及刘伯承、李富春、徐向前、陈昌浩等。会议的中心议题是总结四方面军从鄂豫皖根据地到川陕根据地这段历史的经验教训。张国焘向中央政治局报告了红四方面军的发展历史等情况。接着徐向前、陈昌浩分别作了关于四方面军情况的补充报告。会议对红四方面军在巩固和发展、提拔工农干部、壮大红军、扩大红军，遵守纪律，反第四次"围剿"失利后创建通南巴新根据地等方面取得的成绩给予了肯定，也指出了退出鄂豫皖根据地后缺乏明确发展方向等方面的错误和战略上的失策。

会议期间，为加强前方部队作战的统一组织与指挥，利于迅速北上，中央军委决定组织前敌总指挥部。以四方面军总指挥部兼前敌总指挥部，徐向前兼前敌总指挥，陈昌浩兼政委，叶剑英任参谋长。并

---

① 中国工农红军长征史料丛书编审委员会：《中国工农红军长征史料丛书·综述·大事记·表册》，解放军出版社，2016年，第156页。
② 中共中央党史研究室第一研究部编著：《红军长征史》，中共党史出版社，2016年，第206页。

决定将红一方面军第一、三、五、九军团番号依次改为第一、三、五、三十二军;红四方面军之第四、九、三十、三十一、三十三军各军番号不变。①

芦花会议全面总结了红四方面军的历史经验。红一、四方面军之间坦诚地交换了很多宝贵意见。这对于增进一、四方面军之间的相互了解,统一部队的组织和指挥起到了一定的作用。

7. 沙窝会议

1935年8月1日,由于失去了迅速攻打松潘的战机,中央军委放弃了原定的松潘战役计划。8月3日,制定了《夏(河)洮(河)战役计划》。为了推动张国焘执行中央的北上方针,1935年8月4—6日,中央政治局在毛尔盖十八寨之一的沙窝寨召开会议。出席会议的有毛泽东、张闻天、周恩来、朱德、博古、张国焘、邓发、凯丰,以及刘伯承、徐向前、陈昌浩、傅钟等。会议就松潘战役计划未能实施所造成的局面、当前任务及组织问题进行了讨论。首先由张闻天作关于一、四方面军会合后的决议草案。之后张国焘对其错误行为进行了辩解。

会议通过了《中央关于一、四方面军会合后的政治形势与任务的决议》,重申了两河口会议决定的北上方针的正确性,强调指出创立川陕甘根据地是红一、四方面军的历史任务。决议强调要加强党对军队的绝对领导,提高党中央在红军中的威信,强调加强一、四方面军团结的极端重要性,并提出苏维埃革命胜利的前途与两条战线的斗争。

为了实现党的战略方针,会议还就组织问题进行了讨论。决定增补四方面军干部陈昌浩、周纯全两人为政治局委员。会议还决定:成立红一方面军总部,由周恩来任司令员兼政治委员。陈昌浩任中国工

---

① 中国工农红军长征史料丛书编审委员会:《中国工农红军长征史料丛书·综述·大事记·表册》,解放军出版社,2016年,第156页。

农红军总政治部主任,周纯全任副主任。①

此次会议还首次把民族问题提到决定中国革命事业成败的高度,并系统地加以概括和总结。会议指出应根据各民族地区的具体情况,采取多种多样的政权形式,即在一些阶级分化不明显,阶级斗争尚处于开始阶段的民族中采用人民共和国及人民革命政权形式,反之则可组织工农苏维埃或劳动苏维埃。会议特别提出,要在少数民族中选拔和培养党的干部。

沙窝会议为党的民族工作的发展指明了方向,同时对加强一、四方面军的统一领导与团结,坚定创建川陕甘根据地的必胜信心,起了积极的作用。这次会议也开始公开暴露出张国焘与党中央的政治分歧。

### 8. 毛尔盖会议

沙窝会议后,张国焘在毛尔盖召集四方面军军以上干部会议,公开进行分裂党和红军的活动。为了进一步统一战略思想,1935年8月20日,中共中央政治局在毛尔盖召开会议。会议着重讨论红军主力的发展方向问题。出席会议的有毛泽东、张闻天、博古、王稼祥、陈昌浩、邓发、凯丰,以及徐向前、李富春、林彪、聂荣臻、李先念等。会议首先听取了毛泽东关于夏洮战役后的行动方针的报告。与会人员一致同意毛泽东关于到达夏洮后,红军主力应向东南陕甘边界发展的报告,并通过了《关于目前战略方针之补充决定》。决定说明了实现这一战略方针在政治上、敌情上、居民群众条件上以及物质条件上的有利理由和依据。针对张国焘要红军主力西渡黄河的错误计划,决定具体分析了西渡黄河的不利和困难。

毛尔盖会议是两河口会议、沙窝会议的继续和发展。这次会议确

---

① 中国工农红军长征史料丛书编审委员会:《中国工农红军长征史料丛书·综述·大事记·表册》,解放军出版社,2016年,第158—159页。

定的以岷州、洮河为中心向东发展的行动方针,是对两河口会议决定的补充,对于明确红军主力发展方向,克服张国焘的分裂主义危险起到了积极的作用。①

### 9. 巴西会议

1935年8月底,中央率右路军穿过茫茫草地到达班佑、巴西一带,等待与左路军会合。9月3日,左路军先头部队五军到达墨洼附近。张国焘借口墨曲村水涨和草地不易通过,强令部队返回阿坝,拒不与右路军会合,并致电中共中央提出要右路军"回击松潘敌,左路军备粮后亦向松潘进"的主张,要求党中央南下,甚至企图危害党中央。针对这种情况,中共中央于9月2—9日在巴西班佑寺(今阿坝若尔盖东的巴西乡)连续召开政治局会议,经充分讨论仍坚持北上的正确路线。会议分析了红一、四方面军会师后张国焘分裂党和红军,抗拒中央命令的种种表现,分析了张国焘依仗优势兵力,妄图凌驾和危害党中央的危险处境。毛泽东等一致认为,在此种危急关头,再继续说服、等待张国焘率领左路军北上,不仅不可能,而且会招致严重后果。为了坚持北上建立川陕甘根据地的方针,同时为了给整个红军北上开辟道路,会议决定采取果断措施,立即决定率领一、三军团(即一、三军)和军委纵队先行北上,脱离危险区域。9月10日凌晨,党中央率直属纵队离开巴西地区向甘肃俄界进发,并通知已到俄界的林彪、聂荣臻,行动方针有变,部队在原地等待。会议还决定以后右路军统归军委副主席周恩来指挥,并委托毛泽东起草《中共中央为执行北上方针告同志书》。

巴西会议是决定党和红军前途命运的一次关键会议,又一次将红军从危机中解救了出来,在中共党史上有着重要的历史地位。

---

① 肖月、王玮整理:《长征中决定红军战略走向的历次会议》,中国网,2016年4月28日。http://zgsc.china.com.cn/tt/2016-04-28/494774.html。

10.俄界会议

1935年9月上旬,刚走出草地的中共中央正准备部署红一、四方面军共同北上,张国焘却突然强迫红四方面军南下,再次返回草地、雪山。在这种形势下,中央决定从巴西一带出发,率领红一、三军团及中央直属纵队共8000余人继续北进。9月11日,长征途中的党中央率军委直属纵队和红一方面军红三军团,由四川若尔盖进入今甘肃省甘南藏族自治州迭部县达拉沟,与先期到达的红一方面军红一军团汇合。9月11日夜至12日,中共中央在达拉沟高吉村召开政治局紧急扩大会议,史称俄界会议。参加会议的有:毛泽东、张闻天、博古、王稼祥、邓发、刘少奇、凯丰,以及蔡树藩、叶剑英、林伯渠、李维汉(罗迈)、杨尚昆、林彪、聂荣臻、彭德怀、李富春、罗瑞卿、朱瑞、袁国平、张纯清、李德等。会议讨论了张国焘分裂党、分裂红军的错误和部队整编的问题。毛泽东作了《关于与红四方面军领导者的争论及今后战略方针》的报告。会议通过了《关于张国焘同志的错误的决定》。此次会议还成立了以毛泽东、周恩来、王稼祥、彭德怀、林彪组成的五人团为红军最高军事领导核心,并决定组建中国工农红军陕甘支队。①

俄界会议是遵义会议后党中央召开的具有重大历史意义的一次会议,也是中共中央在甘肃召开的第一个最高级别的会议。俄界会议召开在党中央同张国焘右倾分裂主义斗争的危急时刻,是遵义会议后中国共产党独立自主地解决中国革命问题的一次探索实践,是中国共产党在政治上进一步走向成熟的标志。

11.哈达铺会议

1935年9月18日,党中央率领红一方面军突破天险腊子口,占领

---

① 中国工农红军长征史料丛书编审委员会:《中国工农红军长征史料丛书·综述·大事记·表册》,解放军出版社,2016年,第162页。

了大草滩、哈达铺。20日毛泽东、周恩来等领导到达哈达铺。21—22日，中共中央和红一方面军主力在哈达铺休息整编。期间，中共中央从搜集到的一部分天津发行的8月份《大公报》中，梳理出极为重要的情报：陕甘红军和根据地仍然存在。9月22日下午，党中央在哈达铺关帝庙召开团以上干部会议。毛泽东在会上作关于形势和任务的报告。在这个报告里，毛泽东代表党中央向全军正式发布了"到陕北去"的决定。这是中央红军自1934年10月离开江西苏区开始长征以来，第一次提出明确具体的最终目的地。毛泽东在报告中回顾了红军长征一年来所走的艰难道路，宣布要北上抗日。这一决定改变了俄界会议在靠近苏联边界的地方建立根据地的方针，解决了长征以来悬而未决的落脚点抉择问题。会议决定将红一方面军正式改编为中国工农红军北上抗日陕甘支队，全支队共约7000人，目标是与刘志丹领导的红军会合，实现三大主力红军的胜利会师。

哈达铺会议是决定中国工农红军长征命运的重要会议。

## 12. 炉霍会议

1936年4月，朱德主持召开炉霍会议。会议的主要内容是：一、朱德根据中央的电令，宣布将二、六军团，加上三十二军（属一方面军的九军团）合编为二方面军，同时决定四方面军在甘孜与二、六军团会合，共同北上；二、讨论了组织迎接二、六军团的有关问题；三、由于部队南下牺牲大，又多次往返雪山草地，连续行军激战，伤病员很多，会议决定对部队进行整编；四、会议还决定成立红军干部训练队，由陈赓任大队长，整编剩余的干部调回红军大学训练；五、会议总结了前段时期在少数民族地区执行政策的情况，纠正了一些"左"的做法，决定加强对藏族上层人士的统战工作和少数民族的团结。

炉霍会议是红军长征途中的一次重大会议，它总结了红军长征南下以来各项民族工作的经验教训，实现了少数民族上层工作的重大突破。炉霍会议中朱德坚持四方面军就地整编、训练、筹粮，策应二、六军团北进的原定决策，及时避免了红四方面军再度南下、再遭重创、再陷绝境的严重后果，为二、四方面军会师和共同北上奠定了基础。

13. 中共西康南路工作会议

1936年6月4日，红六军团与红四方面军前来接应的第三十二军在理化（今理塘县）甲洼村会师。两军领导在甲洼村向阳喇嘛寺内，举行了中共西康南路工作会议。会上，红三十二军军长罗炳辉向红六军团领导介绍了张国焘分裂红军、另立中央的一些情况，使王震、肖克等领导第一次了解到张国焘的分裂活动。

14. 甘孜会议

1936年7月1日，红二、六军团在甘孜胜利会师。7月2日，红二、红六军团的领导人在甘孜喇嘛寺内召开会议，着重讨论北上与中共中央和红一方面军会合问题。会上任弼时、贺龙、关向应和朱德、刘伯承揭露了张国焘的分裂行径。会议提出了继续北上与党中央会合的行动方针。根据党中央的指示，决定由红二、红六军团组成红二方面军，同时将红四方面军的第三十二军划归红二方面军指挥。贺龙任总指挥，任弼时任政治委员。决定先在甘孜做短期的休整和准备，再与红四方面军共同北上。

15. 求吉寺会议

1936年8月1—3日，红四方面军各部第三次过草地，于8月初到达班佑、包座、求吉一带。鉴于张国焘反对北上坚持南下的严峻形势，8月5日，中央西北局在求吉寺召开会议。会议主要讨论党内生活和今后行动计划两个问题。由于大多数与会者的反对，张国焘最终放弃了西渡黄河向青海、新疆发展的意见。会议根据甘南敌情和中共中央关于迅出甘南、抢占腊子口、攻占岷县的指示,拟定了《岷(州)、洮(州)、西(固)战役计划》,决定由二、四方面军共同组织此次战役。

## 二、红军长征在藏区的主要战役

在长达两年的长征中,红军将士同敌人进行了 600 余次战役战斗,师以上规模约 120 次。其中,1935 年 5 月至 1936 年 10 月间红军长征经过藏族地区,这是环境最恶劣、战斗最激烈的地区。红军与国民党军队和地方反动武装进行了英勇的战斗,打了许多漂亮的歼敌战役。红军长征途中在藏区的这几场重要战役战斗的胜利,对突破国民党军队的围追堵截,实现党的北上抗日、建立革命根据地的主张有着重要的意义。

### 1. 土门战役

1935 年 4 月,红四方面军西进川西北。北川河谷是红四方面军西进岷江流域的唯一通道,南面高山耸立,东西蜿蜒百余里,是南扼川西平原、北控北川河谷的天然屏障,地形十分险要。位于北川河谷中段的土门,是东达北川、西进茂县的要隘。国民党川军为阻止红四方面军,急调 3 个旅到四川茂县,布防土门及北川河谷。红四方面军为打破国民党军北川河谷防线,于 1935 年 4 月底发动土门战役。战役分两步实施:第一步,向南夺取伏泉山、千佛山、观音梁子,控制北川河谷,造成红军攻打成都的态势,以吸引和调动国民党军主力。第二步,突破土门要隘,主力乘胜西进。

4 月底 5 月初,红三十军八十八师先后击溃川军两个旅,一举攻占伏泉山、墩上、大垭口。红军主力相继进入北川地区。5 月 6—12 日,两军在大垭口、白家林、千佛山等地展开激战。13 日,红三十一军一部攻占桃坪。14 日拂晓,红四方面军向土门发起总攻。经激战,红军突破土门防线,于当日占领土门、干沟,5 月 15 日攻占茂县。国民党军发起反击,以近 30 个团的兵力于 18 日向千佛山一线发起总攻,企图重新封锁土门,截断通道,阻止红军西进。红四方面军第九军、三十军为主力,击溃川军 7 个团和部分地方民团,占领茂县,①打通了红四方面军西进岷江流域的通道。随后,由红四、红三十一军各一部和红三十三军坚守伏泉山、千佛山、土门一线,在完成掩护和牵制任务后,由东向西逐次撤出阵地,直到 7 月 14 日全部撤离。②

土门战役是红军长征中的一个重要战役,为保障红四方面军西进并与党中央和红一方面军会师起到了重要作用。

## 2. 雁门关战斗

汶川县雁门关位于鸡公山延伸至岷江的高岗处,峭壁削立,西临大江,威州至茂县大路穿关而过,有"西陲锁钥"之称。1935 年 5 月 16 日下午,红军二十七师先头部队行进至汶川县的茓山、青坡、萝卜寨一带。当时有土门逃至雁门关的陶凯部收集溃兵五六百人编成的一营和由灌县抵雁门关的国民党第二十五团一、二营及屯殖军溃部两个连设防于雁门沟沿线。③5 月 23 日,总指挥徐向前在雁门乡索桥村川主庙指挥"雁门关战斗"。27 日,红四方面军第九军、三十军主力在雁门关地区对守军发起攻击,守军凭借有利地形顽强坚守,激战至下午,红军夺取麻地口等制高点,顺势向守军横扫。29 日拂晓,红军向过街楼发起进攻。当晚 11 时,攻克陶凯部右翼据点,陶凯部溃逃。红军追至板桥关,与李家珏部敖向荣旅遭遇相持,红二十七师当夜攻占川西

---

① 中国工农红军长征史料丛书编审委员会:《中国工农红军长征史料丛书·综述·大事记·表册》,解放军出版社,2016 年,第 288 页。
② 中共四川省委党史研究室:《红军长征在四川图志》(下),四川人民出版社,2016 年,第 361 页。
③ 中共阿坝州委党史研究室、阿坝州地方志办公室编:《阿坝州志之红军长征在阿坝》,四川大学出版社,2007 年,第 43 页。

北重镇威州。雁门关战斗从 5 月 16 日下午一直持续到 5 月 29 日，历时 13 天，是红四方面军 1935 年最惨烈的一场战斗，红四方面军牺牲了上千人。击溃国民党军 1 个团，歼灭国民党军 1 个营，缴获枪支 200 余支。①

### 3. 飞夺泸定桥

1935 年 5 月 25 日，红一军团第一师第一团在安顺场强渡大渡河成功。由于此处水深流急，难以架桥，加之缺少船只，大部队难以在几天之内全部渡河。在追军迫近的情况下，红军决定红一师及干部团由安顺场继续渡河，沿大渡河左岸北上。主力由安顺场沿大渡河右岸北进，两路夹河而上，直取泸定桥，打破国民党企图围歼红军于大渡河南的计划。5 月 27 日，红二团与瓦坝的守敌 1 个团激战数小时，将敌人击溃。28 日，红一军团第二师二团急行 100 多里，在得托战斗中不到半小时击溃守敌。29 日，红二团在地形险要的海子山，与凭险扼守的敌十一团，进行了最激烈的一场战斗。红三团一部及时赶到投入战斗，将敌人击溃，并乘胜追击，占领了距泸定城 50 里的敌旅部所在地龙八步，继续向泸定桥前进。与此同时，红四团于 27 日由安顺场出发沿河右岸前进，在猛龙岗、摩西等地先后击破国民党川军的阻击，于 29 日凌晨占领泸定桥西桥头。驻守泸定城的川军第四旅第三十八团在东桥头建有坚固的防御工事，桥上的桥板已被全部拆除，只剩 13 根铁索。29 日 16 时，红四团第二连的 22 名勇士组成突击队，冒着守军的密集火力，攀踏着铁索向对岸冲击，攻占了桥头堡。红军后续部队紧随渡河，迅速击溃守军 1 个团，占领了泸定县城。整个战斗仅用了两个小时，就夺取了泸定桥。②

---

① 中国人民革命军事博物馆编著：《中国战典》（下卷），解放军出版社，2008 年，第 391 页。
② 中国人民革命军事博物馆编著：《中国战典》（下卷），解放军出版社，2008 年，第 391—392 页；中国工农红军长征史料丛书编审委员会：《中国工农红军长征史料丛书·综述·大事记·表册》，解放军出版社，2016 年，第 150 页。

## 第一章
## 红军长征经过藏区

强渡大渡河，飞夺泸定桥，是中央红军长征途中最重要的战斗之一。中央红军主力渡过大渡河，使国民党军凭借大渡河天险让中央红军成为"石达开第二"的企图破灭，打开了中央红军北进的道路。

4.丹巴战斗

1935年5月至1936年7月间，红军在丹巴境内共经历了5次战斗。第一次是1935年5月镇布河坝强渡大渡河。1935年5月，红军攻占懋功后，派兵进攻丹巴，为的是消灭、驱逐在丹巴堵截红军的国民党军队，以达到警戒和钳制康定方面敌军的目的。第二次是1935年10月的巴底南街之战。1935年10月14日，红四方面军一部沿大金川而下，经过激烈的南街之战，红军于16日攻占丹巴县城。另三次战斗是围攻顶锅山与五里桥伏击战，以及惨烈的黄经寺突围战（数十位战士投河自尽），苦战独狼沟。这些战斗为红军西行道孚打开了通道。

5.岭岗战斗

岭岗控制着岷江西部上至理番、下至灌县的通道。为了实现红军第一、第四方面军会师北上，1935年5月下旬，红一方面军在渡过大渡河后，即向懋功地区挺进。红四方面军一部由岷江地区兼程西进，策应中央红军北上行动。6月5日，红四方面军第三十军第八十九师从新桥、茅岭出发经三葱岭、黑窝子、君母槽、雪花坪、木兰等地迂回包围岭岗。红军一路夜行插入敌军四团第一、二营间，突袭两营阵地后迅速撤出，使两营间相互混战。6日拂晓，红军第八十九师发起全面攻击，经过激战，共毙伤敌军800余人，俘获300余人，缴获枪支200余支。①

---

① 中国工农红军长征史料丛书编审委员会：《中国工农红军长征史料丛书·综述·大事记·表册》，解放军出版社，2016年，第289页；中共阿坝州委党史研究室、阿坝州地方志办公室编：《阿坝州志之红军长征在阿坝》，四川大学出版社，2007年，第44页。

## 6. 懋功战斗

懋功战斗一共进行了两次，分别是1935年6月和10月。1935年6月8日，中共中央和中革军委发布指示：红军基本任务是尽一切努力不顾一切困难取得与四方面军直接会合。当日，中央红军占领芦山，开始翻越夹金山，向懋功前进。为迎接中央红军北上，红四方面军派第三十军第八十八师和第九军第二十五师、二十七师各一部由岷江地区兼程西进。6月8日，红四方面军第九军一部到达懋功东北抚边，遭到国民党川军第二十八军两个营及地方武装近千人的拦阻。为了消灭该部国民党军，红军强渡大河，冒着川军的密集火力，向守军发起猛烈攻击，毙俘川军700余人，攻占懋功城，并到达该城东南达维镇。12日，红一方面军先头部队红一军团第二师第四团在夹金山、达维之间与红四方面军第九军第二十五师第七十四团胜利会师。

在之后的绥崇丹懋战役中，南下川康边的红四方面军第三十军于10月20日在懋功与川军第二十军二个旅另一个团展开激战，守军不支，向夹金山以南撤退。转战到达维镇的红九军第二十七师主力当即向西截击，缴获甚多。此战，击溃川军两个旅一个团，毙俘川军数百人，第二次占领懋功。[①]

## 7. 喇嘛寺战斗

杂谷脑喇嘛寺是当地一座最大的寺院，旧时有几百个喇嘛。红军到理番县之前，国民党特务已潜入寺院，挑动喇嘛与红军作对，此前被红军打垮、打败的国民党散兵败将，也避入寺院，此外还有当地的屯兵和土匪，都汇聚在寺院，提出所谓"武装保卫寺院"的口号，反对红军。6月16日，红四方面军总部派出红军代表前往喇嘛寺继续开展宣传工作时，喇嘛寺喇嘛暴动，用大刀砍杀红军，造成红军战士的

---

[①] 中国人民革命军事博物馆编著：《中国战典》(下卷)，解放军出版社，2008年，第394页。

伤亡。6月18日,"中共妇女部"和"少共妇女部"接受了红军总部进攻喇嘛寺的战斗任务,学兵连也参加了战斗。19日上午,红军约一个连向喇嘛寺发起正面猛攻,早已集结于寺院坡下大坝(今杂谷脑镇关田村)的近300名喇嘛和屯兵居高临下向红军射击。从大坝到山脚的磨子沟坡度陡峭,红军被敌人密集的火力压退。此时,隔沟对面山上的瓦窑坪,红军的大炮向敌人进行猛烈的轰击,喇嘛和屯兵慌乱逃窜,红军乘势抢占大坝。退回寺院的敌人见红军人数不多,又对红军进行反扑。红军正面佯攻,时进时退,拖住敌人。午后,两连女红军分头沿喇嘛寺山脚左右两侧的山沟迂回包抄寺院;三路红军对寺院形成了火力包围,打死打伤敌人数十人,寺院敌人纷纷从寺院后山夺路而逃,红军占领了寺院,取得了这场战斗的胜利。

喇嘛寺之战,打出了女红军的声威,妇女的力量第一次在川西少数民族地区产生了极大的影响。国民党企图利用宗教势力阻截红军前进的阴谋宣告破产。

### 8. 巴朗山战斗

红军在位于懋功、汶川交界处的巴朗山垭口曾数次与国民党军邓锡侯部发生战斗。1935年6月,红四方面军九军七十四团第三营奉命向巴朗山以东游击、警戒。红军于山东坡向阳坪与邓锡侯部李勋伯团遭遇,红军退守巴朗山垭口,打退李团数次进攻。邓锡侯部牛春浓团增援,以两个团兵力向红军阵地正面进攻和侧翼包抄,被红三营击退。此后,红军援军到达,发起反击。邓部溃逃,红军追击数十里,李、牛两团退至卧龙关以东地区。战斗中,红军歼灭邓部300余人。

1935年10月,红二十七师歼灭邓锡侯部李硕团200余人,占领日隆关。红二十七师派出八十一团追击东逃的李硕团。23日上午,红八十一团冲上巴朗山,正面进攻受阻,即以一部从侧面包抄至向阳坪,断李团后路。李硕将全团分散,沿山间小径逃命。红八十一团乘胜追击。李硕逃至邓生时，将该处兵站粮食、军服等物资烧毁。红军追至撮箕桥时，邓部李勋伯团和陈麟团赶到增援，李硕逃脱，其残部仅余约3连人。红八十一团分路出击，以一部向李勋伯右翼包抄，另一部夺撮箕桥后向新店子、三道桥进攻，击溃李勋伯团追至卧龙关。此后，红军拒邓部于牛头山、平架子、皮条河一线。①

### 9.猛固桥战役

猛固桥是猛固桥和马鞍桥的合称，位于四川小金县城（旧称懋功）美兴镇以东7公里处。猛固桥横跨于沃日河上，马鞍桥横跨于抚边河上。两座桥相隔不足200米，都是地势险要、易守难攻。1935年6月，红四方面军李先念率领部队在猛固桥与川军展开了激烈战斗，一举粉碎了国民党守军的严密封锁，率先抢占了这一战略要地，为迎接中央红军顺利进驻小金县城扫清了障碍。

### 10.松潘战役

红一、四方面军会师后，蒋介石判断红军可能进入西康、青海或北上陕甘，故集结川军主力刘湘、孙震、李家钰等部约90个团以上，固守江油（不含）、汶川地带，以阻止红军东进。以胡宗南所部27个团，固守甘肃文县和四川松潘、平武、江油地区，阻止红军北上。以杨森、邓锡侯等部约50个团，由宝兴、大川、牛头山地段向北筑垒推进，阻止红军南进。以刘文辉、李抱冰等部约15个团，在康定、丹巴、泸定地域筑垒并扼守大渡河右岸，阻止红军向川康边发展。以薛岳部周浑元、吴奇伟两纵队向绵阳集中；郭勋祺部集结新津，均策应岷江东岸的行动。万耀煌部留清溪、雅州筑垒待机。同时，调于学忠为川陕甘"剿匪"

---

① 中共阿坝州委党史研究室、阿坝州地方志办公室编：《阿坝州志之红军长征在阿坝》，四川大学出版社，2007年，第47页。

总司令。中革军委根据两河口会议所确定的战略方针和当时的敌情估计，于 1935 年 6 月 29 日制定了《松潘战役计划》，决定红一、四方面军采取运动战消灭国民党军的战略手段，北取甘南为根据地，达到赤化川陕的目的。并将一、四方面军分为左、中、右三路军和岷江支队、懋功支队，迅速、机动、坚决地消灭松潘地区的胡宗南部队，控制松潘以北及东北各道路，以利北向作战和发展。① 红一、四方面军随即分路北上。红一军团进至马塘后该去黑水、芦花、毛尔盖方向。7 月 6 日，红四方面军从理番、茂县和平夷堡地区出发向松潘前进。8 日，攻下石碉楼、瓦布梁子。10 日，红一、四方面军先头部队到达毛尔盖后发动进攻，占领了毛尔盖。19 日，中革军委制定了《松潘战役第二步计划》，重新调整了进攻松潘的兵力部署。24 日，前敌指挥部到达毛尔盖后，立即指挥准备攻打松潘。但因实际情况的变化，中革军委决定停止执行松潘战役计划。松潘战役终止。

11. 塔子山战斗

1935 年 6 月，中国工农红军第三十军在北距松潘县城 1 公里的塔子山与李文旅激战。拂晓前，红军向国民党军塔子山阵地发起进攻，经过约 3 个小时的战斗，夺取山顶制高点，歼李文部 1 个机枪连。李文以 1 个营兵力组成敢死队向山顶轮番强攻。红军占领制高点后，无后援增援，弹药得不到补充，最后南撤。塔子山战斗，红军击毙李文部营长以下官兵 300 余人。

12. 龙日坝战斗

1935 年 7 月初，红一军团第二师第六团、第五团三营和无线电

---

① 中共阿坝州委党史研究室、阿坝州地方志办公室编：《阿坝州志之红军长征在阿坝》，四川大学出版社，2007 年，第 32 页。

二十一分队从阿坝红原县康猫寺出发,执行经草地绕出松潘以北的探路任务。途中,红军前卫发现有少数当地骑兵。当地骑兵退却后,下午4时许,红军第六团在龙日坝附近与杨俊扎西所率1000余当地骑兵遭遇。红六团以第二营掩护,一、三营抢占东西面小山坡。红军未及展开,当地骑兵就发起了冲锋。草地开阔,利于骑兵作战。红六团长途跋涉,饥疲交加,首次与骑兵作战缺乏战斗经验,阵地多次被当地骑兵冲入,激战5小时后,第一营掩护,红六团主力向南撤退。团政委重伤,官兵伤亡400余人。①

### 13. 毛尔盖战斗

1935年7月,红军入草地绕攻松潘行动失利后,松潘以西的毛尔盖地区(今上八岩)成为红军进攻松潘和北出甘南的必经途经。中共中央、中革军委率红一方面军主力北上卓克基,该方面军第一军团及红四方面军第三十军一部经马塘、康猫寺向松潘以西的毛尔盖地区前进。7月12日,红一军团一部和红三十军第二六八团抵达毛尔盖,拔除李日基营外围3个警戒哨,夜间向其一、二连阵地进攻。李营以有利地形和坚固工事拒守,红军未攻克,实施包围。7月12日,红军击毙李营守寺院大门的副营长和1连长后,李营乘夜率部向寺院东北方突围。红军追击,俘获李营敌军近百人。红一军团侦查连和第三十军二六八团两个连围李营残部于腊子山以西25公里处,除李日基率少数人逃脱外,全部被歼灭。此次战斗红军共俘获敌军300余人,缴获长短枪200余支,机枪19挺,无线电台1部,击落国民党飞机1架。②

---

① 中共阿坝州委党史研究室、阿坝州地方志办公室编:《阿坝州志之红军长征在阿坝》,四川大学出版社,2007年,第34页。
② 中国工农红军长征史料丛书编审委员会:《中国工农红军长征史料丛书·综述·大事记·表册》,解放军出版社,2016年,第289页。

## 14. 马岭山、薛城战斗

1935年8月，汶川境内的红三十三军按照红军总部指示，向卓克基方向收缩，放弃天成山和草坡。国民党邓锡侯部杨宗礼旅占领草坡后向马岭山进攻。当时红三十三军第一九七团的1个连主力正驻守马岭山主阵地，并派20余名红军战士在西南坡山王庙设警戒哨。杨宗礼旅两营分两路进攻马岭山，山王庙警戒哨被偷袭，20余名红军无一生还。杨旅在飞机掩护下向马岭山进攻，多次短兵相接，红军奋勇抵抗。稍后，红军两连援兵赶到，增强了防守实力，打退了杨旅7次进攻。红军伤亡连以下干部战士近100人，国民党军死伤官兵200余人。已占天成山的国民党军范绍增师一部以侧面向红军攻击，红军撤至涂禹山。之后红军继续向理番撤退，国民党军沿杂谷脑河和涂禹山等地翻山越岭向薛城包抄。

在理番境内的红军仅有九十九师二九五、二九七两个团。二九七团和师直属队在薛城至杂谷脑一带，二九五团在米亚罗至尽头寨一线。他们担负着阻击东面国民党军进攻，掩护红军后方机关向卓克基一带转移，然后退守马塘的任务。守卫甘溪的红军退回薛城，同一九七团一部设防于县城东1公里的梓桐宫一带。国民党军范绍增师孟浩然旅对梓桐宫阵地的多次进攻被红军击退。孟旅以两个连为敢死队再次向红军猛攻。红军以有利地形坚守阵地，击退其进攻。邓锡侯部杨旅1个团抄袭占领了城南高地，红军奋勇反击，终因武器弹药缺乏，近100人阵亡。邓部和范部对红军形成包围。红军放弃梓桐宫阵地撤回薛城，战斗中红军师政委牺牲。红军于夜间全部撤离，退至杂谷脑。

## 15. 阿坝县战斗

从1935年8月至1936年8月间，红军先后两次途经阿坝县，历时百余天。阿坝县是川西北藏族居民比较集中的地方。国民党在红四方面军进入阿坝前，特务康泽派遣李海南去四土、黑水、阿坝发动和组织反动武装阻击红军北上，并委任阿坝当地的官员华尔功臣烈为"游击司令"。红军到阿坝时，曾遭遇华尔功臣烈所率武装的猛烈阻击，但终被红军击溃，并于 8 月 21 日占领阿坝县城。阿坝战斗在红军长征中具有重要意义。

### 16. 夏洮战役

根据两河口会议精神，红军总部制定了松潘战役计划。但由于张国焘对北上的消极态度，延误了战机，最终导致松潘战役计划难以施行，不得不放弃。此时红军只有通过千里草地，这给北上带来了很大困难。为确定下一步红军的进军方向，1935 年 8 月初，中革军委召集会议制定了《夏（河）洮（河）战役计划》，并于 8 月 3 日颁布。夏洮战役以攻占阿坝、迅速北进夏河流域突击国民党军包围线的右侧背，向东迫近，于洮河流域消灭遭遇的国民党军主力，形成在甘南广大地区发展的局势为战役目标。夏洮战役计划颁布后，左路军各部即向卓克基集结。红军第一纵队第二十五师七十四团为先头团，占领大藏寺后向阿坝前进。左路军主力第一纵队向阿坝进发。红三十军九十三师由康猫寺经龙日坝向阿坝出发。九十三师先头部队在档格哈里玛山西南 15 公里处击溃阿坝当地骑兵。红九军二十五师和红五军从马尔康大藏寺一带出发，在四寨与九十三师会合。二十五师击溃地方武装占领查理寺后，红军又占领阿坝。8 月，红军先头部队击溃胡宗南一部和当地武装的阻击，占领班佑，之后红一、三、四、三十军和军委纵队开展包座战斗。右路军在包座战斗取得胜利后，红一军 9 月初奉命由巴西、阿西茸一带北进甘南。右路军各部在班佑、巴西、包座、俄界等地等待左路军北进，但张国焘坚持其西进或南下的方针，拒不执行中央关于率左路军向东靠拢右路军的命令，致使夏洮战役被迫终止。[①]

---

[①] 中共阿坝州委党史研究室、阿坝州地方志办公室编：《阿坝州志之红军长征在阿坝》，四川大学出版社，2007 年，第 37—40 页。

17. 包座战斗

包座位于四川松潘县北部（今属若尔盖县），是通往甘南的必经之地。国民党胡宗南部独立旅第二团分驻上包座的大戒寺一个营、求吉寺二个营，两处凭借山险林密，筑以集群式碉堡，构成一个防御区，卡在红军进入甘南的必经之路上。

1935年8月22日，红军右路军（辖红一方面军第一军、第三军和红四方面军第四军、第三十军）从毛尔盖出发，于26日到达并攻占若尔盖的班佑、巴西、阿西茸地区，将溃退的国民党军围困在卓藏寺北高地碉堡内。国民党军胡宗南部发现红军北上，于27日以第四十九师由漳腊向包座急进，企图会同其已控制包座地区的一个团，在上、下包座至阿里茸一线堵截，截住红军进入甘南的门户。为开辟前进道路，红军第三十军和第四军一部采用"围点打援"战术，发起包座战斗。

8月29日黄昏，部队发起攻击。经一夜激战，红军扫清外围据点，并攻占了大戒寺。残敌退入大戒寺后山碉堡负隅顽抗，等待援兵。为诱敌来援，红军对其围而不攻。30日夜，援敌四十九师先头部队二九一团进抵大戒寺以南。为诱敌深入，红三十军以二六四团略作阻击便且战且退，撤至大戒寺东北山区隐蔽。敌见我阻击无力，包座敌人又频频告急，便放心大胆地急速前进，至31日下午，敌二九一、二八九两个团进至包座河西岸，二九四团进到包座河东岸，师部进至大戒寺以南，全部被诱入我伏击圈内。下午3点，红军向敌四十九师发起总攻，隐蔽在山上的红军将士一齐向敌出击，红军第八十八师第二六八团由包座河以西像一把钢刀一样插入敌二九一团和二八九团之间，切断了东西两岸敌人的联系，敌四十九师被分割成三块，首尾不能相顾。刚刚走出草地的红军英勇拼杀，在气势上完全压倒了敌人，一个小时后，首先将敌二九一团歼灭。经七八个小时的激烈战斗，终于在31日晚将国民党军第四十九师全部歼灭，师长伍诚仁受伤后跳入包座河（后被随从救起逃跑）。固守在大戒寺后山高地的200余敌人，见大势已去，在红军政治攻势下全部缴械投降，求吉寺之敌也被全歼。包座战斗经三天激战，毙、伤敌师长及所部4000余人，俘敌800余人，缴获大量武器装备和粮食、牛羊。①

包座战斗是红一、红四两个方面军会师后，红四方面军在党中央直接领导下取得的一次重大胜利。此役的胜利，扫清了红军北上的障碍，打开了向甘南进军的通道，为实现党中央北上战略方针做出了重大贡献。

18. 腊子口战斗

1935年9月13日，中国工农红军陕甘支队（由红一方面军第一军、第三军和军委纵队改编）从甘肃俄界出发，继续长征北上。16日，先头部队红四团在前进中击溃国民党军新编第十四师第六团的阻截，当日下午逼近甘肃省南部要隘腊子口。腊子口是四川通往甘肃的要道，素有天险之称。隘口两边峰峦壁立，中间是奔腾咆哮的腊子河。河上横架一座木桥，是进入腊子口的唯一通道。由国民党军鲁大昌部第十四师凭险据守。敌军在桥头构筑了碉堡，布置了两个营的兵力防守。另外，从山口往里，直至岷县，纵深配置了三个团的兵力，严密封锁红军北上进入岷州地区的道路。此外，在腊子口后面，敌军设有仓库，囤积着大量的粮弹；在岷州城内驻扎着随时可以增援的主力部队。9月16日，红四团进抵腊子口，决定以第六连从正面强攻，夺取木桥；第一、第二连迂回到隘口守军侧后，两面夹击，夺占隘口。入夜，攻击开始。六连挑选了20名红军战士组成突击队，于当晚开始向敌人桥头阵地接近。但因地形险要和得不到右侧一、二连的配合，连续进攻五次都未成功。后红军改以一个连在正面采取小群动作轮番攻击，疲惫与消耗守军，另两个连从腊子口左侧攀登悬崖陡壁，突袭守军侧背，经过激

---

① 中共四川省委党史研究室：《红军长征在四川图志》（下），四川人民出版社，2016年，第417页。

烈战斗，夺取天险腊子口，消灭守军近两个营，突破敌人的封锁线，粉碎了敌人企图把红军困死在腊子口的企图。接着，红军在大草滩（今三草滩）歼灭守军一部。18日在岷县道路上俘获一个排。此战共击溃国民党新编第十四师第五团两个营及第一、第六团各一个营，缴获手提迫击炮3门。① 红四团占领腊子口，为红军陕甘支队北上打开了通路。

19. 绥崇丹懋战役

1935年8月底，中国工农红军第一、第四方面军长征通过草地到达四川省北部阿坝、巴西地区后，张国焘拒绝执行北上方针，强令红军南下。红四方面军各军和红一方面军第五、第三十二军先后从阿坝和巴西、包座地区南下，于9月下旬集结于马塘、松冈、党坝一带准备向南进攻。得悉红军南下后，国民党立即沿大、小金川布防。其第二十四军两个旅，位于大金川沿岸之绥靖、崇化（今安宁）、丹巴一线；第二十军四个旅一个团，位于小金川沿岸之懋功（今小金）、抚边、达维一线；第二十八军一个团驻守抚边以东之日隆关等地，企图凭借高山峡谷，阻止红军南下。10月7日，张国焘在卓木碉（今马尔康县脚木足）发布《绥（靖）崇（化）丹（巴）懋（功）战役计划》，将所属部队分为左右两路纵队和左侧支队。

10月8日，右纵队红九军第二十五师七十四团首先向观音河西岸刘文辉部两个连及1000余绰斯甲当地武装发起攻击，于观音桥下游3公里处的麦卡斯强渡未果后，红军于观音河上游半公里处的殷多寺乘夜用木筏偷渡成功，占领周山（绰斯甲土司官寨）。战役开始时，由于右纵队分离太远，无法集中投入战斗，红军总部调整部署。左纵队红四军从党坝地区出发成功西渡大金川河，12日夺取绥靖，16日攻克丹巴县城。红三十军也于11日渡过党坝河，15日攻占崇化，20日攻克懋功。

---

① 中国人民革命军事博物馆编著:《中国战典》(下卷)，解放军出版社，2008年，第401页。

红二十七师 15 日攻占两河口，16 日攻克抚边，19 日夜袭击达维。红三十军在攻克懋功后迅速向东南方向发展，于 22 日连占日隆关、巴郎关、火烧坪、邓生等地。至此，绥崇丹懋战役结束。此次战役击溃川军杨森、刘文辉部六个旅，毙、伤、俘敌 3000 余，占领丹巴、懋功两城及绥靖、崇化、抚边三屯和达维、日隆关等要镇。①

### 20. 两河口战斗

1935 年 10 月抚边失守后，在木坡潘家山等阵地的红二十七师绕过抚边向牛厂梁子、两河口撤退。国民党杨森部进占抚边后，防务由邓锡侯部接替。邓部以 3 个团兵力向两河口移动。同时又以其两个团沿抚边河两岸夹进。红八十团前哨与邓部在四方碉、牛厂梁子交火，红军北撤。邓部占领墨龙沟、新店子一带。红军总部电令七十九团北撤，二十七师留 1 个团牵制国民党军。邓部向两河口进攻，与红八十一团一部在火烧桥接触，红八十一团撤入两河口。邓部另派一部抄袭红军，红军撤向木城、梦笔山。在牛厂梁子至两河口一线战斗中，红军共击溃川军 3 个旅又 2 个团，毙俘 1000 余人，占领崇化、抚边、达维。②

### 21. 天芦名雅邛大战役

1935 年 10 月绥崇丹懋战役后，为阻止红军攻势，川军急忙调整部署，以近 60 个团防守汉源、雅安、芦山、宝兴、邛崃、大邑、天全、名山等地。10 月 20 日，张国焘下达《天（全）芦（山）名（山）雅（安）邛（崃）大（邑）战役计划》。24 日，红四方面军翻越终年积雪的夹金山，分左、中、右 3 个纵队向宝兴、天全、芦山守军发起进攻。经过十余日作战，

---

① 中共四川省委党史研究室：《红军长征在四川图志》（下），四川人民出版社，2016 年，第 424 页。

② 中国工农红军长征史料丛书编审委员会：《中国工农红军长征史料丛书·综述·大事记·表册》，解放军出版社，2016 年，第 290 页。

# 第一章
## 红军长征经过藏区

至11月12日，红军先后占领了邛崃山以西，大渡河以东，青衣江以北和懋功以南的川康边界广大地区，毙伤俘川军1万余人，击落飞机1架，给国民党川军以重大打击。此时，国民党川军为阻止红军的攻势，屏障成都平原，遂以第二十一、第二十三、第二十四军各一部集结于名山及其东北的夹门关、太和场、石碑岗地区，连同原在当地部队共80余团，企图与红军决战并阻止红军东进。川军第四十一军16个团正向新津、洪雅地区推进，以策应主力作战，国民党军薛岳部主力亦集结成都待命。

11月13日，右纵队红四军配属中纵队，集中15个团的兵力，由五家口向朱家场、太和场之国民党川军发起进攻，14日击溃川军两个团，占领朱家场、太和场。16日，红军攻占名山东北百丈镇，接着打退川军6个旅的反扑，随后沿百丈通邛崃大道攻击前进。并相继攻占黑竹关、治安场等地后，在敌人优势兵力阻击下受挫。11月19日起，川军十几个旅在飞机、大炮掩护下，由北、东、南三面向红军突出于百丈关地区十余里长的弧形阵地反扑。红军在极端困难的情况下，激战7昼夜，歼敌1.5万余人，但红军自身也伤亡近万人。11月下旬，兵力居于劣势且缺乏补给的红军被迫撤至名山西北地区转入防御。① 同时，右纵队红三十二军和红四军一部，分别在天全、飞仙关渡过青衣江南进，于25日克荥经，继占汉源，歼守军一部。

12月初，国民党军薛岳部以2个纵队由成都经新津、洪雅向荥经发起进攻；川军主力相继集中于雅安、名山、洪雅、邛崃等地区；国民党军李抱冰部第五十三师位于康定、泸定地区伺机进攻。红军处于不利地位，于12月中旬撤出荥经、汉源地区。天芦名雅邛大战役遂告结束。

---

① 中共四川省委党史研究室：《红军长征在四川图志》（下），四川人民出版社，2016年，第434页。

## 22. 康道炉战役

1936年2月至4月，国民党军集中薛岳部6个多师和川军主力，向天全、芦山地区大举进攻。2月15日，薛岳部攻占天全、芦山。16日，占领宝兴、灵关。红四方面军面临前有国民党军重兵压境，后无根据地，部队得不到补给等困难。于2月上旬制定《康（定）道（孚）炉（霍）战役计划》。红四方面军遂相继撤离天全、芦山、宝兴地区，经达维、懋功向西北转移。3月1日，红四方面军第三十军占道孚，15日占炉霍，继占甘孜。4月6日，红四方面军第三十军一部占瞻化（今新龙），缴枪百余支和电台1部。红四方面军第三十一军及第九军第二十五师占泰宁（今乾宁），守军李韫珩第五十三师一部弃城南逃康定。至4月上旬，红军先后占领道孚、炉霍、瞻化、甘孜等地。但由于张国焘的错误，红四方面军仍不能在川康边立足，被迫向西康转移。至4月初，部队锐减至4万余人。[①]

## 23. 雅江战斗

1936年4月，为策应红军第二、六军团北上，实现同红四方面军会师，4月中旬，红四方面军决定以第三十二军和第四军一部，由道孚南下，进攻雅江（今属四川省），阻止国民党军第五十三师的堵截，保障红二、六军团北进道路的侧翼安全。16日，红四军第十二师占领东俄洛，歼灭国民党军第五十三师别动队100余人，切断了康定至雅江的通道。19日，红三十二军和红四军各一部逼进雅江县城，向国民党守军第五十三师发起攻击。20日占领雅江。此战，红军共击溃国民党军第五十三师两个团，占领雅江城，并在追击中歼该师一部。继占西俄洛，将康定之国民党军第五十三师阻止于雅江以东，保证了红二、

---

[①] 中国人民革命军事博物馆编著：《中国战典》（下卷），解放军出版社，2008年，第412页。

六军团北进侧翼的安全。①

### 24.岷洮西战役

1936年8月至9月，红军第二、第四方面军抵达四川北部包座地区。国民党军为阻止红二、红四方面军北进，即在甘南仓促部署，以第三军两个师在文县、武都、天水、西固，第三十七军两个师在陇西、定西，新编第十四师在岷县、洮州（今临潭）、西固，企图构成西固至洮州、天水至兰州两道封锁线，阻击红军北进。在青海方面也进行布防，防止红军西进。但是国民党军的战线长，兵力分散，部署尚未就绪。蒋介石虽急令胡宗南由湖南长沙兼程向甘南前进，但一时尚不能到达。中国共产党西北局根据上述情况和中共中央的指示，于5日发布《岷(州)洮(州)西(固)战役计划》。从5日开始，红四方面军第一、第二纵队和红二方面军第3纵队先后从包座地区出发，向甘肃省南部地区前进，乘国民党主力尚未集中之际，先机夺取岷县、洮州、西固地区，以利继续北上。第一纵队于9日抢占腊子口，10日攻占大草滩、哈达铺，随即包围岷县城，26日攻占渭源。第二纵队于20日攻占洮州旧城，歼灭守军1个营，随即击退国民党军马步芳部1个旅，9月7日攻占通渭，第三纵队经救济寺、腊子口东进，于9月初进至哈达铺地区，策应第一、第二纵队的行动。至此，岷洮西战役结束。此役红二、红四方面军进入甘南，控制了漳县、洮州、渭源、通渭4座县城以及岷县、陇西、临洮、武山等县的广大地区，挫败了国民党军阻止红军北进的企图，为红二、红四方面军和红一方面军会师创造了有利条件。②

---

① 中国人民革命军事博物馆编著:《中国战典》(下卷)，解放军出版社，2008年，第419页。
② 中国人民革命军事博物馆编著:《中国战典》(下卷)，解放军出版社，2008年，第427页。

## 25. 空心树和大岩洞战斗

1936年4月底，红二、六军团由丽江石鼓、巨甸之间的5个渡口渡过金沙江。金江吾竹地方的恶霸黄风岗25日见到红军先头部队后，派人火速给中甸僧俗民团总指挥汪学鼎送去鸡毛信，称："红军不过几百毛匪，人困马乏，已向小中甸进发"。①汪学鼎接黄风岗的信后，命令大、小中甸团兵，喇嘛寺僧侣武装和金江团兵立即到干岩房一带堵截红军。27日清晨，红二军团前卫四师为开辟前进道路，开始向雪山进军。红四师参谋长高利国和团政委朱辉照率十二团为先锋，由翻译带路，顺立马河北上，沿崎岖小路，向中甸雪山行进。当行至干岩房附近的时候，与早已埋伏在此的头人武装汪学鼎部遭遇。红军战士们一方面用钩子、绳索从悬崖绝壁攀登上去，从背后包围敌人，一方面又从大岩洞独路冲上山顶。敌人前后受击，仓皇逃跑，红军迅速解决了战斗。在战斗中，参谋长高利国和12名红军战士牺牲，团政委朱辉照负重伤。

---

①《中甸休整》，参见云南文明网 http://yn.wenmign.cn/2016zt/2016jd95/2016jd95_lssj/201606/t20160622_3462664.shtml。

# 第二章
# 马克思主义民族理论在藏区的探索与实践

长征期间，马克思主义民族理论在藏区得到初步实践。党不仅针对以藏族为代表的少数民族工作制定了一系列正确的方针、政策，而且还领导建立了一批劳动苏维埃、工农苏维埃政府、人民革命政府等多种形式的藏族政权。其中，1935年11月18日在今四川省阿坝藏族羌族自治州金川县成立的格勒得沙共和国是中国革命史上第一个省级少数民族革命政权。这些藏族政权根据当地社会发展状况，积极吸纳一批有进步思想的民族宗教上层人士担任领导职务，参与政权建设。这是我党在民族地区开展统一战线工作的重大创新和有益探索，也使得马克思主义民族理论指导下的民族解放运动在当地得到了社会各界的拥护和支持。同时，这些实践也为新中国成立初期民族区域自治制度的顺利实施积累了重要的经验。

## 第一节 马克思主义的中国化历程

### 一、长征中马克思主义的中国化

马克思主义作为产生于近代欧洲的革命理论，是一种强调社会人人平等，反对剥削、压迫、专制的无产阶级理论，它充满着科学和积极的革命精神，是近现代人类思维精神的精华。中国自鸦片战争以后，西方近代人文精神和科学思维开始向中国逐渐渗透，直到"五四"运动后，中华民族接受了最科学的思想——马克思主义，中华文化开始受到影响，并逐渐孕育出新的文化精神。马克思主义理论在中国的传播、实践、再理论化的过程，是其中国化的过程。

中国共产党自成立之日起，就把解决国内民族问题作为自己的历史使命，早期颁布的很多纲领文献中，都将解决民族问题列为重要的内容之一。中国共产党人基于革命的理想和中国社会具体国情，接纳马克思主义民族理论，并经历了拿来→实践→创新→再实践→再创新的曲折往复，推进了马克思主义民族理论中国化的进程，也使中国化的马克思主义理论成为缔造统一多民族新中国的重要理论基础。长征在马克思主义理论中国化进程中无疑处于拿来→实践的关键历史阶段。[①]

通过长征，以毛泽东为核心的中央领导集体形成，这一集体在长

---

[①] 周竞红：《红军长征与中共中央马克思主义民族理论实践的进程》，《"纪念红军长征胜利80周年"学术研讨会论文集》，云南大学，2016年。

第二章
马克思主义民族理论在藏区的探索与践行

征中得到了锻炼和考验,他们的政治领导和军事指挥艺术也不断成熟。遵义会议,改组了中央领导机构,选举毛泽东为中央政治局常委。后来长征途中,毛泽东、周恩来、王稼祥新的三人军事领导小组成立。沙窝会议后,政治局常委分工毛泽东负责军事工作,由于当时党最重要最紧迫的工作是军事斗争,军事斗争就是当时最大的政治,是全党一切工作的核心,事实上确立了毛泽东在党和红军中的领导地位。这是中国共产党自成立以来,第一次独立自主地决定中央领导人选,形成了最为坚强的领导核心,从组织上保证了党在正确路线指导下,将革命逐步引向胜利。长征期间,实事求是思想路线的恢复,党内民主的常态化,领导层权力的转移,集体领导制度的确立,把握大势、协调关系、处理问题方法的掌握,使中国共产党日渐走向成熟,为马克思主义中国化造就了政党主体。

红军长征对于中国共产党的成长而言,是一次难得的历练。长征虽然失去了南方原有的根据地,损失了很大一部分力量,但是保存和锻炼了党和红军的骨干,1955年中国人民解放军首次授衔时,在中将以上的254名将帅中,有222人参加过长征。① 长征中,毛泽东不仅提出了"马克思主义中国化"的命题,明确了马克思主义中国化的任务,并且写出了《实践论》《矛盾论》等马克思主义中国化的重要篇章。经历红军长征,中国共产党领袖群体强化了推进马克思主义中国化的自觉意识和使命意识,提升了推进马克思主义中国化的能力,从而担负起推进马克思主义中国化的历史任务。②

马克思主义中国化的过程中,红军长征初步实现了马克思主义中国化与大众化的有机结合。长征是宣传队,沿途宣传了马克思主义的

---

① 刘亚洲:《长征对我们党成长、成熟的意义》,党建网,2016年10月9日。
② 陈化水、陈金龙:《长征为马克思主义中国化造就主体力量》,《中国社会科学报》2016年10月14日第1066期。

基本观点，宣传了中国共产党的各项方针政策，这一过程实际上是马克思主义大众化的过程。在斯诺看来，红军长征是"历史上最盛大的武装巡回宣传。红军经过的省份有二亿多人民"。红军长征过程中，为赢得人民群众的信任和支持，中国共产党人懂得运用人民群众喜闻乐见的语言、形式，诠释马克思主义，让人民群众理解、接受和认同马克思主义，实现马克思主义的大众化。红军长征为马克思主义中国化带来了新的机遇，提供了新的动力，红军长征成为马克思主义中国化过程中的重要环节。①

## 二、马克思主义在藏区的传播

自鸦片战争后藏区也受到西方文化的影响，但由于藏区文化自我封闭的坚固性，西方文化对藏区文化并没有多大或根本的影响。红军长征时，来自西方的科学的马克思主义理论思维开始影响藏族地区的文化，并积极主动地以一种正确的方式接触和影响当地文化，藏区文化在一定的社会变迁中进行了自我完善。长征时，藏区马克思主义传播是一批经中国革命实践锻炼，并已开始形成以毛泽东为首的中国共产党的正确领导的无产阶级革命战士进行的，他们对中国革命的理论问题在实践过程中逐渐明晰，革命经验逐渐成熟。

坚持民族平等，反对民族压迫；坚持民族团结，反对民族分裂，是马克思主义理论体系中涉及民族的重要论述，是红军长征时在藏区传播马克思主义的主要内容。长征中，红军宣传马克思主义的方式主要有两种：通过军队文艺宣传队宣传和红军官兵通过自身的革命行动宣传。红军长征中文艺宣传形式决定了马克思主义的传播形式，也是在藏区传播马克思主义的主要形式。斯诺在《西行漫记》中说："在共

---

① 陈化水、陈金龙：《长征为马克思主义中国化造就主体力量》，《中国社会科学报》2016年10月14日第1066期。

产主义运动中,没有比红军剧社更有力的宣传武器,也没有更巧妙的武器了。"红军各部队成立有专门的宣传队,他们采用"宣传鼓动棚"、快板顺口溜、诗歌等各种简单适用的形式,鼓舞士气,做群众工作,宣传马克思主义。红军长征时创办有许多报刊,如红军总政治部出版的《红星报》(1933年夏由邓小平主编的红军军事委员会机关报),进入藏区时,曾在印过藏文佛经纸张的背面印报。中共中央总政治部创刊于1935年6月10日的《前进报》,红三军团政治部的《战士报》,红一军团政治部的《战士报》,红四方面军九部政治部的《不胜不休》报,以及红一军团的军事性刊物《红色战场》《战士》快报、副刊,红二方面军的《前进》《战斗报》,中国工农红军学校的《红炉》《红炉副刊》等。红六军团政治部于1936年在长征途中翻印的《雪山草地中的战士读本》是在当时物资匮乏的情况下在旧藏经纸上进行的二次印刷。读本文字为绿色,与背面的藏经红字区别开来。读本分为两册:"对骑兵的战斗"和"党的民族政策"。特别是第二册包括十三课,前五课介绍藏族的风

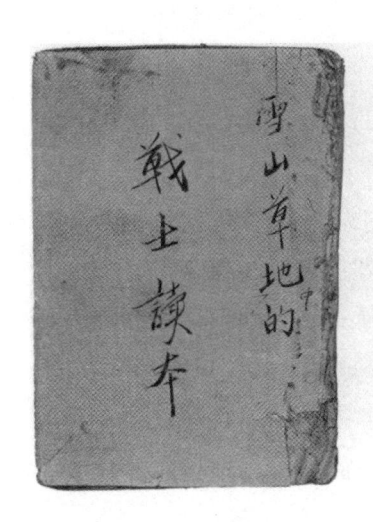

红二方面军第六军团政治部在长征途中翻印的《红色战士读本》

摘自吕章申主编:《信念·精神·传承——纪念红军长征胜利80周年馆藏文物图集》,北京时代华文书局,2016年,第166页。

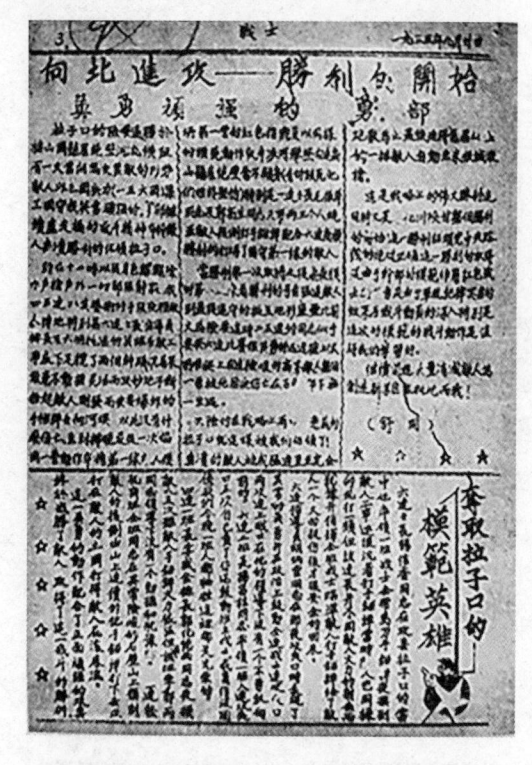

**红色记忆**
——红军长征在藏族地区及其当代启示

1935年9月20日,《战士》报刊登红军攻破腊子口的消息
摘自王大龙:《〈红星〉〈战士〉:伴随红军长征的两张报》,《光明日报》2016年10月28日13版。

俗习惯和社会组织情况,六至十三课讲述了共产党对藏族的政策,提出"要努力争取番民群众,巩固番民和红军的亲密关系,不要伤害番民的风俗习惯和宗教感情,坚决反对大汉族主义,反对轻视番民"等。① 这些宣传报刊,紧密结合变化着的革命形势,把党的战略方针和中心任务及时传达给广大指战员,使指战员明确一定时期红军的战略方针和中心任务。

红军在井冈山等革命根据地时就培养了生产、作战和宣传三种能力。红军官兵既是战斗员,又是宣传员。长征前,红军绝大多数人可

---

① 隋立新:《中国国家博物馆藏长征红军过藏区文物研究》,《中国藏学》2016年第4期。

以说是马克思主义者,虽然许多人没有高深的马列主义理论知识,但是他们理解马克思主义的本质,知道必须以武装革命打倒一切剥削阶级,解放广大劳苦人民。因此,红军官兵在长征的流动作战中,以其自身的革命行动在宣传着马克思主义。红二、四方面军进入藏区后,立即宣布:境内藏、汉、回各民族一律享有平等权利,禁止民族压迫和民族歧视,并号召各族人民像兄弟姐妹一样团结友爱,共同反抗国民党军阀统治,打倒帝国主义。红军通过指示、训令、通令、布告,以及标语口号等形式,向各族人民广泛宣传党的民族平等、民族团结的主张,揭露历代反动统治者奉行民族压迫、民族剥削和民族隔离政策的实质及罪行。这些布告、标语等许多都被译成藏文,让当地群众尽快了解红军、了解共产党,了解马克思主义革命真理。更重要的是,长征中红军认真地贯彻执行了党的民族平等、民族团结的政策,身体力行地执行党的民族平等、民族团结的政策,消除了民族隔阂,赢得了藏区各族人民的理解和支持。

长征时期红军在民族地区的宣传非常注意形式的多样和活泼,易于让普通指战员和当地的群众接受。例如,编写和传唱革命歌曲,以民歌的形式宣传党的主张和政策。藏区革命歌曲主要包含以下几个方面的内容:反映红军长征等革命斗争历史的,如《月亮,月亮》[①]表达了对红军的热烈欢迎;《红军队伍过雪山》《红军经过我的帐幕》表现出红军行军的艰苦和当地藏族群众的情谊。歌颂共产党、红军及苏维埃政权的歌曲,如《我的家乡在柳树林中》[②]《快煮青稞酒》等[③],以及表现民众军民团结、拥护红军积极参加革命的歌曲,如《生活,像春天

---

① 芦笛辑译:《哈达献给毛主席:四川藏族民歌》,作家出版社,1958年,第5页。
② 李安葆:《长征诗歌选》,北京出版社,1982年,第119页。
③ 谢雅丹、张森林:《长征时期四川少数民族革命歌曲述论——以康藏为中心》,《中国藏学》2016年第4期。

**红色记忆**
——红军长征在藏族地区及其当代启示

的草原》《大鹰飞回来了》①等。红军也注重采用民族文字和语言开展宣传工作,以便让更多的藏区群众了解红军,了解中国共产党,了解党的政策。"目前我们的宣传必须着重地采取一切可能的办法……在番民群众中须尽量地将宣传品翻成番文散发张贴,并须与番民的民族解放联系起来。"其目的是"为适应党的策略路线,适应于夺取更广大的群众,适应于民族革命统一战线而急剧的转变。"②红二方面军在总结二六军团的政治工作时就提到当地红军在藏区的政治工作包括"张贴标语布告(番文的),我们的宣传队广泛学写番文标语与学讲番语"③。

红军在长征途中写的木板标语
摘自吕章申主编:《信念·精神·传承——纪念红军长征胜利80周年馆藏文物图集》,北京时代华文书局,2016年,第83页。

① 中央民族学院少数民族语言文学系藏语文教研室藏族文学小组编:《藏族民歌选》,第11页,引自谢雅丹、张森林:《长征时期四川少数民族革命歌曲述论——以康藏为中心》,《中国藏学》2016年第4期。
②《中共中央为转变目前宣传工作给各级党部的信(摘录)》(1936年1月27日),载《民族问题文献汇编》,中共中央统战部编,中共中央党校出版社,1991年,第347页。
③《中国工农红军二方面军政治部关于二六军团长征的政治工作总结报告(摘录)》(1936年12月19日),载《民族问题文献汇编》,中共中央统战部编,中共中央党校出版社,1991年,第436—437页。

## 第二节　党的民族政策的演变

认识国情是马克思主义中国化的基础。中国是一个多民族的国家。中国共产党自成立后，就十分重视民族问题，把民族的独立和解放作为自己的使命。在革命斗争的实践中，中国共产党结合各民族的实际情况，逐步制定出符合中国国情的各项民族政策。从 1922 年的"二大"宣言到 1934 年 1 月的《决议》，党对民族理论和政策就有了专门的条文表述。《中华苏维埃共和国宪法大纲》明确规定："在苏维埃政权领域内，工人、农民、红色战士及一切劳苦民众和他们的家属，不分男女、种族（汉、满、蒙、回、藏、苗、黎和在中国的高丽、安南人等）、宗教，在苏维埃法律面前一律平等，皆为苏维埃共和国的公民。"从"二大"以来党的民族政策的不断发展中可以看出，党建立初期只是笼统地提出承认民族自决、成立联邦共和国；到长征前，党已经考虑到民族革命和民族解放问题，认识到党的民族工作是一个薄弱环节，党必须领导民族工作，实现民族解放和民族自决。然而，由于这一时期党的工作中心是在汉族地区，加上直接与少数民族接触较少，没有具体了解民族地区的实际情况，因此党的民族理论还是抽象的，民族政策也只是原则性的，还没有把马克思主义民族理论与中国各民族的实际相结合，从而摸索出适合中国国情的民族政策。但是，这一时期党对如何处理少数民族问题所做出的决议和规定，为长征时期党制定、运用、

**红色记忆**
——红军长征在藏族地区及其当代启示

发展新的民族政策作了思想上的准备。①

红军长征主要战斗在少数民族地区,例如藏区,多种社会形态,千差万别的民族习俗和不同的宗教信仰,成为检验党和红军民族政策及其工作的试金石。中国共产党奉行民族平等、民族团结的根本政策。因此,对于中国共产党来说,长征既是对自身生存空间的拓展与宣传,又是实践马克思主义民族理论的一个绝好机缘,它使中国共产党逐步认识到民族问题的复杂性和重要性,为中国共产党的民族政策提供了充分实践的广阔领域。长征从开始到结束,党的民族政策可分为三个阶段:从1934年10月长征开始到1935年1月遵义会议以前为党的民族政策探索与提出阶段;从1935年遵义会议到1935年7月前为党的民族政策的实践与改进阶段;从1935年8月到长征结束为民族政策的进一步发展阶段。这三个阶段相互联系,既是一个由理论到实践,由实践到理论的发展过程,又是由抽象到具体,由具体到抽象的概括过程。

## 一、民族政策的继续探索

在中国共产主义运动的早期历史中,中国共产党人对于"民族问题"的思考,很大程度上受到苏俄和共产国际的影响,其颁布执行的民族纲领政策有很多教条主义的印记,并不能完全相契于中国的现实国情。在相当长的一段时间内,中国共产党用阶级分析方法观察分析中国的民族问题,认为阶级对立是中国境内民族关系的本质症结。各民族的劳工群众与本民族的上层统治者分属于两大对立阵营。土司、喇嘛、管事等少数民族上层势力被中国共产党视作剥削压迫阶级,是革命的对象,被排除在统一战线的范围之外。中国共产党的使命即是"建立少数民族的下层统一战线",团结联合各民族的被压迫群众共同反抗一

---
① 罗开云等:《中国少数民族革命史》,中国社会科学出版社,2003年。

## 第二章
## 马克思主义民族理论在藏区的探索与践行

切压迫者和剥削者,从而争取少数民族参与中国革命。在阶级斗争意识的主导下,中共长征之前在少数民族问题上的工作思路,主要是积极动员少数民族反对本民族上层宗教贵族势力的封建压迫。①

随着工农红军逐步深入少数民族地区,中国共产党开始面临来自民族工作方面的巨大压力。首先是翻译人员数量的有限,使得红军与少数民族的沟通成为问题。长征沿途各少数民族多有自己的语言和文字,大多数人不懂汉语,红军中懂得少数民族语言的人更寥寥无几。由于无法及时地将党的民族政策传达给少数民族,对于普遍不懂汉语的少数民族下层劳苦大众的革命动员必然困难重重②。其次,中国共产党长征途中遇到的许多少数民族实际上还处于较低的经济政治文化发展阶段,阶级分化并不明显,同宗同族的观念强过阶级的观念,对于"苏维埃""民族自决""革命"这样的词汇并不能够真正理解。土司、管事、喇嘛等上层人物在民族内部往往具有很大的威信,有的还在领导本民族反抗外来的压迫,追求民族的独立和解放,具有一定的革命性。三是民族隔阂很深。中国共产党成立以后,主要活动在中东部汉族地区,较少在西南少数民族地区开展工作,这里的少数民族对于中国共产党的主张和政策了解不够,往往将红军与国民党军队同等看待。这是国民党政权在这些地区施行的反动民族政策造成的结果。蒋介石政府一方面严禁各民族之间的经济文化交往,人为制造民族间的矛盾;另一方面又加紧推行民族同化政策,不承认少数民族的存在,而是将现有的各民族看作是汉族的分支——"宗族"。1935年,湖南、贵州、广西、云南等省的军阀政府,在剥削和掠夺少数民族的同时,还运用所谓"宣化"等手段,先后颁布了一系列民族同化教育法令,企图泯灭少数民族的民族意识,以达到武力压迫所不能达到的目的。

---

① 中共中央统战部编:《民族问题文献汇编》,中共中央党校出版社,1991年,第306页。
② 中共中央统战部编:《民族问题文献汇编》,中共中央党校出版社,1991年,第1页。

### 红色记忆
——红军长征在藏族地区及其当代启示

红军长征,虽没明确路线,但无疑将进入少数民族地区,这就必将遇到具体而复杂的民族问题;如何解决民族问题也必然会影响到长征的进程和命运。长征初期,受到王明等"左"倾思想的影响,党和红军在民族宗教政策上也有过"左"的错误倾向。来自瑞士法语区的传教士鲁道夫·阿尔弗雷德·勃沙特(中文名字是薄复礼)在他的回忆录《神灵之手》中叙述了1934年10月1日他与红军六军团长征先遣队官兵在云南旧州偶遇后,被强行命令随军。最后红军放弃了"索要一些赎金"的想法,释放了他。18个月近万里艰苦的随军行程让他对红军的看法有了极大的变化,由开始的反感到最后的认同、感动,并撰文赞赏红军。但那件事给中央红军的领导们提了醒。云南信教的少数民族很多,而且各不相同:藏、土、纳西等族信仰佛教(主要指藏传佛教),苗、彝、纳西、傈僳等民族中很多人信仰基督教或天主教,白族、瑶族信仰道教。此外,原始宗教的信仰和图腾崇拜也比较普遍。"左倾"民族宗教政策在这样的少数民族聚居区难以实行下去。基于前期民族宗教政策实践的经验教训,中国共产党逐步认识到制定宗教政策必须遵循宗教的发展规律,对信教群众采取团结、教育、引导的态度,扩大抗日民族统一战线。

因此长征一开始,党中央就指出:"今后的动机和战斗都密切的关联着争取少数民族的问题,这个问题的解决对实现我们的战略任务有决定的意义。"党中央不仅认识到长征中民族工作的重要性,而且意识到之前党所形成的民族理论和制定的民族政策不能满足红军长征的需要。因此,根据长征中出现的新问题,以及少数民族地区的实际情况制定新的民族政策就迫在眉睫。

1934年11月29日,总政治部发布了《关于瑶苗民族中工作的原则指示》和《关于对苗瑶民的口号》两个关于民族政策的规定和指示。这两个文件在重申民族平等、民族自决、民族团结、民族解放的同时,提出了和少数民族上层人士建立政治和军事联盟,团结民族上层人士,尊重民族风俗习惯和宗教信仰,在少数民族中宣传共产主义思想,在精神上和物质上帮助少数民族。"各级政治部必须依照各地不同的环境与各地不同的情况,加以具体与通俗化"。由此可见,长征开始时党的民族政策,已不是长征前那种抽象性的理论和原则性的政策,而是明确指出要根据民族地区的不同情况来制定和执行民族政策,使之具体化和通俗化。这就开始触及了中国的民族情况因环境不同而有所不同的实质。

1934年12月,红军决定在川黔边区建立革命根据地。总政治部连续发布了《关于注意与苗民关系加强纪律检查的指示》《关于瓦解贵州白军的指示》和《中国工农红军总政治部布告》等几个文件,结合贵州少数民族的实际情况,提出不打苗民土豪、不杀苗民有信仰的甲长乡长,不杀牛。这些文件涉及的民族政策比长征初期有所发展。由于是战略突围,局势危急,时间短促,这一阶段虽制定了民族政策,在执行中也取得不少成绩,但总的看来,民族政策内容还不全面,在实践中也没有得到充分的贯彻和体现。

## 二、民族政策的实践与改进

民族政策的实践与改进,是在遵义会议召开之后。1935年1月召开的遵义会议,纠正了"左"倾错误路线,解决了当时最为紧迫的军事问题和组织问题,重新确立了毛泽东的领导地位,是中国共产党历史和中国革命的转折点。遵义会议也为运用马列主义民族理论处理复杂而紧迫的民族问题提供了条件,是党的民族政策的转折点。遵义会议明确了"反对民族压迫,坚持民族平等,坚持民族团结"的根本政策;提出了各民族一律平等政策;对宗教信仰与迷信加以区分,对爱国上层人士、民族宗教领袖与少数民族反动头人加以区分,对风俗习惯与愚昧落后加以区分,尊重少数民族的宗教信仰、风俗习惯。这一时期,党进一步加强了对民族情况的了解和民族工作的领导,从而使党所制定的民族政策趋于成熟，民族理论逐步完善。在具体的执行过程中取得了较大的成绩，在实践中得到了创造性地运用。

中央红军四渡赤水到达川南，在《川南工农劳苦群众目前斗争纲领》中指出："苗、彝、壮、瑶等弱小民族（历）来受帝国主义、汉人中的豪绅地主资产阶级的压迫和剥削，失去土地、自由，只有在共产党的领导下，实行民族自决，组织自己的苏维埃和红军，加入苏维埃共和国，反对共同的敌人——帝国主义、国民党军阀，才能争取民族解放"。这比遵义会议以前提到的加强党对民族解放斗争的领导，各民族可以独立、可以加入或脱离苏维埃共和国，在理论概括上有了进一步提高。这就把民族问题放到了全国革命的高度，为各民族指明了方向和目标。

1935年4月，红军在川滇艰苦转战，依然高度重视民族宗教政策，红军总政治部创办的《红星报》上刊登了《注意争取夷（彝）民的工作》，并提出将"争取夷民工作"作为红军当时的四大中心工作来抓（"四大号召"之一）。党中央加强了对民族工作的领导，提高了对民族政策重要性的认识。此后，党中央和各方面军每进入一个民族地区，都根据不同的民族情况制定、宣传和执行政策。如经过彝族地区时，朱德总司令用通俗易懂的诗句形式发布了《中国工农红军布告》，在经过其他民族地区时，红军先后发布了《告川西北藏彝民众书》《告回番民众》《共产党红军对香火的主张》《红军对番民十大约法》《告西北汉回番父老兄弟》《回民斗争纲领》《回民区域政治工作》等一系列有关民族政策的决议、指示、口号和规定。这些指示、文告比过去更为严格、具体，更结合民族地区实际，因而在理论上、内容上进一步丰富了党的民族政策，发展了党的民族理论。

同时，由于这一阶段党的民族政策的不断丰富，内容不断具体，要求不断提高，使民族政策在实践中有了很大的发展，把民族工作推向了一个新的高度，这主要表现在：

第一，红军在各少数民族地区强调民族平等、民族团结、民族自决的作用和意义，下至普通士兵，上至毛泽东等领导，都身先士卒，维护民族团结、反对民族压迫，用自己的实际行动宣传党的民族政策，模范地执行民族政策。

第二，帮助民族地区发展革命武装，建立革命政权。红军经过布依、彝、回、藏、羌等民族地区，先后在这些地区组织革命武装、发展民族队伍，建立了不少地方民族政权，其中包括如一方面军在四川阿坝藏族地区，召开了藏民大会，成立了瓦布梁子区藏族革命政府；四方面军在西康小金建立了苏维埃政府等。

第三，红军开展统一战线工作，成功地团结了少数民族上层人士。每个民族地区，都有该民族的上层人士。争取这些上层人士的支持和帮助，对于红军顺利进行长征有着非常重要的作用。因此红军在藏区有针对性地制定了对待当地少数民族上层人士的民族政策。比如说，进入四川藏区以后，红军就根据当地的实际情况有针对性地提出"在民族运动上有革命意义的土司、头人、喇嘛，我们仍然不放弃与之联合或使之中立"，"政治机关应当注意收容投诚土司、通司及一切活动分子等，委以相当名义。这些人在号召群众方面，常能起很大作用。"①由于红军积极与藏区当地上层人士联系，说明红军长征的目的和意义，支持他们的革命斗争，因而受到了这些人士的热烈欢迎。

第四，各少数民族群众积极参加红军，壮大了红军队伍。各少数民族地区的群众起初对红军不大了解，甚至害怕红军。红军积极的宣传和执行民族政策，不仅取得少数民族群众的信任和支持，而且促使各民族青年积极报名参加红军。此外，红军在尊重民族风俗习惯和宗教信仰、尊重民族语言文字、培养民族干部等方面也做了大量工作，取得了显著成绩。红军严格执行党的民族政策，这点连蒋介石也不得

---

① 《中国工农红军四方面军政治部关于少数民族工作的指示》(1936年3月)，《民族问题文献汇编》，中共中央统战部编，中共中央党校出版社，1991年，第359—360页。

不承认。

1935年4月，红军在不断总结在少数民族地区的民族工作经验与教训的基础上，专门就民族工作进行认真的研究，决定在部队军、师政治部增设少数民族组，专门负责民族工作。少数民族组的设立，是中国共产党第一次在红军中成立民族工作机构，从组织上进一步明确了民族工作的地位和作用。这不仅是长征以来民族政策丰富发展的必然结果，而且是党的民族工作开始走上正轨的主要标志。

从长征初期比较抽象的民族理论，到遵义会议后民族理论和民族实际相结合及民族政策的发展；从加强党对民族工作的领导，到设立民族工作机构，明确民族工作任务，可以看出，长征以来特别是遵义会议以后，党的民族政策不仅在实践中得到了较快的丰富和发展，而且在理论上得到了较为深刻的概括和提高，内容上越来越完善，民族工作越来越正规化和系统化，为全面制定党的民族理论和政策提供了丰富的经验和依据。

## 三、民族政策的进一步发展

中国共产党在长征过程中与少数民族地区的同胞进行了亲密接触。特别是在红军经过藏区的这段时间里，党的政策在藏区获得了广阔的实践舞台。中国共产党从实践中对理论进行了反复的论证，真正从当地少数民族地区的实际出发调整政策，促进了党的工作顺利开展，保证了长征的进程。

红军在初期并未深入了解藏族的社会政治情况，中国共产党在民族政策上在强调民族解放的同时，侧重于解决当地的阶级矛盾。红军进入懋功地区不久，党中央就号召康藏人民行动起来，建立以广大劳动群众为基础的革命政权，组织赤色游击队、自卫军、人民革命军，与反革命进行武装斗争。①红四方面军的西北特区委员会在关于藏族群众的工作上,也提出发动民族解放斗争,实行民族自决,建立回番人民革命政府,作为过渡到苏维埃政权的一种形式,同时,发动少数民族内部的阶级斗争。②

1935年6月,中共中央发布了《中国共产党中央委员会告康藏西番民众书——进行西藏民族革命运动的斗争纲领》即《告康藏西番民众书》。纲领指出:"中国共产党主张解放各被压迫民族,实行彻底的民族自决,建立自由选举的革命政府,并积极帮助一切革命的民族运动。""康藏人民自决建立人民革命政府",并号召"康藏民众必须武装起来,组织赤色的游击队、自卫军、人民革命军,以便与反革命进行武装斗争,以便保护群众的斗争,以便巩固革命的政权,以便镇压反革命的活动,同时必须积极地参加中国工农红军,以便学得红军长期的国内战争的经验和军事的技术","为着民众能够自由地参加斗争,宗教与政治必须分立,人民有信仰宗教的自由,同时人民有自己管理自己的自由"。"康藏的民众要结束这种水深火热的情况,必须建立自己的革命政权","这种政权是以广大劳动群众为基础",但不拒绝一切真正反对帝国主义国民党军阀的上层人士参加。"康藏民族的解放运动,是与全世界无产阶级的革命运动和被压迫民族的解放运动不可分离的一部分,特别是与中国苏维埃运动成为不可分离的一个部分。康藏民族解放运动的胜利,必须获得中国苏维埃的帮助,而且中国苏维埃的胜利,将直接影响着康藏民族的解放运动。因此康藏的民众要得到彻底的解放,必须与全世界无产阶级和被压迫的民族联合起来,和中国苏维埃联合起来。"在具体政策方面还宣布"没收帝国主义、中国军阀

---

① 《前进报》,1935年,引自靳道亮:《红军长征在藏区的民族政策及实践》,《理论界》2007年第8期。
② 军事科学院编:《中国工农红军第四方面军战史资料选编(长征时期)》,解放军出版社,1992年,第29页。

**红色记忆**
——红军长征在藏族地区及其当代启示

在康藏的银行、商业机关、交通机关、矿山收归国有"①。

这些革命纲领遭到了当地土司和宗教上层人士的强烈反对。土司官寨和寺庙在当地都是权威和神圣的场所。长期信奉宗教和长期被土司统治的当地群众还没有具备革命的觉悟，也不愿主动参加革命。在宗教上层人士的组织和武装下，从卓克基向松潘北进的途中，红军不断受到藏民武装力量的袭击。

面对在藏区所面临的新问题和极大困难，1935年8月，中共中央在毛尔盖附近的藏族村庄沙窝召开了政治局会议。此次会议首次把民族问题提到决定中国革命事业成败的高度，把"关于少数民族中党的基本方针"作为政治局会议讨论研究的七个问题之一写进了决议，并严正声明：实行中国境内各民族一律平等。会议决议重申民族自决权仍是中国共产党在少数民族中的基本方针，指出"在有些民族中，在斗争开始的阶段，除少数上层分子外，还有民族统一战线的可能，在这种情形下可以采取人民共和国及人民革命政府的形式"。这一决议显然是对藏区民族政策工作的可贵探索，强调把少数民族的解放运动与中国的解放运动结合起来，也提出了有民族统一战线的可能。

中央政治局通过的《中央关于一、四方面军会合后的政治形势与任务的决议》再次向全党指出："争取少数民族在中国共产党与中国苏维埃政府领导之下，对于中国革命胜利前途有决定的意义"。"团结少数民族不仅关系到红军的战略转移能否胜利实现，同时也是关系中国革命前途的大事"。但是红军并没有放弃以土地革命为中心的阶级斗争政策。决议仍然强调，"用一切方法，争取番民群众回家，组织番民游击队发动番民斗争，建立番民革命政府等"②。到1936年1月，阿坝

---

① 《中国人民军队报刊史》，《红军长征在甘孜藏区》，中共甘孜州委党史研究室编，成都科技大学出版社，1993年。

② 中央档案馆编：《红军长征档案史料选编》，学习出版社，1996年，第282—284页。

藏区的绥靖、崇化、丹巴、懋功等地的绝大部分土司、头人的土地和财产已全部被没收。土司、头人大都上山叛乱，不断骚扰和袭击红军。沙窝会议是对民族工作的可贵探索，但由于对阶级斗争的强调，因此并没有在实践上收到应有的效果。①

1935年12月12日，瓦窑堡会议提出了党在新形势下的任务和策略，即建立最广泛的抗日反蒋民族统一战线。红四方面军在这一精神的指导下，逐渐改变了在民族问题上的策略，提出了"兴番灭蒋""扶助番民独立解放"的主张，基本放弃了在民族内部开展阶级斗争和土地革命的政策，规定：凡"赞助独立和遵守政策一切法令的土司，土地不没收"，"喇嘛寺的庙地不没收，可以出租给波巴人民耕种"。对属于民族上层而红军又亟须的物资，也由过去的征收改为借贷和收购。②

红二、四方面军进入云南、西康藏区后宣布：境内藏、汉、回各民族一律享有平等权利，禁止民族压迫和民族歧视，任何人不准称呼藏族同胞为"蛮子"；号召各族人民向兄弟姐妹一样团结友爱，共同反抗国民党军阀的统治，打倒英日帝国主义；主张"回番民族实行民族自决，建立回番民族自己的政府，回番民族管理自己的事"。红军不仅大力宣传民族平等、民族团结、自决的主张，而且积极进行实践。

此外，在这一时期，红军各方面军及红军所帮助建立的各红色政权也先后颁发了许多关于民族、宗教方面的政策及主张。比如说，红四方面军所发布的《告川西北藏彝民族书》《告回番民众》《回民斗争纲领》《共产党红军对番人的主张》《红军对番民十大约法》，贺龙在滇川藏区颁发的《布告》，以及李先念关于保护寺庙的《布告》等。

1936年3月上旬，红四方面军重新进入康定、道孚、炉霍、甘孜等少数民族地区后，红四方面军政治部发布了《关于少数民族工作的

---

① 靳道亮：《红军长征在藏区的民族政策及实践》，《理论界》2007年第8期。
② 靳道亮：《红军长征在藏区的民族政策及实践》，《理论界》2007年第8期。

### 红色记忆
——红军长征在藏族地区及其当代启示

指示》。3月30日,红军部队到达云南省中甸藏区,在此作短期休整、筹粮,调查研究,了解藏区情况,并在红军中广泛进行民族政策教育。由于正确执行民族、宗教政策,红军在中甸县(今香格里拉县)境内得到短期的休整,并筹集粮秣,为继续北上甘孜作了思想上和物质上的充分准备。

在行军途中以及在县城休整期间,红军纪律严明,认真执行党的民族宗教政策,赢得了广大群众的信赖和支持,为北上与红四方面军胜利会师奠定了思想、组织和物质基础,也为后来我党开展民族工作树立了光辉的榜样。①4月17日,红四方面军在甘孜发布文告:"白利喇嘛寺联合红军共同兴番灭蒋应予保护,任何部队不得侵扰,违者严办。"这使白利寺僧俗群众深受感动。当月在道孚、炉霍、甘孜等地就有200多名藏族青年参加红军。

1936年5月5日,红二、六军团在贺龙同志的率领下,从云南的中甸出发进入康南后,总指挥贺龙发布《中华苏维埃人民共和国中央军事委员会湘鄂川黔滇康分会布告》②,沿途张贴,表明红军"扶助番民,解除番民痛苦,兴番灭蒋""为番民谋利益"的宗旨,红军"军行所至,纪律严明,秋毫无犯",号召广大藏族同胞和喇嘛僧侣"安居乐道,毋得惊慌逃散。尤望各尽其力,与本军代买粮草,本军当一律以现金按价照付,决不强制"③。这一则布告较详细地阐述了党的民族政策,红军铁的纪律,要求沿途僧俗群众要安居乐业,代买粮草,同时也警告了反动势力不要阻挠红军。从而使行进比较顺利。

红二、红四方面军会师后,于1936年7月上旬分为左、中、右三

---

① 蒋新红:《红军长征经过中甸所实施的民族与宗教政策》,《昆明大学学报》2007年第1期。
②《红军长征在川、滇、青、甘等省藏区的史料》,选自《红军长征经过藏区及藏区群众反抗斗争史料》,中国科学院民族研究所、四川少数民族社会历史调查组1963年12月编印。
③《红军长征在川、滇、青、甘等省藏区的史料》,选自《红军长征经过藏区及藏区群众反抗斗争史料》,中国科学院民族研究所、四川少数民族社会历史调查组1963年12月编印。

## 第二章
### 马克思主义民族理论在藏区的探索与践行

路纵队陆续北上。北上所经地区大部分为藏区，民族工作更为重要。红军进入青海果洛地区后，把宣传贯彻党的民族政策放在首位。同时，红军在当时衣食极其困难的情况下节衣缩食向牧民发放食粮、盐、茶、衣服等生活必需品，免费为藏民治病，赢得了藏民的信任，原来逃避的牧民，陆续回到了住所。没有武装冲突的平和的环境使得红军得到了一个休整、补充的机会，实力得以保存。同时，藏民对红军进行了大力支持，这为红军顺利经过自然环境较为恶劣的藏区提供了物质上的保障。

在长征初期，党中央制定各项民族政策，只是为了顺利地进行红军的战略转移，从而实现长征的胜利。但此时，党中央已经将民族问题与中国的革命联系起来，把民族问题放在了中国革命的高度来理解和概括。

经过近一年的长征，经过各少数民族地区民族政策的制定、宣传和贯彻，经过长征以来民族工作经验的积累和民族政策的丰富发展，党中央更加认识到由于中国具有其独特的民族状况，因此不能脱离中国的民族实际去制定各项民族政策；中国的民族政策，必须从民族地区的实际出发，具有中国的民族特点；必须把马克思主义的民族观同中国的民族实际结合起来，制定符合中国国情的民族政策。沙窝会议关于民族问题的决议，就是把马克思主义民族观的基本原理同中国民族实际相结合、用马克思主义的民族观去分析中国民族问题得出的结论，是长征以来民族政策发展的理论概括。这是在一种新的高度上得出的民族理论和政策，是具有中国特色的民族政策的逐步形成。

沙窝会议后，按照党关于民族工作的基本方针，红军在长征过程中灵活地将党的政策在实践中进行运用，取得了突破性的进展，创建了中国特色的少数民族地方政权。

在中共大金省委的指导下，1935年11月8日，格勒得沙（嘉绒藏语译音，意为藏族人民）共和国在绥靖县成立。它受中共大金省委的直接领导，隶属于西北联邦政府，是藏族历史上第一个人民革命政权。格勒得沙共和国是中国革命史上第一个省级少数民族革命政权，也是党在民族地区成立的第一个民族自治地方政权。1936年建立的中华苏维埃波巴自治政府是第一个藏族省级自治政权。通过对民族地区的调查分析，从实际出发对民族理论和政策的摸索，把民族理论和方法同中国实际相结合，党中央找到了适合民族地区的政权形式：它既不同于西方的联邦制，也不是脱离中华苏维埃的民族政权，而是在中华苏维埃领导下的民族区域自治政权。

当然，由于红军还没建立巩固的根据地，许多民族地区都是匆匆而过，各种民族政策也是在不断征战的环境中制定和贯彻执行的，因此当时我们党的民族理论还不系统，民族政策不尽完善。但在不断探索与实践中，中央逐步找到了一条符合中国民族实际的制定民族政策、贯彻民族政策的思路和方向。长征使党不仅比较深入地了解了各民族的实际情况，而且在短短的两年时间里，探索到了解决我国民族问题的理论和方法，独立地制定出符合中国实际的民族政策。

长征是民族工作的验证、总结和丰富发展的过程。长征过程中，不仅使红军加强了与各族同胞的联系，而且也使党对中国各少数民族地区的具体情况有了充分的认识，在此基础上党中央所制定的各项民族政策使各民族找到了革命的道路和方向。

红军长征胜利地经过藏区虽然已经过去半个多世纪了，然而早期的民族政策在藏区的革命实践，却为后来我党制定和完善民族、宗教、统战政策提供了十分有益的经验教训。它表明了只有中国共产党才能将马克思主义民族理论与中国民族的具体实际相结合，从而探索出符合中国国情的民族政策。为正确解决我国的民族问题，消除民族对立和隔阂，实现各民族的平等和团结奠定了坚实的基础。

## 第三节 马克思主义民族理论在藏区的具体实践

一个国家处理民族问题，选择什么样的道路和模式，是由这个国家的民族构成、历史传承、政治及经济的发展现状等多种因素决定的。因此红军长征期间，党在藏区开展民族工作的过程中始终坚持以马克思主义民族理论为指导，将马克思主义民族理论与藏区的具体实际相结合，从而形成了一些行之有效的政策，取得了一定的民族工作成果。

### 一、党对藏区民族工作的重视

由于红军长征经过的很多地区都是少数民族聚居区，因此能否处理好与少数民族的关系直接影响着红军长征的顺利进行。1935年5月，红四方面军总政治部在《中国工农红军第四方面军总政治部对番民的策略路线的提纲》中指出："所以与番族建立抗日反蒋的革命联盟，对加强抗日反蒋的民族革命力量，是具有极伟大意义的。""主力红军已进入番族区域，如果我们不争取番民就不能顺利地完成创造西北抗日根据地的伟大任务。"[①]

为此在整个长征过程中，中国共产党都一再强调民族工作的重要地位，要求全党全军把它作为一项政治任务、基本任务认真完成。以此思想为指导，红军长征在藏区的过程中，中国共产党结合藏区的实

---

[①] 中共中央统战部编：《中共中央文件选集》，中共中央党校出版社，1991年，第374页。

际制定了一系列的民族政策,并在红军队伍中就如何开展民族工作,执行民族政策进行了宣传教育。

### (一) 各项民族政策的制定

1935年红军进入藏区之后,中国共产党结合藏区的实际,提出了实行民族自决,建立自由选举的革命政府,并积极帮助一切革命的民族运动的主张。

1935年6月,党中央发布了《中国共产党中央委员会告康藏西番民众书——进行西藏民族革命运动的斗争纲领》。提出:"中国共产党的民族政策与国民党帝国主义完全相反,国民党帝国主义的民族政策就是殖民地的奴役政策,中国共产党的民族政策是主张解放各被压迫民族的政策。"[①]该纲领作为党对康藏等地区少数民族的政策方针,成为红军开展民族工作的行动指南。

同月,中央红军总政治部出版的《前进报》第一、二期上,先后刊登了凯丰同志写的《关于夷民中的工作》和《番民工作中的几个问题》两篇重要文章,详细阐述了中央红军通过凉山彝族地区时的工作经验和有关少数民族工作的具体方针、方法与口号,并对比国民党政府和英帝国主义对藏区群众的统治及压榨,分析了藏族地区的政治、经济、文化状况,社会结构和宗教影响,提出了红军对川西北少数民族应采取的政策。

1936年3月,红四方面军政治部在《关于少数民族工作的指示》中也指出:"经验已经告诉了我们这个问题的严重意义,就是如果没有少数民族的拥护,则不仅对于目前我们行军作战产生许多不利,并且毫无疑义的,创造西北抗日根据地的基本任务,也将要遭受巨大的

---

① 中共中央统战部编:《中共中央文件选集》,中共中央党校出版社,1991年,第359页。

困难。"① 因此,《指示》对民族工作作了更明确的规定,强调"对土司、头人采取更宽大的政策","不侵犯其宗教自由","人民有信教的自由,同时有自己管理自己的自由"。《指示》提醒战士注意,要尊重少数民族风俗及宗教信仰等问题。"必须坚决纠正那种借搜山、收集粮食等名义擅入民家乱翻、乱拿、乱捉人、烧房子的行为。这样会使群众离我们越远,使我们的一切宣传都成了白费力气。对于这种行为,不惜严厉制裁直至枪决。"②

### (二)民族工作机构的设立

红军进入川西北后,总司令部要求"军、师政治部之下立刻成立少数民族委员会,以七人组织之,由主任、宣传科长、组织科长、党委书记、地方工作队1人,再吸收当地先进的回、番民参加共同组成。政治处之下成立少数民族组,以三人至五人组成之,要有主任、宣传科长、组织科长参加。少数民族委员会,主要是研究少数民族间的政权、土地关系及他们的痛苦、要求、经济、出产、商业及一地风俗习惯、语言文字等问题。"③

1935年11月12日,红四方面军在绥靖(金川县)地区成立的"格勒耶尔考克鲁蒙革命政府"(即川康边革命政府)所设9个部门中,专门设有"少数民族部",张然和任部长,负责处理民族工作事务,定期研究、检查和解决民族工作中出现的政策性问题。

---

① 摘自《中国工农红军四方面军政治部关于少数民族工作的指示》(1936年3月),详见附录一"红军长征在藏区的历史档案"。
② 同上。
③ 摘自《西北军区政治部给各级政治部、处的一封指示信》(1935年5月23日),详见附录一"红军长征在藏区的历史档案"。

### （三）如何执行民族政策的教育

红四方面军进入川西北后，《干部必读》西北特刊第二期上，登载了《关于少数民族工作须知》，分别对"西北概况及其对中国革命的意义""少数民族政纲""回番民族工作要点""对回番民族口号"等5个问题作了详细说明。指出"回番民族是中华民族之一，他们具有丰富革命力量，是我们反对帝国主义、国民党的民族革命战争中一个有力的支柱。将他们组织起来、领导起来参加革命战争，是我们每一个布尔什维克党员和苏维埃红军干部最主要的任务之一"。[1]

1935年6月5日，红四方面军以西北特区委员会名义作出了《关于党在番人中的工作决议》，具体说明了"党对番人的中心口号和斗争的领导""民族解放斗争和阶级斗争的联系""联合战线的策略""番人斗争的基本力量是奴隶、牧民、工人、贫农、中农""番族解放斗争中的政权形式""武装番族劳苦群众""加紧番地经济建设""番人中共产党和共产青年团的工作"等8个问题。要求各级党委、团委、各级政治部，"接到此文件后，都要立即讨论，并具体进行"。在向部队介绍民族地区的情况，解释民族工作重要性的同时，红军政治领导机关还要求干部战士做好调查研究工作。"要去细心地了解番人里边的政治经济状况、人口分布情形、生产情形、剥削关系与统治制度，阶级划分、文化、宗教、风俗习惯、生产、地形、道路……过去国民党汉官对他们压迫和剥削的事实，番人生活痛苦情形，以及他们的迫切要求。"收集研究所得的材料，既要向上级政治机关报告，还要交给全体指战员去讨论，并根据所得的材料和红军的中心口号，向羌、藏、回、汉群众进行宣传，使之深入民心。[2]

---

[1] 军事科学院编：《中国工农红军第四方面军战史资料选编（长征时期）》，解放军出版社，1992年，第17页。

[2] 摘自《西北军区政治部给各级政治部、处的一封指示信》（1935年5月23日），详见附录一"红军长征在藏区的历史档案"。

第二章
马克思主义民族理论在藏区的探索与践行

1935年8月9日,中共中央在发布的《关于一、四方面军会合后的政治形势与任务的决议》中,更进一步强调民族工作的重要意义,指出:"一、四方面军的会合正在少数民族番夷民占多数的区域,红军今后在中国的西北部活动也到处不能同少数民族脱离关系。因此,争取少数民族在中国共产党与中国苏维埃政府领导之下,对于中国革命胜利前途有决定意义。"《决议》要求红军总政治部"采集各地番民工作的经验与教训,以教育自己的干部。"从而使党的各级干部和红军广大指战员,充分认识民族工作的重要性,认识做好民族工作对中国革命的重要意义。

1936年3月,红四方面军政治部发布了《关于少数民族工作的指示》。该《指示》对少数民族政策和纪律进行了详细的论述。为了更好地贯彻落实这些政策和纪律,红四军总政治部还将执行民族政策和纪律的要求,编成歌曲,让战士牢记。这些政策和要求充分显示了党对

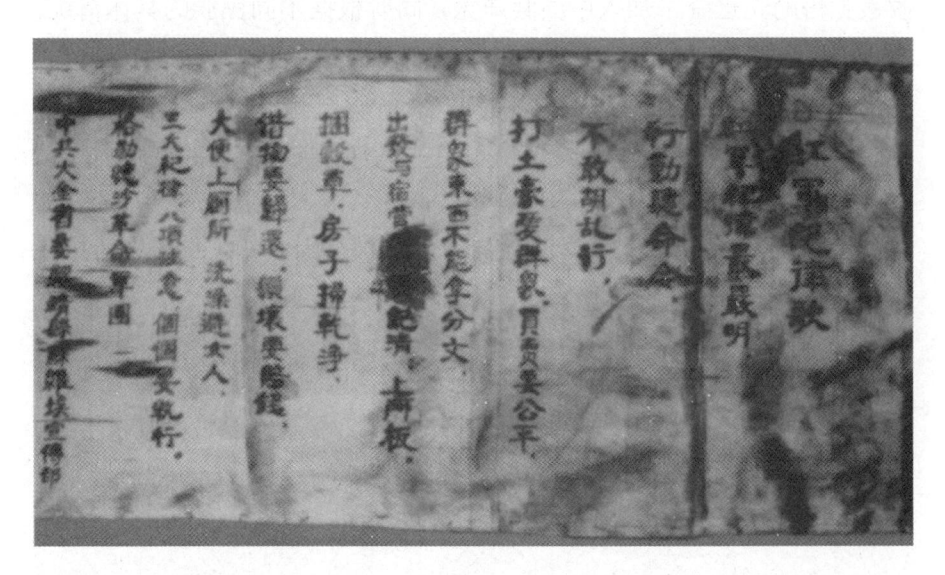

**红军在阿坝县时印发的《纪律歌》**

摘自中共四川省委党史研究室编:《红军长征在四川图志》(下),四川人民出版社,2016年8月,第414页。

红军执行民族政策的重视。

为了让红军战士们能够更好地执行党的民族政策,毛泽东和周恩来等党的领导人以身作则。毛主席多次叮嘱红军战士必须与各族人民建立亲密关系,用平等态度对待各族人民。在四川阿坝藏区的时候,毛主席深入群众,帮助藏族群众搞好生产,抢收粮食。[①]

## 二、党对藏区民族工作的领导

党在长征时期明确提出了要在"思想上、政治上、组织上加强对民族工作领导"的主张。在思想领导方面,提出了"要在少数民族中进行共产主义教育,尤其要加强民族政策教育";在政治领导方面,提出了"加强党对少数民族斗争的领导,使少数民族斗争与中国革命运动汇合在一起,号召少数民族在党的领导下,打倒共同的敌人日本帝国主义和国民党反动派,实现民族平等、民族解放";在组织领导方面,提出了"吸收最觉悟的先进分子加入中国共产党,同时根据不同民族的具体情况,在一些民族及其武装队伍中建立党组织,而在另一些民族中暂时只建立党的外围组织"。[②]因此红军长征在藏区时,党以此思想为指导,结合各藏区的实际情况,从思想、政治、组织三个方面领导藏区的民族工作。

(一)在思想领域,党对少数民族进行党的民族政策以及党和红军宗旨的宣传教育

1.利用标语、布告、传单进行宣传

在认识到民族工作重要性和紧迫性的基础上,红军运用发布文告、张贴各类标语口号、印发传单等多种形式,大力宣传各民族平等,宣

---

① 曹成章、王承权、詹承绪:《红军长征在少数民族地区》,《学术研究》1978年第2期。
② 孟凡东,康基柱:《长征时期中国共产党的民族工作纲领》,《中央民族报》,2016年10月28日。

## 第二章
马克思主义民族理论在藏区的探索与践行

传党的政治主张和革命宗旨,声明共产党和红军反对民族压迫和民族歧视,主张各民族一律平等。党和红军把羌、藏、回各族民众看作是一家人。

红军长征在藏区期间发布过的一系列文告,包括《红军对番民十大约法》《告回番民众书》《共产党、红军对番人主张》和《回民斗争纲领》等。在《共产党、红军对番人的主张》中,红军公开提出:"反对汉官坐番人江山压迫番人",要"分汉官、发财人的土地、牲畜、茶叶、布匹给番人"等。①1936年5月,红二方面军进入甘孜藏区后,贺龙同志以中华苏维埃共和国中央军事委员会湘鄂川滇康分会主席名义发布《公告》,明确指出红军的宗旨是"以扶助番民解除痛苦,兴番灭蒋为番民谋利益"。②

**红军对番民十大约法**

一、消灭贼娃子邓锡侯

二、红军不杀一个番民

三、取消一切捐税款子

四、一不拉夫二不抽丁

五、开仓分粮分给穷人

六、增加工钱改良待遇

七、番民自己武装自卫

八、番民自己组织政府

九、买卖自由公买公卖

---

① 中共四川省委党史研究室编:《红军长征在四川图志》(下),四川人民出版社,2016年,第375页。

② 中共中央统战部编:《民族问题文献汇编》,中共中央党校出版社,1991年,第377页。

**红色记忆**
——红军长征在藏族地区及其当代启示

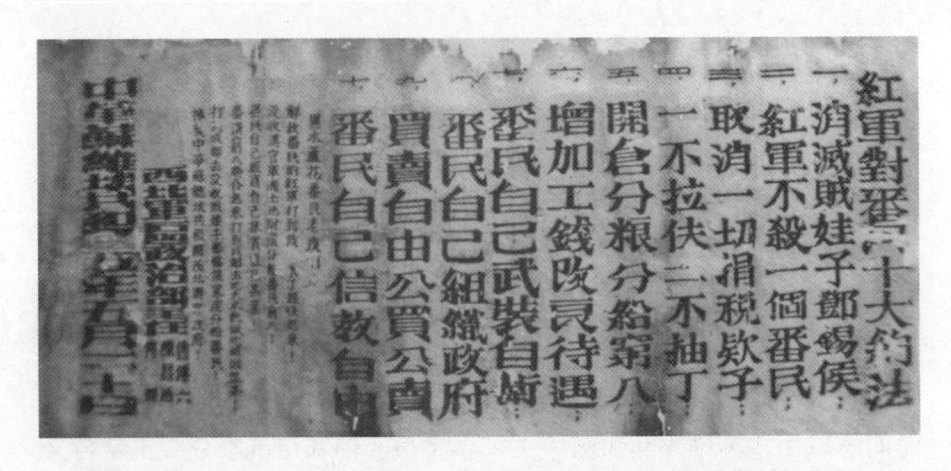

茂县凤仪镇勒都村红军留下的《红军对番民十大约法》
摘自中共四川省委党史研究室编:《红军长征在四川图志》(下),四川人民出版社,2016年8月出版,第375页。

十、番民自己信教自由①

**中国工农红军布告**

中国工农红军, 解放弱小民族;
一切夷汉平民, 都是兄弟骨肉。
可恨四川军阀, 压迫夷人太毒;
苛捐杂税重重, 又复妄加杀戮。
红军万里长征, 所向势如破竹;
今已来到川西, 尊重夷人风俗。
军纪十分严明, 不动一丝一粟;
粮食公平购买, 价钱交付十足。

---

① 中共四川省委党史研究室编:《红军长征在四川图志》(下),四川人民出版社,2016年,第375页。

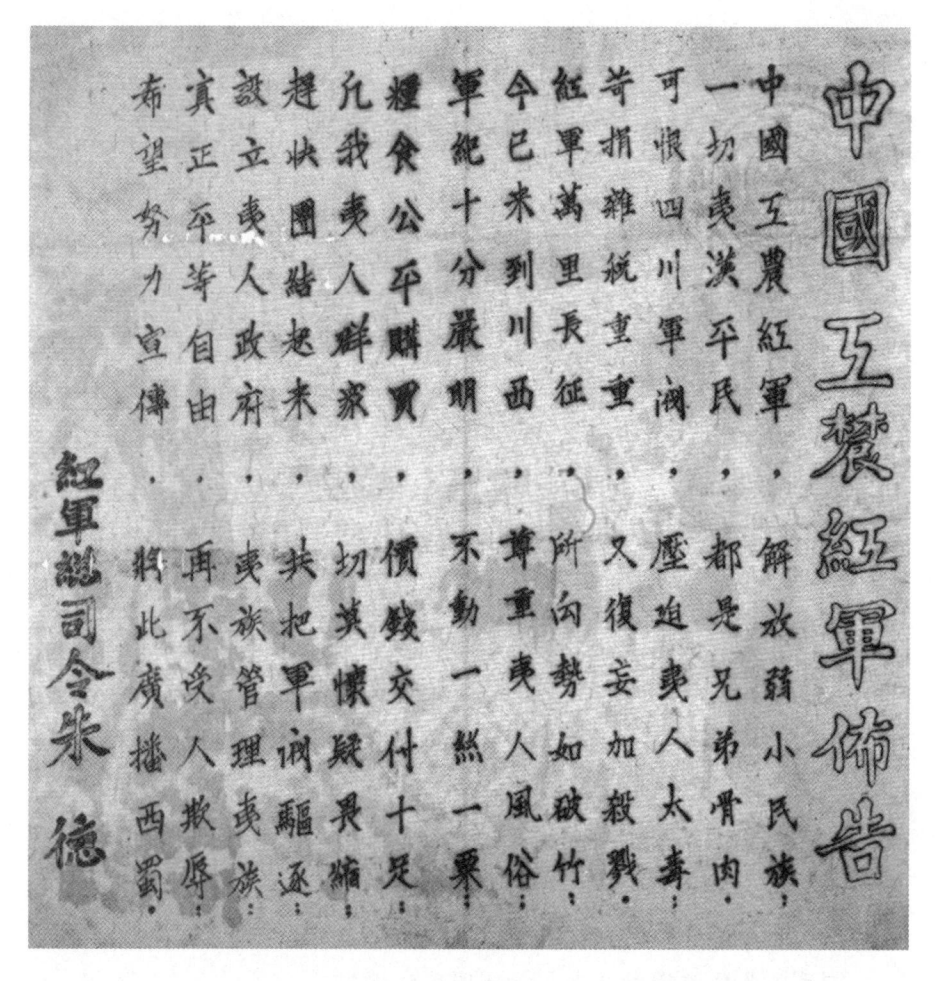

## 第二章 马克思主义民族理论在藏区的探索与践行

红军长征途中在四川为宣传民族政策发布的《中国工农红军布告》

摘自吕章申主编:《信念·精神·传承——纪念红军长征胜利80周年馆藏文物图集》,北京时代华文书局,2016年9月,第76页。

### 到地约法十章

一、不乱杀人

二、保护穷人

三、帮助困苦

四、民族平等

五、取消款子

六、买卖公平

七、发粮分田

八、信教自由

九、增加工资

十、优待士兵

公历一九三五年八月 ①

在发布文告的同时，红军还张贴各类标语口号，印发传单。红军在少数民族地区提出的口号包括：

反对帝国主义瓜分中国！

共产党是为回番（藏）民族解除痛苦的党！

国民党军阀是苗僮（壮）族最凶恶的敌人！

回番羌各民族团结起来，打倒国民狗党！

回番汉穷人是一家！

苗瑶僮回和汉族一切劳动弱小民族一致联合起来！

打土豪，分田地！

取消一切苛捐杂税！ ②

---

① 王天云：《略论长征时期红军的军风军纪问题》，《科教文汇》（下半月），2006年第2期。

② 郑大华：《中国近代民族主义与中华民族自我意识的觉醒》，《民族研究》2013年第3期。

## 第二章
## 马克思主义民族理论在藏区的探索与践行

通过这些标语口号及传单,红军向藏区群众讲明了许多通俗易懂的革命道理。如:

共产党是为回番民族找饭吃、找衣穿的政党!
共产党是消除回番民族痛苦的政党!
红军是保护回番人民的军队!
红军是各族穷苦人民的军队,是解放弱小民族的!
红军是保护回番民族工农穷人的军队!
号召回番穷苦群众与汉族工农联合起来,打倒帝国主义!
只有推翻屠杀压迫回番民族的国民党军阀统治,回、番、羌、夷民族才能得到自己翻身解放!

由于藏区有着不同的民族,各地区的政治和经济发展状况也不尽相同,因此红军在进行民族政策宣传时注意有区别、有针对性地开展宣传工作。

在多民族杂居区,由于国民党政府早已实行了"改土归流",建立了地方"保甲制度",阶级分化明显,已经形成地主经济,所以红军主要宣传反对民族压迫和阶级压迫,号召各族穷苦民众团结起来,与红军一起:

推翻屠杀压迫回番民族的国民党军阀统治!
消灭蒋介石,穷人才不再受发财人整害!
取消高利贷,穷人不还富人债!
实行土地革命!
穷人分田地,拥护苏维埃!

**红色记忆**
——红军长征在藏族地区及其当代启示

而在那些社会形态还处于封建农奴制阶段的农区,红军一般不宣传实行土地革命的主张,而是着重宣传党和红军反对民族压迫、歧视,消除民族隔阂,主张民族自决自治和平等团结。明确宣布:

红军是来帮助夷回打邓家军的!
番民与汉人一律平等!

主张:

回番汉联合起来打倒国民党帝国主义!
实行民族自治权,番民自己成立自己的人民政府!

号召:

各族民众团结起来,反对蒋介石用飞机来屠杀回番藏人!

在牧区或半农半牧的部落地区,红军则主要宣传反对民族压迫,提倡宗教信仰自由,尊重当地的民族风俗习惯,号召:

番人加入红军,拥护红军!
打倒屠杀回番民的汉官军阀!
保护番民,打倒汉官!
保护喇嘛,信教自由!
番人成立苏维埃!

2.聘用当地民众当翻译

为了扩大宣传影响,有效地争取广大少数民族群众,红军还采用聘请"通司"的办法,来消除在宣传中存在的语言、文字等方面的障碍。

红军中的各级政治部门,每到一地都首先物色挑选一批能充任"通司"的当地本民族中通晓汉语或汉文的人,或是少数久住民族地区,通晓藏语、羌语的汉人,让他们协助部队进行宣传、动员与组织群众工作。这些人不但熟悉当地的自然、地理、人心等各方面的情况,而且可以担任翻译,在协助红军进行宣传和动员群众等工作中发挥了特殊作用。红军还请藏族喇嘛将有关民族政策内容的布告、标语、口号等翻译成藏文,开展广泛的宣传工作。中共川陕省委进入川西北后,选聘了一位藏族喇嘛当藏语翻译,一名回族阿訇当阿文翻译,帮助翻译党和红军的布告、传单、标语等,从而使更多的藏、回族群众了解党的政治主张和政策,也使红军指战员从他们身上学到了一些有关西北少数民族的知识。

1935年中央红军路过阿坝州小金木坡时,毛主席住在通司赵海山家中。临别时主席将一双象牙筷子送给赵海山,并希望他"好好干"。红军的宣传教育活动在"通司"的协助下,取得了良好的效果。党的民族平等政策深入人心,得到了少数民族群众的支持,为红军的行动奠定了群众基础。①

### (二)在政治领导方面,帮助建立不同性质的民族政权

中国共产党在长征时期为了改变民族地区群众对红军的错误观念,沿途"组织了很多群众团体、红色游击队和临时性的人民革命政府,播下了千千万万的革命种子"。② 期间,中国共产党一直领导少数民族开

---

① 杨策:《红军长征与少数民族》,《民族史研究》2001年第1期。
② 董必武:《红军长征记》,解放军文艺出版社,2007年,第486页。

**红色记忆**
——红军长征在藏族地区及其当代启示

展各种形式的斗争，尤其是通过组织政权，实现民族平等和民族解放。在继续坚持联邦制原则、民族自决权原则、少数民族自己管理自己原则的前提下，中国共产党帮助藏区群众建立了不同性质的少数民族政权。

从发展阶段上看，少数民族政权的组织形式以1935年8月沙窝会议为界，前一阶段主要是主张建立工农兵苏维埃政权，后一阶段主要是主张采取更加灵活的策略，建立各种类型的政权组织。1935年8月，沙窝会议上在坚持民族自决权原则的前提下，党中央不点名地批判了张国焘过早组织西北苏维埃联邦政府的错误，并提出了不同性质的政权组织形式。"估计到少数民族中阶级分化程度与社会经济发展的条件，我们不能到处把苏维埃的方式去组织民族的政权"；"目前建立西北苏维埃联邦政府是过早的"；"在有些民族中，在斗争开始的阶段上，除少数上层分子外，还有民族统一战线的可能。在这种情形下，可以采取人民共和国及人民革命政府的形式。在另外一种民族中，或在阶级斗争深入的阶段中，则可采取组织工农苏维埃或劳动苏维埃的形式。一般的组织工农民主专政苏维埃是不适当的"。① 因此1935年8月之后，在中国共产党的领导下，藏区群众建立的政权类型更加多样化了。

1936年5月，随着革命形势的不断发展，红四方面军总政治部在《对番民的策略路线的提纲》中进一步提出，"领导番民独立解放运动，实行番民自决，番民有权组织自己的政府和波巴依得瓦共和国"；"居住在波巴共和国领土内的其他少数民族（如回汉人民）集团居住在五十户以上者，得组织自治区，设立自治委员会"；"自治委员会受县以上波巴政府的指导"。② 随后在长征途中，党和红军一再重申了多种形式、多种性质的少数民族政权组织形式。随着日本帝国主义全面侵华战争

---

① 皮明义：《党在红军长征中的民族工作大事记》，《中央民族学院学报》1987年第3期。
② 摘自《红四方面军总政治部关于对番民的策略路线的提纲》（一九三六年五月二十九日），详见附录一："红军长征在藏区的历史档案"。

阴谋活动的日益加剧，中国共产党开始认识到宣传少数民族"民族独立或分裂"的负面影响，明确提出这是"不妥当"的，并强调了各民族的"自由联合"。

（三）在组织领导方面，建立党组织，吸纳优秀分子入党，并加强少数民族干部的培养

为了更好地加强对藏区民族工作的组织领导，各级党委和红军一方面在各民族中吸收最觉悟的先进分子加入中国共产党，并根据不同民族的具体情况，在一些民族及其武装队伍中建立党组织，而在另一些民族中暂时只建立党的外围组织，大力发展各类群众组织。另一方面则不断加强对少数民族干部的培养。

1936年5月，红四方面军总政治部提出："在番人中一般的组织共产党是不大适合的，所以主要的是发展番人革命党和番人青年团的组织，对于个别最进步的分子可吸收入共产党。"12月，格勒得沙共和国成立。在中共大金省委的组织领导下，格勒得沙共和国建立了格勒得沙革命党，成为共产党领导下藏族先进分子的组织，在绥靖设最高领导机关中央党部，净多·孟特尔为中央党部部长。下设省党部、县党部、支党部、分支党部。当时的中共大金省委在有关决议中指出："番人革命党是一种广泛的群众组织，这种组织是少数民族中穷苦群众和小资产阶级分子的联合战线的具体形式。"在格勒得沙共和国革命根据地内，还建立了格勒得沙青年革命党等组织。此外，还在孔萨、拖坝、白利、普玉隆、绒坝岔5个区、乡建立了青年团和妇女联合会等基层组织，发展了一些党团员。他们在实施波巴政府纲领，完成党和政府的各项工作中起到了模范带头作用。[①]

红军在少数民族地区开展民族工作中，还培养锻炼了一大批民族

---

① 石仲泉：《中央苏区和苏区精神》，《中共党史研究》2006年第1期。

干部。1935年8月5日毛尔盖会议决定挑选一部分优秀少数民族干部加以培养。为此还特地制定了一系列政策加以保障。在邵式平的主持下，红军开办了甘孜藏民干部学校，扎西旺徐在这所学校学习过两三个月。前后培训了230名藏族青年干部和积极分子及从事翻译、宣传、后勤和群众工作的民族干部。地方党委举办的炉霍党校曾对以少数民族为主的地方干部进行培训，红军还在丹巴期间兴办过列宁学校。一大批优秀的少数民族干部成长起来，这些民族干部，不仅在长征时期起了重要作用，而且为以后的各民族解放和建设事业也做出了积极贡献。①

在培养干部方面，红军还注意根据各地的实际情况采取各种不同的方式来帮助培养少数民族自己的干部。比如说在帮助各民族群众建立革命政权时，吸收少数民族优秀分子或分配少数民族红军干部战士参加此政权；在甘孜开办学校培养藏族干部，学习4个月后，他们既当翻译又参加剿匪，还做群众工作；提拔和使用一大批少数民族干部。如大金川红军独立第二师藏族师长马骏等。② 少数民族干部的培养，为建立红色政权提供了人才，为民族区域自治准备了人才。

## 三、党领导下的藏区少数民族政权

红军长征经过藏区期间，中国共产党根据不同地区的实际情况，在坚持联邦制原则、民族自决权原则、少数民族自己管理自己原则的前提下，领导建立了一批不同形式的民族政权组织形式。这些政权组织形式主要有以下三种：

一是劳动苏维埃政府。这类政权主要集中在川西北的藏区。红军帮助这些地区的藏族群众建立了独立的番民革命政府。如红四方面军在大

---

① 中共甘孜州委党史研究室：《红军长征在甘孜藏区》，成都科技大学出版社，1993年，第188—189页。

② 石仲泉：《中央苏区和苏区精神》，《中共党史研究》2006年第1期。

小金川流域和丹巴、道孚、炉霍、甘孜等县，普遍成立了"波巴依得瓦"（藏区地方政府）。其主要成员从当地少数民族的穷苦百姓中产生。

二是工农苏维埃政府。主要是在国民党早已实行"改土归流"，推行"保甲制度"或"屯守备制度"的多民族杂居区。如川西北的茂县、汶川、理番、松潘和甘南的岷县、临潭等地。这类政权由红军代表和农民、手工业工人代表组成，由工农兵代表大会选举产生。

三是人民革命政府。这类政权主要建立在甘南的哈达铺和文县等地。它是由劳动苏维埃演变而来。为了保证苏维埃政权的纯洁性，在筹建县、区、乡、村苏维埃政权的过程中，红军每驻一地，一方面宣传成立苏维埃的目的、意义，发动工农穷苦群众；另一方面深入调查了解情况，物色人选，培养积极分子。然后由红军提出苏维埃主席、委员的候选人名单，在群众大会上选举产生区、乡、村苏维埃，在全县工农兵代表大会上选举产生县苏维埃。因此，在人民革命政府主要成员的组成上，可以包括拥护反蒋抗日的当地土司、头人、喇嘛等各界各阶级人士在内，从而组成抗日反蒋统一战线。

## （一）少数民族政权的基本组织结构

红军长征途经民族地区时，提出："对少数民族政权组织的形式，且能吸引广大群众参加政权"[①]，并提出："这一政府占主要地位的应当是番族中的穷苦群众奴隶、牧民、工人、贫民、中农和热心革命的分子。但知识分子和一部分革命的小喇嘛、小土官赞助独立解放运动的也可以参加政府工作。……对于一切主张或赞助番人独立解放的个人或团体，都应当扶助他们、联合他们。"[②] 正是在这样的指导思想下，1935

---

[①]《西北军区政治部给各级政治部、处的一封信》，1935年5月23日，《红四方面军战史资料选编》。

[②]《西北军区政治部给各级政治部、处的一封信》，1935年5月23日，《红四方面军战史资料选编》。

**红色记忆**
——红军长征在藏族地区及其当代启示

年 5 月至 1936 年 7 月期间，红军长征经过云、贵、川三省的民族地区时，先后在茂县、汶川、理县、绥靖、松潘等地，建立了由当地回、藏、汉等族人民组成的苏维埃政权和由民族、宗教等各界人士组成的人民革命政府。①

1. 中国共产党领导的政权、政区（至专区级）
川陕省临时革命委员会 1931.12—1933.2
川陕省苏维埃政府 1933.2—1935.7
川康省人民革命政府／川康临时革命委员会 1935.7—10
大金省苏维埃政府 1935.10—11
四川省苏维埃政府 1936.1—2
甘肃省苏维埃政府 1936.9—10
格勒得沙共和国革命政府 1935.11—1936.7
波巴人民共和国政府 1936.5—7（又称：波巴依得瓦共和国中央政府、波巴依得瓦革命政府、中华苏维埃波巴自治政府）
番人共和国自救会 1935.5
苗族苏维埃共和国 1934.8
彝民民族自救委员会
豫海县回民自治政府 1936.10

2. 中华苏维埃西北联邦政府（1935.11—1936.7）
中央革命政府，其中下辖两个少数民族政权：
（1）格勒得沙共和国（金川流域，1935 年 11 月建立）
（2）波巴人民共和国（康北地区，1936 年 5 月建立，习称波巴政府）

---

① 《西北军区政治部给各级政治部、处的一封信》，1935 年 5 月 23 日，《红四方面军战史资料选编》。

### 3. 大金（金川）省地方政权组织

格勒得沙共和国

波巴依得瓦共和国

顾问部

交通部

内务部

文化教育部

革命法庭

经济部

保卫局

粮食部

土地畜牧部

县级苏维埃政府

乡级苏维埃政府（13个）

### 4. 大金（金川）省地方军事组织

金川省军区（1935.12—1936.3）

绥靖军区（1936.3—1936.8）

丹巴独立师

金川独立师

格勒得沙革命军

绰斯甲革命军团

绥靖革命军团

崇化革命军团

懋功革命军团

抚边革命军团

卓克基革命军团

党坝革命军团

丹巴革命军团

番民独立骑兵连（1936年年初建于党坝，后驻绥靖。到甘孜后扩充为番民骑兵大队）

回民独立连

金汤独立营

番民自卫军（1936.7—1936.9，编入右纵北上，1936.7.13撤离金川）

5. 格勒得沙革命党全国代表大会

格勒得沙革命党中央党部

格勒得沙革命党党部

妇女部、青年部、工会委员会

宣传部、组织部、顾问、秘书处

政权委员会、军事委员会

格勒得沙革命党县党部

格勒得沙姊妹团

青年革命党、童子团、少先队

番民联合会

喇嘛教改进会

格勒得沙革命党区支党部

格勒得沙革命党乡分支党部

格勒得沙革命党党小组

6. 甘南革命根据地

临潭县苏维埃政府

临洮康乐两县十八个区、乡、村苏维埃政权

## （二）地方红色政权的基本情况

中国共产党领导中国工农红军在藏区发动群众建立了一批地方红色政权。如在红四方面军的协助下，四川阿坝藏族羌族自治州的茂县、理县、汶川等地建立了工农苏维埃政府，绥靖县（今阿坝州金川县城）成立了回族苏维埃政府，小金、阿坝、卓克基、瓦钵梁子区、周伞等地建立了藏族苏维埃政府等。这些革命政权的建立，充分体现了党的民族平等、民族团结政策。这些革命政权的建立使藏族人民有史以来第一次有了自己的政权组织，实现了当家做主的权利。

### 1. 松理茂革命根据地

1935年4月，当红四方面军确定进军川西北地区时，中共川陕省委就着手进行松理茂赤区地方党组织的筹建工作，先后建立了茂县、汶川、理番、懋功、松潘等5个县委。各县委下建立有区委或支部，县委内设有组织、宣传、妇女部和军委及秘书处等机构。针对川西北地区复杂的民族问题，在革命根据地内的政权建设方面，红四方面军提出了"番、夷、羌、回各成立自己政府，由番夷羌回各民族中的劳苦大众掌管政权，永不受汉族发财人的压迫""成立回番人民革命政府"的主张，相继建立了省、县、区、乡、村五级革命政权。省级革命政权川陕省苏维埃政府，还建立了县一级建制的茂县回民苏维埃政府。各级革命政权及执政人选的产生方式，在区、乡、村三级由本地各族群众酝酿提名，由代表会议或村民会议推举通过产生。县级政权和执政人选则由各地、各界代表参加的工农兵代表大会选举产生。县级以下各级革命政权的领导成员，主要由本地的穷苦藏、羌民众担任。回民革命政权的领导成员均由回民选举产生。在松理茂革命根据地，党和红军提出建立"回、番、夷民族武装自卫，成立回番夷民众自己的自卫军游击队、回番夷民的红军"的口号，在各县组建了游击队独立营，各区成立了游击队独立连，主要任务是负责维护地方社会治安，防止敌军小部队的袭扰，配合主力红军作战。各地还建立了游击队的后备力量组织赤卫军，由当地穷苦青少年组成，主要任务是站岗、放哨，监管不法分子。还将地方民族上层人士原有武装改造组建成"番族人民自卫军"，配合主力红军执行战斗任务。根据地内还建立了农会、妇女会、青年团、少先队、儿童团（俗称童子团）等群众组织。

6月，与中央红军会师之前，红四方面军先后占领北起松潘南部，南至懋功小金川流域（含丹巴县东部），西临大金川江畔，东自平武涪江上游以南（西）山地，沿龙门山脉南至汶川纳凹河（即卧龙河）以西一线，形成了以茂县（后移至理番杂谷脑、卓克基）为中心，控制面积3万平方公里，人口近20万的赤色区域，并在这一区域内建立了党、政、军、群团组织。①

红一、四方面军在懋功地区会师后，中央在制定集中主力，向北进攻的北上战略时，把"川西北革命根据地"作为"创造川陕甘苏区"的重要组成部分，使松理茂赤区的各项工作得到进一步加强，革命斗争进一步开展。②

2. 大小金川革命根据地

大小金川革命根据地位于川西北的大金川流域，包括现在的小金、马尔康、金川、丹巴四县及壤塘县的东西部和阿坝县的部分地区，面积约2万平方公里，藏、汉、回等族人口约20万。1935年7月初，大小金川流域的丹巴、夹金山以北、二郎山以西，大金川以东，"四土"（党坝、松岗、卓克基、梭磨）及其以南地区，均为红军占领，并开始在该地区开展创建革命根据地的斗争。崇化、"四土"、马尔康、马唐等

---

① 田利军：《1930年代中期川西北及康北红色政权研究》，《四川师范大学学报》（社会科学版），2011年第4期。
② 石仲泉：《红军长征的基本内涵和红军长征史研究的若干问题》，《毛泽东思想研究》2012年第5期。

地的苏维埃政权和革命武装纷纷建立。7月下旬,中共川康省委,川康省革命委员会和川康省军区成立。大小金川革命根据地形成。8月,红一、四方面军分左、右两路军北上。左路军一部于21日占领阿坝,随即组建中共阿坝特区委员会和阿坝人民政府,把革命根据地扩展到阿坝县。10月,红四方面军南下发动绥崇丹懋战役,把根据地扩大到整个大小金川流域,即北起阿坝,南至大小金川,东抵二郎山,西到杜科河。同时中共大金省委(后改称中共金川省委)成立,取代中共川康省委,领导大小金川革命根据地的斗争。中共绥靖、绰斯甲、崇化、丹巴、懋功等县及所属各区委相继建立,各地以藏、羌族积极分子为主的县、区、乡村人民革命政府也很快建立起来。①

### 3. 小金苏维埃政府

1935年,红四方面军在小金建立了苏维埃政府,宣布取消一切屯垦制度和土司制度,实行土地改革。红四方面军在绰斯甲、党坝、梭磨、卓克基、甘堡、日耳足、八十老、四南达、阿坝等地召开了各地藏民大会,成立了苏维埃政府。在绰斯甲的周伞地方,建立了苏维埃政权,选出的主席:申着喇嘛;政治委员:妹日珠珠;委员:阿母粗;军事部长:瓦士匹;在党坝建立的苏维埃政府:主席:扎拉格拉斯头(杂兰村人);副主席:沈扎头(石果坝村人);委员:达格西河木足、肯格拉阿尔甲(桑吉悦希同志的舅舅)、葛母远南木佳;妇女委员:八日哈不哈莫;少先队队长:党坝河太等(少先队总人数300余人)。

### 4. 金汤县苏维埃政府

1935年9月,中国工农红军长征进入康定县孔玉乡。11月初,红

---

① 龚自德:《中国共产党与格勒得沙共和国的创建及革命斗争》,《川北教育学院学报》1994年第3期。

三十二军和红四军分别在军长罗炳辉、政委何长工、参谋长郭天明和军长许世友、政委王建安、参谋长张宗逊的率领下，沿丹巴、孔玉、金汤、麦岗到达康泸两县交界地带。11月中旬，在岗安建立中共金汤县委员会，下辖金汤区、鱼通区、孔玉区、岚安区委。县委下设组织部、宣传部、妇工部、少共部。县委书记姓李，少共部书记李勃（原名苟新阳）。县委建立后，即建立金汤县苏维埃政府（设在汤坝），主席是红军干部，群众称姜主席，副主席唐显云、陈国玉。① 金汤苏维埃政府是康区第一个红色苏维埃政权，在孔玉、新和、捧塔、三和、麦崩、前溪建立乡苏维埃政府。

### 5.泸定岚安区苏维埃政权

1935年11月8日，红四方面军在泸定岚安区人民觉悟有了初步提高的基础上，召开人民大会成立岚安区苏维埃政府，隶属川康省委金汤县委，下辖昂州、昂乌、乌泥岗、若泥岗、足乌5个乡苏维埃政府。

岚安区乡苏维埃的组织大体相同，即设有主席、副主席、政治委员、游击队长、秘书、军事委员、土地委员、粮食委员、劳动委员、宣传委员、分配委员、经济委员、司务长等职务。当时担任岚安区苏维埃主席、委员的人有：主席：龙献福（红军走后被反动派杀害）；副主席：谭国清；政治委员：罗全明（红军）；游击队长：刘全川（红军）；秘书：龙有珍；军事委员：余相才；土地委员：姜国清、余少堂；粮食委员：余相发；劳动委员：刘建廷；宣传委员：任宜哉；分配委员：苍国清。

昂乌苏维埃乡政府主席：周德洪；副主席：龙献福；游击队长：倪天才；秘书：贾尚伦；军事委员：刘书贵，土地委员：贾士品；粮食委员：李占杨；司务长：李金全；分配委员：洪春；经济委员：刘书贵。

乌泥岗苏维埃乡政府主席：贾成名；副主席：王正品。

---

① 王健英：《抗日战争以前中国共产党领导机构的变化概况》，《近代史研究》1983年第1期。

足乌苏维埃乡政府主席：王华轩；副主席：杨安高。

若泥岗苏维埃乡政府主席：贾成武；经济委员：谭国清、任启全。

昂州苏维埃乡政府主席：黄清宣（红军走后被杀害）。

6. 丹巴县格勒得沙政府

1935年10月下旬红军长征过境丹巴县，建立了丹巴县苏维埃政府，曾广才为主席，麻孜·阿交（藏）、麻孜·阿布（藏）、吴盛云、董青云（藏）为副主席。1935年11月18日，丹巴县苏维埃政府派代表参加金川地区番民代表大会，大会决定撤销苏维埃名义，成立格勒得沙共和国人民革命政府。11月下旬，丹巴县苏维埃政府改称格勒得沙政府，主席、副主席人选没变。丹巴县格勒得沙政府下辖的区、乡、村政权有：大桑区、半扇门区、巴底乡、边耳乡、牦牛村、巴射村、瓦足村、麦龙沟村、喇嘛寺村、大平桥村、卡桠村苏维埃政府。

7. 巴底苏维埃政府

在巴底未建立苏维埃政权之前，红四方面军向当地群众介绍了组织起来的好处，建立政权的必要性，以及内地劳动人民怎样与反动派作斗争和建立苏维埃政权的经过。巴底人民在红军的教导下，很快便有了成立苏维埃的要求，因此在巴底乡成立了苏维埃政府（设在黄金寺）。政府设主席4人、委员3人（财务委员、粮食委员、土地委员）。该乡苏维埃政府不仅没收富人的粮食财产，还进行了土地改革，没收地主和土司头人的土地，分给贫苦群众。乡里还组织了70人的游击队。

8. 道孚县波巴政府

1936年3月，红四方面军在道孚筹建了以邵式平为书记的中共川康省委，作为康北地方党的最高领导机关。经过一个月的积极筹备，4

月15日，道孚波巴依得瓦①第一次代表大会在道孚县城内召开，正式成立道孚县波巴政府。123名代表出席大会，其中有26个波巴革命党党员，7个波巴青年团团员。14日，600多名藏族同胞举行庆祝大会，欢迎前来参加道孚波巴依得瓦第一次代表大会的代表，同时与红军召开联欢大会。

大会通过了大会宣言和道孚波巴依得瓦政府成立宣言（均为藏文）。大会还讨论通过了12个决议，主要包括：土地暂行条例共13条；关于喇嘛和喇嘛寺暂行条例，共10条；波巴依得瓦独立军暂行条例共20款；关于发展农业的暂行条例共7条；关于商业的暂行条例共7条；保护工人和娃子暂行条例共5条；关于借贷和投资的暂行条例共3条；交通暂行条例共6条；税收暂行条例共2条4款；关于粮食问题的决定共3条；关于发展牲畜的决定共7条；关于春耕生产，共9条。

大会全体代表推选觉洛、张得喜（汉）、伊罗、旺松、荣中、亚麻、葛波、扎西、俄窝此学、革糯老者、李尚元（汉）、革麻（喇嘛）等十二人为政府委员，并推觉洛为政府主席，张得喜、荣中为副主席。道孚县委书记钟荣清任政府顾问。道孚县下设内务部、财政部、裁判部、军事部等。

道孚县波巴政府在城区、孔色区、瓦日区、格西区、明正区、麻孜区建立了区波巴政府和村波巴政府，根据民主集中制的原则进行了选举。其组织有主席、副主席、土地委员、粮食委员、青年队长、青年代表、青年团、妇女部长、妇女青年代表、队长等等。政府还成立了波巴独立团、游击队、赤卫队等武装组织来担任保卫工作。

9. 炉霍县波巴政府

红军占领炉霍后，从1936年2月起，先后在炉霍县境内建立炉霍、

---

① 波巴依得瓦是藏语，意指当地藏区群众。

足洛、哈沙、更达、热机龙、所谷、马句、夹郎、棒达、虾拉沱、卓诺、朱倭、瓦角等15处县、区、乡波巴政府。4月，炉霍县召开各界代表会，选举成立炉霍波巴政府，主席益西多吉（藏，寿灵寺世袭大管家），副主席泽仁贡布、洛泽仁。政府委员有益西多吉、泽仁贡布、洛泽仁、冯青云（汉，雇农）、周廷玉（汉，雇农）、阿部、泽窝、雍中降泽、曲登泽仁、仁真志玛、阿呷、罗光德、罗成章、贡布拉热、邱特泽仁、杨海山（藏）、兰子安等，秘书袁汝兰（汉，中医）。在炉霍县成立的波巴政府，其组成人员除藏族劳动人民外，尚有汉族劳动人民及藏族上层人士。炉霍县波巴政府的组成人员尤其是委员，没有如丹巴、泸定等处的明确分工，当有事时，再指定某委员去办理。红军代表李维海指导和协助波巴政府工作。此外当地还有青年队武装组织。

炉霍县波巴政府在老街、朱倭建立了两个区波巴政府，在宜木、瓦达、瓦角、棒达、雄鸡岭、觉如、达觉、棒古建立了8个乡波巴政府。其中，瓦角乡波巴政府的组织名单如下：主席：多洛；副主席：张洪兴（汉，雇农，兼游击队长，红军走后被杀）；委员：洛绒志玛（女）；青年队长：泽仁郎加；青年副队长：巴登桑珠。

### 10. 甘孜县波巴政府

1936年4月，甘孜县成立了甘孜波巴政府，政府机构设在甘孜麻书土司的官寨里。主席：达结；副主席：格达活佛、达娃洛仁。政府委员有夏洛、拉民马、日嘎、扎洛、扎西彭错等30多人。波巴政府下有青年团（或称青年队）、妇女会（或称妇女支部），参加的人很多。

甘孜县波巴政府在白利、孔萨建立了两个区波巴政府，白利区主席为泽里；孔萨区（绒巴岔区）主席为嘎洛。白利区波巴政府在贡隆、林冲、着洛建立了3个乡波巴政府①，贡隆乡，主席多吉堂；林冲乡，主席泽

---

① 李荣忠、刘君：《波巴第一次全国人民代表大会述评》，《西藏研究》1986年第4期。

拉母；着洛乡，主席布祖。孔萨区波巴政府在绒坝岔建立了乡波巴政府，主席张亦山。其他还有拖坝区，主席洛扎西；城北区，主席夏比洛。①

波巴政府的委员们分别到各村宣传政策，贴告示筹粮食。妇女和青年团经常到甘孜开会，回到乡村后就组织青年和妇女开会，动员群众搞好团结生产，还到山上去动员躲藏的人回家，宣传党的政策。②

## 11. 泰宁县波巴政府

泰宁县波巴政府1936年4月成立，主席邓珠降泽，副主席村批、仁真班却。泰宁县波巴政府下辖协德、亚卓、扎拖、仲尼、八美等乡村波巴政府。

## 12. 瞻化县波巴政府

瞻化县波巴政府成立于波巴中央政府建立之后，1936年5月26日，中国工农红军第四军和六军团会师瞻化后，在县城召开瞻化波巴人民代表大会，选举产生了瞻化县波巴人民政府。主席巴登多吉(河西头人)，副主席巴金（河东头人）、卡特安戈（喇嘛）。政府下设民政、司法、妇女、军事等部。波巴政府为民办实事，以及红军爱护民众的行为，感动了僧侣和藏族同胞。他们主动筹集粮款，收养红军伤员，帮助红军渡难关。③

## 13. 雅江县波巴政府

雅江县波巴政府建立于1936年5月。政府主席为曾桂林、副主席亚格巴登。政府下设民政、青年、妇女等部。还在基层，例如雅江县

---

① 中共甘孜州委党史研究室：《红军长征在甘孜藏区》，成都科技大学出版社，1993年，第201—211页。
② 《红军长征经过藏区及藏区群众反抗斗争史料》，中国科学院民族研究所、四川少数民族社会历史调查组，1963年12月编印。
③ 中共甘孜州委党史研究室：《红军长征在甘孜藏区》，成都科技大学出版社，1993年，第209、211页。

百孜村建立波巴政府。

14. 瓦布梁子区藏族革命政府

1935年夏,红一方面军在阿坝地区瓦布梁子"召开各部藏民大会,成立人民政府。前后组织了6个乡人民政府。用民主方式,推举了代表及主席"。并在此基础上召开6个人民政府的代表大会,成立瓦布梁子区藏民革命政府,并还准备建立自己的武装。①

15. 中华苏维埃波巴中央政府

1936年5月,甘孜召开了炉霍、道孚、甘孜等地的人民代表大会,成立了中央波巴政府,大会由朱德总司令主持。总司令在大会上讲话的大意是:红军是为广大劳动人民过幸福生活的,贫苦人民是一家,红军当前的主要任务是北上抗日;只有把日本帝国主义消灭掉,大家才有好日子过,中国人民才能翻身;藏区群众只有跟着红军走,才能彻底过上好日子。中华苏维埃波巴中央政府设在甘孜大土司孔萨的官寨里,下辖炉霍、道孚、甘孜、白利波巴政府。②

16. 甘南革命根据地

1936年8月6日,红四方面军进入甘南藏区。在成功实行岷洮西战役计划后,红四方面军占领了当时的临潭、漳县、渭源、通渭县以及岷县、陇西、临洮、武山等县的大片地区。为开展甘南革命根据地

---

① 田利军:《1930年代中期川西北及康北红色政权研究》,《四川师范大学学报》(社会科学版),2011年第4期。

② 另有文献提道:"中央波巴政府党的领导人李国荣、主席格达活佛、副主席兼军事部长是夏克刀登,司令是诺那的郝副官,首席委员拉克下活佛,委员尚玛青泽、阿格达济、香宾拉等,香宾拉是孔萨土司的差民,是一个相互热诚、机智果敢的青年,他积极工作,受到了军民的称赞。"田利军:《1930年代中期川西北及康北红色政权研究》,《四川师范大学学报》(社会科学版),2011年第4期。

的建设，红四方面军相继在各地成立了各级苏维埃政府。甘南的临潭县建立了临潭县苏维埃政府，其他地方如在临洮和康乐两县就建立了18个区、乡、村苏维埃政权。

在甘南藏区成立的各级苏维埃政权，广泛深入地在民族地区宣传红军的宗旨，宣传抗日救国的民族大义，为红军在甘南赢得当地藏、回民族的支援，开展了各项工作。

各级苏维埃政权与在甘南的红军部队密切配合，通过召集群众大会，走街串巷，甚至亲自到民众家里，宣传红军是中国共产党领导的队伍，是为了广大贫苦民众谋幸福的人民子弟兵；为民众讲解红军的三大纪律、八项注意，宣传党的民族政策；用事实、用行动让群众相信红军是与他们站在同一战线的人民军队，不会抢占他们的财产，不伤害任何一名善良百姓，不歧视迫害任何民族宗教人士；宣扬宗教信仰自由、民族平等和自主权利，号召军民团结起来，反抗国民党政府的欺压迫害，共同一致对外，等等。此外，他们还在当地开展批评和斗争恶霸地主、土豪劣绅，以及反动官僚等国民党爪牙的行动，没收他们的财产和土地给当地的贫苦百姓，不仅赢得了民心，也为红军在当地实施民族政策扫除了障碍。[①]

总之，红军在甘南革命根据地建立的各级苏维埃政权所开展的一系列工作，密切配合了红军在甘南各地的民族政策和民族工作，赢得了当地民众对红军的信任，为红军实现民族统一战线最终目标的民族政策提供了有力支持和帮助。

---

① 彭露：《红军长征在甘南藏区——兼论红军在甘南的民族政策与实践》，兰州大学硕士论文，2012年。

## （三）格勒得沙共和国——第一个省级少数民族革命政权

### 1. 格勒得沙共和国的建立

1935年，为了统一动员和组织阿坝地区各族人民的革命斗争，红四方面军决定组建格勒得沙共和国，由中共金川省委领导。1935年11月18日，在绥靖召开赤区各地代表参加的群众大会，成立了格勒得沙共和国，建立了中国革命史上第一个省级少数民族革命政权。格勒得沙共和国在当时又称为"格勒共和国"或"番人共和国"。在嘉绒藏语中指藏区群众政府，体现出嘉绒藏族建立的人民自治政权的性质。① 它隶属于中华苏维埃共和国西北联邦政府，统一领导松理茂革命根据地和大小金川革命根据地的革命斗争。其所辖地域主要包括丹巴、懋功、抚边、"四土"、绰斯甲、绥靖、崇化等地区。共和国以嘉绒藏语为国语，有国旗，并制定国歌。主要负责人是从当地藏族积极分子中选拔出来的干部，共和国主席克基（藏），副主席杨海山（藏）、孟兴发（藏），顾问邹福通，秘书长姜春南。格勒得沙中央革命政府内设内务、粮食、宣传、妇女、土地、少共等部，其中内务部部长阿参，妇女部长李富德。其下设绥靖、崇化、绰斯甲、懋功、抚边、丹巴、党坝、卓克基、金汤、阿坝特区10个县级苏维埃政府，各县又下设区、乡苏维埃政府。

格勒得沙中央革命政府的主要任务，是在中共大金省委领导下，根据西北联邦政府的指示和各项政策，领导藏羌等各族人民，开展反对封建剥削制度，推翻国民党军阀统治，实行民族自决，争取民族解放的活动。共和国境内各县、区、乡都建立格勒得沙革命政府。格勒得沙革命政府的建立不仅是藏族历史上破天荒出现的第一个人民革命政权，也是中国共产党领导下建立的第一个民族自治的地方政权。

---

① 干旭、郎维伟：《红军长征过藏区及藏区群众对红军的支援和贡献》，《西南民族大学学报》（人文社科版），2006年11月总第183期。

为了更好地加强对政权和军队的领导，格勒得沙革命政府还于1935年12月，在绥靖（今金川县金川镇）组建了格勒得沙革命党。此外，在格勒得沙共和国革命根据地内，还建立了劳动学校、工农医院、国家商店等机构。

2. 格勒得沙第一次全省党代会

中共中央关于1935年12月瓦窑堡会议的精神传到红四方面军后，中共金川省委在1936年2月在绥靖县沙耳尼召开了第一次全省党代会。大会总结了前一段时间党领导阿坝地区格勒得沙共和国革命斗争的成绩和经验教训，着重研究了在全国革命新形势下如何执行中央瓦窑堡会议精神，领导格勒得沙共和国进一步开展革命斗争的问题。

会议做出了《关于目前政治形势和金川党的任务的决议》及《关于民族工作的决议》。大会认为，中共中央关于抗日反蒋民族统一战线的新策略路线"是非常正确的，目前金川党最中心、最主要的任务是把党中央的新策略路线，具体地运用到少数民族中去，利用各种机会争取广大番、回群众在抗日反蒋战线上的密切联盟"。

大会提出了党在格勒得沙共和国的中心工作，主要有：加紧争取番、回、汉广大群众，把各民族中的一切革命力量组织到抗日反蒋战线上来；不断发展壮大格勒得沙共和国抗日反蒋联盟的中坚支柱——格勒得沙革命军和金川独立革命武装，提高格勒得沙政府威信。巩固和发展格勒得沙革命根据地；扩大格勒得沙革命党和青年革命党等组织；迅速彻底解决土地革命问题，开展土地革命运动，坚决发展白区工作。

根据大会精神，格勒得沙中央政府宣布了新的政策，主要有：给一切革命小头人、喇嘛以选举权和被选举权，给革命大头人、大喇嘛以选举权；成立喇嘛改进会，实行宗教自由；保护贸易自由，发展生产，欢迎本族私人投资；在抗日反蒋原则下实行各民族自治。

### 3. 格勒得沙共和国的建立，体现了党的民族平等和宗教信仰自由政策

在中国革命史、中华苏维埃政权建设史上，格勒得沙政府是中国共产党最先着手试创的少数民族人民革命政权，这是对党的民族政策的重大调整，从提倡民族自决到民族自治。

格勒得沙政权一成立，就采取多种形式大张旗鼓地宣传中国共产党及格勒得沙中央政府的政策和主张，宣布境内"格勒、格巴、回回一律平等"，禁止民族压迫和民族歧视，"反对叫格勒为'蛮家'"，发展格勒文化教育，建立格勒学堂，以格勒官话为共和国国语，用少数民族语言錾刻书写各种标语传单。鼓励汉藏通婚以融洽民族感情。大金省委书记邵式平同志带头与当地藏族姑娘杨秀英结婚，格勒政府主席克基也与红军妇女团警卫连唐连长成了亲，之后省委又有5位负责人同当地藏族姑娘结为夫妇。①

1936年2月，大金省委成立后，采取多种措施来充分体现党的民族政策：将司法权移交给格勒中央政府，今后由格勒中央政府处理各类民事纠纷和案件；共和国境内的财经问题、金融体系则由格勒政府直接管理；由各级苏维埃政府解决各种支前活动及群众生活中的问题；各种会议由少数民族干部主持等。

在坚持民族平等、自治的前提下，格勒得沙政府也坚持宗教信仰自由政策。格勒得沙政府提出了保护喇嘛和喇嘛庙，信仰自由等方针。同时要求喇嘛自食其力，改变以往靠人供养的生活。实行政教分离政策，喇嘛不得干涉政治问题。为此，格勒得沙中央政府还设置了喇嘛改进会。②

---

① 田利军：《苏维埃阶级政策和川西北及康北各民族的左右分化》，《西南民族大学学报》（人文社会科学版），2012年第4期。
② 青觉：《中国共产党民族观的形成和发展》，中央民族大学硕士论文，2004年。

### 4. 张国焘错误主张的干扰

张国焘错误主张直接给格勒得沙共和国造成了严重损失。由于张国焘在处理中国少数民族与中国革命的关系上一贯坚持大汉族主义,"以大汉族主义去对待弱小民族",提出了空虚的自下而上的建立"联邦政府"的主张,甚至认为"少数民族和中国革命联系在一起,那么,他们可以得到解放",就是说"中国革命附带地解决少数民族问题",从而把少数民族的解放事业放在了依附中国革命的从属地位,抹杀了客观存在的独立作用,严重违背了我党坚持的"中国少数民族问题是中国革命的一部分,中国革命的胜利必须要解决少数民族问题","少数民族的解放是与中国革命的胜利不能分离的"这一马克思列宁主义观点。①

格勒得沙政府的建立及革命实践活动虽然受到张国焘错误路线的干扰和破坏,但由于广大共产党员、红军战士、格勒得沙政府的各级领导及赤区人民群众团结一致,进行了卓越的工作,使红军能够在极其艰苦的环境下长期留驻该地,传播革命种子,并顺利地出入康北地区,配合红二方面军北上抗日,从而大大减弱了张国焘错误路线给党、红军、格勒得沙共和国所造成的损失。

格勒得沙共和国虽然存在的时间并不长,但是格勒得沙共和国不仅促进了马克思主义民族理论在藏区的传播与发展,而且还通过一系列的宣传工作提高了藏区民众的思想觉悟,积极推动了藏区的反帝反封建斗争。

---

① 陈学志:《格勒得沙共和国——红军长征中帮助建立的第一个少数民族革命政权》,《中央民族学院学报》1991年第6期。

## （四）波巴人民共和国——第二个省级少数民族革命政权

### 1. 波巴人民共和国的正式建立

泰宁、道孚、炉霍、甘孜、雅江、瞻化6个县级波巴人民政府成立后，波巴（即藏族之意）人民共和国于1936年5月1—5日在甘孜北部正式建立。① 这是在中国共产党领导下，红军创建的又一个更大规模、更大范围的藏族自治政府和藏区群众革命政权。该政府由第一次波巴人民代表大会选举产生，隶属于中华苏维埃共和国西北联邦政府。②

5月5日，波巴全国第一次人民代表大会在甘孜县城召开。道孚、炉霍、甘孜、瞻化、泰宁、雅江、理塘、白玉、邓柯、石渠、同普，以及大小金川共16个县的代表约700人，出席了会议。③ 一万多藏汉族同胞和一千多骑兵隆重庆祝代表大会的召开。大会宣告中华苏维埃中央波巴自治政府成立，并通过了《波巴第一次全国人民代表大会宣言》，严正地谴责了历代反动统治者对藏区群众施行的残酷剥削和压迫政策，庄严宣告：

"全体波巴人民——从城市一直到最偏僻地方的每个波巴人民，从种地的寨子直到牧畜为生的牛厂中的每个波巴百姓，一致奋斗，为解除过去的一切痛苦，为波巴的真正独立自由共同奋斗。更要消除过去一切由于汉官、军阀、外族侵略者挑拨所结的私仇，不分教别派别，

---

① 关于各地建立波巴政府的时间，周锡银在《红军长征时期党的民族政策》第54页写道："为了推动革命的深入发展，于1936年2月在道孚、炉霍两县建立了县、区、乡波巴自治政府"，第82页写道："(1936年)3月中旬，红四方面军继续解放炉霍、泰宁（今乾宁）和康北重镇甘孜县，控制了东起懋功，西至甘孜绒巴岔，南达瞻化（今新龙）、泰宁，北靠草地的广大藏族地区。在红军的帮助下建立了道孚、炉霍、甘孜等县的县、区、乡各级波巴自治政府"，二者不一致。编者认为后者应当是正确的，因为2月11日—23日，红四方面军方撤离天、芦、宝地区，经懋功向西康北部转移。

② 龚自德：《康北波巴政府的建立及其对红军的巨大支援》，《川北教育学院学报》（社会科学版），1995年第3期第5卷（总18期）。

③ 关于参加大会的代表人数，据1936年5月16日出版的《干部必读》第十六期。

**红色记忆**
——红军长征在藏族地区及其当代启示

不分区域族别，不分僧俗贵贱，大家团结得像一个人一样，一条心地去干这番为我们全体波巴人民永远过好日子的大事。"

大会选举了波巴中央政府的领导成员，多德（德格土司，藏族）任主席，达吉（甘孜麻书大头人，藏族）、孔萨[①]·德钦翁姆（甘孜土司，藏族）任副主席，德格土司军事涅巴夏克刀登是军事部长，国民党"西康宣慰使"诺那的亲信、藏族巨商邦达多吉任财政部长。大会颁布了波巴人民政府的10条政纲。为了加强党对波巴人民共和国的领导，党和红军派中共川康省委书记邵式平担任波巴人民政府党代表，刘绍文担任顾问。波巴人民政府是具有抗日民族统一战线性质的藏族地方自治政府，其三个主席、副主席，政府机构各部部长都是赞同"兴番灭蒋"的大土司、大头人等。

大会还制定了波巴独立政府组织大纲。大纲规定，波巴政府由波巴全体人民推选代表组成，凡年满16岁以上，不分贫富男女、宗教民族，都有选举权和被选举权，并有监督政府与服兵役的权利和义务。同时还制定了中央、区、乡、村寨的组织机构，规定了任期时间等事项。

此外，大会还通过了各项决议案。其中有关经济建设的即有《关于发展农业的暂行条例》《关于商业的暂行条例》《关于发展牧畜的决定》《关于借贷和投资的暂行条例》，以及道孚波巴大会通过的《交通暂行条例》。这些条例全面的规定了有关波巴政府发展农业、商业、牧畜等的主要方针政策，并且结合藏区的实际情况制定了一些比较开明的措施。例如保护民族工商业；在平等互利订约之下，准许外来资本投资经营各种生产事业，并给予便利和保护；政府鼓励、保护并且资助人民个人兴办或合资合力创办大事业。这些政策如果得以付诸实施，对于藏区经济的发展无疑是非常有益的。[②]

---

① 也有文献写做"孔撒"。
② 李荣忠、刘君：《波巴第一次全国人民代表大会述评》，《西藏研究》1986年第4期。

波巴第一次全国人民代表大会的召开,具有重大的历史意义。首先,它宣告了波巴人民共和国的建立。选举产生了波巴中央人民政府,从而使藏区群众在历史上第一次拥有了自己的革命政权。其次,大会制定了波巴政府的施政纲领和各项具体的方针政策,提出了一整套有关民族平等、团结、自治和宗教信仰自由的主张。特别是带有自治性质的波巴政府在党已建立的格勒得沙政府经验的基础上对民族地区的政权形式做了进一步的探索,将马克思主义民族理论与中国民族地区实际相结合。这是党的民族理论的一次大胆而有益的尝试。

波巴人民共和国及其波巴政府的历史虽然不长,也还存在着一定的历史局限性,但毕竟是中国共产党、红军和藏区群众历史上光辉的一页,具有重要的历史地位。它是在瓦窑堡会议制定的抗日民族统一战线新策略路线指导下,党的民族自治主张在藏族地区较早的一次成功试验,使藏区群众当家做主的愿望变成了现实。它使中国共产党和红军的主张、民族宗教政策更加深入藏族群众之中。波巴政府给予了红军巨大支援,为长征的胜利做出了重大贡献。

2.道孚县波巴政府的各项条例是波巴中央政府政策的基石

1936年4月14日,道孚县波巴自治政府由各民族代表选举产生。4月15—16日,道孚县波巴第一次代表大会经过热烈讨论通过了12个条例性法规,包括:《土地暂行条例》《关于喇嘛和喇嘛寺暂行条例》《独立军暂行条例》《关于发展农业的暂行条例》《关于商业的暂行条例》《关于发展牧畜的决定》《保护工人和娃子暂行条例》《关于借贷和投资的暂行条例》《交通暂行条例》等。这些条例涉及经济、宗教、军事、人身权利保护等,是党历史上第一次在少数民族地区帮助建立民族自治政权后比较系统的制定和发布的法规,也是藏族历史上最早且较完整的现代法律法规,是战争年代党在民族地区制定民族政策性法规较早的一次实践,虽然距今已有70多年,但其历史价值和现实意义仍然十分重要和突出。① 波巴第一次全国人民代表大会所制定通过的波巴中央政府施政纲领和各项方针政策就是以道孚波巴依得瓦代表大会所通过的各种条例为基础的。

### 3. 两个地方政权的政策差异

在藏族地区建立自治政权，是中国共产党的第一次尝试，许多政策方针还处于摸索阶段。从波巴政府制定的一些政策的变化中，我们可以看到党关于波巴政府的政策是随着对藏区情况了解的不断加深而发展和完善起来的。开始，党决定藏区群众组织独立政府，在某些汉族密集的地区则组织隶属在波巴政府之下的自治委员会，汉族不多的地方，只选派代表参加波巴政府。但在实际工作中，炉霍、甘孜凡有汉族的地方普遍建立了汉人自治委员会，无形中形成了两个政权并存的局面。所以波巴全国人民代表大会通过的《波巴独立政府组织大纲》明确规定：居住在波巴共和国领土内的其他民族（如回、汉族），集团居住五十户以上者组织自治区，设立自治委员会，由全体居民大会选举，设委员长一人，委员二至四人，受县以上波巴政府指导；散居者，按人数比例推选代表参加当地波巴政府。波巴全国人民代表大会与道孚波巴大会通过的各种条例许多虽然大同小异，但仔细比较，我们就会发现有些地方有重大改变。在《关于土地暂行条例》（草案）中，全国代表大会增加了至为关键的第三条，即在不没收喇嘛寺的庙地后面加上了"赞助波巴独立与遵守政府一切法令的土司土地"，这是党在藏区开展工作中密切关注到民族地区上层人士的积极作用，为团结更多藏区各界人士而采取的统战政策。《保护工匠娃子暂行条例》（草案）增加了第三条"废除买卖娃子，娃子可以自由脱离主人"，从制度上废除

---

① 肖华：《忆红军长征在少数民族地区》，《民族团结》1983年第3期。《中国工农红军第一方面军长征记》，转引自《红军长征时期党的民族政策》，四川民族出版社，1985年，第30页。

了藏族延续上千年的农奴制,给了藏区人民当家做主的权利。波巴全国代表大会不再强调波巴政府的独立成分,改"独立军"为"自卫军",体现了党在民族地区的政策从自决到自治的转变。从这些方面既反映了中国共产党实事求是的工作作风,表现了党对藏区情况了解的不断深化;更是说明党的民族政策日益成熟,马克思主义理论真正在中国落地生根。

## 四、民族统一战线的建立

### (一)尊重宗教信仰和民族文化,宣传执行党的民族宗教政策

红军长征经过的许多地方是少数民族聚居区,藏传佛教和伊斯兰教等宗教在当地有深厚的社会基础和重要影响。因此,红军要求指战员严格遵守纪律,尊重少数民族的宗教信仰和风俗习惯,尊重少数民族语言文字。尤其是长征经过藏区期间,红军使用民族语言书写标语、粘贴布告,宣传党的民族宗教政策,对顺利通过藏区具有积极的作用。

1.尊重宗教与风俗习惯

1935年7月10日,红军总政治部《红星》报发表社论,指出:"不懂得共产党的民族政策的,不配当一个共产党员,不了解争取少数民族的重要性和不参加这一工作的,不配当一个好的红军战士。"红军长征中,对尊重少数民族群众的风俗习惯制定了非常具体的政策。1935年1月19日,红军政治部下达《关于争取少数民族的指示》,要求"绝对遵从少数民族群众宗教、风俗、习惯,并将这些习惯向战士说明"[①]。

红军各部队每到一个地方,立即派出人员专门调查和了解少数民族地区的社会经济、风土人情、宗教信仰等情况。如红四方面军总政治

---

[①] 中共中央统战部编:《民族问题文献汇编》,中共中央党校出版社,1991年,第277、297页。

### 红色记忆
—— 红军长征在藏族地区及其当代启示

部专门编写了介绍川西北一带少数民族社会情况及风俗习惯的《番地情形》。其中对当地民众的衣食住行等情况有较为详细的记述：在番地境内，无论山地与平原，居民多牧牛羊以为主要生产，即贫穷家亦必牧牛羊两三头，富者多至养牛羊数十百千条以上……故番地人民多以牛羊皮制为皮衣、皮帽、皮靴……虽冬腊之季，亦不觉严寒。而且番地生活类似西欧，居民多以牛羊肉、奶油（酥油）、奶饼及麦面大馍为主要食品，这种生活正是北方寒带的特点，因为多吃牛羊肉与奶油奶饼，其作用是容易增加体温与健强身体，故番地人民，衣食均与寒带适应。此外，《番地情形》还记述了当地民众的风俗禁忌：番人家里在屋之中央是锅灶与火炉箱，来客只能坐火炉的左方（即爨火方），火炉的对方（即上方）是老年人的座位，火炉的右方是女人家的座位，这对右二方都不准人随便坐，如他认你为贵客，则请你坐上方。火炉上的三角铁架，是不要人架脚的。每家都于屋角悬挂有嘛呢旗（即以红白布作旗，书写喇嘛阿弥陀佛等番文于上，用高杆悬挂于空中）……番人每遇牛羊猪得病，就请喇嘛来念经，嘛呢旗以稳祈除祟，求福去灾之意，这旗决不准人乱动。再者，番人家每家都有经堂，有经书，这经书也是绝对不准人动他的。① 这些情况说明红军指战员对当地的社会情况和风俗习惯有了一定的了解，能够更好地执行党关于尊重各民族风俗习惯和宗教信仰等政策。

红军及各级博巴政府发布了许多保护寺庙和喇嘛的告示，还专门颁布了《关于喇嘛和喇嘛寺暂行条例》，规定"信教自由""喇嘛寺土地不没收，可以出租""保护喇嘛和喇嘛寺以及经书佛像"。② 规定红军不得进入喇嘛寺院，不动藏族群众供奉的神像、神龛、香炉，不干扰喇嘛们的宗教活动，不准撕毁藏族群众贴在门上封门的"神符"和插

---

① 国家博物馆藏《番地情形》。
②《关于喇嘛和喇嘛寺暂行条例》，《道孚文史资料选辑》第2辑，第15页。

在房顶、寨边、山上的经幡等。①

红四方面军第五军军长董振堂，在率部即将进入藏区时，特别强调加强纪律性，给全军指战员规定了"三不准"：

一是不准打红嘴乌鸦（藏俗称之为神鸟）；

二是不准进喇嘛寺；

三是不准拿喇嘛寺旗杆上的经幡。

红一、四方面军会师后，部队向黑水挺进，先头部队进抵芦花时，黑水头人率领士兵进驻芦花喇嘛庙阻击红军，战斗中红军仅在寺庙外驻扎和修筑工事，不冲进寺庙也未动用重型武器轰击，尽力保护寺庙和僧众。红军长征过境后，几乎所有的大小寺庙均完好无损。②

红一方面军四团在黑水筹粮时，战士们偶然发现一喇嘛寺的"泥塑"中装有面粉，搬回来准备吃时，筹粮委员会来了命令，说要保护喇嘛庙，就是国民党军队砸烂的"泥塑"也不能动。于是，战士们只好原封不动地把"泥塑"送还了寺庙。

红军不仅十分注意尊重不同民族的宗教习惯，而且广泛宣传党的宗教政策，主张"回番（藏族）人民宗教信仰自由权"。红军反复向少数民族群众宣布："番人信教自由，念经当喇嘛听其自愿。""回人信教自由！反对侮辱回教！清真寺财产由教民选人管理。"特别是进入藏区后红军立即郑重宣告："回番民族宗教信仰自由""念经敬佛当喇嘛听其自愿"，反对伤害回番民族的宗教感情等等，充分体现了宗教信仰自由的政策。

红二、六军团经过川西北藏区时，为了消除藏区群众心头的疑惧，贺龙等专程到一些藏传佛教寺庙会见僧人，向他们宣传红军的民族政策和宗教政策。

---

① 曹智荣、邓勤俭、长明：《红军长征时期党的民族政策在阿坝藏区的实践初探》，《中国档案报》2006年10月9日。

② 曹智荣、邓勤俭、长明：《红军长征时期党的民族政策在阿坝藏区的实践初探》，《中国档案报》2006年10月9日。

### 2. 尊重藏区群众的语言文字

长征经过藏区期间，红军用藏汉两种文字书写标语，张贴布告，积极向当地民众宣传党和红军的政策主张。如红军经过松潘、茂县、马尔康等地时，在老百姓的住房、院墙、城门或交通道旁的岩石上书写、錾刻、张贴藏汉两文的标语、口号。考虑到部分群众躲进山林，为了扩大宣传效果，红军还因势利导地将标语、口号雕刻在树上，创造了"树标"。这些"树标"在松潘毛尔盖、茂县松坪沟和黑水的小黑水地方最多见。① 红军除明文规定用少数民族文字多印宣传品之外，还规定在编制部队训练计划时也要有"番语、番语参谋、通司"等。

红军不仅尊重少数民族的语言文字，又号召指战员学习使用少数民族语言文字。红军曾提倡汉族指战员认真"学番民语言"，请喇嘛教授藏语、藏文和藏族歌谣，优待通司（翻译），发布的文告有的也用藏汉文对照。红军还把尊重少数民族语言文字的政策编成通俗的歌谣传唱。这与当时的国民党政府歧视藏语藏文的态度形成鲜明的对照。在《少数民族工作须知》中提出："要帮助少数民族的文化工作，建立本民族的学校，用本民族的语言文字教授。"

长征途中红军尊重、使用民族语言文字的行动，不仅有利于宣传党的民族宗教政策，取得了良好的宣传效果，也在民族地区传播了革命的种子，对红军顺利通过藏区北上抗日，以及马克思主义中国化等都具有积极和深远的影响。

### 3. 保护群众利益，赢得人民尊重

红军在经过藏区时，坚决执行"三大纪律、八项注意"，恪守军纪，秋毫无犯，严格遵守群众纪律：不随便进入民房、寺院，不在老百姓

---

① 曹智荣、邓勤俭、长明：《红军长征时期党的民族政策在阿坝藏区的实践初探》，《中国档案报》2006年10月9日。

家里住宿，买卖公平、待人和气；不拿群众一针一线；遇到老百姓不肯收钱时，总要把钱放在群众家里的桌子上或门槛下面，坚持付款；对待老弱病残人家，红军战士主动帮助砍柴、背水、做饭、看病、种地；贫苦人没有盐吃，红军就把自己有限的食盐分给他们；穷人没有衣穿，就把自己的衣裳送给他们；红军所过之地，尽力不损坏土地和庄稼。

1935年秋，红四方面军长征过马尔康木尔宗时，在离寨子不远的帐房里发现了一位病重的老喇嘛，红军给喇嘛煮饭熬药，精心照料，在离开时把一桶糌粑和一小口袋黄豆留给了老喇嘛。老喇嘛热泪盈眶地对从山里返家的乡亲讲："我年过七十，走了不少大地方，见过不少军队，但他们都是欺压百姓，无恶不作的军队。像红军这样为百姓办事的军队是天下少有的。我年老体弱，疾病缠身，不能和他们一道走，只有在此为他们祝福了，愿他们胜利。"①

红一、四方面军进入川西北草地，二、六军团进入滇、康藏区时，缺粮问题都相当严重。为了不侵犯少数民族人民的"一丝一粟"利益，红军颁发了保护藏民利益的布告，在藏民青稞地里插上保护牌，责令一切部队不得侵犯。

1936年5月，红二、六军团由云南进入四川藏区时，为顺利通过藏区北上，颁发了《中华苏维埃人民共和国中央革命军事委员会湘鄂川黔滇康分会布告》：

本军以扶助番民，解除番民痛苦，兴番灭蒋，为番民谋利益之目的，将取道稻城、理化进入康川，行军所至，纪律严明，秋毫无犯……尤望各尽其力与本军代买粮草，本军当一律以现金按价照付，决不强制。②

---

① 刘永国：《红军长征在川西北少数民族地区的政治动员工作论析》，《毛泽东思想研究》2015年第3期。
② 中国工农红军长征史料丛书编审委员会：《中国工农红军长征史料丛书·图片》，解放军出版社，2016年，第149页。

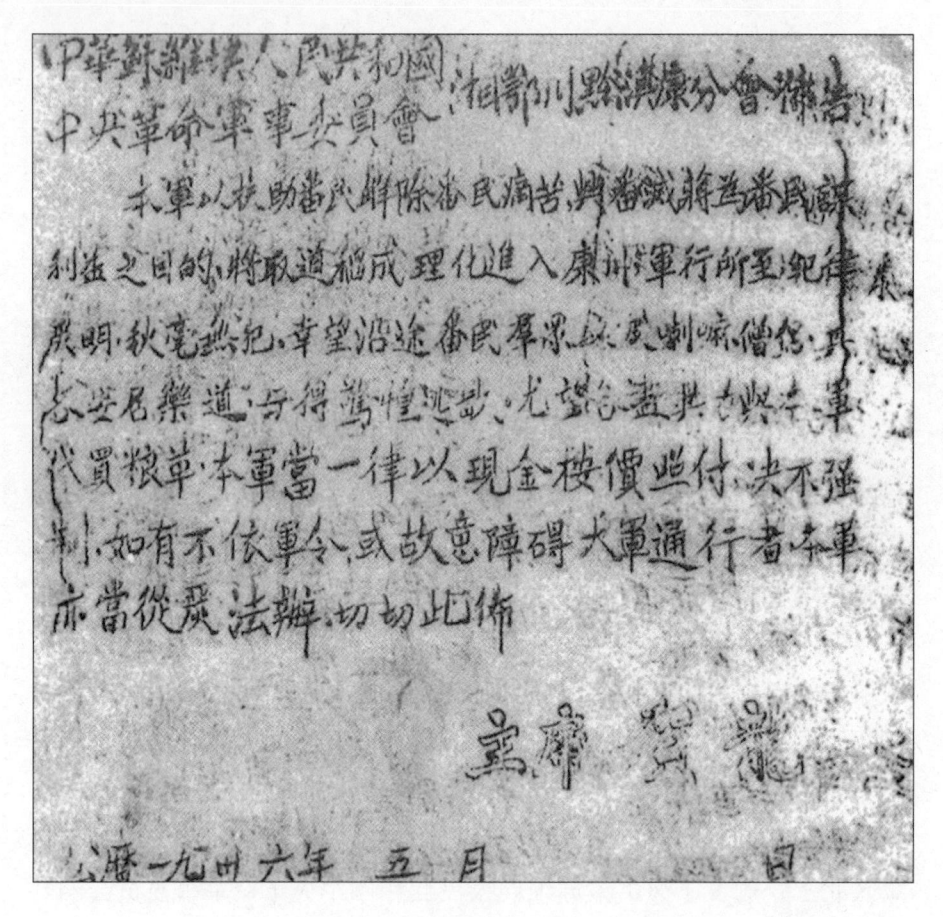

**红色记忆**
——红军长征在藏族地区及其当代启示

**红二、六军团在西康颁发的布告**

摘自中国工农红军长征史料丛书编审委员会编：《中国工农红军长征史料丛书·图片》，解放军出版社，2016年，第149页。

红二、六军团在云南中甸时，贺龙同志对没有跑上山的藏区群众说："红军是为穷苦老百姓来的，不要怕……你们的东西希望拿出来卖，我们不少给钱，愿卖才卖，不愿卖不强迫。"红军到逃跑上山的人的家拿了东西（主要是吃的东西和柴火）都给了钱，一般都比市价多一半，如一只鸡给一个或两个银元；一头猪给八个至十个银元，烧了些火，用了水，都给了钱。为了执行公买公卖政策，贺龙同志向群众问清当地的各种物价,并用笔记本记下来。一次中甸归化寺(松赞林寺)的夏拿古瓦等喇嘛,给贺龙同志送去茶两驮、米三驮、猪肉三驮、粮二驮、盐一驮,贺龙同志说"我们是为人民服务的,不能白得别人的东西",于是拿出笔记本,把所有的东西都登记下来,照价付了款。①

《关于少数民族工作的指示》中明确提出:"必须坚决纠正那种借搜山、收集粮食等名义擅入民家乱翻、乱拿、乱捉人、烧房子的行为,这样自然使群众越跑越远,使我们一切宣传都成了白费气力,对于这种行为,不惜严厉制裁直至枪决。"② 在红军指战员和苏维埃干部中,如有违犯群众纪律者,立即进行严厉惩罚。如长征期间,贺子珍的弟弟贺敏仁违反纪律,捡拾国民党军队破坏寺院后散落的100多枚铜钱,被枪决。

红军为了不违反党的民族政策,把一些要注意的事项,编成歌子来唱,以引起时刻警惕,其歌词如下:

番民工作注意的事情,大家时时要执行;
不准乱没收,不准乱打枪,不准乱拉人民的牛羊;
不准说蛮子,讲话要注意,免得番民误会;
要优待通司,学番民语言,大家应时刻执行并努力;
应该像兄弟一样对待番民,不准毁坏寺庙、经堂;

由于红军坚决执行严明的纪律,并以不拿群众一针一线,不支乌拉,不打人不骂人等实际行动粉碎了国民党反动派离间红军与藏区群众关系的谣言。许多原先躲避在外的少数民族群众都陆续返回村寨,热情欢迎和拥护红军,积极投身于支援红军北上抗日的民族解放斗争行列。

---

① 《红军长征在川、滇、青、甘等省藏区的史料》,选自《红军长征经过藏区及藏区群众反抗斗争史料》,中国科学院民族研究所、四川少数民族社会历史调查组1963年12月编印。
② 《关于少数民族工作的指示》(1936年3月),载中共中央统战部编:《民族问题文献汇编》,中共中央党校出版社,1991年。

时任西康建省委员会委员、著名历史学家任乃强先生在1941年出版的《康藏史地大纲》中曾较为客观地评价红军在藏区的政策,他写道:"往时红军所至,人多闻风避走。兹入康后,风趣与传闻者大异。所至保护寺院,尊重习俗,爱惜人命,避免磨擦。"①

## (二)团结争取少数民族上层人士

由于社会历史和传统观念等原因,少数民族上层人士中的一些头人、奴隶主、封建贵族、土司等多处于该民族公众领袖的地位。红军总政治部在《关于苗瑶民族中工作原则的指示》中提出,联络和争取少数民族上层人物,并同他们订立各种政治的与军事的联盟,突破了以往主要针对下层贫苦民众开展工作的政策。尤其在藏区,土司头人和寺庙上层在藏区社会生活中的地位举足轻重。因此,红军在长征中非常注意团结民族宗教上层人士,努力建立民族统一战线。

1935年8月,中共中央政治局在沙窝召开的会议上,在分析了少数民族中阶级分化程度与社会经济发展的条件后指出:在有些民族中,在斗争开始阶段除少数民族上层分子外,还有民族统一战线的可能。②

12月25日,中共金川省委根据中共中央政治局决议案的精神,提出:"一切为自己民族独立自由平等,坚决反卖国汉官军阀国民党统治,及坚决反日英帝国主义分子,不论阶级,不论部落,不论土司、头人、活佛、喇嘛,不论克马模(巫师)、阿訇,不论什么军队,不论什么派别,不论什么宗教民族,都可以联合共同奋斗。"③正是由于红军对民族宗教上层人士采取了团结的政策,极大地感召了一部分上层民族宗教人士,

---

① 任乃强:《康藏史地大纲》,西藏藏文古籍出版社,2000年,第161页。
② 支绍曾:《红军长征与党的民族政策》,《军事历史研究》1996年第4期。
③《中共大金省委第一次全省党代表大会关于目前政治形势与金川党的任务决议》,载何洁《长征时期汉藏民族关系的深化发展及其对藏区社会的影响研究——以四川藏区为例》,《中国藏学》2016年第3期。

## 第二章
马克思主义民族理论在藏区的探索与践行

使他们有的保守中立，不和红军对抗；有的热情支援红军；有的投身到革命队伍中来，对长征起了很大的援助作用。

为了进一步扩大民族解放斗争的规模，红军还必须和反对民族压迫以及赞成民族独立解放的小资产阶级知识分子、小喇嘛和一小部分土司土官建立联合战线，反对封建官僚统治阶级。因此，红军又提出："在民族运动上有革命意义的土司、头人、喇嘛，我们仍然不放弃与之联合或使之中立"，要求红军"政治机关应注意收容投诚土司、通司及一切活动分子等，委以相当名义。这些人在号召群众的方面，常能起很大作用。"① 在波巴政府中，党首先让一批拥护红军的具有一定号召力的旧人物担任重要职务。甘孜孔萨女土司被任命为波巴全国大会筹备会委员长，白利土司为副委员长，督巴香根为秘书长。同时，积极建立政权的下层组织，提拔一大批可靠的藏族下层群众的代表参加政权，使各级波巴政府名副其实地成为藏区群众自己的政权。在炉霍县政府12名成员中，喇嘛、医生各一名，其余全为农奴或贫雇农。统战政策的施行，有利于孤立少数反动的头人、土司及喇嘛，更广泛地团结藏族上层各界参加革命斗争。

1. 争取宗教上层人士

党的民族、统战政策包含着争取、团结民族宗教上层人士的内容。根据党的统战政策，红军的各级领导特别是高级领导干部，如毛泽东、朱德、贺龙、刘伯承、徐向前等都亲自做少数民族上层人士的工作，还与藏、彝等民族宗教领袖订立了各种政治或军事盟约。

1936年4月，根据中央电令，由朱德总司令主持，在四川炉霍寿灵寺召开了红军高层会议。会议内容之一是总结在藏区执行政策的情

---

① 《关于少数民族工作的指示》(1936年3月)，载中共中央统战部编：《民族问题文献汇编》，中共中央党校出版社，1991年。

### 红色记忆
——红军长征在藏族地区及其当代启示

况，决定加强与藏族上层人士和少数民族的团结合作。会议从藏区社会实际出发，从争取团结上层人士，特别是有重大影响和声望的少数民族上层入手，主张领导以身作则，人人学会做统战工作，主张敞开大门，广交朋友；不管上层人士过去做过什么，只要赞成反蒋抗日，都要尽可能争取他，团结他；注意说服一部分在当地有影响、有威望的上层人士，协助红军开展争取上层人物的工作。①

早在炉霍会议之前，朱德等红军总部首长就了解到炉霍寿灵寺木郎法会世袭大管家益西多吉在寺庙的地位和在朱倭、甘孜一带的影响，派人反复动员他回来，协助红军做上层人士的工作。但是直到1936年3月，炉霍县寿灵寺的僧侣武装都一直与红军对抗。红四方面军总部指示，对寿灵寺采取政治争取为主的方针，围而不打，力争和平解决。红八十八师通过翻译向寺内喊话，大意是：藏族同胞们，我们是工农的队伍，是为藏族同胞谋翻身求解放的军队，主张信教自由，保护喇嘛寺，你们不要受别人的骗，我们双方都不打，派代表来谈判解决。但是，寿灵寺僧人打死喊话和送信的通司，双方相持了10天，虽时有交火，但红军未发动强攻。3月17日，寿灵寺见炉霍援兵到达，便组织"敢死队"突围，被红军击溃，其增援武装也一哄而散。红军巧取致胜，解除了寿灵寺的武装。战斗结束后，红三十军对寺内的大殿和经堂等，均派岗哨严加保护，不许任何人进去骚扰；对经书、佛器，严令不准损坏；对被俘的喇嘛，仍让他们住在寺内，照旧念经作佛事，而且还在极端困难的情况下，匀出部分粮食给他们。

红军保护寺庙和优待被俘喇嘛的行为，使炉霍的宗教界人士和广大藏族群众深受感动。寿灵寺管家益西多吉的亲信绍古将红军执行民族宗教政策的情况告诉了躲藏在泥巴沟的他。同时，红军也派人向他

---

① 《长征时期朱德主持召开炉霍会议的伟大历史功绩》，载周文林、刘玉《"朱德与中国革命和建设"学术研讨会入选论文》，中国共产党新闻网，2009年11月30日。

做解释和动员工作，使他基本消除了对红军的疑惧，随之返回炉霍，决心与红军合作共事。他利用自己在炉霍和康北一带的影响，派他的舅舅曲吾太和寿灵寺喇嘛罗绒多吉，给朱倭的觉日寺、甘孜喇嘛寺及甘孜县的土司头人送去他的藏文亲笔信，以自己的所见所闻，说明红军的民族、宗教政策和强大的军事力量。[1] 红军还通过其他喇嘛和群众之口，把红军执行政策的情况传到甘孜等地，这就为红军顺利进军甘孜、瞻化（今新龙县），创造了有利条件。

国民党"西康宣慰使"诺那向朱倭觉日寺住持扎日活佛传达指令，要觉日寺武装配合其别动队和地方民团，在甘孜与炉霍交界的锣锅梁子阻击红军。由于扎日活佛事前已经收到寿灵寺大管家益西多吉的来信，对红军的政策和德行有了了解，所以，扎日活佛不顾诺那的威胁和寺内部分上层喇嘛的反对，策马亲往朱倭迎接红军，向刘伯承敬献哈达，第二天又率全寺僧众打开庙门，以佛门最虔诚的礼节欢迎红军。

甘孜寺是康北最重要的格鲁派寺院。红军进入甘孜之前，诺那也曾对甘孜寺进行反动宣传。关键时刻，炉霍寿灵寺益西多吉派出的信使曲吾太和罗绒多吉到达甘孜。在信中，益西多吉以他自己的所见所闻，述说了红军的民族、宗教政策和红军官兵的遵纪爱民行为，并指出红军有强大的军事力量，劝他们不要自不量力，与红军为敌。甘孜寺住持仲萨活佛接受益西多吉的建议，派出代表，带着哈达，前往锣锅梁子迎接红军先遣队。

1936年3月30日，红军第八十八师顺利地翻越海拔4000米的锣锅梁子，向甘孜进发。这时，甘孜喇嘛寺所派代表呷吉洛朱等人也赶到锣锅梁子，红军答应他们提出的不进驻喇嘛寺的要求，部队当天顺利进抵甘孜。红军到达甘孜后，仲萨活佛主动宣传红军政策，耐心劝

---

[1] 王海燕、喜饶尼玛：《试析四川藏传佛教僧人支持红军长征的重要因素》，《西南民族大学学报》（人文社科版），2007年第4期。

说离乡群众回乡生产，积极为红军筹集粮食和物资。

4月12日，红军总政治部主任兼红四方面军政委陈昌浩与甘孜寺住持重撒（仲萨）、白利寺住持活佛格达签订了《中国工农红军总政治部、甘孜喇嘛寺、白利喇嘛寺互助条约》（简称《互助条约》），指出："兴番灭蒋是中国红军与波巴民族共同的责任"；红军帮助藏族人民建立"波巴人民共和国"，"喇嘛寺负责供给红军粮食和一部分物资资财"。《互助条约》的签订，标志着红军与藏、回等少数民族人民，以及各少数民族内部达成了广泛团结，为波巴共和国政府的成立奠定了政治基础。①

红军初到甘孜时，白利寺住持格达活佛听了诺那的反动宣传，对红军产生疑虑，躲进白利寺附近的村庄。他亲眼见到红军纪律严明，秋毫无犯，保护寺庙，爱护僧俗群众，深为感动地说："我作为活佛，是用佛经超度人们的灵魂到极乐世界去，而共产党领导的红军是为穷人打天下的军队，我们的信仰虽然不同，但都是为了穷人。"②从此，他以极大的热忱积极支援红军，动员和组织僧俗百姓为红军做翻译、当向导、筹措粮草，还把红军医院搬进了自己的寺庙，亲自为红军伤病员疗伤。他亲自到亚龙寺、更龙寺，说服两个寺庙出钱出粮支援红军。

格达活佛热诚支援红军的事迹，很快传遍甘孜地区，受到了红军指战员的高度重视。朱德同志到甘孜后，专程前往白利寺看望格达，鼓励他为藏族人民的解放事业多做贡献。此后格达活佛又多次到甘孜拜见朱总司令，秉烛长谈，互赠礼品。在朱德的谆谆教诲下，格达活佛成为红军和中国共产党人的忠诚朋友。甘孜地区建立波巴政府时，格达活佛在政府中担任了要职。红军北上，临别前，朱总司令在红缎上为格达活佛写下"红军朋友，藏人领袖"的题词。并将自己的八角军帽赠送给格达活佛，对他说："这顶帽子留给你，看到它，就像看到了

---

① 周锡银编著：《为西藏和平解放而献身的格达活佛》，民族出版社，2013年，第62页。
② 宋凤英：《情系红军将士的"红色活佛"》，《党史纵横》2009年第3期。

红军。少则5年，多则15年，我们一定会回来。"①

云南省中甸县城外的松赞林寺，是一座历史悠久、规模宏大的寺院，也称为归化寺。该寺兴建于清初，由五世达赖喇嘛赐名"噶丹·松赞林"，是藏传佛教著名的十三林之一，也是云南地区规模最大的寺院。由于历代汉族统治者对少数民族的歧视和压迫，加之国民党大肆进行"红军要杀人灭教"等反动宣传，使当地僧俗群众对红军存有猜忌和畏惧心理。红军到达这里时，藏族群众多躲进山林。

为了争取当地僧俗民众的支持，红军指战员严格执行"三大纪律八项注意"，尊重藏族人民的风俗习惯，所到之处买卖公平；夜晚冒着凛冽的高原寒风，坚持不进民房。贺龙还要求在归化寺等寺院门前张贴布告，规定红军不准进喇嘛寺，并派兵在喇嘛寺门口守卫。红军战士身体力行，严格遵守规定，使当地的藏族群众和寺院僧侣渐渐消除了敌视情绪。5月1日，归化寺派夏那古瓦等8名僧人代表，手捧哈达，背着青稞酒、糌粑，牵上牦牛，驮着礼物来到城里慰问红军，送给红军16头牦牛。贺龙热情会见喇嘛寺派来的代表，临别时托代表致信归化寺八大"老僧"即八大"康参"的8位负责人，信中写道：红军允许人民宗教信仰自由，因此，对贵喇嘛寺所有僧侣生命财产绝不侵犯，并负责保护……本军粮秣，请帮助操办，决照价付金。②

5月2日，贺龙受邀参加归化寺专门为红军举行的"跳神"仪式。贺龙向归化寺赠送了一面题有"兴盛番族"4个大字的红绸绵幛。5月3日，贺龙致信归化寺八大"老僧"，请他们为红军开路，与沿途各地接洽。信中写道：

---

① 郭昌平、尹向东：《"红军朋友 藏人领袖"——记甘孜白利寺第五世格达活佛》，《中国西藏》（汉文版），2000年第4期。

② 李安葆、胡本志：《红军长征与宗教》，《北京党史研究》1996年第3期。

**红色记忆**
——红军长征在藏族地区及其当代启示

贺龙为归化寺题写的"兴盛番族"
摘自中国工农红军长征史料丛书编审委员会编:《中国工农红军长征史料丛书·图片》,解放军出版社,2016年,第150页。

  本军将取道得荣、定乡进入川康,以兴番灭蒋,扶助番民独立,为解除番民痛苦。仰八大老僧即动员骑兵两队,每队各为三四十人马,并各带武装,为本军做前驱,沿途与番民接洽大军通过事宜。本军到达得荣、定乡后,当将此两队骑将各赏厚资遣还。①

  为了执行公买公卖政策,贺龙给藏族夏拿古瓦颁发委任状,委任他为红军采办给养,其原文如下:

  中华苏维埃人民共和国中国革命军事委员会湘鄂川黔滇分会委员会委任令
  兹委任夏拿古瓦同志为中甸城厢及附近乡区安抚和招徕全体居民与本军采办给养,仰我全体民众一体知照,至本军全体红色军人对夏拿古瓦同志应加保护和帮助,不得稍事为难,是为至要。

---

① 蒋新红:《红军长征经过中甸所实施的民族与宗教政策》,《昆明大学学报》2007年第1期。

第二章
马克思主义民族理论在藏区的探索与践行

贺龙颁发给云南藏区喇嘛寺谈判代表夏拿古瓦的委任令
摘自吕章申主编：《信念·精神·传承——纪念红军长征胜利 80 周年馆藏文物图集》，北京时代华文书局，2016 年，第 100 页。

此令

主席　贺龙

公历一九三六年五月　日①

红军由中甸北上康区前，归化寺打开寺院仓库并号召当地富户，将大量青稞及盐巴、红糖、粉丝、猪肉等售卖给红军。② 红军在当地购

---

① 中共中央统战部编：《民族问题文献汇编》，中共中央党校出版社，1991 年，第 391 页。
② 蒋新红：《红军长征经过中甸所实施的民族与宗教政策》，《昆明大学学报》2007 年第 1 期。

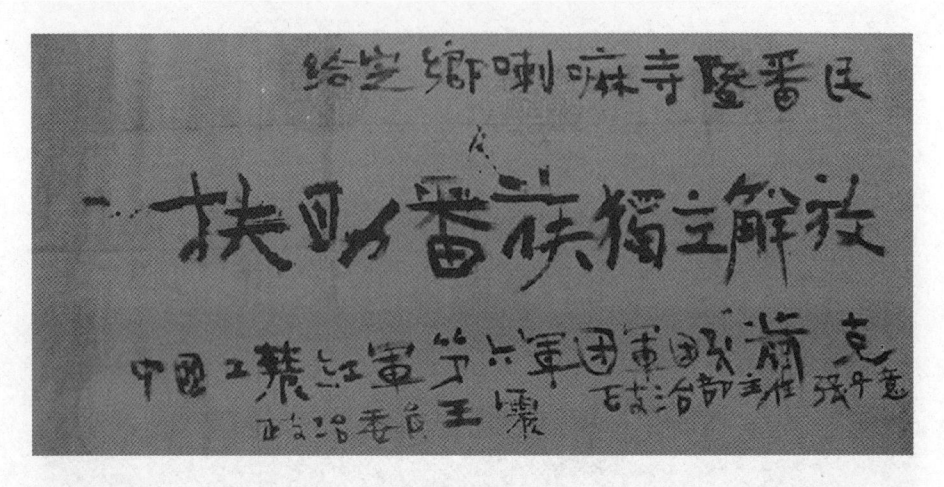

**红色记忆**
——红军长征在藏族地区及其当代启示

红六军团为感谢桑披寺对红军的支援而赠送给乡城桑披寺的"扶助番族独立解放"锦幛

<small>摘自中共四川省委党史研究室编：《红军长征在四川图志》（上），四川人民出版社，2016年，第223页。</small>

买了大量粮食，为积蓄力量继续北上起到了重要作用。

1936年5月，红二军团经过巴塘时，对于阻击过红军前进的兵巴寺、仁波寺，红军不咎既往，宽大为怀，积极与仁波寺的阿帮活佛交朋友，解除其顾虑。之后阿帮活佛协助红军通过巴塘县境。

5月14日，红六军团抵达定乡县城时，王震、肖克等红军指挥官亲自做少数民族上层人士的工作，他们给当地桑披喇嘛寺的纳瓜活佛赠送了一面锦旗，上书"扶助番族独立解放"。除了赠送礼物，还严令禁止部队进入喇嘛寺。①

5月20日，巴安的仁波寺喇嘛凭借有利地形，用火力封锁红四师前进的道路。红四师同样采取围而不打的办法，争取和平解决。贺龙、

---

① 曹智荣、邓勤俭、长明：《红军长征时期党的民族政策在阿坝藏区的实践初探》，《中国档案报》2006年10月9日。

## 第二章
### 马克思主义民族理论在藏区的探索与践行

任弼时等到达前沿,找到较有威望的喇嘛拉波,通过对其做工作,取得他对红军的理解和支持,拉波写信给仁波寺喇嘛,解释红军的宗教政策,说明红军不会侵害寺庙。仁波寺大喇嘛最终放弃对抗,与红军谈判。

6月19日,红军先头部队到达白玉县城后,贺龙拜访了白玉喇嘛寺。该寺对红军较为热情,支援一批粮食,并将三匹好马送给贺龙。红军以礼相待,回赠白玉寺许多财物。因为与寺院和睦相处,部队在白玉得以休整5天。

红四方面军经过白利寺时,也发布了保护白利喇嘛寺的布告:

中国抗日红军司令部:
查白利喇嘛寺联合红军共同兴番灭蒋应予保护,任何部队不得侵扰,违者严办,切切此布。

总司令官 陈昌浩
公历1936年4月17日令①

党的民族政策确定的争取上层宗教人士的内容,确保了红军在长征过程中能够团结一切可以团结的人,从而最大限度地孤立了敌人,保证红军顺利地越过了藏区并播下革命火种。

### 2.争取土司头人

德格土司是清代以来康区最大的土司,极盛时期其辖境达10万平方公里。1936年4月,时任德格土司军事涅巴夏克刀登率土司辖区近2000名土兵,在甘孜县绒坝岔南、西、西北三个方向对红军形成弧

---

① 《红军长征在川、滇、青、甘等省藏区的史料》,选自《红军长征经过藏区及藏区群众反抗斗争史料》,中国科学院民族研究所、四川少数民族社会历史调查组1963年12月编印。

### 红色记忆
—— 红军长征在藏族地区及其当代启示

形包围。绒坝岔红八十八师政治委员郑维山率领的二六五团，为了避免与德格土司武装发生冲突，争取和平解决，采取守势，撤至里拉村。在与驻绒巴岔的红八十八师二五六团激战中，夏克刀登战败受伤被俘，红三十军政委李先念指示给予夏克刀登优待，为他治伤，而且耐心地向他讲解红军的方针、政策，使他对红军的态度有了较大转变，并下令集结在绒巴岔的德格土兵撤退。4月22日，德格土司授权夏克刀登与李先念签订《互不侵犯协定》，主要内容是：德格土司武装停止对红军的军事行动，退回辖区内，红军也不西进土司辖区；德格土司支援红军一部分粮食和物资；双方赞同"兴番灭蒋"，在红军帮助下建立波巴人民共和国，等等。① 协定的签订，解除了康北最强大的土司武装对红军的军事威胁，标志着康北土司、寺庙与红军的军事对抗基本结束。无论对于红军部队的休整补充，还是对德格土司自身利益的保护都是十分有利的。后来，夏克刀登留在甘孜，为红军做筹集粮草的工作，并在波巴政府军事部任职，直到7月红军离开甘孜，他才回德格。

1936年8月14日，红军出兵甘肃岷县，沿洮河西行而上，进入临潭。国民党部队已经逃跑，留在城里的穷苦百姓夹道欢迎红军战士。在党的政策感召下，甘南藏族卓尼土司杨积庆在红二、四方面军到达时，主动撤出迭部辖区的防务，将鹦歌花园的两个粮仓贮存的40万斤小麦用来接济过境红军。红军总政治部在仓板写下"此仓内粮是杨土司庄稼粮，希望各单位节约用粮"，同时留下苏维埃纸币两捆以作粮款。②

此外，红军在协助藏区群众建立各级自治政权时，也都注意吸收当地的土司、头人、喇嘛、活佛中的爱国人士参加。在四川黑水县，红四方面军继续贯彻执行党的民族政策，派出工作队，反复多次争取、

---

① 《德格土司家族内部及其与下属头人之间的纷争械斗》；邓俊康、李昆壁：《人物春秋——降央伯姆、夏克刀登、刘家驹、格桑泽仁传略》，《甘孜州文史资料》，第15辑。
② 彭露：《红军长征在甘南藏区——兼论红军在甘南的民族政策与实践》，兰州大学硕士论文，2012年。

团结黑水藏族龙坝头人苏永和、黑水慈坝头人李林马和知木林土官俄洛孝等。①

3. 争取国民党"西康宣慰使"诺那

诺那本名赤乃降措，西藏类乌齐人。1928年后，历任国民政府蒙藏委员会委员、立法委员、国民党中央候补执行委员、中国佛学会名誉理事长，先后在上海、武汉、长沙、广州等地弘法。1935年4月，红军渡过金沙江，进入四川。诺那由于长期受国民党宣传影响，对红军产生很深的误解。6月9日，蒋介石在成都召见了诺那，并于6月22日任命诺那为"西康宣慰使"，并拨款设立临时性机构"西康宣慰使公署"，设秘书室，外置总务、宣化、调查三组，月经费11000余元。9月初，诺那在康定召开"宣慰"大会，力主"康人治康"，同时国民党政府重庆委员长行营命令其在康区防堵红军。②

此后，他途经道孚、炉霍、甘孜、瞻化等地，积极煽动土司、寺庙武装抵抗红军。比如，他利用炉霍寿灵寺一年一度的默朗法会，借"讲经"为名进行蛊惑人心的宣传，污蔑"红军来了要消灭宗教"，煽动"民众都要把粮食藏好，尽快往山上躲避，人往哪里跑牲畜就赶到哪里。不要让红军得到一颗粮食、一头牲畜，红军是天上的云不会长久"③。他发给寿灵寺步枪100多支，子弹近万发，命令他们坚决抵抗。在他策划的一系列抵抗行动失败后，率部逃往康南巴安途中，于1936年4月6日被下瞻对土司巴登多吉击败俘获，交给红军，转送甘孜。

---

① 郎维伟、周锡银：《红军长征与藏区现代宗教、土地等法规的诞生》，《中国藏学》2006年第3期。
② 冯有志编著，周光钧校订：《西康史拾遗》，中国人民政治协商会议甘孜藏族自治州委员会文史资料委员会编印，第115—117页。
③ 周文林、刘玉：《长征时期朱德主持召开炉霍会议的伟大历史功绩》，"朱德与中国革命和建设"学术研讨会入选论文，2009年11月30日，中国共产党新闻网。

**红色记忆**
——红军长征在藏族地区及其当代启示

朱德总司令在听取关于诺那情况的汇报后,考虑到诺那在康区的重大影响,团结争取这样的上层宗教界人士,在政教合一的藏区,将会产生重要的影响,作出如下指示:诺那抗英,我们抗日,同属爱国行动,要宽善对待,团结教育,予以优待。红军总部第五局局长王维舟夫妇遵照朱德总司令的指示,给以诺那无微不至的关照,派专人照顾诺那的饮食起居,并耐心细致地讲解党的民族政策。在红军的教育感化下,诺那消除了敌对情绪,态度发生了较大变化。5月初,诺那不幸染上伤寒,红军在医药条件十分困难的情况下,拿出连干部战士们都舍不得使用的稀缺药物,对诺那进行了全力抢救。5月12日,诺那活佛在甘孜圆寂。红军遵从诺那遗言,将其火化,由其弟子韩大载将骨灰送江西庐山安葬。

诺那亲信、宣慰使公署宣慰组长兼地方武装组长邦达多吉被推选为波巴中央政府财政部长后,筹集了大量粮食、柴草、羊毛等物资,支援红军北上抗日。抗战爆发后,日本侵略者对中国抗战后方实行战略封锁。邦达多吉家族——邦达昌策划开辟了印度经西藏直通川、滇,完全依靠骡马运输的陆路运输国际交通线,陆续向西南大后方运送总金额达1.5亿美元的抗战物资,为中华民族抗战胜利做出了卓越贡献。

**4. 经济政策上的重大突破**

炉霍会议特别注意纠正了金川时期打土豪、分田地的"左"的做法,要求暂停执行以打土豪、分田地为核心内容的土地革命政策。通过指导波巴政府制定土地政策,明确规定:"赞助波巴独立与遵守政府一切法令的土司,土地不没收""喇嘛寺的土地不没收"。不再以打土豪、打发财人筹集红军给养,对土司头人和寺庙上层的粮食和物资,不能任意拿取,而要通过乐捐、购买、借贷等办法,公买公卖,不得有所强迫;对武装抵抗红军的,采取提出赔偿损失的办法取得所需粮物,等等,切实保护了拥护反蒋抗日上层人士的经济利益。

## 五、党对少数民族武装的领导

中国共产党和红军在长征时期,一再申明红军是以解放各族人民,解放全中国为己任的人民军队,号召各族人民踊跃参加到红军中来;阐明了建立少数民族武装的必要性及少数民族武装的任务和地位,号召各族人民武装起来,组成各种类型的革命武装,开展抗日救亡斗争;提出要争取回军等地方性民族武装,结成统一战线,组成同盟军,并加强党对少数民族武装的领导。

### (一)建立少数民族武装,加强党对少数民族武装的领导

为了发动、组织和武装各族人民投入到反帝反封建斗争,尤其是抗日救亡斗争中来,党和红军在这一时期向各族人民阐明了建立少数民族革命武装的必要性及少数民族武装的任务地位。指出为了推翻帝国主义和封建主义的统治,为了推翻民族压迫与阶级压迫,为了保卫革命政权,必须拿起武器,组织抗日军、自卫军、游击队等革命武装,开展抗日救亡斗争。

为了得到各族人民对红军长征的支持与帮助,为红军不断补充新鲜力量,党和红军在这一时期,通过发布宣言、公开信、口号等,向各族人民宣传了红军的人民军队性质和任务,指出它是以推翻帝国主义、封建军阀的统治,解放各族人民,解放全中国为己任的革命武装,号召各族人民踊跃参加到红军中来。同时提出,为了照顾少数民族指战员的风俗习惯,要建立单独的少数民族部队。①

1935年,红军总政治部在《关于争取少数民族的指示》中提出:要动员全体战士向少数民族广大地宣传红军的主张,特别是民族自主和民族平等;努力争取少数民族加入红军,政治部对于这些分子在生

---

① 孟凡东、康基柱:《长征时期中国共产党的民族工作纲领》,《中国民族报》2016年10月16日。

活上政治教育上都应加以特别的注意。1935年，工农红军西北军区政治部在《告回番民众》中明确宣布："红军是保护回番民族工农穷人的军队！红军是帮助回番民族解放的武装！红军是保护回番民族不当亡国奴的军队！拥护红军参加红军！"①

1935年7月，中共中央在《告康藏西番民众书》中提出，康藏民众要战胜全副武装的英帝国主义、中国军阀、本地统治阶级，"必须还要有自己的武装力量。因此，康藏民众必须武装起来组织赤色的游击队、自卫军、人民革命军，以便与反革命进行武装的斗争，以便保护群众的斗争，以便巩固革命的政权，以便镇压反革命的活动"②。

1936年8月，中共中央西北局在《关于扩大红军运动的指示》中提出：还可采取特殊方式来组织他们参加抗日反蒋战争。如用回民独立、回民抗日义勇军、游击队、少年队等名义去组织他们；这些回、番民的武装组织的社会基础应带着更宽的民族性，即是一切愿意回族独立解放和愿意抗日救国的，不论其社会成分，都可吸引其参加，惟其领导骨干必须注意建立在贫苦的阶级身上。③

## （二）格勒得沙革命军与波巴自卫军

红军一进入藏区就在帮助藏族建立波巴政府的同时积极组建民族地方武装。1935年11月格勒得沙革命政府组建了完全由藏、回青年组成的少数民族人民革命武装——格勒得沙革命军，总司令卡格尔·江根，总部设于绥靖，除直属一个400多人的警卫营外，还要指挥各县格勒得沙革命政府所建立的一个营的格勒得沙革命军。格勒得沙革命军除接受中共金川省委、金川军区、西北联邦政府领导和指挥外，同时接

---

① 中共中央统战部编：《民族问题文献汇编》，中共中央党校出版社，1991年，第275、345页。
② 中共中央统战部编：《民族问题文献汇编》，中共中央党校出版社，1991年，第275、345页。
③ 《中国工农红军第四方面军战史资料选编》（长征时期），解放军出版社，1991年。

受格勒得沙中央政府的领导。另外还建立有番民骑兵连、回民支队等武装。这些武装力量和红军一起，用自己的热血保卫了各级苏维埃政权。

在红军到达金川之时，一些土司头人的寨兵、民团、土匪、国民党的溃败部队数千人上山为寇。他们盘踞山寨，残杀零星红军干部战士，袭击各级苏维埃政府，扼制金川与外界的交通咽喉，严重威胁新生政权的安危和人民群众的生命财产安全。格勒革命军团、金川独立师及各地游击队，在金川省委军事部的领导下，积极配合红军留守部队，先后在周山、茅草坪、格达寨、八步沟、后山、丹巴、党坝等地，给予反动武装沉重打击，巩固了新生的革命政权和胜利果实，解除了南下红军的后顾之忧。①

在党和红军的帮助下，各县纷纷建立名称不统一的地方武装，有称独立军，也有叫自卫军、游击队的。1936年5月波巴中央政府成立后建立了中央波巴自卫军，各县地方武装也改称自卫军。泽仁贡布为波巴自卫军司令，辖一个直属骑兵大队300余人马，扎西旺徐为骑兵队大队长；同时统辖指挥各县波巴自卫军。

波巴中央政府的十大政纲中，就明确宣告，"成立波巴自卫军，保卫波巴的独立和波巴人民的利益"，并为此制定了《波巴依得瓦独立军暂行条例》，共包括十条三十一款，规定了自卫军的性质、任务、编制、政治工作、武器装备、教育训练、休息与替换、卫生、给养、赏罚与抚恤，以及与红军的关系。条例规定：波巴独立军是为保障波巴独立，保障全波巴民众的利益，反对汉官、军阀、洋人的武装，由波巴民众年在十六岁以上者参加组成。红军是帮助波巴独立的。独立军要联合红军打倒共同的敌人。自卫军单独行动时，由军首长指挥；在与红军协同动作或遇特殊情况时，受当地红军最高首长指挥。自卫军每县设一个团，

---

① 陈学志：《格勒得沙共和国——红军长征中帮助建立的第一个少数民族革命政权》，《中央民族学院学报》1991年第6期。

每团三营,每营三大队,每大队三中队,每中队三分队,每分队十人。实行党代表制,团司令部到大队各设波巴革命党代表一人。团司令部直接受波巴共和国自卫军总司令部指挥。①

---

① 中共甘孜州委党史研究室:《红军长征在甘孜藏区》,成都科技大学出版社,1993年,第212—213页。

# 第三章
# 藏族各界人士对红军长征胜利的贡献

1935年5月至1936年10月,中国工农红军一、二、四方面军先后转战并通过云南、四川、西康、青海和甘肃等藏族地区。在停留藏区的18个月中,由于中国工农红军严格执行党的民族政策,因此受到藏族各界人士的热烈欢迎。藏族各界人士倾其全力,为红军顺利翻雪山、过草地、突破国民党军队的围追堵截北上抗日,提供了莫大的支持,为保存中国工农红军这颗革命的火种,为中国革命的胜利做出了极大的贡献。

**红色记忆**
——红军长征在藏族地区及其当代启示

## 第一节 藏族各界人士积极支援红军长征

1934年10月至1936年10月，中国工农红军进行的长征是中国现代史上的重大事件，也是中国革命的伟大转折点，为人类谱写了千古不朽的壮丽史诗。当中国工农红军第一、二、四方面军进入藏区时，这些地区还停留在封建领主制社会阶段，经济落后，地瘠民穷。由于中国共产党在成立之后基本未在西南地区开展过工作，因此这些地区的少数民族对中国共产党缺乏正确的认识，再加上统治阶级采取的高压和歧视政策，使藏族和汉族之间有着很深的隔阂。当国民党在藏区散布共产党的谣言后，很多藏族同胞都对共产党及红军产生了惧怕甚至仇视的态度。因此红军长征在进入藏区初期，由于自然灾害、国民党的经济封锁及坚壁清野政策，红军在各方面都遇到了难以想象的困难。

为了争取藏区人民对中国革命的支持，中国工农红军在进入藏区后，严格执行党的民族政策，积极宣传党的政策主张。他们帮助藏族人民第一次提出鲜明的主张：推翻国民党；打倒英日帝国主义，没收其金厂矿山；实行民族平等自主，人民自己坐江山；没收土豪劣绅的土地财物；土地自由买卖、出租或典当；发展畜牧，改善牧民生活；废除封建等级制度，解放穷苦的农奴；人人平等自由；废除乌拉差役，取消苛捐杂税；信教自由，还俗自由，保护喇嘛庙的土地财产不受侵犯等。这给在苦难中挣扎的藏族人民带来了光明和希望，赢得了藏族人民的信任和拥护。老红军杨定华在回忆录《从甘肃到陕西》①中这样写道："红军平素在思想上是反对迷信的，但他们遵守信仰自由之原则。红军这样多人住在庙里，对于所有神佛像并未加以丝毫损坏。无怪乎红军足迹所至，不管任何省份地区，所有佛教徒、回教徒、天主教徒、耶稣教徒，对于红军莫不热烈欢迎，甚至直接加入红军效劳。"正是由于藏族各界人士积极支援红军长征，红军才得以解决长征途中的各种困难。

在红军帮助下建立起来的各级苏维埃政权，一方面为保护革命政权纷纷成立地方武装，维护地方秩序，平定各类叛乱，同时积极配合红军作战。另一方面，为了解决红军在藏区的生存问题，各级苏维埃政权开展了筹粮活动。他们建立筹粮组织，加强筹粮工作管理，通过没收劣绅地主的粮食及向商人和当地群众购买粮食的方式为红军筹集了大量的食物。由于各藏区普遍生产力水平低下，物产不丰，为了更好地解决红军的粮食问题，各苏维埃政权还进行经济建设，大力发展工业和副业。

很多藏族上层开明人士及宗教人士也热心帮助红军。如帮助红军两次顺利通过甘南的卓尼世袭第19代土司杨积庆，与红军订立《互不侵犯协定》，并在甘孜为红军筹集粮草的夏克刀登、协助红军过境的著名宗教人士格达活佛等。

而广大藏族群众更是从人力、物力及道义上向红军提供各种支援，为红军取得长征胜利做出了巨大贡献。他们充任翻译、向导，一方面协助红军戳穿国民党的谎言，一方面帮助红军出奇制胜地完成战斗任务，同时为红军翻雪山过草地做向导，搭起了红军胜利的桥梁；他们为红军支援粮食、发展经济，解决红军生死存亡的头等大事；他们积

---

① 《中国工农红军第一方面军长征记》，人民出版社，1955年。

**红色记忆**
——红军长征在藏族地区及其当代启示

极参军，为红军补充优秀兵力；为保证战斗的顺利进行，藏族群众还参加各类支前工作，如组织运输队、担架队、修路队，设立各类"招待站"迎送红军战士等。以四川为例，在红军长征经过阿坝藏族羌族自治州期间，小金、马尔康、黑水等9个县共有近5000人参加了红军，共支援红军粮食等1728.75万公斤，有400人参加了支前活动，为支援红军牺牲的人士达8000人。而甘孜藏族自治州在红军长征过甘孜时，共有3084人参加了红军，共支援红军632.6万公斤粮食等物资，支前人数达37386人次，共有258人为支援红军献出了自己的生命。正是由于藏族群众的无私奉献，才使数万红军在长期艰苦转战中，度过了重重难关，得以生存和发展。

在中国共产党和中国工农红军处在危难之际，藏族各界人士为支援红军付出了巨大的代价，做出了不朽的贡献。正是有了藏族各界人士对红军长征的无私奉献，才会有红军长征及中国革命的最后胜利。毛泽东同志在延安时期以及全国解放后，曾在很多场合讲述过这段历史。他高度评价了红军长征翻雪山、过草地时藏族人民的无私奉献精神，赞誉其为"牦牛革命"。

四川藏族人民对红军长征胜利贡献统计表①

| 单位 | | 参加红军人数②（人） | | | 支援红军粮食等（单位：万公斤） | | | 支前人次（运输，搭建桥梁和修路等） | | | 参加红军工生产人次 | 安置收留红军伤病员人数 | 为支援红军牺牲人数 | 备注 |
|---|---|---|---|---|---|---|---|---|---|---|---|---|---|---|
| | | 红一方面军 | 红四方面军 | 合计 | 红一方面军 | 红四方面军 | 合计 | 红一方面军 | 红四方面军 | 合计 | | | | |
| 阿坝藏族羌族自治州 | 小金县 | 300 | | 300 | 300 | | 300 | | | | | | | 全县大多参加支援红军筹粮等工作 |
| | 马尔康市③ | | 2000 | 2000 | | 100 | 100 | | | | | | 8000 | 全县大多参加支援红军筹粮等工作 |
| | 黑水县 | 50 | | 50 | 230 | 480 | 710 | | 400 | 400 | | 2000 | | 各类牲畜3万余头，油1万斤，还有大批牛羊毛皮及盐等 |
| | 茂县 | | 2000 | 2000 | | 150 | 150 | | | | | 100 | | 盐1500公斤 |
| | 汶川县 | | 135 | 135 | | 10 | 10 | | | | | | | |

① 数据来源：《红军长征在四川图志》，中共四川省委党史研究室编，四川人民出版社，2016年。
② 松潘地区参加红军近百人的数据未加入。
③ 疑包含金川地区参军人数。

# 红色记忆
——红军长征在藏族地区及其当代启示

续表 1

| 州 | 县 | | | | | | | | | 备注 |
|---|---|---|---|---|---|---|---|---|---|---|
| 阿坝藏族羌族自治州 | 阿坝县 | 1 |  |  | 25 |  |  |  | 23 |  | 为红一方面军筹集草料3万公斤，牛羊肉7.5万公斤；为红四方面军筹集草料9万公斤，牛羊肉22.5万公斤 |
|  | 红原县 |  |  |  |  | 75 |  |  |  | 65 |  |
|  | 若尔盖县 |  | 380 | 380 | 18.75 | 215 | 233.75 |  |  | 5 | 红军在包座、巴西等地筹集到大量粮食 |
|  | 理县 |  |  |  |  | 125 | 125 |  |  |  | 红军筹集到大量粮食 |
|  | 合计 |  | 4865 | 4865 | 43.75 | 1455 | 1728.75 | 400 | 2170 | 8000 | 各类牲畜3万余头，牛羊肉12万公斤；油1万公斤，草料30万公斤，还有大批牛羊毛皮及盐证1500公斤 |
| 甘孜藏族自治州 | 泸定县 | 1 | 8 | 9 | 10 | 2.5 | 12.5 | 150 | 35 | 6 | 猪牛羊4000余头（只）；腊肉4000公斤；鞋2000余双 |
|  | 康定县 |  | 18 | 18 |  | 14 | 14 | 600 | 40 | 20 | 猪牛羊1146头（只） |
|  | 道孚县 |  | 18 | 18 |  | 200 | 200 | 600 | 325 | 46 | 参加红军的均为藏族 |
|  | 炉霍县 |  | 13（藏） | 13（藏） |  | 200 | 200 | 1300 | 1100 | 5 | 牦牛约1万头，羊约1万只 |
|  | 丹巴县 |  | 2000（藏） | 2000（藏） |  | 100 | 100 | 5000 | 60 | 50 | 各类牲畜近1万余头（只），肉油近10万斤，毯子800多条，毛林1000多双，藏装280余件，柴草25余万公斤，帐篷20余顶 |

152

## 续表 2

| 县 | | | | | | | | | | | | | | | 备注 |
|---|---|---|---|---|---|---|---|---|---|---|---|---|---|---|---|
| 白玉县 | | | | | 0.2 | | | | | | | | | | 酥油300公斤，马3匹 |
| 新龙县 | | 4(藏) | 1(藏) | | | | | | | | 65 | | | 5 | 牛羊4000余头(只)等支援红军牺牲的是藏族向导翻译 |
| 甘孜县 | | 6(藏) | 10 | 20 | 40 | 60 | | 100 | 100 | 200 | 500 | | | 120 | 牛马200多顶，帐篷20，支前的为限，四方面军北上的跟随，通司 |
| 色达县 | | | | | 0.1 | 0.1 | | | | | | | | 1 | 牛羊1400余只 |
| 巴塘县 | | | | | | 4 | | | | | | | | 1 | 牛羊200余头(只、匹)，酥油100公斤 |
| 理塘县 | | 10 | 5 | 5.5 | 15.5 | 21 | | 216 | 216 | 453 | | | | 3 | |
| 乡城县 | | | | | | | | | | 3 | | | | | |
| 稻城县 | | | | 1000 | 1000 | 1.5 | 1.5 | | | | | | | | 牛羊40余头(只)，六军团萧克、王震赠送稻坡县雄登寺步枪8支 |
| 雅江县 | | | | | 0.3 | 0.3 | | 20 | 20 | 70 | | | | 3 | 牛羊100余只 |
| 合计 | 1 | 14 | 3069 | 3084 | 10 | 31.5 | 582.1 | 623.6 | 170 | 37216 | 37386 | 2223 | 2137 | 258 | |
| 甘孜藏族自治州 | | | | | | | | | | | | | | | |
| 总计(阿坝、甘孜) | 1 | 14 | 7934 | 7949 | 240 | 75.25 | 2037.1 | 2352.35 | 170 | 37616 | 37786 | 2243 | 4307 | 8258 | 各类牲畜近45089头(只)，腊肉5万余斤，肉油4000公斤，酥油400公斤，毯子800多双，毛袜1000多双，鞋3000多双，藏装280余件，柴草25万公斤，帐篷32顶 |

## 第二节　协助红军克服长征中的军事困难

第五次反围剿失败后的红军为了突破国民党的层层围堵,被迫绕道藏族地区继续长征之路。由于对当地的风土人情、地理地貌等各方面缺乏必要的了解,加之国民党军队的不断围追堵截,红军长征经过这些少数民族地区时,遇到了很多问题,严重影响了红军长征的顺利进行。受到红军民族政策影响的藏族各界人士纷纷尽自己的力量帮助红军。藏族群众担任红军的翻译和向导,协助红军处理与长征路上各少数民族之间的各种关系,为红军艰难的长征之路指点方向。同时还积极参军,为红军补充优秀兵力,增强红军的作战力。各地方政权则纷纷建立地方武装,保卫胜利果实,并协助红军作战。而藏族上层人士及宗教界人士也从各个方面帮助红军减少长征中来自国民党的阻力,从而使红军顺利进行长征。

### 一、担任红军的翻译和向导

红军长征经过的川西北地区、滇北及甘南地区是藏族及其他少数民族聚居的地区。红军进入这些民族聚居区域时,遇到了诸多困难。而语言障碍是红军首先面临的最大问题。藏、汉民族不仅语言、文字不同,而且藏民族在不同分布区域内也存在着较大的语言差异。有些牧区的藏族使用安多方言的藏语,农区则用嘉绒方言的藏语。红军中极缺通晓藏族语言文字的人。如果没有翻译,彼此说话都不懂,工作就无法开展。因此,红军急需一批通晓藏汉民族语言并熟悉当地社会、经济、

## 第三章
### 藏族各界人士对红军长征胜利的贡献

人文、地理、交通、自然等情况的翻译、向导来协助红军开展工作。

当地很多藏族群众，包括老人、青少年、妇女和寺院的喇嘛等，不顾国民党的重重严饬和禁令，为红军做翻译、向导。这些翻译、向导协助红军向当地群众宣传讲解党和红军的政治主张、政策、纪律，帮助红军开展地方革命工作，发动群众，组建革命政权和地方民族军队，最大限度地解决红军的后勤补给，保证了红军的生存和发展。他们引导红军越过雪山隘路和沼泽草地，出敌不意、乘敌不备地战胜敌人。

#### （一）协助红军戳穿国民党谎言

翻译、向导在协助红军宣传党的民族政策，戳穿国民党谎言，让藏族人民正确认识并接受红军，以及发动藏族群众建立和发展苏维埃政权的过程中，发挥着不可替代的作用。

历代反动统治阶级推行民族歧视、压迫政策所造成的恶果，在各族民众中留下了深深的民族隔阂。川、甘军阀长期在民族地区推行"置边遏戎狄""镇慑番夷,俾沫汉化""化夷为汉""以夷攻夷"的反动政策，肆意掠夺和镇压各少数民族，因此，这些地区的各族人民十分仇恨"汉官""官军"。而蒋介石为达到将红军困、饿、冻死于雪山草地的目的，也通过印发大量反共宣传品、派在藏族中有一定影响的政教人物四处进行"宣谕"等手段，散布种种谣言，借以煽惑不明真相的各族民众敌视红军。国民党还胁迫少数民族群众上山隐蔽，坚壁清野，不准给红军带路和当"通司"（藏语音译，翻译）。同时还煽动一些不明真相的少数民族人士组织武装抵抗活动。

为了戳穿国民党的谎言，宣讲革命道理，唤起民众的觉悟，消除宣传中存在的语言、文字等方面的障碍，红军急切需要拥有一些熟通藏汉民族语言、文字，熟悉高原山区、水草沼泽地带自然、地理、人文各方面情况的人员。藏语音译为"通司"的翻译人员通晓藏语、汉语或汉文，他们对当地的自然环境和人文环境都非常熟悉。红军正是

**红色记忆**
——红军长征在藏族地区及其当代启示

**黑水县红军通司苏维埃主要成员九十三**

摘自中共四川省委党史研究室编《红军长征在四川图志》(下)，四川人民出版社，2016年8月，第407页。

通过翻译把党的各项政策主张用藏语的形式在藏族同胞中进行宣传，从而消除他们的恐惧仇视心理，得到了藏族各界人士的理解、欢迎与信任、拥护。

1935年6月，红四方面军到达理番（今理县）后，由于语言不通无法开展工作，当时就有一大批通晓嘉绒藏语的藏族群众协助他们进行宣传工作。黑水瓦钵梁子瓜里寨藏族通司九十三，为争取受蒙蔽而逃走的藏族群众回家，跑到深山把红军的主张翻译给藏族群众听，消除了藏族群众的恐惧心理，很多人返回了家园。①

为了让更多的藏族群众了解红军的民族政策，消除他们对红军的误解，红军还在翻译的帮助下用藏文写了很多相关的标语和传单，在藏族群众中进行宣传，取得了很好的效果。

正如当时的中共川陕省委宣传部长刘瑞龙回忆：进入川西北地区后，"在工作中我们逐步认识到，逐步沟通语言是和少数民族人民沟通思想的基础……省委决定由省委宣传部选聘一名藏族喇嘛当藏文翻译，一名回族阿訇当回文翻译，帮助翻译我党我军布告、捷报和宣传品，使藏族群众、回民了解我们党的主张和政策。这两个翻译和我们相处

---

① 余宗琼、童晓玲：《雪山草地的通司、向导与红军》，《四川党史》1997年第5期，第32—34页。

很好，很快成了宣传我军主张的积极分子"①。

在红军的动员下，藏区不少藏族群众包括老人、青少年、妇女和寺院喇嘛等，都投入到这项具有重要意义的支援活动中。道孚县波巴政府曾动员近50人长期为红军当翻译、做向导。甘孜波巴政府也曾为四方面军二次北上组织了100多人做向导和翻译，其中不少人在北上途中牺牲。红四方面军由杂谷脑向卓克基挺进中，61岁高龄的藏族老人班登卓（杨金莲）及其个两女儿（姜秀英、姜萍）、一个儿子（幺弟）就是由充任翻译、向导而举家参加长征的。

（二）协助红军出奇制胜地完成战斗任务

川滇青甘等藏族地区不仅地理环境非常复杂，而且气候也极其多变。对初到此处的红军来说形势非常严峻。他们一方面要克服这些地方不利的自然条件，一方面还要和国民党作战。藏族的翻译、向导由于非常熟悉当地的地理环境，因此在帮助红军顺利避开强敌，巧妙地运用兵力，从而出敌不意地获得胜利方面起到了非常重要的作用。

1935年5月，红四方面军发起突破国民党军队多层纵深布防的土门封锁线战斗。土门一带山岭起伏，峭壁林立，水流湍急，地形十分复杂，国民党军队利用这些天然的屏障建立起易守难攻的防御工事。为了取得此次战斗的胜利，红军发动当地的翻译和向导，摸清敌人的兵力分布、火力配备，以及其薄弱环节等情况，从而有针对性地进行战前部署。在战斗进行中，红四方面军的先头部队在李明远等向导的引导下，直插敌人后方，包抄突袭了国民党五旅十团张北斗营，从而将敌人全部歼灭。翻译和向导们为这场战役的胜利立下了汗马功劳。

为了配合红四方面军所发起的土门封锁线战斗，红四方面军第四

---

① 衡朝阳：《中共党史研究的新文献与新视域（1978—2008）》，华东师范大学博士论文，2008年。

军、三十一军各一部组织了袭击松潘县城的战斗。但是他们在松南遇到了松潘守军三营的阻击。由于这里山高谷深，地势非常险峻，再加上松潘守军将山道和偏桥都破坏了，因此红军的袭击战遭遇了重重困难。这时，协助红军的土司安登榜奉命向扼守隘口前哨的土兵用藏语进行宣传，最终说服了土兵队长王光宗连夜撤离阵地。随后红军向松潘守军三营的曹均衡连展开突然袭击，一举歼灭了大部分的敌人，从而使这支红军于5月14日先期进入松南地区，有力地配合了红军主力的正面作战。

此外，不少向导和翻译还在战场上帮助红军用藏语喊话，向不明真相的藏族群众特别是民族上层人士宣讲共产党和红军主张。通过这样的方式瓦解敌军，让他们放弃对抗，临阵倒戈，加速了战斗任务的胜利完成。例如年过六旬的藏族同胞杨金莲和她的3个孩子，为了平息杂谷脑喇嘛寺反叛事件，他们积极帮助红军用藏语在阵前喊话。为了让红军队伍顺利进入"四土"地区，他们不顾艰险带领红军翻越鹧鸪山。正是有了这些藏族翻译、向导的帮助，红军才能够在藏族地区顺利地开展工作。

## （三）为红军翻雪山过草地做向导

红军长征过藏区时必须翻越多座雪山和穿越大片草地。这期间红军不仅要与国民党军队进行作战，还要克服恶劣的地形和气候，加上长征途中粮食和军需品的缺乏，从而使红军翻雪山过草地异常的艰难。为了能够帮助红军顺利地征服雪山草地，很多藏族翻译、向导冒着生命危险与红军一起踏上了征服巍巍雪山、茫茫草地的险途。

1935年6月，中央红军先头部队翻越长征途中第一座大雪山——夹金山时，硗碛的藏族青年莫日坚和汉族青年杨茂才不顾种种危险为红军带路。在他们的带领下，红军一步步艰难地踏上了"鸟儿飞不过，人们不可攀"的险途。① 在红军翻越梦笔山时，给红军先头部队带路的是一个藏族喇嘛。这位和蔼的老人听说红军要翻雪山，组织僧众举行了祈祷平安的仪式，还给了红军一些酥油。② 正是向导凭借翻越雪山的经验，在前面为红军带路，大大减轻了红军误入歧途的危险。在藏族向导的引导下，红军终于越过了"死亡天险"。

1935年7月4日，红一军团进抵黑水县芦花镇，当地藏汉群众不顾蒋介石反动当局规定的不许为红军带路的《惩治条例》中的死刑条款，毅然为红军做向导，当翻译，顺利地把红一方面军由芦花经打古山翻拖罗岗，带到毛尔盖，从而走出了雪山。

在征服了雪山后，红军长征又面临了新的困难，那就是如何走出茫茫草地。川西草地多为大片沼泽，只有极少可作为路标的树木，一旦走错路线随时会被沼泽吞噬。要想顺利通过草地就必须要得到当地熟悉草地的地理和气候的藏族群众的帮助。毛尔盖寺院的僧人能周、扎栋巴，格尔登寺的僧人罗车儿兄弟等藏族僧俗为红军引路，才使红军经过数天艰难跋涉，走出了茫茫草地。

## 二、保卫胜利果实，协助红军顺利进行长征

### （一）各级政权积极保卫胜利果实

藏族地区的各级红色政权建立后，纷纷成立自己的地方武装。在川西北地区组建的革命武装主要有游击队、赤卫军和自卫军，主要任务是负责维护地方的社会治安，防止敌军小部队的袭扰；配合主力红军侦察敌军动向；在本村寨担负站岗、放哨、守护要地，监管不法分

---

① 李星：《红军长征在雪山草地的粮食问题研究》，四川大学硕士论文，2006年。
② 王树增：《长征》，人民文学出版社，2006年，第434页。

### 红色记忆
——红军长征在藏族地区及其当代启示

子等任务。① 在金川根据地建立了如番民骑兵连、格勒得沙革命军团、金川藏民独立师等革命武装。根据地内的各县还普遍组建了农会、妇女会、青年团、少共先锋队、儿童团等群团组织。这些群众组织分别承担各种任务,负责宣传动员和组织各级贫苦妇女、青少年和儿童通晓革命道路,拥护苏维埃政权、支援红军活动等。在金川时期,地方政权还组建了喇嘛教改进会、番民联合会以及格勒得沙姐妹团。②

各级政权所建立起来的这些地方武装先后达 6000 余人,他们在保卫革命根据地的胜利果实,打击反动势力的破坏活动,配合红军作战等方面均发挥了极其重要的作用。

#### 1. 维护秩序、平定叛乱

红军长征经过藏区期间,经常受到所谓"番反"③的袭扰,相关历史文献记载有不少。如本书附录中收录的《草地行军中模范的八十八师》中提到,"抗日红军主力此次由甘孜出发大举北上抗日,经过二十八天的草地行军,战胜了粮食和自然界的困难,克服了许多的河川、隘路、番反、番骑,已顺利的占领包座,特别是我先遣军之八十八师做了此次行军中的模范",他们"到严朵坝的一天争取了六七名药夫,找到一个最好的向导,并缴获番反十来支枪"。④《战斗准备时期政治保证计划》中也提及"严防番反的袭击及反革命分子的阴谋捣乱","注意对番民武装及一般社会情况的调查,派遣代表向外活动,多印藏语宣传品,对番反在其缴械投降后,一律予以优待"。⑤

---

① 刘永国:《红军长征在川西北少数民族地区的政治动员工作论析》,《毛泽东思想研究》2015 年第 3 期。
② 刘永国:《红军长征在川西北少数民族地区的政治动员工作论析》,《毛泽东思想研究》2015 年第 3 期。
③ 即藏区土司、头人的武装。
④ 1936 年《新闻材料》第 79 期,参见本书附录一收录的《草地行军中模范的八十八师》一文。
⑤ 参见本书附录一收录的《战斗准备时期政治保证计划》一文。

## 第三章
### 藏族各界人士对红军长征胜利的贡献

藏族地区的各级苏维埃红色政权在红军的帮助下建立起来后，就开始在当地领导和组织藏族群众开展打击土豪劣绅及土司、头人的运动。各级革命政府首先根据当地群众的反映，将那些作恶多端、罪大恶极的土豪劣绅、恶霸等抓起来，然后召开群众大会揭发这些人的罪行，最后由革命政府宣布处理的决定。

例如，茂县革命政府召开群众大会后，公开处决了恶霸地主古瑞生、反动资本家胥相臣、资本家兼工头赵子腾等。汶川雁门乡革命政府召开群众大会批斗了陈绍武、陈之南、朱自清、尚武等地主、封建把头，并将陈绍武、陈之南处决。理番县革命政府在薛城武庙召开群众大会，公开审判了国民党团总张汉开、团正郭品三、保安队长张敬书、邮政局长张兴如等。[①]

藏族地区的各级苏维埃政权为了维护安定的社会秩序，还配合红军进行了搜山行动。由16—17岁青年组成的少先大队和赤卫军担负站岗放哨、监督不法分子的任务。仅党坝参加少先大队的队员就有300余人。[②]

地方武装还通过平定叛乱，保卫红色政权的胜利战果。金川赤区建立后，国民党一方面加强对赤区的外界封锁，一方面则策动和组织赤区内的反动地主和土司头人进行武装骚扰和破坏。为保卫胜利成果，巩固赤区，金川省委采取严厉措施，在绥靖、丹巴、懋功等地镇压了一批反动首恶分子，同时对反动武装进行了清剿。通过清剿活动，在周山击溃了绰斯甲土司进攻革命政权的土兵，在八步里消灭了河西守备阿靖丰和民团大队长王茂如的大部分土匪武装，在党坝围歼了屠杀红军工作队的上百土兵，在丹巴不仅打击了反动武装，还使二十四村

---

① 龚自德：《中国共产党与格勒得沙共和国的创建及革命斗争》，《川北教育学院学报》1994年第3期，第4—10页。

② 马尔康地方志办公室《红色记忆》编委会编：《红色记忆——红军长征在四土》，巴蜀书社，2008年，第116页。

千户、三叉沟头人投降、投诚。①

2. 配合红军作战

各级苏维埃政权还组建地方武装，积极配合红军作战。

（1）番民骑兵连

为了适应高寒山原地带作战的特点，1935年年初，大金省军区在党坝组建了一支具有高度机动性能、耐受力持久、长于奔袭突击的骑兵部队，后驻绥靖（今金川县）。这支队伍又被称为番民骑兵队，由红军直接领导。连长是西北联邦政府民族部副部长净多·孟特尔。骑兵连随主力红军到达甘孜后扩充为番民骑兵大队。

这支骑兵连队是我国现代革命史上第一支藏族骑兵革命武装力量，也是藏族历史上第一支藏民骑兵革命力量。它在雪山草地坚持斗争近一年，粉碎了敌人袭扰根据地的企图，为保卫革命根据地做出了可贵的贡献。

1936年7月，红二、四方面军会师之后，孟特尔率番民骑兵大队及格勒得沙革命党、中央革命政府机关工作人员随右路纵队北上。

（2）格勒得沙革命军团

1935年11月18日，在成立格勒得沙中央政府的大会上宣布成立"格勒得沙革命军团"，全称为"格勒得沙中央政府民族革命军团"。革命军团战士主要由藏族青年组成，适应高寒地带作战，经常给国民党军队和地方反动武装以沉重打击。格勒得沙革命军团建立之后，配合留守红军多次作战，除参加保卫金川、围剿反动地方势力外，还在丹巴地区配合红军打击李抱冰部，在这些战斗中，战绩显著，受到大金省委的表扬。

一次，绰斯甲土司纠集各寨土兵近3000人围攻田傍梁子、卡拉脚

---

① 长征干部学院编：《长征在阿坝简史》，第157页。

第三章
**藏族各界人士对红军长征胜利的贡献**

**丹巴县聂呷乡喀卡村番（藏）民独立师师部驻地旧址**

摘自中共四川省委党史研究室编：《红军长征在四川图志》（下），四川人民出版社，2016年，第466页。

等处红军防地，格勒得沙革命军警卫营和绥靖营立即增援，两军内外夹击，土兵皆各自逃散，卓斯甲土司也从此丧失了组织联合进攻红军的能力。

1935年12月11日，松岗和卓克基土司联军约2000人，分三路从木耳宗、草登寺、大藏寺向马尔康、卓木碉、卓克基猛扑，形势十分严峻。在红军和格勒得沙革命军的联合反击下，激战5日，死伤土司、头人9人，土兵300余人，有力地打击了敌人的反动气焰，保卫了革命根据地机关和群众的安全。

（3）金川藏民独立师

1936年春天，中国共产党第一支藏族武装——大金川红军独立第二师正式成立。这支武装又被称为"丹巴藏民独立师",被誉为"我军历史上第一支藏族革命武装",该师的战士都是作战英勇的藏族青年。金川藏民独立师在配合红军作战打击反动民团和反动土司武装、保卫根据地的斗争中立下了不朽的战功。

1936年2月初,国民党薛岳集中6个师和川军主力,开始向天全、芦山地区大举进犯。由于补给困难,红军主力决定向甘孜境内挺进。位于川西的红三十一军及丹巴藏民独立师等部队,奉命殿后,设法拖住敌人主力,以保障前方部队顺利前进。当时,上级交给藏民独立师的主要任务是担负西起绥靖,东至党岭山约300公里长交通线的警戒任务。独立师派出部队配合红五军和三十一军九十一师,出色地完成了侦察、警戒、带路等任务,为保卫和巩固丹巴地区,以及主力红军顺利西进康北、会师甘孜作出了贡献。①

除了担任警戒任务,丹巴藏民独立师还直接参加作战。1936年1、2月,驻防康区的国民党李抱冰部,调集两个团进攻丹巴,并一度占领大炮山和大、小牦牛地区;巴底土司亦纠集千余武装袭击红军医院和格勒得沙政府,致使100余名红军伤病员及警卫人员壮烈牺牲。2月,为了粉碎敌人进攻,总部调集三十一军九十三师两团增援丹巴,马骏率独立师配合红军作战,出色地完成了向导、侦察等任务,并带领战士参加战斗。独立师在红军的支援和游击队的配合下,兵分两路,攻打丹东土司武装,一团协助红军在东谷、牦牛两地击溃了国民党李抱冰三一四团。二团在守卫大桑的战斗中,迫使丹东土司所率近千名士兵仓皇败逃,经激烈战斗,打垮了反动武装,控制了独狼沟口,保证了丹巴至道孚的通道畅通无阻,有力地配合了主力军的西进行动。②

---

① 龚自德主编:《四川老区概览》,成都科技大学出版社,1995年。
② 龚格绒登干:《丹巴藏民独立师:第一支少数民族红军武装》,《中国艺术报》2006年10月20日。

(4) 游击队

1935年年底至1936年年初，卓克基、本真、松岗、草登等地先后组建游击队，基本建制为"各区成立一个独立连，各乡成立游击队一排人"。其主要任务是尽最大努力消灭土司、地主反动武装；防止敌人小部队扰乱；分散敌人兵力，协助红军攻击；侦探敌军主力所在，破坏其企图；探明敌人占据地区及地形与道路，并破坏敌人组织与交通或焚毁其粮食子弹；破坏敌人策源地及扰乱敌人后方，使其恐怖与疲劳；截夺敌人运输，停止和迟滞敌人作战。

游击队组织严密，纪律严明。有战时作战，无战时训练或参加劳作。对队员进行革命形势、发展前途等政治教育和侦察、军事动作要领的军事教育。

卓克基乡游击队连长：康山·格西头，拥有队员100余人。

本真乡游击队队长：多波·长生，拥有队员100余人。

松岗乡游击连连长：伍阿回，副连长：格斗尔甲，拥有队员100余人。

草登乡游击排排长：巴央。[①]

## （二）藏族上层人士及宗教人士协助红军顺利长征

红军长征经过各大藏区期间，由于严格执行民族政策，不仅赢得了藏族群众的热烈欢迎，而且也受到了藏族上层人士及宗教人士的各种帮助。

### 1.红色土司杨积庆积极协助红军攻占腊子口

1935年9月与1936年8月，红一方面军与红二、四方面军长征两次途经甘南，遇到了重重艰险，但每次都以胜利告终，这与一个人息

---

[①] 马尔康地方志办公室《红色记忆》编委会编：《红色记忆——红军长征在四土》，巴蜀书社，2008年，第115—116页。

息相关。他就是手中掌握有48旗辖地的卓尼世袭第19代土司杨积庆。

杨积庆,藏名罗桑丹增南杰道吉,号子余,生于1889年,为甘肃卓尼地区土司,管辖范围包括今迭部、卓尼两县和舟曲、临潭县的部分乡村,共2万余户,近10万人。

历代土司均实行上马为兵,下马为民,寓兵于民,守土自保的治理政策。1928年,国民党甘肃省督办刘郁芬以"临岷屏蔽于西南"为由,委任卓尼土司杨积庆为洮岷游击司令。司令部仍设于原土司衙门内,军事上隶属于西北边防督办,行政上隶属甘肃省政府第一行政督查区专员公署。1932年,甘肃宣慰使孙蔚如委任卓尼土司杨积庆为洮岷路保安司令。自此,保安司令部替代了土司衙门,掌管卓尼地区的一切政治、军事、宗教大权。内部机构除仍保留原土司衙门的机构外,又增设了八大处。其基层仍设"旗",旗长仍称"长宪"。属民改称土司为"司令"。①

据《大公报》著名记者范长江在《中国的西北角》中称:杨积庆"虽身居僻壤,未迈出卓尼一步,但每天都看全国各大报纸,及时掌握国内外形势。他在上海、天津等地设有商行,他们之间长有书信来往。他的思想激进,易于接受新事物,推广先进技术和文化。时逢国难当头,日寇发动了侵华战争,他很关心政治时局,忧国忧民感慨激愤"②。

1935年9月,毛泽东等同志率领的中国工农红军第一方面军一、三军团和中央军委直属纵队翻雪山、过草地到甘川边境的行动被国民党获悉。国民党第八战区司令长官、甘肃省主席朱绍良奉蒋介石令,命甘肃军阀鲁大昌在卓尼土司辖区(现迭部县)腊子口一带重兵防守。同时令担任洮岷路保安司令的杨积庆土司出动全部藏兵两万余到迭部

---

① 赵瀚豪:《红军长征与卓尼土司杨积庆》,《西藏人文地理》2011年第2期。《卓尼土司杨积庆对红军过甘南的贡献评述》,来源:迭部网(www.diebu.gscn.com.cn)文章。
② 赵瀚豪:《红军长征与卓尼土司杨积庆》,《西藏人文地理》2011年第2期。《卓尼土司杨积庆对红军过甘南的贡献评述》,来源:迭部网(www.diebu.gscn.com.cn)文章。

阻击红军，凭借天险隘口，达到消灭红军之目的。杨积庆接到国民党第八战区司令长官朱绍良命令后，不但未堵截红军，还暗中让道、开仓济粮，红军部队得以休整，使军阀鲁大昌腊子口防务失利。鲁大昌策动国民党临潭县政府难民救济委员等多次向国民党中央、省政府、第八战区指控杨积庆称：

杨积庆"阳奉阴违，不但不遵命堵击，反而开仓供粮私通红军""匪抵莫尔盖（若尔盖）后，即决定由第二路入迭部而出岷县，杨土司派代表赴迭部欢迎毛泽东，一面向省政府虚报抵御，一面放弃达拉沟天险，于鹦哥花园地方资匪麦粮两千石，匪经草荒饥饿之余，赖此粮食得以从容休息，然后猛出岷县而转窜陕北"①。

"二十五年六月，朱、徐股匪由西康甘孜县东窜阿哇，时洮岷方面一百六十五师驻防兵力甚单，杨土司以中央大军不在西北，于是大胆公然而与朱、徐合作，派遣多数土民，将岷山、迭部山险路修建平坦，并沿途于匪供应粮食，一面向鲁师长报告匪由阿哇南窜松潘、迭部清净，并无匪患，乘各方无备之际，大股共匪由杨派人向导出腊子口而围岷县，匪围岷县后，杨更结合沿岸之番民欢迎徐向前，于八月二十二日由西牛沟过羊化桥而犯临潭县城，临潭汉民以杨通匪故，均皆附和之"②。

从这些文献可以看出，1936年8月，朱德、徐向前等同志率领红二、四方面军进入甘南藏区，杨土司秘密派人引路，红二、四方面军沿一方面军的路线顺利走出迭部沟，打通腊子口，攻下岷县城，沿洮河沿岸进入杨土司辖区，渡羊化桥（现卓尼县纳浪乡）接管了国民党临潭县政府，建立了苏维埃政权。

可见，在1935年9月和1936年8月，红军两次途经甘南，横跨

---

① 赵瀚豪：《红军长征与卓尼土司杨积庆》，《西藏人文地理》2011年第2期。《卓尼土司杨积庆对红军过甘南的贡献评述》，来源：迭部网（www.diebu.gscn.com.cn）文章。
② 赵瀚豪：《红军长征与卓尼土司杨积庆》，《西藏人文地理》2011年第2期。《卓尼土司杨积庆对红军过甘南的贡献评述》，来源：迭部网（www.diebu.gscn.com.cn）文章。

土司杨积庆统辖的达拉、尼傲、麻牙、花园、洛大、腊子、桑坝等7个（旗）乡，行程600多里。红军穿行在这些密林峡谷和雪山栈道中，从未受到杨土司所属武装的围堵和阻击。特别是红四方面军四军的十师和十二师等部队，在甘南临潭县停留了40多天，不但未受到杨土司武装的袭击，而且当红四方面军于1936年8月20日到达临潭县新城后，杨土司还主动秘密派人星夜赶到红军总部，呈送书信，馈赠马匹、羊只，表示亲善和慰问。之前的1935年9月17日，红一方面军在途经迭部县麻牙乡的然尕沟时，还开仓食用了杨土司崔古仓的二三十万斤粮食。

总之，在红军过甘南的两年中，杨土司迫于客观形势和国民党反动派的压力，表面上对过境红军保持"互不侵犯"的中立立场，但实际上却采取了明智、友好的态度。这对当时处境极端困难的党和红军来说，在客观上起到了很大的援助作用。他对中国革命的贡献是不可磨灭的。

2. 夏克刀登与红军订立《互不侵犯协定》

1936年4月，红军进占甘孜县城并进军到绒坝岔。德格土司泽旺邓登惧怕红军进入德格，在所辖的邓柯、德格、白玉、石渠及同普5县内，集中2000多名土兵（大部是骑兵），由其军事涅巴（头人）夏克刀登率领，从德格县的马尼干戈出发，奔袭驻防甘孜绒坝岔的红军。

当时，绒坝岔红八十八师政治委员郑维山率领的二六五团，为了不和德格土司武装发生冲突，争取和平解决，则采取守势，撤至里拉村，夏克刀登派骑兵几次企图冲进里拉村，都被二六五团用强大火力顶了回去。二六五团组织若干个小分队，夜袭土兵营地，俘虏了夏克刀登等人。

红三十军政治委员李先念等领导亲自和夏克刀登谈话做工作。绒坝岔的藏族群众也把红军与国民党有什么不同之处，告诉夏克刀登等人，希望他们不要与红军作对。通过反复的宣传解释，夏克刀登对红军有了认识,于是令土司武装退回德格。

4月23日,夏克刀登在德格土司的授权下,与代表红军的李先念订立《互不侵犯协定》。后来,夏克刀登留在甘孜为红军做筹集粮草的工作,并在波巴政府军事部任职,直到7月红军离开甘孜,他才回德格。

3. 格达活佛协助红军顺利过境[①]

红军在藏区严格执行党的民族政策,不但感动了当地的藏族群众,也对当地的宗教人士产生了影响。在红军的感召下,以格达活佛为代表的宗教人士积极帮助红军顺利过境。

1903年,格达活佛降生于四川省甘孜县白利土司辖区的德西地村一个穷困家庭。他7岁时,当地有名的喇嘛教寺庙白利寺的活佛圆寂了。在经历了一番复杂曲折的遴选之后,这位"差巴"的儿子成了白利喇嘛寺的"活佛",取法名为洛桑登真·扎巴他耶,成为这一地区广大虔诚佛教徒的精神领袖。

格达活佛虔信佛教,富有正义感,同时也关心国事民生。他极富同情心,痛恨国民党反动派和地方军阀的民族压迫行径。一些遭受迫害、无家可归的藏族群众,经常得到他所在寺院的保护和救济。

红军到来前夕,南京政府委派的蒙藏委员会委员、西康建省委员会委员诺那活佛进入当地"宣慰",威胁利诱各地寺庙及土司、头人同国民党一起对抗红军。格达活佛起初听信诺那宣传共产党"灭教"的蛊惑,躲到藏族群众山中的寨子里不敢露面。

1936年春夏,中国工农红军第四方面军和红二、六军团,长征来到青藏高原,两大主力就会师于格达活佛所在的甘孜县草原。红军到白利寺后,得知威信很高的格达活佛已躲起来,便派人去找并宣传政策。

---

[①]《红军长征在川、滇、青、甘等省藏区的史料》,选自《红军长征经过藏区及藏区群众反抗斗争史料》,中国科学院民族研究所、四川少数民族社会历史调查组,1963年12月编印。

**红色记忆**
——红军长征在藏族地区及其当代启示

格达活佛了解到红军对寺庙秋毫无犯，立即带随从回到寺院。他看到红军宁愿露宿草地也没有进驻寺院，深受感动，增加了对红军的信任和崇敬之情。朱德和陈昌浩前往白利寺看望格达活佛。朱德同他多次长谈，分析国内外形势，说明共产党救国救民和解放各族人民的宗旨，使格达活佛从心灵深处受到震撼。

格达活佛亲眼看到了红军的所作所为，接触了红军将领朱德、刘伯承和贺龙等人。中国共产党的民族宗教政策和朱德等人的非凡谈吐，感召着这位年轻的活佛，促动着他思想的巨变。于是，格达活佛投身到人民革命的洪流之中。1936年5月，藏区群众自己的革命政权——中华苏维埃波巴自治政府在甘孜县宣告成立。这对灾难深重的藏区群

朱德元帅与五世格达活佛纪念馆塑像（王川 提供）

众来说，是一件破天荒的大事。年仅33岁的格达活佛，当选为自治政府的副主席，在成立大会上发表了激动人心的演说。

自治政权的诞生，给在苦难中挣扎的藏区人民带来了光明和希望。作为副主席的格达活佛，发挥了最大的作用。他以自己特殊的身份，向群众宣传党和红军的革命主张和政策，让更多的人觉悟；他以自己的威望和才能，动员和组织僧俗群众为红军做通司，当向导，救护伤病员，筹措军粮马料。广大僧俗群众在格达活佛的率领下，积极帮助红军张贴布告，探听敌情，并捐助粮草支援红军。

朱德曾在红缎上为格达活佛题词："红军朋友，藏人领袖"。

红军临走前，朱总司令在甘孜关帝庙和格达活佛谈话，告诉他说："我们北上抗日去了，你们留在这里，要很好团结起来，把政府办好，只要团结得好，就能把敌人打倒，红军至多十五至二十年就一定转来！"这对格达活佛以后坚持斗争起了很大的鼓舞作用。

1936年7月，红军北上抗日前夕，格达活佛便积极为红军筹备粮食、帐篷、皮大衣等物，并到甘孜寺商量安置红军伤病员，与夏克刀登商量组织地方力量掩护红军北上等问题。

（四）其他宗教人士及寺院为红军所做贡献

红军长征在四川藏区时，由于对民族宗教上层人士采取团结的政策，因此极大地感召了一部分上层民族宗教人士，使他们有的保守中立，不和红军对抗；有的热情支援红军；有的投身到革命队伍中来，对长征起了很大的援助作用。

红军长征途中曾与德格土司、灵雀寺、甘孜寺、白利寺等寺庙签订了各种和平友好条约。1935年6月，红四方面军左路军进入茂县后，黑水一带的苏永和等几位上层人士，亲自到红四方面军政治部与副主任曾传六进行过境谈判，双方互赠礼品，表示友好，达成了借路北上的目的。

红军到达理化时，理化城内的长青春科尔寺只留几百名喇嘛武装防守。没有阻击红军进城，保持中立立场，客观上支持了红军长征。他们之所以这样做，是因为该寺在红军进入理化前，即接到瞻化喇嘛寺写来的信，其内容是：红军到瞻化，不杀不抢，尊重藏族的风俗习惯和宗教信仰，对喇嘛寺秋毫无犯。甘孜喇嘛寺也写信给他们，说明只要不与红军为敌，红军也不会对寺庙有任何危害，希望理化寺不要与红军发生冲突。

1936年5月20日，红四师途经巴安时，仁波寺喇嘛凭借有利地形，用火力封锁红军前进的道路。红四师采取围而不打的办法，争取和平解决。红军找到当地较有威望的喇嘛拉波，通过对其做工作，取得他对红军的理解和支持。拉波见到红军在这样困难的情况下仍然对藏区群众秋毫无犯，官兵也一起吃苦，又十分尊重藏民的宗教信仰和风俗习惯，非常感动。拉波用藏文给仁波寺写了一封信，将红军的宗教政策告诉该寺，说明红军只是借路，并不侵害寺庙。仁波寺大喇嘛见红军有诚意，又见到红军日渐增加，在权衡利害之后，决定不再与红军对抗，于是打开寺门与红军谈判，双方经过协商，同意将寺内所存的粮食和牲畜卖给红军。

### 三、积极参军，为红军补充优秀兵力

面对蒋介石几十万大军的追剿，前有阻截、后有追兵，加上缺衣少粮，又爬雪山过草地，红军在长征过程中减员现象极为严重。因此，红军在藏族地区进行了人员补充。藏族群众纷纷动员家中的青年参军。新中国成立后任中共中央委员、中顾委委员、四川省委书记的天宝，任国家民委副主任、西藏自治区人大常委会主任的杨东生，任青海省委书记、全国人大常委会委员的扎西旺徐，任甘孜藏族自治州委书记、州长的沙纳，任中央民委副司长的孟特尔等，都是在川西北参加红军的藏族青年。他们在中国的革命征途中经受了考验，成为最早投身党

第三章
藏族各界人士对红军长征胜利的贡献

参加长征到达陕北后的藏族指战员合影,左起:孟特尔、天宝、杨东生、扎喜旺徐、沙纳

摘自吕章申主编:《信念·精神·传承——纪念红军长征胜利80周年馆藏文物图集》,北京时代华文书局,2016年,第223页。

### 红色记忆
#### ——红军长征在藏族地区及其当代启示

的事业的一批藏族革命前驱者。①

在川康藏区，有成批包括藏族群众在内的各族群众参军，今阿坝藏族羌族自治有近5000人参加了红军，为支援红军牺牲的人士达8000人；甘孜藏族自治州则有3084人参加了红军。②红三十军在道孚、炉霍、甘孜等地吸收了200多名藏族青年参加红军。丹巴县巴底乡有271人参加红军。如参加红军的南卡特，当时只有18岁，参军后，当上营长的通讯员，反动派知道后把他家里的东西全部抢光了，把他的父亲吊起来打了几天，南卡特并未因此而感到害怕，相反的表现得更为英勇，更积极的打击反动派，带伤在岩洞里住了7天，没吃一口粮，就喝一点冷水，在这弹尽粮绝的条件下，还坚持战斗。

在参军的热潮中出现了兄弟俩、姐妹俩、母女俩同时参军的动人情景：哥尔村一家两姐妹也参加了红军。还有一些人在中国革命的危急关头，毅然走上了革命的道路：泸定岚安参加红军的有14人；阿坝的甘堡有200人；卓斯甲有11人；党坝乡参加红军的少先队员有72人。

在红军经过甘南地区时，当地的苏维埃政府动员地方青年参加红军。当时，在陇南参加红军的青年就有5000多人，岷县、宕县和成县各自新成立了一个兵团。在定西、永昌县、山丹县都各有140多人，临泽县有20余人，高台县有100人左右，合计大概达5500多人参加了红军。③

这些优秀的包括藏族青年在内的各族群众积极参军，为红军增加了新鲜血液，加强了红军的战斗力，为红军取得长征的胜利作出了贡献。

---

① 千旭、郎维伟：《红军长征过藏区及藏族人民对红军的支援和贡献》，《西南民族大学学报》（人文社科版），2006 第 11 期。
② 详见本章《四川藏族人民对红军长征胜利贡献统计表》的统计。
③ 彭露：《红军长征在甘南藏区——兼论红军在甘南的民族政策与实践》，兰州大学硕士论文，2012年，第20页。

## 第三节　帮助红军解决长征中的生存困难

红军辗转藏区，人员众多，粮食供给十分困难。后期粮食就更加供应不上，常常是数麦而炊。1935年7月，红一军团主力经长板山进入黑水，"红六团配合我们右路，由康猫寺向左（即今壤口）经草地绕出松潘。在前进路上，遇到极端剽悍的骑兵，横加拦阻，既战不利仍折回右路（即返回马河坝一带），因为粮秣已绝，茹草饮雪，无法充饥，饿死冻死者比比皆是，……生死完全取决于能否及时取得接济"①。红六团疲饿呼救，向总部发出求粮急电，朱德立即紧急动员，筹集大批粮食、馍馍、麦子、猪肉、牛羊等，命令一军团某部宣传科长舒同率领一排武装及几十名运输队员，背上粮食，赶着一批牲口，从芦花出发，顶风冒雨，日夜兼程，将粮食运到了马河坝一带，接济红六团。7月7日，红六军在绒玉向红军总部报告："我大部尽吃野菜及干皮，现表现严重饥饿状态，死亡30余。"②同日，《陈伯钧日记》中也记载："是晚模范师、十八师及十六师之一营均到绒玉。言我在西倾寺、绒玉间掉队落伍及病亡人员甚多。体力不强，给养又缺，兼之天公作祟，部队行动又急，其能免于斯乎！此次行军，我军主要问题，就是缺粮、缺帐篷，以致影响工作。"③7月17日，红六军到达哑龚寺，《陈伯钧日记》中记载："模

---

① 舒同：《芦花运粮》，《中国工农红军第一方面军长征记》，第329页。
② 《中国红军长征史》，中共党史出版社，1996年，第297页。
③ 《中国红军长征史》，中共党史出版社，1996年，第297页。

### 红色记忆
——红军长征在藏族地区及其当代启示

范师系精干部队,今日掉队落伍者亦不少,尤其是为机枪连驮枪鞍的战士均掉在后面。两三天来,计掉队的约四五十名。可见粮食之于战斗关系殊大。"①可见长征途中,除了与国民党战斗外,红军还面临着严峻的粮食供应问题。能否筹集到足够的粮食关系着红军的生死存亡。

但是红军长征所经过的川西北地区的生产力水平低下,物产并不丰富,在连年自然灾害的情况下,藏族人民的生活相当困苦。以阿坝为例,阿坝地区各族人民在封建压迫和经济盘剥之下,长期过着贫困生活。他们终年劳动,但仍食不果腹,衣不蔽体。在正常年景,农区贫雇农每年缺口粮在半年以上,中农也在三四个月。茂汶县黑虎乡的贫苦农民,平均每人每年只有口粮一百多公斤,仅够吃三四个月,其余时间则到外地做工或挖野菜度日。一些村寨每年有不少劳力到川西平原去凿井、淘河、做短工。若遇天灾、战祸、粮食无收时,农民便四出逃荒,有的食草根、树皮充饥。贫苦农民住房破烂、简陋,没有什么家具,衣着是麻布粗服,多赤足。阿坝地区人均有粮在二三百斤之间,全区年均总储粮仅在1000万斤左右。②上述生活资源仅能在低水平上维持当地人民自给自足的社会生活。如遇到大量外来人口的涌入,势必造成供应困难。占据着丰富的物资装备的国民党军队在川西北地区都面临的粮食短缺的问题。范汉杰在《胡宗南率部在川北阻截红军的经过》中提道:"军粮、棉衣也很感困难。在松潘时,好几万大军的粮食要从川北江油用民工挑来。从江油到松潘四五百里,且山路崎岖难行,民夫挑得不多,除沿途民夫食用、损耗外,运到松潘的为数不多。松潘所产青稞、燕麦都供应不上,只好挖野菜充饥。胡宗南在松潘粮荒最严重时,只好'放午炮吃饭',即规定每天只吃一顿饭,放午炮时开饭。如果不是这时贺国光的参谋团设法赶运来一批粮食,胡宗南第一师难

---

① 《中国红军长征史》,中共党史出版社,1996年,第297页。
② 李星:《红军长征在雪山草地的粮食问题研究》,四川大学硕士论文,2006年,第7页。

免全军覆没。"① 可见,当时川西北地区粮食极其匮乏。但是在如此困难的条件下,藏族各界人士仍积极为红军支援粮食、发展经济,使红军得以生存并走出雪山草地,完成长征。

## 一、支援粮食

红军为了解决粮食的供给问题,在藏族地区开展了筹粮活动。红军的筹粮活动,得到了藏族各界人士的大力支持。一方面各级革命政权积极帮助红军开展筹粮活动;另一方面,藏族的上层人士及藏族群众主动捐献自己的粮食和物资支援红军。

### 1.各级革命政权的筹粮活动

藏族各级苏维埃政权在建立伊始就积极为红军开展筹粮活动。他们首先根据各地的实际情况制定了严格的粮食征集及管理制度。然后在这些制度的指导下一方面将从地主、恶霸手中查获的大量粮食收缴;另一方面采取买卖的方式,从藏民手中收购部分粮食,从而为红军筹集了相当数量的粮食。

1935年11月,红军的粮食缺乏问题更为突出,引起了大金省委的极大关注,针对国民党实行的坚壁清野、粮食紧张的情况,大金省委采取了以下几方面的措施:第一,调查金川的粮食数量和分布情况。第二,预算粮食开支,当时金川地区驻有1.7万部队和8000后方人员,按照前方每人每天吃20两粮食,后方机关18两计算,到1936年2月,加上筹粮支援天芦红军,至少需要500万斤粮食。第三,印制粮食购买证,粮食集中由粮食部管理,反对不集中统一管理和无计划地分配粮食的现象。第四,粮食供应统一运输,建立粮食纪委、粮食巡视员,加强粮食纪律,节约粮食。第五,在各县、区成立粮食委员会,粮食

---

①《文史资料精选》,第七册,中国文史出版社,1990年,第167页。

一律要过称，严格注意收集和保管粮食。①

懋功两河口苏维埃主席罗永忠先后两次带领50余名游击队员在两河口大板一带筹粮，没收土豪赵洪发、何万福、马龙刚等的藏粮5000余斤，并配合红军两次前往抚边麦龙沟，打垮了马头人的土匪武装，缴获青稞600余斤，牦牛百余头，支援红军。达维苏维埃将土豪刘锦堂、党新雨的存粮6000余斤全部没收。②

茂县土豪林明蔡被没收的财物清单上写道：

衣服长短单棉六十余件。老衣盖坝全套，毡子六床，铺盖四床，盐三十余斤，清油十斤，猪肉猪油一百余斤，家具铜锡铁器锅碗失尽。羊麦三十余石，豆子二石，麦子青稞二石余斗。耕牛二条，马二匹，猪二条，羊三十八只。没收陈秉全房子一间，房料五根，银圈三对，银牙笺二付，银首饰二十件。帽钱一付，银替一皮，银圆三百一拾枚，铜元二千余串。③

汶川县游击队也积极投入到筹粮工作中。筹粮、送粮是游击队的主要任务。红军长征过汶川所需的粮食，绝大多数是游击队筹集的。筹粮时，由红军和苏维埃干部带领游击队队员，以地主豪绅为主要对象，地主家的粮食一律予以没收，老百姓家里筹集的粮食，用川陕苏维埃发行的银元、铜元、布币购买。筹集的粮食全部交给威州宝子巷和涂禹山红军供给部。④

根据当年新桥口苏维埃组织的成员余七爸（80岁，本名余培丰）回忆："仅大坝口这样的一个小村子，筹到的粮食就在一万斤左右。当

---

① 《红军长征过金川》，《中共阿坝州党史研究资料》，第11期，1984年，第51页。
② 李星：《红军长征在雪山草地的粮食问题研究》，四川大学硕士论文，2006年，第19页。
③ 阿坝州档案馆：《民国档案》，第568页。
④ 李星：《红军长征在雪山草地的粮食问题研究》，四川大学硕士论文，2006年，第24页。

时全县的自然村落不下一百个，比新桥大坝口富裕的村寨尚多。另外，红军在县上还接管了国民党政府的仓库存粮。当时，在县城禹王宫有一存粮仓库，名称'济仓'，存粮在二十余万斤。"①

在茂县地区，茂县苏维埃每天在县城附近为红军筹粮，每斗玉米（约40斤）付给银元四至五元。有时一天可筹集四五千斤。②子木河、维古、色尔古等地许多藏民联户筹集粮食出售给红军，愚功的苏维埃组织还协助红军在群众中购买粮食。当时买群众的粮食一般每解（85斤）四至五元，或给大烟三两五至四两多。老红军谢兴华回忆："1935年春天，粮食问题很严重，前方需要供应，我们在后方也没有吃的。那时我在负责筹粮工作，马尔康一带的苏维埃成员，藏民们帮助我们买了不少的牛羊和粮食，牛羊关了一条山沟，最少也有几万头，粮食约有40万斤。"③

2. 藏族上层开明人士及宗教人士的筹粮活动

由于红军坚决执行严明的纪律，模范地执行民族宗教政策，因此深受感动的藏族上层人士也纷纷帮助红军解决粮食问题。

康区的德格土司在和红军签订《互不侵犯协定》后，曾一次为红军筹集了150头牛、53匹马和一大批粮食。在桑批寺筹集的粮食"堆得像一座小山一样"。

当红军进入懋功时，宅垄千总雍鹤龄表示支持，为接待红军，他同堂弟雍天顺守备召集头人、寨首到会，派精通汉话的人去红二十七师联络接头，命其所辖百姓，不准袭扰红军，还专门安排二十几名当差，给红军送去白面和猪肉。1935年6月，红一方面军二师所部进入马厂时，

---

① 李星：《红军长征在雪山草地的粮食问题研究》，四川大学硕士论文，2006年，第24页。
② 朱成源主编：《长征在雪山草地》，四川民族出版社，1986年，第251页。
③ 李星：《红军长征在雪山草地的粮食问题研究》，四川大学硕士论文，2006年，第20页。

### 红色记忆
——红军长征在藏族地区及其当代启示

藏族上层汉牛屯千总苍翠玉闻听红军所到之处纪律严明，对少数民族平等相待，深为感动，特派正巴喇嘛背了肉、面给红军送去，以表对红军的热爱和支持。①

红四方面军于1936年8月20日到达临潭县新城后，杨积庆土司主动秘密派人星夜赶到红军总部，呈送书信，馈赠马匹、羊只，表示亲善和慰问。

之后，毛泽东等部分中央领导翻越瑞耀大山到达崔古卡。此地有一座杨积庆家的粮仓，杨景华按杨土司密令与红军领导接头，将崔古仓5万多斤小麦交给红军，红军回赠了枪支等。这些粮食使历经千辛万苦，爬雪山、过草地、吃草根、熬皮带的红军从给养上得到很大补充，为红军攻破"天险腊子口"防线提供了物质条件，奠定了基础。

肖华在《忆红军长征在少数民族地区》一文中写道："在甘南，卓尼土司杨积庆受红军政策感召，主动撤除铁布（现迭部县）防务，并将鹦哥花园仓粮几百石接济过境红军。由于红军争取了民族、宗教上层人士的合作，为红军争取了战机，避免了许多不必要的流血和损失。"②

红军在长征途中所需的粮食物资，很大一部分是沿途的藏族上层人士帮助解决的。同时各藏区的宗教界人士也为红军筹集了数量众多的粮食。

1936年5月1日，中甸归化寺派了夏那古瓦等8名代表，手捧哈达，背着青稞酒、糌粑、牵上牦牛，驮着礼物来到城里慰问红军，其中送给红军牦牛16头。5月3日，喇嘛寺又打开仓库，背出2000多斗青稞（约6万斤），还有牦牛、红糖、粉丝、猪肉等售给红军。③

---

① 刘永国：《红军长征在川西北少数民族地区的政治动员工作论析》，《毛泽东思想研究》2015年第3期。
② 肖华：《忆红军长征在少数民族地区》，《中国民族》1983年第8期。
③ 中国人民政治协商会议甘肃省委员会文史资料委员会编：《甘肃文史资料选集辑》第41辑，甘肃人民出版社，1996年，第262页。

## 第三章
### 藏族各界人士对红军长征胜利的贡献

甘孜白利寺的格达活佛不仅派寺内喇嘛召回村民,还帮助红军向藏胞宣传党的宗教政策,并积极为红军筹粮。在他的帮助下,寺中僧侣群众交纳的"拥护红军粮",有青稞134石、豌豆22石,支援军马15匹,牦牛19头。[①]仅据现存红军政治部当年出具的收条或证明统计,白利寺仅1936年上半年交纳的"拥护红军粮"就有青稞134石、豌豆22石,支援军马15匹、牦牛19头。同时还妥善安置伤病员2000多名。

"今收到白利寺拥护粮食一百三十石另八斗"。

政治部(章)[②]

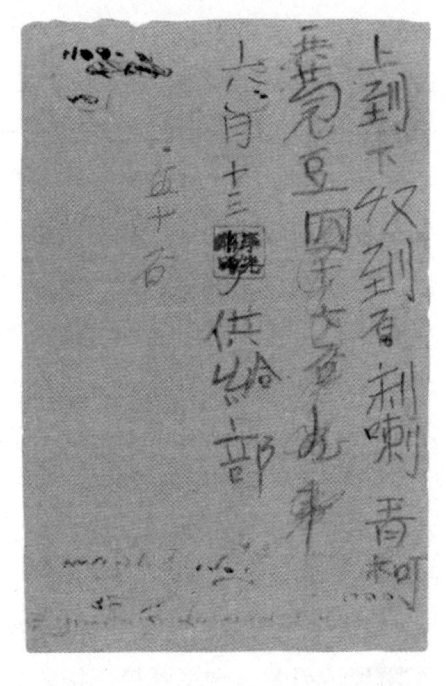

红四方面军为四川甘孜白利寺喇嘛支援红军青稞豌豆开的收据

摘自吕章申主编《信念·精神·传承——纪念红军长征胜利80周年馆藏文物图集》,北京时代华文书局,2016年9月,第99页。

这张收条是格达活佛住持的白利寺支援红军的很好例证,凝聚着藏族群众支援红军的深厚情谊。红四方面军总政委陈昌浩曾特地颁发布告以示感谢和表彰:"查白利喇嘛寺联合红军共同兴番灭蒋,应予保护,任何部队不得侵扰,违者严办,切切此布。"

红六军团驻扎甘孜稻城县时,雄登寺和桑堆寺也帮助红军筹集了

---

[①] 杨琦:《浅析少数民族对红军长征胜利的贡献》,《社科纵横》2006年第7期。
[②] 《红军长征在川、滇、青、甘等省藏区的史料》,选自《红军长征经过藏区及藏区群众反抗斗争史料》,中国科学院民族研究所、四川少数民族社会历史调查组1963年12月编印。

**红色记忆**
——红军长征在藏族地区及其当代启示

一批粮食。当红六军团进驻稻城县金珠镇扎冲后，军团领导与雄登寺取得了联系，雄登寺取得了联系，雄登寺郑重开会讨论后决定支援红军。他们先后共支援粮食两百多驮（一驮约一百二十市斤），四十头菜牛。①红军和平解决与仁波寺冲突后，仁波寺为红军筹集了一批粮食和物资。这中间拉波做了许多工作。拉波不仅积极帮助红军筹粮，还主动要求为贺龙带路、当翻译。他一直把红二军团从巴塘送到甘孜。红二、六军团在迪庆藏区时，喇嘛寺主动打开3个粮仓，把3万余斤青稞和大批盐巴、红糖卖给红军。大寺的八大老僧送贺龙茶两驮，米三驮，猪肉三驮，砂糖两驮，盐巴一驮，贺龙不好不收，只有一一作价，付了钱。在甘孜，甘孜寺的督巴香报活佛，接受红军的委托，以寺庙的名义，为红军筹集了大批的粮食和物资。理塘喇嘛寺也将寺内的粮食和酥油全部支援红军。

红二军团进军甘孜途中，给养尤其困难。1936年5月10日，红二军团到达得荣，全军断粮。得荣县城只有十几户人家，筹集粮食困难。军团政治部主任关向应在和一个喇嘛的交谈中，得知龙绒喇嘛寺有粮食。贺龙亲自率领一支部队，翻山越岭，走了几十里路到龙绒寺筹粮。通过向龙绒寺宣传党的政策，做说服教育工作，龙绒寺支援青稞1.5万斤，并帮助红军在老百姓中购得4.6万多斤粮食和大量牛羊肉，解了部队的燃眉之急。

红二军团在白玉，所需给养基本上也是由白玉寺和嘎拖寺帮助筹集的。1936年6月，当红军抵达白玉县时，白玉寺住持活佛、呼图克图嘎玛洋舍热情接待了红军。寺庙派达科村村民为红军的马匹送草料。红军要离开时，又支援了红军1000多斤粮食、良马3匹。当红军到达河坡嘎拖寺时，嘎托寺斯德活佛亲自迎接。寺庙不但送红军3000斤粮食、

---

① 中共四川省委党史研究室编：《红军长征在四川图志》（上），四川人民出版社，第223页。

600斤酥油，还动员群众售畜售粮，保证红军的安定休整。①

夏河县美武寺院法台热旦加措得知红军纪律严明，十分感动，派人将两驮糌粑、一驮酥油及麝香、狐皮和一条哈达送给在哈达铺的红军。

**3. 藏族群众自发支援粮食**

由于国民党在红军经过的各藏区实行坚壁清野的政策，红军的粮食供给相当紧张。藏族群众通过与红军接触，发现红军是真心帮助自己的，因此他们主动为红军筹粮、运粮。有很多人甚至把自己仅有的粮食也送给了红军。

（1）黑水地区

在红军过黑水地区时，黑水地区的藏族群众主动将自己的粮食送给了红军。

时任川陕省委委员的谢兴华在谈到红军长征在四川的有关情况时，讲道："我们在瓦钵梁子筹粮，是要用川板买，我们共买了二三十万斤的粮食，是以包谷为主。还有一部分青稞麦子，买了粮食推成面，送到山下。赤不苏那一带河边上有七八盘水磨推面，然后送到维古，都要给工钱，一天给半个大洋，运到维古以后交给三军团。"②

在黑水的群众中，最多的一户给红军售粮达三四百斤。石碉楼罗丁寨藏族同胞苍克扎等人与该寨58户人家商量，每户售给红军面粉70斤，共达4000斤。子木河、瓦岗寨、维古、色尔古等，许多藏民联户集粮售献给红军。黑水和茂县邻近的大、小瓜子寨及赤布苏沿河两岸共有17座水磨，日夜为红军磨面，历时一个多月，共磨面粉15万斤左右，并由当地群众运送到维古三军团筹粮队安排分配。

扎窝是黑水较富庶之区，有黑水"粮仓"之称，历年粮食产量占

---

① 王川：《1936年红军长征在康区白玉的历程及其意义》，《中国藏学》2016年第3期。
② 李星：《红军长征在雪山草地的粮食问题》，《西藏研究》2003年第1期，第85—91页。

**红色记忆**
——红军长征在藏族地区及其当代启示

全县 1/10,藏民中有陈粮的较多。红军在这个寨子共征集陈粮 10 万斤,收割地里麦子、青稞 9 万余斤。扎窝当时有 80 户人家,未坚壁的粮食每户平均约有 3000 斤,共计 24 万斤,收割地里成熟的青稞麦子约 7 万多斤,两项共计粮食 30 余万斤。仅扎窝就为红军筹粮 100 万斤,还提供了许多牲畜和肉、油等畜产品。①

据载,红军在黑水共筹集军用粮食 710 万斤,其中在境内驻扎整训时耗用约 600 万斤,带走约 110 万斤;借用宰食各类牲畜 3 万余头,折合肉约 100 万斤;借用各类畜油 1 万多斤,还借用了一大批牲畜皮张、牛羊毛和野兽皮等。②

(2) 毛尔盖地区

毛尔盖是藏族聚居区,有 20 多个寨子,当时居住着 2000 多藏族。他们一面从事着较原始的农业耕作,种植青稞、胡豆,一面放养绵阳、牦牛等牲畜。由于生产力水平极低,加上国民党的搜刮抢劫,社会财富十分贫乏。但是当红军在毛尔盖地区驻扎时,深受红军感动的当地藏族群众为了支援红军,纷纷收割庄稼,为红军筹粮。

李湘涛在《星火燎原——筹粮过草地》中写道:"来到毛儿盖③,没有吃的,就到山上去采集蘑菇、挖野菜充饥。""藏民成群结队地端着糌粑,前来慰问我们,连长吩咐司务长收下大娘的米粒,给了大娘三块白洋。"④

刘文章在《星火燎原——一袋干粮》中也写道:"部队到了毛尔盖,上级决定在这里筹粮,准备过草地,可是由于部队多,粮食少,每人只分了三四斤麦子。大家都把它当成宝贝,缝个小布袋装起来,走路带着它,睡觉枕着它。谁心里都明白,这不仅是三四斤小麦,而是自

---

① 李星:《红军长征在雪山草地的粮食问题研究》,四川大学硕士论文,2006 年,第 26 页。
② 朱成源:《长征在雪山草地》,四川民族出版社,1986 年。
③ 毛儿盖,即毛尔盖。
④《星火燎原》(选编之三),中国人民解放军战士出版社,1980 年。

己的生命啊！"①

2002年年初在毛尔盖山寨一户牧民家发现了当年红军留下的一个木牌借据，写道：

> 红军在这块麦地里收割了青稞二百斤，你们可凭此牌向任何红军和苏维埃政府兑取这些青稞的银子、茶叶。未兑取前请保存此牌子。
>
> 前敌政治部②

(3) 马尔康地区

1935年红军到达马尔康地区时，藏族群众纷纷为红军筹粮和运粮。在红军驻扎马尔康期间，马尔康地区的藏族同胞支援了至少100万斤的粮食。

很多地方的藏族同胞都是在自己粮食不足的情况下，无私地将粮食支援给红军的。在卓克基，百姓在异常困苦情况下无私地将粮食支援给红军。对此，时任三十一军九十三师二七六团团长的张培荣回忆说："我们团在卓克基每人筹集到四五十斤青稞炒面。"③ 红九军一个团在草登斯尼筹粮数月，仅脚木足乡孔龙一个村就筹集到7万多斤粮食。草登斯尼村74岁的泽郎老人回忆说："我一辈子没有见过那样多的人，早上天麻麻亮，他们就去各村找粮食，晚上就把找到的粮食集中到代基和斯尼两个村。"④

而红四方面军则在查北村筹集到了4万多斤粮食，牦牛、犏牛180

---

① 中共阿坝州委党史工作委员会办公室编著：《阿坝州党史研究资料》1984年5月23日。
② 李星：《红军长征在雪山草地的粮食问题》，《西藏研究》2003年第1期，第85—91页。
③ 《征途》，贵州人民出版社，1983年，第51页。
④ 《西北联邦政府部长联席会议记录》，1935年11月3日，阿坝州党史研究室：《红军长征档案》第10卷。

多头、骡马20余匹。①

马尔康人民不仅保证了在本境内活动的数以万计红军的粮食问题，而且还将粮食源源不断地运往金川等地。对此，成都军区顾问组组长余洪远回忆说："马尔康的百姓对红军的贡献很大，红军长征时我率领几千人在那里筹集粮食，很好地完成了任务。"②

(4) 金川地区

金川地区在整个红军长征经过四川藏区时，为红军提供了大量的粮食物资。当时，红军留守部队和后方机关约1.5万人，长期驻扎在金川，并在红军大部队经过金川时提供了大量的粮食。据统计，金川地区的藏族群众为红军提供各类牲畜5万多头。仅绥靖和崇化两县就为红军筹粮达100万斤。在红军驻扎金川地区的14个月里，金川人民尽自己最大的可能为红军筹粮。当红军刚到金川时，金川人民为其提供粮食和猪牛羊肉，到后来粮食紧张时，就送野菜等。红军每次获得战利品，如粮食布匹、牛肉、马肉、酥油等，都将一部分分给当地群众，据城厢安顺村的回族张二娘回忆："我看到红军无粮下肚，非常难受，经过几天的思想斗争，终于把红军来之前藏在地下的粮食挖出来，分给红军吃。"③1936年红军北上前，金川妇女教红军指战员捻毛线、织毛衣、做皮衣、做牛肉干和熬茶。

(5) 丹巴地区

丹巴地区的藏族群众在红军经过该地区时，尽自己最大的可能为红军筹集粮食等。他们不仅帮助红军在各乡村买粮，还把自己仅有的粮食也送给了红军。如一个叫南卡特的藏民，把自己仅有的2石粮食、3个馍、1袋核桃、1袋梨，全部支援了红军。道孚瓦日乡苏维埃主席

---

① 《红军长征过马尔康》，《中共阿坝州党史研究资料》第8期，1984年3月，第29页。
② 《红军长征过马尔康》，《中共阿坝州党史研究资料》第8期，1984年3月，第29页。
③ 《红军长征过金川》，《中共阿坝州党史研究资料》第11期，1984年9月，第54页。

把家里仅存的数十斗粮食送给了红军。

据不完全统计,在短短10个月中,丹巴各族人民先后筹集粮食200余万斤;牛、羊、猪万余头(只);马千余匹;肉、油万余斤;毪子千余匹,还有帐篷、藏装、皮毛、鞋等物资若干;仅1935年10月至1936年1月的头3个月就为红军筹集粮食34万斤。这对于当时只有3万人口的丹巴来说其难度可想而知。①

(6) 炉霍地区

炉霍地区的藏族群众受到红军的感召,给予红军巨大的支持。县波巴政府主席相子·益西多吉将家里的存粮、牲畜大部分献给了红军;觉日寺的扎日活佛和灵龙寺的曲扎活佛不但率先捐献出寺庙的大量物资(包括藏洋),而且还主动为红军筹集物资;在县波巴政府副主席泽仁贡布的组织下,泥巴沟的各界人士尽全力支援红军;宜木、斯木、仁达等地的广大群众为红军保存北上粮食。

(7) 汶川地区

红四方面军主力经过汶川地区时,汶川地区的藏族群众积极为红军筹集粮食。虽然汶川人口较少,生产也很落后,为数万的红军提供粮食存在很多的困难,但是汶川的藏族群众仍然尽自己最大的力量为红军筹粮。红军入汶川前期大部分时间煮玉米面稀饭掺杂豆、洋芋,后期以搅面汤加野菜为主。从而保证了红军在汶川地区期间基本没断过粮食。

(8) 乡城地区

1936年5月,红六军团进驻乡城县城,他们在此修整了7天。在此期间,红军为群众背水打柴,打扫庭院,买卖公平,赢得了乡城群众的拥护,在寺庙的动员下,乡城各乡村的群众纷纷用牦牛、骡、马

---

① 古卿:《丹巴红色文化资源调查》,《康定民族师范高等专科学校学报》2006年第3期。

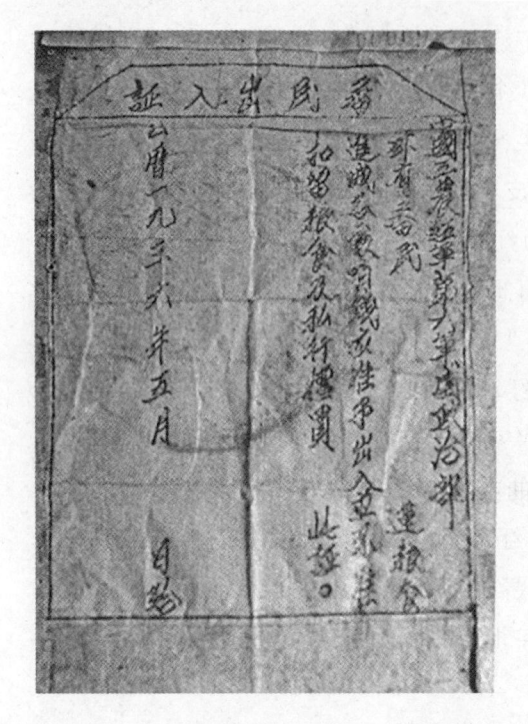

## 红色记忆
——红军长征在藏族地区及其当代启示

红六军团开具的番民出入证,红六军团达到乡城后,乡城各乡村的群众把粮背到桑披喇嘛寺支援红军,就连距寺八十里外的同堆、达根等地的群众,也不辞辛苦,沿着崎岖的山路,将粮食、猪肉、牛肉运到寺庙支援红军。为此,红军为这些运粮群众专门发了"番民出入证"。

摘自中共四川省委党史研究室编:《红军长征在四川图志》(上),四川人民出版社,2016年,第225页。

藏族商人赵阿印

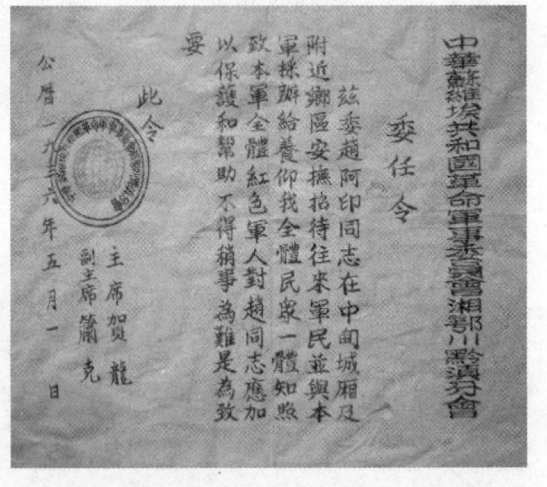

红军颁发给赵阿印的粮秣采办委任状(复制品),原品为军事博物馆收藏。

将小麦、大麦、青稞、荞子、酥油等运到寺庙,就连距离寺庙八十里外的同堆、达根等地的群众也纷纷支援红军。红军给运粮群众专门发了出入证。

(9) 甘南地区

红军长征经过甘南地区时,当地的群众也自发地为红军筹粮,他们纷纷给红军送粮食、送猪牛羊等。还有的藏族群众将自己所存的棉布等做成衣服和袜子送给战士。为了能够让红军吃到面食,陇西等地区的藏族群众一直加班加点地磨制面粉。据不完全统计,当时岷县给红四方面军每天捐献的粮食达5万斤之多,红军在岷县停留56天,就一共为红军提供了300多万斤粮食。[①]

(10) 中甸地区

云南中甸地区的藏族群众在目睹了红军的言行举止后,纷纷将自己的粮食、酥油、红糖等无偿地送给红军。藏族商人赵阿印在通司陆云鹤引荐下,多次拜会了贺龙、任弼时、肖克等红军首长。他为红军部队积极筹办粮草,先后购得青稞、小麦、糌粑、荞面等粮食2.5万多斤,另有粉丝、红糖、辣椒、萝卜丝、腊肉等副食品,为红军继续北上康藏做出了巨大贡献。

## 二、发展经济、保障供给

红军到达的各藏区是人烟稀少的地区,红军的到来使当地人口急剧增加。仅在川西北地区红军人数最多时便达到10万之众。红军和革命根据地群众的生死存亡,最关键的问题是粮食。因此,藏族各地红色政权,特别是格勒得沙共和国成立后,除了积极开展筹粮活动外,还很重视革命根据地的经济建设。

---

[①] 彭露:《红军长征在甘南藏区——兼论红军在甘南的民族政策与实践》,兰州大学硕士论文,2012年,第20页。

**红色记忆**
——红军长征在藏族地区及其当代启示

茂县雅都镇大瓜子盐洞遗迹之一
摘自中共四川省委党史研究室编:《红军长征在四川图志》(下),四川人民出版社,2016年,第376页。

红军在黑水县熬制土岩盐用过的工具
摘自中共四川省委党史研究室编:《红军长征在四川图志》(下),四川人民出版社,2016年,第406页。

    各级红色政权首先开展的重点工作就是粮食生产。藏族各地方的红色政权动员群众多种粮食,提倡多种生长快、周期短的作物。红军在绥、崇地区实行土地革命后,有一部分群众上山躲藏,造成部分土地无人耕种,给1936年的春耕造成了困难,各级苏维埃政府根据这一情况提出"武装保卫春耕""加紧发展生产""不荒废一寸土地"等发展生产的口号,组织"代耕队",驻地红军和机关工作人员也提出:"我们要赶快种粮食、种菜、种玉米、打鱼、打野兽、找野菜,使大家在春耕期间不饿饭。"[1]苏维埃政府工作人员悉数到乡村修沟、筑坝、耕地,同时他们还动员地方武装确保农民的耕种安全。

    为了粉碎敌人的经济封锁,帮助群众解决生活问题,各级红色政

---

[1]《红军长征过金川》,《中共阿坝州党史研究资料》1984年第11期,第39页。

第三章
藏族各界人士对红军长征胜利的贡献

红军在黑水县筹粮、熬制土岩盐的木瓜寨遗址及熬土盐用过的工具

摘自中共四川省委党史研究室编：《红军长征在四川图志》（下），四川人民出版社，2016年，第406页。

权大力发展工业，并发展副业生产。革命政府还成立了合作社，收购相关产品，供给军需民用。1935年，永保县交军鞋5200多双，郭亮县交军鞋5800多双，桑植县交草鞋5000多双、布鞋5600多双。大庸县还有40余名妇女参加缝工连，夜以继日地为红军赶制军服。

其中特别要提到熬制土盐。红军缺乏供给，长期没有盐吃，因此，熬制土盐成为苏维埃政权的重要工作。

以往，川西北的许多地方都有人熬制土盐。红军来之前，许多人躲藏起来了。红军和苏维埃请来会熬制土盐的藏、羌师傅作指导，在理番县、茂县、黑水等地熬制盐巴，将含有盐分的岩石、泥土，用水浸泡，取汁熬盐。大约每200斤盐土可熬盐三四斤。石格日盐场请来了茂县曲谷寨的羌民罗西吾基、三基木、卡沙木，以及小瓜子寨的西甲为技术指导。

当时，理番县的四门关、薛城，茂县的石大关、赤不苏，黑水的

**红色记忆**
——红军长征在藏族地区及其当代启示

瓦钵梁子、色尔古等地是熬盐较好的地方,至今各地还残存着红军和藏族群众熬盐的碉房废墟和几十个盐洞。解决了红军在川西北地的缺盐困难。①

红军在瓦钵梁子附近及茂县地区的熬盐点有3处,其中在大瓜子寨熬盐最多。红军在大瓜子寨熬盐,分设两地,其中一地在藏族群众陈克基房侧的大坝子上,设熬盐大锅18口,可见规模之大。该寨的吴支木带着藏族群众和红军指战员背运盐土,每天早出晚归,经过两个月时间,熬制了2500多斤土盐。红军在小瓜子寨熬盐一个多月,由藏民西甲、二木他作指导,60多名红军战士参加熬盐活动,共熬制盐700余斤。驻桃支寨的红军找到了藏族老人木斯甲,调查了解当地出岩盐的情况,并请他当技术指导,熬制了土盐600余斤。②

---

① 龚自德:《中国共产党与格勒得沙共和国的创建及革命斗争》,《川北教育学院学报》(社会科学版),1994年第3期。
② 《红军长征经黑水翻越雪山草地》,《中共阿坝州党史研究资料》1984年第10期,第61页。

第三章
藏族各界人士对红军长征胜利的贡献

## 第四节　其他支援红军的活动

### 一、救护伤员、保护红军

妥善安置、掩护并耐心地照料红军伤病员，也是藏族群众对中国革命的一大贡献。各级苏维埃政权组织的运输队、担架队遍及各地。各族群众尽一切可能为伤病员提供柴、粮、肉等。丹巴县巴底乡贫苦藏族群众格达一先用自己家的麻为红军织了15双草鞋。有些地方的群众主动协助红军护理伤病员，红军在各地的医院都得到当地群众的援助。一些红军医院，其伤病员都寄住在当地群众家里，得到群众各方面的关心和帮助。

红四方面军在大藏寺建立规模较大的战时医院，接收伤员较多。附近村寨的青年妇女主动前往，为医院背水、砍柴、洗绷带，给伤病员喂水、换药。①

1935年9月11日，红军长征到达甘南俄界，周恩来由于之前肝病复发，加上营养缺乏，身体非常虚弱，病情越来越恶化。这时多亏一名叫赛浪的藏族青年"带来了他那位医术高超的做藏医的伯父。这位藏医获得过藏医高级职称'格西'学位，在当地很有名气。在毛泽东等人的请求下，老人为周恩来治疗肝病。在这位藏医的悉心治疗下，

---

① 马尔康地方志办公室《红色记忆》编委会编：《红色记忆——红军长征在四土》，巴蜀书社，2008年，第119页。

### 红色记忆
——红军长征在藏族地区及其当代启示

虽然没有痊愈,但是病情有了很明显的好转,已经能够正常坚持行军和领导工作了"①。

在青海班玛县,藏族群众积极救护伤病的红军战士。新中国成立后住班前公社二大队毛依村的洪加("汉族红军"之意或"红军"两字的变音)原籍四川,姓贺,红军长征经过他家乡时,随学校老师一起参军,现年还不到60岁。当时他年龄小,体弱多病,右肩又被敌人的马刀砍伤,因缺医少药,已化脓生蛆。当时有一位喇嘛给他吃炒面,帮他洗净伤口,撒上炒面治疗(没有药品)。以后洪加由一位叫成安木的木匠接走,藏在家里养伤,伤好后改穿藏族服装,学习藏话。成安木还教他做木匠活,后来又帮他成了家。

在炉霍,徐向前等领导亲自找县波巴政府副主席益西多吉谈话,委托他保护好红军伤病员。县波巴政府为了安置和保护好1100余名红军伤病员,专门召开各区乡波巴政府领导人大会,作出4条决定:1.凡愿回内地的红军伤病员,波巴政府为他们准备好衣物口粮,一村转送一村,一县转送一县护送。2.群众愿收留的红军可领去,但要保证照顾好。3.伤重的红军由各村集中供养,专人负责。4.宣传"收养红军是积德,伤害红军是造孽,残害红军要下地狱",使留下的红军都得到妥善安置。②

在甘孜、道孚、炉霍一带,红军留下的伤病员,共有3800人左右。红军刚走,甘孜寺生龙多吉伙同当地土司、头人大肆杀害红军和波巴政府工作人员。格达到甘孜、绒巴岔劝阻无效,只好把甘孜和绒巴岔的红军伤病员接到白利去住,并且组织群众用明火枪、刀、矛守住各个山口,保护红军伤病员,后因红军伤病员被青海匪军洗劫,格达把

---

① 赵瀚豪:《红军长征过甘南》,《甘肃日报》,2011年7月1日,引自每日甘肃网。
② 龚自德:《康北波巴政府的建立及其对红军的巨大支援》,《川北教育学院学报》1995年第3期。

## 第三章
### 藏族各界人士对红军长征胜利的贡献

原来分散在白利各家的红军集中起来,重伤员住白利寺由他亲自医治,轻伤病员住白村官寨,由群众保护一个月以后,绝大部分的伤病员都好了,格达即派村民色波带着粮食和他给道孚那扎夏(活佛)的信,把205名红军送到道孚,格达活佛再三嘱咐色波说:"沿途要照顾好伤病员,要找好的房子住,如果不能把伤病员送到道孚,就不要回来见我!"色波把伤病员安全送到道孚后,由那扎夏转送至内地。①

泥巴乡,各卡寨尔吉仁子(波巴政府代表)对留下的5个红军说:"你们不要怕,我在你们在!"后来土匪要杀红军,群众不答应说:"红军转来我们无人交怎样办?"又对红军说:"你们不要怕,我们一定保护你们,红军转来,人在还人,人死还骨!"老百姓凑集糌粑供红军吃,后又安置红军到藏族群众家里作工,一个也未受到损失。

在道孚,红军走后,藏族群众想尽方法保护伤员。红军在根却志玛家中留下十个女伤病员。她细心照顾这些伤病员,国民党军队逼她交出红军,她想尽一切办法将十个女红军战士藏在地窖内和深山老林中,宁愿自己饿肚子,也不让女红军挨饿。后来,她还帮助女红军一个一个在当地安了家。她本人也和一个叫符子善的红军病员结婚。国民党曾为此鞭打折磨她,但她均未屈服。

在阿坝草地,有一个叫草木可的穷苦牧民,用九支笔的代价救了一个红军伤病员东可。东可和这牧民共同放牧了一段时间后,由于都没有吃的,他们只好分开。在小中甸有一个12岁的小红军战士因患痢疾在河边快要死了,团结乡藏族女孩央吉救了小战士,但她是奴隶没有家,就把红军领到地主家,地主大骂道:"红军不能留,痢疾会传染,不准领到我家!"她只好把小战士安置在外面一间小土房内,把她自己的草席、破黑氆氇给他用,小心地照顾了这个小战士七天,直到他

---

① 龚自德:《康北波巴政府的建立及其对红军的巨大支援》,《川北教育学院学报》1995年第3期。

病情好转。

在茂县，有的是把掉队的红军战士隐藏在深山老林中的山洞里，自己借上山打柴之机照料送饭；有的是认作是自己的学徒工；有的是将年纪小的红军战士，认作自家的子女；有的是按照羌族习俗招赘上门，作为家庭成员，等等。当地各族群众以各种方式保护的失散红军，除了陆续回到原籍者外，到新中国成立后留在县内的还有近百人。①

在汶川，患病掉队的红军杨继芳被汶川龙溪羌族老人马腊寿收为养子，改名马成林而得以保全性命。羌族老大娘许妞妞，巧妙地骗过了团丁的搜查，保护了掉队的红军女战士，安全送其追赶部队。羌民赵维清为躲避反动派的频繁搜查，转移红军伤病员去岩洞躲藏，并按时送药送粮食，后来，红军伤病员痊愈归队。1935年9月，红军排长罗永佑因伤被安置在扎巴老人家中，扎巴请人为他治好伤，并躲过了头人的搜捕。1936年7月，女红军张秀英在北上途中被袭，为一位藏族老阿妈所救，老阿妈给她医好伤，并安全护送其离开。1936年8月，在求吉寺逃过劫难的马春明被俄尔大寨的尚周救回家，医好伤并将其收留。②

在黑水，1935年10月，14岁的掉队小红军罗某被毛尔坝藏民恩波冒险收留，带回家中，收为义子，取名水长保。黑水乔窝寨藏民兰木基收留了因腿伤掉队的女红军和陆果，并细心照管，养好伤，落户藏区山寨。在黑水晴朗上达盖，红军小男孩走丢后，在群众保护下，小男孩幸存下来，并由藏民益木基收养。③

---

① 刘永国：《红军长征在川西北少数民族地区的政治动员工作论析》，《毛泽东思想研究》2015年第3期。
② 刘永国：《红军长征在川西北少数民族地区的政治动员工作论析》，《毛泽东思想研究》2015年第3期。
③ 刘永国：《红军长征在川西北少数民族地区的政治动员工作论析》，《毛泽东思想研究》2015年第3期。

第三章
藏族各界人士对红军长征胜利的贡献

藏民担架队随军前进
摘自徐焰、马祥林:《重解长征之谜 47:藏装红军雪域高原出现神奇部队》,中国共产党新闻网,2009 年 5 月 15 日。

## 二、其他各类支前活动

红军在长征中要以 10 万人与周边的 30 万国民党军队进行战斗。在战斗非常激烈、部队调遣十分频繁的情况下,藏族人民积极参加各类支前活动。他们为前方和驻地红军筹集、加工、运送粮食和布匹、皮毛、绳索、弹药等军需物资,协助红军架索、修桥、造船、修路等。在苏维埃积极分子的带动下,藏族群众不同程度地行动起来。他们有的给红军带路、当翻译;有的给红军赶制军需品;有的护送安置伤病员;有的烧炭、熬盐;有的参加筹粮、修路,等等。仅初步统计,根据地内每天约需出动 5 万人次的各族群众,投入到筹粮、加工、熬硝、制盐、纺线、编织、制作衣物并向前方阵地和红军驻地运送粮秣弹药,以及参加运送、护理伤病员、架索修桥、筑路、搭棚等各种支援活动。

金川和鱼通等地的藏族群众在红四方面军西进康北高原时,除伤病员,以及一些重要器材由妇女工兵营(由妇女独立团改编)负责外,其余全部军需物资都由当地红色政权组织藏族群众用牦牛驮运。

茂县组织了上万人次的运输队。这些运输队,有的运粮远离县境,到达理番、黑水、松潘一带,还有的人从北川一带背运粮食到茂县。茂县的城西、渭门、富顺,理番县的蒲溪乡,黑水的瓦钵梁子,汶川的雁门等地群众性的运输活动尤其突出。瓦钵区苏维埃和游击队组织了300余人的运输队、担架队,给红军运粮、抬伤病员至维古或芦花,或者将粮食运往马河坝、毛尔盖等地。

为使红军顺利向前挺进,协助红军架索、修桥、摆渡、造船、修路等,也成为藏族群众的重要任务,各级苏维埃政权也积极动员参与。例如,甘南迭部尼傲村的藏族群众,在红军民族政策和群众纪律的感召下,回村后主动为红军搭桥修路,使红军安全通过了尼傲峡栈道。

1935年5月15日,红四方面军先头部队九军所部进占茂县县城,守城川军在溃逃之前砍断了横跨岷江两岸的竹索桥(镇西桥),切断了红四方面军经西岸南下理番、北进松潘、西进黑水的通道。总指挥部急调总部水兵连兼程赶来架设索桥。架桥地段的岷江两岸跨度在120米以上。时间紧迫,作业量大,器材缺乏,又急需要熟悉架设索桥的匠人在岷江两岸同时施工,任务非常艰巨。为了及时完成这一任务,水兵连的十余名战士于5月17日冒着冰冷刺骨的江水,挟着木板泅渡过江。家住岷江西岸水西村的羌民何思敬、何思肖兄弟得悉情况后,主动迎接过江的红军战士,配合他们发动西岸的群众上山砍竹、削篾、绞绳、抬运木材,协助红军架桥施工。在岷江两岸各族人民的大力配合下,仅以3天的时间便架好了索桥,红四方面军西进部队迅速地进占了岷江以西地区。①

川西北地区，各族妇女积极帮助红军筹粮、运粮、砍柴、背水、修水沟，黑水瓦钵梁子的藏族妇女俄满初，了解住在高山村寨的红军缺水喝，就带领群众从山上引来山泉水，修建蓄水塘，帮助红军解决了吃水难的问题。茂县、汶川、理番一带的羌族妇女组织起来设立茶水站、缝纫组为红军服务。懋功县达维乡曾组织妇女为红军赶制冬衣。②

红军长征行进在少数民族地区的时间超过了1/3。这是中国共产党的革命队伍第一次频繁而广泛地接触少数民族，从理论上把正确解决民族问题、争取少数民族作为对中国革命胜利具有决定意义的问题。正是因为有了广大藏族群众和藏族上层开明人士、宗教上层人士，以及各级苏维埃政权的帮助，红军不仅在广袤的雪山草地、恶劣的环境下生存下来，还召开了一系列决定中国革命命运的重大会议、进行了一系列重大战斗，最终使二万五千里长征取得了伟大的胜利，也最终使中国革命转危为安。

---

① 以上例子参见朱成源主编：《长征在雪山草地》，四川民族出版社，1986年。方素梅、周竞红：《播种之旅：红军长征与少数民族》，民族出版社，2006年；贵州省民族事务委员会编：《红军长征与党的民族政策》，贵州民族出版社，1993年；四川省委党史工作委员会编写组：《红军长征在四川》，四川省社会科学院出版社，1980年。

② 刘永国：《红军长征在川西北少数民族地区的政治动员工作论析》，《毛泽东思想研究》2015年第3期。

# 第四章
# 红军长征对藏区的深远影响

　　长征是历史记录上的第一次,是震惊世界的伟大壮举。长征是宣传队,是播种机。它在全国扩大了革命影响,并向沿途12个省的人民宣布,只有红军的道路才是真正解放的道路。红军把马克思主义传入藏区,在沿途播下的革命种子,为西藏和平解放和全国新民主主义革命的全面胜利奠定了基础。以下从政治、经济、宗教、民族关系等方面阐述红军长征对藏区的深远影响。

# 第一节　政治方面的影响

"五四"时期，马克思主义的传播是中国人在探索中国革命中的一次积极而稳重的抉择，是中国革命发展的一种必然趋势。与"五四"运动相距二十多年后在马克思主义理论指导下，中国已成立了中国共产党，中国革命的道路问题已逐渐明朗化的时期，中国共产党领导的革命军队由于本身的"左"倾失误逼使红军实施战略转移，并在纠正了"左"倾失误的前提下进入藏区。当时藏区受到帝国主义、三大领主，以及封建军阀的严酷统治，但藏区人民并没有与全国人民一道形成革命团体和革命组织。同时由于宗教思想的影响，藏区的革命思想没有向更大范围渗透。红军长征时经过藏区时，那里基本还是中国革命的处女地，藏区人民对马克思主义的认识和了解还是一片空白。经过井冈山等革命根据地培养锻炼的红军，是当时中国革命者，即马克思主义者。这批马克思主义者经过藏区，也把马克思主义传入藏区。正如毛泽东主席赞誉的："红军长征是革命的宣传队和播种机。"

## 一、在藏区播下革命火种

20世纪30年代的川、甘、青、滇藏区处于封建地主阶级和反动派统治之下，人民遭受着政治经济压迫和深重的民族歧视。红军到达藏区，以自己的实际行动和广泛的宣传教育工作，改变了当地的政治思想气氛。藏区群众第一次了解到马克思主义真理和中国共产党的方针政策，了解了红军这支打不垮也消灭不了的中国共产党领导的钢铁军队。红

## 第四章
### 红军长征对藏区的深远影响

军长征更使藏区人民进一步认识到中国共产党是代表自己利益的领导力量,从而拥护党的主张,在党的领导下争取彻底的解放。因此,藏区群众积极支援红军长征,有些藏族青年加入了红军,使红军顺利地通过藏区,为长征的胜利奠定了重要基础。

党创建和领导下的藏区地方政权把革命火种播在藏区大地,为党和红军输送了大批骨干,为新中国成立后藏区群众的彻底解放创造了极为有利的条件。红军长征带动了一批藏族青年走上革命道路,他们后来成长为党的第一批少数民族干部。红军长征经过藏区时,积极吸收和培养藏族青年加入红军,协同红军作战。据天宝回忆,仅甘孜藏族自治州丹巴县巴底乡参加红军的就有270人,他的家乡阿坝州马尔康县党坝乡参加红军的少先队员就有72人,红军在藏区有了第一批藏族战士。[①]1936年1月中旬,红军在丹巴县还组建了红军藏民独立师,马骏(藏族)任师长,全师三个团,兵员最多时达两千余人,这是红军建立的中国共产党领导下的第一支藏族人民自己的革命军队。据不完全统计,1935年5月至1936年8月,在今四川阿坝州境内参加红军的人数达5000人以上,其中金川县有2000余人、茂县近1000人、理县380人、汶川县135人、小金县300人、马尔康100余人、松潘县近100人、黑水县50人参加了红军。[②]红军还在甘孜、炉霍、金川等地举办藏族干部学校培养翻译、宣传、后勤和群众工作方面的少数民族干部,学员毕业后积极参加筹办给养、组织骑兵等工作。

藏区的各族人民许多在参军以后的战斗中献出了宝贵的生命,一些在藏区参军经过红军长征、抗日战争和解放战争磨砺而幸存下来的战士,逐步成长为党和国家优秀的民族干部。据初步统计,在红军长

---

① 天宝:《红军长征过藏区》,载王长龙主编:《红军全记录·长征人话长征》(第8册),河北少年儿童出版社,2001年,第134页。

② 中共阿坝州委党史研究室、阿坝州地方志办公室编:《阿坝州志之红军长征在阿坝》,四川大学出版社,2007年,第113页。

**红色记忆**
——红军长征在藏族地区及其当代启示

征经过四川藏区途中参加工农红军,后来锻炼成长为领导干部的就有天宝、杨东生、扎喜旺徐、净多·孟特尔、沙纳、王寿才、胡宗林、索南等人。其中,天宝曾被美国作家埃德加·斯诺赞誉为"藏族革命的先驱者"。新中国成立后曾任中共中央委员、中共四川省委书记、中央顾问委员会委员等职的天宝(藏名桑吉悦希)、曾任国家民委副主任、西藏自治区人大常委会主任等职的杨东生、曾任中共青海省委书记、省政协主席等职的扎喜旺徐,就是红军长征时分别于川西北的党坝、大金和康北的甘孜等藏区参加红军的藏族青年。已故中央民族事务委员会藏事组组长净多孟特尔、已故甘孜军分区司令员沙拉(又名莫牙古古)、高福贵等也是在红军长征过藏区时参军的。这些长征期间在藏区参军的藏族精英后来又积极投身到了解放藏区的行动中。随着藏区的解放,他们或担任国家管理民族地区部门的领导职务,或直接在藏族地区担负重要的领导工作,为藏族地区社会经济的发展奉献了毕生的精力。

红军长征在藏区播下了革命的火种,各级革命政府工作人员、幸存的留散红军为藏区的解放、建政做出了重要贡献。红军北上后,虽然在藏区建立的各级人民革命政权遭到国民党、土司头人的无情扼杀,但是红军播下的革命火种,却深深埋入了藏区人民心中。红军长征路过甘南,卓尼水磨川寺第十八位肋巴活佛受红军主张触动极大。红军北上后,他组织当地群众抗粮抗捐,并发起甘南农民起义。虽然起义失败但他积极要求进步,于1947年加入中国共产党。1949年,中华人民共和国成立的消息传到四川藏区后,许多当年留散在四川藏区各地的红军、各级革命政府工作人员立即予以响应。1949年12月,长征时期给予红军巨大帮助的藏族爱国人士格达活佛、夏克刀登、邦达多吉派出柏志、汪甲、泽朗三位代表,从西康玉隆出发,经甘肃、陕西、河南等地辗转前往北京向毛泽东、朱德献旗致敬,并盼从速解放康、藏地区。①中国人民解放军进军四川藏区后,他们积极协助解放军宣讲中共政策,主动做藏族上层人士的动员及群众的宣传、发动工作,以极高的革命热忱重新投入到四川藏区的解放和革命事业中来。1950年西康解放后,格达活佛、夏克刀登等人又在西康藏族自治区委员会担任领导职务,为全力维护康区稳定、支援十八军进藏解放西藏发挥了积极作用。②在今阿坝州,许多留散在各地的红军在阿坝州的解放中也发挥了重要作用,如1952年,中国人民解放军进抵黑水芦花界拉寨时,留散红军吴双九(藏名格新日基)与部队取得联系积极配合黑水的解放工作,留散红军陈康林除了自己为解放军当通司、向导,宣传群众外,还动员能说3种藏族方言的女儿为部队工作。③

在中国共产党的领导和红军的帮助下,藏区群众组织起来,建立各级苏维埃政权,开展反帝反封建的土地革命和武装斗争。从此,藏区面貌发生了历史性变化,人民群众革命意识提高,萌发出了革命力量,并开始汇入中国共产党领导的民族民主革命运动的洪流中。

在中共中央西南局、中共西康区(省)委的领导下,康定地委具体操办、中央民族访问团的积极协助下,1950年11月,西康省藏族自治区(今甘孜藏族自治州)创建成立,这是新中国首个经系统设计、精心建构而建立的地专级民族自治区,开创并实践了新的政治制度,给拟解放的西藏地区展示出新的体制范例,为尔后建立民族自治区提供了基本模块。这就是长征时期共产党在藏区播下的革命种子发芽的结果。

长征途中,各方面红军留下了无数石刻、木刻、手写的标语。这

---

① 柏志:《代表格达活佛上北京》,中国人民政治协商会议甘孜藏族自治州委员会编:《甘孜州文史资料》,1993年第12辑,第59页。
② 《夏克刀登》,中国人民政治协商会议甘孜藏族自治州委员会编:《甘孜州文史资料》,1997年第15辑,第133页。
③ 中共阿坝州委党史研究室、阿坝州地方志办公室编:《阿坝州志之红军长征在阿坝》,四川大学出版社,2007年,第125页。

些形式多样的标语,是红军宣传群众、鼓舞斗志、瓦解敌军的重要武器。人民群众从标语中认识了中国共产党、认识了红军,这些标语把革命火种撒遍中华大地。解放军进军西藏途中,四川等藏区群众把解放军和当年的红军联系在一起后,解放军所到之处,群众自然就成为最好的传播机。有红军打下的群众基础,许多藏区人民以实际行动有力地支援了人民解放军,如:给部队带信、送信、运送物资和输送伤员。空军向甘孜的先遣部队空投物资时,空投地点周围的藏族群众在非常贫困的情况下,仍将掉在野外、山林中的物资交给部队;当解放军战士不慎将枪掉在河里,爱枪如命的藏族猎手在几十里以外下游捡到后仍毫不犹豫地交还解放军。解放军到达金沙江东岸邓柯县的 3 个多月中,该县 5000 余藏民从远地运来支援解放军的柴草共 40 万斤。有的藏民每天甚至为解放军早日平安渡江而祈祷[①]。川甘滇青藏区的解放以及这些地区藏族同胞对进军西藏的大力支援,又进一步促进了西藏和平解放。

## 二、藏区革命政权对民族区域自治制度的实施积累了经验

对用什么样的国家结构形式来解决民族问题,中国共产党经历了一个长期探索、反复比较的过程。在中国共产党建立初期,由于对中国的历史和现状,特别是对各民族的情况缺乏了解,解决国内民族问题的思路,较多地受到共产国际特别是苏俄模式的影响。从 1922 年二大到七大,中国共产党解决国内民族问题的主张包括民族自决、联邦制、民族自治,但基本主张是在"民族自决"的基础上建立多民族的"联邦共和国"。中国共产党积极帮助藏区人民建立起人民革命政权,如:1936 年在甘孜建立了中华苏维埃波巴政府及其所辖的甘孜、炉霍、道

---

① 新华社 1950 年 11 月 2 日重庆电,载肖幼林:《红军长征对藏区解放的影响考证》,《兰台世界》,2013 年第 28 期。

## 第四章
### 红军长征对藏区的深远影响

孚等县、区、乡各级波巴政府。阿坝藏区建立了苏维埃，绥崇地区建立了格勒得沙政府。"波巴"意为藏族或藏人，波巴自治政府意为藏族人民自治政府。波巴政府较之之前成立的格勒得沙政权规模更大、影响范围更广。波巴政府不仅是党领导藏族这一当地主体民族为主要参与者的藏区群众寻求自身解放的一次探索，更是党将马克思主义的民族理论与藏区实际的结合后创造性地进行的民族区域自治的大胆尝试。

长征前，"民族自决"和"联邦制"曾经是党的民族政策的内容。红军长征后，在异常艰难和复杂的革命环境中，党对民族问题的认识开始发生巨大转变。长征途中，党对具有显著特点的西康、四川的藏族、彝族、羌族等少数民族地区的社会阶级状况有了更深入的了解，根据这些民族的特点和实际情况，中国共产党人在很大程度上抛开了"自决"和"联邦制"的思想，[1] 懂得了马克思主义民族理论必须中国化的道理。自治政府的成立有效地动员了藏区人民参加革命活动。由于历史条件的局限，和红军停留时间的有限，这些政权并没有来得及开展大量实质的活动，出台的一些政策法规也没有能真正落实。但是，这无法抹杀它的价值和意义。

藏区这些红色政权的建立是党的民族自治主张在我国的第一次实践。各自治政权的负责人多数由各族人民民主协商选举产生，其民族成分和阶级成分以藏族农奴为主体。长征期间创建的波巴政府，实践民族自治，为新中国创建民族自治区提供了经验。此后的事实表明，党开始着手探索具有中国特色的民族区域自治政策，始于长征，始于藏区。

利用长征影响、依据藏区社会条件、借鉴创建波巴政府的经验，中国共产党选择甘孜藏区为试点，创建藏族自治区，继续进行民族区

---

[1] 苏丰庆：《从苏区到延安：中国共产党民族区域自治理论与实践的形成和发展》，《中国民族报》，2009年10月23日。

域自治的尝试。1950年7月21日，邓小平就指出："今天我们在西南实行民族区域自治，首先开步走的应是康东，因为各种条件比较具备。第一，藏族同胞集中；第二，历史上有工作基础；第三，我们进军到那个地方后，同藏族同胞建立了良好关系；第四，那里还有个进步组织叫东藏民主青年同盟，有一百多人。有这些条件，可以马上去做工作。"[1]中央民族访问团西南访问团团长刘格平也说，西南军政委员会领导"决定首先在西康藏区实行区域自治，作为典型试验"。中共中央也提出，西康省藏族自治区的工作任务"应从当地具体情况择其急要而能够实现者，并照顾对整个西藏的影响"。正是有了红军长征时期在四川藏区的工作基础，同时遵循邓小平同志的指示，成立西康省藏族自治区，也对西藏地区的和平解放产生了非常积极的影响。

民族区域自治政权的建立，促进了少数民族地区革命运动的发展，也为后来制定具有中国特色的民族政策奠定了理论基础。新中国成立前夕，毛泽东同志就采用什么样的国家结构形式问题，委托李维汉同志广泛征求意见，最后决定，在统一的国家内实行民族区域自治。对此，中共中央关于少数民族"自决权"问题给二野前委的指示中，讲得十分透彻："关于各少数民族的'自决权'问题，今天不应再去强调，过去在内战时期，我党为了争取少数民族，以反对国民党的反动统治（它对各少数民族特别表现为大汉族主义）曾强调过这一口号，这在当时是完全正确的。但今天的情况，已有了根本的变化，国民党的反动统治基本上已被打倒，我党领导的新中国业经诞生，为了完成我们国家的统一大业，为了反对帝国主义及其走狗分裂中国民族团结的阴谋，在国内民族问题上，就不应再强调这一口号，以免为帝国主义及国内

---

[1] 邓小平：《关于进军西藏的部署和成立西藏工委的考虑》，中共中央文献研究室、中共重庆市委员会编：《邓小平西南工作文集》，重庆出版社，2006年，第73页。

# 第四章
## 红军长征对藏区的深远影响

各少数民族中的反动分子所利用,而使我们陷于被动的地位。"① 红军长征时期在藏区建立的中华苏维埃波巴政府、格勒得沙政府等是党第一次建立带有自治性质的少数民族政权,是党的政策从民族自决到自治的重大转变,是对区域自治制度的首次尝试。正是由于中国共产党在藏区的经历让中国共产党深刻认识到少数民族问题的复杂性和重要性以及中国国情的特殊性,在掌权之后坚决推行民族区域自治制度。因此,在起临时宪法作用的《共同纲领》中确认了实行民族区域自治为解决国内民族问题的基本政策。民族区域自治制度最终作为国家的根本大法,指导人民共和国的政权建构及建设。

### 三、对和平解放西藏的影响

长征时在藏区的马克思主义传播为西藏的和平解放和全国革命的胜利奠定了基础。经受长征洗礼的红军领导人和大批官兵积累了丰富的民族工作经验,为日后和平解放西藏发挥了重要的作用。新中国成立后,邓小平直接领导的西南局负责解放西藏的任务。解放军进军西藏前,邓小平极其重视交通建设与后勤保障,这和红军长征时的经验是有密切联系的。年仅35岁的解放军第十八军军长张国华领军进藏是经过西南局深思熟虑的。因为张国华正是一位经历过长征考验的革命干部,在长征中担任过一军团的政治巡视团主任、政治教导队政委等职。许多藏族红军战士在和平解放西藏时担当翻译和向导,有的直接参与和平解放西藏的筹备和领导工作,如和平解放西藏时曾任西藏工委委员的天宝、直接参与进军西藏时任十八军政策研究室和邓柯县军代表的杨东生。许多地方和宗教上层人士受党和红军的感召,为和平解放西藏而奔波,甚至献身的,如格达活佛,等等。

---

① 《建国以来重要文献选编》第一册,中央文献出版社,1992年,第24页。

**红色记忆**
——红军长征在藏族地区及其当代启示

## （一）红军指战员发挥的作用

中央人民政府成立后的重要任务之一就是尽快解放西藏，完成了大陆统一。1950年1月10日，中央为此事给西南局提出了具体任务，从调查到"从军事上基本解决西藏问题"①，时间定在半年内完成。但是，很快，西南局的领导们就意识到进军西藏并不像最初想象的那样乐观，面临的困难非常大，特别是交通条件限制了军需物资的运输。历经长征的红军指战员为克服困难顺利实现西藏的解放发挥了重要作用。邓小平就指示十八军：补给重于战斗，进军的关键是补给，补给的关键是筑路。根据邓小平的这一指示，"1950年4月，西南局组织部队的工兵、步兵与地方的公路局工程大队一起开始修建雅安到甘孜的公路，当年8月修通，全长603公里。西南军区组成了汽车团、3个辎重团，担负进军物资运输任务，公路修到哪里，物资就运到哪里"。进军西藏的一些路线正好是红军长征过藏区的路线。当地群众对解放军提起往事："那时把粮食吃光了，心里不愿意，现在了解了。他们为自己的解放感到高兴。"②

了解藏区情况，有民族工作经验的张国华在十八军成立了政策研究室，由副政委王其梅直接领导。研究室成员由谙熟西藏情况、懂藏语的专家、学者及大学生组成，包括以研究藏学、民族学、社会学见长的李安宅及其夫人于式玉，著名的蒙古族藏语文学者谢国安和他的女婿刘立千，著名学者任乃强、祝维汉、傅斯仲等。研究室成立短短两个多月的时间，就写出了《西藏各阶层对我们进军态度之分析》《对西藏各种政策的初步意见》《进军康藏应该注意和准备的事项》《进军守则》《藏人的风俗和禁忌》等，"这些方案和材料都经张国华阅后上

---

① 邓小平：《关于进军西藏的部署和成立西藏工委的考虑》，中共中央文献研究室、中共重庆市委员会编：《邓小平西南工作文集》，重庆出版社，2006年，第73页。
② 邓小平：《关于西南少数民族问题》，《邓小平文选》第1卷，人民出版社，1994年第2版。

报西南局和党中央"①。解放军进军康藏途中也和长征时期一样,尊重当地风俗习惯,注意保护藏族同胞的财产。长征期间红军打下的良好的群众基础依然发挥了强大的作用,解放军的到来很快赢得了藏区群众的信任,他们积极为解放军运送粮食。

## (二)藏区各界人士的积极作用

1950年年5月,中国人民解放军十八军北路先遣支队到达甘孜,吴忠师长向向前来会见的格达活佛介绍了中央关于解决西藏问题的方针和政策,并征询他的意见。格达活佛详谈了他所掌握的西藏方面的情况,以及他对实现和平解放西藏的一些想法。为了减少人民解放军进军西藏的阻力,格达活佛经过反复考虑,决心赴拉萨向西藏地方政府宣传解释中央的政策和主张。

吴忠和天宝向西南局和中央报告了格达活佛去西藏的请求。不久,朱总司令复电,对格达活佛的爱国热忱深表嘉许,但认为目前入藏安全无保障,邀请他到北京重叙旧谊,并特邀其参加将于6月中旬召开的全国政协一届二次会议。但是,为了早日解放西藏,格达活佛毅然决定先去西藏。7月格达活佛临行前对送行的人说:"我是为了藏族人民脱离帝国主义的羁绊,为了西藏人民少受痛苦,早日获得解放而去西藏的。我要亲自告诉那里的人民和喇嘛们,人民政府和解放军是西藏人民的救星,西藏人民不要再受帝国主义和反动分子的欺骗,应该回到祖国的大家庭。"②然而,1950年8月,格达活佛在昌都被害,西藏地方当局关闭了和谈的大门。中共中央、中央人民政府随即下定决心发动昌都战役,通过以战促谈、以战促和的方式解放西藏。中共中央

---

① 赵慎应:《张国华将军在西藏》,中国藏学出版社,1998年,第30页。
② 周锡银:《为西藏和平解放而献身的格达活佛》,中国人民政治协商会议四川省委员会文史资料研究委员会编:《四川文史资料选辑》第四十二辑,四川人民出版社,1994年,第7页。

**红色记忆**
——红军长征在藏族地区及其当代启示

西南局、西南军政委员会于 11 月 25 日在重庆为格达活佛举行了隆重的追悼大会，邓小平、刘伯承、贺龙等人都高度赞扬了格达活佛伟大的历史功绩。美国著名人类学家和藏学家梅·戈尔斯坦的一段评论可以看出以格达活佛等为首的包括西藏在内的藏区宗教界人士支持解放军解放藏区所起的巨大作用。"这些活佛喇嘛的作用不能低估……由于赢得了这些活佛喇嘛的公开支持，从而就增强了康巴民众对共产党所做出的宗教自由的承诺的信心，这样，共产党和平解放西藏的计划就有了根本的保障。"①

十八军也非常重视团结其他藏族上层人士，张国华就向中央联络部随军进藏、负责统战工作的徐淡庐说："我们进军西藏，在康区要争取团结这几位藏族上层人物，特别是要做好夏克刀登的团结工作。夏克刀登是最大的实力派。如果没有他们的支援，我们的进军会遇到难以想象的困难。"②徐淡庐也在日记中写道："我们在康定的统战工作重点是争取、团结两位藏族实力人物。一位是北面的夏克刀登，一位是南面的邦达多吉。他们分别处于西康金沙江以东南、北两部分地区的要害地位，各具实力，拥有人、枪和牲畜。尤其是北面的夏克刀登实力更大，扼交通要道。他掌握大批运输畜力——牦牛。我们渡江解放昌都，不但一定要杜绝江东的任何干扰，做到无后顾之忧，尤其在粮食军需品的及时顺利使用畜力运输的保证上，都非他出力不可。"③

为此，张国华在一次上层人士茶话会上，热情地招待了夏克刀登，肯定了夏克刀登当年参加波巴政府的功绩，表示一定要同他结成好朋友。夏克刀登也激动地表示，他对朱德、刘伯承非常敬仰，他要积极

---

① 梅·戈尔斯坦著，杜永彬译:《喇嘛王国的覆灭》，中国藏学出版社，2005 年。
② 赵慎应:《张国华将军在西藏》，中国藏学出版社，1998 年，第 37 页。
③ 徐淡庐:《高原日记摘抄》，见中共西藏自治区委员会党史资料征审委员会:《西藏党史通讯》1987 年第 4 期，第 27 页。

# 第四章
## 红军长征对藏区的深远影响

支援人民解放军进军西藏。①昌都战役即将开始的时候,张国华等人到达玉隆,夏克刀登予以热烈欢迎,友好招待。当张国华谈到运输补给困难,特别是粮食供应是个大问题,希望他大力帮助时,夏克刀登满口答应:"部队有什么困难,尽管说,我别的没有,牦牛有的是,到金沙江边的运输,我可以负责。8000头牦牛好说,我有6000头,降央白姆有2000头。"②据粗略估计,昌都战役时,"玉隆大头人夏克刀登、德格土司降央白姆和林葱土司动用他们管辖的牦牛5万头次,将350万公斤粮食运过金沙江。这个时期,即将建立的西康藏族自治区经常担负部队运输的牛骡在10万头左右。"③

邦达多吉也对解放军进军康藏给予了极大的支持。"1950年6月上旬,解放军主力部队到达理塘时,邦达多吉派了多名下属及十几匹骡马帮助运输十八军军饷。"④同年7月28日,中共通过邦达多吉的管家张西郎吉等人与邦达多吉联系,邦达多吉也表现出非常积极的态度,不但他自己愿意来康定,还同他的兄弟邦达饶噶通信,传达这些信息。他对此非常感动,说:"过去旧省政府的大门是不能进的,相比之下,共产党说话算数,看得起藏族人。过去还有叫我们藏族蛮子的,现在没有人提到。"⑤

可以说,邓小平、刘伯承、贺龙、张国华、杨东生等人长征时期在藏区的亲身经历对十八军进军西藏是有重要影响的,他们吸取经验教训,非常重视调查研究,注重了解和熟悉藏族的风俗习惯,把进军

---

① 赵慎应:《张国华将军在西藏》,中国藏学出版社,1998年,第37、38页。
② 赵慎应:《张国华将军在西藏》,中国藏学出版社,1998年,第45页。
③ 郎维伟主编:《邓小平与西南少数民族:在主持西南局工作的日子里》,四川人民出版社,2004年,第69页。
④ 美郎宗贞:《近代西藏巨商"邦达昌"之邦达多吉的政治生涯与商业历程》,西藏人民出版社,2008年,第104页。
⑤ 美郎宗贞:《近代西藏巨商"邦达昌"之邦达多吉的政治生涯与商业历程》,西藏人民出版社,2008年,第106页。

西藏途中应该注意的事项了解得非常详细，同时又十分注重团结藏族上层人士，所以使得西藏和平解放顺利而有序地进行。

## 四、民族统一战线的建立和马克思主义民族理论的发展

### （一）民族统一战线的建立

红军在藏区期间，鉴于藏区特殊的情况和长征的需要，以及以藏族为主的藏区上层虽然有压迫剥削群众的一面但也有与群众密切相连的一面，所以非常注重对藏区上层人士的团结，取得了显著成效。邓小平在总结西南少数民族工作时就特别指出："所有这一切工作，都要掌握一个原则，就是要同少数民族商量。他们赞成就做……一定要他们赞成，要大多数人赞成，特别是上层分子赞成，上层分子不赞成就不做，上层分子赞成才算数。为什么？因为在少数民族地区，由于历史的、政治的、经济的特点，上层分子作用特别大。"[①] 党的高层领导人如毛泽东、朱德、贺龙、刘伯承、徐向前等身体力行，投入了很大的精力对藏区上层人士开展统战工作，在帮助藏区人民建立的政权组织中华苏维埃波巴政府中就包括许多爱国的民族宗教界上层人士代表。统战政策的实施，使得广大民族宗教界上层人士积极支援红军在藏区的活动，为红军长征胜利做出了重要贡献。

红军长征过藏区期间，对地方和宗教上层开展的统战工作，对后来藏区各界人士参加抗日民族统一战线和解放战争时期的统一战线工作都产生了积极影响。经过藏区时，中共双方的深厚友谊还使得这些藏族上层人士后来积极支持新中国的民族区域自治制度建设，协助刚刚执掌全国政权的中国共产党巩固了在藏区的统治，并为和平解放西

---

① 邓小平：《关于西南少数民族问题》（1950年7月21日），《邓小平文选》第一卷，人民出版社，1994年第2版，第164页。

## 第四章
### 红军长征对藏区的深远影响

藏奠定了良好的基础。

长征时担任中华苏维埃波巴政府副主席的甘孜地区白利寺格达活佛就是其中之一。长征过藏区时他就组织藏区人民积极支援红军,为此红军还专门对他进行了表彰。朱德同志在红军离开甘孜北上临行前还专门对格达活佛说:"我们在十年到十五年内就会回来,胜利是我们的,希望你坚决斗争下去。"①红军走后,格达活佛等人组织藏区人民进行了有效的斗争,并把留在甘孜地区的红军伤病员转移到白利等地,组织群众掩护,并将重伤员集中在白利寺由他亲自精心调养。到了1949年,甘肃、青海相继解放,消息传到甘孜,从拉萨刚返乡的格达活佛当即派人到北京晋见毛主席、朱总司令,表达藏区人民渴望早日获得解放的愿望。当中国人民解放军第十八军到达甘孜时,格达活佛在有三千多人参加的庆祝解放大会上宣传解放军就是当年的红军,要大家支援解放军。西康省解放后,格达活佛又担任了西康军政委员会委员、西康省副主席。在解放西藏的关键时刻,格达活佛谢绝了中央让他参加中国人民政协会议第二次的邀请,毅然决定前往西藏,说服西藏地方政府和西藏人民,早日和平解放西藏。到达西藏昌都后,他四处奔走,宣传党和国家的民族宗教政策。由于"他的宣传深得人心"②,引起了一些人的恐慌,1950年8月22日他惨死在昌都。西康地区比较有影响的大头人玉龙的夏格刀登,金沙江以西后迁往巴塘的邦达多吉等人,不但在长征时积极支援红军,而且在解放藏区之时,他们主动联合西康藏区的上层人士联名发报向毛主席、朱总司令致敬③,在解放军对藏区的统战工作中非常积极。1950年3月,康定等地解放后,夏格刀登和邦达多吉被任命为康定军管会副主任。在他们的号召下,

---

① 黄奋生:《藏族史略》,民族出版社,1989年。
② 赵锋:《格达活佛》,《人物春秋》1995年第3期。
③《人民日报》,1950年1月7日。

许多藏族上层人士主动接近共产党、解放军,拥护和平解放西藏的方针,并且为和平解放西藏出力。

党的统战政策始于藏区。格达活佛作为藏区宗教界上层人士担任过甘孜县波巴政府的副主席。此外,甘孜寺督巴香根担任过波巴全国代表大会筹备会秘书长,寿灵寺世袭大管家益西多吉担任过炉霍县波巴政府主席,等。这是中国共产党第一次吸纳民族宗教上层人士进入政权领导机构,是党的统一战线工作的有益尝试,对日后统一战线成为党的工作法宝有重要和深远的意义。

### (二)民族理论的发展

长征中党中央所制定的民族政策是在与少数民族地区密切联系的过程中产生、发展、丰富起来的。因此这确保了长征中党所制定的民族政策符合各民族地区的实际情况,从而为长征的胜利提供了保证。长征中民族政策的发展经历了三个阶段:制定和宣传民族政策,把民族问题和红军长征联系起来;实施党的民族政策;将民族政策进行丰富发展,把民族问题和中国革命整体联系起来,使民族政策上升到新的理论高度。

红军对党的民族政策的实践和探索,为藏区党组织进一步开展民族工作打下了基础。在朱德总司令发布的《中国工农红军布告》中,明确提出:"中国工农红军,解放弱小民族,一切夷汉平民,都是兄弟骨肉","凡我夷人群众,切莫怀疑畏缩,赶快团结起来,共把军阀驱逐。设立夷人政府,夷族管理夷族,真正平等自由,再不受人欺辱"。沿途书写"各民族联合起来,各民族团结起来","优待少数民族,保护信仰自由","红军保护土司头人生命财产"等标语,广泛宣传党的民族政策,宣传民族团结、民族平等。这些宣传,说出了广大少数民族群众的心里话,代表了他们的根本利益,使各族人民第一次感受到党的政策的温暖,从而自觉团结在中国共产党周围,为争取民族解放而奋斗。

# 第四章
## 红军长征对藏区的深远影响

长征过程中民族政策的制定和执行,为后来进一步发展和完善民族理论和政策作了比较充分的准备,提供了丰富的理论依据。新中国成立后,红军长征经过的大部分民族地区,相继建立了自治区、自治州或自治县,就是最好的例证。事实充分说明,长征中的民族政策,是我们党民族理论和民族政策发展史上一个极为重要的历史阶段,无论就整个长征来讲,还是从社会主义革命和建设来看,其意义和作用都是十分巨大的。

党和红军在藏区的民族政策和民族工作获得成功,给被压迫的群众带去了信念和希望,使他们深刻地认识到,只有中国共产党才能结束少数民族被压迫、被奴役的命运。红军开展的大量民族工作,促进了民族团结,启发了少数民族人民的觉悟,对抗日战争时期和解放战争,以及之后党的民族工作产生了深远的影响。

## 第二节　经济政策方面的影响

西藏及四省藏区在民主改革以前，其社会制度还是"政教合一"的封建领主专政的农奴制度。长期以来，这些地区都一直沿用吐蕃王朝的"王法"和藏传佛教的"教法"，以及元朝的法律。往后又在此基础上逐渐形成了一套比较完整的颇具地方特色和民族特色的政教相结合的法律法规。所以说，直到近代，西藏及其他藏区从来就没有过真正意义上的现代法律法规。红军长征时期在藏区制定的经济政策，特别是相关条例，具有重要的历史意义。

红军和革命根据地的发展，同土地革命是分不开的。红军推进到哪里，党就在那里发动土地革命，以土地革命来巩固和发展革命根据地，支持和保障革命战争的胜利进行。在少数民族地区也是一样，在党和苏维埃政权的指导下，有区别地开展了土地革命，实施了党的土地政策。

在大小金川流域，建立的格勒得沙自治政权和苏维埃政府规定："没收封建地主土地分给无地或少地百姓"，"各人自耕的（土地）即归各人所有"，"富农的土地除封建剥削的部分外，不论自耕或雇人种的均不没收，以中立富农"，"富农的财产不没收"。格勒得沙政府还提出了"废除土司，为百姓取消等级制度"，"不当娃子、不当差"，"没收土司和土司管家的土地财产"等主张。[①]

---

[①] 中共四川省委党史工作委员会《红军长征在四川》编写组编：《红军长征在四川》，四川省社会科学院出版社，1986年，第354页。

1936年4月15日，道孚县波巴依得瓦第一次代表大会通过《土地暂行条例》，这是迄今我们能见到的党在民族地区实行土地革命的最详细的政策，它集中地反映了红军在康北藏区建立波巴自治政权后，实行民主改革的主张，条文如下：

1. 没收汉官、天主堂土地、官地、差地、学地，分给波巴、回、汉无地少地的人民。

2. 汉官、军阀、洋人、帝国主义侵占的金厂、药山和森林等，一律收回为波巴人民所有。

3. 喇嘛寺的庙地不没收，可以租给波巴人民耕种，但须减轻地租，如发生纠纷，由政府召集当地群众和喇嘛会议共同解决。

4. 破坏波巴独立的反动头子及民族叛徒的土地财产，没收分给波巴依得瓦。

5. 土地分给谁，即归谁所有，由特区政府发给土地证，种地不当差。

6. 过去因反抗汉官而被充公的土地，一律退还原主。但如已分给群众耕种之土地，得酌量当地情形和该地群众的意见公允解决之。

7. 因受不了汉官、国民党的压迫剥削而逃离的群众，于最近期内回家，其房屋土地立即还原。如已出外多年无法找他回家者，其土地可分给当地群众耕种。如本人回家，分土地给他。

8. 土地买卖、佃当、出租一律自由，佃户只交租不当差，并规定最高地租，保证佃户生活。

9. 为增加农业生产，特别奖励波巴开荒地。如属官地，谁开出即是谁的；如属私人山地树林，须给地价。

10. 药山分给谁即是谁的；外人挖药要给山价。

11. 山林分给各区人民公共采伐，狩猎自由。

12. 水磨分给谁即属谁所有，别人使用，要给磨课。

13. 水磨在放水耕地时，由当地群众公推水首，分配放水，水沟修

**红色记忆**
——红军长征在藏族地区及其当代启示

理由当地群众共同负责。①

道孚县波巴政府颁发的《土地暂行条例》意义十分重大。它和《关于喇嘛和喇嘛寺暂行条例》一样,是我们目前见到的党在民族地区颁发最早、最完整、系统、明确的政策之一,并且又经过波巴依得瓦代表大会庄严通过以法律形式固定下来,实属难能可贵。我们将中共中央提出的《苏维埃第一次全国大会土地法草案》与该条例进行对照,可以清晰地看出,道孚县的《土地暂行条例》是遵循《苏维埃第一次全国大会土地法草案》的原则而制订的,同时,《土地暂行条例》又根据藏区特殊的社会历史情况而有所变通,具有鲜明的地区特点和民族特色。

《苏维埃第一次全国大会土地法草案》(后简称《地方法草案》)和道孚县《土地暂行条例》的共同宗旨都是要彻底废除封建的土地所有制,解放生产力。《土地法草案》第一条和第四条分别规定:"所有封建地主豪绅军阀官僚以及其他大私有主的土地,无论自己经营或出租,一概无任何代价的实行没收。被没收的土地,经过苏维埃由贫农与中农实行分配。""没收一切反革命组织及白军武装队伍的组织者及积极参加者的财产与土地。"不难看出,道孚县《土地暂行条例》第一、二两条的内容就是据此而制定的,二者的精神完全吻合。只是在一些细节问题上,道孚县条例规定得更切合当地实际,如规定"破坏波巴独立的反动头子及民族叛徒的土地财产,没收分给波巴依得瓦";因受不了汉官、国民党的压迫剥削而逃避的群众,于最近期内回家,其房屋土地立即还原,已外出多年无法找他回家者,其土地可分给当地群众耕种,如本人回家,分土地给他,还规定土地分给谁以后,由特区政府发给土地证,种地不当差等。显然,道孚县《土地暂行条例》所具有的地

---

① 中共四川省委党史工作委员会《红军长征在四川》编写组编:《红军长征在四川》,四川省社会科学院出版社,1986年,第377页。

## 第四章
### 红军长征对藏区的深远影响

区特点和民族特色，是非常鲜明的：

第一，喇嘛寺的土地不没收。《土地法草案》第六条明文规定：苏维埃地方政府，在农民自愿，不妨碍他们的宗教感情条件下，得自行决定关于宗教团体及祠堂等土地的处理问题。但教士、氏族、庙宇的土地，苏维埃政府必须力求无条件地交给农民。而道孚县《土地暂行条例》第三条宣布：喇嘛寺的庙地不没收，可以出租给波巴人民耕种，只是要减轻地租。如发生纠纷，由政府召集当地群众和喇嘛举行会议共同商议解决。

道孚县波巴政府对喇嘛寺的庙地采取不没收而是实行减租的特殊政策是完全正确的。这是出于对藏区宗教、社会的深刻理解。藏族是全民信教，藏传佛教已渗透到藏区的政治、经济、文化乃至群众的社会生活的各个方面。人民的衣、食、住、行，婚丧嫁娶，生老病死无一不受藏传佛教的影响。在藏区进行的任何社会改革，如若不注意这一特点，必将遭到挫折。

第二，爱国的、赞助波巴政府的土司、头人、大喇嘛的土地不没收。甘孜藏区是农奴社会，加上历史上的民族压迫剥削严重，民族矛盾尖锐，社会情况复杂。波巴政府建立后，常常遭到土匪、反动土司武装的袭扰。另一方面，先期解放的大小金川藏区，由于大部分藏民都在农奴主的"份地"上耕作，致使土地革命时没收了的"官地"（土司、土官的庄园）基本上处于无人耕种和荒废状态。基于这两方面的原因，为了最大限度地团结藏区各阶层人士，彻底孤立最顽固的极少数敌人，道孚县波巴政府的土地条例没有像《土地法草案》那样规定，所有封建地主豪绅军阀官僚及其他大私有主的土地、不动产、房屋、仓库、牲畜、农具等，一概予以没收，而是强调没收汉官、天主教堂土地，以及汉官、军阀、洋人、帝国主义侵占的金厂、药山和森林等。

特别是后来，在波巴全国人民代表大会通过的宣言中，更在道孚县《土地暂行条例》的实践基础上明确提出了：凡赞助波巴独立与遵守政府一切法令的土司，土地不没收，"没收出卖波巴勾通敌人的奸臣贼子的土地财产"①，分给波巴人民。在金川藏区，后来也进一步明确，藏族大喇嘛、大头人的"财产不没收，并允许他们与百姓平分土地，以联合他们"。这就使藏族地区的土地条例进一步完善起来，更加符合藏区的实际。

第三，过去因反抗汉官而被充公的土地，一律退还原主。波巴政府建立前，甘孜藏区处于帝国主义、国民党军阀的严酷统治之下。官僚军阀们对藏族人民施行民族压迫剥削政策，三番五次地血腥屠杀，"毁我们的神教，占我们的田土，抢我们的财产，挖我们的金矿，奸污我们的妇女，捐税千种，差役万千……"②面对国民党军阀的掳掠和屠杀，藏族人民（包括土司头人等上层统治者）进行了针锋相对的斗争，但是终因敌强我弱，藏民的土地、山林、矿藏仍然大片大片地被官僚、军阀们占有。因此，波巴政府建立后制定的土地法规宣布：过去因反抗汉官而被充公的土地，一律退还原主。但如已分给群众耕种之地，得斟酌当地情形和群众意见公允解决之。这项政策，是别的红色政权所不曾规定过的，这是波巴政府对待藏族各阶层人民反抗国民党军阀正义斗争的充分肯定和鼓励，具有重要意义。③

与此同时，为了恢复和发展经济，保障供给。在1936年4月召开的道孚县波巴依得瓦第一次代表大会上把发展经济作为主要议程之一。大会通过的12个条例中，关于经济方面的就有8个，即：《关于发展农业的暂行条例》《关于发展畜牧业的决定》《关于商业的暂行条例》《关

---

①《波巴第一次全国人民代表大会宣言》，见《民族问题文献汇编》，中共中央党校出版社，1991年，第495页。
②《波巴第一次全国人民代表大会宣言》，见《民族问题文献汇编》，中共中央党校出版社，1991年，第495页。
③郎维伟、周锡银：《红军长征与藏区现代宗教、土地等法规的诞生》，《中国藏学》2006年第3期。

于粮食问题的决定》《交通暂行条例》《关于借贷和投资的暂行条例》《保护工人和娃子暂行条例》《税收暂行条例》等。一次会议就通过这样多的经济政策,这在民族地区的红色政权中实属破天荒的第一次。[①]

红军在藏区制定的经济政策废除或限制了封建领主的政治、经济特权,诸如习惯法或成文法所规定的领主的审判、惩罚、征税、派粮、派乌拉差役等,使藏族群众享有基本的人身自由权和生存权。通过这些政策条例,藏区逐步废除封建农奴制的土地所有制,实行农民(娃子)的土地所有制,借以解放农村牧区的生产力,发展农牧业生产,为巩固新建立的红色政权,为支援红军完成中国革命的任务,为将来实行社会改革创造了条件。

---

[①] 郎维伟、周锡银:《红军长征与藏区现代宗教、土地等法规的诞生》,《中国藏学》2006年第3期。

## 第三节 宗教政策方面的影响

红军长征经过了许多民族地区,而这些民族都有不同的宗教信仰。其中当时的藏族是全民信教的少数民族。红军长征能否通过藏族地区,取决于党的宗教工作如何开展,红军能否正确地制定和贯彻宗教政策。因此,党在藏区建立的少数民族红色政权时就非常关注对宗教问题的研究,并在红色政权的法规中体现出了以马克思主义思想指导的宗教工作的新思路。在此,以当地藏区红色政权发布的宗教条例为例。这些条例法规是藏区最早的具有现代意义的宗教法律法规,其历史意义和现实作用值得进一步研究。

红军长征开始以后,陆续进入社会历史情况比较复杂、宗教信仰深厚的藏、回、苗、彝等十多个少数民族聚居地区,这就为实践和完善党的宗教信仰自由政策提出了特别的要求。当时遵循并宣告的宗教政策的主要内容是:各族人民"宗教信仰自由","念经敬佛,当喇嘛听其自愿","准许人民信菩萨,不愿当喇嘛的准许还俗","反对伤害回番民的风俗习惯和宗教感情","清真寺财产由教民选人管理","保护清真寺,保护阿訇"等。当红四方面军第三十军进入甘孜藏区时,曾发布保护寺院的布告,如三十军政委李先念在签发的一份布告上写道:"此系合则觉母寺院,凡一切人等不得侵扰"。

又如道孚县波巴政府主席觉洛,副主席张德喜、荣中签署的另一份布告称:"来往部队同志们:这个房子是佛都督喇嘛的,要求凡来往

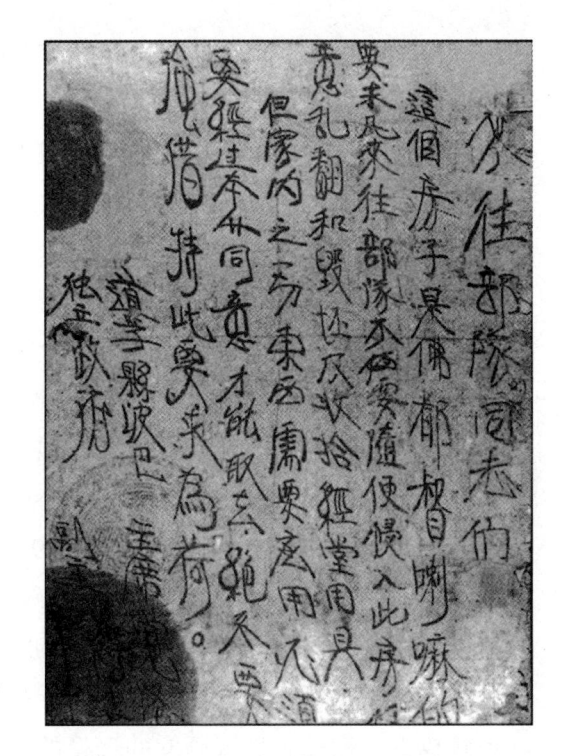

## 第四章
### 红军长征对藏区的深远影响

西康省（今属四川省和西藏自治区各一部）道孚县波巴政府为过路红军张贴的布告

摘自中国工农红军长征史料丛书编审委员会编：《中国工农红军长征史料丛书·图片》，解放军出版社，2016年，第121页。

部队不要随便侵入此房任意乱翻和毁坏及收拾经堂用具。凡家内之一切东西，需要应用，必须经过本人同意才能取去，绝不要强借，特此要求为荷。"①

1935年9月，毛泽东、彭德怀在长征途中进入信奉伊斯兰教的回族聚居区哈达铺和通渭等地时，政治部特颁发了注意事项，规定：1.进入回民区域，应先派遣代表同阿訇接洽，说明红军北上抗日意义，获得回民许可，才准进入回民乡村宿营，否则应露宿；2.保护回民信教自由，不得擅入清真寺，不得损坏回民经典。②

---

① 肖华：《忆红军长征在少数民族地区》，《民族团结》1983年第3期。
② 《中国工农红军第一方面军长征记》，转引自《红军长征时期党的民族政策》，四川民族出版社，1985年，第30页。

**红色记忆**
——红军长征在藏族地区及其当代启示

不难看出,上述宗教政策还比较零星,尚不够详尽。但是,随着波巴自治政权的建立和实践,1936年4月15日由道孚县波巴依得瓦第一次代表大会通过的《关于喇嘛和喇嘛寺暂行条例》则系统、具体地阐述了党的宗教政策,条例全文如下:

1. 保护喇嘛和喇嘛寺以及经书佛像;2. 喇嘛寺土地不没收,可以出租;3. 信教自由,不得强迫信教。已当喇嘛的有还俗自由,并可分得土地;4. 喇嘛不得干涉政府行政,但喇嘛个人有参加政权的权利;5. 喇嘛有出外念经自由,但报酬得由群众自愿;6. 喇嘛及喇嘛寺有经商自由,但不得用大斗小秤与高利盘剥;7. 喇嘛及喇嘛寺枪支,必须在政府登记,领取使用证;8. 喇嘛修理寺庙及举行斋醮时,不准派差、派款或估要财物,但群众自由乐捐,政府不禁;9. 法律面前无论僧俗一律平等,喇嘛犯法一样依法处理,执法之权属于政府;10. 喇嘛寺堪布由喇嘛寺全体喇嘛公推,经当地政府呈请中央(波巴)政府批准授职。①

道孚县波巴政府关于喇嘛和喇嘛寺暂行条例,是目前能够见到的红色政权在少数民族地区颁发的最早的宗教管理法规之一。它详尽地阐明了党的宗教信仰自由政策,意义十分重大。政策的主要内容包括以下几点:一是针对藏区长期"政教合一"的制度,明确规定实行政教分离,宗教不得干预行政、教育、司法,但喇嘛个人有参政的权利。政教分离是信教自由的前提,否则,民众就只有信教的义务,而没有不信教的权利。实行政教分离是党改革宗教管理政策迈出的关键性的一步。二是废除一切封建的宗教特权和宗教压迫剥削制度,诸如高利盘剥,派差派款或估要财物等均属禁止之列。第三,在波巴政府管辖区之内,每个群众都有信仰喇嘛教的自由,也有不信仰喇嘛教还俗的自由。党的宗教信仰自由的政策在此有了充分的体现。法规条例也明

---

① 见四川省民族研究所档案资料:《红军长征经过藏区调查材料》(甲类)。

## 第四章
### 红军长征对藏区的深远影响

确规定，僧俗人员在波巴政府法律面前人人平等，都应享有政治上参政议政、经济上分得土地或经商等权益，法律予以保护。同时法规也保护宗教场所的历史文化设施，为信教群众提供拜佛、诵经、烧香、祈祷的良好环境，保护职业的宗教神职人员（活佛、堪布）；在政府的领导下，由喇嘛民主管理寺庙，选举寺庙日常事务的主持人——堪布。由此可见，党在藏区进一步探索对宗教事务的管理方式。等等。红军通过藏区红色政权颁布这些条例，以尽可能地团结一切信教的群众和不信教的群众，在共同反对帝国主义、国民党军阀的原则下，为解放全中国而奋斗。

该条例是通过道孚县波巴依得瓦第一次代表大会庄严通过的，并以法律的形式固定下来，这在中国革命史上也是少见的，其团结争取教育和激励民族地区广大僧俗群众为推翻旧制度，创建新中国的作用是不可低估的。一个刚刚诞生的县一级的藏族自治政权就能迅速制定出如此完备、细致并有民族特点的宗教法规更是难能可贵。不久波巴全国第一次代表大会通过的《波巴第一次全国代表大会宣言》及其政纲采纳《道孚县波巴政府关于喇嘛和喇嘛寺暂行条例》核心条款，明确宣告"信教自由，保护喇嘛教"。这也反映出党的民族宗教政策已经达到了比较成熟的程度。[①]

红军长征中对藏区宗教法规条例的制定意在摧毁国民党官僚、军阀在藏区的统治，废除其各种特权；驱逐帝国主义势力，实行民族自决与自治；实行宗教信仰自由，尊重少数民族的风俗习惯；以保障各族人民享有当家做主的权利，因此有着重大的理论探索价值和可贵的实践意义。

---

[①] 郎维伟、周锡银：《红军长征与藏区现代宗教、土地等法规的诞生》，《中国藏学》2006年第3期。

## 第四节　民族关系方面的影响

红一、二、四方面军先后经过藏区，足迹几乎遍布今甘孜藏族自治州和阿坝藏族羌族自治州全境，以及甘南、迪庆和青海部分地方，红军与藏区的主体民族藏族之间的交往达到了前所未有的广度与深度。一方面，大量红军入藏，打破了藏区相对封闭的状态，对传统的汉藏民族关系带来了巨大的冲击与挑战。藏区长久以来形成的政治格局、风俗习惯、宗教信仰、文化差异，使得红军开始与藏区群众交往的时候并不顺利，甚至有不少出现矛盾、摩擦、冲突的时候，加之红军在粮食给养困难的条件下需要大量征收老百姓粮食，更容易引起民族之间的误解、嫌隙甚至敌视，增加了红军与当地群众之间交往的难度；另一方面，伴随着红军积极、妥善地处理好与当地藏族群众及藏区土司、头人、活佛等上层人士的关系，并且在有条件的地区帮助藏族群众建立民族自治政权，在唤醒广大群众积极支援红军和参加革命的同时，还得到了藏区广大人民群众的倾力支援，汉藏民族感情进一步加深，汉藏民族关系进入一个新的历史发展时期。

### 一、民族平等思想的注入

红军长征时马克思主义虽然仅仅在藏区东部传播，其影响力并没有波及藏区其他地区，但它毕竟开始把现代科学的思维和人文精神注入藏区宗教文化的控制范围之中。历史上，藏区与中原地区产生着积极而广泛的文化影响和联系。这种文化联系的文化主体是藏区的宗教

## 第四章
### 红军长征对藏区的深远影响

文化和中原的儒道文化,且西藏文化还呈现出向东发展的趋势。①红军长征时,以一种科学的马克思主义理论思维开始影响藏区东部,并积极主动地以一种正确的方式接触和影响宗教文化,宗教文化受到一定的震动并在积极地自我完善。②

红军积极帮助藏区群众建立自己的革命武装、民族自治政权,努力建构民族平等的新型政治关系。红军长征时期,藏区各族人民在民族压迫和阶级压迫的双重残酷压迫剥削下,受尽了深重苦难。为了更好地发动藏区广大群众进行反帝反封建斗争,红军积极帮助藏族人民建立自己的民族自治革命政府,反对民族之间的歧视和压迫。1935年6月,中央红军与红四方面军在懋功(今阿坝州小金县)会师后,发布《告康藏西番民众书》,较为系统地阐释了要在藏区准备开展的各项工作,其中重要的一条就是号召"康藏民族自决建立人民政府"③。1935年11月18日,格勒得沙共和国中央革命政府在绥靖(今阿坝州金川县)建立,克基(藏族)担任主席,杨海山(藏族)、孟兴发(藏族)、马显文(回族)担任副主席。下设绥靖、崇化、丹巴、懋功、绰斯甲、阿坝6个县级革命政府。④1936年5月1日,在甘孜县成立了"中华苏维埃波巴政府",这是中国共产党领导下的藏族人民政权。同日,举行了"中华苏维埃波巴政府"全国第一次代表大会,通过了波巴第一次代表会宣言、政府组织纲领等。中华苏维埃波巴政府下辖县级苏维埃政权8个、乡级苏维埃政权120个、村级苏维埃政权20个,总计157个。波巴政府建立后,大批红军干部被派到农牧区、集镇宣传党的政治主张,组织"百

---

① 石硕:《西藏文明东向发展史》,四川人民出版社,1994年。
② 徐万发、钟金慧:《红军长征与马克思主义在藏区的传播》,《西藏民族学院学报》(哲学社会科学版)2000年第2期(总第82期)。
③《中国共产党中央委员会告康藏西番民众书》,《民族问题文献汇编》,第288页。
④ 中共四川省委党史工作委员会编《红军长征在四川》编写组:《红军长征在四川》,四川省社会科学院出版社,1986年,第319页。

**红色记忆**
——红军长征在藏族地区及其当代启示

姓联合会""青年队""姊妹团"等群众组织开展工作。① 波巴政府为红军筹备粮草物资,抢救、掩护、转移红军伤病员;成立自卫队帮助红军保卫根据地;举办各种培训班,大力培养藏族干部;动员群众参加红军,给红军当通司(翻译)、给红军带路等,为红四方面军在藏区的休整,红二、六军团与红四方面军在甘孜会师,以及红二、四方面军北上的物资粮草准备做出了巨大贡献。

长征是一次民族团结思想的大宣传、大普及,党的民族工作主张,极大地激发了各民族追求平等团结的政治热情,赢得了各民族对中国共产党的政治纲领和奋斗目标的广泛认同,奠定了党作为中华民族先锋队的历史地位。

## 二、军民关系加强

红军一进入少数民族地区,就面临着复杂的、紧迫的民族问题和宗教问题。长期以来,由于历代反动统治者实行民族歧视、民族隔阂和民族压迫政策,使得少数民族与汉族之间的关系十分紧张,常常发生民族纠纷,有的地方甚至长期武装对立。红军长征到到西南、西北之前,国民党政权一方面利用高官厚禄收买、扶植少数民族上层人物;另一方面,在各族群众中进行大量的欺骗宣传,胁迫群众运走粮食、躲入深山,挑起少数民族对红军的仇恨。红军进入民族地区后非常重视民族政策的执行,逐步改变了当地受蒙蔽的群众对红军的看法,从走出深山接触红军到和红军共同生产生活。

红军积极、妥善处理与藏区广大群众、上层人士的关系,汉藏民族交往进一步加强。藏族是藏区的主体民族,汉藏关系的和谐与否是事关红军生存、发展的重要问题。红军与藏族群众之间的关系经历了

---

① 刘瑞龙:《难忘的征程》,《艰苦的历程·中国工农红军第四方面军革命回忆录选辑》(下册),人民出版社,1984年,第15页。

## 第四章
### 红军长征对藏区的深远影响

一个逐渐发展的动态过程。伴随着红军持续、深入地开展工作,在红军长时间驻扎、休整的甘孜、阿坝等藏区,老百姓对红军的态度慢慢由极端害怕,逐步转变为偷偷观望、逐渐接触、真心接纳、倾力帮助。

一是红军积极争取广大藏族群众的支持。由于国民党政府和部分土司头人、少数宗教上层人士对红军污名化的宣传,红军到达藏区各地时,往往早被贴上了"杀人放火""共产共妻""灭族灭教"等不实标签,不明真相的藏区群众对红军充满了恐惧、怀疑和戒备,他们都是埋藏好粮食,逃避至深山老林,甚至在部分地区,还出现不明真相的藏族群众偷袭零星红军的情况。为了消除群众对红军的误解、争取老百姓对红军的支持,红军通过发布安民布告、散发传单、张贴或錾刻标语、召开群众会议、通过"通司"(翻译)做工作等方式大量宣传红军的政策,使藏区群众对中国共产党和红军的主张有所了解。逃避山林的群众逐渐回归家园,他们有的主动协助红军对藏族老百姓宣传党的政策,帮助做群众工作;有的主动给红军腾房挪屋、站岗放哨;有的帮助红军护送伤病员,组织群众、安置红军伤病员;有的还自发组织运粮队,帮助红军筹集、运送粮食、物资,如在阿坝州黑水瓦布梁子,"参加运粮队的藏民均表现积极热心,不辞劳苦,不要报酬,自带'糌粑'路上打尖,甚至有全家都来为红军运粮者"①。通过不懈努力、艰苦工作,藏区群众亲眼看到红军和蔼可亲、爱护少数民族、公买公卖,红军逐渐赢得藏族人民群众的信赖和支持。群众之所以发生这样的转变,究其原因有以下几点:

其一,是红军积极做好驻地群众工作。1935 年 5 月 19 日,红军总政治部向各军团政委、政治部发布《关于争取少数民族工作的训令》,针对如何开展少数民族群众工作做出了具体、详尽的要求。训令要求

---

① 贾拓夫:《布瓦梁子》,刘统编:《亲历长征——来自红军长征者的原始记录》,中央文献出版社,2006 年,第 393 页。

### 红色记忆
——红军长征在藏族地区及其当代启示

全体战士"严格遵守政治纪律,绝对不准对少数民族群众有任何的骚扰""绝对地遵从少数民族群众的宗教的风俗的习惯,并将这些习惯向战士说明""动员全体战士向少数民族广大地宣传红军的主张,特别是民族自主和民族平等""努力争取少数民族加入红军""必须进行深入的关于少数民族情况的调查,并依据这个发布切合于某个少数民族的具体的宣传品、布告、传单、图画、标语等"。[1]红军部队到达营地后,会根据村寨大小、居住民族习惯、群众情况、驻军时间长短等因素,由宣传人员及党员干部,在群众中展开当地群众生活、民俗、宗教、民族心理等调查研究,并开展宣传党和红军少数民族政策的各项宣讲工作,红军还常常帮助群众劳动,与群众一起生活。[2]在红军停留较长的地区,如今阿坝藏族羌族自治州所辖的茂汶、雁门、威州、杂谷脑、马尔康、金川,今甘孜州道孚、炉霍、甘孜等地,红军常常深入农村、学校进行文艺表演,亲近群众,宣传党的政策。[3]经过红军细致、深入地开展群众工作,不少群众开始转变观念,认为红军不同于过去的汉人,是讲民族平等团结,对藏人和蔼可亲的汉人,是"加沙巴"(新汉人)[4],是"菩萨兵"[5]。

其二,与红军严格遵守纪律分不开。红军在四川藏区期间,在部队中普遍开展了有关少数民族的政策教育,要求尊重少数民族的风俗习惯和宗教信仰自由,保护喇嘛和喇嘛寺,以及经书神像,严格执行党

---
[1]《总政治部关于争取少数民族工作的训令》,中央档案馆编:《红军长征档案史料选编》,学习出版社,1996年,第141—142页。
[2] 中共炉霍县委党史工作委员会编:《红军的光辉照炉霍》,第30页。
[3] 中共四川省委党史工作委员会编:《红军长征在四川》,四川省社会科学院出版社,1986年,第409页。
[4] 扎喜旺徐:《从奴隶到红军》,中国人民政治协商会议全国委员会文史资料研究委员会编:《革命史资料》,文史资料出版社,1982年,第26页。
[5] 王寿才:《回忆波巴政府的日子》,四川省道孚县委员会文史资料编辑组编辑:《道孚文史资料选辑》第2辑,1987年,第32页。

## 第四章
### 红军长征对藏区的深远影响

的宗教政策，尊重喇嘛信教自由。①对于红军最重要的征粮工作，1935年6月25日中央红军总政治部颁布了《关于收集粮食事的通知》，7月3日又颁布了《关于粮食问题的训令》，对征粮工作做出要求，明确了"在收买粮食时，必须很好的向群众做宣传，使群众自愿将自己所有的粮食拿一部分出来卖给红军""不应强迫购买""必须一律给足代价"等硬性规定。②1936年，红二方面军由云南进入今四川藏区时，贺龙同志在稻城县发布公告，表明"军行所至，纪律严明，秋毫无犯"，希望"番民群众以及喇嘛僧其各安居乐道，勿得惊惶逃散"③。应该说，在红军驻扎时间较长的地区，红军大多能严格遵守党的纪律，并且对于不遵守纪律的战士给予严惩，毛泽东的妻弟贺敏仁在今阿坝州毛尔盖时就因为进入喇嘛庙拿走了寺院的银元，违反了纪律被枪毙了。对于妻弟的死，毛泽东只说了一句："红军就应该有铁的纪律，我们应该用红军铁的纪律来要求自己的亲人。"④1935年担任西康建省委员会委员、著名历史学家任乃强先生在1941年出版的《康藏史地大纲》中曾较为客观地评价了红军在藏区的政策，他写道："往时红军所至，人多闻风避走。兹入康后，风趣与传闻者大异。所至保护寺院，尊重习俗，爱惜人命，避免磨擦。"⑤1943年，西康省政府主席刘文辉在其培训西康干部的《建设新西康十讲》中也采纳了任乃强对红军的评价⑥。正是因为红军纪律严

---

①《中国工农红军第四方面军总政治部对番民的策略路线的提纲》，中共中央统战部：《民族问题文献汇编》，中共中央党校出版社，1991年，第374页。
②《总政治部关于收集粮食事的通知》，《红军长征档案史料选编》，第240页。《中国工农红军总政治部关于粮食问题的训令》，《民族问题文献汇编》，第292页。
③《中华苏维埃共和国中央革命军事委员会湘鄂川黔滇康分会布告》，《民族问题文献汇编》，第377页。
④张民主编：《毛泽东家系》，中央民族大学出版社，2003年，第70页。
⑤任乃强：《康藏史地大纲》，西藏藏文古籍出版社，2000年，第161页。
⑥在《建设新西康十讲》中，刘文辉评价："红军入康以后，想以政治手腕，化导康人。所至保护寺院，尊重习俗，爱惜人命，避免摩擦。"见刘文辉：《建设西康新十讲》，赵心愚、秦和平、王川编：《康区藏族社会珍稀资料辑要》（下），巴蜀书社，2006年，第533页。

### 红色记忆
——红军长征在藏族地区及其当代启示

明，爱护少数民族，尊重当地群众，慢慢地得到了当地群众的支持和帮助。

当然，不可否认的是，在红军途经四川藏区部分地区的时候，由于过境时间短，在当地老百姓逃避于深山老林，红军没有时间做动员工作，也没有机会当面支付老百姓报酬的情况下，红军通过在地里、家里留借条、留钱、竖木牌的方式拿走了老百姓许多粮食、牦牛，收割了群众的麦子。特别是1936年7—8月，红二、四方面军过草地时，严重缺粮，许多冻、累、饥、疲的红军战士为了生存，违反了纪律，私自宰杀了老百姓不少牦牛。① 在红军战士各种回忆的原始记录里有不少相关记载。对此，我们党的最高领导人也多次谈及，并高度赞扬了藏区群众对红军的支持。新中国成立前夕毛泽东主席曾对天宝同志说："中国革命在某种意义上讲是'牦牛革命'"，并认为在中国革命的危及关头，是藏区的群众帮助了红军，请天宝回去代他向藏区的群众表示问候和感激，并明确"待到全国富裕起来后，我们是一定要去向他们还债的"②。新中国成立后，邓小平同志在欢迎西南地区的中央民族访问团大会上也对红军长征在藏区的事情进行了客观的评价，他指出"红军北上时，为了自己的生存，做了一些犯纪律的事，那时饿慌了，没有办法"，并称赞西南少数民族"对保存红军尽了最大的责任"，"对办得不对的事，应当向他们赔礼"。③

二是红军妥善处理与藏区上层人士的关系。早在红军进入藏区之前，红军就已经针对其他少数民族区域的情况，提出要积极争取当地上层人士以支持红军。进入藏区以后，红军针对藏区特殊的民族宗教、

---

① 中国阿坝州委党史研究室、阿坝州地方志办公室编：《阿坝州志之红军长征在阿坝》，四川大学出版社，2007年，104页。

② 《难忘的记忆——老红军天宝谈长征与解放四土》，载马尔康县地方志办公室主编：《红色记忆——红军长征在四土》，巴蜀书社，2008年，第138页。

③ 邓小平：《邓小平文选》，人民出版社，1989年，第163页。

## 第四章
### 红军长征对藏区的深远影响

政治格局情况，又制定了有针对性的民族统战政策，进一步提出"在民族运动上有革命意义的土司、头人、喇嘛，我们仍然不放弃与之联合或使之中立""政治机关应当注意收容投诚土司、通司及一切活动分子等，委以相当名义。这些人在号召群众方面，常能起很大作用。"①红军通过与藏区土司、头人、宗教界人士建立友好关系、达成协议、结成联盟等方式，积极争取、努力团结藏区上层人士，获得他们的支持，为红军在四川藏区的休整、北上抗日创造了有利条件。

一方面，红军积极与藏区爱国宗教人士结成统一战线。红军进驻藏区后，严格执行党的宗教信仰自由政策，积极团结藏区宗教界爱国人士。为切实保护喇嘛和喇嘛寺，红军及各级波巴政府颁布了许多保护寺庙和喇嘛的告示，还专门颁布《关于喇嘛和喇嘛寺暂行条例》，规定"信教自由""喇嘛寺土地不没收，可以出租""保护喇嘛和喇嘛寺以及经书佛像"②。红军的政策，逐渐得到了爱国宗教人士的理解、支持，他们积极、主动地帮助红军。1936年3月下旬，红军总指挥部、总政治部进驻炉霍时，康北地区影响力最大的寺院寿灵寺总管家相子·益西多吉被红军尊重宗教的行为所感动，主动与红军合作，协助宣传红军政策，动员逃离人员回来。3月29日，红军进驻炉霍朱倭时，觉日寺的扎日活佛亲自骑马到朱倭迎接。在相子·益西多吉和扎日活佛的影响下，炉霍的泽仁贡布、曲吾太、罗绒多吉、罗绒泽翁、洛泽仁等宗教上层人士也与红军真诚合作。③1936年4月12日，红军总政治部主任陈昌浩与甘孜寺仲萨活佛、白利寺格达活佛签订了《中国工农红军总政治部、甘孜喇嘛寺、白利喇嘛寺互助条约》，明确了要在甘孜建立波巴人民共

---

①《中国工农红军四方面军政治部关于少数民族工作的指示》(1936年3月)，《民族问题文献汇编》，第359—360页。
②《关于喇嘛和喇嘛寺暂行条例》，《道孚文史资料选辑》(第2辑)，第15页。
③炉霍县党史办征集：《红军进驻炉霍概况》，引自何洁：《长征时期汉藏民族关系的深化发展及其对藏区社会的影响研究——以四川藏区为例》，《中国藏学》2016年第3期。

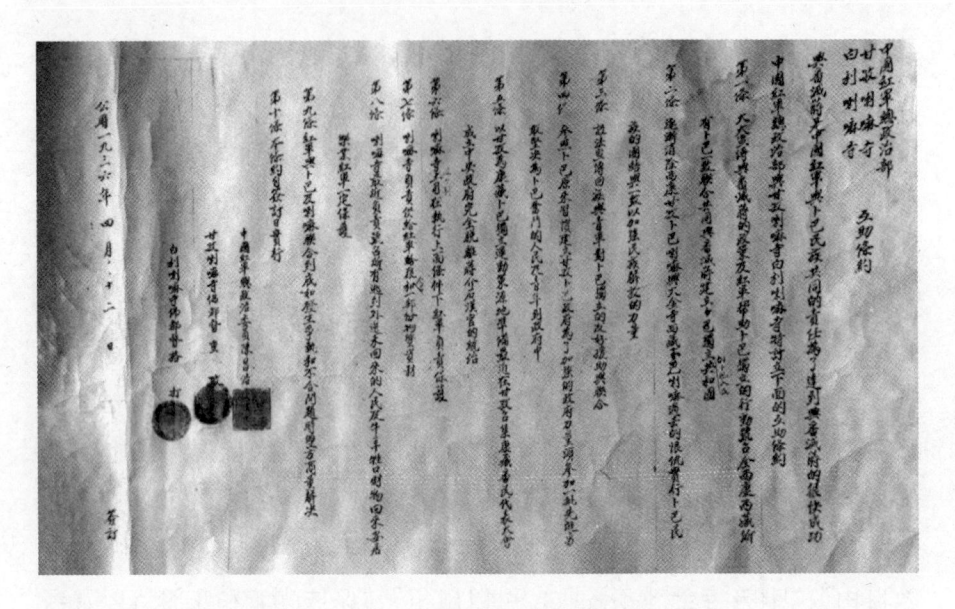

## 红色记忆
——红军长征在藏族地区及其当代启示

红军与甘孜寺、白利寺签订的《互助条约》

摘自中共四川省委党史研究室编:《红军长征在四川图志》(下),四川人民出版社,2016年,第513页。

和国,召开康藏番民代表大会,保护喇嘛寺,喇嘛寺负责供给红军粮食和一部分物资资材,号召未回来的人民回来安居乐业等事宜。①1936年5月,红二军团经过巴塘时,对于阻击过红军前进的兵巴寺、仁波寺,红军晓明大义,不咎既往,宽大为怀,积极与仁波寺的阿帮活佛交朋友,解除其顾虑,协助红军通过巴塘县境。②

另一方面,红军通过谈判、宣传教育等方式与藏区土司、头人、宗教上层建立友好关系。1935年6月,红四方面军向四川藏区阿坝黑水地区挺进时,派政治部副主任曾传六与黑水大头人苏永和谈判,顺

---

① 《格达活佛成了红军的挚友》,周锡银编:《为西藏和平解放而献身的格达活佛》,民族出版社,2013年,第62页。
② 巴塘县党史办征集:《红军长征过巴塘的相关材料》,1986年,引自何洁:《长征时期汉藏民族关系的深化发展及其对藏区社会的影响研究——以四川藏区为例》,《中国藏学》2016年第3期。

## 第四章
### 红军长征对藏区的深远影响

利借道过境阿坝黑水。1936年4月中旬，甘孜德格土司调集辖区五县的1500余名士兵，由军事涅巴夏克刀登率领，在甘孜西部绒巴岔驻防抵抗红军，红二五六团俘获带兵官夏克刀登和邓柯林葱土司大头人雀多吉登。夏克刀登被俘后，红军对其进行抗日反蒋宣传和党的民族宗教政策教育，并通过他说服德格土司与红军签订《互不侵犯条约》，以甘孜绒巴岔为界和平共处。1936年5月，红军俘获了企图煽动、利用当地土司、头人、寺庙上层武装力量，阻击、消灭红军的"西康宣慰使"诺那，对其进行耐心地教育，并派医护人员对因年老生病的他精心治疗，经救治无效圆寂后，红军延请僧人按宗教仪轨诵经火化，并同意其弟子护送骨灰回内地葬于庐山。红军在藏区艰苦细致的统战工作，为红军顺利通过藏区、继续北上抗日，创造了有利条件。

　　有许多类似的故事在藏区发生。例如，1935年7月10日，红军中革军委纵队到达黑水芦花村。当时梭磨土司的管家泽旺，是芦花地区的法官。他家的四层藏寨也是附近最大的建筑。听信了国民党的反动宣传，红军到达当天，泽旺带着一家老小逃到了山上。泽旺在山上观察着红军的一举一动。一次悄悄回家后，他看到寨子附近已经扎满了红军的帐篷，寨门口的4个帐篷前各竖了一面红旗，家里的东西也没有损坏。一位红军首长接见了他，中午他就把全家带回了家。在红军的宣传和教育下，他们对中国共产党和红军有了全新的认识。此时红军经过长途跋涉，筹集粮食是当务之急。泽旺打开了自家的粮仓，将5000斤粮食、16头耕牛和4头猪送给了红军。并利用自己的威望，动员附近的村民给红军捐粮捐物。红军离开时，十分感激泽旺的帮助，一位红军首长送给他三件礼物：一副马鞍、一支步枪和两张布币。红军走后，泽旺将这三样东西珍藏了起来，指明只有寨子的继承人才有资格保管这三样东西。如今，除了步枪已经上交政府，一张布币献给了国家军事博物馆以外，剩下的东西仍存放在寨子里。作为寨子的第三代主人，自从寨子确认为芦花会议的会址后，苏朗彭初将自己攒下

**红色记忆**
——红军长征在藏族地区及其当代启示

的十几万元钱投入到了会址的维护中,供大家免费参观。他们一家三代人在这里守了80多年,这段感情已经难以割舍。①

进入少数民族地区之前,我们党的民族政策、宗教政策主要借鉴前苏联的相关理论,既对中国当时的民族、宗教问题没有太多的认识与研究,也没有得到太多的实践机会。特别在宗教问题上,只看到宗教人士中不同人群的阶级性,没有重视到宗教信仰对当地少数民族长期的影响依然存在,一些宗教政策的内容和执行显得简单粗陋。通过在包括藏区在内的民族地区的长征,我们党和红军在执行民族宗教政策时,根据实际情况,进行了调整。特别是在实现政教分离和信仰自由的前提下对宗教上层的尊重顺应了当地民众的意愿,建立了民族解放的统一战线,团结了一切可以团结的人,最大限度地孤立了最顽固的敌人,保证了红军顺利越过藏区并播下革命的火种。

### 三、深情厚谊和无尽的思念

长征途中,红军与当地群众建立了深厚的情谊。在藏区的山水间也洋溢着这样的深深情怀。在白色恐怖的日子里,藏区人民一直怀念红军。人民悄悄掩埋了牺牲的红军战士的尸骨,保存了红军刻写的标语口号和遗物,等待着红军回到藏区。

保护和珍藏红军留下的革命文物,是藏区群众怀念红军的具体体现。尽管国民党军政当局强迫群众交出苏维埃货币加以销毁,雇请石匠铲除红军标语,收缴红军遗物,然而广大藏族群众精心保存下来的革命文物仍然成千上万,许多山区的红军石刻、墨写的标语仍然光辉夺目,其中最珍贵者如"波巴人民共和国中央政府"印章,红军印发的各类传单、布告,红军后勤工厂生产的钱币、衣帽、"边条",红军

---

① 肖翔:《芦花会议会址:一家四代守护76年》,《华西都市报》2011年6月21日。

# 第四章
## 红军长征对藏区的深远影响

赠送给喇嘛寺庙的锦旗,以及红军使用的军号、大刀、马灯、枪弹、茶盅、马鞍、皮包,等等,内容丰富,件件体现了红军与藏区群众之间难忘的鱼水情谊,事事都包含着感人肺腑的动人故事。

进入青海东部的红军虽非长征的主力,在果洛境内活动的时间也短,但红军所遗留的行军锅、铁镐、川康苏区纸币等物,被人民珍重地保存了下来。直到现在,在今果洛藏族自治州班玛县亚尔堂子母达沟口的石岩上,当年红军所书写的"北上响应全国抗日反蒋斗争!"的革命标语,尚清晰可见。红军在班前、亚尔堂驻地的鸡文山和扎洛山上构筑的简易工事和哨所,遗迹尚存。

红军长征,在川西北地区所到之处留下了大量的标语、文告,反动派三令五申地限期铲除、涂毁,妄图清除人民心目中长留的革命影响。国民党四川省政府和第十六行政督察区专员公署曾接连发出"训令",声言:"……前经共产军窜扰,大山悬岩石上及路旁、碑石,每每刊有打倒蒋介石,打倒刘湘卖国贼等文字,……若不设法铲除,年久日远,不免混乱听闻功过倒置……"[1] 为"收意志集中之效",实现"一个政府、一个主义、一个领袖之原则","极应详查铲除"。[2] 国民党在茂县设立的"党、政、军联合会报室"又作出特别决议,勒令各地"限期严饬管区内现存反动标语处所、质地、文字,由政府统筹雇匠铲除",并扬言"如再延误,定予查究"。[3] 在反动派三令五申的"训令""限期"之下,各族人民对此置之不理,他们采取各种办法保护红军留下的标语、文告。50年后的今天,红军留下的许多标语、文告仍然清晰可读。

---

[1] 阿坝州档案馆藏:卷号331,引自何洁:《长征时期汉藏民族关系的深化发展及其对藏区社会的影响研究——以四川藏区为例》,《中国藏学》2016年第3期。

[2] 阿坝州档案馆:《四川省第十六行政督察区专员公署训令》秘拾伍字41号,引自何洁:《长征时期汉藏民族关系的深化发展及其对藏区社会的影响研究——以四川藏区为例》,《中国藏学》2016年第3期。

[3] 阿坝州档案馆:《四川省茂县联合会报室公函》,引自何洁:《长征时期汉藏民族关系的深化发展及其对藏区社会的影响研究——以四川藏区为例》,《中国藏学》2016年第3期。

**红色记忆**
——红军长征在藏族地区及其当代启示

红军在黑水筹粮时付给藏族群众的布币
摘自中共四川省委党史研究室编:《红军长征在四川图志》(上),四川人民出版社,2016年,第184页。

1935年6月,红四方面军在瓦钵梁子一带錾刻了许多落款为"西路军司令部"的标语,宣传党的民族宗教政策和红军的主张。红军走后,当地藏族群众往瓦钵梁子的山道上堆放障碍物,并用柴草将标语盖起来,半个世纪过去了,那些红军标语仍然幅幅清晰,字字完整。

金川县勒乌乡王家院子里有一幅特大的红军标语至今仍十分醒目。王家院子当年是绥靖二区苏维埃政府所在地,院内正厅的屋檐下,有一幅隶书体写就的"坚决创造苏区"的标语,每个字有一平方米大,字体工整清秀。据目睹当时写标语的王兴武讲,这幅标语是位出生在大巴山区年不满二十的陈姓女红军在不到半烟袋工夫一气呵成的。大家称这位后来牺牲在照壁山下的女红军为陈秘书。红军走后,国民党

## 第四章
### 红军长征对藏区的深远影响

县长余竹筠几次派人去铲这幅标语,都被群众想法保存了下来。后来大家一起动手在屋檐下堆上麦草秆,把标语盖起来,才使这幅标语完好无损保留至今。

子弹袋、八角帽、保护证、青年团证、标语、钱币等红军留下的其他纪念物也保留至今。各族人民从红军留下的遗物、标语中受到了极大的鼓舞,增强了红军一定会回来,革命一定能胜利的信心。正如当年瓦钵梁子的区苏维埃妇女委员俄满初说的:"红军走了,虽然我们受了些苦,但是每当看到红军住过的房子,红军用过的东西,红军给我们挖的水井,红军在山梁上錾下的标语,就觉得不算苦了,浑身的劲也来了。想到红军给我们讲的那些革命道理,就相信红军一定会回来,领导我们打土豪、分田地,自己成立苏维埃、人民自己的政府,过那种扬眉吐气的日子,就是死了也划得着。"事实充分表明,藏区各族人民把共产党和红军看作是自己的救命恩人,在他们心底里时时向着共产党和红军。

长征结束十多年后,解放军在向广大藏区进军的过程中,广大藏区群众拿出珍藏很久的红军长征时期的物件,欢欣鼓舞,同时一如既往地支持解放军。1949—1950年,当人民解放军相继解放了川、康、青海、甘肃等地藏区之时,"川、康藏族人民看到解放军,回忆十五年前红军长征过此时给他们的温暖,感到无比亲热"[1]。甘肃一些地方的藏族人民选出代表,"背负全旗八万藏族人民的期望,携带着他们珍藏了十四年红军长征时遗留下来的布告、标语,急行二百里,来到临夏迎接解放军"[2]。新中国成立后,有关部门就征集到了大量珍贵的革命历史文物,如"波巴人民共和国中央政府"印章、红军使用的军号,等等。

---

[1] 林田:《藏行记实》,中国藏学出版社,1997年。
[2] 新华社1950年11月2日重庆电,载肖幼林:《红军长征对藏区解放的影响考证》,《兰台世界》2013年第28期。

老红军战士对藏区革命根据地十分怀念。1974年，邓颖超、康克清等领导，接见了当时在北京开会的金川县委书记勒尔乌同志，亲切地询问了大金川地区解放后的变化，回顾了红军时期，大金川人民对红军的支持，向金川人民转达了亲切的问候。

1982年，成都军区政委余洪远同志向金川县委党史办的同志讲述了他当年率领红军同金川各族人民团结战斗的情景。1983年9月，老红军宋仕永、曹登益专程到金川走访了他们曾经战斗过的地方。1985年6月15日，中央调查部负责人罗青长、李开湘一行来到金川看望革命根据地人民，并留下了"向同红军共患难的金川人民致以亲切的慰问和崇高的敬意"的题词。原大金省委书记邵式平同志，新中国成立后曾两次派人回金川看望根据地人民。

## 四、民族交流、交融加深

红军长征促进了汉藏民族间的进一步交融，对今天藏区和谐民族关系的形成、发展，产生了积极影响。在红军长期驻扎、休整的炉霍、金川等地区，红军提倡汉藏通婚，红军各级领导干部纷纷带头与当地群众通婚，汉藏民族间人口、血缘的融合进一步加强。如中共大金省委书记邵式平带头与当时担任翻译的藏族姑娘杨秀英结婚。① 中共大金省省委宣传部部长、独立二师政委李中权与当地姑娘三郎切木初结了婚。红军为三郎切木初和其他四位藏族姑娘举行了集体婚礼。② 格勒得沙中央政府藏族主席克基，与红军妇女独立团的汉族姑娘唐连长相互爱慕，结为夫妻。③ 解放后担任甘孜州委书记的沙纳同志，也与红军女

---

① 王乾联、牟清：《女红军战士杨秀英的自述》，中国人民政治协商会议四川省委员会文史资料和学习委员会编：《四川文史资料选辑》第48辑《红军长征在四川》。
②《三郎切木切——藏族姑娘从军记》，四川省阿坝藏族羌族自治州妇女联合会编：《女红军在雪山草地》，四川民族出版社，1990年，第136页。
③《克基》，金川县地方志编纂委员会编：《金川县志》，民族出版社，1994年，第968页。

## 第四章
### 红军长征对藏区的深远影响

战士张子清结为连理。①

红军离开四川藏区北上时，留下众多伤病员，其中除一部分被波巴政府转送内地外，其余红军大多选择留在了四川藏区，被当地群众领养或由村集中供养。当国民党沿着红军走过的地区对受伤和掉队的红军进行疯狂屠杀时，藏区群众积极安置和保护红军受伤和掉队人员，还有"不少的藏族群众将自己的女儿许配给留下的红军战士"②。伴随着红军与群众感情的增进，红军与当地群众之间通婚也成为普遍情况，汉藏民族间人口与血缘的交融也进一步加强。红军与藏族亲人在恶劣的环境中，在广大群众的掩护下，困苦地求生存③，他们同甘共苦、养儿育女，不仅磨炼了自己的革命意志，保持和发扬了红军艰苦奋斗的光荣传统，同时通过汉藏结合、血脉传承，以及几代人的持续努力，孕育了一批至今还活跃在藏区各界的"团结族"。以甘孜州炉霍县为例，红军北上时，留炉红军达1100人，其中一部分红军被转送内地，一部分被迫害致死外，300余名红军与藏民结婚成家。据调查，到1951年新中国成立初期，留炉霍红军幸存者尚有123人。④据2015年在甘孜州炉霍县的调查⑤，炉霍县全县有大概10%的人口均是红军后代，集中居住在虾拉沱和新都片区。据不完全统计，2015年红军后代在炉霍不同

---

① 《李富德——金川省委少共妇女部长》，《女红军在雪山草地》，四川民族出版社，1990年，第66页。
② 赵锋：《格达活佛》，《人物春秋》，1995年第3期。
③ 据新龙县档案局藏民国二十六年五月三十日档案记载：红军"离康时流落道炉瞻等县男女'匪'共千余"，"皆散居乡间为康民雇用，因其能刻苦耐劳，康民多不肯报，故未查获。"转引自何洁：《长征时期汉藏民族关系的深化发展及其对藏区社会的影响研究——以四川藏区为例》，《中国藏学》2016年第3期。
④ 炉霍县志编纂委员会编纂：《炉霍县志》，四川人民出版社，1991年，第334页。
⑤ 何洁：《长征时期汉藏民族关系的深化发展及其对藏区社会的影响研究——以四川藏区为例》，《中国藏学》2016年第3期。

**红色记忆**
——红军长征在藏族地区及其当代启示

湖南籍流落老红军王宝材,随部队行军到四川甘孜藏族自治州的稻城县,因拉痢疾而掉队,后返回中甸,靠长征之前学到的裁缝手艺安身成家。

左图:1958年新中国政府颁发给王宝材的土地证。

右图:老红军王宝材因为掉队,而与当地的藏族成婚安家。

岗位担任副处级以上的干部就有十多位。[①]

　　红军长征经过藏区过程中汉藏民族间形成的民族平等、民族团结、民族互助的和谐民族关系,对今天藏区民族间和谐共处、和谐民族关系的形成、发展产生了重要的影响。

---

① 何洁:《长征时期汉藏民族关系的深化发展及其对藏区社会的影响研究——以四川藏区为例》,《中国藏学》2016年第3期。

# 第五章
# 红军长征对当代的启示

习近平总书记在纪念红军长征胜利 80 周年大会上的重要讲话中指出:"历史是不断向前的,要达到理想的彼岸,就要沿着我们确定的道路不断前进。每一代人有每一代人的长征路,每一代人都要走好自己的长征路。今天,我们这一代人的长征,就是要实现'两个一百年'奋斗目标、实现中华民族伟大复兴的中国梦。"

**红色记忆**
——红军长征在藏族地区及其当代启示

# 第一节　长征精神及其当代启示

"长征这一人类历史上的伟大壮举,留给我们最可宝贵的精神财富,就是中国共产党人和红军将士用生命和热血铸就的伟大长征精神。"①

长征精神的形成绝非偶然,而是以源远流长的中华民族精神做基础,以马克思主义为指导,在红军广大官兵艰苦卓绝的革命斗争中磨砺而成的,长征的每一个阶段都对长征精神的形成产生了影响。

中国工农红军在长征中,时时处处铭记国家民族大义,牢记劳苦群众的疾苦和诉求,自觉肩负起历史责任,率先高举起抗日救国的大旗,并把这种深厚凝重的民族大义转化为红军指战员不畏艰难险阻、不惜付出一切牺牲的英勇行动,促进了"把全国人民和中华民族的根本利益看得高于一切,坚定革命的理想和信念,坚信正义事业必然胜利的精神"的形成;中国工农红军在长征中,斩关夺隘、抢险飞渡,杀退了千万追兵阻敌,翻越雪山,跋涉草地,促进了"不怕任何艰难险阻,不惜付出一切牺牲的精神"的形成;中国工农红军在长征中,尤其是遵义会议以后,毛泽东以马克思主义为指导,深刻洞察中国革命实际,立足当时的国际国内形势,着眼解决各种复杂矛盾,就加强党的建设、红军建设、根据地建设等重大问题,提出了一系列极富创见的重要思想,体现了马克思主义与时俱进的理论品格,促进了"坚持独立自主、

---

① 习近平:《在纪念红军长征胜利80周年大会上的讲话》,人民出版社,2016年,第8页。

实事求是，一切从实际出发的精神"的形成；中国工农红军在长征中，各部自觉维护大局、坚决执行命令，不惜牺牲个人和局部来保证全局的胜利，全体将士顾大局、守纪律、讲团结达到了一个新的境界。在遵义会议上，通过实行正确的党内斗争方针，集中解决当时最为紧迫的军事问题和组织问题，把对博古等人的批判始终限制在党内斗争的范围。在反对张国焘分裂主义的斗争中，党中央从革命事业的大局出发，既坚持原则又做了大量的说服教育工作，最终避免了红军的分裂。空前的团结使得红军各部之间分则能密切协同、合则能一致行动，显示出革命军队的高度统一，使得红军官兵之间以高度的阶级友爱和革命责任感，同甘共苦、情同手足，凝结成一个牢不可破的整体。在艰苦斗争中，红军官兵还锤炼了铁的纪律观念，能够做到无论环境多么艰苦、情况多么危急都严格遵守党和红军的各项纪律，促进了"顾全大局、严守纪律、紧密团结的精神"的形成；中国工农红军在长征中，严格执行党的民族宗教政策和群众纪律，所到之处秋毫无犯，从而赢得了各族人民群众的衷心拥护和大力支持，促进了"紧紧依靠人民群众，同人民群众生死相依、患难与共、艰苦奋斗的精神"的形成。正是在这种千锤百炼的革命实践中，广大红军指战员的理想境界、意志品质、战斗作风、团结精神、纪律观念等得到了极大的提升，进而凝聚成为伟大的长征精神。

## 一、党和国家领导人对长征精神的概述

在不同时期党和国家领导人对长征精神作了表述，1986年纪念红军长征胜利50周年时，杨尚昆同志第一次对长征精神作了规范性表述。此后，徐向前、张爱萍、刘华清对红军长征精神也作了表述。1996年在纪念红军长征胜利60周年大会上，江泽民同志代表中央讲话，对长征精神作了进一步升华，明确地提出了五点。2006年，胡锦涛同志代表中央在纪念红军长征胜利70周年大会上又把长征精神很系统地总结

**红色记忆**
——红军长征在藏族地区及其当代启示

了五点。2016年，习近平同志代表中央在纪念红军长征胜利80周年大会上再次强调了长征精神的五个特点。

1986年10月，杨尚昆在纪念红军长征胜利50周年大会上讲话，第一次对长征精神作了规范性表述。他说，长征精神，就是对革命理想和革命事业无比忠诚、坚定不移的信念；就是不怕牺牲，敢于胜利，充满乐观，一往无前的英雄气概；就是顾全大局，严守纪律，亲密团结的高尚品德；就是联系群众，艰苦奋斗，全心全意为人民服务的崇高思想。

同年，在纪念长征胜利50周年的时候，徐向前在《红旗》杂志发表文章，谈精神力量问题。他说："'长征精神'是什么？主要就是革命英雄主义、集体主义、乐观主义的精神，一不怕苦、二不怕死的牺牲精神，自力更生、艰苦奋斗、一往无前、百折不挠、全心全意为人民利益而战的献身精神。这种精神力量，不是凭空产生的。它来源于共产主义的远大理想，来源于马克思列宁主义的理论武装，来源于党的经常教育和强有力的思想政治工作。这是历史上的任何军队都无法比拟的。马克思说过：理论一旦掌握了群众，就会变成巨大的物质力量。[①]红军有了坚强的精神支柱，就能化为强大的战斗力，就永远拖不垮，打不烂，不论在任何艰难困苦的条件下，坚持到底。""说到底，就是一句话：伟大的精神，产生伟大的军队、伟大的战士、伟大的奇迹。"

1988年6月，红军长征纪念总碑在四川松潘川主寺破土奠基。张爱萍代表中央军委在红军长征纪念总碑建碑大会上讲话，对长征精神又作了概括。他说："长征精神"是什么？大家可以共同总结，我个人认为，概括地说，"长征精神"就是为了中华振兴、人民解放、国家富强的崇高理想，全心全意，无私奉献，坚持真理，正直正派，团结奋

---

① 马克思在《〈黑格尔法哲学批判〉导言》中曾经指出："批判的武器当然不能代替武器的批判，物质力量只能用物质力量来摧毁，但是理论一经掌握群众，也会变成物质力量。理论只要说服人，就能掌握群众；而理论只要彻底，就能说服人。所谓彻底，就是抓住事物的根本，但人的根本就是人本身。"参见《马克思恩格斯选集》，第1卷，第9页。

斗，英勇牺牲，以身作则，言行一致，不谋私利，奉公守法，同甘共苦，联系群众，深入实际，友爱互助，艰苦朴素，坚持原则，反对逢迎，尽职尽责，保障胜利。

1990年8月，时任中央军委副主席刘华清在松潘修建的红军长征纪念总碑落成典礼上讲话，对红军长征精神又作了表述。他说，长征中红军战士历尽艰险，百折不挠，创造出惊天动地的业绩，是因为他们具有强大的精神力量，这就是对共产主义事业无比忠诚、坚定不移的信念；不怕牺牲，敢于胜利，一往无前的英雄气概；顾全大局，严守纪律，亲密团结的高尚品德；联系群众，艰苦奋斗，全心全意为人民服务的优良作风。

1996年10月22日，在纪念红军长征胜利60周年大会上，江泽民代表中央对长征精神作了进一步升华。他说，伟大的长征给党和人民留下了伟大的长征精神。这种精神，就是把全国人民和中华民族的根本利益看得高于一切，坚定革命的理想和信念，坚信正义事业必然胜利的精神；就是为了救国救民，不怕任何艰难险阻，不惜付出一切牺牲的精神；就是坚持独立自主，实事求是，一切从实际出发的精神；就是顾全大局、严守纪律、紧密团结的精神；就是紧紧依靠人民群众，同人民群众生死相依、患难与共、艰苦奋斗的精神。长征精神，是中华民族百折不挠、自强不息的民族精神的最高体现，是保证我们革命和建设事业从胜利走向胜利的强大精神力量。

2006年10月22日，在纪念红军长征胜利70周年大会上，胡锦涛代表中央对长征精神作了概括。他说，长征精神，就是把全国人民和中华民族的根本利益看得高于一切，坚定革命的理想和信念，坚信正义事业必然胜利的精神；就是为了救国救民，不怕任何艰难险阻，不惜付出一切牺牲的精神；就是坚持独立自主、实事求是，一切从实际出发的精神；就是顾全大局、严守纪律、紧密团结的精神；就是紧紧依靠人民群众，同人民群众生死相依、患难与共、艰苦奋斗的精神。

长征精神，是中国共产党人和人民军队革命风范的生动反映，是中华民族自强不息的民族品格的集中展示，是以爱国主义为核心的民族精神的最高体现。长征精神为中国革命不断从胜利走向胜利提供了强大精神动力。

2016年10月21日，在纪念红军长征胜利80周年大会上，习近平代表中央对长征精神再次作了概括："伟大长征精神，就是把全国人民和中华民族的根本利益看得高于一切，坚定革命的理想和信念，坚信正义事业必然胜利的精神；就是为了救国救民，不怕任何艰难险阻，不惜付出一切牺牲的精神；就是坚持独立自主、实事求是，一切从实际出发的精神；就是顾全大局、严守纪律、紧密团结的精神；就是紧紧依靠人民群众，同人民群众生死相依、患难与共、艰苦奋斗的精神。伟大长征精神，是中国共产党人及其领导的人民军队革命风范的生动反映，是中华民族自强不息的民族品格的集中展示，是以爱国主义为核心的民族精神的最高体现。人无精神则不立，国无精神则不强。精神是一个民族赖以长久生存的灵魂，唯有精神上达到一定的高度，这个民族才能在历史的洪流中屹立不倒、奋勇向前。伟大长征精神，作为中国共产党人红色基因和精神族谱的重要组成部分，已经深深融入中华民族的血脉和灵魂，成为社会主义核心价值观的丰富滋养，成为鼓舞和激励中国人民不断攻坚克难、从胜利走向胜利的强大精神动力。"①

## 二、长征精神的实质

1.崇高的革命理想，坚定的共产主义信念，是长征精神的核心与灵魂

马克思主义是揭示人类发展规律的科学理论，用先进的马克思主

---

① 习近平:《在纪念红军长征胜利80周年大会上的讲话》，人民出版社，2016年，第8—9页。

## 第五章
### 红军长征对当代的启示

义思想武装头脑,就能转换为强大的精神力量,发挥其科学价值。中国共产党是以马克思主义为科学理论指导的无产阶级政党,崇高理想信念始终是中国共产党人的政治灵魂,这也正是长征精神的核心与灵魂。① 毛泽东同志指出:"我们的党从它一开始,就是一个以马克思列宁主义的理论为基础的党,这是因为这个主义是全世界无产阶级的最正确最革命的科学思想的结晶。"邓小平同志说:"对马克思主义的信仰,是中国革命胜利的一种精神动力。"② 事实正是如此。过去,我们党无论怎样弱小,无论遇到什么困难,一直有强大的战斗力,就是因为无数革命先辈用忠诚、鲜血、生命坚守着"只要主义真"的崇高追求。

崇高的共产主义理想和坚定的革命信念,始终鼓舞着广大红军将士在二万五千里长征途中克服种种艰难险阻。在艰苦卓绝的环境中——缺衣少食,弹药匮乏,吃的是草根,咽的是树皮,头上敌机轰炸,四周敌军围追堵截,奋勇抗争的红军将士们之所以能够视死如归、舍生取义,之所以能够战胜难以想象的万难险阻——血战湘江,四渡赤水,巧渡金沙江,强渡大渡河,飞夺泸定桥,鏖战独树镇,勇克包座,转战乌蒙山,击退上百万穷凶极恶的追兵阻敌,征服空气稀薄的冰山雪岭,穿越渺无人烟的沼泽草地,就是因为他们一直怀着为人民解放和自由发展而奋斗的崇高目标而奋勇向前。

"长征的胜利,是中国共产党人理想的胜利,是中国共产党人信念的胜利。'风雨浸衣骨更硬,野菜充饥志越坚;官兵一致同甘苦,革命理想高于天。'在风雨如磐的长征路上,崇高的理想,坚定的信念,激励和指引着红军一路向前。在红一方面军二万五千里的征途上,平均每300米就有一名红军牺牲。长征这条红飘带,是无数红军的鲜血染

---

① 埃德加·斯诺在《西行漫记》中指出:"长征精神来源于共产主义的远大理想,来源于马克思主义、列宁主义的理论武装"。参见生活、读书、新知三联书店,1979年,第50页。
②《邓小平文选》第三卷,人民出版社,1993年,第144页。

成的。艰难可以摧残人的肉体，死亡可以夺走人的生命，但没有任何力量能够动摇中国共产党人的理想信念。"① 长征的胜利表明，坚定崇高的革命信念，能为奋斗目标提供精神支柱和用之不竭的力量，使党、红军和广大人民凝聚在一起，齐心协力战胜困难，赢得革命最后的胜利。

在长征过程中体现出来的中国共产党人对共产主义理想的追求、对革命事业无比忠诚的崇高精神，永远是我们继承和发扬的光荣传统。

随着马克思主义中国化进程的不断发展，当代中国已经取得了万众瞩目的光辉业绩，但是我们必须看清现实的国情，不能骄傲自满，要实现社会主义现代化和全体人民的共同富裕，中国还有很长的路要走，还有更多的困难和阻碍摆在我们面前，需要我们充分继承和发扬长征精神。在复杂的社会形势面前，坚定共产主义信念不动摇，对马克思主义信仰充满信心，在中国特色社会主义道路上勇往直前。

2. 从实际出发、实事求是，是长征精神的本质所在

长征是一次检验真理的伟大远征。真理只有在实践中才能得到检验，真理只有在实践中才能得到确立。实事求是②是中国共产党根本的思想路线和实践方针，是长征精神的核心内容，也是马克思主义中国化进程的根本保证。红军长征三大主力军队的胜利会师，以及北上抗日的军事目标，不是偶然发生的历史事件，而是中国共产党依照当时中国革命的发展形势做出的军事战略决策。由此可见，长征的伟大胜利是中国共产党全面贯彻实事求是发展路线的成功范例。

首先，实事求是是中国共产党制定军事路线的根本依据。

长征途中，红军不仅面临着凶恶残暴的追兵阻敌，面临着严酷恶

---

① 习近平：《在纪念红军长征胜利80周年大会上的讲话》，人民出版社，2016年，第3—4页。
② 实事求是，原本是一个古老的命题，毛泽东对它进行了马克思主义的改造："实事"就是客观存在着的一切事物，"是"就是客观事物的内部联系，即规律性，"求"就是我们去研究。

## 第五章
### 红军长征对当代的启示

劣的自然环境,更面临着同党内错误思想的激烈斗争。"长征出发前,由于党内'左'倾教条主义的错误领导,中央革命根据地第五次反'围剿'失败,其他根据地也遭受挫折,中国革命面临着方向和道路的抉择。面对乱云飞渡、惊涛骇浪,我们党表现出无所畏惧的伟大实践精神,表现出浴火重生的伟大创造精神,在血与火中趟出了一条走向新生、走向胜利的革命道路。"[1]在中央红军和红四方面军会师之前,关于中央红军革命路线问题,党中央领导层一直存在着很大的争议和分歧。1935年1月15日至17日,党中央召开的遵义会议,是我们党历史上一个生死攸关的转折点。这次会议清算了第五次反"围剿"和长征初期王明在军事路线上的指挥错误,确立了毛泽东同志在红军和党中央的领导地位,这是中国共产党第一次独立自主地运用马克思列宁主义基本原理解决自己的路线、方针政策,从而解决了党中央一直以来就军事路线问题的争议和分歧,实现了中国革命方向的顺利转折。

中国共产党运用实事求是的原则,对中国革命形势不断地做出科学的分析和判断,调整战略目标,制定正确的军事决策。遵义会议后,中央红军在毛泽东等的指挥下,根据实际情况的变化,采用灵活机动的战略战术,四渡赤水,南下乌江,佯攻贵州,调出滇军,直逼昆明,巧渡金沙江,跳出了数十万敌军围追堵截的圈子,取得了战略转移中有决定意义的胜利。这不仅是长征胜利的根本保证,也是中国革命取得最终成功的宝贵经验。

其次,中国共产党通过长征,实事求是地选择了新的领导集体,确立了以毛泽东为首的领导集体的核心地位。

中国共产党经过了14年的艰难探索和革命实践,终于在遵义会议上,成立了适合中国革命发展的新的领导集体,开始确立了以毛泽东

---

[1] 习近平:《在纪念红军长征胜利80周年大会上的讲话》,人民出版社,2016年,第6—7页。

同志为主要代表的马克思主义正确路线在党中央的领导地位。

领导集体的形成过程,本身也是一次实事求是的选择过程。中央红军被迫进行军事转移和初期军事路线错误,使红军部队从开始的8万多人锐减到3万多人,损失惨重。在严峻的革命形势面前,党内很多领导干部强烈要求改组领导集体。一些曾经支持"左倾"路线的领导同志也渐渐从革命实践中醒悟,开始不断反思领导集体的军事路线。在这种客观环境下,遵义会议不仅正确地改变了军事路线,而且成功地改组了领导集团。遵义会议后,成立了毛泽东、周恩来、王稼祥三人军事指挥小组,负责全军的军事行动,开始形成以毛泽东同志为核心的党的第一代中央领导集体,这是我们党和革命事业转危为安、不断打开新局面最重要的保证。中央领导集体根据长征途中各种条件的优劣确定了正确的行动路线和立足点,根据敌我力量的变化进行了高度机动灵活的战役与战斗。

"长征的胜利,是方向和道路的胜利。长征的过程,不仅是战胜敌人、赢得胜利、实现战略目标的过程,而且是联系实际、创新理论、探索革命道路的过程。"① 正是以实事求是原则为根本,制定了红军正确的军事行动方向,解决了党内分歧,确立了新的领导集体的地位,才使中国革命实现了转折。因此,实事求是长征精神的本质所在。

### 3. 艰苦奋斗、不怕牺牲、百折不挠的革命英雄主义,是长征精神的集中反映

艰苦奋斗是中华民族的光荣传统,是人民军队的政治本色,是长征精神的集中体现。一部红军长征史,就是人民军队的艰苦奋斗史。长征中,红军将士与险恶的自然环境作斗争,与敌人数十万大军作斗争,在他们的革命乐观主义支撑下,铸成了革命英雄主义精神和英勇顽强

---

① 习近平:《在纪念红军长征胜利80周年大会上的讲话》,人民出版社,2016年,第6页。

的革命作风。

首先,党和红军在长征中,要与围追堵截的国民党军队和险恶的自然环境作斗争。物质上是匮乏的,红军衣食无着,在枪林弹雨中求生存,医用物资稀缺。吃草根,啃树皮,忍饥挨饿是经常发生的事情。部队有时进入偏远地区,荒无人烟,一天只能吃一顿稀饭,饿着肚子行军打仗。有的指战员没有鞋子穿,只能穿草编的鞋,有的甚至赤脚在山林里行军转移,十分艰苦。

过雪山草地是红军长征中最为艰苦的历程。"雪皑皑,野茫茫。高原寒,炊断粮。"红军战士过雪山时,山上终年积雪,空气稀薄,他们不仅行军困难,而且周围都是皑皑白雪,连住的地方都没有,原本就衣服单薄,只能挖雪洞,住在雪洞里抵御寒风。过草地时,千里都是沼泽地,杳无人烟。海拔4000多米的川康雪山,千里沼泽、连鸟兽都不能出没的川西草地,吞噬了多少红军战士的生命,可是还是阻挡不了红军战士们三过草地、四次翻越雪山的壮举。红军战士在"爬过雪山就是胜利""走出草地就有希望"口号的鼓舞下,以惊人的毅力战胜了雪山死神和草地恶魔,并且表现出崇高的革命英雄主义精神。

其次,长征长途行军更是艰苦。由于王明指挥路线的错误引导,致使红军在军事上出现了逃跑主义的错误,导致长征是一种无后方保证,无根据地依靠的仓促的战略转移。这使得红军在长征初期经常遭到敌人的追剿,战斗频繁,斗争十分艰苦。

"长征历时之长、规模之大、行程之远、环境之险恶、战斗之惨烈,在中国历史上是绝无仅有的,在世界战争史乃至人类文明史上也是极为罕见的。"① 但是,中国工农红军没有被环境和敌人打倒,凭借其顽强的革命意志,克服重重困难,与敌人进行艰苦卓绝的抗争,最终取得

---

① 习近平:《在纪念红军长征胜利80周年大会上的讲话》,人民出版社,2016年,第7—8页。

### 红色记忆
——红军长征在藏族地区及其当代启示

了胜利,开创了中国革命的新阶段。"在漫漫征途中,红军将士同敌人进行了 600 余次战役战斗,跨越近百条江河,攀越 40 余座高山险峰,其中海拔 4000 米以上的雪山就有 20 余座,穿越了被称为'死亡陷阱'的茫茫草地,用顽强意志征服了人类生存极限。红军将士上演了世界军事史上威武雄壮的战争活剧,创造了气吞山河的人间奇迹。"①

4. 顾全大局、严守纪律、团结协作,是长征胜利的重要保证

中国共产党是一个有着严明纪律的政党,党的纪律是全党意志的体现,是党的各级组织和全体党员必须遵守的行为准则。胸怀全局,是模范执行党的纪律的前提。只有胸怀全局,严守纪律,才能保证党的路线方针政策贯彻执行,才能维护党的团结统一。长征是充满无私奉献精神的史诗。红军将士在长征途中,当个人利益和集体利益发生冲突时,从领导到战士,无不顾全大局,牺牲个人利益,维护集体利益,凝聚成心系他人、无私奉献的阶级友爱之情。这种精神在长征中形成了强大的凝聚力和战斗力。长征途中,红军经过云中山时,一位军需处处长把能防寒的衣物分发给士兵,自己却半夜冻死在大树下。由此可见,长征精神就是人民利益、国家利益、集体利益高于一切的无私奉献精神。

团结进取是红军在长征中凝聚的强大力量。它是红军战胜万难,百折不挠,保持强大生命力和战斗力的重要因素,是红军取得长征胜利的基本前提。团结进取精神主要体现在正确处理张国焘分裂行为上。张国焘是鄂豫皖中央分局的书记,在长征过程中主要领导红四方面军行军打仗。长征中,他的军阀思想和个人主义野心膨胀,企图分裂党中央,谋取中央最高领导指挥权。1935 年 6 月,在两河口会议上,中央确定了北上川陕甘,并且建立革命根据地的路线方针政策。会议后,张国焘了解到中央红军经过长途跋涉,兵员消耗巨大时,他开始指责中央领导层路

---

① 习近平:《在纪念红军长征胜利 80 周年大会上的讲话》,人民出版社,2016 年,第 8 页。

线错误，提出要重新改组领导组织。当他的政治野心没有得逞的时候，他竟然不顾及两军会合后的大好形势，拒绝接受中央北上的命令，擅自率领部队南下成立"第二中央"，公开分裂党和红军。张国焘的分裂主义行径不得人心，遭到了党内很多领导同志的坚决反对，公开煽动军队分裂，更是得不到广大官兵的认同。党中央针对张国焘的分裂行为开展了批评和斗争。但是为了保存红军的战斗力，避免军队内部互相厮杀，党中央提出了十分慎重的解决方法，维护了党和红军的团结统一。① 此后，红军三大主力胜利会师，使中国革命走向胜利的征程。

历史充分证明，党和红军始终保持团结协作的向心力是党和军队不断取得革命胜利的关键。只有党和军队凝聚在一起，发挥最大战斗力，才能使红军不断发展壮大，使革命不断取得胜利。所以团结进取的长征精神是红军长征胜利的重要条件。

"长征的胜利，实现了在追求真理、坚持真理的基础上全党的空前团结、红军的空前团结。没有这种思想上政治上的大团结，中国革命胜利是不可能实现的。经过长征的千锤百炼，我们党在思想上不断成熟，成为中国人民进行抗日战争的中流砥柱，成为中国革命赢得最后胜利的中坚力量。"②

5. 紧密依靠群众是长征胜利的力量源泉

"长征是一次唤醒民众的伟大远征。红军打胜仗，人民是靠山。长征是历史纪录上的第一次，长征是宣言书，长征是宣传队，长征是播种机。面对正义和邪恶两种力量的交锋、光明和黑暗两种前途的抉择，我们党始终植根于人民，联系群众、宣传群众、武装群众、团结群众、

---

① 关于党中央与张国焘分裂行为的斗争，学界已有相当深入的研究。新近则有刘统：《北上：党中央与张国焘斗争史末》，生活·读书·新知三联书店，2016年。
② 习近平：《在纪念红军长征胜利80周年大会上的讲话》，人民出版社，2016年，第5页。

**红色记忆**
——红军长征在藏族地区及其当代启示

依靠群众,以自己的模范行动,赢得人民群众真心拥护和支持,广大人民群众是长征胜利的力量源泉。"①

回顾长征的伟大征程,红军之所以能够粉碎国民党的围追堵截,穿过自然环境险恶的雪山草地,夺得最后的长征胜利,还有一个最为关键的原因,就是紧密团结和依靠广大人民群众。第四任国家主席杨尚昆曾在《全国主力红军大会合》②一文中有过这样的总结:红一、二、四方面军都是些小的游击队产生的,"由井冈山的红军变成威震全国的中央红军;由黄安、麻城游击队变为红四方面军;由贺龙同志的一把菜刀起义,尔后又由洪湖游击队和桑植起义造成2军团,由湘赣边的游击队扩建成6军团。由数十人变为数千数万,由小游击队变为大红军,红军在这种发展和壮大的过程中,与广大群众的竭诚拥护是密切联系着的。在中国历史上以'不出兵'见称的江西省,红军在一部分的县份上,竟能扩大十几万抗日先锋队的健儿,不在群众挚诚拥护之下,这是做不到的。"③在党中央的领导下,中国工农红军长征中所到之地都坚决履行人民军队的宗旨,严守群众纪律,赢得了人民群众的关心和支持,也筹集到了大量军备物资。红军长征的胜利实践告诉我们,人民群众是中国共产党和中国工农红军生存和发展的根本,是革命力量的源泉,是夺取中国革命最终胜利的有力保证。

长征之前,党中央没有联合群众共同进行革命的经验,而长征所经过的地区,大部分是中国共产党群众基础相较薄弱的偏远山区和少数民族地区。这些地方物资缺乏,人口稀少,并且语言和文化习惯存在着很

---

① 习近平:《在纪念红军长征胜利80周年大会上的讲话》,人民出版社,2016年,第5—6页。
② 该文原载1936年8月15日《西北斗争》第108期,系红军长征时内部发行读物,2016年出版的《中国工农红军长征史料丛书·回忆史料4》全文刊载,首次公开发表,作者杨尚昆同志是当年参加红军长征时的老战士,时任红三军团政委,也是共和国第四任国家主席。
③《中国工农红军长征史料丛书》编审委员会:《中国工农红军长征史料丛书·回忆史料4》,解放军出版社,2016年,第145—146页。

大的差异，再加上国民党反革命分子对群众的剥削压迫和对中国共产党和红军的负面宣传，使得这些地区的群众对红军持有怀疑和敌视的态度。因此，正确制定和实施民族政策，团结和联合广大群众至关重要。长征过程中，党和红军利用一切方式来大力宣传马克思主义理论和党中央的思想路线。在少数民族地区，坚决执行民族政策，以少数民族同胞利益为前提，同各族人民群众紧密联系，尊重少数民族同胞的语言、宗教和文化习惯。长征期间，党和红军都得到了广大群众的热情拥护和支持，长征在广大人民群众中起到了积极的宣传作用，是人民群众进一步了解党和红军，认识到中国共产党和工农红军能够真正做到为人民谋利益，只有红军，才能带领人民群众走上解放道路。

党和红军对长征胜利的坚定信念、对中国革命的美好向往，是长征精神的思想基础；独立自主、实事求是的领导方针是长征精神的根本体现；党和红军以国家利益为出发点，顾全大局、严守纪律、团结协作是长征精神的内在要求；密切联系广大群众，与全国各族人民生死相依是长征精神的内在要求和外在表现。长征精神的五大方面内容构成统一整体，相互间密不可分，都为马克思主义中国化的发展提供了强劲动力和智力保障。

### 三、长征精神的当代启示

习近平总书记在纪念红军长征胜利 80 周年大会上的重要讲话中指出："历史是不断向前的，要达到理想的彼岸，就要沿着我们确定的道路不断前进。每一代人有每一代人的长征路，每一代人都要走好自己的长征路。今天，我们这一代人的长征，就是要实现'两个一百年'奋斗目标、实现中华民族伟大复兴的中国梦。"[①] 红军长征虽已成为过去，

---

① 习近平：《在纪念红军长征胜利 80 周年大会上的讲话》，人民出版社，2016 年，第 10 页。

但长征精神永远不会过时。中国工农红军在长征中浴血重生的光辉历史,为我们留下了极为宝贵的精神财富,对于建设中国特色社会主义的新长征有着许多重要启示。

### 1. 党的正确领导是革命、建设和改革取得成功的根本保证

"弘扬伟大长征精神,走好今天的长征路,必须加强党的领导,坚持全面从严治党,为推进党的建设新的伟大工程而矢志奋斗。长征胜利启示我们:党的领导是党和人民事业成功的根本保证。毛泽东同志指出:'谁使长征胜利的呢? 是共产党。没有共产党,这样的长征是不可能设想的。中国共产党,它的领导机关,它的干部,它的党员,是不怕任何艰难困苦的。'中国共产党的领导,是中国革命、建设、改革不断取得胜利最根本的保证,是中国特色社会主义最本质的特征,也是中国特色社会主义的最大优势,必须毫不动摇坚持和完善。"①

"在新的长征路上,全党同志都要自觉坚持和维护党的领导,自觉站在党和人民立场上,对党忠诚、为党分忧、为党担责、为党尽责,竭尽全力完成党交给的职责和任务,通过全党共同努力,使我们党永远同人民在一起、永远走在时代前列。"②

全面从严治党,要求我们加强党的自身建设。"形势的发展、事业的开拓、人民的期待,都要求我们不断提高党的领导水平和执政水平、提高拒腐防变和抵御风险能力,使我们党在世界形势深刻变化的历史进程中始终走在时代前列,在应对国内外各种风险和考验的历史进程中始终成为全国人民的主心骨,在坚持和发展中国特色社会主义的历史进程中始终成为坚强领导核心。"③

---

① 习近平:《在纪念红军长征胜利 80 周年大会上的讲话》,人民出版社,2016 年,第 19—20 页。
② 习近平:《在纪念红军长征胜利 80 周年大会上的讲话》,人民出版社,2016 年,第 20 页。
③ 中共中央宣传部:《习近平总书记系列重要讲话读本》,学习出版社、人民出版社,2016 年,第 40 页。

## 第五章
### 红军长征对当代的启示

**2. 崇高的革命理想，坚定的共产主义信念是走好新长征路的基石**

"弘扬伟大长征精神，走好今天的长征路，必须坚定共产主义远大理想和中国特色社会主义共同理想，为崇高理想信念而矢志奋斗。长征胜利启示我们：心中有信仰，脚下有力量；没有牢不可破的理想信念，没有崇高理想信念的有力支撑，要取得长征胜利是不可想象的。"①

习近平总书记指出："对马克思主义的信仰，对社会主义和共产主义的信念，是共产党人的政治灵魂，是共产党人经受住任何考验的精神支柱。"②这一重要论断，深刻阐明了共产党人不懈的精神追求，揭示了新形势下加强理想信念教育的极端重要性。"在新的长征路上，我们一定要保持理想信念坚定，不论时代如何变化，不论条件如何变化，都风雨如磐不动摇，自觉做共产主义远大理想和中国特色社会主义共同理想的坚定信仰者、忠实实践者，永远为了真理而斗争，永远为了理想而斗争。"③

加强理想信念教育是党的建设的永恒课题。现在，一大批年轻党员、年轻干部走上各级领导岗位。这些同志文化程度高，思想活跃，是党的事业的新生力量，但不少同志缺乏严格党内生活锻炼和重大政治风浪考验，新形势下面临的考验和诱惑日益增多，价值认同和行为取向更为复杂。现实生活中，一些党员、干部出这样那样的问题，说到底是因为信仰迷茫、精神迷失。"理想信念是共产党人精神上的'钙'"。④习近平总书记反复强调，"理想信念坚定，骨头就硬，没有理想信念，或理想信念不坚定，精神上就会'缺钙'，就会得'软骨病'"，"就可

---

① 习近平：《在纪念红军长征胜利80周年大会上的讲话》，人民出版社，2016年，第11页。
② 中共中央宣传部：《习近平总书记系列重要讲话读本》，学习出版社、人民出版社，2016年，第107页。
③ 习近平：《在纪念红军长征胜利80周年大会上的讲话》，人民出版社，2016年，第12页。
④ 中共中央宣传部：《习近平总书记系列重要讲话读本》，学习出版社、人民出版社，2016年，第106页。

能导致政治上变质、经济上贪婪、道德上堕落、生活上腐化"。① 因此，在日益复杂的国内外环境中，加强党员、干部理想信念教育的任务比以往任何时候都更为艰巨繁重，都更为关键重要。

坚定理想信念，就要深入学习马克思列宁主义、毛泽东思想、邓小平理论、"三个代表"重要思想和科学发展观，深入学习党的十八大以来，以习近平为核心的党中央治国理政新理念新思想新战略，"让真理武装我们的头脑，让真理指引我们的理想，让真理坚定我们的信仰。要坚持学而信、学而思、学而行，把学习成果转化为不可撼动的理想信念，转化为正确的世界观、人生观、价值观，用理想之光照亮奋斗之路，用信仰之力开创美好未来"②。

3. 独立自主，坚持自主创新、敢闯新路是走出中国特色革命和建设道路的基本要求

中央红军第五次反"围剿"失败的惨痛教训，使党和红军认识到，马克思主义必须与中国革命的具体实践相结合。遵义会议迈出了我们党独立自主解决中国革命问题的决定性一步，从此我们党把中国革命的命运牢牢掌握在自己手中，自主决定仗怎么打、路怎么走，打开了中国革命的新天地。

在世界多极化和经济全球化局势曲折发展、社会信息化日新月异、多元文化相互激荡的当下建设中国特色社会主义，就是要在新的长征中传承红军长征胜利的经验，依靠自己的力量大胆创新，独立自主地解决我们面临的时代课题，在学习借鉴他人经验的同时，更加重视我们自己的实践探索和理论创造，用新一代共产党人的集体智慧，为发

---

① 中共中央宣传部：《习近平总书记系列重要讲话读本》，学习出版社、人民出版社，2016年，第106—107页。
② 习近平：《在纪念红军长征胜利80周年大会上的讲话》，人民出版社，2016年，第12—13页。

展着的马克思主义注入新的生机和活力。

我国已进入全面建设小康社会的关键时期和深化改革开放、加快转变经济发展方式的攻坚时期，我们面临的国内外形势更加复杂多变，新情况新问题新矛盾层出不穷。这些都对我们坚持和更好地贯彻实事求是的思想路线提出了新的要求。要求我们想问题、作决策、办事情，都不能忘记、忽视我国社会主义初级阶段的基本国情和基本特点。

4. 与人民群众的血肉联系是党的事业兴旺发达的牢固根基

人民群众的大力支持和拥护，既是红军长征胜利的重要原因，也是各项建设事业不断发展的稳固基础。"我们党九十多年来之所以得到人民拥护和支持，从根本上说，就是因为能始终代表中国最广大人民根本利益，就是坚持群众是真正的英雄，尊重人民首创精神，最广泛动员和组织人民投身到党领导的伟大事业中来。在前进征途上，只要我们党始终坚持人民利益高于一切，紧紧依靠人民，就能永远立于不败之地。"[1]

"在建设中国特色社会主义的新长征中，我们必须始终践行为人民服务的宗旨，永远保持与人民群众的血肉联系，做到心里装着群众，凡事想着群众，工作依靠群众，一切为了群众，坚持权为民所用、情为民所系、利为民所谋，为群众诚心诚意办实事，尽心竭力解难事，坚持不懈做好事。"

"弘扬伟大长征精神，走好今天的长征路，必须把人民放在心中最高位置，坚持一切为了人民、一切依靠人民，为人民过上更加美好生活而矢志奋斗。长征胜利启示我们：人民群众有着无尽的智慧和力量，只有始终相信人民，紧紧依靠人民，充分调动广大人民的积极性、主

---

[1] 中共中央宣传部：《习近平总书记系列重要讲话读本》，学习出版社、人民出版社，2016年，第39—40页。

动性、创造性,才能凝聚起众志成城的磅礴之力。"①一部红军长征史,就是一部反映军民鱼水情深的历史。长征经过云南中甸时,红军在自己衣食困难的情况下,节衣缩食来救济无衣无食的藏族贫苦人民。如小中甸格替竹玛老妈妈,红军送给她一件白布衣服、一个馍馍。此外红军还帮助群众耕地、打柴、背水等。"同人民风雨同舟、血脉相通、生死与共,是中国共产党和红军取得长征胜利的根本保证,也是我们战胜一切困难和风险的根本保证。中国共产党之所以能够发展壮大,中国特色社会主义之所以能够不断前进,正是因为依靠了人民。中国共产党之所以能够得到人民拥护,中国特色社会主义之所以能够得到人民支持,也正是因为造福了人民。"②

"水能载舟,亦能覆舟。""老百姓是天,老百姓是地。忘记了人民,脱离了人民,我们就会成为无源之水、无本之木,就会一事无成。我们要坚持党的群众路线,始终保持党同人民群众的血肉联系,始终接受人民群众批评和监督,心中常思百姓疾苦,脑中常谋富民之策,使我们党永远赢得人民群众信任和拥护,使我们的事业始终拥有不竭的力量源泉。"③

5.团结是构建社会主义和谐社会的必然要求

长征精神通过规范引导人,提升人的精神境界,培养人严守纪律、顾全大局、团结协作的思想意识,对理想对事业不懈追求的奋斗精神,在具体实践中要求我们讲政治、守纪律、懂规矩。讲政治、守纪律、懂规矩,不是一句空话,而是一种政治要求,要融于自身的岗位实践之中,体现在日常工作生活的方方面面,切实做到政治上讲忠诚、组织上讲服从、行动上讲纪律,尚实干、勇作为、敢担当,为党尽责、

---

① 习近平:《在纪念红军长征胜利80周年大会上的讲话》,人民出版社,2016年,第14页。
② 习近平:《在纪念红军长征胜利80周年大会上的讲话》,人民出版社,2016年,第15页。
③ 习近平:《在纪念红军长征胜利80周年大会上的讲话》,人民出版社,2016年,第15—16页。

为国奉献，努力为实现中华民族伟大复兴的中国梦而不懈奋斗。

长征是一曲团结协作的凯歌。长征期间，中国共产党和红军坚持正确的民族观，以民族平等这一基本方针为基础，根据不同地区不同民族特点采取一系列具体的、有针对性的政策措施，成功地争取了少数民族人民的支持，为红军长征胜利乃至中国革命的发展奠定了扎实的基础。长征途中，红军将士风雨同舟，生死相依，涌现了数不清顾全大局、团结协作的感人故事。构建社会主义和谐社会是一项伟大而艰巨的事业，同样离不开团结协作精神。

实践证明建立新中国，建设新中国，开拓改革路，实现中国梦，都需要各党派团体和各界人士齐心努力。越是处于改革攻坚期，越需要汇集众智、增强合力；越是处于发展关键期，越需要凝聚人心、众志成城。总之长征精神的凝聚向心价值是一种让人"亲和团结"的价值。

"团结是战胜一切困难的强大力量，是凝聚人心、成就伟业的重要保证。在为中华民族伟大复兴而奋斗的征程中，我们一定要巩固全国各族人民大团结，增强各党派、各团体、各民族、各阶层以及各方面的团结，坚决维护国家统一和社会和谐稳定，坚决反对任何破坏统一和团结的分裂活动。我们要凝聚起全体人民智慧和力量，激发出全社会创造活力和发展动力，让全体中华儿女万众一心、团结奋斗迸发出来的磅礴力量成为实现中华民族伟大复兴的强大动力。"①

"弘扬伟大长征精神，走好今天的长征路，是新的时代条件下我们面临的一个重大课题。伟大长征精神，是党和人民付出巨大代价、进行伟大斗争获得的宝贵精神财富，我们世世代代都要牢记伟大长征精神、学习伟大长征精神、弘扬伟大长征精神，使之成为我们党、我们国家、我们人民、我们军队、我们民族不断走向未来的强大精神动力。"②

---

① 习近平：《在纪念红军长征胜利 80 周年大会上的讲话》，人民出版社，2016 年，第 16 页。
② 习近平：《在纪念红军长征胜利 80 周年大会上的讲话》，人民出版社，2016 年，第 20—21 页。

## 第二节　马克思主义民族理论中国化及其当代启示

"任何科学理论和制度，必须本土化才能真正起到作用。马克思主义也好，社会主义也好，能够在中国取得胜利，关键是我们党不断推进其中国化，紧密结合中国实际加以运用。"①

### 一、从民族自治自决到民族区域自治

"运用马克思主义基本原理指导中国实践是我们的看家本领。从一定意义上说，掌握马克思主义理论的深度，决定着政治敏感的程度、思维视野的广度、思想境界的高度。马克思主义是我们共产党人的'真经'，不了解、不熟悉马克思主义基本原理，就不能真正了解和掌握中国特色社会主义理论体系。"②马克思主义民族理论与中国民族实际相结合，形成了目前适合我国国情的民族区域自治制度。不过，党对解决民族问题具体方式的探索，经历了一个较长的过程，有一个从民族自治自决到民族区域自治的转变。长征不仅促进了马克思主义民族理论在中国的传播，也促进了具有中国特色的民族理论和政策的发展和形成。

---

① 中共中央宣传部：《习近平总书记系列重要讲话读本》，学习出版社、人民出版社，2016年，第33页。

② 中共中央宣传部：《习近平总书记系列重要讲话读本》，学习出版社、人民出版社，2016年，第34页。

第五章
红军长征对当代的启示

1. 党的民族自治自决思想的提出及其政治实践

党的民族自治自决思想的提出，有其特定的社会背景和时代背景。清王朝崩溃之后，中国国家政治转型之路并没有现成的路径可循，在各种路径选择中，存在完全不同的主张，美国、日本、法国等都曾成为先贤们心目中可资借鉴的域外榜样。饱受军阀政治影响的中国社会，那些思考中国未来的人们不忘关注世界上其他国家和民族状况。纳入世人目光的有爱尔兰自治、波兰民族自决"痛史"，以及1919年"民族自决的思潮也流到远东来了"的朝鲜。1920年列宁关于"民族自决"的演说也被译出并刊于《新青年》第8卷第3期。同年，27岁的毛泽东与留法勤工俭学的蔡和森等人通信时便提出"做事又并不限定在中国，我以为固应该有人在中国做事，更应该有人在世界做事。如帮助俄国完成它的社会革命；帮助朝鲜独立；帮助南洋独立；帮助蒙古、新疆、西藏、青海自治自决，都是很要紧的"①。"作为最早关注中国民族问题的早期共产主义者之一的毛泽东，这段话不仅反映出他放眼世界革命的广阔胸怀和为全人类谋幸福的思想境界，而且表现出他对中国革命解决民族问题的基本思考和从中国具体实际出发的思想取向。"②

1922年，中国共产党第二次代表大会《关于国际帝国主义与中国和中国共产党的决议案》所提出的目标是"推翻国际帝国主义的压迫，达到中华民族完全独立"；"统一中国本部（东三省在内）为真正民主共和国"；"蒙古、西藏、回疆三部实行自治，成为民主自治邦"；"用自由联邦制，统一中国本部、蒙古、西藏、回疆，建立中华联邦共和国"。③可以说体现了马克思主义民族自决原则，表明了党对少数民族平等自

---

① 毛泽东：《致蔡和森等》，《毛泽东书信选集》，人民出版社，1983年，第3页。
② 郝时远：《毛泽东对解决中国民族问题的历史贡献》，《民族研究》1993年第5期，第1页。
③《中国共产党第二次全国代表大会宣言》，中共中央统战部编：《民族问题文献汇编》，中共中央党校出版社，1991年，第18页。

决权的高度尊重。不过,"毛泽东和早期中国共产党支持民族自治自决,不仅着眼于当时风起云涌的世界民族主义浪潮,更落脚于推动摆脱国际帝国主义压迫,实践民主主义中国的统一。毛泽东所说的民族自治自决是指尊重民族平等权益,在民族平等基础上建立统一国家,而不是独立自决。"①

1928年6月18日至7月11日召开的中国共产党第六次全国代表大会是一次有着重大历史意义的大会。这次会议对国内民族问题十分重视,提出了"中国境内少数民族"的概念,突破了"五族共和"的局限,明确了少数民族问题"对于革命有重大的意义",并要求中央委员会"准备中国少数民族问题的材料,以便第七次大会列入议事日程并加入党纲"。②

20世纪30年代,中国共产党人在与国民党专制统治斗争中初步实践了民族自治自决原则。1931年11月7日,中华苏维埃第一次全国代表大会通过的《中华苏维埃共和国宪法大纲》规定,"中华苏维埃政权承认中国境内少数民族的自决权","加入或脱离中国苏维埃联邦,或建立自己的自治区域"。③1934年1月,毛泽东以马克思主义为指导,从中国民族问题的具体实际出发,针对少数民族地区的革命及其与中国革命的关系,提出了具有战略眼光和策略意义的思想:"民族的压迫基于民族的剥削,推翻了这个民族剥削制度,民族的自由联合就代替民族的压迫。然而这只有中国苏维埃政权的彻底胜利才有可能,赞助中国苏维埃政权取得全国范围内的胜利,同样是各少数民族的责

---

① 乌兰:《毛泽东民族自治自决思想转变的历史考察》,《中国民族报》2013年12月20日。
② 《中国共产党第六次全国代表大会关于民族问题的决议案》,中共中央统战部编:《民族问题文献汇编》,中共中央党校出版社,1991年,第87页。
③ 周锡银:《红军长征时期党的民族政策》,四川民族出版社,1985年,第96页。

任。"① "这一思想表明,当时少数民族革命的任务是通过反帝反封建斗争来推翻民族压迫,实现民族的解放和行使民族自决权,而不是在民族压迫条件下进行民族内部的阶级革命。同时,少数民族争取解放的斗争不是孤立的,是与党所领导的反帝反封建革命紧密相连的,是中国革命的有机组成部分。中国革命的彻底胜利需要少数民族争取民族解放斗争的支持,少数民族争取民族解放的意愿只有在中国革命的彻底胜利中才能实现。"②

红军长征给民族自治自决在藏族地区的实践提供了历史机遇。1935年夏天,在川西北懋功、瓦钵梁子等地建立了藏族苏维埃;1935年秋,在卓斯甲周伞地区建立了藏族苏维埃,在丹巴县建立了县、区、乡各级苏维埃;1935年11月,在绥(靖)崇(化)地区(今金川县境)建立了格勒德沙共和国政府;1936年春,在泰宁(乾宁)巴里秋卡等6个乡建立的波巴自治政府;1936年5月,在川边藏区的甘孜建立的中华苏维埃波巴政府及其所辖的甘孜、炉霍、道孚等县、区、乡级波巴政府,这些都是红军实践民族自治自决原则的重要活动。这些活动,为毛泽东在1938年中共六届六中全会上提出的民族政策提供了经验。当时,毛泽东在会上重申"允许蒙、回、藏、苗、瑶、夷、番各民族与汉族有平等权利,在共同对日原则之下,有自己管理自己事务之权,同时与汉族联合建立统一的国家"③。这一思想是毛泽东把马克思主义与中国具体实际相结合方面的又一次重要的理论突破,对从国情实际出发解决中国民族问题具有划时代的意义。此后,在各族有平等权利和联合建立统一国家的原则下,这些实践活动日益深化,1941年,延安

---

① 毛泽东:《中华苏维埃共和国中央执行委员会与人民委员会第二次全国苏维埃代表大会的报告》,中共中央统战部编:《民族问题文献汇编》,中共中央党校出版社,1991年,第211页。
② 郝时远:《毛泽东对解决中国民族问题的历史贡献》,《民族研究》1993年第5期,第2页。
③ 毛泽东:《论新阶段》,中共中央统战部编:《民族问题文献汇编》,中共中央党校出版社,1991年,第595页。

边区政府在正宁县建立了回民自治乡,在城川建立了蒙民自治区,保障各民族平等权益政策更加具体化。

2. 民族区域自治选择的历史和现实国情

尽管民族自治自决是影响中国共产党国内民族问题处置的重要理论,然而,在具体的政治实践中,无论是从少数民族社会的政治结构、绝大多数民族地区人口的民族成分构成,还是从民族民主革命目标和国内政治斗争等方面来看,民族自决都缺少相应社会条件,实行民族区域自治则是现实选择。1946年政治协商会议通过的宪法修改原则中,中共提出"聚居于一定地方之少数民族,应保障其自治权",这一内容与1945年毛泽东在《论联合政府》中提出的"改善国内少数民族待遇,允许各少数民族有民族自治的权利"相一致,当时,中国共产党在内蒙古的基本方针也是"实行区域自治",针对当时国民党利用内蒙古独立问题大造谣言,中共中央特别提出"我们对蒙古民族问题应取慎重态度,根据和平建国纲领要求民族平等自治,但不应提出独立自决口号"。在处置蒙古民族问题过程中,中国共产党积极推动东西蒙的团结,并最终促成内蒙古人民在全国解放前就实现了民族区域自治——建立了内蒙古人民自治政府,使民族区域自治在政治实践上获得最新成果。这不仅为全国各少数民族聚居地区实行民族区域自治提供了经验,而且也为中国解决民族问题开辟了正确的道路。

毛泽东从接受"民族自治自决"思想开始,其着眼点即在于建立各民族平等联合关系,谋求国家的统一和富强,而不是通过自治自决使各民族走向独立。

新中国成立前夕,毛泽东就采用什么样的国家结构形式问题,委托李维汉广泛征求意见,最后决定,在统一的国家内实行民族区域自治。因此,当1949年新政协会议召开之际,进一步将民族区域自治制度化,在《中国人民政治协商会议共同纲领》中将民族区域自治作为一项制度安排，其第六章第五十一条明确规定："各少数民族聚居的地区，应实行民族的区域自治，按照民族聚居的人口多少和区域大小，分别建立各种民族自治机关。"从而完成区域自治替代民族自决成为解决民族问题的制度选择，民族区域自治制度最终以国家根本大法的形式确定下来，成为我国解决民族问题的基本制度。[1]

党在政治实践中由民族自治自决向民族区域自治转变的历史轨迹，一直沿着有利于建立统一的人民民主国家展开，其出发点都是为承认各民族具有平等权益，其落脚点则是在统一的人民民主国家中实现各民族的平等和联合。

红军长征时在西康、四川、甘肃等藏区建立的民族革命政权的实践，对新中国成立初期民族区域自治制度的顺利实施积累了重要的经验。1950年11月24日，西康省藏族自治区人民政府在康定正式成立，"给西南在建立民族区域自治政权工作方面作了良好的开端"[2]。1950—1957年间，藏族地区先后成立了10个州级自治政府和2个县级自治政府，经民主协商和会议讨论，选举产生了主要由当地藏族知名人士组成并担任主要领导职务的政府机构。1965年9月1日，西藏自治区正式成立。西藏自治区的成立，标志着人民民主政权在西藏的全面建立，标志着人民代表大会制度和民族区域自治制度在西藏的全面实行。西藏由此开启了经济发展，社会进步的新纪元。

---

[1] 对此，中共中央关于少数民族"自决权"问题给二野前委的指示中，讲得十分透彻："关于各少数民族的'自决权'问题，今天不应再去强调，过去在内战时期，我党为了争取少数民族，以反对国民党的反动统治（它对各少数民族特别表现为大汉族主义）曾强调过这一口号，这在当时是完全正确的。但今天的情况，已有了根本的变化，国民党的反动统治基本上已被打倒，我党领导的新中国业经诞生，为了完成我们国家的统一大业，为了反对帝国主义及其走狗分裂中国民族团结的阴谋，在国内民族问题上，就不应再强调这一口号，以免为帝国主义及国内各少数民族中的反动分子所利用，而使我们陷于被动的地位。"参见《建国以来重要文献选编》，第一册，中央文献出版社，1992年，第24页。

[2] 邓小平：《一九五一年的工作任务》，中共中央文献研究室、中共重庆市委员会编：《邓小平西南工作文集》，重庆出版社，2006年，第330页。

### 3. 民族区域自治制度的法制化

1984年我国正式颁布了《中华人民共和国民族区域自治法》，标志着民族区域自治制度的建设走上了法制化轨道。"截至2003年年底，中国共建立了155个民族自治地方，其中包括5个自治区、30个自治州、120个自治县（旗）"，"在相当于乡的少数民族聚居的地方共建立了1173个民族乡"，"实行区域自治的少数民族人口占少数民族总人口的71%，民族自治地方的面积占全国国土总面积的64%左右"。[①] 目前，全国共计有1个藏族自治区，即西藏自治区；10个藏族自治州，即青海省玉树、海南、黄南、海北、果洛、海西等6个藏族自治州（海西为藏族、蒙古族自治州），四川省甘孜藏族自治州、阿坝藏族羌族自治州，云南有迪庆藏族自治州，甘肃省甘南藏族自治州；2个藏族自治县，即甘肃省天祝藏族自治县、四川省木里藏族自治县。

民族区域自治的实行，体现了国家充分尊重和保障各少数民族管理本民族内部事务权利的精神，坚持了民族平等、民族团结和共同繁荣的原则，对发挥各族人民当家做主的积极性，加强民族团结，巩固国家统一，都起了巨大作用。当前，我们应把民族区域自治制度建设与民族地区的改革开放实践结合起来，进一步完善民族区域自治的各项制度和各项法规，有效地促进民族地区经济、文化教育等各项事业的发展。

## 二、对当代的启示

### 1. 马克思主义中国化就是坚持马克思主义基本原理同中国具体实际相结合，走中国特色社会主义道路

"弘扬伟大长征精神，走好今天的长征路，必须坚定中国特色社会

---

[①] 中华人民共和国国务院新闻办：《中国的民族区域自治》白皮书。

## 第五章
### 红军长征对当代的启示

主义道路自信、理论自信、制度自信、文化自信，为夺取中国特色社会主义伟大事业新胜利而矢志奋斗。长征胜利启示我们：只有掌握科学理论才能把握正确前进方向；只有立足实际、独立自主开辟前进道路，才能不断走向胜利。长征走过的道路，不仅翻越了千山万水，而且翻越了把马克思主义当做一成不变的教条的错误思想障碍。长征给我们的根本经验和启示，就是要坚持马克思主义基本原理同中国具体实际相结合，坚定不移走符合中国国情的革命、建设、改革道路。"①

"在新的长征路上，我们要坚信，中国特色社会主义道路是实现社会主义现代化的必由之路，是指引中国人民创造自己美好生活的必由之路。中国特色社会主义理论体系是指导党和人民沿着中国特色社会主义道路实现中华民族伟大复兴的正确理论，是立于时代前沿、与时俱进的科学理论。中国特色社会主义制度是当代中国发展进步的根本制度保障，是具有鲜明中国特色、明显制度优势、强大自我完善能力的先进制度。中国特色社会主义文化积淀着中华民族最深层的精神追求，代表着中华民族独特的精神标识，是中国人民胜利前行的强大精神力量。这一点，不仅已经在理论上被证明是正确的，而且在实践上也被证明是正确的。"②

"习近平总书记指出，坚持和发展中国特色社会主义，必须高度重视理论的作用，增强理论自信和战略定力，对经过反复实践和比较得出的正确理论，要坚定不移坚持。同时要根据时代变化和实践发展，不断深化认识，不断总结经验，不断推进实践基础上的理论创新，坚持理论指导和实践探索辩证统一，实现理论创新和实践创新良性互动，在这种统一和互动中发展 21 世纪中国的马克思主义。"③

---

① 习近平：《在纪念红军长征胜利 80 周年大会上的讲话》，人民出版社，2016 年，第 13 页。
② 习近平：《在纪念红军长征胜利 80 周年大会上的讲话》，人民出版社，2016 年，第 13—14 页。
③ 中共中央宣传部：《习近平总书记系列重要讲话读本》，学习出版社、人民出版社，2016 年，第 33—34 页。

### 红色记忆
—— 红军长征在藏族地区及其当代启示

"中国特色社会主义理论体系归根到底是以马克思主义基本理论为指导的,是把这些基本理论同中国具体实际相结合的结果。要加强对当代中国马克思主义的学习研究,原原本本学习和研读经典著作,引导广大党员干部学而信、学而用、学而行,更好地用科学理论武装头脑、指导实践、推动工作。要加强党的基本理论研究,认真宣传阐释党的思想理论,更加及时地发出中国声音、更加鲜明地展现中国思想、更加响亮地提出中国主张。"[1]

2. 坚定不移地走中国特色解决民族问题的正确道路是我们党的根本工作路线

"多民族是我国的一大特色,也是我国发展的一大有利因素。在历史演进中,我国各民族在分布上交错杂居、文化上兼收并蓄、经济上相互依存、情感上相互亲近,形成了你中有我、我中有你、谁也离不开谁的多元一体格局。中华民族和各民族的关系,是一个大家庭和家庭成员的关系,各民族之间的关系是一个大家庭里不同成员的关系。"[2]在党的坚强领导下,我们历经革命、建设、改革等各个历史时期,探索出了一条具有中国特色解决民族问题的正确道路。当今,民族问题仍然是当今中国的主要问题之一,民族政策是否符合实际,民族工作的好坏,关系到藏区是否稳定、中国梦能否实现的成败。

红军长征时期,马克思主义的传播在党的民族政策制定和贯彻执行体现得非常充分,为团结各少数民族上层人士及广大群众,确保红军顺利通过民族地区、实现战略大转移,以及推动民族地区革命运动的发展,都起到了十分重要的作用。没有正确的民族政策,就没有红

---

[1] 中共中央宣传部:《习近平总书记系列重要讲话读本》,学习出版社、人民出版社,2016年,第34页。

[2] 中共中央宣传部:《习近平总书记系列重要讲话读本》,学习出版社、人民出版社,2016年,第179页。

## 第五章
### 红军长征对当代的启示

军长征的胜利。回顾红军长征的光辉历程，我们可以看到，党和红军自始至终将民族问题放在最重要的地位。1935年1月召开的遵义会议是中国共产党历史和中国革命的转折点，也是党的民族政策的转折点。遵义会议明确了"反对民族压迫，坚持民族平等，坚持民族团结"的根本政策；提出了各民族一律平等政策；对宗教信仰与迷信加以区分，对爱国上层人士、民族宗教领袖与少数民族反动头人加以区分，对风俗习惯与愚昧落后加以区分，尊重少数民族的宗教信仰、风俗习惯。1935年8月，在毛儿盖召开的中央政治局会议上，党对民族问题的认识又有深化，认为："争取少数民族在中国共产党与中国苏维埃政府领导之下，对于中国革命胜利前途有决定的意义。"同时提出全党要认真学习马克思、列宁、斯大林关于民族问题的理论和方法，运用这一武器来解决民族问题。由此可见，高度重视民族问题，切实加强党对民族工作的领导，是长征时期党的民族政策得以实行并取得胜利的根本原因。为此后党在执政时期民族政策的制定和贯彻奠定了理论基础。长征中民族工作的实践证明，党的民族平等团结政策是正确的，探索解决中国民族问题的道路是可行的。

在社会主义新时期，民族问题作为社会发展总问题的一部分，是一个关系到国家命运的重大问题。1987年4月17日，《中共中央、国务院批转〈关于民族工作几个重要问题〉的通知》重申，我国是一个多民族国家，民族问题将长期存在，民族工作是党和国家整个工作的组成部分。民族平等、民族团结和各民族共同繁荣，是一个关系到国家命运的重大问题。党的各级组织和全党同志一定要提高对民族问题的认识，切实解决存在的问题，发展当前的好形势，推动民族工作不断前进。1992年10月21日，江泽民同志在中国共产党第十四次全国代表大会上的题为《加快改革开放和现代化建设步伐夺取有中国特色社会主义事业的更大胜利》的报告中强调，我国是统一的多民族国家，各民族的大团结是维护祖国统一、实现社会主义现代化的重要保证。

**红色记忆**
——红军长征在藏族地区及其当代启示

2014年9月28日,习近平总书记在中央民族工作会议上发表重要讲话,指出:"处理好民族问题、做好民族工作,是关系祖国统一和边疆巩固的大事,是关系民族团结和社会稳定的大事,是关系国家长治久安和中华民族繁荣昌盛的大事。""自治制度是我国的一项基本政治制度,是中国特色解决民族问题的正确道路的重要内容。要坚持统一和自治相结合、民族因素和区域因素相结合,把宪法和民族区域自治法的规定落实好,关键是帮助自治地方发展经济、改善民生。"①

当前,各民族交往交流交融趋势增强和涉及民族因素的矛盾纠纷上升并存,反对民族分裂、宗教极端、暴力恐怖斗争成效显著和局部地区暴力恐怖活动活跃多发并存。"履不必同,期于适足;治不必同,期于利民"②,我们应深刻认识我国是统一多民族国家的基本国情,深刻理解共同团结奋斗、共同繁荣发展的中华民族多元一体格局,深刻把握当前我国民族工作阶段性特征,才能增强对中国特色解决民族问题的正确道路的自信和认同,把这一道路坚持好、完善好,将其优势和作用运用好、发挥好,把发展落实到解决区域性共同问题、增进群众福祉、促进民族团结上,从而走出一条具有中国特色、民族地区特点的科学发展路子。

**3. 高素质的民族干部队伍是贯彻执行党的民族政策的关键**

做好民族工作,关键在人。造就一支强大的、高素质的少数民族干部队伍,是贯彻执行党的民族政策的关键。

少数民族干部的培养是红军长征取得胜利的另一宝贵经验。1935年8月,中央政治局在毛儿盖会议上做出的《中央关于一、四方面军

---

① 新华网:《中央民族工作会议在京举行 习近平作重要讲话》。
② 清朝末年魏源提出,其意思是"鞋子不必相同,期待的是它能适合脚;治理的方法不必相同,期待的是它能有利于人民"。比喻重要的是要找到一条适合自己的路,我们无论采取什么政策,只要有利于人民即可。

## 第五章
### 红军长征对当代的启示

会合后的政治形势与任务的决议》中提出,"必须挑选一部分优良的番民给予阶级的与民族的教育,以造成他们自己的干部。红军主力到陕甘青宁等区域后,对回蒙民族须作更大的努力"①。长征时期,党和红军培养了一大批少数民族干部,对宣传和执行党的各项方针、政策,促进民族地区革命斗争的发展,都起了巨大的作用。也为建立红色政权提供了人才,为后期的民族区域自治准备了人才。红军在甘孜、炉霍、金川等地举办藏族干部学校,培养翻译、宣传、后勤和群众工作方面的少数民族干部,学员毕业后积极参加筹办给养、组织骑兵等工作。据初步统计,在红军长征经过四川藏区途中参加工农红军,后来锻炼成长为领导干部的就有天宝、杨东生、扎喜旺徐、净多·孟特尔、沙纳、王寿才、胡宗林、索南等人。这些在长征中成长起来的藏族干部为后来西藏及其他藏区的解放事业作出了卓越贡献,解放后他们或担任国家管理民族地区部门的领导职务,或直接在藏族地区担负着重要的领导工作,为藏族地区社会经济的发展贡献了毕生的精力。②

2013年6月28日,习近平在全国组织工作会议上的讲话中用20字概括了"好干部"的标准:信念坚定、为民服务、勤政务实、敢于担当、清正廉洁。"信念坚定,党的干部必须坚定共产主义远大理想,真诚信仰马克思主义,矢志不渝为中国特色社会主义而奋斗,坚持党的基本理论、基本路线、基本纲领、基本经验、基本要求不动摇。为民服务,党的干部必须做人民公仆,忠诚于人民,以人民忧乐为忧乐,以人民甘苦为甘苦,全心全意为人民服务。勤政务实,党的干部必须勤勉敬业、求真务实、真抓实干、精益求精,创造出经得起实践、人民、历史检验的实绩。敢于担当,党的干部必须坚持原则、认真负责,面对大是

---

① 《中共中央关于一四方面军回合后的政治形势与任务的决议》,中共中央统战部编:《民族问题文献汇编》,中共中央党校出版社,1991年,第308页。

② 详见第四章。

大非敢于亮剑，面对矛盾敢于迎难而上，面对危机敢于挺身而出，面对失误敢于承担责任，面对歪风邪气敢于坚决斗争。清正廉洁，党的干部必须敬畏权力、管好权力、慎用权力，守住自己的政治生命，保持拒腐蚀、永不沾的政治本色。"①

具体到民族干部队伍建设，民族干部最了解本民族的特点及本民族群众的愿望和要求，通晓本民族的语言文字，熟悉本民族的生活方式、风俗习惯和宗教信仰，他们在本民族中的作用是别的民族干部所不能代替的。同时，为加快民族地区的经济发展和社会进步，也必须培养一大批少数民族干部。因此，进一步提高对培养少数民族干部工作重要性的认识，大胆选拔少数民族干部，改善干部队伍结构，提高干部素质，进一步加强各民族领导干部的团结合作，是新时期民族工作的一项重要任务。

### 4. 民族团结和群众路线是我们党的生命线

毛泽东同志曾说："革命战争是群众的战争，只有动员群众才能进行战争，只有依靠群众才能进行战争。在革命政府的周围团结起千百万群众来，发展我们的革命战争，我们就能消灭一切反革命。"习近平2013年在党的群众路线教育实践活动工作会议上也指出："历史和现实都告诉我们，密切联系群众，是党的性质和宗旨的体现，是中国共产党区别于其他政党的显著标志，也是党发展壮大的重要原因；能否保持党同人民群众的血肉联系，决定着党的事业的成败。"②

长征时期我党争取和发动群众，成功地实现马克思主义大众化。③"长征可以说是中国革命历程中，在各族民众中传播马克思主义

---

① 习近平：《习近平谈治国理政》，外文出版社，2014年，第412—413页。
② 习近平：《习近平谈治国理政》，外文出版社，2014年，第366—367页。
③ 这里所谓的"大众化"即指对被少数人理解与掌握的马克思主义理论进行广泛地传播，使其转变为被广大群众所理解与掌握的行动指南。

## 第五章
### 红军长征对当代的启示

的一次成功尝试，也是马克思主义传播史上在中国最多少数民族中成功传播马克思主义的一次实践，是马克思主义在中国大众化传播的胜利。长征途中，红军运用各种简易的媒介、通俗易懂的传播手段，把马克思主义传播给沿途各族民众，使他们的阶级觉悟不断提高，从不懂革命的道理到积极参加红军、参与革命、北上抗日。"①《中国工农红军布告》明确提出："中国工农红军，解放弱小民族，一切夷汉平民，都是兄弟骨肉"，"凡我夷人群众，切莫怀疑畏缩，赶快团结起来，共把军阀驱逐。设立夷人政府，夷族管理夷族，真正平等自由，再不受人欺辱"。长征沿途书写"各民族联合起来，各民族团结起来"，"优待少数民族，保护信仰自由"，"红军保护土司头人生命财产"等标语，广泛宣传党的民族政策，宣传民族团结、民族平等。这些宣传，说出了广大少数民族群众的心里话，代表了他们的根本利益，使各族人民第一次感受到了党的政策的温暖，从而自觉团结在中国共产党周围，为争取民族解放而奋斗。因此"不仅汉人这样热烈地拥护我们，就是回、蒙、苗、蛮、□等少数民族，也向我们表示欢迎，甚至加入红军。这证明：红军不仅是汉人的军队，它同时是中国境内其他民族的军队，它是为着中国境内各个民族的独立自由而斗争的。"②

1935年7月10日，红军总政治部《红星》报发表社论，提出"不懂得共产党的民族政策的，不配当一个共产党员，不了解争取少数民族的重要性和不参加这一工作的，不配当一个好的红军战士"。朱德要求部队爱护藏胞一草一木，以实际行动争取藏胞的支持；红六军团长萧克一再告诫部队：进入藏族地区可能遇到一些身披羊皮袍、面色粗黑的大汉子，那就是藏族同胞，大家要尊重、爱护他们，千万不能开

---

① 天浩然：《长征时期马克思主义在四川藏区的传播研究》，西南民族大学2013年硕士论文。
②《全国主力红军大会合》，中共中央统战部编：《民族问题文献汇编》，中共中央党校出版社，1991年，第537页。

### 红色记忆
——红军长征在藏族地区及其当代启示

枪伤了同胞。红军中绝大多数官兵虽出身贫苦、目不识丁，但言行真诚朴素、以身作则，把民族政策编成歌谣来宣传①，当时在川康藏族地区群众中流传的革命歌曲就有100余首，其中既有反映红军长征等革命斗争历史及歌颂共产党、红军及苏维埃政权的，也有表现民众军民团结、拥护红军积极参与革命的；②尊重少数民族的风俗习惯，包括饮食、服饰、居住、婚丧、节庆、娱乐、礼节、禁忌等，每到一个地方立即派人调查当地风土民情并印成"情况通报"，比如中国国家博物馆就收藏有一本红四方面军总政治部编的4000余字的《番地情形》，介绍当时川康地区藏族的生活情形、性格与习惯、土地情形、土质与气候、耕种与收获、家庭、忌讳、土官对他们的压迫、婚丧情形、买卖与借贷、畜牧、挖药与打猎、工艺品等。③

80年前红军长征在四川藏区，为帮助红军走出困境，藏区人民做出了无私的奉献，其中有500多人加入中国共产党，有5000多人参加主力红军，有一万多人参加游击队或成为各级苏维埃干部。先后为红军共筹粮一千多万公斤，牛羊二十多万头，为红军北上抗日创造了有利条件，这是藏区人民的光荣。

历史已经证明，民族团结是各族人民的生命线。1980年4月7日，《中共中央关于转发〈西藏工作座谈会纪要〉的通知》强调，巩固汉族同藏族、维吾尔族、蒙古族和其他边疆以及内地各少数民族的团结，改善各少数民族的政治经济文化状况，是一个具有伟大历史意义和战略意义的重要任务。"做好民族工作，最关键的是搞好民族团结，最管用的是争取人心。要正确认识我国民族关系的主流，多看民族团结的光明面，

---

① 相较于文告、报纸、传单、石刻标语等其他传播手段，利用歌谣来传播各民族主张，发动群众，具有容易传唱、影响范围广、持续时间长等优势。
② 可参谢雅丹、张森林：《长征时期四川少数民族革命歌曲述论——以康藏为中心》，《中国藏学》2016年第4期。
③ 中国国家博物馆藏。详见第二章第四节。

善于团结群众、争取人心,全社会一起做交流、培养、融洽感情的工作。加强各民族交往交流交融,尊重差异、包容多样,让各民族在中华民族大家庭中手足相亲、守望相助。用法律来保障民族团结,增强各族群众法律意识,坚决反对大汉族主义和狭隘民族主义,自觉维护国家最高利益和民族团结大局。"①"解决好民族问题,物质方面的问题要解决好,精神方面的问题也要解决好。要旗帜鲜明地反对各种错误思想观念,增强各族干部群众识别大是大非、抵御国内外敌对势力思想渗透的能力,牢固树立正确的祖国观、历史观、民族观。积极培养中华民族共同体意识,把建设各民族共有精神家园作为战略任务来抓,抓好爱国主义教育这一课,把爱我中华的种子埋在每个孩子的心灵深处,让社会主义核心价值观在祖国下一代的心田生根发芽。弘扬和保护各民族传统文化,努力实现创造性转化和创新性发展。"②

红军长征过藏区,充分体现了党和藏区各族群众的血肉联系,体现了人民军队和人民的鱼水关系,体现了各族人民的中华民族共同体意识,体现出祖国各民族人民"共同团结奋斗,共同繁荣发展"这一新时期民族工作主题的历史渊源。新形势下,我们既要创新载体和方法,积极培育中华民族共同体意识,这是国家统一之基,民族团结之本,社会稳定之根。牢固树立各民族水乳交融、唇齿相依、休戚相关、荣辱与共的观念,也要深入持久开展民族团结进步创建活动,推动建立相互嵌入式社会结构和社区环境,促进各民族群众相互了解、相互尊重、相互包容、相互欣赏、相互学习、相互帮助。解决好物质方面的问题,也解决好精神方面的问题,就能凝心聚力,让各族人民像石榴籽那样紧紧抱在一起。

---

① 中共中央宣传部:《习近平总书记系列重要讲话读本》,学习出版社、人民出版社,2016年,第179—180页。

② 中共中央宣传部:《习近平总书记系列重要讲话读本》,学习出版社、人民出版社,2016年,第180页。

与此同时,大力推动当代中国马克思主义大众化。① 要使马克思主义为当今广大群众,尤其是民族地区的广大群众所认同、理解与接受并转化为行动指南,就要把马克思主义与中国国情相结合,就要加强对传播的组织领导,就要准确地把握传播受众的需求,采用喜闻乐见的传播方式,这样才能使当代中国马克思主义大众化的工作落到实处。

5. 统一战线依然是党的三大法宝② 之一

认真贯彻党的统战政策,积极妥善地处理民族地区的宗教问题,是正确解决我国民族问题的重要保证。"在革命、建设、改革各个历史时期,我们党始终把统一战线和统战工作摆在全党工作的重要位置,努力团结一切可以团结的力量、调动一切可以调动的积极因素,为党和人民事业不断发展营造了十分有利的条件。"③ 邓小平1950年在总结西南少数民族工作时就特别指出,"所有这一切工作,都要掌握一个原则,就是要同少数民族商量。他们赞成就做……一定要他们赞成,要大多数人赞成,特别是上层分子赞成,上层分子不赞成就不做,上层分子赞成才算数。为什么?因为在少数民族地区,由于历史的、政治的、经济的特点,上层分子作用特别大。"④

长征时期,党和红军根据各少数民族的具体情况,尊重少数民族风俗习惯、语言文字,实行宗教信仰自由政策,与少数民族首领、代

---

① "推动当代中国马克思主义大众化"是党中央在十八大提出的一项新任务。
② 党的"三大法宝"是毛泽东同志对中国新民主主义革命经验的高度概括,1939年10月,毛泽东在《共产党人发刊词》一文中,总结了两次国内革命战争的经验教训,揭示了中国革命的客观规律。他指出:"十八年的经验,已使我们懂得:统一战线,武装斗争,党的建设,是中国共产党在中国革命中战胜敌人的三个法宝,三个主要的法宝。"
③ 习近平:《巩固发展最广泛的爱国统一战线》,《光明日报》2015-05-21,来源:光明网 http://news.gmw.cn/2015-05/21/content_15730843.htm
④ 邓小平:《关于西南少数民族问题》(1950年7月21日),《邓小平文选》第一卷,人民出版社,1994年,第164页。

## 第五章
### 红军长征对当代的启示

表人物和宗教上层人士建立起广泛的统一战线。红军长征经过今四川、云南、青海、甘肃等藏区期间，严格执行党的宗教信仰自由政策，为切实保护喇嘛和喇嘛寺，红军及各级波巴政府颁布了许多保护寺庙和喇嘛的告示，还专门颁布《关于喇嘛和喇嘛寺暂行条例》，规定"信教自由""喇嘛寺土地不没收，可以出租""保护喇嘛和喇嘛寺以及经书佛像"。① 与此同时，鉴于藏区特殊的情况和长征的需要，也非常注重对藏区上层人士的团结，党的高层领导人如毛泽东、朱德、贺龙、刘伯承、徐向前等身体力行，积极团结格达活佛、夏克刀登、邦达多吉、杨积庆等藏族上层人士，与他们结成统一战线。从而赢得了藏族上层人士的信任，他们在人力、物力、财力上对红军予以积极支援，为红军顺利完成长征作出了重要贡献。这些对地方和宗教上层开展的统战工作，对后来藏区各界人士参加抗日民族统一战线和解放战争时期的统一战线工作都产生了积极影响。双方的深厚友谊还使得这些藏族上层人士后来积极支持新中国的民族区域自治制度建设，协助刚刚执掌全国政权的中国共产党巩固了在藏区的政权，并为和平解放西藏奠定了良好的基础。②

历史证明，这是红军长征取得胜利的一条宝贵的经验。统战工作的本质要求是大团结、大联合，解决的就是人心和力量的问题。"现在，我们党所处的历史方位、所面临的内外形势、所肩负的使命任务发生了重大变化。越是变化大，越是要把统一战线发展好、把统战工作开展好。""做好新形势下统战工作，必须掌握规律、坚持原则、讲究方法，最根本的是要坚持党的领导，实行的政策、采取的措施都要有利于坚持和巩固党的领导地位和执政地位。做好新形势下统战工作，必须正确处理一致性和多样性关系，不断巩固共同思想政治基础，同时要充

---

① 《关于喇嘛和喇嘛寺暂行条例》，《道孚文史资料选辑》第 2 辑，第 15 页。
② 详见第四章。

### 红色记忆
——红军长征在藏族地区及其当代启示

分发扬民主、尊重包容差异,尽可能通过耐心细致的工作找到最大公约数。做好新形势下统战工作,必须善于联谊交友,统一战线是做人的工作,搞统一战线是为了壮大共同奋斗的力量。"[①]

2015年8月,中央第六次西藏工作座谈会明确了西藏和四川、云南、甘肃、青海四省藏区工作的指导思想是:"高举中国特色社会主义伟大旗帜,以邓小平理论、'三个代表'重要思想、科学发展观为指导,深入学习贯彻习近平总书记系列重要讲话精神,坚持以'四个全面'战略布局为统领,坚持中国共产党领导,坚持社会主义制度,坚持民族区域自治制度,坚持治国必治边、治边先稳藏的战略思想,坚持依法治藏、富民兴藏、长期建藏、凝聚人心、夯实基础的重要原则,坚持以维护祖国统一、加强民族团结为着眼点和着力点,坚持以进一步融入本省经济社会文化体系为方向,坚持以解决交界地区突出问题为重点,确保国家安全和藏区长治久安,确保经济社会快速健康发展,确保各族人民物质文化生活水平不断提高,确保生态环境良好。"同时要求,积极培育中华民族共同体意识,构筑各民族共有精神家园。增进各族群众对伟大祖国、中华民族、中华文化、中国共产党、中国特色社会主义的认同。

"处理好民族问题、做好民族工作,是关系祖国统一和边疆巩固的大事,是关系民族团结和社会稳定的大事,是关系国家长治久安和中华民族繁荣昌盛的大事。"[②]做好民族工作,关键在党、关键在人。当前,我们必须以中央民族工作会议精神、中央统战工作会议精神、中央第六次西藏工作座谈会精神、习近平总书记系列重要讲话精神为指导,切实把思想统一到中央对统一多民族国家的基本国情的判断上来,统

---

① 习近平:《巩固发展最广泛的爱国统一战线》,《光明日报》2015-05-21,来源:光明网 http://news.gmw.cn/2015-05/21/content_15730843.htm

② 中共中央宣传部:《习近平总书记系列重要讲话读本》,学习出版社、人民出版社,2016年,第179页。

一到中央对民族工作的形势判断上来,统一到中央对当前我国民族工作阶段性特征的判断上来,统一到中国特色解决民族问题的正确道路上来,统一到新形势下民族工作的指导思想、主要任务和政策措施上来,"坚持在中国共产党领导下,坚持中国特色社会主义道路,坚持维护祖国统一,坚持各民族一律平等,坚持和完善民族区域自治制度,坚持各民族共同团结奋斗、共同繁荣发展,坚持打牢中华民族共同体的思想基础,坚持依法治国"①,坚定不移走中国特色解决民族问题的正确道路,始终不渝围绕改善民生推进民族地区经济社会发展,全力以赴促进各民族交往交流交融,矢志不移构筑各民族共有精神家园,坚持不懈提高依法管理民族事务能力,毫不动摇加强党对民族工作的绝对领导,真正把以上各种工作会议精神和习近平总书记讲话精神贯彻到民族工作的各个方面、各个环节中去,让各族人民增强对伟大祖国的认同、对中华民族的认同、对中华文化的认同、对中国特色社会主义道路的认同,"促进各民族和睦相处、和衷共济、和谐发展,巩固和发展平等团结互助和谐的社会主义民族关系,共同实现中华民族伟大复兴"②。

  长征是伟大的,长征精神对于中国的今天和美好未来,依然具有重大的现实意义。新近召开的党的十八届六中全会确立了中国共产党新的核心——以习近平同志为核心的党中央,这是我国在新长征路上迈出的重要一步,必将促使长征精神在未来持续发扬光大,为实现中华民族伟大复兴的中国梦提供源源不断的精神动力。

---

  ① 中共中央宣传部:《习近平总书记系列重要讲话读本》,学习出版社、人民出版社,2016年,第179页。
  ② 中共中央宣传部:《习近平总书记系列重要讲话读本》,学习出版社、人民出版社,2016年,第179页。

# 附录

# 附录一 红军长征在藏区的历史档案[①]

## 目　录

中国共产党第二次全国代表大会宣言（摘录）（一九二二年七月）…………291

中国共产党第六次全国代表大会关于民族问题的决议案
　　（一九二八年七月九日）………………………………………………298

《总政治部关于渡金沙江转入川西的政治工作训令》
　　（一九三五年四月三十日）……………………………………………298

成立西北特委和西北联邦政府·西北特区关于少数民族工作须知
　　（一九三五年五月五日）………………………………………………300

总政治部关于争取少数民族工作的训令（一九三五年五月十九日）………304

中国工农红军西北军区政治部对番民十大约法（一九三五年五月二十日）……305

中华苏维埃西北联邦临时政府回、番、夷少数民族委员会布告
　　（一九三五年五月二十日）……………………………………………305

西北军区政治部给各级政治部、处的一封指示信（一九三五年五月二十三日）……307

西北特区委员会关于党在番人中的工作决议（一九三五年六月五日）………308

---

[①] 编辑委员会：《中国工农红军第四方面军战史资料选编》，解放军出版社1991年10月。本附录中大量档案资料来自此书。该书选编主要收建军、作战、根据地建设等有关资料。为保持文献资料的历史原貌，原书在编辑中仅对原件中明显的错别字、重字、掉字、倒置字作了订正：将错别字改正后，用［］号表示；衍字用【】号表示；漏字用〈〉号表示；字迹模糊无法辨认者用×号代替；缺损字用□号代替。个别需要说明的，作了注释。选编自此书的文献不再一一注明出处，其他档案文献则在文末注明文献来源。

# 附 录

《番地情形》(一九三五年六月二十六日) ………………………………315

《中国共产党中央委员会告康藏西番民众书——进行西藏民族革命运动的斗争纲领》
（一九三五年六月）……………………………………………………320

中国工农红军总政治部关于粮食问题的训令（一九三五年七月三日）……324

中央军委关于组织别动队筹粮办法（一九三五年七月八日）………………326

中国工农红军总政治部关于收割番民麦子问题的通令（一九三五年七月十八日）…327

川康省委关于赤化川陕甘与通过草地时地方党的工作指示
（一九三五年八月二十一日于查理寺）………………………………328

中共中央政治局关于张国焘同志的错误的决定（摘录）（一九三五年九月十二日）…330

张国焘关于组织格勒得沙政府和川康省委改为川西省委致周纯全等电
（一九三五年十一月十七日）……………………………………331

格勒得沙革命党的党章（一九三六年一月一日）……………………………332

董振堂、黄超等关于敌情及部队情况的报告（一九三六年一月八日于丹巴）……334

张国焘"第二中央"关于番民工作和调查甘孜道孚及西北各地情况致罗南辉
并金川省委电（一九三六年一月二十五日）……………………………337

中共中央为转变目前宣传工作给各级党部的信（摘录）
（一九三六年一月二十七日）……………………………………338

中共金川省第一次全省党代表大会关于目前政治形势和金川党的任务决议
（一九三六年二月七日）………………………………………………338

张国焘、陈昌浩、徐向前关于筹集柴草布置收容致周纯全等电
（一九三六年二月二十日）……………………………………343

中国工农红军四方面军政治部关于少数民族工作的指示(一九三六年三月×日)…343

战斗准备时期政治保证计划………………………………………………346

道孚波巴依得瓦第一次代表大会所通过的几个条例（一九三六年四月十五日）…347

波巴依得瓦革命党党纲（一九三六年四月十八日）………………………354

波巴依得瓦共和国政治检查处的组织大纲（一九三六年四月二十日）………355

贺龙同志给喇嘛寺的信（一九三六年四月二十九日于云南中甸）……………355

**红色记忆**
——红军长征在藏族地区及其当代启示

张国焘在"中央局"会议上作关于少数民族的策略路线的报告
　　（一九三六年四月二十九日）……………………………………356
波巴独立政府组织大纲（波巴第一次全国人民代表大会通过）（一九三六年五月）…361
波巴人民共和国国家政治检查处暂行条例草案（一九三六年五月）……362
波巴青年团章程（一九三六年五月六日）…………………………………363
波巴革命党（青年团）在自卫军中的组织和工作（一九三六年五月）………365
关于金川工作的讨论（一九三六年五月）…………………………………366
中华苏维埃人民共和国中央革命军事委员会湘鄂川滇康分会布告
　　（一九三六年五月）…………………………………………………373
中国工农红军六军团印制的番民出入证（一九三六年五月十八日）……373
红四方面军总政治部关于对番民的策略路线的提纲——供党小组讨论用
　　（一九三六年五月二十九日）………………………………………374
贺龙、任弼时、关向应关于红二军团直属队及红四师拟二十三日向甘孜进致朱德、
　　张国焘电（一九三六年六月二十一日）（筹粮）………………………380
在西北地区行动的标语口号（一九三六年六月二十七日）……………380
红四方面军总政治部关于宣传教育工作决议（草案）
　　（一九三六年七月一日）……………………………………………381
中国工农红军九军团保护寄托在喇嘛寺庙的伤员的证明
　　（一九三六年七月二日）……………………………………………383
中国工农红军二方面军政治部关于二六军团长征的政治工作总结报告（摘录）
　　（一九三六年十二月十九日）………………………………………384
与四方面军的会合到通过草地（一九三六年十二月十九日）……………387
草地行军中模范的八十八师（一九三六年）………………………………391

附 录

# 中国共产党第二次全国代表大会宣言(摘录)[①]

(一九二二年七月)

## 一、国际帝国主义宰割下之中国

(一)

欧美资本主义的发展,多半是靠掠取非洲和亚洲做大市场和大掠夺场。在最近一世纪内,资本主义侵略的积累,造成二十世纪血染遍了的世界资本主义巨大骨干;那些资本帝国主义者由竞争掠夺而出于战争,把他们自己造成的骨干从根本上加以损毁;损毁之后,又想用原法巩固而且扩大资本主义的建筑物,同时他们新的损毁事业又正在准备进行中——这种循环式的趋势,是近代资本主义发展进程中的必然现象。在现今这般资本主义进程中,全世界有十二万五千万的殖民地和被压迫国的人民(还有资本主义国家里万万数数的无产阶级)辗转就毙于伦敦、巴黎、纽约、东京等处极少数银行家工业家和他们政府重压之下。除非把世界资本主义的组织完全铲除,这种惨酷的现状是决不会消灭的。这个现象最值得弄个明白,因为个个中国人(不但是劳动阶级)都应当知道他自己受痛苦的原因。

世界上的个个资本主义国家都必须获得最大的市场,来销售他过剩的商品,吸收他需要的原料,而世界上可供掠夺的市场,只有印度、中国、土耳其、摩洛哥、埃及、波斯、高丽、墨西哥、安南、南洋群岛、南部和中部的阿非利加洲等地方,因此夺取那些市场的竞争是免不掉的,竞争的结果,便须诉诸战争。一九一四年到一九一八年的世界大屠杀,便是发源于英、德两系资本帝国主义国家争夺近东市场的冲突。

上次世界大战的成绩,即是屠杀了数千万的劳动群众,瓜分德国的殖民地,毁灭德、奥等的经济基础,使他们变为英、法的殖民地,并把全世界的经济秩序破坏无遗。战后,那些帝国主义的国家又企图恢复战前经济原状,来挽救资本主义根本覆灭的厄运,便想将战争的巨大损失取偿于全世界的劳动群众;因此,他们先后在巴黎、华盛顿、柔鲁等处开分赃会议,假借"和平""正义"等名词以掩饰全世界被压迫阶级的耳目,但那争夺宰割世界而引起剧烈冲突的真相,已暴露无余。他们那些不可消灭的利益冲突,便是第二次更猛烈的帝国主义战争的导火线。

---

[①] 文献来源:中共中央统战部编:《民族问题文献汇编》,中共中央党校出版社,1991年,第11—19页。

**红色记忆**
——红军长征在藏族地区及其当代启示

帝国主义者开多少次的会议，都不能免去日、美在最近将来的战争趋势和美、法非相见于疆场不能解决的冲突；不过他们常常被逼着去救济资本主义无法挽回而日见扩大的世界经济恐慌，冀图避免社会革命的锐利锋芒，故不得不借此种会议的分赃妥协行为，牺牲弱小民族的利益来掩盖他们中间的裂缝，以苟延此不可免的大战时期。同时并可在此苟延期间之内，加劲劫夺殖民地和弱小国家的富源和劳力，一方可以勉强按住他们本国的无产阶级使之不能即时脱离羁绳，俾得从容补偿前次大战的损失，他方便做第二次世界大战之经济的和军事的准备。

许多年来，东亚各民族被踏在英、美、法、日等国铁踵压迫之下，上次大战以后，帝国主义侵略东亚各民族又更加厉害。美国勒住菲律宾群岛，一面用假装慈悲的态度，一面继续他的经济侵略，不稍放松。英国扼着印度的喉颈，刚柔并用的压倒印度独立运动，以维持每年一百万印度劳动群众死于英国资本家的长爪之下的现状。安南农民更是奴伏在法兰西帝国主义压迫之下，牛马一般的种出米谷来供法商的榨取，安南尽可每年饿死多少万种米的农民，但何时都缺不了法国米商成千万石的米粮输出。日本榨取高丽人民的血汗，更是横暴无比，日货尽量的输入，米粮强迫的输出，使二千万高丽农民处在饥饿而死的境遇。

帝国主义的列强历来侵略中国的进程，最足表现世界资本帝国主义的本相。中国因为有广大的肥美土地，无限量的物产和数万万贱价劳力的劳动群众，使各个资本主义的列强垂涎不置：你争我夺，都想夺得最优越的权利，因而形成中国目前在国际上的特殊地位。

（二）

帝国主义列强侵略中国开始于一八三九年英国舰队的攻击。这次攻击实是资本主义最著名的卑污强盗行为，因为他的起因是由于英国政府和商人要强迫把鸦片毒害中国民众。从一八五八年英法联军攻打大沽，直到一九〇一年义和团反抗"洋人"的暴动，促成八国联军占领北京，这四十三年间，乃是资本主义国家宰割中国的流血时期，也是中国人在历史上受最大痛苦和侮辱的时期。二十世纪的开始，已是到了列强因掠夺而互相冲突的形势。一九〇四年的日俄战争，为的是争夺满洲，战争的损失，又挖取中国人的血肉去填补。

帝国主义的列强在这八十年侵略中国时期之内，中国已是事实上变成他们的殖民地了，中国人民是倒悬于他们欲壑无底的巨吻中间。帝国主义者掠取了中国辽广的边疆领土、岛屿和附属国，做他们新式的殖民地，还夺去许多重要口岸，做他们的租界，并自行把中国画成几个各自的势力范围圈，实行其专利的掠夺事业。在中国自己领土之内，三分之一的铁路为外国资本家的所有物，其他的铁路也是直接或间接由外国债权主人管理；外国的商轮是在中国的海口和内河里面自由行驶；邮电是受严密监督；关税也不是自主的，是由外国帝国主义者协订和管理的；这样，不但便利于他们的资本输入和原料的吸收，而且是中国经济生命的神经系已落在帝国主义的巨掌中了。那些外国资本家还在中国占据了许多矿山，并在上海天津等商埠开设了一些工厂，鞭策百万的中国劳工在那些矿山工厂里，做他们生利的奴隶。同时又加上外国商品如潮的输入，慢说布匹纸张之类，旧有的针和钉都几乎绝了种，因此生活程度日渐增高，三万万的农民日趋于穷困；数千万手工业者的生活轻轻被华美的机器制造品夺去，而渐成为失业的无产阶级。中国因为每次战争都要被索去一批现金赔偿，加上鸦片和商品的吸收，现金日渐减少，又加上二十万万外债连本带利不断的盘剥，更加上上海、北京、天津、汉口、广州几个外国银行家的操纵，国家和民众的经济生活都陷在极恐慌的状态之中。帝国主义者还贿赂中国的官僚政客，派遣许多的顾问牧师，出版报纸，设立学校——这是企图更顺利的达到他们贪婪掠夺的目的。同时为防止中国民众的反抗起见，帝国主义者的列强又掠得实际统治中国人的领事裁判权，并派遣军队警察军舰驻守于中国领土之内。

(四)

……

华盛顿会议中之主要问题——中国问题，是在美国胁制之下解决的，结果，他们承认日本在满、蒙和东部西伯利亚独占的掠夺，将中国置在他们共同侵略的"开放门户"政策之下。美国之所以采用海约翰以来的旧调，完全是要借着这个"开放"来打破日、英在中国的优势，让他自己插足进来，操纵中国的经济生命；"开放门户"政策的采取，显然是美国侵略中国的第一步成功。多少年来驾驭中国的英日同盟虽是废了，但这次成立英、美、日、法的四国吸血同盟——虽然他的根基极不稳固——却要做比他加倍有力的侵略。美国所领袖的新银行团，从华盛顿会算是加了一层保障，将要使农人的中国变成国际托拉斯进贡的藩属，从此中国的贫苦农民要纳租税给那些外国的银行，中国所有的实业要归为外国银行的私产了。

华盛顿会议给中国造成一种新局面，就是历来各帝国主义者的互竞侵略，变为协同的侵略。这种协同的侵略，将要完全剥夺中国人民的经济独立，使四万万被压迫的中国人都变成新式主人国际托拉斯的奴隶。因此最近的时期，是中国人民的生死关头，是不得不起来奋斗的时期。

(五)

所有上述那些事实，都是帝国主义的列强怎样必须侵略中国怎样宰割中国和剥夺中国工人和农人的贪婪的写真。

## 红色记忆
——红军长征在藏族地区及其当代启示

　　帝国主义者们还口口声声唱什么民族平等、民族自决和人类平等等好听的名词，想把资产阶级掠夺无产阶级的资本帝国主义的强国压迫弱小民族的行为，轻轻隐瞒过去。但是中国人民受了这九十年被压迫的经验，却最易了解帝国主义者所宣称的平等和自决是什么意义。而且也容易了解只有打倒资本帝国主义以后，才能实现平等和自决。

　　但是被压迫的中国劳苦群众最要明了现今世界大势，不能从受压迫的痛苦中加快的救出自己来。最近世界政治发生两个正相反的趋势：一是世界资本帝国主义的列强企图协同宰割全世界的无产阶级和被压迫民族；二是推翻国际资本帝国主义的革命运动，即是全世界无产阶级的先锋——国际共产党和苏维埃俄罗斯——领导的世界革命运动和各被压迫民族的民族革命运动。大战以后，英国生产力停滞，法国经济破产，美国生产力过剩，而帝国主义者简直没有恢复战前经济原状。他们所组织的"国际联盟"用意是互相尊重其所得权利，互相维护其掠夺物的相互保险政策，结果又被他们自己拆散了。

　　华盛顿会议把日、美冲突弄得更加明显，柔鲁会议英、法背道而驰，已是回复到比大战以前的形势还更危险；大战的"破坏"既然已将资本主义的墙脚掘掉了一大半，他且夕有发生塌倒之可能，还能说及恢复和再造吗？这便可说明世界资本主义的命运已离他的末日不远了。在另一方面工人和农民的苏维埃俄罗斯——全世界劳苦群众革命势力的柱石——不断的从根本上打击全世界的资本主义，经了五年的奋斗，势力日见巩固；德国和中欧各国无产阶级革命的火焰，已达到极烈的顶点，英、美、法、意等国常常发生极可怕的罢工运动，已动摇了资本主义的老巢穴；就是日本无产阶级的革命运动，也是声势浩大的兴盛起来，至于印度、埃及、爱尔兰、高丽等被压迫民族，受了前次大战和俄罗斯革命的影响，独立革命运动日见有组织，日见紧张，业已掠得帝国主义者心神不宁了。这就是反对帝国主义的革命势力迅速伸长的确证。

　　而且这两种反资本帝国主义的革命势力——无产阶级革命和民族革命——的联合日趋密切，这个联合的革命势力必定会把世界资本主义的枯骨架推到资本主义自己掘成的坟墓里去。最近数十年之内，中国人反抗帝国主义压迫的势力，已是大有进步，而且还会增长起来。但是中国的反帝国主义的运动也一定要并入全世界被压迫的民族革命潮流中，再与世界无产阶级革命运动联合起来，才能迅速的打倒共同的压迫者——国际资本帝国主义。中国劳苦群众要从帝国主义的压迫中把自己解放出来，只有走这条唯一的道路。

## 二、中国政治经济现状与受压迫的劳苦群众

(一)

……

中国目前政治状况又另开了一个新局面。这个新局面一方便利于帝国主义的列强实行华盛顿会议所决定的共同侵略政策，一方延长中国的纠纷情势。最近的奉直战争，在吴佩孚方面，英、美帝国主义者站在他的后面，为的要协助吴佩孚打倒日本在北京的优势，达到他们自己把持中国政治中心的欲望；在张作霖方面，自然是日本帝国主义者为其后盾，希图维护著名亲日派张作霖所栽培的交通系内阁，以保持他对于北京政府的优越地位。这次战争的结果，吴佩孚扫除了张作霖在北京的势力，但是张作霖在满洲的势力并未失坠，仍足为日本帝国主义利用做专心掠夺满、蒙的刽子手。吴佩孚战胜以后，北京政府渐渐落在亲美派的官僚手里，这是美国实现对华政策一个绝好的机会但是美国并不愿意吴佩孚——是一个较进步的军阀——制造一个统一的政府，因为吴佩孚所主张废督裁兵如果实现的统一，是与中国资产阶级以极大的利益而易于发展，与外国资本帝国主义的侵略进行是极不利的。美国帝国主义者转过头来，与日本强国携手，企图共同利用张作霖、曹锟和其他顽固的军阀官僚（如安福系、交通系等），以免日、美互相掣肘而造成一个可以共同利用的中国傀儡政府。英固更又赞助暴露了反动行为的陈炯明，铲除孙文派在广东的民主势力。这样他们利用军阀，阻挠中国资产阶级的发展，造成军阀势力下之有名无实的统一政府做英、日、美的共同工具的计划，已是显明极了。即使中国现在能出现一个所谓统一政府，但列强的压迫不去，军阀的势力不除，中国是万难实际统一的，而且内乱还会不止呢！民国成立十一年，几乎年年都有战争，不是军阀压迫民主主义革命和战争，便是军阀内讧，如直皖战争和奉直战争等。现在那些督军间的冲突，无处不现出严重的形势，加以帝国主义者无穷的操纵，因此内乱是有加无已的。真正的统一民族主义国家和国内的和平，非打倒军阀和国际帝国主义的压迫是永远建设不成功。因为中国还是军阀把持和割据的时代，故在现今"统一"呼声之下，发生两种矛盾的现象：一派军阀假联省自治的名义实行割据，同时他派军阀假统一的名义压迫南方的民主革命和蒙古的自治，以增长自己的威权。两派所假借的名义虽然不同，而其各想延长武人政治的命运，则是一样的。但是本部各省（东三省在内）经济上绝无根本的不同，而民国的历史，若以十年来武人政治所演出的割据现象便主张划省为邦，以遂其各霸一方的野心而美其名曰地方分权或联省自治，这是完全没有理由的：因为十年来，一切政权业已旁全分于各省武人之手，若再主张分权，只有省称为国，督军称为王了。所以联邦的原则在中国本部各省是不能采

用的。至于蒙古、西藏、新疆等处则不然：这些地方不独在历史上为异种民族久远聚居的区域而且在经济上与中国本部各省根本不同；因为中国本部的经济生活，已由小农业、手工业渐进于资本主义生产制的幼稚时代，而蒙古、西藏、新疆等处则还处在游牧的原始状态之中，以这些不同的经济生活的异种民族，而强其统一于中国本部还不能统一的武人政治之下，结果只有扩大军阀的地盘，阻碍蒙古等民族自决自治的进步，并且于本部人民没有丝毫利益。所以中国人民应当反对割据式的联省自治和大一统的武力统一，首先推翻一切军阀，由人民统一中国本部，建立一个真正民主共和国；同时依经济不同的原则，一方面免除军阀势力的膨胀，一方面又应尊重边疆人民的自主，促成蒙古，西藏，回疆三自治邦，再联合成为中华联邦共和国，才是真正民主主义的统一。

### 三、中国共产党的任务及其目前的奋斗
（二）

中国共产党是中国无产阶级政党。他的目的是要组织无产阶级，用阶级斗争的手段，建立劳农专政的政治，铲除私有财产制度，渐次达到一个共产主义的社会。

中国共产党为工人和贫农的目前利益计，引导工人们帮助民主主义的革命运动，使工人和贫农与小资产阶级建立民主主义的联合战线。中国共产党为工人和贫农的利益在这个联合战线里奋斗的目标是：

（一）消除内乱，打倒军阀，建设国内和平；

（二）推翻国际帝国主义的压迫，达到中华民族完全独立；

（三）统一中国本部（东三省在内）为真正民主共和国；

（四）蒙古、西藏、回疆三部实行自治，成为民主自治邦；

（五）用自由联邦制，统一中国本部、蒙古、西藏、回疆，建立中华联邦共和国；

（六）工人和农民，无论男女，在各级议会市议会有无限制的选举权，言论、出版、集会、结社、罢工绝对自由；

（七）制定关于工人和农人以及妇女的法律：

1．改良工人待遇：（甲）废除包工制；（乙）八小时工作制；（丙）工厂设立工人医院及其他卫生设备；（丁）工厂保险；（戊）保护女工和童工；（己）保护失业工人等；

2．废除丁漕等重税，规定全国——城市及乡村——土地税则；

3．废除厘金及一切额外税则，规定累进率所得税；

4．规定限制田租率的法律；

5. 废除一切束缚女子的法律，女子在政治上、经济上、社会上、教育上，一律享受平等权利；

6. 改良教育制度，实行教育普及。

上面的七条，是对于工人、农民和小资产阶级都有利益的，是解放他们脱出现在压迫的必要条件。我们一定要为解放我们自己，共同来奋斗！工人和贫农必定要环绕在中国共产党旗帜之下再和小资产阶级联合着来奋斗呀！

但是工人们要在这个民主主义联合战线里，不至为小资产阶级的附属物，同时又能为自己阶级的利益奋斗，那么，工人们要组织在共产党和工会里面是非常重要的；所以工人们时常要记得他们是一个独立的阶级，训练自己的组织力和战斗力，预备与贫农联合组织苏维埃，达到完全解放的目的。

中国共产党是国际共产党的一个支部——现在他向中国工人和贫农高声喊叫道：快聚集在共产党旗帜之下奋斗呀！同时，向中国全体被压迫的民众高声喊叫道：一齐来和集在中国共产党旗帜之下的工人和贫农共同奋斗呀！并又高声喊叫道：一齐来和全世界的革命伙伴们并肩前进呀！只有"全世界无产阶级和被压迫民族的联合"是解放全世界的途径呀！前进呀！共同前进！

打倒军阀！

打倒国际帝国主义！

为和平而战！

为自由而战！

为独立而战！

和平，自由，独立万岁！

受压迫群众之解放万岁！

中国共产党万岁！

国际共产党万岁！

## 中国共产党第六次全国代表大会关于民族问题的决议案①

(一九二八年七月九日)

中国共产党第六次大会认为中国少数民族的问题（北部之蒙古、回族、满洲之高丽人，福建之台湾人，以及南部苗、黎等原始民族，新疆和西藏）对于革命有重大的意义，特委托中央委员会于第七次大会之前，准备中国少数民族问题的材料，以便第七次大会列入议事日程并加入党纲。

## 总政治部关于渡金沙江转入川西的政治工作训令②

(一九三五年四月三十日)

聂、朱、杨、袁、李、曾、何、黄、宋、莫、蔡、李③：

党中央与军委所决定之渡江转入川西之基本的方针，应向干部及战士进行广大的政治解释，这个解释之基本要点如下：

A、野战军转入川西及川西北地区活动之政治上、军事上的意义：

甲、在政治上，在川西及西北地区创立苏区根据地，是首先就在使中国苏维埃运动及工农红军两大主力——野战军与四方面军更形接近，更能直接地互相配合作战，走向汇合，以实现赤化四川，而为苏维埃在全国的胜利定下确实的基础。这不仅是为彻底粉碎敌人各个击破我们的企图必须的步骤，而且在中国西部强大的苏区之创立，更能团聚、推进全中国的革命斗争。

乙、在军事上，渡江之后，敌人难于调遣兵力，使作战便利争取伟大的胜利。两主力之接近地配合作战，能够使我们易于取得胜利，而且胜利亦更大。并且因为地理

---

① 文献来源：中共中央统战部编：《民族问题文献汇编》，中共中央党校出版社，1991年，第87页。

② 中国现代史学会、《长征档案》编委会编：《长征档案——纪念长征胜利七十周年》，中共党史出版社，2006年。

③ 指聂荣臻、朱瑞、杨尚昆、袁国平（红三军团政治部主任）、李卓然、曾日三（红五军团政治部主任）、何长工、黄火青（红九军团政治部主任）、宋任穷、莫文骅（干部团政治处主任）、蔡树藩、李涛。下同。

与政治的各种条件,使敌人无法包围我们,我们能够背靠西部而无后顾之忧。这对于野战军,能够使我们极大地缩短无后方的大规模游击战争,变为有后方依托的运动战。

丙、在群众及经济条件上,群众生活之痛苦及革命斗争之紧张的程度,四川不差于云、贵,而经济与物质方面,四川要更好些。

B、目前敌我情况是否可能实现这个方针?这个方针已在遵义会议时确立,可是在我们未能在当时实现。这里主要的原因,是由于敌人预先的部署,使我们非用极大的牺牲不能渡江。现在则由于野战军两月来的机动及四方面军之大胜利,一方面使蒋、黔、滇、湘诸敌均处于我们的侧后,另方面使金沙江两岸之防守极大的减弱,这便给我们极大的可能争取实现自己的战略方针。

C、实现这个方针时的困难与我们应有的努力,在我们实现这个方针时,毫无疑[义]地尚存在需要我们用布尔什维克的毅力去征服的困难:

甲、敌人方面,必然地要企图用一部分力量超越我们堵截,但我们渡江,尾侧的敌人,将更急迫,侧击我们。

乙、在地理条件上,则我们要征服长江本源的金沙江,并应准备渡过大渡河,而在两河之西岸,我们要逾越几个山脉。

丙、在前进道路上,我们要经过广播着少数民族的地区。这些民族中,有一些是文化程度极低而我们政治影响完全没有的,正因为这样,为实现这个远大的战略方针,要求我们:

甲、最大限度的提高我们特有的迅速、敏捷、坚决、勇敢。我们必须以迅速的动作脱离追敌,不让敌人超越我们。因此,一方面我们在渡江前需要急行军,另一方面我们要永远的保持与提高我们的旺盛的作战热忱,以歼灭阻拦与侧击之敌,必要时回击追敌。

乙、最大限度的提高吃苦耐劳、坚持不倦的精神。急行军与渡江越岭,某些区域中给养物质条件的困难,产生一些不满不安与疲倦的情绪。我们必须以加强的政治工作,使全体战士了解远大的前途与光荣的使命,来发扬吃苦耐劳的精神,及为实现这个前途使命而忍受一时的疲劳,不怕任何困难的工农红军的特质。另一方面,必须改善一切行军组织、给养等等方法,来克服与减少这种困难。

丙、严肃的军纪,广泛的群众工作,正确的民族政策,这不但使我们能够顺利地实现自己的战略方针,而且能够吸引至今还没有卷入中国革命洪潮中的千百万少数民族加入革命。这种是中国革命主要的问题之一。

D、布尔什维克的决心,全体红色指战、政治工作人员铁一般的团结在中央的战略方针周围,将保证我们的胜利。而这种团结,只有反对目前主要危险的右倾机会主义中才能取得。而右倾机会主义之表现，则在对革命形势之失败情绪，对于斗争前途之丧失，对于我们力量之悲观，因而畏葸懈怠，并走向破坏军事纪律与自由行动。火力向着机会主义，明确的解释中央与军委之决心，并团结全体红色战士，为实现这个决心而斗争，这是目前一切政治工作之基础。

总政责成政委、政治部依据本训令进行宣传解释的工作，并电告其所用方法与结果。

总政治部<br>四月三十日

## 成立西北特委和西北联邦政府·西北特区关于少数民族工作须知[①]

（一九三五年五月五日）

一、西北概况及其对中国革命的意义

中国西北，系四川、西康、陕西、甘肃、青海、新疆、西藏等省，占全国面积约有一半，在这广大的区域内有丰富的矿山（金、银、铜、铁、煤、煤油、盐等应有尽有），大量的牲畜（牛、羊、马、骆驼等大宗出产），很多的粮食（米、大小麦、包谷、棉花各地都有），上万万富于革命热情的少数民族（回、藏、番等民族），在地形上来说是在中国高原地，向东南北方面发展，都是居高临下，为古来用兵必争之地，如果我们赤化西北的任务完成了，争取苏维埃中国的胜利就易如反掌。

二、回、番、藏民族的分布和情形

1. 回民居甘肃、青海、新疆三省，只新疆一省回民占十分之九，汉人只十分之一。在四川、西康有少数回民。回民多信清真教，各地有清真寺。语言文字与汉人不同，在川、康一带的回民大半能说汉语，饮食与汉人相同，只禁吃猪肉猪油，牛羊肉为其主要食品，婚嫁丧葬均至教堂（清真寺）行礼请老师父念经，其他风俗习惯多与汉人相同。过去国民党对回民压迫极凶，多用武力和屠杀来镇压回民；回民常用暴动来反对和打国民党。

---

[①] 选自一九三五年五月五日《干部必读》西北特刊第二期。

2. 藏民大半居住西藏，用他们自己的藏文和语言，多系游牧生活，带着帐篷牛羊等逐水草而居，信佛教。寺院中的喇嘛（和尚）权力极大，西藏与英帝国主义属地印度接界，国民党出卖西藏给英国，现英帝国主义在西藏开矿山、修铁路、抽捐逼款势力不小。

3. 番民居住四川、西康两省。在四川平武、松潘、茂州、理番一带，为数极多，有几十万人，分生番熟番两种，熟番饮食生活均与汉人相同，能说汉语；生番吃牛羊肉糌粑，说番话，衣服热天穿"鹤衫"，冷天穿老羊皮、皮衣，内衣也用布匹来缝成，男女不穿裤子，衣长齐脚，穿革履（用皮缝鞋）。衣服颜色，喇嘛穿黄色，男人喜穿青色黑色，妇女喜红绿二色。二三十家人为一寨，每寨有一个寺院，每家都喂得有牛、马、羊子等，一个人有六七条牛就是发财人，二三条牛算中等人，没有牛的算穷人，一条牛价值三四十元。马很多，发财人家内有五六匹马，穷人家内也有一两匹马。番民善骑马，出门即骑马。各地由土官土司管事，多世袭（父传子，子传孙，世袭当土官），番文同藏文，说番话与汉话不同，如"马"番话读"打"，"牛"番话读"弱"，"兄弟"番话读"辖衣"，"枪"番话读"屋"，"打枪"番话叫"屋洞"。各番地出产以皮子、麝香、鹿茸、贝母、羊毛、金子等为大宗；人口货物以茶叶、布匹、铁器（农具）、油、盐、糖等为大宗，他们非常爱买。除城市用银元、银子交易外，其他地方用物品交换货物。番民性鲁直，好骑马射箭，作战勇敢，在松、理、茂一带共约几十万人。

三、少数民族政纲

甲、对回、番民的

1. 推翻帝国主义国民党邓锡侯压迫回、番民族的反动统治。

2. 实行民族自决权，回、番民自己组织政府（回、番民自治区、共和国苏维埃，管回、番民自己的事）。

3. 没收国民党邓锡侯、汉官、奸商、放高利贷等发财汉人的土地、牛羊、衣物、财产、金矿等，分给穷苦回民、番民享受。

4. 取消国民党邓锡侯剥削回、番民的厘金、关卡、关课等一切苛捐杂税，以后回、番民再不纳粮缴租，不出一文款。

5. 遵从回、番民风俗习惯、语言文字和信教自由，男女一律平等。

6. 成立番民自己的武装（番民红军游击队、赤卫军），来保护番民的利益。

7. 公买公卖，严禁汉人奸商高抬市价重利剥削回、番民，实行对汉族富商及发财人的统一累进税，提高回、番民生产品价格，降低入口的回、番民必须货物的价格，来改善回、番民生活。

8. 回民、番民作工八小时，青工六小时，童工四小时，增加工资，实行劳动保险。

9. 过去番民自卫武装，如不反对苏维埃和红军，不被国民党发财人利用来破坏苏维埃和红军，仍得保存自卫；并欢迎自卫武装，一路去打国民党邓锡侯和帝国主义。

10. 联合被压迫剥削的回、藏、番等民族和苏联去打倒国民党和帝国主义。

四、回、番民族工作要点

回、番民族是中华民族之一，他们具有丰富的革命力量，是我们反对帝国主义国民党的民族革命战争中的一个有力的支柱，将他们组织起来，领导起来，参加革命战争，是我们每一个布尔什维克党员和苏维埃红军干部顶主要任务之一。要反对过去一种落后意识，认为自己是大汉民族，回、番为蛮夷之人，不愿接近他们，忽视"少数民族在中国革命中的重要性"的错误观点。将西北变为我们革命的后方，是争取苏维埃中国的先决条件，我们在对回、番民族工作中必须注意下列各点：

1. 每一个工作干部和战士，必须了解回、番民族情形状况，多多调查，问清他们一切风俗习惯地形道路等。

2. 大大向回、番民族宣布国民狗党胡宗南、邓锡侯压迫少数民族，屠杀回、番民族，出卖西北，将回、番民族身家性命、土地、房屋、牛马、财产一律出卖给帝国主义，要我们变成东三省、热河第二，用愚民政策、厘金、关卡、金课等来镇压回、番民族的罪恶。

3. 要学会回、番民族的语言文字，遵守他们的风俗习惯语言文字，细心说服和宣传，加深阶级教育，发动他们阶级斗争，使回、番民族信仰共产党与苏维埃红军。

4. 为着将我们的政纲、政策深入回、番民群众中，首先要将"通司"（能翻译回、番文字语言的人）请来，我们要大大优待多给工资（照优待专家条例），使他好好的正确的为我们翻译（如果没有翻译，彼此说话都不懂，工作不能进行）。

5. 大批培养回、番民干部，大胆提拔回、番民中有斗争性、了解革命的穷苦工农群众来训练，使他们去进行他们自己民族中的工作，成绩当更好。

6. 所有帝国主义教堂、国民党官吏、收款委员、汉官的土地、牲畜、房屋、财产一律没收来，分给回、番民众。

7. 对回、番民发财人，开始不能随便没收和征发，如经过大多数穷苦回、番民众自己斗争，要求没收征发时，我们将赞助与保护之。

8. 坚决领导回、番民众来推翻与镇压国民党、帝国主义、汉官的反动势力。

对番人官吏土司在不危害我们政权的条件之下，可以分化监视利用，使他屈服的办法。主要是发动回、番民自己来改选与夺其领导权，在未得番民多数群众了解与赞助之前，不得随便捕杀回、番官吏与回、番发财人。对反对首领利用下的回、番民众及团丁，应绝对保护与争取之，绝不准伤害。

9. 向回、番民购卖物品须要公买公卖，照货给价；向回、番民家中借用用品，应经过他许可后才准借走，用完应迅速交还。

10. 到回、番民家中不准乱动其一切物件，加拿草、下门板、拿水桶、锅、碗等；对回民清真寺应遵守他们规矩，不准随便进行东摸西搞，一切要切实遵守他们风俗习惯；对回、番妇女更要绝对遵守她们礼节。

五、对回、番民族中心口号

1. 回番民族实行民族自决权！
2. 推翻帝国主义国民党军阀反动统治！
3. 建立回番民族自己的政府！
4. 共产党是为回番民族解除痛苦的党！
5. 共产党是为回番民族找吃找穿的政党！
6. 共产党是主张民族自决，解放回番民族的政党！
7. 苏维埃是穷苦工农自己的政权机关！
8. 苏维埃是为回番民族谋利益的政府！
9. 红军是反对帝国主义国民党军阀的武力！
10. 红军是保护回番民族不当亡国奴的军队！
11. 取消国民党军阀汉官一切捐税租课！
12. 回番民永不出汉官的捐，不完汉官的粮，不还汉人财主的债！
13. 没收国民党军阀汉官汉人财主的土地牛羊房屋财产分给回番劳苦民众！
14. 组织回番民红军、游击队，保护回番民众去打帝国主义国民党！
15. 拿回番民众自卫的武装来联合与加入红军，一同去打帝国主义国民党！
16. 没收国民党军阀所组织的反动武装来武装回民番民，保卫回番民已得利益！
17. 反对国民党出卖西北，莫让西北亡给帝国主义！
18. 遵从回番民风俗习惯语言文字、信教自由！
19. 回番汉穷人是一家，自家人不打自家人！
20. 回番人与红军是一家人，自家人不打自家人！

21. 坚决保卫回番民利益，决不杀害回番民！
22. 公买公卖，不准汉人奸商高抬市价，重利剥削！
23. 提高回番文化教育，创办回番学校，回番青年男女读书不要钱！
24. 打到成都去，番人都穿好衣，都吃好东西！
25. 打到兰州去，回民都得好田地好牛羊！
26. 西北革命成功万岁！

# 总政治部关于争取少数民族工作的训令

（一九三五年五月十九日）

各军团政委、政治部：

野战军今后的机动和战斗都密切的关系着争取少数民族的问题，这个问题之解决，对于实现我们的战略任务有决定的意义，因此各军团政治部，必须立即把这个问题提到最重要的位置。

必须向全体战士解释争取少数民族的重要性……，并规定：

"（1）严格的政治纪律，绝对不许对少数民族有任何骚扰……

（2）动员全体战士向少数民族广大的群众宣传红军的主张，特别是民族自主和民族平等。

（3）努力争取少数民族加入红军，在最初的时期即使个别的亦是宝贵的，政治部对于这些分子在生活上、政治上、教育上都应加以特别的注意，在人数较多时，应成立某个少数民族的单独的连队，并特别注意与培养他们自己的干部。"

附　录

## 中国工农红军西北军区政治部对番民十大约法[①]

（一九三五年五月二十日）

一、消灭贼娃子×××；

二、红军不杀一个番民；

三、取消一切捐税款子；

四、一不拉伕二不抽丁；

五、开仓分粮分给穷人；

六、增加工钱改良待遇；

七、番民自己武装自卫；

八、番民自己组织政府；

九、买卖自由公买公卖；

十、番民自己信教自由。

西北军区政治部主任　曹传六　陈昌浩　傅钟<br/>中华苏维埃共和国五年五月二十日

## 中华苏维埃西北联邦临时政府回番夷少数民族委员会布告

（一九三五年五月二十日）

全西北回番夷民族父老兄弟姐妹们！

在过去帝国主义和国民党卖国贼政府的统治之下，回、番、夷等少数民族人民真是好比住在黑暗的十八层地狱下面！

国民党军阀蒋介石、邓锡侯等压迫你们剥削你们，把你们不当人看待，抢你们的牛羊财宝，侵占你们的土地药山，烧毁你们的村寨，奸淫你们的妇女，强迫你们出捐缴款，进贡纳税，愚弄你们，欺骗你们，不许你们读书识字，学习你们自己的文字，出卖回番夷民族居住的西北给帝国主义外国强盗，动辄还要成千成万的屠杀你们，国民党军阀真是回番夷民族的血海深仇！

---

[①] 文献来源：中共中央统战部编：《民族问题文献汇编》，中共中央党校出版社，1991年，第262页。

### 红色记忆
——红军长征在藏族地区及其当代启示

只有苏维埃政府才是全国穷人和被压迫少数民族的政府,是唯一主张解放少数民族的政府,是解放西北回番夷少数民族的救星。苏维埃政府是推翻屠杀压迫回番夷民族的国民党贼娃子邓锡侯、蒋介石的军阀政府。

中华苏维埃西北联邦临时政府,为了彻底解放西北一切少数民族,号召西北少数民族起来共同反对屠杀压迫少数民族的帝国主义和国民党军阀政府,特设回番夷少数民族委员会来领导回番夷少数民族的解放斗争,并宣布本苏维埃政府对于解放回番夷民族的主张如下:

一、驱逐一切帝国主义外国强盗出西北,没收帝国主义在西北银行与企业;

二、剿灭屠杀压迫回番夷少数民族的贼娃子蒋介石、邓锡侯,推翻国民党衙门官署局子和团保甲;

三、回番夷少数民族建立自己全族——地方——区——乡各级的人民革命政府,自己管事,实行民族自决;

四、没收国民党军阀、汉族官僚、地主豪绅的一切土地财产、房屋、粮食、衣物、盐巴、布匹、茶叶、牛羊,分给回番夷民族;

五、回番夷少数民族的工人(帮人做活路的)每天作大半天工做八小时,增加工资,实行失业发津贴与社会保险;

六、回番夷民族武装自卫,成立回番夷民众自己的自卫军、游击队、回番夷民众的红军;

七、回番夷民众信教自由,尊重回番夷民众的风俗习惯和礼节;

八、提高回番夷民众的文化教育,创立回番夷民众的学校,用回番夷自己的语言文字教育回番夷青年男女,读书不出钱;

九、取消一切国民党军阀邓锡侯、胡宗南刮削回番夷民族的苛捐杂税,回番夷民众永远不出款子,不上粮,不还发财人的债;

十、公买公卖,不准汉人奸商哄抬市价,重利剥削,回番夷民众自己经商采办盐巴、布匹、茶叶,提高回番夷土产价格;

十一、回番夷汉穷人是一家人,大家共同联合起来打帝国主义打国民党贼娃子蒋介石、邓锡侯;

十二、回番夷民众拥护中华苏维埃西北联邦政府,加入苏维埃西北联邦政府,联合全世界无产阶级和解放全世界被压迫民族的苏联。

中华苏维埃西北联邦政府主席 张国焘
回番夷少数民族委员会委员长 周纯全
中华苏维埃共和国五年五月二十日

附 录

## 西北军区政治部给各级政治部、处的一封指示信

(一九三五年五月二十三日)

目前革命胜利的事实证明了党的策略路线之万分正确,所以在一月以来渡过了嘉陵江、涪江,又占领了岷江沿岸之重镇茂州之雁门关,接近汶川灌县,可直取成都西面理番,北面松潘,奠定了赤化西北的基础,对赤化全中国的事实又推进了一步,因此,各级政治部、处必须首先认识这个革命开展的前途,加紧部队内部的政治动员,说明赤化西北对中国革命的意义和把握,提高一般战士的战斗情绪;打击那些犹疑、畏缩、害怕、动摇、消极怠工的右倾分子。对地方劳苦穷人方面须尽量发动他们内部的阶级斗争,号召并领导他们起来反对帝国主义国民狗党,尤其是抓紧少数民族工作,解放回、番、藏、苗各民族,这是赤化西北的必要条件。

对少数民族的政策是承认他们有独立自决权,不受任何人的压迫。反对国民党汉官的统治,揭破他们对少数民族的欺骗。号召他们起来反对邓贼娃子,吸引他们参加民族解放的革命战争。惟对回、番民族内部的统治阶级(发财人)开始不能象反对汉官一样的去随便没收,易使他们误解番人反对番人,回人反对回人,反而掩盖了反对汉官压迫的口号。我们应当发动番人、回人起来为民族独立自由的解放斗争,同时要联系到番人内部的阶级斗争,揭破番人中上层分子的假面具,和暗中帮助邓锡侯国民党压迫番、回穷人的事实。

根据中央代表的报告和省委最近关于少数民族工作的一封信,各级政治部、处应马上执行下列的几件工作:

一、有组织有系统的来研究少数民族问题。军、师政治部之下立刻成立少数民族委员会,以七人组织之,由主任、宣传科长、组织科长、党委书记,地方工作队的一人共同组织,再要吸收当地先进的回、番民参加。政治处之下成立少数民族组,以三人至五人组织之,要有主任、宣传科长、组织科长参加。少数民族委员会,主要的是研究少数民族间的政权、土地关系及他们的痛苦、要求、经济、出产、商业及一切风俗习惯、语言文字等问题,每星期必须将所搜集之材料报告本部,同时还要交给全体指战员们去讨论。这个工作必须在"五卅"纪念之前完成。

二、各级政治部、处要马上选择年轻活泼的青年,设立学校专门学习番、回文字语言。军政治部要有三十至五十人,师政治部要有二十至三十人的学校。

三、对少数民族间政权组织的形式,决定成立回、番人民革命政府。是过渡到苏维埃政府的一种组织形式,且能吸收广大群众参加政权。为什么不直接组织苏维

埃呢？因他们的政治头脑简单，文化程度低落，经济组织之落后的关系，其组织如下：

1. 全族人民革命政府——地方人民革命政府——区人民革命政府——乡人民革命政府——代表内分主席、经济、文化、内务、土地、粮食、交通、革命法庭……

2. 工农穷人方面可成立番人（或回人）联合会，团结贫农、雇工、手工业工人，作为我们工作的基本群众。

3. 党的组织决定成立番、回民族的革命党，谁愿意自动参加反对帝国主义国民党的，就有资格入党（等于外蒙古以前成立的青年党一样），从革命党内选择一部分阶级成分好的，工作勇敢积极有斗争精神者，再介绍他加入共产党。组织系统是：番人革命党——地方委员会——区委支部（成年青年共同组织）。

这样的组织，我们认为是适合于目前回、番民族的需要的，望各级政治部、处详细讨论这个问题，统一的来执行省委对少数民族间政权、党的组织的决定，决不要随便混乱的去组织。

"五卅"前必须将上面这些工作完全充分的执行起来，并将工作的成绩报告我们。

# 西北特区委员会关于党在番人中的工作决议

（一九三五年六月五日）

一、番族政治经济状况和番族解放运动的严重意义

在川西北、川康、川青、川甘边境，有很广大的番人，平均几乎占这些地方居民的十分之七（羌人夷人算在里面）。由于他们经济发展的落后，使他们日常经济生活中还存留着很多自给自足社会的遗迹（如以物换物，奴隶制度进贡……）。因为日用必须（需）品的缺乏（如盐、茶、酒、布、铁器……），使他们不得不依靠中国商业资本的供给，这也就给中国商业资本剥削番族劳苦民众以机会。

中国商业资本实际是帝国主义剥削番族劳苦民众的媒介。中国商业资本家拿很低的价格将番人的牛羊皮毛等原料买来再转卖给帝国主义，而以很少分量的帝国主义的货品（中国货也有一部分，但和帝国主义多少有关系）定很高的价格卖给番人，从这当中赚大利钱，甚至以很少的货品换很多的原料，甚至有些番人半年辛苦所得，结果只换到很少的日用的小零碎东西。这些商业资本家，许多都在做买卖当中借钱或赊货给番人，乘机进行极苛刻的高利贷的剥削。

过去国民党军阀汉官统治阶级就利用这种商业资本的方式直接剥削番人。所有

和番人通商的商号都是和国民党军阀汉官统治阶级有密切的关系，甚至有些大商号就是国民党军阀汉官统治阶级自己开设的。不仅这样，国民党还在帝国主义帮助之下，运用政治权力侵占番人的金矿、药山、森林，开办采木公司，金厂……等进行畸形的开拓政策，以非常低廉的工价，剥削番人的劳动力。国民党汉官统治阶级除此以外便是无限度的抢掠番人牲畜，逼番人出款完粮，来满足他们禽兽般的欲望。

帝国主义国民党汉官统治阶级这种畸形的开拓和商业资本的剥削，一方面障碍了番人民族经济的发展，斫伤番族人民的经济生命，使番族民众永远沦于半开化的地位。另一方面，中国商业资本不断将外边的洋货运到番地去，也就引起番人本族土司的贪欲，他们不得不加紧剥削本族穷苦民众来取得金钱或物质，来供给他的消耗。这些土司头人土官对番族民众有无上的权威，直到现在还盛行着这一种奴隶制度，每一个头人家里有十几个娃子（番语叫"蛮结打"，就是奴隶），照例每年一般穷苦民众要向头人土官送银子，家家要替头人做庄稼，实行强迫的劳役，这些头人表面上是番人中的主要统治者，实际是国民党军阀汉官统治阶级的附庸，汉官统治阶级从来就利用他们统治番人。因此国民党汉官统治阶级是用了一切方法来维持番族中的奴隶制度和封建剥削。

番族劳苦群众在这种重重剥削之下，生活是更加悲惨，斗争也就不断的爆发，有名的黑水、芦花的番人暴动便是在这样条件之下产生出来的。黑水、芦花九十九沟半成千上万的群众都卷入了斗争的潮流。他们鲜明的提出打邓贼娃子、不缴款……等纲领，这一幕英勇的民族解放斗争，因为没有共产党的领导，结果还是被头人出卖了。

番人本族统治阶级，在斗争初起时，利用群众对汉官的愤怒，掩盖自己对番民的压迫和剥削，表示一时的勇敢来巩固自己在番民中的统治地位，一旦到斗争决定最后胜负的关头，便马上叛卖群众，向国民党邓锡侯纳款投降。

活佛和大喇嘛在这斗争中起了很大的反革命的作用，国民党利用他们在宗教上的地位驱使他们"宣化"番民，进行各种欺骗来缓和群众斗争，这些活佛和大喇嘛是汉官和土官统治番民最好的工具。

同时国民党军阀邓锡侯、胡宗南、蒋介石对番民的解放斗争采取了一贯的屠杀血洗威迫利诱的政策，从沙坝到芦花几百方里的房子都被邓猴子烧光，屠杀了好几千个番民。他们宣传番人如何野蛮，不近人性，分番民为生番、熟番，制造各种不利于番民的谣言，降低汉族群众对番民斗争的同情，同时离间番民群众。最近胡宗南在松潘番民中进行各种欺骗宣传，主要便在欺骗番民，使番民不反抗他，他好在番民中顺利地进行新的压迫和屠杀的奸计。

**红色记忆**
——红军长征在藏族地区及其当代启示

可是汉官国民党邓锡侯、胡宗南、蒋介石的屠杀政策，土官的出卖斗争，以及活佛、喇嘛的欺骗不仅没有能消灭，而且增加了番族穷苦民众对汉官的仇恨，在斗争中使他们认识了自己的力量，更加提高了他们斗争的决心，特别是关于红四方面军的无数胜利，共产党在番民中的影响日益扩大，番民的革命情绪正在迅速增长，而国民党军阀汉官土官活佛在番民中的统治是更加削弱了。

番民斗争的开始与扩大，这是中国少数民族斗争有力的一个支流，对于我们赤化西北的战斗有莫大的帮助。将川陕省苏维埃运动和少数民族的解放斗争结合起来，这是赤化西北最具体的步骤。因此加紧对番民的解放斗争的领导来配合我们整个的战斗，成为党当前紧急任务之一。

二、共产党领导番人解放运动的路线和策略

共产党对领导番族解放运动的基本路线是主张番人独立，实行彻底的无条件的民族自决权，实行番人自决，领导和组织番族广大民众起来推翻帝国主义国民党汉官统治阶级的统治，建立番人自己的苏维埃和人民革命政府，同时根据他们自己的意志和中国的工农群众建立革命的联合战线，进行民族革命战争，打倒共同的敌人国民党和帝国主义，为民族解放而斗争。

（一）党对番人的中心口号和斗争的领导

工作一开始首先就要去细心的了解番人里边的政治经济状况，人口分布情形，生产情形，剥削关系与统治制度，阶级划分、文化、宗教、风俗、习惯、出产、地形、道路，……过去国民党汉官对他们压迫和剥削的事实，番人生活痛苦情形，以及他们的迫切要求。根据这些实际材料，要立即提出适宜于当地群众要求的口号和斗争纲领，这些口号应当拿下列几个口号做中心，临时所提出的行动口号，应当以这几个口号做根据：

推翻帝国主义、国民党汉官统治阶级，没收汉官、发财人牛羊、布匹、土地、粮食、茶叶分给番人！

从汉官手里夺回自己的土地、牛羊、药山、金厂和森林！

实行番族自决！

建立番人自己的苏维埃政府或人民革命政府！

取消国民党一切捐税，番人不出一个钱的款给汉官！

提高番地土产价格！

反对奸商哄抬外来货品的价格！

发展番人合作社，番人自己贩货做生意！

消灭屠杀番人的蒋介石、胡宗南、邓锡侯！

番汉穷人联合起来打倒帝国主义国民党！

"推翻汉官统治阶级""反对汉官压迫"，这是我们在番人工作中一切口号的中心，应当抓住他们对汉官统治阶级国民党军阀的愤怒情绪，实际的组织他们的斗争行动。有许多汉人在番人中当团首甲长，就要立刻发动番人穷苦群众起来没收汉官的土地粮食牛羊及家财分配。过去整番人整得厉害的汉官要当场发动群众解决他，来提高群众斗争情绪。

在群众斗争中，在宣传我们的中心口号时，要特别详细说明汉官国民党蒋、胡、邓等匪压迫和屠杀番人的罪恶，帝国主义侵略番族的阴谋，详细解释我们的中心口号，指明帝国主义、国民党、贼娃子的垮台崩溃，我们的伟大力量和伟大胜利来提高番人的积极性。

（二）民族解放斗争和阶级斗争的联系

对于民族解放斗争和阶级斗争的联系问题，上次省委的决策是完全正确的。

由于过去汉官统治阶级对他们很深的剥削和压迫，因此将番人内部的阶级矛盾表面上掩盖起来了，还不能一下子使他们感到反对本族发财人统治阶级的重要，如果一开始就提出反对本族统治阶级为主要口号，这很容易被曲解成为番人反对番人，反而掩盖了反对汉官压迫这一主要口号，这是不聪明的政策。我们是一方面发动番族民众起来进行民族革命战争，同时联系对番族内部的阶级斗争。应当不断的在番族民众中抓住许多具体事实揭穿他们中间统治阶级的假面具，说明这些上层统治阶级在民族解放斗争中并没有站在番人方面并且受汉官的贿赂，暗中帮汉官压迫和剥削番人。在许多的政治经验中，使少数民族的劳苦群众逐渐觉悟，只有打倒本族统治阶级，民族革命战争，才能得到彻底胜利；只有深入本族内部的阶级斗争，民族革命战争才有内容；也只有加紧民族解放斗争的领导，才能更广泛、更迅速的动员群众参加阶级斗争，才更能揭穿本族统治阶级的假面具。抓住番族群众反对帝国主义、国民党的热烈情绪，从推翻汉官统治阶级，进一步推翻本族的统治阶级，实际的争取群众进行阶级斗争。

（三）联合战线的策略

番族穷苦民众，为了要使民族解放斗争能够迅速扩大至很广大的范围，就必须和反对民族压迫以及赞成民族独立解放的小资产阶级知识分子、小喇嘛和一部分小土司土官建立联合战线，来反对汉官统治阶级。

为了具体实现这种联合战线，建立广泛群众的番人革命党是非常必要。番人革命党是一种广泛的群众组织，这种组织是少数民族中穷苦群众和小资产阶级知识分子联合战线的具体形式，要在番人中广泛的建立番人革命党的组织。

番人革命党的党纲是：

一、打倒压迫番人的汉官国民党和帝国主义。

二、建立番人共和国独立政府。

三、番人自决，番人管理番人的事。

四、没收汉官发财人的土地牲畜、茶叶、布匹分给番人。

五、取消国民党厘金关卡，番人不出款子。

六、信教自由。

七、男女平等。

八、提高番人文化教育，设立番人学校。

九、武装番人，成立番人游击队、自卫军、红军，保卫番人。

十、番、回、汉穷人联合起来。

番人革命党的党章是：

(一) 名称——番人革命党。

(二) 宗旨——赞成并拥护共产党民族自决的主张，为番人独立而斗争。

(三) 党员——凡属番人，不论性别、宗教、地域，愿意参加反帝国主义反国民党斗争，实现番人独立自由的分子都可加入本党。

(四) 手续——凡具有上项志愿，自动请求或经一人介绍，即可为本党正式党员。

(五) 义务——凡加入本党者，必须参加党的会议，执行党的决议，服从党的纪律，缴纳党费。

(六) 组织——

(七) 支部——三人以上成立支部，小的支部选一支部书记，大的支部成立干事会，内分总务宣传干事、组织干事，支部以寨子为单位组织。

(八) 区委——支部以上成立区委，内分总务、宣传、组织，由各支部党员大会或代表大会产生。

(九) 地委——三个区以上就成立地方委员会，领导各区工作，内分书记、组织、宣传。

(十) 省委——管理各地委的工作。

(十一) 纪律——劝告，警告，察看，开除。

(十二) 本党章有不妥处，得召集党大会修改之。在这种联合战线的组织中，党必须时时刻刻站在劳苦群众方面，宣传解放斗争的重要，发展群众的阶级自觉，不断的揭发与批评上层分子的不坚定性，巩固劳苦群众在斗争中的地位，锻炼劳苦群众，巩固共产党的领导，这种联合战线是为的锻炼番族穷苦群众，争取在民族解放斗争的主要地位，而不是为了迁就少数分子的。

（四）番人斗争的基本力量是奴隶、牧民、工人、贫农、中农，少数民族解放斗争的基本力量应当是本族中的牧民（在草地一带），土司所使用的奴隶（在番人中所谓娃子）以及贫农、中农，在采木公司和金厂的工人以及棒老二等穷苦民众，这是在民族解放斗争中最可靠、最坚定的部分，党应当集中力量去组织和团结他们，把他们组织在番人联合会里边，作为番族解放斗争的支柱。

番人联合会是番族解放斗争的中坚，同时又是在本族进行阶级斗争最有力的战斗组织。番人联合会要动员本族穷苦民众参加整个的民族革命战争。有组织的团结本族穷苦民众，提高穷苦民众在整个的解放斗争中的地位，同时番人联合会要用一切方法拥护本族穷苦民众的利益，平分土地，反对奴隶制度，解放奴隶，反对封建的徭役……等等，土地多的地方应当提出谁种谁收，土地少的地方应当立即平分土地。在西北番人游牧民族中，我们可以组织牧民联合会，拥护穷苦牧民的利益。

在发动斗争中，对本族统治阶级不能象对汉官一样，必须多多发展群众的自动性，一切番人穷苦民众反对本族统治阶级的斗争，党必须全力援助，使这一斗争得到胜利。肃反工作的目标应当向着破坏民族解放斗争的分子以及汉官国民党帝国主义的奸细。不能随便捉人，捉人必须经过上级批准，捉反动分子必须大大宣布他的罪恶。没收工作必须遵守没收约法，要发动群众参加，经过群众中的宣布说服和上级批准才能执行。严禁一切不守阶级路线不发动群众的行为。

一切斗争的领导都应当是发动群众自动起来而不是拿我们党或个人的行动来代替广大群众的斗争。同时在一切斗争中必须同时尊重原有的风俗习惯，不要随便侵害番人的宗教感情。

（五）番族解放斗争中的政权形式

建立独立的番族的人民革命政府，这一政府是领导番族民众独立解放的战斗的政府，这一政府同时又是联合战线的政府。

这一政府占主要地位的应当是番族中的穷苦群众、奴隶、牧民、工人、贫农、中农和热心革命的分子，但知识分子和一部分革命的小喇嘛、小土官赞助独立解放运动的也可参加政府工作。这一政府绝不能因为联合战线而牺牲穷苦群众的利益，相反的要加紧保护穷苦群众的利益。同时要批评里边的动摇分子，经过相当时期逐渐使这一政府成为工农专政的苏维埃政府，这一政府对于一切主张或赞助番人独立解放的个人或团体，都应当扶持他们联合他们！这一政府同时是中华苏维埃共和国西北联邦政府的一部分。番族人民革命政府的组织是：

全番族人民代表大会——全番族人民革命政府——主席——经济商业部长、革命法庭庭长、交通部长、教育部长、粮食部长、土地和畜牧部长、内务部长——地方人民革命政府——区人民革命政府——乡人民革命政府——代表。

关于政权和宗教的关系，应当实行政教分离的政策，信教自由，活佛大喇嘛只许传教，无权过问政治。一切政治权力归苏维埃或人民革命政府，一切权力归奴隶牧民工农兵士、穷苦群众。苏维埃或人民革命政府不设喇嘛寺内。喇嘛寺应设法转变成为番族人民中革命和文化教育机关。寺庙财产由番族大多数人民组织委员会管理。

（六）武装番族劳苦群众

应当用一切方法动员番人参加红军，同时组织番人自己的红军、游击队、自卫军。这些民族的军队中间，必须以本族的穷苦群众做领导骨干，同时要设法选择穷苦番人中的积极分子到红军大学受训练，培养成番人军队中的干部。

对于番族中原有的武装组织，只要他赞助番族的独立解放，愿意打国民党军阀，我们可和他们建立有条件的军事同盟，派人到里边工作，逐渐转变他里边的领导成分，并加强对里边的政治训练。

（七）加紧番地经济建设

发展番族经济建设，这是和整个战斗不能分开的。应当在各寨各沟设立商店，在比较大又比较集中的寨子或交通要道开辟市场，将生意做起来，同时要发展里边的手工业（合资办合作社），加紧番地生产开荒，提高土产品的价格，反对外来商业资本的剥削。

（八）番人中共产党和共产青年团的工作

在番人革命党内，政权机关和联合会内要加紧进行共产党和共产青年团的工作。番人革命党是群众组织，不能代替共产党。共产党必须要在里边建立自己的党团加强里边的领导。党应当在斗争中宣传共产党的主张，在实际行动中树立党的领导威信，吸收牧民、娃子、工人、贫农加入共产党，建立党和团的支部。

各级党部、团部，各级政治部，接到此文件后都要立即讨论，并具体进行为要。

附 录

## 《番地情形》[①]

（一九三五年六月二十六日）[②]

第二号（番地情地[形]）

□□□活情形

番人中差不多家家都有或多或少的一点土地，但多不够吃，够吃者，大寨中约三四家，小寨中不过家把两家。穷家小户，每到二三月间就没有吃了，不够的只有上山挖药草来补给。各家在秋冬季天气短时吃两顿，春夏季做生活老火的时候，就吃三顿。早餐吃干饭，余皆吃稀饭。考番民生活之所以如此，一般贫困者，主要是由于汉官与土官之双重压迫余剥削所致。计国民党汉官邓锡侯等在此每年残酷刮削番民之捐税种类有：烟款、百货厘金、军米、修路捐、牛羊捐、采药捐、特别捐等……至于土官之苛求勒索，一般番民劳动者的有年贡：如粮食（不管多少，三五斗）、猪肉、羊子等等。当然，番民在受如此双重榨取与吸血之下，也就自然形成其生活水平之至于极低限度以下，而番族阶级斗争必易发生之条件亦基立于此。

番人性格与习惯

番人性刚直，耐劳苦，除土官阶级最安闲外，一般番人民众，都非常勤耕种与操作，尤其妇女更勤劳过人，每在行路或者说话与会场中，都总在绩麻搓线，而且番人团体性坚强，遇事要干都干，不干就都不干。番人的习惯，衣服自新穿上身起直到破烂都不洗，脸一月亦不洗三回。每人身佩短刀一把，筷子一双，木碗一个，火镰刀一把，这就是番人的生活工具。身着麻衣，遇雨不湿，足穿草鞋，善于爬坡。

但番人亦甚多疑忌，大概是他们往年吃了汉官和汉族发财人奸商的很多大亏，所以他们过去每同汉人交际时，常存一种怀疑与畏惧的〈态〉度，但近来经过我们政纲的宣传，与经常与番民的接触，□□□种过去疑惧汉人的心理已显可见化除很多了。

□地情□与奴隶制度的遗迹

□□□□□沿革，目前我们远未得到更充足的材料，以□□证。只闻这一带

---

[①] 中国国家博物馆藏。

[②] 此件未署哪一年。据隋立新：《从长征文物看红军对藏区的宣传——基于中国国家博物馆长征文物收藏的考察》，《中国藏学》2016年第4期，考证为1935年。

## 红色记忆
——红军长征在藏族地区及其当代启示

的老百姓相沿传说，大约是满清乾隆皇帝打金川时，军行至此，目睹荒地极多，人烟稀少，因而采用一种奖励开垦辟荒的办法，即随各家劳动力之大小，而听其自由划地以耕种，既然这一带地广人稀，而番族内部的货币关系又不发达，因此土地还未进到一般能当做商品来交换，所以番民中现在各家多少总还是有一点土地。

原来，番人本族中的土司头人，对番人族中民众有无上的高压权威，他们实行一种掠夺土地的办法，凡番族人中之世代相传绝祀[嗣]者，其遗产——土地，即归土司头人没收。因此，番民中之垄断大量土地成为事实上之大地主者，就是这般土司头人。当廿八军邓匪前年用烧杀政策来征服叩山九沟后，邓匪即逐走此地土司，而另设一公安局于大秋地——即取土司之地位而代之，实行将土司过去所占之土地，完全转入于"公安局"之手。现在从古儿沟一起直到尽头寨马塘，纵横数百里地上，许多番汉穷苦农民，都是这"公安局"的佃客。

现在，我们每与番民接谈，他们都说："我们这里土地，从前都是分过一次的，因此我们家家都有点土地，但我们头人是不准我们自由买卖□这土地哩！"

——其实，所谓过去"分土地"完全是因为当时这里地广人稀，采用的以"插旗圈地"来鼓励移民垦荒的平常办法而已。至于番地土地之至今尚禁自由买卖者，这更显然是蛮官与汉官们之为得要抢夺番民土地所实行的一种强盗政策罢了！自近年汉人[商]业资本侵入番地后，引起他们经济生活起了变化，所以渐渐发生以田地典当与佃租的事了，佃地不要佃钱，只纳其地之生产额十分之六为租。佃户多是客边（即远方来的客人）。

番人中有钱人就买有奴隶（男者曰"娃子"，女者曰"鸦头"），只要被卖为"娃子"与"鸦头"后，即一生供主人效犬马之劳，作无报酬的苦工，无权出去自由帮人！只有"鸦头"到了相当年龄，可由主人主权代其择配定婚，而"娃子"则一生到老，无聚[娶]婚之自由权也。如有"娃子"性拗或效劳不力，无法获得主人之欢心时，则该主人即可将此"娃子"随便转送另外的番家头人或富户，不但完全把人当做[商]品来互相转赠，而且"娃子"就被转送到别人家后，亦仍无聚[娶]婚之自由权，这样一种奴隶制，如在资本主义的欧洲，要中世纪以前才有，但在被国民党反动统治所压服的番夷民族境内，这种残酷无人性的奴隶犹然存在，所以宜乎我们到地，而逐处看见番民之反国民党、反汉官与反中世纪奴隶剥削的解放斗争之非常热烈也。

土质与气候

番地区域，所谓山大并不尽然，即如三番地界以北，到了草地境内，完全是莽莽平原，一片美丽的牧牛广场。只因这些区域，地处高原，故气候较为寒冷。但即冷冬之季，比之蒙古与苏联，其气候仍复温和甚多。在番地境内，无论山地与平原，居民多牧牛羊以为主要生产，即贫穷家亦必牧牛羊两三头，富者多至养牛羊数十百千条以上，每有最大的喇嘛寺中，有喂牛羊几千上万条者。故番地人民多以牛羊皮制为皮衣、皮帽、皮靴，据说他们习惯着此服装，虽冬腊之季，亦不觉严寒。而且番地生活类似西欧，居民多以牛羊肉、奶油（苏油）奶饼及麦面大馍为主要食品，这种生活正是北方寒带的特产，因为多吃牛羊肉与奶油奶饼，其作用是容易增加体温与健强生体，故番地人民，衣食均与寒带适应，所以他们人人身躯魁梧，终年很少病痛。三番各地土质各保黑色，土壤肥沃，尤其草地境内到处广地平原，水量充盈，绿草丰美，大可恳[垦]辟，倘能经营得宜，多用牛犁耕，则千里平地，种麦种稻，将必成为中国西部粮产极丰之区域。

耕种与收获

番地中的耕种由于气候关系及生产方法之落后，所以每年只能收种一季，平坦之地有用牛耕种者，山地尽系人工，山沟低下的平地，每斗包谷种可收十四五斗包谷，青稞荞麦一斗种可收七八斗，山坡上之地每斗种只能收三四斗粮食。

各样粮食除荞子可收两季外，余皆只能收一季，玉麦（包谷）三月间种，九月间收（须时六个月）；荞子五月间种，六月间收，七月间种，十月间收（只须三个月）；麦子青稞八月间种，到对年七月间收（须时将一年）；洋芋也是对年收一季。

菜类有萝卜、白菜、园根（包头菜）亦对年一季。

番人的家庭

番人家里吃饭分几等，青年壮丁吃麦子（算上等饭食）；鸦头、妇女们吃玉麦（算中等）；老汉老婆认为是做不得路的人，吃荞子、酒糟、麦伕[麸]等（为下等）；发财人家才吃白面葱油，喇嘛和尚吃的与发财人同。

番人所忌讳的

番人家里在屋之中央是锅灶与火炉箱，来客只能坐火炉的左方（即爨火方），火炉的对方（即上方）是他老年人的坐位，火炉的右方是他们女人家的坐位，这对右二方都不准人随便坐，如他认你为贵客，则请你坐上方。

火炉上的三角铁架，是不要人架脚的。

每家都于屋角悬挂有"麻米旗"（即以红白布作旗，书写喇嘛阿弥陀佛等番文于上，用高杆悬挂于空中）。番人的神话相传是孔明用来扫败这一带的风水的，说孔明怕要出皇帝来作乱。番人每遇牛羊猪得病，就请喇嘛来念经，挂"麻米旗"以稳祈除祟，求福去灾之意，这旗决不准人乱动他。

再者，番人家每家都有经堂，有经书，这经书也是绝对不准人动他的。

## 红色记忆
### ——红军长征在藏族地区及其当代启示

土官对番民的压迫

土官中的阶层：有土司、大头人、小头人，小头人以下就为寨首。

这些土官里面，阶级制度非常森严，他们都不与众百姓（番民）通婚。小头人之女只嫁给小头人家，大头人之女只嫁给大头人家，土司只更[跟]土司开亲。如找不着门户相对的，就将女儿供养终身[生]不嫁，因为这些土司自认为将女儿嫁给百姓是失了体面。

土官尽是子孙相传的世袭制，不怕儿孙再蠢笨，亦可继职，如无儿子，就报别个土官的儿子来袭职，别人是不能当土官的，就当土官，也没有听从他。

土官可以管百姓收官粮，每年每家都是五七升三五斗的，送官粮给土官。而且众百姓要给土官做活路当差（分上下班的替土官做事背东西牵牲口），番民见了土官，不能挺身走，要把帽子或帕子去吊[掉]，俯地爬行。在番地里据说甚至有土官上马要番民伏地作脚蹬[镫]上马者。

一般番民在过去对土官尽是痛恨，但只能暗下私下咒骂，不敢当面违抗。因为土官有无上的权力，等如皇帝封建诸侯一样，说要铲除那家，就可将那家血洗。

现在只有勇岗、梭磨二土司尚存，其余的土司都是死绝或取消了和代议团总的名义。

番人的婚丧情形

番人的婚姻很自由，不用媒妁之言和父母之命，由男女双方情愿就可配婚，也不用聘礼和嫁妆，只要男女愿意后，就备匹马将女的载来男家，请喇嘛念经，近邻亲朋有送酒、糢糢[馍馍]来贺者，就用大缸酒与众人共饮之。如以后夫妇不和者，亦可自由离婚，番女中私生子者很多，但不以为羞，亦不将私生子抛弃。除土官家之"鸦头"外，一般妇女是完全没有如汉人种种封建道德之束缚。

番人死了人有用火葬或土葬者，但这死人的财产，如无儿子继祀，就归喇嘛办，自邓锡侯霸占此地后，死人无继祀者，土地要归"公安局"——（这"公安局"实际是邓锡侯设置在此地专门没收番人土地的一个强盗机关）财物等归喇嘛寺。

番人的买卖与借贷

番人都过着自然自给自足的生活，除挖药卖之外，自己耕种做出来的东西都归自己穿吃用，用不了就存着，很少拿粮食来卖钱者。如不够吃之家，向粮户借贷，借三斗粮食，隔年还四斗（一斗息）；借银子十两，对年给利息一两五钱或二两多不一。

番人的牧畜

番人之经营畜牧牛羊，目的不是为到市场交易赚钱，主要是为的自己生活消费之自给。

番人喂牛羊，第一是每年剪下毛来，织成毛布（名叫毪子）缝为衣穿；同时，又取出牛羊白乳，精制苏油，以供食用。因番人之穿衣、吃油都是仰给于自己所喂的一二条牛羊，故他们对于牛羊，非常珍爱，如有人侵犯其牛羊，番人即深恶痛恨之。再则番人之耕地与制肥料，亦全靠自己所喂这一两条牛羊，所以番人除每年三月间剪牛羊毛一次后，很少见有杀牛羊的事。只有待牛羊死后，方取食之。

番人所用毪子缝成之衣，既不透雨而又耐火。倘能广为收集，制成大氅，供给部队之需，实是一种最好的军用品。

番人畜牛羊，有专门供给公共牧畜的广场。大家的牛羊都一齐赶到此公共牧场放养亦无人管，只任其在牧地自由噬草。但牛羊却不跑乱，只要夕阳而下，有人往山下一赶，便各家牛羊都各往自己栏圈里走。

挖药与打猎

番人除种作农事外，还善于挖药、打猎。前伪廿八军在此地曾在番人之挖药生活上，实行多种的捐税榨取，使得番人苦无处说！汉番人要挖药时，先要到杂谷脑街去扯票，及至上山挖药要经过邓匪的棚长检验，每人不管挖药多少，总之每季要出厘金"山价"四十斤贝母。（每斤贝母要值洋四五元），到卖药时还要缴厘金和秤钱。如卖药能剩得一点钱，就买油、盐、布、茶、草鞋等必需物品，挖药时间：虫草三月到四月，贝母五月到六月，木香、羌活不管那一月都可挖。但以七八月的羌活和十冬腊月的木香为好。每年四季都有人打野猪和香獐。

番人中的特别工艺品

番人中工艺简单，一切日用器具如铁器水器及造产等，多半是外方来的汉人工匠。番人自己不善制造。只有少数的银铜匠，都精于制造铜银手[首]饰和番皿，并且制造非常精制美观的耳环、手圜[镯]、珊瑚珠、火镰刀等。但番人砍柴，亦有非常锋利的斧头。他们并会利用白杨木车琢各种形式精美之饭碗、盒子。

完

红四方面军总政治部  
六月二十六日

**红色记忆**
——红军长征在藏族地区及其当代启示

## 中国共产党中央委员会告康藏西番民众书[①]
——进行西藏民族革命运动的斗争纲领[②]
（一九三五年六月）[③]

亲爱的西藏西康的民众们：

松理茂七属和西藏西康的民众，在英帝国主义和中国军阀的剥削压迫掠夺屠杀之下，康藏日渐变为英国的殖民地和中国军阀的屠杀场，民众日渐衰落以至于灭亡，生活日益贫苦，经济愈陷于破产与崩溃。而康藏的统治阶级□□和各地的土司衙门，都在帮助英帝国主义和中国军阀，对于松理茂七属的康藏民族的亡国灭种的奴隶奴役。

康藏的民众要跳出这种水深火热的情况，只有照着现在中国苏维埃红军所做的事业去做，就是彻底的反对帝国主义中国军阀和本国的统治阶级，建立自己的革命政权。

中国共产党的民族政策与国民党帝国主义完全相反，国民党帝国主义的民族政策就是殖民地的奴役的政策，中国共产党的民族政策是主张解放各被压迫民族，因此主张彻底的民族自决，建立自由的选举的革命政府，并积极帮助一切的革命的民族运动。

一、英帝国主义和中国军阀是康藏民族解放运动最凶恶的敌人

英帝国主义自从跨进拉萨后，最后的把达赖间的疑怀解除了，并完全的经过达赖把西藏拿在英国的统治之下，英帝国主义在经过最近的占领西藏南部，并派兵深入拉萨后对于藏民施行屠杀镇压，最近更利用康藏纠纷挑拨康藏民众自相残杀，利用自己的走狗□□□□出兵西康，并占领西康之十余县，想把西康也拿在英国的统治之下。

英帝国主义之侵略康藏，始则用暴力的征服继之就是政治经济文化的侵略与压迫，英帝国主义用贱价的收买康藏的农业和牧畜的工业原料，同时却将一些无用处

---

① 文献来源：中共中央统战部编：《民族问题文献汇编》，中共中央党校出版社，1991年，第285—291页。
② 此纲领系草案。
③ 原件无日期，按内容判断，是六月中旬以后，于一、四方面军汇合后写成的。

的奢侈品高价的卖给康藏,这样使康藏民众的生活日益贫困,同时也增加康藏统治阶级土司的欲望,更加重的盘利康藏民众去购取英国输入的奢侈品,英国的资本深入康藏垄断商业使西藏的经济破产,使群众的生活愈加痛苦。

由此而引起西藏民众,对于英帝国主义反抗日益加深,但是英帝国主义,对于康藏民族的反抗或采用直接的武装进攻,或经□□喇嘛土司的镇压。

国民党军阀对英帝国主义侵占康藏只是采取一贯的卖国政策,除将康藏送给英国外,国民党军阀刘文辉、邓锡侯,又复在西康松理茂七属乘[趁]火打劫的屠杀番人,掠夺他们的土地财产,帮助英帝国主义对康藏的统治。国民党之出卖康藏,帮助英国屠杀压迫番人,犹如国民党之出卖满洲,帮助日本屠杀压迫东北和满蒙的民众是一样的。

康藏和松理茂七属的民众们!灭种亡国的祸迫在目前!世界上所谓"文明"的国家帝国主义者,认为我们这些人是半开化或未开化的野蛮人,他们称我们为蛮子,征服之后,以便如牛、马般的剥削压迫,鞭打屠杀。要自救,救国救民族,必须坚决的起来进行民族革命,只有革命的民族运动才能独立自由。

谁不愿意做亡国奴的谁就应当起来革命,打倒英帝国主义和中国军阀。康藏和松理茂七属民众的解放,是你们自己的事,只有你们自己团结一致,不怕任何的强固的敌人,都可以把他摧毁,只要哪个同意参加反对帝国主义和中国军阀的都应当团结起来。

康藏和松理茂七属的民众们!要求民族的解放独立自由,必须起来打倒英帝国主义和中国军阀,英帝国主义和中国军阀,是康藏民族解放最凶恶的敌人!

二、没收英帝国主义中国军阀衙门在康藏和松理茂七属一切财产土地

要消灭帝国主义军阀对西番民族的统治,必须消灭他们在康藏的经济力量,这种经济力量,他们还是剥削康藏民众,同时这种经济力量,也正是阻碍康藏民众自己的经济的发展,因此必须宣布:

1. 没收帝国主义中国军阀在康藏的银行、商业机关、交通机关、矿山收归国有。
2. 没收帝国主义中国军阀衙门官僚的财产房屋、土地分配给民众。

只有彻底的消灭反革命势力所依托的内部经济力量,才能把帝国主义国民党的势力根本铲除。

三、坚决的进行反对内部的反革命内奸的斗争

英帝国主义和中国的军阀之所以能够统治康藏和松理茂七属,主要的是经过

## 红色记忆
——红军长征在藏族地区及其当代启示

□□喇嘛土司,他们帮助着帝国主义中国军阀奴役康藏和松理茂七属的民众,他们甘心做卖国贼做内奸走狗,这种甘心为帝国主义做走狗的统治我们要推翻他,因此康藏的民族解放运动要胜利,必须要推翻旧的统治□□的统治权利取消土司制。

同时,对于这些内奸走狗的财产土地,必须宣布没收分给康藏群众。

在参加斗争中,必须时刻防止内部的动摇叛变,要坚决与这些分子做斗争,一直从民族革命斗争的队伍中清洗出去。

四、康藏民族自决建立人民革命政府

康藏的民族解放运动,就是要彻底的脱离英国和中国而独立,实行民族自决,只有与英国和中国进行彻底的分裂,才能使康藏民族真正的独立与解放。

革命政府建立在彻底的反帝国主义国民党军阀的纲领上,同时反对内部的反革命的斗争,这种政权是在这种斗争的基础上产生的,他必须宣布革命的政纲和改善群众生活的具体办法。

这种政权是以广大的劳动群众为基础,但是不拒绝一切真正反对帝国主义国民党军阀的分子参加。

五、康藏民众武装起来,建立游击队自卫军人民革命军,并参加中国的红军

康藏民众要战胜全副武装的英帝国主义中国军阀本地统治阶级,单依靠自己的团结和组织的力量还不够。必须还要有自己的武装力量,因此,康藏民众必须武装起来组织赤色的游击队,自卫军,人民革命军,以便与反革命进行武装的斗争,以便保护群众的斗争,以便巩固革命的政权,以便镇压反革命的活动,同时必须积极的参加中国工农红军,以便学得红军长期的国内战争的经验和军事的技术。

六、改善民众生活实行八小时工作制废除一切苛捐杂税兵差徭役取消奴隶制度

康藏的民众在极残酷的剥削压迫之下,生活贫困,比牛马不如,这种生活之贫困不是因本人的命运,而生活的改善,也不是修道修善所能做到,人民生活之贫困而是因为旧的社会是建筑在一种私有财产剥削制度之上。人民生活彻底的改善,必须要废除私有财产剥削制度的社会,因此,人民生活的改善,只有在不断的与旧的社会制度作斗争中才能求得。统治阶级是不愿意自动的放弃他们的剥削权.也不会自愿的改善民众生活,只有群众斗争的力量,能迫使统治阶级不得不放弃或减轻某些剥削,一直到消灭这种剥削,因此康藏人民每一个改善生活的斗争,都是对于康藏民族解放运动的帮助。

因此对于群众的要求必须：

（一）取消一切苛捐杂税。

（二）将没收的土地分给农民和无土地的民众。

（三）工人实行八小时工作制。

（四）废除徭役。

（五）取消奴隶制。

七、政教分立人民有信仰宗教自由

康藏的喇嘛教在人民中有深刻的信仰，喇嘛不事生产成为社会上的寄生虫，同时喇嘛寺常常是一个政权统治机关，并有很多的财产土地，帝国主义中国军阀和本地的统治阶级，都利用喇嘛教来维持自己的统治。

为着民众能够自由的参加斗争，宗教与政治必须分立，人民有信仰宗教的自由，同时人民有自己管理自己的自由，宗教不得干涉政治。

八、限制剥削商业自由与革命发展的前途

康藏民众革命胜利并没有消灭剥削，也没有取消资本主义发展的可能，相反的，在开始一个时候在消灭帝国主义中国军阀和本地统治阶级后，在消灭封建的奴隶制度后，在农业商业上资本主义有更大发展的可能，因此在开始的时候并不是取消资本主义发展的可能，为着群众生活的提高允许商业自由，但是必须采取限制剥削征收累进税。

康藏的民族革命的胜利，将要开始内部经济的建设与文化的提高，在坚决的反对内部的动摇和叛变的斗争之下，在获得先进无产阶级国家的帮助或是中国苏维埃在重要中心城市胜利后，对于他们帮助之下，可以避免资本主义的道路，直接过渡到社会主义去。

九、提高康藏民众的文化运用康藏自己的语言文字设立学校

康藏民众的文化在两种压迫之下，而不能获得发展，一种是英帝国主义想达到完全殖民地化，在西藏强迫使用英文，同时中国军阀又在西康强迫使用汉文，另一种是喇嘛寺垄断一切文化事业，只有喇嘛才有权力读书，因此必须反对英国中国强用英文和汉文，同时必须要把文化机关学校与喇嘛寺的分立，番人使用自己的语言文字提高文化，设立学校，人人皆有入校读书的权利。

十、与全世界无产阶级和被压迫的民族联合与中国苏维埃联合

康藏民族的解放运动,是与全世界无产阶级的革命运动和被压迫民族的解放运动,不可分离的一个部分,特别是与中国苏维埃运动成为不可分离一个部分,康藏民族解放运动的胜利,必须获得中国苏维埃的帮助,而且中国苏维埃的胜利,将直接影响着帮助着康藏民族的解放运动,因此康藏的民众要得到彻底的解放,必须与全世界无产阶级和被压迫的民族联合起来和中国苏维埃联合起来。

康藏松理茂七属的民众们,我们所提出的这一号召,须要有一个强有力的组织,组织就是我们的力量,没有组织是不能实行革命的任何要求的。因此要使康藏民族解放运动胜利和实现这一号召,必须有一个群众的政党,在这一个政党领导之下,坚决的与反革命做斗争,在康藏的这种政党应当是人民革命党。人民党的基础是广大的劳动群众和最受剥削的分子,他可以吸收其他的积极参加革命的先进分子入党,在人民革命党的周围,应当有广泛的群众组织,如番人解放会,反帝的抗捐的以及适合于群众斗争的其他各种组织。

康藏的民众们!起来组织自己的政党,领导民族革命为康藏民族的解放。

我们的口号:

打倒帝国主义中国军阀!

康藏民族解放万岁!

全世界无产阶级和被压迫民族联合起来!

## 中国工农红军总政治部关于粮食问题的训令[①]

(一九三五年七月三日)

甲、目前我们正处在夺取松潘,赤化川、陕、甘的战斗关头。为着实现这个历史的任务,克服目前放在我们面前的粮食困难,是具有严重的战略意义的任务。估计到前进路上粮食的更加困难,和胡敌在松潘附近已经把粮食完全收集,和番人的坚壁清野,更必须决心用人力来克服粮食困难。

---

① 文献来源:中共中央统战部编:《民族问题文献汇编》,中共中央党校出版社,1991年,第292—293页。

乙、各部队政治部必须发动连队用一切方法，如没收、搜山、收买等等，收集粮食，在收集的时候必须注意发动群众来帮助，严禁侵犯群众尤其是番人、回人的一点利益。绝对禁止强买粮食，私人买粮食，买粮食不给钱，群众不在家不给钱等。搜山所得的粮食，必须切实查明所有者，如系群众和番人、回人的，必须一律给足代价，现钱缺乏时，应以茶叶等物付价，或给卖主以购物凭单开明所买之物，令其到理番或杂谷脑将单换取同样价值之茶叶，或等待将来红军派人持现钱调回该凭单。此种凭单师以上之政治部才有权印发并须保留存根。

丙、各级政治部必须协同供给处有计划调剂与分配粮食，勿使各单位有过多或不足。严厉反对不顾全盘、各个供给、打埋伏、谎报等现象。如发现有此等现象，须分别轻重给以行政上的处罚。

丁、保证每人带足半月粮食——十五斤（各种粮食及肉干），以各人自带为原则，在搬运与携带方面，各政治机关应：

1. 从仓库运输到部队时，严格禁止狼[①]藉。

2. 检查与补充米袋，在米袋不足的发动全体战士用衣服装粮食，米袋坏的要立即加以修补，保证各人带完所规定的粮食，消灭沿路漏落与抛弃粮食的现象。干粮的制法须依照军委的规定，绝对防止做不经常的干粮以致半途焚[②]坏。

戊、十五斤的粮食，至少须吃半个月，每日一斤粮食，少吃听便多吃不补，政治首长须设法保证最节省的使用粮食，最好能使粮食吃到二十天。

己、为了克服粮食困难，争取松潘战役的伟大胜利，必须在全体红色指战员中进行深入的解释，特别须引用苏联国内战争的红军克服粮食困难取得光荣胜利的例子，鼓励全体指战员，同时须指出敌人方面的粮食比我们更加困难（胡宗南部每天吃两顿稀饭），提高全体指战员胜利的信心，发动他们自动的多带粮食，节省粮食，对于个别困难的，须给以具体的帮助。

总政治部

---

① 原文如此，该件来自中国人民解放军政治学院编《军队政治工作历史资料》第3册。
② 原文如此，该件来自中国人民解放军政治学院编《军队政治工作历史资料》第3册。

红色记忆
——红军长征在藏族地区及其当代启示

# 中央军委关于组织别动队筹粮办法[①]

(一九三五年七月八日)

各军团首长及其政治部：

为能确实争取番民回家和收集粮食到手，现特规定组织别动队的办法如下：

甲、凡部队在某地有一天停留的都可组织别动队上山，搜索招回番民收集粮食。

乙、别动队人数，可从一排至一连，有时可用便装或伪装，人选应择各连精壮战士，配足火力，派遣得力指挥员政治人员及宣传队随队指挥和工作。

丙、别动队要战备活动，遇有番夷群众不论男女老幼人多人少，都应招呼其与我接谈向其宣传，劝其回家卖我粮食，不听应强迫其随我下山再施劝导，如反抗或先向我动武，应即以武力捕捉其众带回劝导，如遇蛮兵袭击或截杀我落伍疾病人员，应捕杀其头子，以敬示众，但不应过多杀伤，尤严禁烧房屋与捣毁喇嘛寺，撕毁藏经和污辱其信仰，如有犯者亦应严罚示众。

丁、上山搜粮如找得藏粮所在(非土司头子的)而无群众者，应留相当银钱或茶叶以作代价(茶叶设法送芦花卓克基)，特别在芦花应用此法，从家屋中搜出粮食，无人在家时可留购粮证。

戊、田中熟麦须经过调查由筹粮机关指定部队往割，统筹分配，不得自由乱割，未熟麦子尤禁早割。

己、各部队须尽力请到通事向导，以便与番民接谈，各级政治部并应指人学番语。

庚、芦花地域由总政负筹粮总责，凡一三军团及四方面军驻在该地域部队，均应依此规定组织别动队，其活动区分由总司令部规定之，九军团在马耳康党坝地域，干部团在卓克基地域，五军团在懋功地域，四方面军在其驻在各地，均应依此规定进行工作，并按时将其结果报告上级。

军委

---

[①] 文献来源：中共中央统战部编：《民族问题文献汇编》，中共中央党校出版社，1991年，第294—295页。

附 录

## 中国工农红军总政治部关于收割番民麦子问题的通令[①]

（一九三五年七月十八日）

为着统一与有计划的收集粮食，不引起番人反感起见，关于各部队收割番人的麦子事，特规定下列各项办法，通令各部队一律遵照执行为要！

甲、各部队只有在其他办法不能得到粮食的时候，才许派人到番人田中去收割已熟的麦子。

乙、收割麦子时，首先收割土司头人等的，只有在迫不得已时，才去收割普通番人的麦子。

丙、收割普通番人的麦子，必须将所收数量、为什么收麦子的原因等（照总政所发条子），用墨笔写在木牌上，插在田中，番人回来可拿这木牌向红军部队领回价钱。

丁、只收割已成熟的麦子及其粮食，严格禁止去收割未熟的麦子及洋芋等。

戊、收麦子时，应连根拔起或用镰刀去割，应将全丘麦田割干净，严禁零星拔麦头，践踏田中麦子。

己、麦子收割后，必须多打几次，打干净，不许浪费，随便丢穗。

庚、严格禁止私人到田中去拔麦子和青菜，禁止马匹放到田中去吃麦子。

辛、各地所驻部队收割麦子，为统一收割麦子起见，由军团与师政治部作大体的分配，再由各团政治处分配麦田给各单位去割。分配机关应将麦田以丘为单位编成号数，并用册子登记号数。

壬、为着保障本通令的执行，责成各政治机关与指导员向给养与割麦人员详细传达与解释本通令，并每日派人去检查，对于违反本通令的事件之严重者，送裁判所解决。

总政治部

---

[①] 文献来源：中共中央统战部编：《民族问题文献汇编》，中共中央党校出版社，1991年，第299—300页。

**红色记忆**
——红军长征在藏族地区及其当代启示

# 川康省委关于赤化川陕甘与通过草地时地方党的工作指示

(一九三五年八月二十一日于查理寺)

红军主力大举北进的意义,就在于迅速消灭北边的敌人,在川陕甘广大区域内,创造巩固的苏区根据地。

第一,川陕甘地区广大,物产丰富,人口稠密,在地势上控制着中国的中心,可以做我们赤化全中国的根据地。

第二,正当日帝国主义炮轰北平,吞并华北,企图进一步吞并西北,各帝国主义企图拿中国西北做进攻苏联的根据地,赤化川陕甘是给帝国主义殖民地化西北的阴谋一致命打击,这是武装保卫苏联最实际的步骤。

第三,在川陕甘地区内,有川陕老赤区,有陕甘赤区,有红二十六军、红二十九军的活跃,有回民番民的解放斗争,这更给赤化川陕甘以非常顺利的条件。

赤化川陕甘是争取苏维埃中国最重要的关键。坚决消灭阻止我们北进的敌人,争取赤化川陕甘的实现,这是全党的迫切任务。

两大主力的会合,主力红军指挥上的统一,战斗经验的结合,红二十六、红二十九军的积极进攻,全国红军的配合行动,群众革命斗争的深入扩大,反帝国主义运动,敌人营垒内的崩溃与不可解决的矛盾,这都给赤化川陕甘以新的有利的形势。可是胜利的迅速到来还需要我们党顽强的领导群众进行艰苦的战斗。全党一致的坚决斗争,便能很快的赤化川陕甘。

为了达到这一战略的目的,我们在通过草地时必须努力进行下列赤化的各项工作:

(一)努力争取番民群众。首先一开始须要用各种方法号召被反动头人欺骗走了的群众回家。我们可以经过喇嘛、通司、在家的汉人、回人、头人家的娃子或丫头,甚至在家的小头人,向他们好好宣传。经过他们的路线去找跑了群众。必须细心的研究当地的社会经济制度、统治情形、群众的要求。依据我们党对番民的政纲提出具体的口号,宣布敌人的罪恶。对反革命谣言要具体揭发,应当从实际行动中证明给番民群众看,我们是保护番民利益的。不容许有任何侵犯群众利益的举动,不准到穷苦番民家中乱翻东西或拿东西。借东西要还。不要毁坏房屋。收买穷苦番民的粮食要给钱。不要毁坏喇嘛寺和经书,不要毁坏经书和神像,不要伤害番人的宗教感情。有一个群众回家,我们便应当抓紧他宣传他,号召其他群众。必须进行番民中的工作,应当好好优待俘虏来的番兵,向他宣传,情节轻的可放回家,号召其他番兵向我们投诚，参加革命斗争。

反对汉官国民党军阀压迫，反对帝国主义的侵略，民族自决，这是在番民中的主要口号。同时要进行阶级斗争的领导，发动群众没收土司、大头人的土地、牛羊、马匹、茶叶、粮食，分给穷苦番民群众。

一定要建立群众政权。一开始可以建立革命委员会，吸收番民中的积极分子参加工作。如当地有一部分汉人、回人，也应当有他们自己的代表参加革委。革委担负的仍是临时政权的任务。必须发动群众的斗争，武装群众积极革命，同时建立番民群众的各级人民革命政府、独立政府或劳动苏维埃。

□□番民群众在政权机关中应当占在主要的领导地位，如汉人、回人占少数，可成立各民族的自治区政府。在区政府中，应当有这些民族的代表。

在番民、回民中，应当具体进行组织番民游击队、回民游击队，番人红军，回人红军，红色骑兵，人民自卫军……等；不但领导他们打汉官，发财人，同时要领导他们打本族的反动土司、头人和发财人。在斗争中扩大这些武装。应当发动大批番民、回民参加红军。

番人革命党、回人革命党要立即组织。他的组织基础应当是工人、雇工、娃子、丫头，贫农和穷苦的牧民。在包括多数群众的寨子或帐篷中必须首先建立他们的支部并开办训练班，培养干部，党在里边要吸收积极斗争的分子加入共产党，树立党在番人革命党内的领导骨干。

（二）动员一切力量拥护战争。各地党部除动员大批群众参加红军、拿粮食、打草鞋、拥护红军外，特别要组织番人在红军路过的地方烧茶煮稀饭，收容沿路伤病号和掉队的，掩埋路旁尸体，帮助医院搬运伤病号等。并组织群众和红军的联欢大会，密切群众和红军的关系。

（三）粮食问题应执行省委前次关于粮食问题的通知上所指示的原则。必须严守阶级路线，发动群众没收反动头人的粮食牛羊，分一部分给群众，大部分供给红军。在家未反动的头人，可用借的办法写借粮证给他。在家群众的粮食牛羊要出钱收买。跑了的穷苦群众，我们如吃了他的粮食，群众回家时仍归还给他钱。如穷苦群众地里的粮食我们割了，应当还一部分给他吃，另一部分我们给钱收买。禁止不分阶级路线的举动，在重要的还可由当地驻在的党、政府、红军机关共同组织统一的粮食委员会，统一收支。不准用粮食喂牲口，不准抛撒一粒粮食。同时要多多收集牛羊皮毛、毯子、毛毡做冬衣；收集酥油、帐篷，供给战争需要。

（四）立即在党内和机关工作人员内进行广大的政治动员，切实说明此次北进的意义，大大鼓励士气，提高消灭敌人的决心。党对番人群众的策略，军事对骑兵对防空,都需进行很广大的教育。同时要大大开展两条战线的斗争,集中火力反对右倾、反对失败情绪,反对逃跑路线,反对认为在少数民族中不能建立政权的观念,反对实际工作上的消极怠工。一切害怕困难失掉胜利前途,对一省数省首先胜利失掉信心犹疑动摇悲观失望的分子都要受到党的严厉的打击。同时要反对拿"左"倾空谈来代替实际工作的分子。

我们的困难是有的,但我们的坚决斗争就有力量,可以解决这些困难。全党同志一致的执行党的进攻路线,胜利就在前面。

## 中共中央政治局关于张国焘同志的错误的决定(摘录)[1]

(一九三五年九月十二日)

听了毛泽东同志关于与四方面军领导者的争论及今后战略方针的报告之后,政治局同意已经采取的步骤及今后的战略方针。并指出:

(一)四方面军的领导者张国焘同志与中央绝大多数同志的争论,其实质是由于对目前政治形势与敌我力量对比估计上有着原则的分歧。张国焘同志从对于全国目前革命形势的紧张化,特别是由于日本帝国主义的积极侵略而引起的全中国人民反日的民族革命运动的高涨估计不足,更从对于中央红军在反对敌人五次"围剿"的斗争中及突围后的二万余里的长征中所取得的胜利估计不足出发,而夸大敌人的力量,首先是蒋介石的力量,轻视自己的力量,特别是红一方面军的战斗力,以致丧失了在抗日前线的中国西北部创造新苏区的信心,主张以向中国西南部的边陲地区(川康藏边)退却的方针,代替向中国西北部前进建立模范的抗日的苏维埃根据地的布尔塞维克的方针。必须指出张国焘同志这种机会主义的倾向,于胜利的粉碎了四川敌人对于通南巴苏区的进攻之后,自动放弃通南巴苏区时已经开始形成。目前分裂红军的罪恶行为,公开违背党中央的指令,将红四方面军带到在战略上不利于红军发展川康边境,只是张国焘同志的机会主义的最后完成。

(二)造成张国焘同志这种分裂红军的罪恶行为的,除了对于目前形势的机会

---

[1] 文献来源:中共中央统战部编:《民族问题文献汇编》,中共中央党校出版社,1991年,第315—316页。

主义估计外，就是他的军阀主义的倾向。这种倾向表示在张国焘同志不相信共产党领导是使红军成为不能战胜的铁的红军的主要条件，因此他不注意去加强红军中党的与政治的工作，不去确立红军中的政治委员制度，以保障党在红军中的绝对领导。相反的，他以非共产党的无原则的办法去团结干部。他在红军中保存着军阀军队中的打骂制度，以打骂的方式去凌驾地方党的政权的与群众的组织，并造成红军与群众间的恶劣关系。此外，他以大汉族主义去对待弱小民族。这种军阀主义倾向是中国军阀制度在红军中的反映。这种倾向，使英勇善战的年青的红四方面军，在其向前发展上受着莫大的障碍。

（三）由于张国焘同志的机会主义与军阀主义的倾向，所以他对于党的中央，采取了绝对不可容许的态度。他对于中央的耐心的说服、解释、劝告与诱导，不但表示完全的拒绝，而且自己组织反党的小团体同中央进行公开的斗争；否认党的民主集中制的基本组织原则，漠视党的一切纪律，在群众面前任意破坏中央的威信。

……

## 张国焘关于组织格勒得沙政府和川康省委改为川西省委致周纯全等电

（一九三五年十一月十七日）

相甫节纯，并转川康省委和黄超：

（甲）此间番民工作大有进展，已组织番民游击队数百人，群众大半回家，现正组织格勒得沙（即番人）革命政府和革命军，主张格勒得沙独立自由平等，取消封建主剥削。革命政府包括大小金川十八土司区域，北至阿坝、毛儿盖，东至松、茂、汶，西至雅龙江，南达木坪、康定，番人对此极为热烈。

（乙）川康省应改为川西省，在夹金山南进行工作。必须改正过去革命群众、红军与地方关系不好的现象，特别加紧对游击队的领导。

进（国焘）

## 格勒得沙革命党的党章

(一九三六年一月一日)

第一，本党定名为"格勒得沙革命党"

第二，本党党纲——十二大主张——

一、格勒要独立，要自由平等，要有格勒的独立政府，格勒得沙要有自己的土地。

二、打倒压迫格勒的二十四军、二十八军和一切汉官军阀国民党。

三、打倒强占格勒的康藏的英国和一切帝国主义。

四、建立格勒得沙共和国革命政府，格勒自决，格勒管理格勒自己的事。

五、废土司，为百姓取消等级制度，不交土司租，不还土司的债，不当娃子，不当差，把土司和土司的管家的土地财产没收，分给格勒得沙。

六、没收汉官军阀地主阶级的土地财产，分给格勒格巴得沙。

七、取消二十四军、二十八军汉官军阀国民党的一切捐税厘金，格勒不出款，不交粮，实行统一累进税。

八、反对天主教、基督教，不反对喇嘛教。格勒有信喇嘛教的自由。喇嘛不得干涉政治，喇嘛照样可以分土地，喇嘛寺的财产由教民自己公决处理。反对强迫信教，强迫当喇嘛。

九、发展格勒文化教育，设立格勒得沙学堂，以格勒官话为格勒得沙共和国国语。

十、成立格勒得沙自己的得沙革命军、自卫军，保护格勒得沙自己。

十一、格勒、格巴、回回一律平等，反对叫格勒做"蛮家"。

十二、联合苏维埃红军及赞成本政纲的任何团体、政府和军队。

第三，本党的组织：

一、党员：党员必须是民族中觉悟最先进，斗争最坚决，承认本党党章，能为本党党纲坚决奋斗，不顾一切牺牲的分子。党员必须执行党的决议，做党的工作，听党的指挥，出席党的会议，过党的生活，按期缴纳党费，学习党的理论，时刻是群众革命的模范，服从党的纪律，坚决与反党及一切反动分子斗争。

二、入党：(1) 经党员一个人介绍。(2) 分支部会议通过。(3) 填写入党志愿书。(4) 领取入党证。

三、分支党部：

(1) 支部党部是本党最基本的组织，也是本党领导群众，教育群众，组织群众的斗争武器，党的一切决定，都依靠分支部去执行的。

(2) 凡格勒得沙领土内的工厂、工场、城市街道、农村寨子、格勒得沙的兵营、学校发展五个党员以上者，即可组织分支部。

(3) 分支党部设分支党部长一人，总理全分支部工作。党员在六人到十人时，得组织分支党部委员会，分支党部长一人，组织干事、宣传干事各一人；党员数目在十人以上，按照寨子实际情形，划分小组，党员至少五人内设小组长一人，总理全小组工作。

(4) 分支党部长是分支党部第一个负责者，是由全分支党员大会选举的，他须坚决领导党员和群众与敌人作决死的斗争，并担负起一切革命工作，他须把上级党的指示教育全党，坚决执行，他须按期召集会议，解释党的文件、指示、计划工作，分配各个党员工作，不断的督促与检查，他须负责按期向上级做报告。

四、支党部：

(1) 是分支党部的上级，根据上级党的指示，具体指挥并计划本支党部的全部斗争和工作。支党部委员会应该由全支党员代表大会选举。

(2) 支党部得设正副支党部长各一人，组织委员一人，宣传委员一人，妇女委员一人，工会委员一人，政权委员一人，军事委员一人，青年委员一人，共九人组织支党部委员会。

五、县、省党部为一县党的最高机关，由全县党员代表大会选举。省党部为一省党的最高机关，由全省党员代表大会选举。中央党部为全国党的最高机关，由全国党员代表大会选举。各级党的主要负责人一律名党部长。

六、革命军党部：格勒得沙革命军里面，得依军队组织系统组织，各级党部经过政治部与政治委员，直受中央党指挥。

第四，中国共产党的领导：中国共产党是中国革命唯一的领导者，是中国各少数民族唯一的救垦。本党为本民族独立自由平等，只有在中国共产党领导之下才能保证胜利。因此，本党完全接受中国共产党的领导，其他反对本党的任何党派，本党坚决与他作斗争。

第五，本党与格勒得沙的关系：本党不是站在格勒得沙以外，不管格勒得沙利益的，也不是站在格勒得沙之上来命令群众的，更不是除了格勒得沙利益以外还有其他利益。本党只是为了群众利益，时刻立在群众的前面，领导着全国革命群众坚决奋斗，争取格勒得沙共和国的全部胜利。

第六，本党的纪律：本党的纪律是铁的纪律，不论任何人，违犯党纲及党的规定时，必须给以纪律的裁制。不殉情不殉[循]私。纪律的处分，分警告、严重的警告、停止党籍、开除党籍、永远开除党籍。

第七，附则：
本党章有未尽善的地方，得由全国党员大会修正。

格勒得沙革命党中央党部<br>格勒得沙共和国二年一月一日

## 董振堂、黄超等关于敌情及部队情况的报告

（一九三六年一月八日于丹巴）

（一）敌情：

1. 新店子有敌一营，中鼓住有其团部，据捉获敌人的侦探及群众报告，在大炮山方面与我军对峙的共有一个团。

敌在新店子已修有营房数栋，可容一营人。

2. 李抱冰师部驻康定之将军桥附近，康定约有二千人左右，每天在南门外筑飞机场，现已完成。

3. 道孚、太宁两处有番骑约二三百。

4. 汉牛有周少清反动人约二百，枪四五十支。经常出没于汉牛附近之中寨及门子沟活动。

5. 三义沟反动人经我们派队痛击后，现已不敢动作。宅龙沟反动首领雍和林人约二百，枪七八十支，经我们派队进剿两次，已向汉牛方向逃跑。

（二）五军以巩固丹巴及大炮山阵地，保障我后方为任务。现在的部署如下：

1. 三十七团以两个营在大炮山、毛牛之线，坚守大炮山阵地，其第三营分散于东固、羊马，向太宁及泸定警戒并看守卡亚喇嘛寺桥。

2. 侦察连位置于大山向道孚警戒（因侦察连调去打宅龙沟反动人，现大山由新编成之补充连担任警戒）。

3. 警备连位置于莫罗，向汉牛、金汤警戒。

4. 二七三团之一营驻东固，并筑东固至毛牛的纵深阵地之工事。

（三）军事训练：

1. 部队训练：自十月二十七日到丹巴后，即定了半个月的军事训练计划，内容：是由各个战斗起至班战斗止。打手榴弹、瞄准、刺枪，为经常的补助教育。通讯、侦察、及机炮等特种部队，亦按其特殊情形，订出了半月训练计划。自十二月十六日接到

总部两周整理计划后,即根据该计划参与部队实际情形,复订出两周军事训练计划。军直属队因勤务关系,各计划均只能实现三分之二。但打手榴弹及距离测量、射击教育,举行了两次的竞赛,均好。

2.干部训练:共召集了军直属队战斗连以上战术研究会四次,演习沙盘作用。一般的说来,除打番反战术外,其余发言的均多,尤以沙盘作业收效更大。

3.打手榴弹:军部规定各部队限第一期(十二月止)完成半数抛手榴弹至三十米以上;第二期(一月止)全连队人数打三十米达以上。第一期测验的成绩,三十七团及军直属队大部已完成了这一计划。

4.关于练习造皮船及划皮船:现在学会划皮船的四十人,学会撑船的四十人,已选了二百人,还在继续学习。造皮船选了三十人学,现已造成了二只,还继续再造,颇容易。

5.骑兵排已成立了,并已开始训练,但人马尚未编足,日内可编制完毕。

6.三十七团的军事训练,因为做工事担任警戒、换班等关系,在这两个月中,实施了五周的教育。一般是按照军部的计划表,干部会因为分散的环境,是以营为单位召集。

教育方式:先召集排以上干部开教育准备会,下操时先召集班长以上干部下科目,先做一次示范动作给战士看,在收操时,营或连为单位讲评,获得了相当的成绩。

(四)部队一般的情形:

1.在管理教育上,比以前有进步,打骂现象极少,班、排、连各级干部能经常了解自己所属的人数、武器,营、团各级每三天汇报一次,检查及报告工作。连长每晚召集班、排长会,报告讨论工作。

2.生活方面,三十七团在毛牛获得敌人的军米吃了半个月,军直属队只吃了一餐大米稀饭,现在各部队每天一顿馍、两顿稀饭。苞谷占大部分,小麦差不多已吃尽。尤其是三十七团因毛牛东固地区小,粮食不多。现在的粮食要从丹巴附近供给一天吃一天。蔬菜以萝卜为主。油盐问题由于供给的注意,部队未感缺乏。但驻丹巴部队柴火非常困难,要离城数十里才有柴火,现由政府发动群众来卖,能解决一部分的困难。

3.一般战士的精神很好,特别是三十七团在大炮山,在大雪大风时,经常去夜摸敌人,每次都摸到敌人外壕鹿砦附近,使敌人恐慌万状,每次都乱打枪。部队没有讲坏话的,不过有的战士说:"为什么不去打康定呢?"我们在部队已作了解释,暂不打康定的理由。

4.每天除操课及警戒外,则打识字牌,打各种球及象棋等,为娱乐工作,一般的生活还活泼。

（五）卫生工作：

1. 在毛牛、大炮山的三十七团，每次去接替警戒之先一天及回来的第二天都是洗衣剃头，打扫驻地卫生，擦枪等工作，第三天则照常训练。每排有一个厕所。

2. 军直属队的卫生工作还好，每隔三天或五天举行检查一次卫生，及卫生讲话等。

3. 军卫生部十一、十二两月的医治工作情形。入院一千二百九十六名，出院八百七十四名，牺牲八十四名，现有休养员三百三十五名。出院者大部回前方归队。药品材料现在完全是用中药，现在最缺乏的是解热剂及收疮剂、纱布、棉花。丹巴附近买不出，早已用完，现亦感困难。

休养员的生活，轻病的每天一餐馍两餐稀饭，吃的菜是萝卜、酸菜；重病员每天吃的是小麦面稀饭及肉汁。

现在休养人按人数发给每日的生活费。

现在害病的多是流行感冒及伤寒症，脑膜炎症也发生有，三十七团在大炮山的部队则发生肿足。除卫生机关讨论防止这些病症外，军部对各部队亦有指示其预防的办法。

（六）供给工作：

1. 到丹巴后，已缝好本子布衣服四百四十六件，毯子五十六床。均发给各连队。外有私人布匹缝成功二百件，现仍正在继续购制中（收买不易）。

2. 共收买食盐三千九百五十三斤，除发各部队外，现只存三百斤，正在继续收买。

3. 粮食收集三十四万斤，已吃完，现在是现买现吃。我们计划由收买、搜山、没收办法，在三个月内完成九万斤，供给全丹巴部队、医院之需（每日约八千人吃饭），现因经济没有，不知能完成否。

4. 斗笠、脚马子因无材料全未制造。

（七）丹巴番人独立团现成立了三个营，约八百人，有枪二百余支。每连我们都派有军政干部去领导。最近打了五六次反动人，一般情绪很好，没有开小差回家的，但还有个别的回家去换班。现他们驻在太平桥喇嘛寺，以镇压三义沟、宅龙沟的反动，并进行整理训练，及负责架设太平桥。

（八）丹巴群众工作情形：

丹巴县及区均已建立了番族人民革命政府，共分七个区，群众很好。除土司总保、大头人及发财的汉人外，其余一律回家来了。群众没有怕红军的表现，且有一部分背东西到城里来卖的（如柴火等），土地已有十分之八分配了。

武装除独立团外，各区尚有二十个三十个不等的游击队、青年队。肃反工作依照了争取被反动欺骗压迫的群众的策略,故使原二十四村总村长(即千户)也缴枪投诚了。三义沟的反动也派代表来投诚了。并已开始组织政府及游击队。

(九)到丹巴前及现在的人员武器另附表乙分,请查阅。

(十)现正在进行与三十三军合编。合编情形另有详报。

军　长　董振堂<br>
政　委　黄　超<br>
副军长　罗南辉

# 张国焘"第二中央"关于番民工作和调查甘孜道孚及西北各地情况致罗南辉并金川省委电

(一九三六年一月二十五日)

南辉转金川省委:

(甲)番民工作甚重要,国民党五全大会第一个决议,就是提倡佛教并派班禅赴藏与我争取番民,我们应即加强番民中工作。卓斯甲番反既平,须即进行争取群众,反对运用策略之左右倾。干部要学番话,除加龙话外,更须学西番文字、语文,组织番话训练班。收罗通司,调查甘孜、道孚及西北各地情形,进行向西北发展的各种准备工作。对回民亦须注意,提拔回民干部,参加各种工作,研究回民问题。

(乙)日占华北,组织冀察自治政务委员会。日军到处行凶,飞机各地轰炸,全国反日运动极高,学生示威,士兵自动与日军开火,蒋贼下令退兵,屠杀北平示威学生。你们应即广为宣传,组织抗日救国同盟,并与少数民族工作亲密联系。

(丙)五军三十三军即合编,军区工作由五军首长兼任,式平不兼军区政委,但医院、残废院、供给部政治工作由式平负责指导。

(丁)懋功发现反动,已派兵去打。原九军政治主任谢富治调任懋县书记。

(戊)同意罗大洲为金川省委委员,宣传部长及独立师政委现无人,可由省委提人充任。

(己)发动大批战士学习划皮船,指定专人学习造皮船,收罗架桥人员材料,收集羊毛羊皮供给医院,发动通商,蓄存粮食,都是立即应做的事。

(庚)金川独立师及扩红情形如何?其他情况均请电告,并经常作报告来。

## 中共中央为转变目前宣传工作给各级党部的信（摘录）①

（一九三六年一月二十七日）

一、日本帝国主义占领东北四省后，在日本强盗进一步的吞并中国与蒋介石卖国政策下，河北、察哈尔、绥东，又相继沦亡于日本了！亡国灭种的大祸，刺激着全中国，最广大最落后的群众都卷入抗日救国的漩涡；民族革命战线大大的扩大了！……

因此目前宣传工作最中心最紧急的任务，就是用一切力量去暴露日本强盗的凶暴侵略行动，与蒋介石无耻的卖国政策与欺骗，去说明日本强盗与蒋介石是灭亡中国的当前最主要最凶恶的敌人，去煽动一切不愿当亡国奴的中国人联合起来，去开展民族革命战争，……争取中国的独立与解放。……

三、目前我们的宣传工作必须为适合党的策略路线，适应予夺取更广大的群众，适应于民族革命统一战线而急剧的转变。……

四、在宣传工作的方式与方法上也必须力求迅速的转变：

第二，目前我们的宣传必须着重的采取一切可能的办法……。在番民群众中须尽量的将宣传品翻成番文散发张贴，并须与番民的民族解放联系起来。
……

中华苏维埃共和国<br>中央革命军事委员会

## 中共金川省第一次全省党代表大会关于目前政治形势和金川党的任务决议

（一九三六年二月七日）

（一）目前政治形势的特点及党的策略路线

日本帝国主义并吞华北，杀向长江，卖国叛国的国民党南京政府蒋介石，一贯

---

① 文献来源：中共中央统战部编：《民族问题文献汇编》，中共中央党校出版社，1991 年，第 347 页。

的卖国投降，坚决的做日本帝国主义灭亡中国的清道夫，使全国人民警觉了亡国灭种的大祸临头，掀起了新的民族解放革命的高潮。这一形势的特点就是民族革命战线大大的扩大的了。

在这形势下，党的策略是要开展团结与组织中国全民族一切革命力量，去反对当前主要敌人——日本帝国主义和卖国贼头子蒋介石及其统治。不论什么人，什么派别，什么阶级，只要去反对日本帝国主义和蒋介石，都应该联合起来，开展民族革命战争。只有最广泛的下层统一战线，才能战胜日本帝国主义及其走狗蒋介石。

反日反卖国贼的民族统一战线，最广大最具体的形式就是抗日救国政府和抗日联军。一切反日反卖国贼的分子，不论他们代表哪一阶级，哪一政治派别，哪一社会团体，哪一武装队伍，都可以加入。

苏维埃与红军是反日的基本力量，是抗日救国政府和抗日联军的中坚支柱。为使民族统一战线得到更加扩大和更强有力的基础，苏维埃工农共和国及其中央政府宣传如下的新政策，是非常正确的。

一、把自己改变为苏维埃人民共和国，把自己的政策许多部分改变到更适合与准备对日直接宣战；

二、给一切革命小资产阶级分子以选举权与被选举权；

三、一切反日反卖国贼的白军官长士兵一律优待；

四、改变对富农策略，在苏区内富农的财产不没收，富农的土地除封建剥削的部分外，不论自耕或雇人耕种的，均不没收，以中立富农；

五、用比较宽大政策对待民族工商业和资本家，欢迎海外华侨投资并保护他们；

党中央①指出"为了胜利的执行这些政策，为了很快的与日本作战，为了争取无产阶级在统一战线中的领导权，党与苏维埃必须更加努力去扩大抗日救国红军，扩大抗日的苏维埃区域，使之成为抗日的根据地，粉碎卖国贼军队的进攻，肃清抗日障碍，巩固抗日后方，彻底解放土地问题，争取工农大多数，争取卖国贼军队和日本军队内的士兵，与少数民族独立建立共同的联盟，执行灵活的外交政策"，反对党内关门主义，防止陈独秀机会主义复活，这就是保证党新的策略路线胜利执行的具体任务。

（二）过去工作的经验教训：

过去金川省委在中央正确领导与红军强有力的帮助下，对执行中央路线是坚决

---

① 此件中之"中央"，系指张国焘南下后另立的"第二中央"。

的，是正确的。正因为如此，争取了金川地区番、汉、回广大群众；建立了格勒得沙中央政府及其革命主力军队；不断的打击与消灭了藏在老林里的反动残余；并配合着红军南败卖国贼李抱冰的进攻，北败反动土司的联军；胜利的克服了物质给养上的困难，进一步的巩固了主力红军抗日救国的后方，进一步的奠定了争取西北各少数民族联合抗日反蒋的基础，实际的宣布了右倾机会主义说番民地区不能建立革命根据地的破产。但这些成绩还远落在革命新形势高涨的后面，主要原因：

一、马其芳右倾机会主义（已经另有文件）没有即时揭发，给以致命打击；

二、党的教育不深入不普遍，对干部教育不够，组织上推动工作不迅速彻底，下层许多同志还不知道格勒得沙是什么？当然对番人策略更不会有深刻的了解；

三、游击战争没有普遍发动，有许多区乡还是马其芳右倾机会主义的工作方式，坐待敌人来打，没有积极武装进攻敌人。

因为有上述原因，全省工作在许多地区表现得非常薄弱，特别在小金，今天的形势还很严重，红军与群众间的关系尚未十分密切，反动残余尚在积极活动，使我们个别地方受着极严重的损失。马奈与巴地事变是永远不可忘掉的血的教训，革命军的大量减员，地方干部提拔的不够，组织工作的薄弱，工作的不深入群众，机械的运用老的办法，脱离群众，强迫命令，包办硬要。所有这些都是不再容许的，必须从新策略路线的执行，迅速彻底转变。

（三）金川党的任务及对少数民族的新策略

金川地区工作深入的开展，是给帝国主义特别是英帝国主义进攻苏联有力的打击，是全国抗日救国主力红军的后方，尤其是发动西北各少数民族深入中国革命巨潮。与国民党军阀作长期艰苦战争的基础。

目前在全国抗日救国浪潮汹涌澎湃，各地红军特别是主力红军不断的伟大胜利，以及西北民族特别是格勒得沙革命勃兴的前面，国民党军阀的无耻投降日本，出卖全国民族利益，日本帝国主义强占中国天津、山东、华北察、绥，大举向中国内地推进，强占汉阳兵工厂、飞机厂。我金川地区，争取时间，促进全国抗日反蒋更大高潮的到临，更有着极重要意义。

因此，金川党的任务最中心的最主要的是根据上述党的新策略路线，具体的运用到少数民族中去，利用各种机会争取广大番、回群众在抗日反蒋战线上的密切联盟。

在少数民族中最广大最具体的策略，就是各民族实行独立，建立各民族自己的独立共和国及其统一的人民革命中央政府，加入中华苏维埃西北联邦；各民族自己组织强大的中央革命军，加入抗日救国联军；一切为自己民族独立自由平等，坚决反卖国汉官军阀国民党统治，及坚决反日反英反帝国主义的分子，不论阶级，不论部落，不论土司、头人、活佛、喇嘛，不论夷马模阿訇，不论什么军队，不论什么派别，不论什么宗教民族，都可以联合共同奋斗。

目前，在少数民族中最中心最主要的是争取番人群众在抗日反蒋战线上的密切联盟。格勒得沙中央政府便是密切联盟的基本力量。为了迅速发展这一联盟的战线，格勒得沙中央政府再向格勒全体民众宣告：

一、把自己政策的某些部分，改变到更适合于发展、组织与团结这一抗日反蒋的密切联盟；

二、给一切革命的小头人、小喇嘛以选举权及被选举权，革命的大头人、大喇嘛以选举权。得沙政府区以上的教育部、科之下设立喇嘛改进会，实行信教自由；

三、改变对大头人、大喇嘛的策略，在革命地区内的大头人、大喇嘛的财产不没收，并允许他们与百姓平等分土地，以联合他们；

四、政府保护贸易自由，开采矿场山林，开办工厂商店，发展农业生产，欢迎本族私人投资，并奖励他们；

五、汉人自治地区，须执行苏维埃中央的新政策，但须顾及到一般的落后状况。回人自治区在增进抗日反蒋密切联盟的原则下，可以提出自己具体对当地回人自治的办法。

（四）金川党目前中心工作

大会认为要胜利的执行上面新指出的策略，要争取番、回、汉广大群众在抗日反蒋战线上的密切联盟猛烈的开展，要保证党在联盟中的领导权，必须用战斗的紧张精神去进行下列的中心工作：

一、加紧争取番、回、汉广大群众扩大抗日反蒋救国宣传，要彻头彻尾的揭露蒋介石卖国罪恶，完全粉碎反革命的欺骗，扩大民族独立运动，提高各民族独立精神与觉悟，组织各民族中的一切革命力量到抗日反蒋战线上来。密切红军与当地群众的关系，实行番、汉、回民族平等，反对大汉族主义，反对帝国主义国民党的反动的民族运动。

二、格勒得沙革命军与金川独立师，是少数民族在抗日反蒋联盟中的中坚支柱。必须猛烈的扩大并加紧军事政治训练，造成铁一样的坚强，积极的行动，胜利的进攻，迅速肃清大小金川间反动残余，消灭敌人的进攻，猛烈向西北发展。

三、提高格勒得沙政府的威信，巩固发展格勒独立根据地，颁布更适合争取格勒抗日反蒋的密切联盟的政纲，健全政府组织和工作，组织中央政府的宣传团到各地方去宣传，号召统一格勒地区的政权，一切政权归得沙革命政府。

四、猛烈扩大番民革命党及青年革命党的组织,加强对他们的领导,争取广大番民群众环绕在革命党青年党的周围,同时注意争取广大的和尚喇嘛群众到革命战线上来。

五、迅速彻底解决土地问题,在番民地区分土地办法:

1．各人自耕的即归各人所有;

2．没收封建地主土地分给无地及少地百姓;

3．根据群众自愿,多的抽些出来补少地及没有地的群众。加紧春耕动员,增加今年生产,赶种粮食接荒,节省粮食,拥护红军和医院;

六、坚决发展白区工作,用各种方法找线索,找人去白区工作。首先要注意附近地区的白区,广泛的开展西北各民族的民族革命运动。回民的民族革命运动的开展,有着非常重要的意义,党要积极进行。

七、根据新策略路线,严密肃反,加强对肃反组织上的领导,健全保卫局工作,号召群众对于破坏与障碍抗日反蒋联盟,破坏民族独立的反革命,首先当给以最严厉的镇压,同时号召并欢迎被反动欺骗的群众回家革命,瓦解敌人。争取二十四军散兵及一切白军抗日官兵及反动土司下的士兵甲八棒老二缴枪投诚,一致抗日反蒋。

八、金川地区妇女在生产中占着重要地位,青年思想多激进,这都是番人革命军中有力的支柱。党应加强妇女工作及团的工作的领导,反对忽视妇女与青年的现象和观念。

(五)加强党的组织与转变工作方式:

保证上述任务的执行,胜利的完成当前中心工作,加强党的组织基础,转变工作方式,有着决定的重要意义。

一、猛烈发展党的组织,大胆的向工农劳苦群众中积极分子大开门,大批的介绍工农入党,加强党的基础及骨干,同时吸收在抗日反蒋战线上密切联盟的勇敢坚决分子入党。能否遵守党章,能否为党的新策略路线坚决斗争,为发展党员的主要标准,成分与社会关系是应注意的,但不是主要的。

二、在番人地区的党,应公开的建立番人革命党和青年党的机关,积极领导番人群众斗争,我们党派代表领导他们工作。在游击区域及边区党的组织,应采取半公开或秘密的形式。

三、加紧两条战线斗争,特别要经常与右倾机会主义斗争,防止陈独秀机会主义复活,彻底打击对少数民族革命失去信心与前途的马其芳逃跑机会主义。反对强迫命令,反对欺骗方式,反对"左倾"的拼命,反对用任何方式来动摇党的路线。加紧党的教育,提高党的警惕,巩固党的纪律,提高干部学习精神,大批创造地方干部,从新策略路线的执行中,要完全统一党的意志,团结得像一个人一样,为实现大会决议坚决奋斗到底。

中共金川省第一次代表大会<br>
一九三六年二月　日

## 张国焘、陈昌浩、徐向前关于筹集柴草布置收容致周纯全等电

（一九三六年二月二十日）

周、刘、李、陈：

甲、敌情：杨国桢师开灌县,孙震向江油方面移动,邓敌杨旅集卧龙,相机犯巴郎山,邓和两旅在理番、杂谷脑线；李敌有犯丹巴企图,此刻尚未动员。灵关本日发现少数敌,薛岳部在天、芦休息待命；饶国华师向宝兴,启乾四团开金汤,余该部将来全在大金川布防。

乙、我军现以两个团留小关子扼敌,余向懋功续进。八十九师到懋后续开丹巴,再行休息一天。红大开药杂谷喇嘛寺,总直属队暂停懋功休息。

丙、速筹粮弄柴草布置收容。志亮明到懋。

张、陈、徐

## 中国工农红军四方面军政治部关于少数民族工作的指示

（一九三六年三月 × 日）

各级政治机关政治工作人员：

我们已经重新进入了少数民族的地区中。以西北广大地区为抗日根据地的创立,要求我们以极大的努力与布尔什维克的坚持性,运用我们过去在少数民族中工作的经验,在党的新的策略路线下,来进行少数民族的工作。扩大少数民族中原有的赤区,创造新的赤区,争取这些区域成为西北抗日根据地之不可分离的一部分。

经验已经告诉了我们,这一个问题的严重意义：就是如果没有少数民族的拥护,

**红色记忆**
——红军长征在藏族地区及其当代启示

则不仅对于目前我们行军作战产生许多不利，并且毫无疑义的，创造西北抗日根据地的基本任务，也将要遭受巨大的困难。还必须了解：我们现在进行少数民族的工作，是增加了比以前有利的条件。这些条件是：第一、我们已经在少数民族中创立了赤区，苏维埃的影响已经在少数民族中散布着；第二、由于党的策略的转变，将更易于吸收和发动少数民族的民族革命运动。

总政治部过去对于少数民族工作的指示，一般的仍然是适用的。但是由于党的新的策略路线的决定，使我们对于少数民族中的组织与宣传工作，增加了许多新的内容。当然党的民族自决的基本原则并没有变更，而且更具体的提在我们今天的议事日程上了。

第一，必须极广泛的宣传帝国主义是少数民族最凶恶的敌人，搜集帝国主义对于少数民族压迫剥削的具体材料（如天主教堂在番民中的横行等），来通俗的说明在目前日本帝国主义侵略中国的严重形势下对于少数民族的威胁；说明蒋介石汉官是这些外国强盗们最忠实的走狗，蒋介石汉官在卖国计划中，将要大举的迎接帝国主义强盗来统治少数民族，少数民族将要受到更加不堪设想的痛苦，已经得到的民族自决权，将要被完全取消；说明红军正在以西北少数民族区域为依托的为保卫中国、保卫少数民族的利益而战。这样来动员少数民族联合红军与汉族工农，积极参加抗日反蒋反汉官军阀的斗争，建立民族革命联合战线。

第二，号召少数民族坚决进行反对他们的内奸反革命的斗争。虽然我们为着统一战线的建立，对于土司、头人采取更宽大的政策，但是这必须根据当地情形与阶级分化的程度来更具体的决定，必须反对那种忽视少数民族中阶级斗争存在的右倾观点。对于大的土司、头人、喇嘛等，必须在群众中指出他们勾结汉官官府出卖少数民族的罪恶，经过群众来没收和分配其财产，除了粮食和军用品之外，应该尽量的发给群众。但同时，在民族运动上有革命意义的土司、头人、喇嘛，我们仍然不放弃与之联合或使之中立。

第三，在土地问题上，应该根据下面的原则，就是：没收大土司、大头人的土地分给群众。在分配时亦应该根据群众的意见，决定重新分配或实行原封不动。取消徭役，要求平等，应该广泛的宣传和执行。

第四，在已经建立了政权的区域，政治机关应该派得力的同志去帮助政权和人民革命党的工作，应该在他们的日常工作中，去教育革命党，加强其作用，消除他们的懦弱、依靠红军的倾向。号召群众加入其自卫武装，提高其斗争勇气。动员他们依靠自己的力量，肃清反动武装，配合红军作战。这样来从斗争中锻炼和巩固少数民族的政权，扩大其武装组织，努力使他们的民族解放斗争与苏维埃运动结合起来。

第五，在宗教问题上，我们仍然应该不侵犯其宗教自由，但人民有信教的自由，同时有自己管理自己的自由。政教必须分立，喇嘛寺绝不能干涉政权机关。

必须运用我们过去在少数民族中工作的宝贵经验（自然是不丰富的）。

第一，我们不能够只在少数民族中空喊民族自决和反对帝国主义，必须把这些问题与群众的生活需要、民族要求等切实的联系起来。用群众中具体的问题来解释红军主张的原则，同时对于西北联邦政府对少数民族的政策，首先是土地政策，应该积极广泛的宣传。政治机关和政治工作人员，必须首先研究与熟悉这些政策。

第二，过去少数民族仇视我们的最主要的原因，是由于红军给养问题与群众利益的矛盾。解决这一个问题的办法，除了本部另有训令外。这里着重的指出下面两点：第一，应该尽一切可能少牺牲群众的利益，节省粮食，把负担加在剥削者的肩上；第二，要在反帝国主义，建立民族联合战线的基本口号下面，说明红军的任务，红军所处的环境，红军在少数民族解放运动中的作用，联系到群众的切身痛苦，并要顾到群众的最低限度的需要。这样来耐心的说服群众，提高群众政治上的觉醒与对红军的同情。

第三，使我们的宣传发生更大效力的是部队的严格的政治纪律。过去总政治部关于群众纪律的一切命令，必须再一次的提起全体战士的注意，特别是关于粮食及尊重少数民族风俗及宗教等问题。必须坚决纠正那种借搜山、收集粮食等名义擅入民家乱翻、乱拿、乱捉人、烧房子的行为，这样自然使群众越跑越远，使我们一切宣传都成了白费气力。对于这种行为，不惜严厉制裁直至枪决。

第四，上山宣传队仍然应该很好的组织起来，细密的检查和督促他们的工作，使之成为喊群众回家的有力武器。在群众逃跑的环境中，必须利用一切可能（如土司间相互关系派代表等）使群众回来安居。纵然遇到一个群众，也必须不放松的予以优待和宣传，利用他喊群众回家。政治机关应注意收容投诚土司、通司及一切活动分子等，委以相当名义。这些人在号召群众的方面，常能起很大作用。在行动中，先头部队应该组织武装的先遣工作队，专门做宣传群众、办外交等工作。

第五，对于顽强抵抗我们的反动武装，必须坚决消灭之。对于俘虏的兵卒，必须予以优待、宣传、解释，斟酌将其一部或大部放回，使之起瓦解反动武装的作用，或利用较好的分子为办外交的代表。要坚决反对乱杀俘虏或对俘虏表示侮辱、骄傲的现象。

最后总政治部认为这一个指示，还只是一般的原则，更具体的执行，还要依赖各级政治机关灵活的去创造一些新的方式，学习更多的经验。这正是我们目前迫切需要的问题。

即望你们讨论和执行这个指示。

主　任　周纯全<br>
副主任　李卓然

## 战斗准备时期政治保证计划

战斗准备时期政治工作的基本任务是：1. 深入创造西北抗日根据地的宣传。2. 保证各项战斗准备计划的全部实现。3. 普遍对少数民族政策的教育。为此必须：

（一）在全体指战员中进行充分的政治动员，立刻分别召集下列会议：

（1）团级以上军政干部会；（2）连营军政干部会；（3）支部大会；（4）战士大会，青年晚会；（5）供给卫生的专门会议。在这些会议上，各级军政首长要根据总部最近文件，说明目前有利的政治形势及我军以消灭李抱冰，配合二、六军团，开展创造西北广大抗日根据地的伟大战斗任务。要把计划中的每一具体要求和数目严重的提到每个党团员及指战员的面前，发动他们的竞赛热情，为先期完成和超过预定计划而斗争。同时，要在各种会议中，详细讨论实际的办法（如在供给卫生会议，要特别讨论搜集资料，制造办法及研究以中药代西药与预防疾病等）。

（二）有计划的进行学习与培养干部

（1）各级政治部（处）应即按照总政指示；组织各级的军政学习组织。目前研究材料以少数民族工人目前政治形势与党的紧急任务，骑兵战术，南下战役的经验以及西北与西康政治经济情况等问题为主。

（2）目前可抽出学习的干部应即送红大学习。

（3）军、师政治部接到重要文件时，如《干部必读》重要论文，总政已印发的《列宁主义在民族问题中的原理》及尚待印发的《战时政治工作基本原则》、《红军中党的工作》、《共产国际纲领》等小册子，得按情况召集干部流动训练班，专门讨论一个或两个重要问题。

（4）在战士中则应用本部所编的《战士读本》进行经常的政治课。

（三）有计划的进行工作

军政治部应根据上级指示及自己部队所处情况，订出每半月或一月的计划，提出工作中心及实施与检查方法；师、团政治部、处应根据这一计划订出实施日程及按期检查报告；单独行动的师、团政治机关，应另有计划，以后师、团政治机关的书面报告应写两份，一份送其直属军、师政治部，一份则直送总政治部以便存查。

（四）提高党团员干部及战士的阶级警觉性，与一切太平观点、过路观点、疲劳松懈与疏忽的现象作斗争。加紧对警卫员与警戒部队的教育，严防番反的袭击及反革命分子的阴谋捣乱。各级政治首长应经常注意在各种会议中说明保卫局的任务和意义，动员支部介绍连队中最忠实最积极的党团员为保卫局工作网网员，加紧在部队及地方上的肃反工作。

（五）进占炉霍、甘孜及前线各部队，应加紧对少数民族的宣传，注意对番民武装及一般社会情况的调查，派遣代表向外活动，多印藏语宣传品，对番反在其缴械投降后，一律予以优待。总政对少数民族工作的各种指示及西北联邦政府关于地方政权的组织与工作决定，均应保证完全执行。先头部队得各种药材及良好食品，应注意传送后方医院。

（六）在各军特别在三十军，应注意部队分散时的政治工作，克服在粮食困难中违反政治纪律的行为及可能发生的失望情绪。在五军应根据总政训令，大大进行艰苦奋斗的政治动员与教育工作，如曾提出"打到甘孜去吃大米"的口号是不适当的。在进迫康定及雅江的部队，特别注意对瓦解李抱冰部队的政治工作，尽量输送对敌军的各种宣传品。附动员口号：

（一）加紧准备，准备愈充分，胜利愈有把握！
（二）努力学习，多学习一分，就多一分战斗力！
（三）组织红色骑兵，消灭白色骑兵！
（四）保持有生力量，没有一个掉队落伍的，没有一个生病开小差的！
（五）争取番民当红军，成立番人革命军！
（六）加强供给卫生的领导，完成供给计划！实行卫生突击！

## 道孚波巴依得瓦第一次代表大会所通过的几个条例

（一九三六年四月十五日）

道孚波巴依得瓦第一次代表大会于四月十五日在道孚城内举行。十四日，六百余波巴群众（开）庆祝大会，举行了群众与红军的联欢大会。各区的代表共一百二十三人（其中有二十六个波巴革命党党员，七个波巴青年团团员），备受欢迎。

十五、十六两天会议主要议程：

一、通过国旗；

二、波巴独立的报告；

三、波巴与红军的报告；

四、土地问题；

五、春耕检查；

六、粮食问题；

七、发展经济问题；

八、喇嘛教问题；

九、武装问题（独立军骑兵队的组织）；

十、肃反问题；

十一、政府的组织；

十二、选举。

大会全体代表推选觉洛、张得喜（汉人）、伊罗、旺松、荣中、亚麻、葛波、扎西、俄窝此学、革糯老者、李尚元（汉人）革麻（喇嘛）等十二人为政府委员并推觉洛为政府主席，张得喜、荣中为副主席。大会通过了两个宣言：

一、大会宣言；

二、道孚波巴依得瓦政府成立宣言（都是番文的）。大会经过热烈的讨论后通过了下列的决议：

土地暂行条例

一、没收汉官、天主堂土地、官地、差地、学地，分给波巴回、汉无地或少地的人民。

二、汉官、军阀、洋人、帝国主义侵占的金厂、红山森林等，一律收回为波巴人民所有。

三、喇嘛寺的庙地不没收，可以出租给波巴人民耕种，但须减轻地租。如发生纠纷，由政府召集当地群众和喇嘛会议共同解决。

四、破坏波巴独立的反动头子及民族叛徒的土地财产，没收分给波巴依得瓦。

五、土地给谁，即归谁所有，由特区政府发给土地证（每张收回纸张印费壹角），种地下当差。

六、过去因反抗汉官而被充公的土地，一律退还原主。但如已分给群众耕种之土地，得酌量当地情形和该群众意见公允解决之。

七、因受不了汉官、国民党的压迫剥削而逃避的群众，于最近期内回家，其房屋土地立即还原。如已出外多年无法找他回家者，其土地可分给当地群众耕种。如本人回家，分土地给他。

八、土地卖买、佃当、出租一律自由，佃户只交租不当差，并规定最高地租，保证佃户生活。

九、为增加农业生产，特别奖励波巴开荒地。如属官地，谁开出即是谁的；如属私人山地树林，须酌给地价。

十、药山分给谁即是谁的，外人掘药要给山价。

十一、山林分给各区人民公共采伐，狩猎自由。

十二、水磨分给谁即属谁所有，别人使用，要给磨课。

十三、水磨在放水耕地时，由当地群众公推水首，分配放水，水钗修理由当地群众共同负责。

关于喇嘛和喇嘛寺暂行条例

一、保护喇嘛和喇嘛寺以及经书佛像。

二、喇嘛寺土地不没收，可以出租。

三、信教自由，不得强迫信教，已当喇嘛的有还俗的自由，并可分到土地。

四、喇嘛寺不得干涉政府行政，但喇嘛个人有参加政权的权利。

五、喇嘛有出外念经自由，但报酬得由群众自愿。

六、喇嘛及喇嘛寺有经商自由，但不得用大斗小秤与高利盘剥。

七、喇嘛寺及喇嘛的枪支，必须在政府登记，领取使用证。

八、喇嘛修理寺庙及举行斋醮时不准派差、派款或估要财物，但群众自由乐捐，政府不禁。

九、法律面前无论僧俗一律平等，喇嘛犯法一样依法处理，执法之机属于政府。

十、喇嘛寺堪布由喇嘛寺全体喇嘛公推，经由当地政府呈请中央政府批准授职。

波巴依得瓦独立军暂行条例

1. 组织独立军的意义：

一、波巴独立军是为保障波巴独立，保障全波巴民众的利益。所有波巴民众年在十岁以上都有参加的权利和义务。

二、波巴独立军是反对汉官、军阀、洋人的，"兴番灭蒋"是独立军目前的战斗任务。

三、红军是帮助番人独立的，独立军要联合红军打倒共同的敌人汉官、军阀、洋人、蒋介石。

2. 独立军的编制：

一、每特区组织一个纵队，每纵队分为三支队，每支队分为三个大队，每大队分为三个中队，每中队分为三个分队，每队十人。

二、纵队司令部内设正副司令各一名，波巴革命党代表一人；支队设支队长一人，党代表一人；大队设大队长一人，党代表一人；中队设正副队长各一人；分队设分队长一人；指挥各该部属。指挥系统如上。

三、道孚特区编一个纵队。城区第一大队，革西区第二大队，明正区第三大队，以上三大队合编为第一支队。瓦日区第四大队，麻孜区第五大队，孜色区第六大队，以上大队合编为第二支队。

此外每区编两个骑兵中队，全特区合编为一个骑兵支队。

四、纵队司令部下设一个教导队，以便训练干部。

五、特区纵队司令接受波巴依得瓦共和国独立军总司令指挥。

3．独立军的党政工作：

一、总司令部内设党政工作委员会，纵队司令部内设党政工作委员会分会。他的任务：（一）根据波巴革命党和波巴依得瓦共和国独立政府的主张，进行深入的教育工作，保证独立军坚决为党及政府的主张而奋斗。

二、在居民中进行宣传独立军的主张，使居民与独立军的关系密切起来。

三、进行对敌军宣传，瓦解敌人，夺取敌军士兵群众。党政工作委员会分会直接受党政工作委员会指挥，同时接受纵队党代表的领导。

4．独立军的武器：

一、主要由番民自己所有的快枪、土枪、刀矛自动的拿出来武装自己。

二、红军不要番民的枪支、马匹。骑兵的枪支、马匹也由自己拿出做骑兵自己骑。

5．教育问题：

一、脱离生产的独立军青年队骑兵应集中训练，首以区为单位训练一星期，再集中到县训练。

二、不脱离生产的独立军青年队骑兵，一星期在区集中训练两次，三天集中训练一次。

三、教育主要内容。演习各种射击姿势，利用地形地物打骑兵。

6．休息和替换：

一、凡脱离生产的独立军战士在伍三个月可许请假回家休息，但必须找人替换。

二、替换人代替期内也是正式战士，应执行所代替战士的一切任务。

三、在伍满三个月愿休息者，替换人在所替之战士归队后仍愿继续为在伍战士者，政府对其家属当酌与优待。

7．卫生：

一、政府聘请医生为独立军医官，经常为全体战士治病，每支队设医官一人，纵队设一医院。

二、战士遇有疾病，愿意回家念经医治者，可准其请假。

8. 给养：

独立军战士给养，应由各区分别担任，集中训练时则由独立军将该区供给独立军的粮食带来。

9. 赏罚与抚恤：

一、独立军战士在作战时如有功劳，得按照功劳大小酌与奖赏和升级。

二、如有违犯军纪者，得受军纪制裁，处罚轻重按其罪过之大小决定。

三、独立军战士如因作战受伤残废或牺牲，其本人或家属得受政府之抚恤。

关于春耕问题

现查孔色区大寨以上，瓦日区朱窝及五光桥以下，格西两区与城区接界的地方，明正区的新江沟以及麻孜区蔡子坡，城区的喇嘛寺庙地，这些地方春耕落后。

主要原因是群众回家者少，只回家来了些不能劳动的，在这些区域里还没有很好的安定人心。

要使这些落后区域的春耕在杏子花未落以前完全种上，必须采取下列办法：

（一）各区政府应利用已回来的群众想各种的方法号召未回来的群众回来。

（二）土地应火速分配，分给谁即归谁所有，立即发土地证。同时发动已回来的群众帮助未回的群众耕种。对坚决当了反动分子的土地，立即分给无地或少地的群众耕种。

（三）赶牛羊回家的，政府马上发保护证，切实保护，大大号召群众赶牛羊回家。

（四）粮食地窖，宣传其自动掘起来。

（五）耕好了的就借牛和犁给别人使用，种子多的人借或卖或换给别人。办法由两家商定。

（六）道孚街上现有种子卖，价钱小麦、青稞每斗二元，豌豆每斗一元半。只要政府证明，就可以来买。

（七）需要放水时，水磨停磨，让群众放水种地。由各地政府向红军部队交涉。

（八）各地立即找大批洋芋种子，多种洋芋小菜。

（九）为使春耕如期完成，责成各区政府及沟首、寨首完全负责，三天内将土地分好（分土地时由群众与代表共同分配），两天检查一次，随即向上级报告。哪一寨荒了地，惟寨首是问。

关于粮食问题的决定

**红色记忆**
——红军长征在藏族地区及其当代启示

一、为保证波巴群众粮食起见，宣布废除过去汉官、军阀毫无报酬强派粮食税的办法。

二、红军初到时，因反动造谣破坏，许多群众都不在家，红军吃了一部分粮食，其未给价和未给借据者，由各区政府清查确实，呈报特区政府（但不得多报，多报者一经查出应受处罚），由特区政府即补发执据，以后可由粮税中扣还。

三、为要解决群众和红军的目前急需，应采取以下办法：

（一）由群众共同商议，依照存粮多少，筹出一部粮食出来，平价卖给无粮群众和红军吃用。

（二）现在正是打康定的时候，凡我波巴群众都应一致赞助。决定本特区借给红军战粮三千石。有粮的多出，无粮的少出，并决定各区担任借粮数目如下：

革西区六百石，孔色区六百五十石，麻孜区四百五十石，瓦日区六百石，明正区五百石。城区二百石。

从四月十八日起七天内完成一半，再七天全部完成，并发动粮食富裕的应自动捐助战粮。

（三）反对奸商操纵，当此粮食种子比较困难的时候，故意窖藏粮食，运粮出口，屯[囤]积不卖，提高粮食价钱，从中渔利。

（四）粮多的群众应自动匀一部分出来救济无粮或少粮的群众，由双方情愿或换活路，或约定秋收归还。

（五）由政府发起或群众合力开办粮行，群众的余粮，都可拿到粮行公卖，或有余钱的群众合资贩卖粮食及一切日常用品，政府切实予以保护。

（六）迅速号召牛厂回来，恢复贸易，牛厂住民，都可互换酥油、奶渣、粮食。

（七）快快春耕，多种洋芋、白菜、菠菜等快出的食物。

关于发展农业的暂行条例

（一）不准杀吃耕牛、母牛、小牛、母羊、小羊和母猪、小猪。

（二）规定最高地租，地租最高不能超过四六分，佃户得六地主得四的比例。

（三）保护水磨，破坏者受重处。

（四）奖励改良肥料，利用人兽粪尿和兽皮、兽骨、□□等等制造肥料。

（五）提倡种树，种树木的寨区或个人，政府给予奖赏。

（六）奖励发明驱除害虫（麻雀等）的方法，政府农业部聘请这种发明人，并予特别优等。

（七）奖励发明与改良农具，和利用风力水力灌溉打麦等。对发明者或改良者，政府给予特别赏金。

关于商业的暂行条例

一、保护买卖，不论资本大小，一律保护。

二、设置公秤公斗，反对大斗小秤。

三、成立公行，中介贸易，反对卖假货或故意操纵市价，盘剥乡民老少。

四、废除厘金和苛捐杂税，减轻营业税。

五、保护牛马骡帮，商人枪支须到特区政府登记领取使用证，即可作自己之用。组织护商队，必要时可请求政府派兵护送。

六、提倡饲养家禽鸡鸭等。

七、反对抢劫。

保护工作和娃子暂行条例

一、提倡低利借贷，反对高利盘剥，普通月利不能超过三分。对过去的高利贷，还本不还利。

二、外来资本投资经营炼钢铁、制造农具、造车、开采金厂、药山和采木放筒，或大规模开荒者，在平等互利订约之下，准许自由营业，并与以便利和保护。

三、人民合资合力，创办较大事业，如办织木子厂、削皮厂、造骨器厂、铁铺、开采金厂、药山等，政府特别保护和奖励，从免税以至给一定的奖金。

交通暂行条例

一、各级政府应经常保护并修理桥梁道路。

二、船只可航行的地区，应制造皮船木船。

三、渡河船工，应由政府分给足供生活的土地，或给较好工资。

四、破坏道路、桥梁、船只者处重刑。

五、奖励个人或合资制造牛车马车。

六、设立马站，作为牛马骡帮沿途歇宿之所。每站设畜医官一人。

税收暂行条例

一、废除以前汉官的一切苛捐杂税厘金。

二、为要保证波巴政府行政上的需要，发展波巴公益事业，特规定征收下列低额的税费。

（一）粮食税：（1）每人年收不满四石者免收；（2）去了四石不满十石者，每斗种收公粮五升；（3）年收在十石以上者，每斗种收公粮一斗；（4）出什么粮食即交什么粮食。

（二）牲畜税：（1）耕牛免税；（2）牛厂每户养牛不满十五条的免税；（3）过了十五条不满五十条的，每二十条的牛收牛一条，或每条牛收酥油、奶渣各一斤；

(4) 养牛在五十头以上的，每十五头牛收牛一条，或每条牛收酥油、奶渣各二斤；(5) 每家养羊不满二十条者免税；(6) 养羊五百条以上者，每十条收羊一条，或羊皮两张或羊一头收羊毛一斤。

（三）屠宰税：每杀牛一条收费二元；杀猪一条，收费一元；杀羊一条收费一分，但因婚姻、丧葬、年节宰杀自食者概不收税。

（四）商业税：(1) 为保护本族工商业起见，对本族制造毯子、毡子、硝黄及外来之西药、盐巴、纸张、粮食、枪弹等输入，一概免税；(2) 对外来之毒物（如鸦片、纸烟）值百抽五十；(3) 酒类值百抽五；(4) 茶叶、羊毛、牛羊酥油等值百抽一。

# 波巴依得瓦革命党党纲

（一九三六年四月十八日）

一、打倒汉官、军阀和英、日帝国主义，没收其金厂、药山、土地、财产，分给波巴衣得瓦。

二、番人独立，建立波巴衣得瓦共和国独立政府，波巴坐自己的江山。

三、建立波巴独立军，保护波巴独立。

四、土地分给波巴衣得瓦耕种，分给谁种的就归谁所有，可以自由买卖、出租、典当，奖励开荒地、修水道。

五、废除等级制度，波巴衣得瓦人人平等自由，特别保护妇女和青年。

六、信教自由，还俗自由，喇嘛庙的土地财产不没收。

七、解放奴隶，废除奴隶差役，取消苛捐杂税。

八、发展牧畜，保护牛厂牧地，改善牧民生活。

九、减轻粮税，奖励商业，保护工人。

十、联合红军和赞助波巴独立的一切团体和个人。

附 录

## 波巴依得瓦共和国政治检查处的组织大纲

（一九三六年四月二十日）

一、中央政府为了保障在政治上不受帝国主义、国民党、汉官、军阀阴谋破坏，特设各级政治检查处，专门同共和国境内外一切政治上的反革命作公开和秘密的斗争。

二、政治检查处为垂直的系统，中央设中央政治检查处，特区设政治检查分科，区设政治检查员。

三、中央政治检查处长由全国人民大会选举之，经中央政府委任，并呈报西北联邦保卫局批准为中央政府之当然委员。

四、特区政治检查科科长及区政治检查员由中央政治检查处长委任并直属于中央政治检查处，但特区政治检查科长与政治检查员同时为各该级政府之当然委员，得出席同级会议。

五、中央政治检查处必要时。可设副处长一人，下设侦察、预审两科。侦察科设科长一人，侦察员七人至九人，负责进行关于反革命活动的侦察和检查。预审科设科长一人，预审员二人，看守长一人，负责拘押看管政治人犯及预审，并作为国家原告人向共和国司法部提起公诉。中央政治检查处设一个政治检查大队。

六、特区政治检查科设科长一人，下设科员一人。

七、区政治检查员设一人。

八、政治检查工作人员的职责和权限。

九、在波巴依得瓦共和国正式加入中华苏维埃人民共和国西北联邦政府时，中央政治检查处即直接受西北联邦保卫局之领导和指挥，应由西北联邦保卫局派一指导员常驻中央政治检查处。在西北联邦保卫局离远时，由国家政治保卫局直接指挥，并派出各地政治检查处、科，任常驻指导员。

## 贺龙同志给喇嘛寺的信

（一九三六年四月二十九日于云南中甸）

掌教八大老僧台鉴：

（一）贵代表前来，不胜欣幸。

(二)红军允许人们宗教信仰自由,因此对贵喇嘛寺所有僧侣生命财产绝不加以侵犯,并负责保护。

　　(三)你们须即回寺,各安生业,并要所有民众一概回家,切不要轻信谣言,自造恐慌。

　　(四)本军粮秣,请帮助采办,决照价支付金额①。

　　(五)请予派代表前来接洽。

贺龙

## 张国焘在"中央局"会议上作关于少数民族的策略路线的报告②

(一九三六年四月二十九日)

(一)

　　我们要领导番人的民族独立解放运动,和"五一"节波巴依得瓦全国代表大会,究竟采取什么政策?这一政策又怎样运用呢?这里让我们先来研究一下赵尔丰、陈遐龄、刘文辉、诺那、达赖的"筹边"、"西康建省"、"改土归流"、"康人治康"、"建立大西藏国"的政策是怎么样的一回事。

　　过去汉官、军阀、诺那的政策都是建筑在维持与加重番族的封建剥削,建筑在无止境的掠夺番人的基础上的。事实是很明显的,当那些中国的军阀们侵入西康后,他是采取这些办法的:

　　(一)取消土司制度(当然还有许多土司尚维持着其过去的势力),设县府,放汉官,建衙门,以汉官的反动统治代替土司制度,以汉官衙门代替土司衙门。

　　(二)强占番人的土地为汉官所有,并没收一部分喇嘛寺的土地。

　　(三)实行横征暴敛。在道孚耕种一斗种的土地要纳粮六升,在甘孜则收获四担要纳粮一担,宰牛、猪一只征收屠宰捐两元,牛场也要征收牲税,平均每十条牛征收藏洋一元。此外则借名修桥等等来剥削番民,更有各种非"正"粮"正"税之抽剥。

---

　　① 原文一字不清,额字是原编者判定的。
　　② 此件中的"中央局"系张国焘自称的。

（四）普遍的不断的派乌拉、派汤役、打役，有的地方更加上土司喇嘛庙的差役，使番族人民陷入极悲惨的苦痛中。

（五）强占番人的药山、土地、矿山，开采金矿。

（六）在商业上则采取操纵垄断的办法，以遂行其重利盘剥。

（七）在文化上则强迫番人派"学差"，强迫读汉文，讲汉话。

（八）以贱视的态度去对待番人，并以不平等的待遇去分划汉、番人民的界限。

（九）最后是以残酷的惨杀去镇压番人。在巴安，赵尔丰曾经将一个村的群众三百余户全部杀光，只剩下一个未杀死而残废了的番人。刘文辉在炉霍和其他各地也在继承赵尔丰的屠杀政策，虐杀番人。汉官、军阀的这些政策，一面极度的加重番人的苦痛，使番人永远在人间地狱过活，另外却激起了番人对汉族的极大仇恨，番民所以不断爆发"洗汉"运动的根源就在于此。

诺那的政策又是怎样呢？诺那在番人中基本的欺骗口号是"康人治康"、"复上洗汉"。显然的，诺那这一政策是与刘文辉的统治互相对峙着，与刘文辉到处冲突。诺那进入西康后，将刘文辉派来的八个县长完全杀戮逮捕或驱逐出境，而以诺那遣来的"部下"下任。在道孚，将汉官拘捕解送至康定。在甘孜，则借追缴修桥款子为名逮捕县长，没收张行和与刘文辉有关的人员的财产。在道半，更把刘文辉的部队缴械，并发还过去被汉官没收了喇嘛寺的土地。诺那到地便召集土司、头人、大喇嘛的会议，以图恢复旧有的土司统治。这样就到处把刘文辉的势力打得落花流水。蒋介石之所以利用诺那，一面为的是削弱刘文辉的势力，另外便采取比较"聪明"的办法来奴役西康番人。诺那也就在蒋介石的驱使下，李抱冰的依靠下，以过去的土司为基础，以喇嘛寺为根据，到处派重粮、派乌拉，对波巴群众的剥削比刘文辉还要厉害。明显的，诺那的政策是代表着番人中上层分子的"康人治康"。因此，诺那的政策无疑的只有加重对番人的压榨，与番人的民族独立解放运动是没有丝毫相同之处，而且是番人独立解放的障碍。

至于西藏的达赖政府，他的基本口号是建立大西藏国，理想中的大西藏国国界包括康、藏和川、青、甘的一部。当然，西藏之所谓民族运动，是在英帝国主义卵翼下的反动民族运动。可是必须认识，在英帝国主义的经营下，达赖政府比刘文辉的黑暗统治是较为进步些，比如建立了一些新式军队和较为进步的政府组织。可是达赖政府始终不能取得番人的信服，而且酝酿着番人的反抗。基本的原因是在于西藏地瘠民穷，与达赖政府之无止境的抽剥榨取和外货的剥削。因为西藏约有七十余万人口，其中不事生产的喇嘛便占五分之一，政府庞大的组织、新式军队的豢养，以及极大数量的喇嘛的给养与挥霍，就只有依靠在仅有的番人与对番人惨酷的榨取

### 红色记忆
—— 红军长征在藏族地区及其当代启示

上面。西藏税收空前未有繁重以及人口的不断减少与逃跑的基本原因也就在此。这样达赖政府便无法实现其大西藏的口号；甘孜、德格等地的番人反对达赖政府，就是惧怕达赖政府税收的枷锁。

我们领导番人的民族独立解放运动，对于赵尔丰、刘文辉、诺那、达赖的政策，无疑的是不能效法的。可是只有一点可取的东西，那就是建立大西藏国。当然达赖的建立大西藏国口号的目的是在于使康、藏成为英帝国主义的殖民地，而我们所以采用这一口号的目的却在于番人之真正独立与解放，是在于动员群众为着打到康定去，消灭李抱冰的任务而战，两者是不能同日而语的。

（二）

党的策略是领导广大番人下层群众的独立解放运动，直至成立完全独立的波巴依得瓦共和国，可是我们在实际工作中的运用是否完全执行了这一策略呢？根据今天各方面的报告，我们可以得出这样的结论：可是在实际工作中发生了一些缺点，事实是很明显的。

一、首先，拿政权问题来说吧！党决定番人组织波巴独立政府，在某些地区汉人密集的所在，汉人则组织自治委员会（隶属在波巴独立政府之下）。汉人不多的地方，汉人只选派代表参加波巴政府。关于这，我们同志运用的结果是走到了一个极端，在炉霍，在甘孜，凡有汉人的地方普遍的建立了汉人自治委员会，在炉霍，自治委员会更设在衙门里头（与波巴政府一块），结果无形中就形成：

第一、除了波巴政府外，又形成了一个汉人的政府，两个政权同时出现了；第二、有可能使波巴政府成为"汉人政府"的附属品；第三、番人开始感觉到大概第二个汉官又将逐渐形成了吧！（炉霍自治委员会的委员长就是过去与汉官有密切关系的人物，番人这种感觉是有可能的。）这是不对的，而且需要立即纠正。在炉霍，要大大提高波巴独立政府的权威，自治委员会不应该在衙门里头；各乡不需要设自治委员会，只选汉人的代表参加就够了。已成立的汉人自治委员会最好先迁出衙门来，这就可以去掉他的包办。

其次，说到利用旧的人物问题。在甘孜，现在是大批旧人物办事，孔撒女土司任为波巴全国大会筹备会的委员长，日利土司付之，督巴香根为秘书长，这种办法，如果不积极树立政权的下层基础，那么，就有一种危险：使我们的政策流向诺那的政策了。在炉霍，所有各乡的政权都掌握在过去的保正、头人手中，如果就这样继续下去，将发生不好的结果了。当然在民族解放统一战线运用的原则上，革命开始时期，利用一部分旧的人物，利用一部分有名望有号召能力的土司，作为争取群众暂时的桥梁是可以的。可是也要有这样的条件，那就是要他能忠实于波巴独立解放运动，同时不至因利用旧人物而妨碍群众斗争的发展；更重要的一个条件就是我们要迅速的巩固和树立下层群众的基础。如果偏重于上层的勾结，外交的玩弄（当然这还是需要的）而放松了下层基础的建立，那就将使这一民族独立解放运动前途遭受危险。当然，以为如果不要利用这些旧人物也是不妥当的，因为在今天我们还不能如此办。

正确的办法是一面利用这些旧人物，同时不使其掌握政府的实权，提拔大批可靠的基本群众的代表去实地掌握政权。

关于土司，我们的策略是中立其中的一部分，利用其中的另一部分，反对其中的反动土司。现在有些同志一般的提出发动群众反对土司，废除土司制度。另外又有同志提出不要反对土司，我想这些观点都是太呆板太机械了。反动土司我们要坚决的反对，那是毫无问题的。可是有的土司愿意参加反对汉官、军阀的斗争，甚至赞助波巴的独立，并不反抗我们，并且有号召能力，当我们运用民族统一战线时，当革命还是在开始时，我们为什么不可以去利用他呢？个别例外的分子还可以吸收到政权中来给他一个虚名。同时我们也不一定要去机械的废除土司名义，但一定要把他的实权夺到新的政权手中来，对于土司本身可采取发优待费的办法去优待他。根据群众阶级斗争的深入程度，根据群众的组织力量的如何才能逐渐改变我们对待土司的办法。

二、关于喇嘛教的问题。党的策略是保护喇嘛和喇嘛寺，信教自由，还俗自由，政教分离。可是我们同志在运用这一策略时，却有时走到了在群众中抬高喇嘛政治地位的倾向。选举个别喇嘛参加政权是容许的，但最好不让大喇嘛进来，因为大喇嘛坐在机关里，群众的代表便会俯首贴[帖]耳了。番人保正当然也可以吸收一部分参加政权，但不能像炉霍之走到一个极端。这里要注意，当我们吸收了一部分旧人物参加政权时，政权的运用中，一切问题的决定必须采取较民主的办法。这样才能逐渐涌现新的可靠的干部，并掌握实权。这样才不至走上旧人物包办政权的倾向。在我们波巴青年中，开始进行无神论的宣传工作，这一宣传要从群众切实问题上说起（如为什么缺少劳动力等）最初要以不伤害群众的宗教感情为原则。金川省委提出组织喇嘛教改进会，革新喇嘛教，使之有助于革命，我想这是适用的。

三、土地政策。党的决定是正确的，道孚波巴依得瓦代表大会所通过的土地暂行条例是依据党的策略正确决定的，这里无容赘述了。甘孜工作的同志提出不没收土司的土地，是不对的。因为如果这样办，那么解放农奴便无从说起了。当然运用土地政策时还需要灵活点。有同志提出可以实行平分土地，我想这是过早的办法。因为第一、在这一带不是缺少土地，而是缺少劳动力的问题；第二、群众的阶级觉悟与斗争还没有深入。在生产事业上，现在却要以最大的努力进行春耕，所有部队机关驻地附近的土地一定要最迅速的春耕完毕，我们要为着实现"不让一寸土地放荒"的口号而斗争。有的同志中间存在着一种观点："恐怕春耕的收获我们吃不到吧"，于是便放松春耕，这是必要纠正的错误观点。

四、道孚波巴依得瓦代表大会所通过的关于喇嘛与喇嘛寺、独立军的组织、粮食、发展农业、商业、保护工作娃子、借贷投资、交通、税收、牛场等等条例，我想都可作为全国代表大会的讨论基础。不过在波巴全国大会中问题的讨论需要更其切实具体而明了。譬如粮食问题来说吧，我们可以要督巴香根和我们包买粮食（一切运输均由他包办）；在商业问题上我们可以提出怎样到青海去买盐。这些问题，大概比我们的条例要实际而有效力得多吧！

又如关于政府问题，必须宣布一种规矩，政府要做哪些事，哪些事不应该做，政府人员要遵守什么规矩，这样的宣布，才能清楚认识新的政权与旧的政府之分别所在。我们提出要组织"波马沙松巴"（番人自卫军之意），那么，必须与群众的实际利益联系起来，与番人的独立联系起来，必须高高的提出"组织波马沙松巴，打到康定去"的口号。在税收问题上，我们只收正税，免除一切苛捐杂税，如果我们今天提出免除一切粮税、乌拉，那是不可能的，因为我们需要给养，需要乌拉，不过我们所需要的粮税、乌拉是与汉官、军阀不同罢了！因为第一、我们只收正税；第二、为的是波巴独立解放事业的胜利。最后在全国大会中必须进行活泼的外交活动。我们可以写信与派人到德格土司那里去，同样也可以写信到西藏、到玉树去。这样不仅可以扩大波巴独立运动的影响，而且在某种限度内可以达到我们所需要的某种目的。

在全国大会中最中心的一个任务便是最广泛最深入的宣传波巴的独立与我们的政策。因为在今天波巴依得瓦还存在着对我们的疑惧与不信任。其次，必须发布一个最有力的宣言，他要能沉痛的诉出番人的苦痛及来源，因为最初发出的这一宣言，如果最能诉出番人的苦处，那就是最好的宣言了。在宣言中要痛骂赵尔丰、刘文辉的残酷统治，要驳斥西藏达赖政府之政策，并指出其被英帝国主义所驾驭，要揭穿诺那的反动欺骗。

五、波巴革命党与波巴青年团的组织必须迅速建立起来。首先需要我们广泛的宣传波巴革命党的党纲，尽量吸收较进步些的番人到革命党与青年团内来。因为在番人中一般的组织共产党的组织是不适合的（吸收个别最进步的分子进党当然是需要的）。我们正需要组织革命党并使之在党的影响与帮助下成为番人独立解放运动的骨干。同时我们极端需要训练大批的当地干部来领导番人的革命斗争。革命党与青年团正是训练当地干部最适当最良好的学校。

其次，我们要立即开始去建立番人的群众组织了。我想（此处六字不清）群众组织便是百姓联合会，（此处六字不清）称百姓，土司、大喇嘛、大头人等是不包括在内的。那么这一百姓联合会正是番人基本群众最广泛的组织，也就是群众组织最重要的形式。要发动群众斗争，要树立群众的基础，百姓联合会的组织是不能再延迟的了。番人青年的主要组织可以采用道孚的形式——青年队，至于妇女则可组织姊妹团，正是番人过去曾有过的娱乐组织。最后，各区须尽可能建立俱乐部（名称可自定，以适应番人之习俗为原则），要把对番人的教育工作最大部分在俱乐部中建立起来。至于办学校的方法那是不适用的了！因为番人过去最怕汉官的强迫读书，一直到今天，番人一听到读书都要头痛呢！

六、最后，在我们同志中间要克服一种大汉族主义的观点，这种观点必然将阻碍番人独立运动的开展。首先，在汉人中更深深的存在着大汉族主义的观点，这同样需要给予教育。在番人中存在着一种极端狭隘的民族主义，所谓"洗汉"；其次便是一种不自信的心理，以为番人不懂事，不能办事，要汉人或土司来做官才行。还有一种极端保守的观念。以为旧的制度、旧的一切规矩都是对的，这些观点我们都要去进行艰苦深入的宣传说服工作，不过要注意防止过早的行为，以免使番人发生反感。这与尊重番人的风俗习惯是全无矛盾的。因为在这一方面我们的方式是在于宣传解释，首先在革命党与青年团中须立即开始进行。同志们！波巴依得瓦全国代表大会是有极伟大的意义的，它不仅是波巴独立解放的重要关键，而且是全西北少数民族解放的号炮！他将燃烧起西北少数民族解放的烽火，去埋葬帝国主义、国民党汉官、军阀的统治。我要求派到甘孜领导大会工作的同志，依据今天的讨论，正确去领导这次大会，使大会得到圆满的成功。

# 波巴独立政府组织大纲

（波巴第一次全国人民代表大会通过）

（一九三六年五月）

1. 波巴独立政府由波巴全体人民推选代表组织而成，为波巴全体人民的利益和独立自由而奋斗！

2. 波巴全体人民年在十六岁以上者不分贫富、男女、宗教、民族都有选举自己代表组织政府之权和被选举权,并有监督政府行政与服军役之权利和义务。

3. 凡勾结汉官、军阀、外族侵略者与破坏波巴独立,欺压波巴人民的土司及奸细,得由政府剥夺其选举权和被选举权。

4. 政权最下层组织为全体寨民大会,推选一人为寨首,任期三个月。

5. 全乡人民会议每家来一人组织之,推选委员三人至五人,组织乡巴政府,委员分工为主席一人,委员二人至四人,任期三个月。

6. 区全体人民会议(每家一人)或代表大会(每寨代表一人)选举委员五人至七人,组织区波巴政府,委员分工为主席一人,委员四人至六人,任期六个月。

7. 由各区选举若干人(每寨一人)组织全县波巴代表大会,选举委员九人至十三人,组织县波巴政府,内设正副主席各一人,分民政部、农业部、畜牧部、司法部、军事部等五部,每部设部长一人,任期半年至一年。

8. 县政府之上,为波巴人民共和国中央政府,由全国人民代表大会选举委员三十五人至四十五人组织之,统一全国领导,任期一年至三年。中央政府内设主席一人,副主席二人,委员若干人,分为民政部、农业部、畜牧部、军事部、外交部、司法部、民族部、财政部、宗教部等九部,每部设正副部长一人。各部之下得按工作需要设立科、股,另设一总务厅管理本府一切日常事务。中央政府常务委员会以十一人组织之,为执行委员会闭幕后日常行政最高机关。在中央政府内设立国家政治检查处(组织另定),进行肃反工作,保证波巴独立之安全。

9. 居住在波巴共和国领土内的其他少数民族(如回、汉人民)集团居住在五十户以上者,得组织自治区,设立自治委员会,由全体居民大会选举委员三人至五人组织之,分为委员长一人,委员二人至四人。如散居在各地之回、汉人民,则按人数比例推选代表参加当地波巴政府,自治委员会必须受县以上波巴政府的指导。

10. 本组织纲要未尽之外,由中央政府执行委员会决定颁布之,各级政府工作细则另定。

## 波巴人民共和国国家政治检查处暂行条例草案

(一九三六年五月)

一、为保证波巴人民的民族独立解放运动顺利的开展和各地番民政府的巩固和发展,严厉镇压侵略国家、国民党、军阀、汉官等破坏番民独立运动以及一切反革命阴谋活动,这一工作必须吸收广大群众参加,同时必须设立专门机关来经常进行与破坏民族独立解放运动者作斗争。

二、在波巴人民共和国领土内向一切反革命秘密和公开作斗争的机关定名为中央政治检查处。

三、政治检查处为垂直的系统,中央政府设中央政治检查处,为波巴人民共和国领土内最高肃反机关,县设政治检查分科,区设政治检查员。

四、中央政治检查处长由全国人民代表大会选举之,经波巴人民共和国中央政府委任,并呈报西北联邦保卫局批准,为波巴人民中央政府当然委员。

五、县政治检查科长及区政治检查员由中央政治检查处委任,直属中央政治检查处。但县政治检查科长、区政治检查员为该同级政府当然委员。

六、政治检查处长、科长代表国家向法庭提起公诉一切反革命案件,在法庭公审时是代表国家原告人。

七、波巴人民共和国正式加入中华人民共和国西北联邦政府时,中央政治检查处即直属接受西北联邦保卫局之领导和指挥,并由西北联邦保卫局派一指导员常驻中央政治检查处指导工作。

八、工作细则另订。

# 波巴青年团章程

(一九三六年五月六日)

(一)波巴青年团

(1)波巴青年团是波巴青年的革命政治组织,他吸收了广大的波巴青年参加兴番灭蒋和民族解放的斗争,在斗争中给波巴青年以新教育和训练,他赞助波巴青年的政治经济的要求。

(2)波巴青年团是波巴青年的独立组织,在波巴革命党的政治领导下服从他的章程和纲领。

(二)团员

(1)凡承认本团的纲领和章程,年龄十三岁以上二十六岁以下的波巴青年都可加入。

(2)每个团员应该服从本团的一切决议,积极参加一切工作,按期缴团费。

（3）吸收新团员须经过支部，要团的上级机关批准（区团部可直接吸收）。

（4）团员要移居时或调动工作时，必须得到上级机关的介绍信，以便到本团的另一个地方登记。

（5）开除团员须经过支部的通过并经上级机关的批准。

（三）本团组织系统

（1）各寨、沟、牛场、街市、金矿、革命军组织团员大会——成立乡团部、军队即成立支部。

（2）城区、乡区几个寨沟团员大会——成立区团部。

（3）县或市范围内的代表大会——成立县、市团部。

（4）全国大会——成立中央团部。

（5）各级团部为着便利领导工作起见，可以在各级团部下组织各部，如：宣传部、组织部、青妇部，各部按照团部所指示的路线而工作。

（四）乡团部

（1）乡团部是波巴青年团基本组织，三个团员以上可成立支部。

（2）为了领导波巴青年的斗争，及执行目前的工作，每个支部五人以上可选出一人为部长，领导日常工作，执行乡团部会议的决议及上级团部的指示。

（五）纪律

（1）遵守团的纪律，是每个团员和团部的最高任务，团部的决议和日常工作，按照纪律，必须严格服从。

（2）如遇不执行上级团部的决议或犯错误的分子，处罚的方法是警告；取消其工作、开除团籍。

（六）财政

（1）本团经济上的收入是团费，特别捐。

（2）缴团费——每月缴一斤炸糌粑或一斤糌粑的钱。

（七）本团与波巴革命党的关系

（1）本团和波巴革命党自上级机关到下级机关互派代表参加会议。

（2）各级团部应经常向同级党部报告自己的工作。

（3）团和党遇有意见有冲突时应提到党和团的上级机关解决。

波巴青年团临时中央

# 波巴革命党（青年团）在自卫军中的组织和工作①

（一九三六年五月）

1．为加强波巴革命党在波巴自卫军中的领导，在自卫军队伍里面必须建立波巴革命党（青年团）的组织与工作。

2．自卫军中党的组织依照军队的组织系统组成，设立各级党代表与各级党部，各级党部受各级党代表和政治工作委员会的指导和总党部的领导。

3．总党代表由全国总党部任命，团、营、大队党代表则由总党代表和总政治工作委员会任命之。各级党代表必须是忠实勇敢能为波巴独立奋斗到底的波巴革命党党员。

4．各级党代表有监督一切军事行政之权，负责保证波巴革命党和政策之实际执行，指导与进行军队内的党政工作，以保证自卫军的巩固与提高其战斗能力；在军事上有最后决定之权。

5．波巴革命党的组织：

（1）大队内有五个以上的党员时成立大队党部，设党部长一人；有十五个以上党员时，则按中队编成小组，设组长一人；有五个以上青年团员时，应成立团的小组。

（2）全团成立团党部。指导全团党（青年团）的工作，以五人组成之，分正副部长各一人，组织、宣传、青年委员各一人。

（3）营不设党部，大队党部直接受团青年党部指导。

（4）青年团不另设团部，在党的组织内设立小组，各级党部委员会中设青年委员，如团员超过党员数量时，亦可按军队组织成立各级团部。

（5）自卫军中党的最高领导机关为总党务委员会，设于总政治工作委员会之内，由五人至七人组织之，分为正副党部长各一人，组织、宣传、青年委员各一人，候补二人。

（6）各级党部长由总政治工作委员会派总党务委员会任命之，委员则由党员大会或代表大会选举，报告总政治工作委员会和总党务委员会批准。

6．波巴革命党的工作：

（1）具体传达讨论并切实执行上级党的决议与策略路线。

（2）计划与发展波巴革命党（青年团）的组织，注意统计调剂党团员。

---

① 此件缺月、日，根据内容推断应为一九三六年五月。

(3) 进行党团内的教育工作，举办各种轮流训练班。
(4) 定期进行各级党团会议。
(5) 党团员在军队内必须成为勇敢坚决的模范，团结全体官兵在自己的周围，以巩固提高自卫军的战斗能力。

## 关于金川工作的讨论

（一九三六年五月）

郭潜

（一）

当我们总结与讨论金川工作时，首先必须了解少数民族的工作是党面前的一个新的问题。当我们还没有进入番人区域时，对于这一问题的研究是很少的。因此，一直到今天党对少数民族的策略路线还是在从实际运用中求得进步与发展的过程中。如果我们拿金川工作的开始和甘孜的工作来比拟，显然的党对番人的策略路线是有了极大的进步，所以当我们来检查金川工作时，首先须估计到过去党对少数民族的策略路线还只是原则的说明，这样就可以反映金川的工作表现出更多的缺点和教训。这是一。

其次，我们也必须估计到工作的客观环境，特别是其困难的苦境。大家清楚，金川地区非常狭小，人口稀薄，粮食困难。主力红军大举南下时经过金川，给养全部取给于金川，同时在金川又驻了不少的队伍和后方机关，这样在粮食上的极大困难，就不能不影响到金川工作的开展。这当然不是说因为粮食困难就无法进行工作，而是说粮食的困难将影响我们与群众的关系，同时也将迟缓了工作开展的速度与效能。第三，因为各种关系，在金川的确很少涌现出当地大批可靠的干部，甚至连一个极可靠的通司也寻见不出。这样也就使金川工作开展的速度更为迟缓。

最后，因为过去汉官、军阀对于番人的压榨与屠杀而造成了番人对汉人的疑惧与仇恨，这样也就使我们工作开始时碰到许多的困难，而使工作进行的速度不像在汉人地区中的容易与迅速。

了解了这些问题，我们对金川工作才能得出一个正确的估计与结论。

（二）

我们要肯定的说，金川工作是得到了一些成绩的！这主要还是依靠于我们工作同志艰苦奋斗而获得的。金川工作的同志在艰难困苦的环境中,用了艰苦卓绝的奋斗精神去和一切困难的袭击苦战。最后克服了一切极大的困难,这种精神是值得我们赞扬而且可为全党同志效法的。可是在我们金川工作同志中间,在工作开始时,发生了干部中的隔阂与争论这种现象,而且继续了相当的时期,这不能不使我们的工作受到了一些损失。其中的原因是什么呢?首先是金川的好些干部对于创造金川赤区的意义与作用了解得非常不够。其次就是那时我们刚从草地回来,因为我们的政治工作做得不够,一般干部的情绪是比较低落的。这样就使好些在金川工作的同志工作上表现不沉心,不安定,总想到天全、芦山、雅州去,于是争论便开始了。其他一切问题都从这一根源上发展起来,这是一个极大的教训。

其次,在金川工作中,省委的负责同志最初的确有一些新见解,然而对番人的策略路线的了解与运用还是极其不够,如果把金川工作来一个总结,那么,便可以看见一些宝贵的经验和许多痛苦教训。

(一)首先从格勒得沙政权说起。同志们晓得,番人独立的基本问题便是建立番人自己的独立政府和独立的国家。在金川格勒得沙政府建立起来了,格勒得沙共和国也形成起来了,可是如果透彻的考察一下,这一个独立政府还不是一个完全名符其实的政权。因为很久的时间当中,番人政府是在我们工作的同志包办底下。这样就没有法子使番人从自己的经验上清楚的了解番人的独立。同样也无法去发挥番人的积极性与创造性,番人在政权中便完全成为一个被动的地位了!为什么在半年余金川的工作中不能创造出大批当地的干部,这里不能不是一个很重要的原因。

同时我们的同志也不懂得去广泛的运用民族革命的统一战线,格勒得沙的各级政府中完全不容许有一个富裕的番人,或者赞助番人独立的寨首头人,或者是有号召能力的旧人物在办事。我们的同志关门主义的倾向非常严重;以为利用一部分旧人物或者是有威信的上层分子,便认为是天翻地覆的事了。总是把在汉人区域工作的"那一套"来观察番人工作的问题,结果只有便利于敌人,对于革命是没有利益的。

虽然以后金川省委曾经采取了一些办法去提高政府的权威,并逐渐将政权转移到番人自己手中,如第一、将司法权由番人自己掌握;第二、将财政经济问题移给番人自己管理;第三、许多群众实际问题由政府解决;第四、许多会议均由番人自己主持等等,这样便逐渐提高了政府的权威和番人独立的真实意义。可是还是不够的。因为番人政府一定要放胆的让番人自己去学习管理政权与运用政权。我们只能站在领导与帮助的地位,去推动政权的工作。

这里有一个经验值得我们学习的:金川工作的开始时,一般番人都说红军不久便要离开金川的,因为红军在金川不做生意、不种田、不开亲,又不住家,于是番

### 红色记忆
——红军长征在藏族地区及其当代启示

人对政府所提出的各种问题都不甚起劲来干。当时省委能够从这方面进行广泛的宣传解释工作,并积极进行广泛的春耕运动与开设合作社、国家商店等等实际工作上去证明给番人看,安定番人的心理,并提高番人的积极性,以开展金川工作,那是很好的。一般来说,不管是在金川或在西康,我们工作同志,如何去领导番人的艺术,特别是如何从实际学习问题上在番人面前说明番人的独立那是非常不够的。这里让我举一件炉霍的明显例子:有一天,我跑到炉霍县政府去,当时有番人、汉人的代表和我们的工作同志在开会,讨论全县人民大会的准备。开会时,我看见几种奇怪的现象:第一、我们工作的同志和汉人代表在一堆川流不息的谈话,商量大会的准备工作,番人则在另外一隅冷静静的坐着;第二、当着讨论到大会事务上准备时,有的同志说这些事番人弄不好,都由汉人来办;第三、我亲自向一个番人代表说:你来这里做什么呢?他回答说:联邦政府全权代表叫我来这里的,代表叫我做什么,我就干什么呵。同志们!显然的,在这会议上番人独立的气味丝毫也看不出呀,像这样连一点事情都由我们的同志去包办,甚至开会时让番人去坐冷板凳,怎么能够使番人了解番人的独立?这又怎么能够去提高政府在番人中的威信?这是不行的呵!我们一定要从这方面迅速去转变。

(二)在土地问题上来说,在金川是采取一些过早的办法:第一、一般的凡是土司、守备、千总及其家属一律不分给土地,如果赞助与参加波巴独立解放运动的土司、千总、守备及其家属我们可以分给土地的;第二、提出平均分配土地的办法,我想在今天来说,这同样是过早的办法。可是在西康,波巴全国代表大会通过的土地暂行条例规定:"赞助波巴独立与遵守政府一切法令的土司,土地不没收",我想这同样是不妥当的。因为这样一方面不能彻底解放家奴,另外当着群众斗争开展时,群众起来没收土司土地时,这种规定便可以成为群众斗争的障碍,同时这种规定也就使土司比较能够在实际上维持其过去的势力,新政权也就更不容易实际去削弱土司的势力。另外有些同志提出赞助与参加波巴独立的土司不没收其庄地,我想这也是不妥当的。无论如何,明文规定不没收"革命"的土司的土地的没收需要灵活一点,在开始时可以采取一些过渡办法,前次我提出对这些土司采取发优待费的办法,我想依然是适用的。

(三)在喇嘛问题上金川是获得了一些成绩。他们开始建立喇嘛教改进会的组织。使喇嘛不至和过去一样成为寄生分子,并使之逐渐向革命的道路上走。另外他们还在喇嘛中宣布番人革命党的宣言和政纲是一切经书的总经,动员喇嘛学习念总经,更提出以后一切喇嘛不用到西藏去考试了,要到格勒得沙政府去考试。这虽然是非常兴趣的一回事,然而,这是有作用的。金川一带的喇嘛不会因反动的欺骗而逃跑,大概在这一方面特别是保护喇嘛和喇嘛寺的口号下有很大关系的。

（四）建立金川独立师与格勒得沙革命军的工作上，现在虽然有一些成绩，可是在其中是经过许多痛苦的教训。如果不是我们的同志在这方面犯了许多错误，其成绩当然不止于此。这里教训是没有估计到番人的特点与过去的习惯，而采取了过去的一套，没有注意番人过去的所谓换班。同时在军队中的政治工作又极薄弱，肃反工作更加谈不上，极其缺乏阶级警觉性，甚至陷入麻木不仁的状态，以至发展到整连逃跑事件的发生。在军队中更没有注意番人的日常生活，卫生工作简直等于零；甚至战士死了，尸首腐烂了也没有人晓得，这样就大批增加病员，发生严重的减员现象。特别是领导革命军的负责同志犯了极其严重的官僚主义，直走到对打反动不负责任的犯罪行为。现在虽然有了一些转变，然而还须要金川的同志在这方面加以极大的努力。

（五）在肃反斗争上的确是血的教训，在金川现在的事实是这样：反革命在金川地区是相当的活动了，反革命的武装力量不仅没有被我们消灭下去，而且逐渐扩张，我们的干部被反动残杀已经不算少数了！原因在哪里呢？

首先，在打反动方面来说是没有采取主动的积极向敌人进攻，打反动常常是处于被动的地位。这样就使我们在打反动中常常收不到效果，有时反被敌人所乘而受到损失。在打反动的战术上没有采取突然的袭击，夜摸与机动的去战胜敌人。甚至有时也不好好去估计敌我力量的对比，没有清楚估计番反的特点，这样，当然就不能有力的去打击敌人。在一般的肃反斗争上，没有能够清楚的估计番民地区的特点。甚至于没有分清楚番民中哪一种才是反革命，没有最积极的在政治上去分化反革命孤立反革命，并争取在反革命首领欺骗下的群众。结果在这一方面的缺点与错误就无形中促成一部分可以争取和中立的分子也走向反革命方面去了。其次，更没有分清楚反革命、犯法、犯错误的不同，而更助长了反革命的势力与活动的基础。最后，就是极其缺乏锐敏的阶级警觉性。本来许多事件发生前的预兆就能引起我们的警觉而以决然的手段去处置与解决的，可是我们的同志恰恰在这方面表现麻木不仁，一直到严重的事件发生后表现追悔莫及，张惶[皇]失措，这种血的教训是值得我们记取的。

（六）关于革命党与革命青年团和我们党的组织问题在金川也没有得到妥善的解决。首先，金川的同志以为"一国三党"，无所适从，这正说明还没有深刻了解番民独立解放运动的特点与革命党的作用。于是在金川把革命党的组织形成狭隘的小团体的倾向，甚至比共产党的组织还狭小得多（大金川有共产党员五百余，而革命党员则仅三百人），另外在最初时期我们一部分同志中间以为积极工作与进步的

## 红色记忆
——红军长征在藏族地区及其当代启示

较富裕的番人与积极参加波巴独立的寨首头人也不能加入革命党。同时在金川则普遍建立共产党的组织,结果怎样呢？第一、以共产党代替了革命党,使革命党形成一个空洞的组织。第二、因为普遍的建立共产党的组织,结果共产党的组织便形成极其松懈了。当金川的同志发觉到这一组织原则的不对时,曾经积极设法提高革命党的作用,各种工作的动员也曾经经过革命党去进行,这方面虽然收到了一些效果,可是结果又走到了一个极端。为要提高革命党的作用,甚至把共产党的组织也秘密起来了,在革命党中则派一个共产党的公开代表去领导革命的工作,革命党对政府的领导则在所谓"以党治国"的"理论"下直接指挥政府,我想这是不妥当的。

正确的组织办法,首先应该了解番民的民族独立解放运动。应该在番人革命党领导之下。因此,在番民地区要大大的扩大革命党的组织,大大的提高革命党的领导作用,革命党不应形成狭隘的小团体的组织,更不应以共产党来代替革命党。革命党的组织,应以一个区（区党部）为基本的组织,这里依据番民地区地广人稀之条件而适当决定的。在各沟或大寨可设革命党的分部,以一个干事来管理分部的工作。在区党部中则设书记、组织、宣传、妇女干事,在县则设各部,并依据工作之需要可增设各部,如宗教部。至于革命青年团在政治上应该受革命党的领导。在组织上则有其独立的组织,其互相间的关系可采用共产党与共青团的关系一样的办法。革命党在番民自卫军中的组织,则以大队为基本组织,设革命党的大队党部,大队的政治指导员一定要是革命党的党员,在团则设团党部,团政治委员就是革命党的代表,团政治处或军政治部就是代表革命党与番人政府的政治组织。革命党对政府的领导应该经过党团的领导作用,共产党在政府中仍然可以组织党团,革命党与共产党的党团要建立密切的关系。至于共产党对革命党的领导,除需要组织党团外,可派出顾问代表共产党来领导革命党的工作,革命党中的顾问最好就是共产党在革命党中的党团书记。有些同志或者会怀疑,这样一来,对番民独立运动的领导,有了共产党,又有一个革命党,这不是矛盾了吗？我想这绝不会矛盾的。我们把各种工作动员与领导经过革命党去进行,去提高革命党的作用,共产党则集中力量于领导帮助发展革命党的工作,与革命党建立亲密的联盟,可是绝不是因此就要把共产党秘密起来,有意去缩小共产党的影响,反之,正要从一切工作中去大大扩大共产党在番民群众中的影响。

（三）

一般说来,金川省委在运用党对少数民族的策略路线时最严重的问题就是关门主义在作怪。我们工作的同志只习惯于过去的一套,看见寨首、头人或者喇嘛与土司参加政权,不是大惊小怪,便是说"从来没有听过与见过",我们的同志只晓得地主富农是反动的，白军的连长以上是反动的，对于党的策略路线则引为破天荒的怪事。其实共产党人不应该呆板；他不仅要去争取基本群众，而且要认清楚哪些是我们主要的敌人，哪些是我们次要的敌人，哪些是可以中立的，哪些是可以争取或利用的，这样才能去战胜敌人；如果刻板的不分皂白去干，那只能是逼着一部分可以中立、争取利用的分子走向敌人营垒中去，不仅在于被压迫的群众不再愿意过残酷的生活，而且动摇的中间的分子也摇摆到革命这方面来才行。可惜我们的同志在这方面却没有好好去了解列宁的论断。正因为金川在这方面没有广泛深入的开展反关门主义的斗争，没有耐心的去教育同志，就是上层进行了一些联合战线策略的运用也是无补于事的。当然不是说要将我们的组织观点降低下去，反之，正需要我们加强无产阶级的领导作用，这样才能使革命彻底胜利。

又如在土司问题上来说吧，为什么我们不提出打倒土司的口号呢？这里是有很重大的原因的。当自为的阶级觉悟还没有达到必要的程度时，如果我们提出打倒土司的口号，番人就要这样反想：土司是我们番人自己的官，你们红军要打倒我们的番官，大概又和刘文辉的手段差不多吧，因此要打倒土司，只有番人自己起来干才行。

现在在番人区域中关门主义存在着，如果现在不加以深入的教育，将来到汉人区域中我想关门主义依然有出现的可能。因此反对关门主义，广泛而深入的传达解释党的策略路线，就成为当前的重要问题了。同志们批评省委主要负责同志的领导方式很坏，对干部的态度不好，不能团结干部，这是对的。我只想在这一问题上从根底上来解释一个问题，我们首先要清楚：我们的干部最大多数是从农民出身的，本身存在着好些弱点。列宁同志说过，我们要改造农民而不是消灭农民，我们对于农民需要长期的耐心的教育工作，我们要采取许多具体步骤去改造农民，甚至有时候要对农民让步。省委主要负责同志对于干部领导的不适当与态度的不好，就是对于农民问题没有彻底了解的反映。省委主要负责同志一方面个性较强，另外又在有意无意地去笑那些干部是"土包子"，这样引起的误会便更多了（当然以后有了一些转变），因此在今天，党如何去领导那些从农民出身的干部，如何去改造他们，使他们完全的无产阶级化，便成为极其值得研究与注意的问题了。有同志批评金川工作最大的弱点，是没有实现群众的利益。可是在这方面我们必须估计到金川客观上的困难，才能正确去了解这一问题。现在有的同志有一种见解，以为不实现群众的利益，工作便无从做起了，因此便主张"不拿穷人的一针一线！"另外一种意见便是要革命胜利，便不能不侵犯群众利益，便不顾到什么政治影响了。这两种意见都是不正确的，都是背道而驰的极端。这里举一个例子来说吧。当苏联国内战争时，曾经施行军事共产主义，当时的确侵犯了一部分基本群众的利益，这是客观环境逼着不能不如此干的,然而联共党始终没有根本上与基本群众破裂,还是解决了这一矛盾。列宁解释这一问题为工人与农民联盟的问题,这就是说如果农民要在工人的领导下解放出来,不能不在某种时期要负担重些,可惜我们的同志却没有从基本上去了解,于是便走到两种极端了。现在我们的确要仔细的来解决我们所碰到的一切矛盾。

（四）

最后,我想把"抗汉拒英"与"兴番灭蒋"的口号作一个解释。《干部必读》第十二期我们登载了一篇关于番民民族独立解放运动与党的策略路线的文章,这篇文章是供给同志们讨论番民解放运动的材料与根据,并不是一个结论。在里头提出了"抗汉拒英"的口号。甘孜工作的同志认为这个口号是不对的,以为只有"兴番灭蒋"这个口号才适当,我想不能把这两个口号对立起来。

第一,党在领导番人解放运动的基本口号是"番人独立";至于"抗汉拒英"、"兴番灭蒋"都是一个有力的辅助口号,一个行动的口号。

第二,"抗汉拒英"这一口号有其弱点,如果不向番人进行解释工作,可以把"抗汉"误解为洗汉,当然抗汉的基本意义是在于驱逐汉官军阀。至于"兴番灭蒋"的口号也有其弱点,就是没有包括其反帝国主义的意义在内。

第三,因此我们不能将这两个口号对立起来,而应该把这两个口号成为动员群众的有力辅助口号,在这两个口号下去动员广大群众为"番民独立"而奋斗!

附注:本文系中央局[①]讨论金川工作时各同志发言的笔记,文内所述如有与发言者不符之处,则由记者本人负责。

---

① 此文中之"中央局",系张国焘南下后自称的。

附 录

## 中华苏维埃人民共和国中央革命军事委员会湘鄂川滇康分会布告[①]

（一九三六年五月）[②]

  本军以扶助番民解除痛苦，兴番灭蒋为番民谋利益之目的，将取道稻城理化进入康川，军行所至，纪律严明，秋毫无犯，幸望沿途番民群众以及喇嘛僧侣其各安居乐道，勿得惊惶逃散，尤望各尽其力与本军代买粮草，本军当一律以现金按价照付，决不强制，如有不依军令，或故意障碍大军通行者，本军亦当从严法办，切切此布。

主席　贺龙

## 中国工农红军六军团印制的番民出入证[③]

（一九三六年五月十八日）

  兹有番民　　　　　　　运粮进城，各处哨线应准予出入，并不准扣留粮食及私行擅买。此证。

中国工农红军第六军团政治部[④]<br>公历一九三六年五月十八日

---

  ① 文献来源：中共中央统战部编：《民族问题文献汇编》，中共中央党校出版社，1991年，第377页。
  该布告是贺龙同志率领中国工农红军二、六军团由云南进入西康时为顺利通过藏族地区北上，在稻城县颁发的。
  ② 原件日期不详，从内容判断，应是一九三六年五月五日至九日之间。
  ③ 文献来源：中共中央统战部编：《民族问题文献汇编》，中共中央党校出版社，1991年，第493页。
  ④ 此证上面盖有中国工农红军第六军团政治部印章。王震任政治委员。
  注：标点为编者所加。

# 红四方面军总政治部关于对番民的策略路线的提纲

——供党小组讨论用

(一九三六年五月二十九日)

第一、哪些地方有番民，他的总数有好多？

有番民的地方：西藏、西康、青海南部、川西北边区、云南北部（中甸维西阿墩子一带）、甘肃南部（杨土司属地）。

番族总数约在一千万人以上。

第二、番民有几种不同和名称？

在西藏的番民称藏巴，在康西的称康巴，东北的称波巴，丹巴懋功一带的称戎巴，绥靖、崇化、金川一带的称格勒得沙。黑水芦花的称克勒卓，青海南部的称唐古特。总的名称叫土伯特族。

各地的番民，因他们的语文文字、风俗习惯、经济生活等等，都差不多，所以他们就形成了一个民族——土伯特族。

第三、为什么要争取番民？

1. 番民有很多的数量，他们历受汉官国民党军阀帝国主义的残酷压迫和剥削，他们反汉官国民党军阀和帝国主义的民族革命解放斗争，是中国苏维埃运动的重要的一部分，将给中国苏维埃运动以极大帮助。

2. 在目前日本帝国主义公开的吞并全中国，蒋介石无耻的出卖全中国的形势底下，番族和汉族人民同样的感受一种亡国灭种的威胁，所以与番族建立抗日反蒋的革命联盟，加强抗日反蒋的民族革命力量，是具有极伟大意义的。

中国苏维埃运动民族革命高潮以及少数民族解放运动紧密的结合起来，可以加速中国革命的顺利成功。

3. 主力红军已进入番族区域，如果我们不争取番民就不能顺利的完成创造西北抗日根据地的伟大任务。

第四、党对番民的策略路线是根据什么决定的？

我们对番民的策略路线是根据：

1. 番族中社会经济发展情形及其特点；

2. 番族阶级分化的程度；

3. 番民的风俗习惯等许许多多的条件。

第五、番族区域社会经济政治与汉族区域有什么不同的地方？

1．经济状况

（1）番族区域中自然自足的经济占主要地位，大部分经营牧畜，在比较固定区域内部生活，农业落后技术不发达。

（2）手工业还是农业或牧畜业的副业。

（3）商业和贸易权，操纵在汉商、帝国主义的买办与土司头人、喇嘛寺的手中，在交换形式方面物物交换占主要地位。

2．社会制度

一、阶级对立：

甲、压迫和剥削阶级：大封建主，土司头人，大喇嘛。

乙、被压迫和被剥削阶级：农奴、牧奴、黑头娃子丫头。

丙、中间阶层：小头人；小喇嘛商人。

二、土地关系：

甲、土地所有权在大封建主、土司大头人、喇嘛寺手中。

乙、一般农民是没有土地，没有自由的。

三、剥削形式：

甲、物产地租——上粮税，上银子。

乙、无报酬的强迫劳役——当差，当乌拉，当汤役打役。

四、法律——夷法。对农奴、牧奴、黑头娃子丫头特别苛虐，对妇女也是如此。

第六、番人有什么特殊的风俗习惯？

1．信奉喇嘛教，一家里有三个儿子，要送两个去当喇嘛，有两个的，要送一个，有一子一女的，男的送去当喇嘛，女的留在家里招上门客。因迷信喇嘛教，影响到各方面的实际生活，比如人死后的葬埋，先要请喇嘛卜卦以定采用火葬、水葬、天葬、地葬的一种形式。

2．通行一夫一妻制和一妻多夫制。

3．人民违抗土司头人差役的处死刑。

4．普通百姓打死百姓偿命价。

第七、番族区域是否落后？

我们拿番族区域内的经济发展程度、社会制度、政治组织来说，当然是比较汉族区域落后。其落后主要原因：

1．帝国主义、汉官国民党军阀的压迫和剥削；

2．本族封建领主土司头人的束缚。

番民只有推翻帝国主义、汉官、国民党军阀的统治，才能使自己在各方面进步。

第八、敌人对番民的政策是什么？

敌人对番民政策的基础是建筑在怎样剥削和压迫番族人民维持和加强对番族的封建剥削。

1. 赵尔丰、刘文辉的政策：

（1）组织平番军，大肆屠杀番民；

（2）抢番人的土地、茶山、金矿；

（3）派差派乌拉；

（4）随意勒索，向番民要磕头钱；

（5）把番人赶到雪山草地；

（6）番汉人不平等，番人当差；汉人办团；赵尔丰时代，番人杀一个汉人，要把银子装满死人的肚子，汉人杀死番人不抵命；

（7）勾结汉商，骗诈番民钱财。

2. 蒋介石的政策：

派诺那来西康，提出"康人治康"的口号，提高喇嘛寺的地位，用土司头人出来办事来加强和维持蒋介石的反动统治，同时替帝国主义开路，让帝国主义好来并吞番民区域。

3. 英法等帝国主义的政策：

（1）英帝国主义组织大西藏国，目的在把番民区域变成他的殖民地。

（2）法帝国主义利用天主教做他侵略番民，殖民地化番民地区的先锋队。

4. 在我红军进入番民区域时，帝国主义和蒋介石都大肆造谣加紧欺骗威吓番民，利用和煽动番民来反对我们，反对中国革命，这便是目前帝国主义和蒋介石决定他们在番民区域政策的基本因素。

第九、共产党对番民的基本策略路线是什么？

1. 领导番民独立解放运动，实行番民自决，番民有权组织自己的政府和波巴依得瓦共和国，打倒汉官国民党军阀帝国主义。

2. 使番民与汉族工农及红军建立抗日反蒋的革命联盟。

第十、我们同帝国主义国民党对番民策略基本不同的地方在哪里？

1. 帝国主义汉官国民党军阀对番民们政策，目的是在压迫和剥削番民；

2. 我们的政策是在使番民独立平等自由解放。

第十一、我们对于番民中几个实际问题的策略

1. 政权问题

（1）援助番民成立波巴依得瓦共和国；

（2）凡在波巴共和国的人民都有选举和被选举权；

（3）凡破坏波巴独立的人，没有选举和被选举权；

（4）农奴牧奴黑头娃子手工工人，为波巴政府的基本群众；

（5）联合小头人喇嘛寨首及赞成波巴独立的大头人大喇嘛；

（6）坚决反对和严厉镇压破坏波巴独立解放运动的内奸，利用在群众中有威信的土司、喇嘛拿他们做桥梁，夺取群众，但是绝不让他们管理政权，政府实权要抓在基本群众手里；

（7）波巴独立政府的组织系统；沟首、寨首区政府（或乡政府）县政府波巴中央政府；

（8）居住在波巴共和国领土内的其他少数民族（如回汉人民）集团居住在五十户以上者，得组织自治区，设立自治委员会。如散避在各地之回汉人民则按人数比例推选代表，参加当地波巴政府。自治委员会受县以上波巴政府的指导。

2．土地问题

对土地问题有两种不正确的意见：一种是主张"不没收土司的任何土地"，一种是主张"平分土地"这都是不对的。我们主张：

（1）应当没收的土地：

甲、帝国主义天主堂的；

乙、汉官军阀的；

丙、汉人地主的；

丁、破坏波巴独立的番族内奸，如反动土司的；

戊、没收的土地分给无地或地少的波巴人民。

（2）土司的庄子不没收，喇嘛寺的土地不没收，可出租，要减轻租金，请人做要出钱；

（3）分给百姓种的土地，谁耕的即永远归谁所有，过去因反抗汉官而被充公的土地一律归还原主，因受不住汉官国民党的压迫而逃避的群众于最近回家房屋土地立即还原；

（4）土地可自由买卖，佃当，出租，规定最高租额；

（5）奖励开荒；

（6）茶山分给谁就归谁所有，外人挖茶要出山价；

（7）水磨分给谁也就归谁，别人磨面，须纳磨课。

3．粮食给养问题

（1）筹集现有粮食的办法：

甲、收买；乙、借贷；丙、乐捐；丁、对反抗我们的喇嘛寺要他赔偿损失。

(2) 加紧生产，宜种萝卜蔬菜。

4. 差役税款问题

(1) 废除苛捐杂税，只收正税——正粮；

(2) 废除乌拉，发动群众帮助红军运输。

5. 对宗教问题

(1) 保护喇嘛和喇嘛寺以及经书神像；

(2) 喇嘛寺土地不没收，可以出租；

(3) 信教自由，不得强迫信教，已当喇嘛的，有还俗的自由，并可分得土地；

(4) 政教分离，喇嘛寺不得干涉政府行政；但喇嘛个人有参加政权的权利；

(5) 在法律上，僧俗一律平等，喇嘛犯法一样依法处理；

(6) 改进喇嘛教；

(7) 宣传无神论（但不要妨害番民的宗教感情）。

6. 保护工匠娃子

(1) 保护娃子，娃子可以分土地，可自由安家；

(2) 废除买卖娃子，娃子可以自由脱离主人；

(3) 对铁匠水磨匠等工人，予以各种优待，并一律保护；

(4) 娃子工人和主人完全平等。

7. 番人中的武装组织

(1) 番民自卫军——波巴自卫军：

甲、组织系统：每县一团，一团三营，一营三大队，一大队三中队，一中队三分队，一分队十人。

乙、政委制度：团设政委，政治部，营设教导员，大队设指导员。

丙、种类分：

A、脱离生产的，集中训练，满三个月可以请假回家休息，但必须找人替换，替换人应视其能力大小决定其当战士或官长。

B、不脱离生产的，每十天在区集中训练一次到两次。

(2) 骑兵队：

半军事的青年组织，组织与自卫军同。

8. 番民中的群众组织

(1) 百姓联合会，这是番人基本群众最广泛的组织也就是番人群众组织最重要的形式。

（2）姊妹团：是番人妇女过去曾有过的娱乐组织，我们使姊妹团成为番人妇女的一个广泛的组织。

9．波巴革命党与波巴青年团

为什么在番人中不一般的组织共产党与共产青年团？

（1）在番人中一般的组织共产党是不大适合的，因为经济落后，无产阶级数量最少，甚至没有，所以主要的是发展番人革命党和番人青年团的组织，对于个别最进步的分子可吸收入共产党。共产党与番人革命党的关系，是横的兄弟的关系。共产青年团与波巴青年团的关系也是横的兄弟的关系。共产党一方面在波巴革命党中组织自己的党团同时公开派顾问，经过这些组织来实现对革命党的领导，应当帮助和领导波巴革命党，并使之成为番族解放运动的骨干。

（2）波巴革命党与青年团的组织与关系怎样？

甲、波巴革命党与青年团的基本组织是区党部，上面县党部，中央党部，各级党部中的负责人为书记。

乙、波巴革命党与青年团的关系，也好像共产党与共产青年团的关系一样。番人中一般的进步青年，年在十六岁以下的加入波巴青年团，最进步的还是可以加入革命党。

（3）波巴依得瓦革命党党纲：

（一）打倒汉官军阀和英日帝国主义，没收其金厂、茶山、土地财产，分给波巴依得瓦。

（二）番人独立，建立波巴依得瓦共和国独立政府，波巴坐自己的江山。

（三）建立波巴独立军，保护波巴独立。

（四）土地分给波巴依得瓦耕种，分给谁种的就归谁所有，可以自由买卖，出租，佃当，奖励开荒地修水道。

（五）废除等级制度，波巴依得瓦人人平等自由，特别保护妇女和青年。

（六）信教自由，还俗自由，喇嘛庙的土地财产不没收。

（七）解放奴隶，废除奴隶差役，取消苛捐杂税。

（八）发展牧畜保护牛场牧地改善牧民生活。

（九）废除苛捐杂税，奖励商业，保护工人。

（十）联合红军和赞助波巴独立的一切团体和个人。

第十二、反对并克服两种可能发生的倾向：

我们要争取番民，要顺利完成创造西北广大抗日根据地的伟大任务，就必须反对两种不正确的倾向和观点：

(1) 大汉族主义的倾向，不相信和轻视番民；
(2) 狭隘的民族观念，如番族中的洗汉口号。

红四方面军总政治部

## 贺龙、任弼时、关向应关于红二军团直属队及红四师拟二十三日向甘孜进致朱德、张国焘电

（一九三六年六月二十一日）

朱、张：

（一）四师因为走错路十九日始到白玉，五、六师在距白玉两天路，正筹粮。

（二）我们现由四师及军直决廿三日向甘孜进。

贺、任、关<br>六【月】廿一日

## 在西北地区行动的标语口号

（一九三六年六月二十七日）

1. 红军是番民的老朋友！
2. 红军到的地方番民都得到解放！
3. 红军在西康时番民没有替汉官背过乌拉！
4. 红军在西康时番民粮税都减轻了！
5. 红军帮助西康番民成立了波巴中央政府！
6. 红军与番灭蒋到处番民欢迎！
7. 红军援助番民独立！
8. 红军保护番民生命财产！
9. 红军保护喇嘛寺！
10. 红军买卖公平！

11. 番民兄弟回来安居乐业！
12. 番民联合红军抗日反蒋！

# 红四方面军总政治部关于宣传教育工作决议（草案）

（一九三六年七月一日）

主力红军在回师北上，创造西北抗日根据地与完成战斗准备的两个多月时间中，检查我们的宣传教育工作是获得了明显的进步。

首先必须说明，这一时期我们是处在一个比较困难的环境中，然而我们坚决克服了困难，相当的完成了战斗准备工作，巩固了部队，大大的提高了战斗情绪，使各方面的工作都获得了胜利。

一、这里最主要的是政治动员能够广泛深入的进行，并能够与各个部队实际的任务密切联系起来，对中国苏维埃运动的发展与前途作过有系统的教育工作，尤其对创造西北抗日根据地的伟大意义与胜利前途作了广泛深入的宣传教育，以克服个别对党的战略路线曲解与对困难表示动摇的倾向，大大提高了全体战士对创造西北抗日根据地的信心和决心，发动了全体战士工作的热情与学习的积极性。

二、学习运动热烈的开展与政治教育能够经常有计划的进行，在干部中学习小组的建立，各种短期训练班的举办，理论与实际问题的研究（国际纲领、少数民族问题等）特别发动了干部自动比赛学习的精神（如卅军），在战士中能按时按规定的材料进行上政治课（差不多每天一次），连队里自动的文化娱乐工作开始建立（如墙报、识字游戏、晚会等），因此在这一时期，指战员的政治文化水平是有一个极大的提高。

三、宣传部门工作的开始建立，与宣传工作方式的相当改善，各宣传部科俱乐部比过去更健全，开始自己有计划的进行工作，与检查工作，宣传教育能够抓住中心，能够有准备的进行，大部指导员能够自己上政治课并纠正许多"念书"的呆板方式，在每一问题教育后能采取测验进行检查，特别是宣传的内容能够与部队中的每一实际工作联系起来（如物质准备迎接二、六军），这样就使我们的宣传鼓动工作做到一种实际的效果。

同时必须指出这一时期，我们是在一个比较平静的休息整理时期，有比较充分的时间来进行工作，但是我们的宣传教育工作还不能得到最满足的成绩，并存在着

**红色记忆**
——红军长征在藏族地区及其当代启示

不少的缺点：

(1) 有系统的阶级教育与理论水平的提高还异常不够。我们的宣传教育还多带简单浅薄不深入的鼓动。必须了解，在长期的艰苦的国内战争中，要求每个红军战士有铁一般坚定不移的意志，这就要有充分的深刻的阶级教育，简单的鼓动是万分不够的，这点必须指出仍然是我们宣传鼓动工作中的基本弱点。

(2) 对于国际形势国内事变（如苏联的胜利，国际帝国主义与国内军阀的冲突）没有很好的利用之来作我们宣传鼓动的材料。特别在我们进入西北地区的时期，我们的宣传鼓动工作常不会联系到国内外事变的有利形势，部分做宣传教育工作的同志亦因怕麻烦而不注意研究，这是我们宣传鼓动一个极大的缺点。

(3) 严格的说起来，我们宣传部门的组织仍然是不健全，特别是宣传工作人员的训练班与自己的学习异常不够，缺乏应有的能力，对于自己单独工作的进行还很差，尚多进行一般的工作，特别有部分的不愿很好的深入下层，而成为坐在机关内专写文件，这也就使我们的宣传鼓动工作方式不能有新的创造而得到及时的推进。

(4) 文化娱乐工作还很不活泼，尤其不能很好利用课外时间去发动战士成为一种群众性的自动的自感兴趣的进行，如识字还多是发字条子的呆板办法，墙报还很多文书包办的现象，因为我们还没有连队中战委员会，各个小组许多的方法使其自动工作起来。

我们宣传鼓动中存在的这些弱点和缺点，要求我们用最大的努力去克服。

我们现在是处在一个新的有利的形势下，在客观的形势上说是国内敌人的内部发生了新的破裂（两广事变），在主观上讲主力红军经过两个多月的战斗准备，力量加强，特别是坚决创造西北广大抗日根据地大举消灭蒋贼卖国匪军，使土地革命与民族革命迅速结合起来，是我们当前最紧急的光荣任务，要求全体红军战士以继续艰苦卓绝的奋斗的精神去完成，因此，目前宣传教育的中心内容与工作任务是：

一、最深入最广泛的宣传目前有利形势两广事变与全国抗日反蒋民族革命高潮，二四方面军会师伟大胜利，以及一方面军向东南的发展，这个巨大的事变开展着中国苏维埃运动新的胜利局面，创造西北广大抗日根据地有更大的把握，尤其是我们大举消灭蒋贼卖国匪军争取北上抗日的极有利时机，要使每个战士来认识，大大提高我们战斗的精神，继续发展艰苦奋斗，克服一切困难，纠正与防止个别失望和不满情绪的表现团结一致的向着胜利的大道奋勇前进！

二、更进一步的开展学习运动与更有系统的来进行我们的宣传鼓动工作，首先要使我们的每一个干部和战士学会运用党新的策略路线，要根据过去的经验，对党的每一个具体的政策，进行耐心的教育工作，尤其是我们的政治机关与宣传部门要充分的准备在汉人区域对阶层对敌军的各种新的宣传材料，并努力研究我们的新宣传方式。

三、加紧的研究西北问题,这是我们宣传鼓动工作当前一个最战斗的任务,这里除了了解西北一般的军事政治、经济等外,特别要研究我们对各少数民族(回蒙等)的策略路线与工作方法,现在我们可以把番民工作总结,作为我们研究少数民族工作的一个基础,更要好好的学会西北生活,充分的物质准备,克服一切自然的障碍。

四、灵活的组织行军中与战斗时的宣传鼓动与文化娱乐工作,这里我们要首先好好了解西北的情况(骑兵战斗渡河通过雪山草地等)我们要能在这情况下面灵活的进行宣传鼓动与文化娱乐工作,如有力的鼓动口号,布置标语宣传鼓动所等简短的讲话,利用休息时与渡河时与行军 ×× 游戏讲话唱歌以及利用早到宿营时组织简单的晚会,特别要剧团起领导的作用,大大提高战士精神,克服行军中的疲劳,保证每一行动的胜利。

五、健全宣传部门组织,培养宣传工作人员,改善我们宣传教育工作方式,进行更有系统的教育,提高干部的理论水平,是我们当前最重要的问题,首先我们要把担负宣传教育工作责任的同志经常深入到连队中去,帮助切实建立支部宣传干事,政治战士战委会的自动的灵活的工作。

总政治部

# 中国工农红军九军团保护寄托在喇嘛寺庙的伤员的证明[①]

(一九三六年七月二日)

兹寄在喇嘛寺的伤病员共拾七名,由喇嘛负责招待,除病死与好了归队外,遇有其他事情喇嘛已承认一律负责保护,故给此条。希我红军部队切勿损害并给予慰问,使伤病员安心在此休养为盼。

此致

安礼

抗日红军长沙政治部[②]

---

① 文献来源:中共中央统战部编:《民族问题文献汇编》,中共中央党校出版社,1991年,第500页。

② 此证盖有中国红军九军团政治部印。

# 中国工农红军二方面军政治部关于二六军团长征的政治工作总结报告(摘录)①

(一九三六年十二月十九日)

(三)

…………

2. 在番民区的工作：

自从"五一"节到达中甸后，我们在番区中是没有得到什么经验与成绩的。这里我们所遇着的困难：

(1) 语言不通，直到现在我们没有找到通事（仅司令部有）；

(2) 沿途群众多已逃避，行军经常找不到一个群众；

(3) 我们在不断的行军中，在中咱、党村休息过几天，也是没有多大成绩的；

(4) 我们没有一个人懂番文，文字宣传受了限制；

(5) 我们在番区工作，完全无经验。有些政治机关向困难投降，好象完全无办法，而不布置工作。

我们在番区中所做的工作仅限如下：

A. 对争取一般番民的工作：

——在中甸、党村、中咱经过通事请番民吃茶饭，在茶话会上宣布红军及苏维埃对番民的政策，取得了番民的同情，这些地方的番民，回来了很多；

——张贴标语布告（番文的），我们的宣传队广泛学写番文标语与学讲番语；

——到山上去找番民回家，经通事向之解释，并给之以户口证（说明不准任何人侵犯该家，我们负责保护）。

B. 对喇嘛寺的工作：

——我们经过中甸、亚海公、噶多寺时，该地喇嘛寺即派有代表同我们接头，我们对这些投诚的喇嘛寺，是经通事采取一些外交办法，要他帮助筹办粮食，在中甸帮我办粮不少（在噶多寺因十一团违犯了对番民区的纪律，结果只得到很少的粮食，而管事已潜逃了），同时要他们帮助带路和到前面喇嘛寺接头，我们对喇嘛亦给以优待，小的礼物（皮衣……），请他们吃饭；向他们解释苏维埃红军对喇嘛寺

---

① 文献来源：中共中央统战部编：《民族问题文献汇编》，中共中央党校出版社，1991年，第436—440页。

的态度，和康北各地的番民独立政府和独立军，要他们派代表同我们走（如喇嘛拉保）。这些工作是协同司令部进行的，收得一些效果。

——我们经过的地方许多喇嘛是预先逃跑了。我们对喇嘛寺的粮食是书以借条而征发了。经堂一般的是未损坏。

——仁波喇嘛寺是以其武装顽强固守的，我们对该寺是用炮火威吓了他一下，我们死伤了数人，结果他派人出来接头，我们即向之要求赔偿，他即送了一些粮食、牦牛、大米、苏油等给我们。

——我们对喇嘛寺征集资材一般的是采取乐捐、借贷与购买及赔偿价格，未实行没收，并遵照当时总政治部指示，几次通报及训令，提出严禁住经堂与毁坏经典、神像及祭仪，我们在执行中有些政治机关未能保障坚决执行，而发生严重的现象，如：十一团在噶多寺因给养困难（当时喇嘛未逃并送了一些粮食给我们），不向喇嘛采取乐捐、借贷与购买方式，而该团政委下令分配喇嘛房屋实行搜索粮食，实行将所有粮食与番民各得一半，分后此日又搜索一次，结果该寺喇嘛潜逃了；五师在亚海公喇嘛寺，因不严格执行纪律，致有个别战士将喇嘛衣服撕破打草鞋，虽然喇嘛寺的经堂我们是没有住过，并派有部队看守，但群众家里的私人经堂，部队在宿营时有些是住过的，并有毁坏了东西的（后已禁止住私人经堂）；有将经典用来簟睡，甚至有个别不知道而用来解大便的。我们对这些倾向的斗争，曾几次印发文件，举行过许多次会议传达，并派人检查，最近处罚十一团政委（给以警告），并印发通令公开在支部会议、各种会议上斗争，但是我们指出：同这些倾向的斗争是没有做得深入的。

C. 在番区解决给养，我们感觉番区粮食的缺乏，和群众的藏粮食，以及群众的逃避山中，使我们在给养上感觉很大的威胁。搜索粮食我们所采取的办法如下：

——搜山：群众和土司头人喇嘛的粮食，大部早已匿藏山上，牛羊亦早已迁避。我们为着解决给养问题，不能不实行搜山，自然我们在搜山原则上是要调查土司头人的粮食或牛场，而征发其一部分，尽量不侵犯群众的利益，但实际上在山上是万难见到群众，无从调查与分别清楚，有时番民武装掩护这些粮食或牛场，经我们射击，即已逃散一空，也弄不清是谁的，所以实际上在搜山时是侵犯了群众利益的。

——挖窑：番区粮食有许多是埋在房子里、土里、夹墙中与偏僻的地方，我们因粮食困难一到宿营地即实行挖窑，搜得了不少粮食。

——借贷券：我们在搜山、挖窑所得的粮食是完全不知是谁人的，给钱无法交给谁手，我们才入番区时，如群众未在家吃了他家的粮食，有的将钱放在经堂内，写一条子给该主人，有的交给当地某一喇嘛，结果部队先行后进，有的番民乘前梯

**红色记忆**
——红军长征在藏族地区及其当代启示

队走后,即乘机乱搜,事实上这些钱不知落到该家主人没有,因此我们由供给部印发一种借贷券(内容是:因取粮食时主人已逃钱不便交给谁人,特按所吃粮食定出价格,说明以后如遇任何红军,即可持此券去接钱),在搜山与挖窖获得粮食如无主人时留下此券。

——购买:如群众或喇嘛在家,我们对他们的粮食一般的是用钱购买的,我们在噶多寺首先得守家喇嘛的许可,在寺内进行清查,并召集喇嘛开会,经过通事说明向他们购买的理由,取得其同意,动员他们帮助集中,按价给钱。

——乐捐:经过通事向喇嘛寺鼓动,结果喇嘛寺有自动乐捐的(如中甸、白玉、噶多寺)。

——赔偿价格:收集粮食后有些群众,有自动回来的,有因宣传回来的,群众回来后即召集茶话会,经通事向之宣传鼓动,并赔偿其一部分钱,这样群众是喜欢的(如在党村、中咱)。

——要求赔偿:我们在仁波寺时该寺喇嘛的顽强抵抗,我们死伤数人要求其赔偿(多少粮食……),结果他送来了一些。

——番区因不断的行军,骡马的粮秣也是非常困难的,有时宿营地青草与干草均找不到,离牧场很远一刻不能放出,骡马不吃草便无法行走,使我们不得不采取临时的办法;调查土司头人保证的麦田,征发其一部作为马草(印发征发布告内容是:因该土司头人故意欺骗番民逃走,特征发其一部分麦田,如能悔悟来归即当照价赔偿——曾赔了一家保证的麦田);万一找不到土司头人的麦田,有时骡马便找不到麦草,便在宿营地附近由地方工作部指定某块麦田给马吃,而留以借贷券;严禁骡马闯放,麦苗未长成的不准喂骡马。

这些是我们在番区收集粮食中的一些问题,我们为着保障部队的给养,特责成各级政府机关与政治工作人员必须:积极的参加收集粮食,努力改善部队给养,在指挥员、政治工作人员中开展反对在收集粮食中敷衍塞责的官僚主义与对粮食困难所产生的各种不正确的倾向;政治机关应有通事,无论行军、驻止,均须加紧调查当地粮食情况,协助军事机关收集粮食。

3. 关于对居民的政治纪律问题:

(1)为着建立与居民的正确关系,居民的政治纪律,我们早已有纪律检查队的组织。这种检查队我们在初出发时,是由政治机关随时派人检查的,随后因继续不断的行军,部队常住得很散,特别在宿营很晚、很早出发的场合常遇到一些连队对居民的政治纪律是非常不注意的,清洁卫生也是很糟,为着严密纪律,在军团、师、团都组织了专门的纪律检查队,在部队每天出发时,均亲自检查,但这些检查队的工作及我们对他们的领导,都是不能令人满意的。

(2)部队进入番区后,因收集粮食侵犯了一些群众的利益,有个别的公开说:"早先讲纪律的也是你们,现在无纪律也是你们……"我们对番民的政治纪律曾规定了简单的十条,在部队中曾当教材上过课,并在关于征集给养的补充指示中又加以解释补充,在收集给养时提出如何尽量不侵犯群众利益与反对脱离群众的行为,并在各种会议中均提出过很多次,但执行得不森严。部队中还是存在有各种坏的现象:搜山时乱打枪,有误打死番民的;收集粮食群众不在家而不放价条的;乱拿番民家具携走或毁坏了的;毁损了喇嘛寺内的东西的;住房未打扫清洁的也有,出发时不消灭余火而起火烧房屋的;打鸡子、宰小猪、牛羊、耕牛的;闯放骡马于麦田的……我们对这些破坏纪律的现象的斗争:除纪律检查队经常检查外,政治军事机关均常派人去检查;连队建立检查员分配党团员负责保障纪律的执行;曾禁闭违犯纪律的分子举行公审;在组织上处罚对违反纪律的直接负责者。在这些斗争中也是获得了部分的效果的。

万余里的长途远征中,广大群众热烈的起来拥护我们,虽然我们对地方工作在不断的耐顺的进行着,但深觉我们的工作远落在群众政治积极性的后面,这是最后应当指出的。

## 与四方面军的会合到通过草地

(一九三六年十二月十九日)

甘泗淇

七月七日在甘孜之绒坝岔与四方面军之八十八师会合了,这时候突然进入了新的情况:

(一)看见了四方面军的整齐严肃与其阶级友爱的热情,使我们感觉到无限的兴奋。

(二)甘孜已普遍的建立了番民的独立政权与群众武装,我们到绒坝岔时,即有番民的劳动妇女跳舞唱歌慰劳我们,并有番民群众高呼口号,使我们在精神上感觉非常愉快。

(三)在当时党、军、政机关努力下,筹集了大批粮食供给我们,并有当地政府慰劳了一些牛羊。给养上比前得到了改善。

（四）根据当时的政治任务是迅速与四方面军北上，原准备在甘孜进行一时期的休息整理计划是不能进行了。因此我们的政治工作当时抓紧于：

1. 进行政治动员，动员部队不辞疲劳的进行紧急的准备工作，准备通过草地，举行了全军党的活动分子会议及支部会议。

2. 在当时总政治部的新剧团帮助下，举行了三次（以军或师）的晚会。

3. 由于我们政治解释的不深入，部队中仍然发生有个别的不正确的倾向，如有的说："走了这久了还要走，不知走到何处去"，有的要请假休息，还有的开了小差。

4. 到甘孜后即听见关于一、四方面军分开的问题，并在一些文件上说到了这一问题。我们感觉如果这些问题在二方面军内传达，将发生一些不好的影响，因此完全未传达。

5. 我们在甘孜的几天中，特别着重于过草地的物质准备：

（1）集中了很大的注意力，动员党的支部保证每人准备十天的干粮；政治机关协同当地政府筹集粮食与向喇嘛寺筹粮食、牦牛、帐棚与骡马，一般的完成了计划。

（2）紧急准备帐篷集中部队内部布匹缝制帐篷，几天之内大部分解决了帐篷、牛皮、草鞋、背架。

6. 在甘孜几天内工作中的弱点：

（1）在部队内没有进行基本的整理。

（2）没有足够的估计进到甘孜后可能发生的个别逃亡叛变，而进行具体的工作布置，特别对单独行动筹粮的部队（如十一团）。当时四方面军尚有少数被检举的分子停留在甘孜及东谷、朱倭一带，他们公开进行反革命的宣传活动，勾引我们的战士："你们如果沿河直下，两天后即可进到汉人区域；如果走那一条小路即就该死！有两个月的草地水坑，很多人马陷之走不动，去年不知死了多少人啊……"。这些反革命分子是当地反革命互相勾结的，它们利用鸦片烟馆与娼妓，进行反革命活动，而我们团的特派员知道了这些案证，亦不断然处置，结果在甘孜、东谷逃跑与拖枪叛变者共达二十人以上。

（3）到甘孜后病员部分的增加，几天的医治收效不大，以致我们临走时不能不经过当地波巴政府寄了一些伤病员在群众家里。因此在甘孜部队的减员，仍然是继续的。

7. 四方面军行进很远了，我们不能延迟了，七月十一日即由东谷向草地继进，经过了十七天的行军到达了阿坝，在阿坝仅六天的筹粮即向包座前进，八月十三日到包座。这一时期是我们长征中最艰苦的时期，其情况的特点：

（1）除阿坝及三数地方有房屋外，其余总是终日走于荒凉的原野，有时还彷徨于深草泥坑。

（2）十余天只见先头部队的足迹蹄痕，见不到一个人影，向导也没有，总是跟到先头部队宿营地宿营。

（3）天气是随时变化的，常常早晨起来天明气清，忽然阴霾满布，忽然大雨淋淋，忽然下雪雹，忽然白雪纷纷，草地中的雪山是更难过的，又冷又出气不得赢，突然冷冻中，确实死亡不少的红军战士。有时也终日见太阳，但虽然在夏天也不见如何和煦，不过阳光下的行军总算是比较舒服的。

（4）沿途死人很多，虽军、师、团的先头部队组织了掩埋队，总是未埋完，有的地方一堆几个，去年遗骸还有到处横竖于路旁的。

8．根据草地行军情况，我们工作着重于：

（1）行军中的政治动员与政治教育：

A、进行各种会议，解释迅速通过草地进入西北广大有利地区，北上抗日，举行了一些文化娱乐——宿营后短促的晚会，与行进时各种简单娱乐工作。

B、干部与党团员中进行了授课，中央去年十二月决议编成提纲，利用时间进行了教育与讨论，但是未深入的。

C、战士在照红色战士读本利用时间上了一些政治课，这时教育一般的在晴天都能举行。

（2）收容工作：在长征中战士的体力确是消磨了不少，病员在不断的增加，加上草地行军给养困难，帐篷不全，气候不和，以及我们政治工作上、组织上还有许多弱点，以致落伍掉队现象表现严重，因此不能以最大力量进行收容工作。我们所采取的办法：

A、行军时一般的每二十里一小休息，四十里一大休息，利用大小休息与宿营后，以师、团为单位动员所有马匹派适当干部去接落伍人员，这一办法收得了不少的结果。

B、支部中具体分配党团员负责扶助某个伤病员。

C、军、师、团的收容队重新加强了一些人员，备有粮食、骡马。

D、收容确是很艰苦的工作，有些战士常常一倒在地下就不能起来，扶起也走不动，有的用绑带绑在马上运走；担架是没有的，有些病员就此中途死亡了。这一时期干部差不多是没有骑马，还要替战士背枪；干部得病的亦不少。

（3）保证给养问题：我们在甘孜、东谷时给养并未带得充足，沿途河水澎涨又迟延两天，以致给养不够，特别是六军团在东谷出发后，更是困难万分；到了阿坝后粮食仍是不易解决，前头部队过了许多，粮食几乎筹尽了，先头部队虽然来了很大的动员，节省了不少的牛羊，但因看守不周逃跑了一些，还有被番民抢去了一些

**红色记忆**
——红军长征在藏族地区及其当代启示

(如日庆郭曲河)。为着保证给养,军事、政治机关都来了很大的动员,与经过了很艰苦的状况:

A、在甘孜、东谷时,是经过支部与干部的热烈动员进行准备干粮,而在阿坝则各军政首长都是亲自领导去挖窑、磨粉(如十团政委因挖窑灰入鼻而昏倒了),连灰中所遗之零星颗麦都将其一颗颗地拾起来。

B、特别是后卫部队更困难(如六师),到阿坝后还饿死了十余人,沿途饿死的很不少,死尸的口里不少是含起草的。特别掉队失了联络的战士受饿的更多,虽然动员了一点粮食,临时救济他们,但终于未得到圆满的解决。沿途烧牛羊骨头、牛皮吃的常可以看到。

C、调剂粮食须经过许多的解释,我们在这时期举行了好几次粮食调剂运动,来补助粮食缺乏的部队,收得了一些成效。

D、节省粮食运动也做到了一些工作:各首长亲自在连上帮助称粉子,与开会通过每人每天少吃多少两粉子和多少两野菜(有的最后几天连每人三两都没有吃的);按时开饭不准自由吃粉子,曾组织了检查队,在路上检查,与无故消耗粮食的现象作斗争;动员指战员热烈摘野菜充饥,进行了比赛作为补充食料,但有些地方,特别在阿坝通包座路上有许多地方无野菜,或则很少,被前头部队摘完了,所以最后几天既无粮食又无野菜,真是很难支持下去;发动钓鱼作为补充食料,草地鱼易钓,很多人都可钓到,但无盐无油,其味很腥,草地粮食很缺乏,特别是前头部队很多,我们采取各种办法,才勉强渡过了这一难关,但由于工作做得不深入,表现有不少的落后分子偷粮食,对这一现象亦曾作过一些斗争。

E、在草地行军中,我们一般的是在不断的进行工作,支部活动未停止,干部的积极性和刻苦耐劳性是大大提高了,师团干部分配负责每晚进行汇报,一般的表现了紧张的空气(连队的汇报未能做到经常的普遍的进行)。

F、在草地行军中我们工作的基本弱点:

——政治解释没有普遍的深入,有个别的战士:"早知要过这样的草地我是不来当红军的","拖过了草地我是要回家的"……在收容工作中有一些干部表示不耐烦,甚至打骂落伍人员与病员,这是非常严重的现象。

——草地行军减员很严重,虽有其客观原因,但我们工作仍缺乏系统性,对离得较远的部队缺乏对他们及时的具体的领导。

——有些部队因军事指挥与管理的错误,而影响到减员,如:六师在绒玉南之山下不及早宿营,结果走到山上天即下大雨,天黑了摸不下来,山上无火烤,一晚死了一百七十余;还有因行军疏忽警戒被番骑袭击与截击死伤了一些;有的办给养缺乏很好的管理，失了一些联络，被番民杀害了一些；部队到了包座，而包座粮食已被先头部队弄完了，有的无组织的找粮食，因管理与收容解释工作布置不周密，结果走散了一些。

G、最后巴西粮食很丰富、从此我们吃得了饱饭，战士精神很愉快（然而胀病的亦不少）；继向东进气候也和暖，仅走了几天就遇着了群众卖各种的食品——面包、果实……给我们了，从此脱离了草地，到达了哈达铺。

（选自一九三六年十二月十九日红二方面军政治部《关于红二、六军团长征的政治工作总结报告》）

# 草地行军中模范的八十八师

（一九三六年）

我们抗日红军主力此次由甘孜出发大举北上抗日，经过二十八天的草地行军，战胜了粮食和自然界的困难，克服了许多的河川、隘路、番反、番骑，已顺利的占领包座，特别是我先遣军之八十八师做了此次行军中的模范。兹将其实际工作的经验很简单的介绍如下：

（一）巩固部队的模范

（1）消灭逃亡和掉队的现象：从甘孜出发到中包座整整一月了，在行军中每个战士背的东西非常笨重，每日行程有六十里至八十里甚至一百里，从早到晚的重装行军，除少数病号落伍外，从未发生过掉队，也未有发生过逃亡，战士的情绪非常高。

（2）党团员模范的阶级友爱：党团员在行军中最爱护病员和伤员，并且各班党团员的配备非常适当，支部书记、政治战士在行军纵队中川流不息的插前插后的活动。若遇病员伤员走不动或急症时，连队党团员则派人找卫生员急救医治，和很好的收容，一进到宿营地以后给病员安置帐篷，即去找比较好的饮食（如细糌粑、大米……等）来安慰，因此伤病员非常高兴，而且易好。

（3）有着高度的政治情绪：短日行军不论行程远近均有适当休息时间，这些时间中，能够适时的进行文化娱乐的工作(例如：小休息时间亦进行)。待大家小休息后，将要继续开动时则唱几个歌，高呼几个中心口号以紧张每个人的精神继续前进。行军时多以六路纵队大家团结一块说笑话讲故事、"打电话"、猜谜、唱歌等许多娱乐方式，团结精神上的一致。至若在大休息较长时间中，营教导员的问话或者是上政

### 红色记忆
——红军长征在藏族地区及其当代启示

治课、开研究会、做群众游戏,政治精神的团结很好,因此掉队落伍最少有发生。

(4)有健强的收容小组:关于行军中的收容工作由军到连队是引起了最大注意,尤其是连支书记对收容工作最负责,所有急症病号一切东西均有其他同志背走,有时战士还自动的来抬担架。收容队不仅收人,而且要收牛马,例如在箭步塘二六三团有一驮牛走不动,收容小组只有一个人在后面,他便将牛的四腿割走,这便证明收容组的尽责任。

(二)执行命令的模范

(1)绝对爱护公物:关于公物的爱护,从甘孜出发到阿坝时多少有些抛弃毛衣,浪费粮食,遗弃武装的表现,后来经过军、师、团的动员解释斗争以后,这些现象完全消灭,就是在宿营地的纪律也非常之好了。

(2)对战争觉悟很深入精神紧张:阿坝出发八十八师是最先头,要担负克服一切河流的障碍,因此便要准备相当数量的器材——木板、树料、牛皮、绳索、干柴等,差不多每班都要背十多块板子,这些东西由阿坝一直背到葛曲河,经过四天行程没有抛弃一块板子,一件东西,即是如何艰苦都有不舍一物之决心,同时不论如何辛苦如果说出打牛厂、打番反,大家总是高兴的。

(3)准备干粮和干柴不仅达到高级机关的号召而且增多,例如阿坝出发预备到包座有十三天的草地行军,这一路都是无人烟、粮秣,同时有几天柴火着很缺乏,他们每天规定准备十五斤干粮四斤柴,连队中的战士大部分准备了二十五斤,同时沿途采用扯野菜,钓鱼,打猎的办法,还大量节省干粮,将打牛厂所得的牛羊除自己携带之驮牛,都大量的节省来帮助二军的干粮,通过草地到达包座以后检查起来,有些战士还有十五斤干粮。这便证明八十八师此次草地行军做了充分的准备工作,战士对于节省干粮拥护二、六军的观念非常深刻。

(4)先头部队政治活动的加强:侦察连和前卫连中政治机关特别注意其领导,能坚决执行首长的命令,实现首长之企图,不顾一切疲劳在草地中进行精密的搜索侦察,积极找通司找番人做向导(当然草地中找向导是困难到万分的事),但到严朵坝的一天争取了六七名药夫,找到一个最好的向导,并缴获番反十来支枪,这一个向导之求得,便减少了我们整个红军二、三天的草地行军,是最有利最方便的一回事。

(三)连队自动活动的开始建立

(1)干部工作积极性大大提高:从军到支部的干部工作精神非常紧张,会议还不间断的有进行,宣传教育工作能够适时的合乎情况的进行,但在某些连中尚表示其工作方式之呆板不活泼。

(2)支部活动的加强:支部书记自动工作精神开始建立,工作有计划性有汇报制度相当的进步。特别是在行军中党、团员模范作用的加强。但在党内的教育以及发展党、团是很不够的。

（四）对八十八师工作的研究

（1）八十八师在草地行军中对于巩固部队和文化娱乐工作等的进步是很令人满意的，这主要是由于政治动员深入与干部督促和执行的精神好，克服了干部中疲劳状态，而政治机关对于这工作同样抓得很紧，因为干部工作紧张，于是便影响到下层执行的紧张。

（2）一般工作虽然是有很大成绩，但也有其缺点：

1．连级干部政治活动的机动性还差，一切工作往往要等待上级政治机关的命令或训令，对于某些问题缺乏应有的机动。

2．行军中宣传教育文化娱乐工作的方式不活泼，不灵通，不适应战士的心理作用，往往发生个别战士在比较疲倦时表示参加的不高兴，无精神。也有个别的说："鸡儿"、"卵子"……等不满意的话。

（3）上政治课缺乏准备，照本宣读，例如，二六三团有连政指某上红战读本第五册时，说："哪些梯队消极，梯队的人便是反革命，这些人就要交保卫局侦察审讯"。识字就是发字条，缺乏及时的教人认和写。因此收效很差。

（4）支部工作的会议生活，小组生活异常缺乏，有的连小组会都未曾开过，未给党团员以特殊的训育，发展党团员尚保留有关门主义倾向。

（选自一九三六年《新闻材料》第七十九期）

**红色记忆**
——红军长征在藏族地区及其当代启示

# 附录二 红军长征留下的标语与歌曲

### 一、标语

红军二方面军经过云南中甸时,留下的标语:
红军是抗日救国的先锋队!
实行打土豪分田地!
打倒卖国贼蒋介石!
抗日讨蒋!
废除一切苛捐杂税,发展工商业!
红军是番民的好朋友!

还有两个布告:
中共十大政纲
反帝统一战线

红军第四方面军经过丹巴县时,留下的标语:
拥护中华苏维埃政府!
分好田地,打倒土豪劣绅!

红军一方面军经过若尔盖的瓦藏寺时写下的标语:
胡宗南的兄弟们,日本人在北方杀人放火,快北上抗日,救自己的家!
红军到处解放工人、农民的痛苦,不当白军当红军!
白军兄弟是工农子弟,不替军阀打仗,当红军干革命去!
红军不拿回番人民的一针一线!
红军到处公买公卖,不拉夫子!

附 录

红军主张回番人民有信仰自由权！

被蒋介石强迫收编的十九路军兄弟们，不要忘记过去，你们抗日反帝的光荣战迹，联合红军打倒卖国贼蒋介石、胡宗南，打倒制造灾荒的国民党头子——蒋介石！

反对胡宗南强迫士兵来进攻红军！

打倒卖国贼国民党军的胡宗南、蒋介石！

打倒抽捐派款的胡宗南！

欢迎白军弟兄拖枪过来当红军，打倒不准抗日的军阀胡宗南、蒋介石！

红军专打压迫回番人民的发财人！

不准胡宗南克扣军饷，暴动起来拖枪过来当红军！

一方面军经过河坝地区留下的标语：

回番民族实行民族自决，建立回番民族自己政府，回番民族管理自己事！

取消一切国民党剥削回番人民的苛捐杂税！

反对伤害回番民族的风俗习惯和宗教感情！

回番民族宗教信仰自由！

共产党是为回番民族解除痛苦的党！

打倒屠杀压迫回番民族的国民党军阀的反动统治！

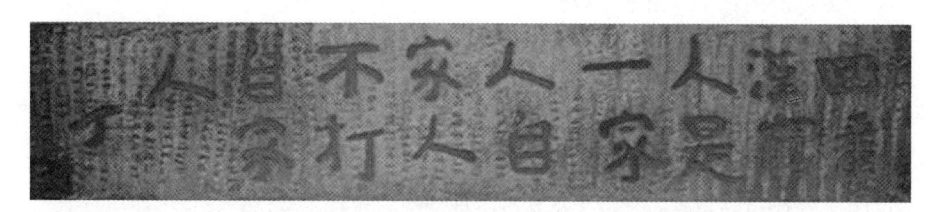

红四方面军在四川刻的标语："回番汉穷人是一家，自家人不打自家人！"

红四方面军经过泸定在岚安建立区苏维埃政权，留在岚安的珍贵文物甚多。但经过国民党反动派的破坏，大部分已毁损、散失了，下面是岚安人民群众保留下来的标语：

杀国民党的搜款委员（1935年6月）

取消一切苛捐杂税（1935年9月）

消灭国民党（这是在漫画上写的，1935年5月）

## 红色记忆
——红军长征在藏族地区及其当代启示

红军绝对保护千人的利益！红军不拉夫！反对川军抽丁拉夫！（1935年9月）
只有苏维埃才能救中国（1935年9月）
打倒卖国的国民党（1935年9月）
反对帝国主义瓜分中国（1935年9月）
反对国民党卖国政策 红海政工制（1935年9月）
取消一切苛捐杂税，红军不拉夫（1935年9月）

红一方面军抢夺泸定桥张贴出很多标语：
红军是工农自己的军队！
取消一切苛捐杂税！
取消百货厘金！
打倒屠杀工农兵的刘湘、刘文辉！
欢迎中央军弟兄拖枪来当红军！
联合起来打倒帝国主义去！
打倒压迫和剥削工农群众的刘文辉！
红军是帮助工人农民的！
白军是帮助土豪劣绅的！
红军是打倒日本帝国主义的！
不当白军，当红军去！——红电宣。

### 二、歌曲

歌曲是藏区群众思念红军的形式之一。怀念红军的歌曲，给藏区群众留下深刻的印象，尽管反动派禁止，但人民还是悄悄地唱，直到今天还有许多歌曲仍然深深地留在他们的心里。

在甘孜藏区群众中流行着这样一首怀念红军的歌：
高高的山坡上啊！
开满了红艳艳的鲜花，
你跨上骏马，背着长枪，
从长满荆棘的小径上，
攀到山边去了，
杀辰光再回来！

## 附 录

甘孜、果洛一带藏区群众深情地唱出了怀念红军的歌谣：

红军走了，寨子空了。

寨子空了心不焦，心焦的是红军走了。

彩云是红军的旗帜，高山是红军的臂膀。

红军啊，你们给我留下了金石语言，藏区群众永远在你的指引下成长。……

起来呀，赶走草原上的豺狼，羊群才能兴旺。

起来呀，赶走阿门里的坏奔波（官老爷），人民才有吉祥。

甘孜县白利寺的格达活佛用下面的两首歌来表达对红军的怀念：

1. 云雨出现天空，红气遍满大地，

未见如此细雨，最后降遍大地。

2. 幸福的太阳，从高山上升起来了，

像乌云样的痛苦，被丢到山那边去了，

你不要以为山高，有翻山的一匹骏马，

你不要以为没有人同情我们，有搭救我们的恩人来了，

大楼的影子遮着了流水，大楼影子总会消失，

不要以为敌人恶凶，有打敌人的一支枪，

麻底扎射里面（白利地名），有很丰满的粮食。

就是遭了三年饥荒，你也不必心焦。

在今甘孜、阿坝地区流传的歌曲：

1. 《红军三大任务歌》（大意）

打倒帝国主义，坚决制高点战斗；

实行土地革命，铲除封建势力；

打倒地主豪绅，杀掉他毫不留情。

（注：此歌是由绥靖、丹巴行进到天全、芦山时唱的。）

2. 《青年歌》

众位同志请听真，青年同志们！

青年工作最要紧，大家有责任。

青年战士们，懋功消灭李抱冰，天全消灭狗杨森；

敌人再多三十团，自动枪手绕山转，敌人吓破胆；

莫落后，莫掉队，青年战士们！

哪个要掉队，那就背乌龟；

哪个勇敢似飞机，

哪个落后似乌龟！

青年战士们！

3.《番民工作注意事项》（大意）

番民工作注意的事情，大家时时要执行。

不准乱没收，不准乱打枪，不准乱拉人民的牛羊。

不准说蛮子，讲话要注意，免得番民们误会。

要优待通司，学番民语言，大家要时刻执行并努力。

（注：这首歌是红军在绥靖等地，通过民族地区时唱的，下面还有几段，大意是应该像兄弟一样对待番民，不准毁坏寺庙与经堂。至今仍流传于当地，为藏区群众传唱。）

4.《跑步歌》（大意）

革命潮流高涨起来了，工人和农民平时只能靠打莲花落讨口度日，

我们红军领导着工人和农民闹革命，领导革命的就是红四军，

不怕死就开到前线去，把万恶的帝国主义消灭掉。

5.《好郎君》

女唱：好郎君，相情爱，郎君今天要分别，心中好难舍。

男唱：郎君当兵无奈何，顿顿绝粮难过活，听说官长啊，三操三讲勤务多。

扣军饷、修洋房，买起田地娶老婆，官长把福享，士兵无口粮，

两顿稀饭不够吃，全身的烂衣裳。说起打战真吓人，士兵阵前把命拼，官长在后跟，打死的都是士兵们，几千几万埋一坑，说来真痛心。

女唱：国民党的坏事说不完，我劝我郎把头转，到别处去干。

男唱：我到哪里去干呢？

女唱：我听人说，红军里，官长和士兵是一样的。红军里分田地，分得田地交家里，生活不焦虑。不打战时就读书，干部教书真清楚。老了采用看护，相亲相爱如父母，不分亲和疏，看电影、进戏院，官长、战士一起玩，不比国民党，红军好

处多,我劝我郎干这个,死了也快乐!

儿唱:好爸爸你入红军,爸爸你今天加入红军,我心中快乐疼。

6.《反动派开口》(小放牛调子)

反动派开口问:富爷老众们,自从那个去年子,八月到而今,不怕死就应该和他们打,为什么只是一个不动身!依江答哩。

士兵把口开:只怪我吃烟,谁不知共产党的厉害。这样慢慢拖,我们怎么挨得过?谁不知大家天天要吃喝。

反动派开口问:那么不是打不了共产党吗?

士兵把口开:反转来就要蒋介石的脑壳。

7.《唱给白兵听》

为什么你要打红军,弟兄们,大家都是中国人,应该联合起来打日军。

你们打的是卖国战,当的是亡国兵。

兄弟们,打死官长投红军,你有妻子儿子一大群,快快救国救家庭。

8.《节省子弹歌》

我们有了子弹,我们的子弹是用生命换来的,有了子弹才能去杀敌;

射击的军纪大家要记清,浪费了子弹,帮助了敌人;

努力学射击,一枪打一敌;最后胜利就是我们的。

9.《红军三大任务歌》

打倒帝国主义,铲除封建势力,实行土地革命,重新建立无产政权,

各尽所能,各取所需,各尽所能,各取所需。

红军纪律重要,战时阶级牢记,反对豪绅地主,财产一律没收归公;

重新建立无产政权,各尽所能,各取所需。

(一九三一年在巴中仪陇传唱)

10.《义敦作战歌》

莫打鼓儿、莫敲锣,听我唱个作战歌,

特别队伍一个打他五个,待编歌,农友们请细听着。

11. 又一歌
冲破川陕会剿大军，同志加紧学习军事，一弹打敌人，抛手榴弹四十米远；
加紧学习政治，提高文化水平，讲书唱歌、识字，人人都要学会；
大大培养工农干部，锻炼无产阶级知识，锻炼无产阶级知识；
加紧扩大红军，消灭当前敌人。冲破川侠会剿，完成赤化全川；
智勇坚定，排难创新，团结奋斗，不胜不休。

12.《进四川》
狗刘湘坐我四川、西藏和西康，
把我工农打又骂逼当亡国奴，
乌龟甲长地方武装，
干、干、干，齐消灭干净！

13. 到崇化唱的歌
番民工作中注意的事情，努力执行十要四不准。
努力来宣传我们的主张，对待番民兄弟一个样，
细心来调查，番民的情形，号召番民一起回家庭。
不准说蛮子，说话要注意，免得引起他们的误会，
不准乱批枪，不准乱没收，不准乱拉群众的牛羊，
不准毁坏经堂和神像，要优待通司，学番民的言语，
还要同志们去努力，不准乱洒尿，十项大家要记牢。

14. 又一歌
红军打仗真不错，粉碎那国民党的乌龟，
我们真快乐，我们真快乐，
英雄战士红军歌，我们的胜利有把握，
上前杀敌莫错过，粉碎国民党的乌龟壳，
我们真快乐，我们真快乐！

敌人的参兵不要怕，沉着敏捷来打他，
目标又大又好打，排子枪快放一齐杀，
我们瞄准他，我们打倒他，我们消灭他。

无敌红军是我们,打垮蒋介石石百万军,
我们真高兴,我们真高兴。

在云南迪庆流传的藏族民歌
——"红军走过的地方"[①]
大雁落脚的地方,
草美花又香。
春风轻轻吹得那冰雪化罗,
溪水宗宗响。
为什么山青水又绿
一片好风光,一片好风光。
因为温暖跟着春天来,
这里是大雁落脚的地方!红军走过的地方,
红旗处处扬。
雪山脚下盖起了新城市,
草地换新装。
为什么高原一日千里
天天在变样,天天在变样。
因为红光照亮了藏民的心,
这里是红军走过的地方!

在道孚县流传的歌曲:
1. 牛肉是个好东西,
一口一口要嚼细,
它的营养很丰富,
同志们吃了身体会健康,
就能翻雪山和过草地。

---

[①] 源自迪庆红军长征博物馆。云南迪庆红军长征博物馆于2007年8月20日正式开馆,是我国目前海拔最高的红军博物馆。

**红色记忆**
——红军长征在藏族地区及其当代启示

2. 你们不要打我们,
我们也不打你们,
我们联合起来打小日本。

3. 红军一到四川省,
工友农友来欢迎,
说红军就是救星,
叫声老乡你莫问,
我是中国红四军;
土地革命已经成功了,
若不革命国家不能保。

4. 红军里面有宣传,
先打土豪后分田,
田颂尧呀刘文辉,
全缴枪了不甘心,
到巴州去搬救兵,
一齐搬了七八团,
钢枪又被全缴完。

5. 同志啊你们要知道,
枪刀子弹何处来,
拼命杀敌热血换来的,
一枪要杀一个敌。
我们的子弹,性命换来的,
一枪一弹非要杀一个敌。

6. 红军一到金山梁,
打得敌人无处藏,
缴了他的机关枪,
又捉了许多俘虏王。

# 附 录

7. 乒乒乒乒乒乒乒，
努力学习打骑兵，
打垮它来消灭它，
卫国保家功劳大。

8. 革命革命军，
我们红军有精神，
不打老百姓，
不杀自己人，
团结起来打日本。

9. 伤兵同志们，
你在前线把命拼，
为国流血你光荣，
劳苦民众永远忘不了你。

10. 红军战士们，
你的家中田土有代耕，
你家爹妈有人问，
一心来把革命干。

11. 烧死李枪冰，
活捉蒋介石，
不打抗日红军，
打了抗日红军就是打自己的人。

12. 指挥员战斗员，
努力学习打骑兵。
同志们沉着、勇敢要冷静，
誓把敌人消灭净。

13. 立正式，向右看齐，

**红色记忆**
——红军长征在藏族地区及其当代启示

预备向前看,抬头报数,数数数,
一、二、三、四、五,向右转,
二路横队,四路横队,一齐跪下,快、快、快,
预备和敌人战。
各同志,左右散开,瞄准前方,装枪预备干、干、干、干,
誓把敌人来杀尽。

14. 红军三大任务:
打倒帝国主义、
铲除封建势力、
实行土地改革。

15. 十月里来大革命,
俄国政府归工人,
农人分的田和地,
士兵拖枪转回城。
十一月里来桂花开,
先锋旗帜现出苏维埃,
苏维埃政府代表穷苦人,
穷苦人离不开苏维埃。

在炉霍县流传的歌曲:
1. 共产党宣言什么人起草?十月革命什么人领导?
什么人不做倒享福?什么人做苦工还受饥饿?
共产党宣言马克思起草,十月革命列宁来领导;
地主、资本家不做倒享福,工农群众受苦还挨饿。
(小放牛调)

2. 拉起小胡琴,唱给白兵听,你们为什么要来打我们?
弟兄们,原来都是中国人!
你也不要打我们,我们也不打你们,大家联合都去打日本。
弟兄们,你们赞成不赞成?

## 附 录

你也不打我们,我也不打你们,大家联合打日本,办法大得很。
你们的家庭,都到了日本兵,老母妻子被奸淫,赶快拿枪打日本,救国救家庭!
(五更调)


3. 人生在世几多秋,若不革命难出头,
奉劝人人入共产,好与工农争自由。
(孟姜女调)

4. 我们红军都是工农起,受了豪绅多少气;
垄断我政治,剥削我经济,
一年到头痛苦无比,解除痛苦只有来革命。

马尔康县党坝乡可尔提苍王施旦真记忆的歌曲:
1. 共产党领导真正确,工农群众拥护真正多,红军打仗真不错,
粉碎国民党的武装多,我们真快乐,
亲爱的红军哥,我们打仗有把握,上前杀敌莫错过,把红旗插遍全中国。

2. 该人高举起鲜红旗帜,奋勇前进,配合那民主革命,
要独立自由平等,创造该人弟效共和国,大家要努力。
(注:该人是少数民族的意思,弟效是老百姓的意思。)

3. 我们的红军打地主资本家,保护苏维埃爱中华,
嗳,嗳,红军,红军呀,
平分土地庆祝我们快乐的啊!
建立武装保中华。
嗳,嗳,红军,红军呀!
僻雷拍、僻雷拍,
武装起啊,向前杀,
建立苏维埃,杀死反动派,
嗳,嗳,
我们的红旗插满天下。

# 附录三　长征亲历者（在藏区）的回忆和访谈文章

## 目　录

**红一方面军的长征**

《红一方面军的长征》……………………………………聂荣臻／408

《强渡大渡河》……………………………………………杨得志／425

《飞夺泸定桥》……………………………………………杨成武／430

《突破腊子口与哈达铺整编》……………………………杨成武／436

《腊子口上的红六连》……………………………………胡炳云／444

**红二方面军的长征**

《回忆红二方面军的长征》………………………………肖　克／448

《千里康巴念故人》………………………………………何　辉／458

《印在心头的足迹》………………………………………李　真／464

《在雪山草地的艰难日子里》……………………………王恩茂／468

《最后的脚印》……………………………………………李文清／473

《组建战斗剧社的前前后后》……………………………罗洪标／478

《从毛尔盖到俄界》………………………………………邓　飞／486

《过松潘大草地》…………………………………………徐　占／491

我在藏民独立师当政委……………………………………………495

《三位老红军讲爬雪山过草地的故事》…………………………496

《难忘的记忆——老红军天宝谈长征与解放四土》 …………………… 500

《巴格寨·巴太的回忆》 ……………………………………………… 506

### 红四方面军的长征

《红四方面军的英勇长征》 ………………………… 徐向前 / 507

《红军长征过藏区》 ………………………………… 天宝 / 522

《在雪山草地的红军大学》 ………………………… 王波 / 528

《长征中的红四方面军红军大学》 ………………… 张宗逊 / 535

《忆红军藏民独立师》 ……………………………… 金世柏 / 541

《攻克懋功　会师达维》 …………………………… 韩东山 / 546

《懋功会师》 ………………………………………… 徐向前 / 551

《忆懋功会师》 ……………………………………… 李先念 / 556

《在跟随徐总北上的日子里》 ……………………… 孙继争 / 561

《艰苦的草地行军》 ………………………………… 潘峰 / 566

《包座之战》 ………………………………………… 程世才 / 570

《百丈决战》 ………………………………………… 徐向前 / 573

《尝过分离苦更觉会师甜》 ………………………… 郑维山 / 578

《雅江阻击》 ………………………………………… 张贤约 / 584

《保卫金川》 ………………………………………… 余洪远 / 587

《第二次北上》 ……………………………………… 徐深吉 / 589

《噶曲草原设兵站》 ………………………………… 杨以山 / 600

《回顾岷洮西战役》 ………………………………… 杜义德 / 603

《难忘的川康少数民族》 …………………………… 李中权 / 609

《忆红四方面军的兵站工作》 ……………………… 吴先恩 / 613

**红色记忆**
——红军长征在藏族地区及其当代启示

# 红一方面军的长征

## 红一方面军的长征

聂荣臻

红一方面军(即中央红军)的长征,是中央苏区第五次反"围剿"失败的直接结果。一九三三年九月至一九三四年秋,由于党的临时中央领导人博古同志等先是犯了王明"左"倾冒险主义的错误,后来又犯了军事上单纯防御的保守主义错误,红一方面军未能在中央苏区打破国民党军的第五次"围剿",被迫于一九三四年十月进行战略转移。它在中央和军委的直接领导下行动,又以掩护中央和军委领导的安全转移为主要任务。因此,敌我双方对之都高度注意,人民群众也极为关切,举国瞩目。红一方面军的长征在红军长征中起着先导和主体的作用。

一、突破敌人四道封锁线

一九三四年九月中旬,一军团由福建回到了瑞金地区。周恩来同志找我和林彪谈话,说明中央决定红军要作战略转移,要我们秘密做好准备。后来得知毛泽东同志在瑞金,我和林彪去找他,想问个究竟。毛泽东同志历来是很守纪律的,没有说什么,却提议去看看瞿秋白同志办的图书馆。当时保密纪律很严,我们也没有再问。

十月上旬,一军团奉命到兴国东南的社富、岭背、宽田、梓山一线集中。十月十二日以前,我们到达了预定的集结地域。

长征之前,张闻天同志在《红色中华》第二百三十九期上,发表了《一切为了苏维埃》的文章,提出了准备反攻的任务。这是我们进行公开动员的总依据。

一九三四年十月十日,中革军委发布了长征命令。十月十六日以后,红军先后离开瑞金地区。跨过于都河,正当夕阳西下,我像许多红军指战员一样,心情很激动,不断回头,凝望中央根据地的山山水水,告别在河边送行的战友和乡亲们。这是我战斗了两年十个月的地方,不胜留恋。主力红军离开了,根据地人民和留下来的同志,一定会遭受敌人残酷的镇压和蹂躏,我又为他们的前途担忧。依依惜别,使我放慢了脚步,但"紧跟上!紧跟上!"的低声呼唤,又使我迅速地走上新的征程。

行军时,三军团(军团长彭德怀同志,政委杨尚昆同志)在右翼,其后有八军团(军团长周昆、政委黄甦同志）；一军团（军团长林彪，政委聂荣臻）在左翼，后面有九军团（军团长罗炳辉同志，政委蔡树藩同志）；从两翼掩护中央纵队（司令员兼政委李维汉同志）和军委纵队（叶剑英同志任司令员）；五军团（军团长董振堂同志，政委李卓然同志）殿后；以甬道式的队形开进。中央和军委纵队真像大搬家的样子，把印刷票子和宣传品的机器，以及印就的宣传品、纸张和兵工机器等"坛坛罐罐"都带上了，队伍庞大，进入五岭山区小道，拥挤不堪，有时每天才走十多里或二三十里。

十月二十一、二十二日，一军团、三军团先后袭占赣南新田、古陂，迫使粤敌两个多师退守信丰、安西、安远三点，红军在王母渡到新田之间突破了敌人的第一道封锁线，二十五日全军渡过信丰河（今桃江）。十一月二日，一军团六团智取了粤北城口。稍后，三军团围困了湖南汝城守敌一个师。十一月八日，红军大部队于城口到汝城之间，顺利突破了敌人第二道封锁线。十一月六日至十一日，一军团抢占九峰山，保障了左翼安全；三军团先后攻占良田、宜章，打开了红军前进的道路，至十五日，全军由良田到宜章之间突破了敌人的第三道封锁线。

突破第三道封锁线时，我和林彪发生了长征路上的第一次争吵。我平时总认为林彪不是不能打仗之人。有时他也能打。他善于组织大部队伏击和突然袭击。可是由于他个人主义严重，有时极端不负责任。当时军委给一军团的任务，是要控制粤汉铁路东北的九峰山，防备敌人占领乐昌后堵截我军，以掩护中央和军委纵队从九峰山以北地区通过。可是林彪不执行军委命令，一直拣平原走，企图一下子冲过乐昌。我不同意林彪的做法。我说，我们担负的是掩护任务，如果不占领九峰山，敌人把后面的部队截断了怎么办？这是个原则问题，应坚决按军委命令行事。左权参谋长为了缓和这场争吵，建议派个连到乐昌侦察一下。以后侦察部队回来说，在乐昌大道上已经看到敌人，正向北开进。林彪这才不再坚持了。幸亏我们没有图侥幸。十一月六日，得知敌人三个团到了乐昌，一个团已经开往九峰去了。我军先敌占领九峰山，击溃了进攻之敌。

十一月中旬，蒋介石已判明了红军的突围企图，遂任命何键为进剿军总司令，以十五个师分五路追击和堵截我们。第一路刘建绪率四个师由郴县直插黄沙河地区。第二路薛岳率四个师由茶陵、衡阳进至零陵地区。这两路主要是堵截我军去湘西。第三路周浑元率四个师，第四路李云杰率两个师尾我追击。第五路李韫珩率一个师在我军南侧跟进，配合粤桂军围堵我军。广西军阀五个师占领了全州、灌阳、兴安、恭城等地，蒋介石的如意算盘是，以湘江为第四道封锁线，集中重兵，围歼红军于湘江以东地区。

## 红色记忆
——红军长征在藏族地区及其当代启示

敌人的第一着恶毒计划是合击我军于天堂圩到道县之间的潇水之滨。

十一月十八日,红军兵分两路,由临武、蓝山、嘉禾地区西进。右路我军占领了冷水铺、天堂圩、柑子园等地。二十二日一军团二师长途奔袭道县成功。左路我军攻占江华、永明(今江永)。这使敌人的第一步计划未能得逞。

敌人的第二步计划是消灭红军于湘江之滨。敌人麇集了二十个师,为了紧缩包围圈,湖南军阀何键将他的指挥部从长沙迁至衡阳。刘建绪的四个师向全州急进。薛岳的四个师进驻黄沙河。广西白崇禧也将指挥所移到桂林。周浑元的四个师和李云杰的两个师,则在红军背后,像拉网似的压过来,在湘江西岸的桂黄公路边,敌人抢修了一百四十多座碉堡。

我军向江华、永明方向开进时,十一月二十二日,白崇禧一度命令他的五个师退守龙虎关和恭城,意在防止红军也防止蒋介石嫡系部队跟进广西腹地。这时刘建绪部还没有赶到全州,我军前进方向的灌江、湘江一线敌兵力空虚,如果中央和军委纵队没有那么多"坛坛罐罐"的拖累,是可以先敌抢渡湘江的。但到十一月二十五日,博古等才发布命令,以一军团在右翼、三军团在左翼开路,抢渡湘江,其他军团掩护中央和军委纵队随后跟进。

二十七日,一军团二师渡过湘江,在距全州十六公里的鲁板桥、脚山铺一线的小山岭上建立起阻击阵地。同一天,三军团四师也渡江成功。我军控制了界首至屏山渡之间六十里地的湘江两岸,在此区域,有四处浅滩可以涉渡。中央和军委纵队二十七日已到达灌阳北的文市、桂岩一带。由桂岩到最近的湘江渡点,只有一百六十多里,如轻装急行军,一天即可到达,仍有可能以损失较小的代价渡过湘江。但博古等仍然让人们抬着"坛坛罐罐"行军,每天只走四十至五十里,大约走了四天才到达湘江边,使前线指战员为了完成掩护任务付出了惨重的代价。

十一月二十九日,刘建绪以三个师的兵力从全州出动,在飞机配合下,向我二师脚山铺阵地猛攻。三十日凌晨,我一师赶到,部队非常疲劳,有些战士站在那里就睡着了。但军情紧急,不得不立即动员,仓促调整部署,进入阵地。三十日阻击战进入高潮。敌人第一次冲锋很快被打垮,丢下了几十具尸体。敌人不甘心失败,又组织第二次冲锋,后来随着冲锋次数的增多,投入的兵力越来越大,阵地上硝烟弥漫。我们利用有利地形顽强阻击,敌人的尸体越积越多。战至下午,敌人从三面向我进攻,我军多处阵地失守,五团政委易荡平同志负重伤后英勇牺牲,四团政委杨成武同志也负了重伤,但我军还是守住了主要阵地。

三十日晚上,军团领导人冷静地分析了当时的形势,给军委发电,请求"军委须将湘水以东各军,星夜兼程过河"。十二月一日,中央局、军委、总政联名命令

# 附 录

一、三军团:"人人要奋起作战的最高勇气,不顾一切牺牲……打退敌人占领的地方,消灭敌人进攻部队,开辟西进的道路,保证我野战军全部突过封锁线。"

十二月一日,是战斗最激烈的一天。方圆二十多里的战场上,炮声隆隆,杀声震天。在茂密的松林间,我军指战员奋不顾身,与敌人展开了悲壮惨烈的白刃战。接近正午时分,得知中央和军委纵队已经渡过湘江并已越过桂黄公路,我们才放了心,令一师和二师交替掩护,边打边撤,退入通资源的越城岭山区。

这一天,一军团军团部也遭受极大危险。敌人的迂回部队打到了军团部指挥所门口。我们正在研究下一步行动计划,敌人已经端着刺刀上来了。我起初没有发觉,警卫员邱文熙同志告诉我说,敌人上来了。我说,你没有看错吧?他说没有看错。我到前面一看,果然是敌人。左权同志还在那里吃饭,我说,敌人上来了,赶紧走。于是我们赶紧撤收电台转移,命一部分同志就地抗击敌人。我还命令警卫排长刘辉山同志去山坡下通知部队,让他们也紧急转移。由于我们及时采取了措施,这次避免了损失。在我们撤退的时候,敌人的飞机活动很疯狂,几乎是擦着树梢投弹、扫射、撒传单,很多同志被吸去了注意力,不往前走了。我说,快走!敌人的飞机下不来,要注意的是地面的敌人。

在一军团与敌人血战的同时,三军团在灌阳附近的新圩,与广西敌人进行了激战;五军团则在文市附近与周浑元部等追敌进行激战。他们也都打得顽强而艰苦,损失很大。由于几个军团共同奋勇作战,才掩护中央和军委纵队过了湘江。突破第四道封锁线,是中央红军长征中受损失最大的一仗。像五军团的三十四师,三军团的一个团,八军团被打散的部队,都被切断在湘江以东,大部壮烈牺牲。红军由江西出发时的八万六千多人,经过一路上的各种减员,过了湘江,已不足四万人了。

我们到了广西资源县的油榨坪,才摆脱了敌人。到油榨坪的时候已经是傍晚了,我站在山顶上朝广西、湖南、贵州交界的地方一看,嗬!一层山接着一层山,像大海里的波涛,无穷无尽,直到天边。我这个出生在四川,又在江西福建打过几年山地战的人,都没有见过这么多山!在油榨坪附近的一个大树林里,我们才得到了休息。几天几夜紧张激烈的战斗,这时候才感到又饥又饿,疲劳极了。我把身上带的干粮拿出来吃,也分了一些给林彪吃,觉得真是香极了。艰苦的岁月就是这样,紧张的战斗会使你忘记饥饿和疲劳,一旦休息,能睡上一小觉,或吃上一点干粮,就会觉得是一种极大的享受。

二、从黎平会议到遵义会议

过了湘江,离中央苏区越远,就越感到没有根据地的难处。新区群众对红军不

## 红色记忆
——红军长征在藏族地区及其当代启示

十分了解。伤员无法后送,也难以就地安置。兵员和物资的巨大损失,得不到必要的补充。如何巩固提高部队的士气也成了一大难题。干部战士不断提问,部队向哪里去?开始我们回答是战略转移,后来不得不说明是去湘西与二、六军团会合。求解放的理想和艰苦奋斗的意志帮助红军克服了千难万险。但由于指导思想错误,干部战士看到的前程仍然是千难万险。在这种情况下,开始博古等仍决定去湘西。针对红军企图,蒋介石调集薛岳等的十六个师开赴城步、绥宁、洪江、黔阳、靖县等地筑堡堵截。为此,毛泽东同志极力说服博古等人,放弃与二、六军团会合的计划,以免投入敌人罗网,并提出了西入贵州创造新根据地的意见。

一军团十二月十一日占领通道,十四日攻占黎平。

鉴于湘江之战的惨痛教训,面临着前述种种困难,

在多数同志有所觉悟的基础上,中央政治局十二月十八日在黎平会议上接受了毛泽东同志的意见,作出了关于在川黔边建立新根据地的决议。我在由黎平去剑河的路上,得知了政治局的决议。决议指出,"鉴于目前所形成之情况,政治局认为,过去在湘西创立新的苏维埃根据地的决定,在目前已经是不可能的,并且是不适宜的"。为了"能取得与四方面军及二、六军团密切的协同动作","政治局认为,新的根据地应该是川黔边区地区。最初应以遵义为中心之地区;在不利条件下,应该转移至遵义西北地区"。第二天我们又收到军委关于贯彻黎平会议精神的决议。决议要求二、六军团在湖南常德地区积极活动,调动湘敌北援,然后向永顺西进,以牵制铜仁地区的薛岳部队;要求四方面军在川北重新进攻,牵制四川全部敌军,以配合中央红军西进贵州。随后,总政治部关于执行黎平会议决议的训令也发来了。根据训令,各级政工人员做了大量工作,使广大指战员提高了信心。在此之前,为充实战斗部队,军委还命令中央和军委纵队合并为军委纵队,由刘伯承同志任司令,陈云同志任政委,叶剑英同志任副司令;将八军团并入五军团。黎平会议使红军的长征开始转入主动。

黎平会议后,我军分两路向乌江进发。一军团受命在右路先渡乌江。二师由军委直接指挥,一师由林彪和我率领,分别在江界河和回龙场两地同时强渡乌江,军委纵队则在二师后跟进。一九三五年一月二日,二师和一师击溃对岸守敌三个团,在预定地点渡江成功,为后续部队打开了通路。左路三军团在茶山关渡过乌江。渡江战斗比较激烈的是在二师方向。乌江宽二百五十米左右,而流速达每秒一米八,无论投下一片什么东西,转眼就冲得无影无踪。强渡乌江成功,充分显示了红军大无畏的革命精神。

渡湘江之后,我的脚化脓了,行军就得坐担架,有时跟着军委纵队行军。坐担

架给了我思考问题的机会。党的六届四中全会以来，王明跃居中央最高领导地位，王明路线在党内越来越占上风。我从白区到中央苏区，越是深入群众，深入实际，就越是感到王明"左"倾路线的严重危害。黎平会议虽然开始转变了我军的战略方向，不再往敌人布置好的口袋里钻了，但领导问题不解决，我军就难以彻底地由被动变为主动。这不只是我个人思考的问题，也是当时广大红军指战员思考的问题。后来知道，从湘南起，毛泽东同志即对李德以及博古同志的错误做法不断地作过斗争。为了解决党内意见分歧，黎平会议已经决定在适当时机召开中央政治局扩大会议。

那时，王稼祥同志因伤也坐担架，我们就经常在一起交换意见。认为：事实证明，博古、李德等人不行，必须改组领导。王稼祥同志提出，应该让毛泽东同志出来领导。我说我完全赞成，我也有这个想法。而这个问题，势必要在一次高级会议上才能解决。

一九三五年一月七日，由刘伯承同志指挥，一军团六团智取遵义成功。打开遵义后，我随军团部紧跟二师进了遵义城。遵义是黔北的最大城市，也是红军长征以来所经过的第一座最繁华的城市，汉苗黎各族商旅云集，市面相当繁荣。军委纵队一月九日进入遵义城，由刘伯承同志兼任遵义警备司令。我和林彪奉军委指示，从十四日开始，将部队的日常工作，交给参谋长左权和政治部主任朱瑞同志，专心致志地去参加中央政治局扩大会议了。

由于我军突然转向遵义，一下子把十几万追剿军甩在了乌江以东和以南。何键虽仍为"追剿军"总司令，但他率领二十个团到常德地区与二、六军团作战去了。四川刘湘的部队摆在长江南部一线，搞不清我军虚实，不敢轻进。蒋介石虽然命令粤桂军队赶快北上遵义，但他们显然另有所图。黔敌不经打，一触即溃。此时，刘建绪已任第一兵团总指挥，率部在铜仁、秀山、酉阳一线构筑堡垒封锁线。薛岳任第二兵团总指挥，他的部队被阻隔在乌江以南，其本意在尽快抢占贵阳。这就为我们召开遵义会议提供了可贵的时机。

会议召开之前，经过了紧张的酝酿。毛泽东同志亲自在中央领导层中做思想工作。王稼祥等同志主张请毛泽东同志出来领导。周恩来同志从长期的实践中，已经认识到毛泽东同志的见解是正确的，也赞成毛泽东同志出来领导，并且在会前就排斥了李德在军事上的指挥权。周恩来、王稼祥同志的态度，对开好遵义会议起了关键性的作用。

会议前和会议中，教条宗派主义者也想争取主动。凯丰三番两次找我谈话，要我在会上支持博古，我坚决不同意。后来听说，凯丰向博古汇报说，聂荣臻这个人真顽固。

## 红色记忆
——红军长征在藏族地区及其当代启示

会议开得很紧张，名称就叫遵义政治局扩大会议，共开了三天，出席会议的，除了政治局委员和候补委员毛泽东、周恩来、王稼祥、张闻天、朱德、刘少奇、陈云、博古、邓发、凯丰同志以外，还有刘伯承、李富春、彭德怀、杨尚昆、李卓然、邓小平同志，我和林彪也出席了会议。李德列席了会议，伍修权同志给他当翻译。会议由博古同志主持，他作了《关于反对敌人五次"围剿"的总结》的主报告，副报告是周恩来同志作的，因为他是军委主要负责人。毛泽东同志是系统批判博古、李德等错误的第一个发言人。王稼祥同志紧接着站起来发言支持毛泽东同志。所以毛泽东同志在"文化大革命"中说，遵义会议王稼祥投了"关键的一票"。会上大多数同志拥护毛泽东同志的正确意见。博古同志虽然没有彻底承认错误，但作了检讨。凯丰同志反对毛泽东等同志的意见，说毛泽东同志"懂得什么马列主义，顶多是看了些《孙子兵法》"！李德坐在屋里靠门口的地方，情绪十分低落，对大家的批评，他多方辩解，拒不承认错误。我在发言中对李德的瞎指挥很生气，列举他对一个军事哨应该放在什么位置，一门迫击炮应该放在什么位置，这一类连我们军团指挥员一般都不过问的事，他都横加干涉。记得林彪在会上没有发什么言。

对今后行动方向，伯承同志和我建议，打过长江去，到川西北去建立根据地，因为四川的条件比贵州要好得多。到四川，一来有四方面军接应我们；二来四川是西南首富，人烟稠密，只要能站稳脚跟，就可以大有作为；三来可以利用蒋系军队与四川军阀部队的矛盾。会议接受了我们的建议。

会议选举毛泽东同志为中央政治局常委。会后，在常委分工上，由张闻天同志代替博古负总责。在行军途中，又组成了由毛泽东、周恩来、王稼祥同志参加的军事指挥小组（又称"三人小组"），全权负责作战指挥。

关于遵义会议精神的传达，由于经常处于军情紧急状态，所以到第二次攻克遵义后，才由中央在遵义召开团以上干部会议进行传达。张闻天、周恩来等同志都讲了话。我给一军团连以上干部传达，是在仁怀附近一家地主场院里进行的。传达时正下小雨，谭政同志帮我撑着伞，大家精神很集中，几个小时无人走动。

人们称颂遵义会议是我党我军和中国革命最伟大的历史转折，这是恰如其分的。遵义会议确实是我党历史上具有最伟大意义的一次关键性会议。由于军情紧迫和当时的条件，在遵义会议上，毛泽东同志很讲策略，只集中解决军事路线问题。以毛泽东同志的发言为基础起草的遵义会议决议，贯穿了弱小的红军与强敌作战所必须遵循的高度运动战思想，这是毛泽东军事思想的重要组成部分。实践证明，这也是当时红军摆脱困境的唯一有效途径。中央领导机构的调整，撤换了党的领导人，结束了"左"倾错误路线在中央的统治。大家深切认识到，毛泽东同志在中央苏区长期的领导工作中,有正确的指导思想和高超的指挥艺术。第五次反"围剿"正是由于排斥了他的领导,违背了他的作战指挥原则,导致了失败。经过正反对比,更加提高了毛泽东同志在红军指战员中的崇高威信,从此在实际上确立了他在全党全军的最高领导地位。遵义会议的绝大多数与会者,包括博古同志在内,识大体,顾大局,忠于党的事业,显示了高度的马克思主义原则性。这是党的领导趋于成熟的标志。在毛泽东同志的领导下,遵义会议后党的领导走上了正确发展的道路,使万分危急的中国革命转危为安,从胜利走向胜利,直至赢得了新中国的诞生。

三、四渡赤水河,巧渡金沙江和遵义会议的余波

遵义会议后,红军分三路向土城、赤水城方向前进,拟在泸州、宜宾之间北渡长江。一军团为右路,从桐梓、松坎地区向西;三军团为左路,经仁怀向北;五、九军团和军委纵队为中路西进。当时我脚伤没有好,仍随军委纵队行军。一军团攻占温水、土城等地,于一月二十五日到达赤水城郊,准备攻城。赤水城比较坚固,又有川敌增援,一军团在赤水城外复兴场、旺隆场与敌人一个师又两个旅对峙,相持不下。一月二十六日前后,中路与左路到达土城地区。一月二十八日,我三军团、五军团、干部团与川敌先头部队——装备精良的"模范师"郭勋祺部和潘佐旅共六个团,在土城东北的丰村坝、青岗坡一带打了一场恶仗。由于地形不利和对敌情掌握不确,激战了一整天,虽然给了敌人以重大杀伤,但未能消灭敌人,自己损失也不小。态势于我不利,军委下令退出战斗,在元厚场到土城之间西渡赤水河(即一渡赤水)向古蔺开进。土城战斗后,我的脚伤好了,又回到了一军团。

我军一渡赤水后,原拟经古蔺、叙永、兴文向长宁集中,在宜宾附近渡江,但部队非常疲劳,又在山间小道行军,速度很慢。川敌则依靠其有利的交通条件,调集了十多个旅向长宁一线堵截。于是我军又改道到威信(扎西)、镇雄一带滇黔边休整。二月中旬,军委发现川敌十多个旅正由北向南压来,云南敌人孙渡纵队三个旅正向镇雄、扎西急进,于是决定我军向东,去打击在遵义一带的王家烈部。二月十九日、二十日,我军在太平渡到二郎滩之间二渡赤水河。

这时黔军六个团布置在娄山关一线,凭险据守。经过激烈交战,一军团二月二十四日再占桐梓,二月二十六日,三军团重占娄山关。敌人溃败后纷纷夺路南逃。一军团在黑神庙窃听电话,得知遵义守敌空虚,只有约一个营,城外有娄山关溃退下去的少量部队。二月二十七日,一、三军团乘胜奋进,再取遵义。三军团比一军团先进遵义。为了配合三军团作战,我骑马赶到城里三军团指挥部,还没坐下,就听说三军团前卫部队在向城南追击溃敌时,碰到吴奇伟率两个师上来增援,并且已

### 红色记忆
——红军长征在藏族地区及其当代启示

经在丘陵地接火，战斗很激烈。彭德怀同志闻讯，马不停蹄，立即赶赴前线。我赶紧通知一军团进城后不得停留，立即去城南配合三军团作战。经奋勇战斗，我军在烂板凳、刀靶水地区打了几个漂亮的追歼战，由于敌人逃过乌江，砍断了浮桥，才幸免于全军覆灭。这一战，红军歼敌九十三师大部，五十九师一部，还有王家烈的一些部队，俘敌近三千人，是长征以来最大的一次胜仗。

三月初，周浑元纵队在仁怀鲁班场一线，有向遵义进攻的企图。我军决定乘吴奇伟纵队刚吃败仗尚在乌江以南的机会，向西北打击周浑元纵队。这次本来想用运动战歼敌，但周敌却在鲁班场附近筑堡固守，一军团到鲁班场打了一下，没有攻克。这时吴奇伟纵队重整旗鼓，又北渡乌江向我后面袭来。于是我军三月十日主动放弃遵义，于十六日攻占茅台。为摆脱被动，我军在茅台附近三渡赤水河，摆出再次向古蔺方向北渡长江的态势。蒋介石急令周浑元、吴奇伟、郭勋祺部分头向北、向西追击。不意毛泽东同志指挥我们突然掉头向东，三月二十一日于二郎滩、太平渡一线四渡赤水河，并迅速向南，在遵义到茅台之间直插乌江边。三月三十一日，我军架浮桥渡过了乌江。九军团奉命留乌江北迟滞敌人南下。

蒋介石万万没有想到，我军竟长驱直入，前锋直逼贵阳。他当时正坐镇贵阳，吓得急令守军将四门紧闭。而我军却从贵阳城郊先东向贵定，以后又折回来于四月九日在贵阳与龙里之间一个很小的口子由东北向西南通过了贵阳。

我军四渡赤水，都是在十多万敌人包围的重兵集团之间，声东击西，大踏步进退，机动作战，不断调动敌人，由被动变主动。这是毛泽东同志指挥红军作战的"得意之笔"。他确实才思过人，值得我们很好学习。

四月中旬，我军先后渡过北盘江，连下贞丰、兴仁、安龙等地。这一带敌人兵力空虚，我们几乎是日下一城，到了云南曲靖，部队休息了两天。这时，追敌周浑元、吴奇伟、孙渡纵队尾我进入云南，估计各路敌军约七十个团。于是，军委四月二十九日发布命令：红军速渡金沙江，甩掉敌人，去川西与四方面军会合。

接命令后，一军团走左翼，三军团为右翼，刘伯承同志率军委纵队、五军团和干部团作为中路，北插金沙江边。我们被指定在元谋龙街渡江，三军团在洪门渡江。这两路都因为水流太急，找不到船，渡江未成。五月三日，中路干部团在皎平渡夺到了一条船，偷渡成功，占领了渡口南北两岸。军委急令三军团、一军团务必不顾疲劳，兼程赶到皎平渡，八日黄昏前渡江完毕，否则有被隔断的危险。军情急迫，电报还没有译完，但大概意思已经知道，到那边去渡江。我们立即决定，沿着山谷间的江边小道，向皎平渡急进。这一夜走的简直不是路，路在急流边上，上面尽是些似乎是冰川时代翻滚下来的大石头，很滑。我们一夜过了四十多次急流，在石头上跳来跳去，居然赶了一百二十里路，疲劳极了。由于五军团在团街附近抗住了敌人一个师的进攻，三军团、一军团终于及时赶到皎平渡，顺利渡过金沙江。五军团于五月九日也渡过了金沙江。

过了江，毛泽东同志正在渡口北岸一个崖洞里等着我们。一见面他说，你们过来了，我就放心了。过了金沙江，我们才算真正把长征以来一直尾追我们的蒋介石军队甩掉了，隔了有一个多星期的行程，这无疑是长征中的又一个巨大胜利。

与此同时，九军团（三月下旬起，政委为何长工同志）在乌江北岸广泛机动，英勇作战，进占水城，以后也进入云南，占领宣威、会泽等地，并在会泽以西渡过金沙江。他们的行动，迷惑和牵制了敌人兵力，对红军大部队起了积极的战略配合作用。

一九三五年五月上旬，三军团包围了四川会理县城。红军在会理附近休整了几天。四渡赤水以后，红军领导层中泛起了一股风潮，说毛泽东同志指挥也不行，要求撤换领导。林彪是带头倡议的一个。林彪埋怨说，我们走的尽是"弓背路"，应该走弓弦、走捷径。还说："这样会把部队拖垮的，像他这样领导指挥还行？！"我说："我不同意你的看法。我们好比落在了敌人的口袋里，如果不声东击西，高度机动，如何出得来？！"林彪有次给彭德怀同志打电话，他煽动说："现在的领导不成了，你出来指挥吧。再这样下去，就要失败。我们服从你领导，你下命令，我们跟你走。"他打电话时我在旁边，他的要求被彭德怀同志回绝了。我严肃地批评林彪说："你是什么地位？怎么可以指定总司令，撤换统帅？我们的军队是党的军队，不是个人的军队。谁要造反，办不到！"林彪对这些听不进去。他写了一封信给"三人小组"，要求毛泽东同志下台。他还要我在信上签名，我严词拒绝了。我对他说："革命到了这样紧急关头，你不要毛主席领导，谁来领导？你刚参加遵义会议，现在又反对遵义会议，不讲别的，仅这一点，你也是违反纪律的。况且你跟毛主席最久，应该相信毛主席，只有毛主席才能挽救危局。"他仍然不听，这封信他单独签名上送了。

一九三五年五月十二日，由毛泽东同志主持，在会理城郊铁厂开了中央政治局扩大会议，除了政治局委员外，彭德怀、杨尚昆同志还有我和林彪参加了会议。会上，毛泽东同志对林彪的上述活动进行了严厉的批评，对林彪所谓"走了弓背"的谬论进行了驳斥，说，你是个娃娃，你懂得什么！

四、强渡大渡河，翻越夹金山，与四方面军会师

会理会议后，红军继续北上，一军团五月十七日攻占德昌，俘敌二百多人。以

## 红色记忆
——红军长征在藏族地区及其当代启示

后我们与五军团一起向西昌进发。西昌城高三丈,而且很坚固,城内有刘文辉部守敌四个多团。于是,我们监视守敌后通过西昌,二十日进占泸沽。同一天,军委命刘伯承同志和我率领一军团第一团,带一个工兵连和电台,一个工作队,组成中央红军先遣队,他任司令,我任政委,进行战略侦察,为红军北上开路。

与此同时,左权、刘亚楼同志率领一军团第五团为右路先遣队,经越西占领了大树堡渡口,在那里佯渡大渡河,既掩护了先遣队右翼,也转移了敌人对红军主要进军方向的注意力。

先遣队的任务首先是通过大凉山彝族同胞聚居区。五月二十一日,先遣队占领了冕宁。我们高度注意了党的民族政策,当即将国民党当作人质关押的不少彝族首领放了,并向他们进行了党的民族政策的宣传,为红军顺利通过彝族区打下了基础。此后,伯承同志找当地彝族部落沽基家首领小叶丹谈判,并与小叶丹结拜金兰之盟。在沽基家等部族的护送下,我们通过了彝族区,二十三日到达擦罗。红军后续大部队通过的时候,沽基家等部族仍对我们友好,给予了种种方便,护送我们过了彝族区。

五月二十四日,先遣队突然袭击了大渡河边的安顺场,击溃守敌两个连,占领了渡口。河水轰隆的巨大咆哮声,淹没了激战的枪声,对岸的敌人并没有发现。

大渡河宽约百米,深约十米以上,流速达每秒四米左右,很远就可以听到激流的咆哮声。这是长征中我们遇到的水流最湍急的河流,两个人在河边讲话,如果不大声一点,对方会听不到。

五月二十五日拂晓,我军强渡大渡河。在团长杨得志同志指挥下,有名的迫击炮手赵章成同志和团机炮连的李德才等特等射手,用两门迫击炮和若干挺机枪掩护,一团二连以连长熊尚林同志为首的十七勇士乘着唯一的一条小船,在惊涛骇浪中冲到了河的对岸,打垮了敌人的防御,占领敌人阵地。我和伯承同志在河边观察了这个惊心动魄的历史场面,为我们英勇无畏的红军战士感到骄傲,他们在中国革命史上树立了永不磨灭的丰碑!

随后,他们掩护后续部队过河。水急浪高,浮桥架不成,没有办法,只有一船一船地渡,每船只能渡约四十人,速度太慢,令人十分焦急。

第二天毛泽东同志来到渡口,林彪也来了。毛泽东同志找我们开了个小会。当他得知渡河的困难情况,立即决定我军要迅速夺取泸定桥,否则大部队一时难以过河,而敌人的五十三师已经渡过了金沙江,正向我们赶来,红军面临着巨大的危险。毛泽东同志当时的部署是:一师和干部团仍由伯承和我率领,渡河后从东岸北上赶向泸定桥;由林彪率二师和五军团,在大渡河西岸赶向泸定桥。安顺场到泸定桥三百四十里行程,要求我们两天半赶到。毛泽东同志特别向我们指出,这是一个战略性措施，只有夺取泸定桥，我们才能避免石达开的命运。

防守河对岸的敌人，只是被我们驱逐走了，并没有走很远，我们不知道。我和伯承同志过河不久天就黑了，找到一处村庄宿了营。第二天天亮起来，才发现敌人和我们住在一个村庄上了。我们在山坡的这一边，他们在山坡的那一边，劈里啪啦打了一仗。又经历了一场惊险！

队伍沿着大渡河东岸北上。我边走边审问俘虏，得知右侧高地有刘文辉的河防部队一个旅。我们决定带着三个团背水仰攻，一鼓作气，将这个旅击溃了，保障了我们的安全，也使行进在对岸的二师四团免受敌人隔河射击。

二师四团作为先头部队，在西岸北上夺取泸定桥。我们两支英雄部队，互相支援，夹大渡河而上，当时的情景真是动人。我们互相又是喊又是比划手势，意思是告诉那里有敌人，要注意。虽然由于河水咆哮，大家什么也听不见，但战友的关怀，却鼓舞着每个红军战士，都加紧了脚步，向泸定桥急进。我看到这激动人心的场面，坚信我们决不会做第二个石达开。这次飞夺泸定桥，好在采取了夹河而上的办法，因为大渡河不宽，越往前进就越窄，两岸的敌人都可以隔河射击，封锁我们前进的道路。我们夹河而上，就可以消灭和驱逐两岸的敌人，保障对岸同志的安全。

四团以急行军的最快速度，二十七日晨从安顺场出发，边走边消灭碰到的敌人，真是行走如飞，日夜兼程，黑夜点起火把，第二天用的是"一天二百四十里"的速度，于二十九日晨六时到达泸定桥西岸。泸定桥被拆得只剩下几根光溜溜的铁索，悬挂在令人头晕目眩的激流之上。四团组织了以二连连长廖大珠为首的二十二名勇士，当天下午四时，在同志们的火力掩护下，冒着敌人的火力封锁，一边在铁索上铺门板，一边匍匐射击前进，奇绝惊险地夺取了泸定桥。然后，四团冒着敌人燃放的熊熊大火，攻占了泸定城。这时，一师的几个连队，也从东岸赶到泸定城郊，对四团夺取泸定城起了策应作用。泸定守敌向天全溃退，我军俘敌百余，补充了一些弹药。

我和伯承同志冒雨赶到泸定城，已是后半夜了。那时我正有病发烧，但为查看泸定桥能否通过大部队，要杨成武同志带我们到了桥上。伯承同志无比激动，情不自禁地在桥上连跺三脚，边跺边说："泸定桥啊泸定桥！我们为你花了多少精力，费了多少心血，现在我们胜利了！"我也激动地说："我们胜利了！我们胜利了！"

随后，毛泽东、周恩来等同志率领红军大部队，从泸定桥上过了大渡河。

红军渡过大渡河，是长征中又一次历史性的胜利，彻底打破了蒋介石妄图要我们做第二个石达开的反革命迷梦！

过大渡河后，军委命令红军北上占领天全、芦山。于是我们翻越了二郎山的一片原始森林，林中尽是纠缠不清的葛藤和横七竖八被雷电击倒的枯树干，地上则是

## 红色记忆
——红军长征在藏族地区及其当代启示

老厚的腐枝败叶和苔藓。在原始森林中行军,暗无天日,那天正下着小雨,几乎什么也看不见。我们在泥泞中艰难地行进,尤其下山时非常陡,大家用裹腿结成绳索,攀扶着哧溜而下。这天的行军,搞得人筋疲力尽。

至六月八日,九军团攻占天全,掩护三、五军团渡过天全河,一军团攻占芦山,接着占领宝兴。一到天全、芦山,就像到了天堂一样,能见到各种蔬菜和从外地运来的各种物资。在天全、芦山我们接到军委指示,迅速北上与四方面军会合。这是战略总任务,而全局的关键是要翻越夹金山后夺取懋功(今小金)。根据军委指示,红军以一军团为先导,军委纵队、三军团跟进,五军团断后,九军团保障右翼的队形向懋功进军。

到了宝兴,再走百余里,就是晶莹耀眼、高耸入云的大雪山了。我虽然是四川人,但生长在秀媚的川东,看壮丽惊心的大雪山,生平还是第一次。

六月十二日,我们进到大硗碛,已经到了夹金山的脚下。这时,陈光同志来电,说四团已经翻过夹金山,在达维与四方面军先头团第八十团会合,并得知四方面军部队八日已占领了懋功。接到电报,大家高兴极了,给我们翻越夹金山增添了力量。六月十三日,我和左权同志都是带病过夹金山的,一大早,战士们用担架抬着我出发。上坡时我见左权同志行走更困难,就赶紧下来,要担架去抬左权同志。

夹金山,主峰海拔四千五百米,山上空气稀薄,天气变幻无常。上午爬山,开始是原始森林,一片片、一丛丛,铺撒在浩瀚的六月雪中,奇特的景色把人们的注意力吸引住了,大家劲头很足。但一过中午,天气骤变,先是大雾,随后是毛毛细雨,转眼又成了霏霏白雪,随风狂舞,红军战士一个个都变成了雪人。尤其到了傍晚,天气奇凉,我们把能穿的都穿在身上。我到山上感到气也喘不过来,但不敢休息,一坐下来就可能永远起不来了。我们警卫班的同志,身体都比较健壮,有的走着走着,不知怎么,倒下来就完了。在山上我们牺牲了一些同志。就整个来说,我们靠万众一心,群策群力,互相帮助,发扬了阶级友爱,胜利地越过了夹金山。红军过雪山的佳话,名扬四海,流芳千古,是当之无愧的。

六月十三日晚上,我们到达维,见到了四方面军的同志,那个高兴劲儿,简直无法形容。我和几个同志在四方面军二十五师师部住了一夜,他们搞了些好吃的东西款待我们。第二天到懋功,见到了李先念同志。他当时是三十军政委,率领三十军八十八师及九军二十五师、二十七师各一部为四方面军先头部队,来与中央红军会师。他又热情地招待了一番。先念同志见我没有骡子,就送给我一匹,这匹骡子我一直骑到陕北。六月十六日前,党中央、中革军委、中央红军主力先后到达懋功地区。一、四方面军胜利会师。当时四方面军有八万多人,加上中央红军,共十万多人，声势大振。两支红军主力会师有重要的战略意义。如果不是后来张国焘闹分裂，而是团结一心，按中央的意图北上川陕甘，是有可能打开局面，在那里创建革命根据地的。那对中国革命将会产生重大深远的影响。

会师过程中，四方面军广大指战员欢迎战友的热情，旺盛的士气和良好的装备，给了中央红军的同志以深刻的印象。四方面军的同志，从上到下，自发地从精神到物质上多方面安慰和慰劳一方面军的同志，更使大家深受感动。一方面军长征中艰苦卓绝的斗争历程，也使四方面军的同志赞不绝口。就这样，两支兄弟部队在懋功及附近地区进行了多种热烈感人的联欢活动。

五、过草地，与张国焘的斗争

在张国焘没有来中央以前，六月十六日，中央和军委曾致电张国焘，告知党中央关于建立川陕甘革命根据地的意见，即：一、四方面军会合后应以嘉陵江与岷江上游中间地区为目标，争取建立根据地。如不成，则应北出平武，向甘肃南部地区发展，切不可向川西发展。因为以懋功为中心的地区，纵横千余里，均为深山穷谷，人口稀少，给养困难，大渡河两岸，直至峨眉山，情形略同。至于西康，情形更差。出川西地区，均为下策。并指出实施这个计划的关键，当前要将茂县、北川、威州控制在我们手中。但张国焘不同意中央意见。而且在受到敌人进攻以后，放弃茂县、北川等地，率领四方面军大部队向懋功以北一线转移。

为统一战略思想，六月二十六日，中央在两河口召开政治局会议，作出了《关于一、四方面军会合后战略方针的决定》。决定要求："红军主力向北进攻，在运动战中大量消灭敌人，首先取得甘肃南部，以创造川陕甘苏区根据地，……争取中国西北各省以至全中国的胜利。"这无疑是正确的。张国焘却坚持异议，态度傲慢，主张到川康边境去创建根据地，会后，又大肆进行分裂主义活动。

两河口会议结束的第二天，张国焘忽然请我和彭德怀同志去吃饭。席上，他东拉西扯，说我们"很疲劳"，"干劲很大"等等。从张国焘住处出来，我问彭德怀同志，他为什么单请我们两人吃饭？彭老总说，吃就吃吧，有什么！然后会心地笑笑。他也意识到这是张国焘在想拉拢我们。

六月二十九日，军委制定了松潘战役计划，以消灭在松潘附近胡宗南的十六个团。为此，我军编成左、中、右三路军：左路由一、三、五、九军团组成，由林彪和我同彭德怀、杨尚昆同志统一指挥；中路十个团由徐向前同志指挥；右路十一个团由陈昌浩同志指挥；分头北进。

这一带人烟稀少，又是少数民族区，部队严重缺粮，天天为粮食发愁。这种状

## 红色记忆
### ——红军长征在藏族地区及其当代启示

况,完全证实了中央的正确判断。

七月十六日,我们击溃胡宗南部一个营,占领了毛尔盖。但由于张国焘的干扰,影响了一、四方面军的统一步调,左路军一军团孤军突出,使松潘战役计划未能实现。八月三日,军委决定放弃松潘战役计划,松潘只作为牵制方向,全军改为执行夏洮战役计划,即北上甘肃南部,在夏河至洮河流域建立新的根据地。为此,决定一、四方面军分别向毛尔盖和卓克基逐渐集中,组织左、右路军。右路军由徐向前和陈昌浩同志指挥,由一方面军的一、三军团、四方面军的四、三十军及军委纵队一部、新成立的红军大学组成。左路军由朱德同志和张国焘指挥,由四方面军的九军、三十一军、三十三军、一方面军的五、九军团及军委纵队一部组成。右路军以班佑为目标,左路军以阿坝为目标。

右路军组成后,有一天我和林彪在右路军总指挥部开完会留下吃晚饭,吃完饭天还没黑,陈昌浩说:"林彪同志你可以先走,荣臻同志你留下来,我们还要谈一谈。"留下后,他问我,你对遵义会议、会理会议态度怎样?我说,对这两个会议我早已有了态度,都赞成,都拥护。我意识到,很明显,陈昌浩同志是代表张国焘想拉拢我。谈到晚上十点多钟,话不投机,我告辞摸黑回到了一军团。

八月四日至六日,应张国焘的要求,中央在毛尔盖附近的沙窝召开了政治局会议。会上,毛泽东同志斥责张国焘是要开"督军"会议,对他的分裂主义作了坚决斗争。会议通过了《中央关于一、四方面军会合后政治形势与任务的决议》,重申了中央的正确方针。

八月中旬,张国焘率左路军向阿坝前进。

八月二十日,中央利用部队在毛尔盖集中的时机,召开了政治局扩大会议,我出席了会议。会上通过了《关于目前战略方针之补充决定》,再次强调红军"迅速占取以岷州为中心之洮河流域地区"的战略重要性,批判了张国焘主张红军"主力西渡黄河,深入青(海)、宁(夏)、新(疆)僻地,是不适当的",是畏惧敌人,对自己力量丧失信心的右倾机会主义。会议还决定右路军为北进主力,左路军到班佑、巴西地区与右路军会合,共同北进。

毛尔盖会议后,右路军八月二十一日起向草地前进。我率一军团四团走前卫。随后是右路军司令部和毛泽东同志率领的军委纵队,再后是红军大学、四军和三十军,病中六天没有进食的周恩来同志则随三军团殿后。

离开毛尔盖北行四十里进入草地。草地可以说根本没有路。我们第一天到腊子塘,第二天到分水岭,第三天到后河,这几天夜间常下雨,就冒雨在树下宿营。第四天是在色既坝附近宿营。第五天到班佑。整个草地的景象,真是"天苍苍,野茫茫",千里沼泽,杳无人烟,"鸟飞不下,兽铤亡群"。我们的红军战士,就是在这样的荒原上,燃篝火,食野菜,冒风雨,互相激励,相扶而行,在沼泽草丛中顽强前进。多数同志挺过来了,数以百计的战友倒下了,把忠骨留在了草地上。

八月底右路军三十军在四军一部配合下,于包座消灭了国民党军第四十九师,歼敌五千余人,打了个大胜仗。

尽管中央在巴西一带等着左路军按命令前来会合,张国焘却在阿坝强调那里如何如何好,反复要右路军去阿坝,拒不受命。后来,他竟然凶相毕露,电令陈昌浩带领右路军全部南下,背弃中央北上的决定,居心险恶。这份电报发到班佑右路军司令部,被当时前敌总指挥部参谋长叶剑英同志得到了,他火速到巴西报告了毛泽东同志。这时一军团已到了俄界,我们对上述情况一点也不知道,九月十日收到了三军团发来一份电报,要我们停止前进,以后派武亭同志前来送信,我们才知道了中央的危险处境。当时中央在巴西开了紧急会议,决定率三军团、军委纵队、红军大学为北上先遣队,半夜立即从巴西出发,脱离危险境地,继续北上,同时电令左路军等随先遣队后北上,不得违误。张国焘没有执行。

红四方面军的广大指战员是好的,徐向前同志就说过,哪有红军打红军的。这是张国焘的阴谋未能得逞的重要原因之一。

四方面军是一支英雄部队,英勇善战,屡建战功。他们在鄂豫皖苏区打了许多胜仗,以后艰苦转战到达川北,创建了川陕革命根据地,一次再次地粉碎了敌人的重兵"围剿",先后歼敌十多万人,自己的兵力从一万多人发展到会师时的八万多人。张国焘搞分裂主义,四方面军走了弯路,受了损失,责任当然在张国焘。我们不能因此而否定四方面军的光辉历史,也不能因此而湮没了四方面军广大指战员的显赫战功。正如中央红军在第五次反"围剿"和过湘江时遭受的巨大损失一样,责任在指挥错误的领导人,指战员们的功绩是不容否定的。这是我们应有的认识。

六、出腊子口,到吴起镇结束长征

先遣队到俄界后,九月十二日中央政治局召开了紧急扩大会议,通过了《关于张国焘同志的错误的决定》,讨论了北上的任务和到达甘南后的方针,并确定将红军整编为陕甘支队。

然后部队冒着雨雪交加的严寒,沿着白龙江源头的栈道,进入甘南境内。打天险腊子口是进入甘南的关键性一仗。腊子口是通往岷县的奇峻隘口。九月十六日,红四团在前进路上击溃了鲁大昌堵截红军的一个团,抵近腊子口。

腊子口真是天险,口子很窄,只有三十来米宽,仿佛这原本是一座大山,被巨

## 红色记忆
——红军长征在藏族地区及其当代启示

斧劈开了似的,两边是悬崖峭壁,中间是奔腾咆哮的腊子河,河上木桥的桥头筑有碉堡。敌人在这里部署了两个营的兵力。山坡上还有不少碉堡。山口往里,直到岷县,纵深配置有鲁大昌的四个团。红四团决定,一个连从正面攻取木桥,另两个连沿右岸峭壁迂回敌侧后奇袭,达到全歼守敌占领隘口的目的。我们批准了这一作战方案。入夜负责攻桥的连队连续猛攻,负责迂回的连队在腊子口上游不远处,用马匹渡过河,然后一位会攀藤附葛的苗族战士自告奋勇,率先登上峭壁,用裹腿带牵引别的战士上去,绕到敌人背后。许多战士勇敢跳下悬崖,像神兵天降似地奇袭了敌人。我军两面夹击,敌人狼狈逃窜,九月十七日占领了腊子口。并在当天穷追九十里,占领了大草滩,缴粮数十万斤,盐两千斤。这对刚出草地的红军真是无价之宝。当地回、汉族群众对红军的热情欢迎,更使部队受到鼓舞。

我们在大草滩买了不少回民烙的大烧饼,因为饥饿,吃着真香,于是又叫老乡烙了一些。后面毛泽东同志等来了,吃了也赞不绝口。九月十九日,我和林彪随二师进驻哈达铺。在这里我们得到一张国民党的《山西日报》,得知阎锡山正在进攻陕北红军刘志丹部的消息。我叫骑兵通信员赶紧把报纸送给毛泽东同志,陕北红军还在坚持斗争,真是天大的喜讯!

九月二十二日,毛泽东同志召集团以上干部在哈达铺一座关帝庙里开会。他作了政治报告,他说:"我们要北上,张国焘要南下,张国焘说我们是机会主义,究竟哪个是机会主义?目前,日本帝国主义侵略中国,我们就是要北上抗日。首先要到陕北去,那里有刘志丹的红军。……我们现在改称陕甘支队,由彭德怀同志任司令员,我兼政委。"支队下编为三个纵队,林彪任支队副司令兼一纵队司令,聂荣臻任一纵队政委。二纵队司令员彭雪枫同志,政委李富春同志。三纵队司令员叶剑英同志,政委邓发同志。全支队共七千多人。

会后,红军继续北上。在前进道路上,我们几次和敌人骑兵遭遇。骑兵倏忽来去,刀光闪闪,声势夺人。如何打骑兵?是个新课题。林彪当时对此抓得很紧,部队都学会了打骑兵歌。越过六盘山,十月七日,我们在青石咀突袭了东北军何柱国部的两个骑兵连,消灭了敌人,缴获了一百多匹马,大家对如何打骑兵有信心了。

十月八日,我们走到白羊城附近,驻庆阳邓宝珊的两个地方小团队迎面而来。我军趁敌不备,组织了一次漂亮的伏击战,全歼了敌人。

十月十九日我们进入了吴起镇(今吴旗)。这时,宁夏马鸿逵、马鸿宾和毛炳文的骑兵紧追我们不放。毛泽东同志认为,让敌人骑兵一直跟进陕北,对我们很不利。他指示我们设法打它一下,要我到前面去看看情况。经侦察,我向毛泽东同志汇报,敌骑兵也就是几千人,建议打。毛泽东同志同意。十月二十一日,二纵队在左翼,一纵队在正面,向正在迂回吴起镇的敌两千多骑兵出击,敌人很快被打垮了。随后,我们又乘胜击溃了敌人两个骑兵团。此后一段时间,敌骑兵没敢再来侵犯。

我们初进吴起镇,见到在一间窑洞的门口挂着工农民主政府的牌子。我们到陕北根据地了!从此,中央红军正式结束了长征。十月底,中央红军与徐海东、程子华同志领导的红二十五军,刘志丹同志领导的红二十六军、二十七军胜利会师了。

此后,中央红军与陕北红军配合,进行了直罗镇战役、东征和西征战役,打了许多胜仗。至一九三六年十月,四方面军、二方面军在历经艰辛后,先后到达甘肃会宁,与一方面军会师。至此红军长征全部胜利结束。红军三大主力会师后打了山城堡战役,促进了西安事变的发生,为国共第二次合作,共同进行抗日战争奠定了基础。

毛泽东同志曾对中央红军的长征作了总结。他说,我们从瑞金算起,总共走了三百六十七天。我们走过了赣、闽、粤、湘、桂、黔、滇、川、康、甘、陕共十一个省,经过了五岭山脉、湘江、乌江、金沙江、大渡河及雪山草地等万水千山,攻下许多城镇,最多的走了两万五千里。这是一次真正的前所未有的长征。敌人总想消灭我们,我们并没有被消灭。现在,长征以我们的胜利和敌人的失败而告结束。长征,是宣言书,是宣传队,是播种机。它将载入史册。

长征,在人类历史上确实是前所未有的,是极其伟大的。它在世界人民的心目中,早已成为不朽的英雄史诗。它不仅是我党我军的光荣和骄傲,也是中国无产阶级和中国人民的光荣和骄傲,是我们宝贵的精神财富。长征的胜利说明了一个真理:农民起义没有共产党的领导,近代的革命运动没有共产党的领导,都是不能成功的。正是由于中国共产党的正确领导,以农民为主要成分的军队才形成一支战无不胜的铁流;艰苦卓绝的二万五千里长征之所以取得最后胜利,各路红军始终未被敌人所扑灭,就集中地说明了这一点。

(原载《红军长征回忆史料》(1),解放军出版社 1990 年 11 月版)

## 强渡大渡河

杨得志

光荣的使命

一九三五年五月,我们工农红军渡过金沙江,经会理、德昌、泸沽,来到冕宁。

**红色记忆**
——红军长征在藏族地区及其当代启示

我们红一军团一师一团,担负了光荣的先遣任务。军委为了加强领导,充实力量,特派刘伯承、聂荣臻两同志分别担任先遣司令和政委,并把军团的工兵连、炮兵连配属一团指挥。当时,我在一团当团长。

这天,上级把强渡大渡河的任务交给了我们一团。部队立刻从离大渡河一百六十多里路的一个庄子里,冒雨出发了。

大渡河是岷江的一道支流,据传是当年石达开全军覆没的地方。现在,我们的处境也很险恶:后有周浑元、薛岳、吴奇伟等数十万大军追赶,前有四川军阀刘湘、刘文辉的"精悍部队"扼守着大渡河所有渡口。蒋介石猖狂地吹牛说:后有金沙江,前有大渡河,几十万大军左右堵击,共军有翅也难飞过。他还梦想,要让我军成为"石达开第二"。

经过一天一夜冒雨行军,部队在一个山坡上停下来。这里离安顺场只十多里路,大渡河哗哗的水声都可以听到。一百四十多里路的急行军真够疲劳的了,战士们一停下来倒头就睡着了。这时已是夜间十点多钟,我急忙找来几个老乡了解情况。

老乡介绍的情况和我们侦察的基本一致。前面的安顺场,是个近百户人家的小市镇。敌人为了防我渡河,经常有两个连在这里防守。所有的船只都已抢走、毁坏,只留一只船供他们过往使用。安顺场对岸驻有敌人一个团(团的主力在渡口下游十五里处),上游的泸定城驻有三个"骨干团",下游是杨森的两个团,要渡过大渡河,必须首先强占安顺场,夺取船只。

情况刚了解清楚,指挥部便来了命令:连夜偷袭安顺场守敌,夺取船只,强渡过河。刘伯承司令和聂荣臻政委特别指示我们说:"这次渡河,关乎着数万红军的生命!一定要战胜一切困难,完成任务,为全军打开一条胜利的道路!"

"我们不是石达开,我们是共产党和毛主席领导的工农红军!在我们的面前,没有战胜不了的敌人,没有突不破的天险。我们一定要在大渡河上,为中国革命史写下光辉的一页。"看完命令,团政委黎林同志坚决地表示。

**胜利的前奏**

战士们从梦中被叫醒,冒着毛毛细雨,摸黑继续前进了。

根据分工,黎政委带领二营至安顺场渡口下游佯攻,以便吸引那个团的主力;我带一营先夺取安顺场,然后强渡;三营担任后卫,留在原地掩护指挥机关。

天漆黑,雨下个不停,部队踏着泥泞的小路前进。大约走了十多里,便靠近安顺场了。我命令一营分成三路前进。

安顺场的守敌做梦也没有想到,红军来得这样快。他们认为我们还没有出海子边少数民族区呢，因此毫无戒备。

"哪一部分的？"我们的尖兵排与敌人哨兵接触了。

"我们是红军！缴枪不杀！"红军战士的回答像春雷，扑向敌人。

"砰！"敌人开枪了。我们的火力也从四面一齐吼叫起来。愤怒的枪声，湮没了大渡河水的咆哮，湮没了敌人的惨叫。顽抗的敌人纷纷倒下，活着的有的当了俘虏，有的没命地逃跑！两个连的敌人，不到三十分钟就全被打垮。

正在战斗时，我来到路旁一间屋子里，突然听到一声喊叫："哪一个？"通信员一听声音不对，枪栓一拉大吼一声："不要动！缴枪不杀！"敌人摸不清我们的情况，乖乖地缴了枪。事也凑巧，原来这几个敌人是管船的。我急忙要通信员将这几个俘虏送到一营去，要一营想法把船弄来。

一营花了好大的劲，才把渡船弄到手。这里只有这条船，它现在成了我们唯一的依靠。

占领了安顺场，我来到河边，只见两岸都是连绵的高山。河宽约三百米，水深三、四丈。湍急的河水，碰上礁石，卷起老高的白浪。现在一无船工，二无准备，要立即渡河是困难的。我急忙一面把情况报告上级，请求指示，一面作渡河的准备工作。这一夜，我在安顺场街头的小屋里，一会踱着步，一会坐在油灯旁，想着渡河的一切问题。

我首先想到凫水。可是河宽约三百米，水急、浪高、漩涡多，人一下水，就会被急流卷走。

我又想到架桥。仔细一算，每秒钟四米的流速，别说安桥桩，就连插根木头也困难。想来想去，唯一的希望还是那只渡船。于是我立即把寻找船工的任务交给了一营营长孙继先同志。

一营长派出许多人到周围山沟里去找船工。一个、两个、三个……等到找到了十几个船工，天已大亮了。

十七勇士

天明，雨停，瓦蓝的天空缀着朵朵白云，被雨水冲洗过的悬崖峭壁显得格外高大。大渡河水还在一股劲地咆哮、翻腾。此刻，通过望远镜可以清楚地看到远处的一切：对岸离渡口一里许，是个四五户人家的小村庄，周围筑有半人高的围墙；渡口附近有几个碉堡，四周都是黝黑的岩石。估计敌人的主力荫蔽在小村里，企图等我渡河部队接近渡口时，来个反冲锋，迫我下水。

"先下手为强！"我默默地下定决心。随即命令炮兵连的三门八二迫击炮和数

**红色记忆**
——红军长征在藏族地区及其当代启示

挺重机枪安放在有利阵地上,轻机枪和特等射手也进入河岸阵地。

火力布置好了,剩下的问题还是渡河。一只船装不了多少人,必须组织一支坚强精悍的渡河奋勇队。于是我把挑选渡河人员的任务交给了孙继先同志。

战士们知道组织奋勇队的消息后,一下子围住了孙继先同志,争着抢着要参加,弄得孙继先同志怎么解释都不行。

"怎么办?"一营长问我。我又是高兴又是焦急,高兴的是我们的战士个个勇敢,焦急的是这样下去会拖延时间。因此,我决定集中一个单位去。

孙继先同志决定从二连里选派。二连集合在屋子外的场地上,静听着营长宣布被批准的名单:"连长熊尚林,二排长曾会明,三班长刘长发,副班长张克表,四班长郭世苍,副班长张成球,战士张桂成,肖汉尧……"十六个名字叫完了,十六个勇士跨出队伍,排成新的队列。一个个神情严肃,虎彪彪的,都是二连优秀的干部和战士。

突然,"哇"地一声,一个战士从队伍里冲了出来。他一边哭,一边嚷着:"我也去!我一定要去!"奔向营长。我仔细一看,原来是二连的通信员。孙营长激动地看看我,我也被眼前的场面所感动。多好的战士啊!我向孙营长点了点头,表示同意让他参加。孙营长说了声:"去吧!"通信员破涕为笑,赶忙飞也似地跑到十六个人排成的队列里。

一支英雄的渡河奋勇队组成了:十七个勇士,每人一把大刀,一支冲锋枪,一支短枪,五六个手榴弹,还有作业工具。熊尚林同志为队长。

**飞舟强渡**

庄严的时刻来到了,熊尚林带领着十六个同志跳上了渡船。

"同志们!千万红军的希望,就在你们身上。坚决地渡过去,消灭对岸的敌人!"

渡船在热烈的鼓动声中离开了南岸。

胆战心惊的敌人,向我渡船开火了。

"打!"我向炮兵下达了命令。神炮手赵章成同志的炮口早已瞄准了对岸的工事,"通通"两下,敌人的碉堡飞向半空。我们的机枪、步枪也发挥了威力。炮弹一个个炸在敌人的碉堡上,机枪像暴风雨一样卷向对岸,划船的老乡们一桨连一桨地拼命划着。

渡船随着汹涌的波浪颠簸前进,四周满是子弹打起的浪花。岸上所有人的注意力都集中在渡船上。

突然,猛地一发炮弹落在船边,掀起一个巨浪,打得小船剧烈地晃荡起来。

我一阵紧张,只见渡船随着巨浪起伏了几下,又平静下来了。

# 附　录

　　渡船飞速地向北岸前进。对面山上的敌人集中火力，企图封锁我渡船。十七勇士冲过一个个巨浪，避过一阵阵弹雨，继续奋力前进。

　　一梭子弹突然扫到船上。从望远镜里看到，有个战士急忙捂住自己的手臂。

　　"他怎么样？"没待我想下去，又见渡船飞快地往下滑去。滑出几十米，一下撞在大礁石上。

　　"糟糕！"我自语着，注视着渡船。只见几个船工用手撑着岩石，渡船旁边喷起白浪。要是再往下滑，滑到礁石下游的漩涡中，船非翻不可。

　　"撑啊！"我禁不住大喊起来。岸上的人也一齐呼喊着，为勇士们鼓劲、加油。

　　就在这时，从船上跳下四个船工，他们站在滚滚的急流里，拼命地用背顶着船。船上另外四个船工也尽力用竹篙撑着。经过一阵搏斗，渡船终于又前进了。

　　渡船越来越靠近对岸了。渐渐地，只有五六米了，勇士们不顾敌人疯狂的射击，一齐站了起来，准备跳上岸去。

　　突然，小村子里冲出一股敌人，涌向渡口。不用说，敌人梦想把我们消灭在岸边。

　　"给我轰！"我大声命令炮手们。

　　"通通！"又是两下巨响，赵章成同志射出的迫击炮弹，不偏不歪地在敌群中开了花，接着，李得才同志的那挺重机枪又叫开了，敌人东倒西歪，一个接着一个倒下去。

　　"打！狠狠打！"河岸上扬起一片吼声。敌人溃退了，慌乱地四散奔逃。

　　"打！打！延伸射击！"我再一次地命令着。

　　又是一阵射击。在我猛烈火力掩护下，渡船靠岸了。十七个勇士飞一样跳上岸去，一排手榴弹，一阵冲锋枪，把冲下来的敌人打垮了。勇士们占领了渡口的工事。

　　敌人并没有就此罢休。他们又一次向我发起了反扑，企图趁我立足未稳，把我赶下河去。我们的炮弹、子弹，又一齐飞向对岸的敌人。烟幕中，敌人纷纷倒下。十七位勇士趁此机会，齐声怒吼，猛扑敌群。十七把大刀在敌群中闪着寒光，忽起忽落，左劈右砍。号称"双枪将"的川军被杀得溃不成军，拼命往北边山后逃跑。我们胜利地控制了渡口。

　　过了一会，渡船又回到了南岸。孙继先同志率领机枪射手上了船，向北岸驶去，继后我随之过河。这时，天色已晚，船工们加快速度，把红军一船又一船地运向对岸。我们乘胜追击，又在渡口下游缴了两只船。于是，后续部队源源不断地渡过了大渡河。

　　红一团强渡大渡河的成功，有力地配合了左翼兵团抢占泸定桥。很快，泸定桥被我红四团胜利夺取了，红军的千军万马在这里渡过了天险大渡河。蒋介石企图把我军变为"石达开第二"的梦想彻底破灭了。

这次行动的胜利,是由于党中央和毛主席的英明领导,刘、聂首长的正确指挥,人民的支援,和红一团全体指战员坚决服从上级指挥,发扬了英勇顽强的战斗作风而取得的。而十七勇士强渡大渡河的英雄壮举,将永远为后人所传颂!

(原载《星火燎原》选编之三,战士出版社 1980 年 11 月版)

## 飞夺泸定桥

杨成武

**光荣的任务**

五月二十五日,红一师第一团在安顺场胜利地渡过了大渡河。但是这里水流太急,不能架桥,渡口又只有几只小船,往返一次需要数十分钟,数万大军如果只靠这几只小船来渡河,不知要花费多少时日。同时,蒋介石正在命令四川军阀杨森等部坚堵大渡河,并命令薛岳、周浑元部衔尾猛追。太平天国的石达开就是在安顺场被清兵最后消灭的。蒋介石也梦想着把红军变成第二个石达开。当时,很多爱国进步的人们也都在忧虑:红军会不会走石达开的道路?历史的悲剧会不会重演?

为了迅速渡过大渡河,粉碎反革命前后夹击合围的阴谋,必须火速夺下泸定桥。我们左路军前卫红四团,就是在这紧急的情况下,接受了军委迅速夺取泸定桥的任务。红一师为右路军,渡过大渡河后沿东岸北进,策应我二师四团夺取泸定桥。

**胜利的第一天**

二十七日清晨,我团从安顺场出发,沿大渡河西岸,奔向泸定桥。全程三百二十里,命令规定三天赶到。路,是蜿蜒曲折、忽起忽伏的单边羊肠小路,左边是高入云霄、刀劈一样的峭壁,山腰上是终年不化的积雪,银光耀眼,寒气袭人;右边是深达数丈、波涛汹涌的大渡河,稍不小心就有掉下去的危险。但大家并没有把这危险放在心上,只有一个想法:加速前进,快些拿下泸定桥。

大概走了三十多里路的光景,河对岸的敌军便开始向我们射击了。为了避免无谓伤亡,只得绕路爬山,绕出十多里。这样花费了不少时间。

走了约六十里路,前面隆起了一座大山。先头连忽然和敌人一个连遭遇,勇士们好像猛虎见了群羊,只一个猛冲,就把敌人打垮了。这山有十多里高,翻过山是一条小河，桥已被敌人毁掉了。河虽然不宽，但很深，徒涉不能过去。一营立刻组织部队砍树架桥。

打了胜仗，跑路更有劲了。我们迎着零星的枪声，继续爬山。突然，侦察员飞奔回来报告：在我左前方的一个大山坳里，发现约有一个营的敌人把守，堵住了我们的去路。我和团长黄开湘同志领着干部跑步前进，去侦察地形。这座山中间只有一条小路，陡得像座天梯，仰头向上看，连帽子都要掉下来。山顶和隘口上，筑了碉堡。右边靠河，无路可绕。看样子，正面和右面是无论如何冲不上去的。左面也是凌空直立的悬崖，崖壁上稀落地长着一些小树和荆棘。崖顶连接着更高的山峰。经过仔细侦察后断定：爬上左面的悬崖定可抄到敌人的侧背，从敌人的屁股后面袭取这个隘口。我们立即命令三营长曾庆林和总支书记罗华生同志带一个连坚决从左边爬上去，并组织其他两个连从正面佯攻。

敌人疯狂地扛着机枪，封锁着路口。不到一个钟头，就从敌人后面传来了枪声。我们乘势从正面发起猛攻，前后夹击，敌人很快便被打下去了。接着一个猛追，敌人三个连完全被消灭在山崖脚下，活捉营、连长各一，俘虏二百多人。敌人本想凭险坚守，阻挡我们前进，但我们发起猛追以后，前进的速度反而加快了。

一天二百四十里

第二天，我们比原来命令规定的时间提前一小时吃饭，五点钟就出发了。才走了几里地，军委又来了命令，限我们二十九日夺下泸定桥。

"二十九号！"二十九号就是明天！从这里到泸定桥还有二百四十里，也就是说两天的路我们必须一天走完。谁也没料到任务会变得这样紧急！二百四十里路就是一个大难题！路，是要人走的，少一步都不行啊！而且还要突破敌人的重重堵击。但这是命令，这是关系全军的重大任务，一定要坚决执行，不容许一分钟、一秒钟的迟疑。

泸定桥那里，本来有敌人一个团防守，现在又有两个旅正向泸定桥增援。他们以一部兵力阻止我红一师前进，大部分沿河东岸北上，跟我们隔河齐头前进。如果我们比敌人早到泸定桥，胜利就有希望，不然，要想通过泸定桥就很困难，甚至不可能了。我们要和敌人抢时间！要和敌人赛跑！我们边行军边召集营、连干部和司令部、政治处干部，共同研究怎样完成这一紧急任务。我们提出的动员口号是："红四团有光荣的战斗历史，坚决完成这一光荣任务，保持光荣传统！""向夺取安顺场的红一团学习，和红一团比赛，坚决拿下泸定桥！""任务是光荣的，又是十分艰巨的，我们要经得起考验！"要求部队在明天六时前赶到泸定桥。会后，大家便

## 红色记忆
——红军长征在藏族地区及其当代启示

分头深入连队进行动员。

我和总支书记罗华生同志,飞跑到行军队伍的最前头,站在一个小土墩上,向急行军的队伍进行政治鼓动。队伍像一阵风一样迎面卷来,又像一阵风一样从我们身边刮过去。但每一张脸,每一双眼睛,我都看得非常清楚。在走过的队伍中,"坚决完成任务,拿下泸定桥"的口号声,此伏彼起。这声音压倒了大渡河的怒涛,震撼山岳。队伍前进的速度更快了。

在行军纵队中,忽然一簇人凑拢在一起;这群人刚散开,接着出现了更多人群,他们一面跑,一面在激动地说着什么。这是连队的党支部委员会和党小组在一边行军,一边开会啊!时间逼得我们不可能停下来开会,必须在急行军中来讨论怎样完成党的任务了。

紧急任务的动员工作刚做完,部队已接近猛虎岗。

猛虎岗是一座上三四十里下三四十里的险恶高山,右傍大渡河,左面是更高的山峰,中间只有一条羊肠小道。这是从安顺场到泸定桥的咽喉,山顶的隘口上有一个营的敌人扼守。这时候,正是大雾迷蒙,五步以外什么也看不见。敌人看不清我们在哪里,只是在工事里恐慌地、盲目地向我们前进方向乱放枪。我们利用大雾掩护着,组织部队摸上山去,并命令他们:不许放一枪,接近敌人后,用刺刀、手榴弹解决敌人。不多时,只听得"轰隆、轰隆……"一连串的手榴弹爆炸声,接着便杀声四起。吓破了胆的敌人,只好向后溃逃了。我先头营即向溃敌猛追,一直追击到接近摩西面村时,又同驻在该村的敌人一个营和一个团部遭遇。在我胜利矛头的冲击下,又把敌人打垮了,我们又占领了摩西面村。可恶的敌人又将村东河上的大桥破坏了,这使我们的行动增加了新的困难,耽误了两小时才架起桥。继续前进,一口气又跑了四五十里。等我们赶到大渡河岸一个约有十多户人家的村子时,已是傍晚七点了。从这里到泸定桥还有一百一十里。

困难一个接一个地来了。天不由人,突然大雨倾盆,电闪雷鸣,天黑得伸手不见五指。部队一天没有吃上饭,肚子饿得实难支持。道路泥泞,更是走不快,牲口、行李都跟不上。在下猛虎岗的时候,我们已清楚地看见对岸的敌人仍然还和我们并肩前进。

困难越是严重,越须要加强政治工作。我们向党支部,向所有共产党员、青年团员和积极分子说明了摆在我们面前的一切困难,也说明了必须争取明天六时前赶到泸定桥。号召每人准备一个拐杖,走不动的扶着拐杖走;来不及做饭了,要大家嚼生米、喝凉水充饥。这号召,像一把火点燃起部队炽烈的战斗情绪。看样子,哪怕前面尽是刀山,他们都可以闯过去。然而,在这伸手不见掌的黑夜里,怎能走完这泥泞油滑的一百一十里路呢？这个问题像一块千斤重石压在我的心头。

忽然，对岸山坳上出现了几点火光，刹那间变成了一长串的火炬。是敌人在点着火把赶路。敌人的火把给了我们启示："我们也点火把走！"我脑子里闪出这样的想法，打算立即去同团长、参谋长、总支书记研究，但又一转念："敌我仅一河之隔，如果敌人向我们联络，暴露了我们是红军，跟我们干起来，如何是好？"

"事到万难须放胆。"我们决定利用今昨两天被消灭和打垮的三个营敌人的番号伪装自己，欺骗敌人。立即命令部队将全村老乡家的篱笆全部买下，每人绑一个火把，一班点一个，不许浪费，争取每小时走十里以上；并布置司号员先熟悉缴获的敌人的联络信号，准备在必要时同敌人"联络"；敌人的部队都是四川人，我们也选出四川籍的同志和刚捉来的俘虏，准备来回答敌人的问话。为了加快行军速度，把所有牲口、行李、重武器连同团长和我的乘马在内，一律留下，由管理处长何敬之、副官邓光汉带一个排掩护，随后跟进。

当时，我腿上的伤口还没有全好，走路有些不大方便，同志们——特别是团长都劝我骑着马走。这正是需要干部起模范作用的时候，哪能再骑马？我以挑战的口吻向大家说："同志们，咱们一块走吧！看看谁走得快！谁先走到泸定桥！"

部队兴高采烈地高举火把向前挺进。两岸敌我的火把，交相辉映，远远望去，像两条飞舞的火龙，把大渡河的河水映得通红。透过大渡河的波涛声，从对岸传来了清脆的军号声和微弱的喊声。"啥子部队啊？"敌人在向我们联络了。我们的司号员按敌人的联络信号，吹起了嘹亮的军号；四川籍的同志和俘虏也吊起嗓子大声作答。蠢猪似的敌人万想不到，大摇大摆地跟他们并排走的，就是他们所日夜梦想着要消灭的英雄红军，糊里糊涂地同我们一道走了二三十里。后来，雨下得更大，到深夜十二点钟，对岸的那条火龙不见了，他们大概是怕苦不走了。这一情况立刻传遍全团，同志们纷纷议论着：抓紧好机会啊！快走，快走啊！一个跟着一个拼命地向前赶路。

暴雨冲打着战士，山洪从峰顶直泻大渡河，本来已经难走的羊肠小道，此刻被雨水冲洗得像浇上了一层油，滑得实在厉害。拐杖也不灵了，一不留神就来个倒栽葱，真说得上是三步一摔，五步一跌，队伍简直是在滚进。就是在这样的情况下，还是不断有人打瞌睡。有的人走着走着就站住了,后面的推他："走呀！前面的走远了！"这才恍然惊醒，又赶快跟上去。后来，大家干脆解下了绑腿，一条一条地接起来，前后拉着走。

经过整夜的急行军，在第二天早晨六点多钟胜利地赶到了泸定桥，并占领了西岸及西桥头。这一天，除了打仗、架桥外整整赶了二百四十里路，真是飞毛腿呀！

# 红色记忆
——红军长征在藏族地区及其当代启示

要桥不要枪

我们占领了桥西的几座建筑物和一座天主教堂。战士们忙着做战斗准备，黄团长和我领着营、连干部去察看地形。

泸定桥真是个险要所在。就连我们这些逢山开路、遇水架桥、见关夺关的人，都不禁要倒吸一口凉气。往下看，褐红色的流水像瀑布一样从上游山峡间倾泻下来，冲击着河底参差耸立的恶石，溅起丈多高的白色浪花。流水声震耳欲聋。在这样的河里，就是一条小鱼，也休想停留片刻，徒涉、船渡都是完全不可能的。

再看看桥吧。即不是石桥，也不是木桥，而是一条铁索桥。从东岸到西岸扯了十三根用粗铁环一个套一个联成的长铁索，每根有普通的饭碗粗。两边各两根，做成桥栏，底下并排九根，作为桥面。原来桥面上横铺着木板。现在，木板已被敌人搬到城里去了，只剩下悬挂着的铁索。在桥头的一块石碑上刻着两行诗句："泸定桥边万重山，高峰入云千里长。"

泸定桥东端就是泸定城。这座城一半在东山上，一半贴着大渡河岸，城墙高两丈余，西城门正堵住桥头，过了桥，必须通过城门，别无他路。城里驻着两个团的敌人，山坡上修筑了严密的工事。机枪集中在桥头附近，不断地向我们扫射，迫击炮弹也连珠般地飞过来。敌人凭着这样的天险，疯狂地向我们大声喊叫："你们飞过来吧！我们缴枪啦！"我们的战士则大声回答："不要你们的枪，只要你们的桥。"

看完地形以后，我们立即组织了一个营的火力，封锁河东岸敌人增援的道路。因为东岸和西岸一样，也只有一条依山傍水的小道，敌人只有经过那条路才能到泸定桥。

紧接着，我们分头到连队进行夺桥的战斗动员。部队掀起了争取当夺桥突击队的热潮。各连都送来了突击队的名单，要求批准他们担任突击任务。

中午，我们在天主教堂召开了全团干部会议，研究、批准突击队。会议刚开始，对岸打过来一排迫击炮弹，天主堂的屋顶被炸开了一个大窟窿，弹片、瓦片直泻而下，大家却一动不动。我乘机进行鼓励："敌人来给我们动员了，我们必须立即打过桥去。现在大家说说该让哪个连担任突击。"我刚说完，平时不爱说话的二连长廖大珠刷地站起来，他那矮而结实的身子激动得有点发抖，黝黑的脸一下子红到耳根，吃力地说：

"一连过乌江立了功，成为渡乌江模范连，我们要向一连学习，争取当夺取泸定桥的英雄连。"

"夺桥任务非给我们三连不可，"急性子的三连长王有才没等廖大珠说完，就站了起来，他站在那里像座小铁塔，嘴巴像打机关枪，"我们三连哪一次战斗都没落后过，这次保证把桥拿下来。"最后，他又说："不叫我们当突击队，我这个连长没法向战士们交代。"往后是一场激烈的争论，看样子谁也不愿意把这个任务让给别人，须要我们领导上指定了。我和团长研究后，黄团长向干部们交代了夺桥的任务并指定二连任突击队。接着我站起来补充说："要打仗有的是，咱们轮То干，上次渡乌江是一连打头，这次轮到二连，由二连的二十二个共产党员和积极分子组成突击队，廖大珠同志任突击队长，我看很好，看大家有没有意见？"会场上响起了一片掌声，廖大珠高兴地跳起来。只有王有才垂着头，嘴里在叨咕着什么。"三连的任务也不轻，"我指着王有才说，"你连担任二梯队，跟着突击队冲，还要担任铺桥面的任务，让后续部队迅速冲进城去，看你还有什么意见？"这时候王有才才露出笑容。最后我们命令各连，让部队吃饱饭好打仗。会后，总支书记罗华生又亲自到二连去帮助进行突击准备工作。

总攻在下午四点开始。团长和我在桥头指挥战斗。全团的司号员集中起来吹起冲锋号；所有的武器一齐向对岸敌人开火，军号声、枪炮声、喊杀声震撼山谷。二十二位突击英雄手持冲锋枪或短枪，背挂马刀，腰缠十二颗手榴弹，在廖大珠连长的率领下，冒着密集的枪弹，攀着桥栏，踏着铁索向对岸冲去。跟着他们前进的是三连长王有才率领的第三连。他们除携带的武器外，每人扛一块木板，边铺桥，边冲锋。

当突击队刚冲到对面桥头，西城门突然烧起冲天大火。敌人企图用火把我们挡在桥上，用火力消灭我们。火光照红了半边天，桥头被熊熊大火包围住了。

这正是千钧一发的时刻。二十二位英雄看到城门口漫天大火，似乎愣了一下，站在我和团长身边的人一齐大声喊道："同志们！这是胜利的关键！冲进去呀！不怕火呀！迟疑不得！冲啊！敌人垮了。"这喊声给了英雄们勇气、决心和力量，在洪亮的冲锋号声中，他们神速地向着火里冲去了。冲在前面的廖大珠的帽子着了火，他扔掉了帽子，光着头继续往前冲，其余的突击队员们也紧跟着廖连长穿过火焰一直冲进街去。巷战在街口展开了。敌人集中全力反扑过来，二十二位英雄的子弹、手榴弹都打光了，形势万分紧急，眼看支持不住了。正在这个严重关头，王有才连长带着三连冲进去了，接着团长和我率领着后续部队也迅速过桥进了城。经过两小时的激战，一个团的敌人被消灭大半，剩下的狼狈逃窜。黄昏，我全部占领泸定城，牢靠地控制了泸定桥。

当前的首要任务是防止敌人的反扑，确保泸定桥的安全。我们立即派出配属我团指挥的军团教导营向打箭炉（康定）方向警戒，因为那里尚有敌人的几个团。为了对付向泸定桥增援的两旅敌人，我们派出一个营沿河向南发展。

**红色记忆**
——红军长征在藏族地区及其当代启示

晚上十时，尖兵排打响了。当时，我们估计是敌人的援兵赶到，准备再作一场苦战。该营一部分部队占领了阵地，组织了一个冲锋，遇到了一个伤兵，一问却是我红一师三团的同志，这才知道一师已经赶到。准备同敌人作殊死战的紧张心情，顿时轻松下来。原来敌人的两个旅被我红一师追上，在城南六十里竹林坪地区打了一仗，后来敌人怕我们两面夹攻，慌张地向化林坪方向跑了。我们立即派人迎接随红一师前进的刘伯承总参谋长和聂荣臻政委进入泸定城，大家见了面，十分欢喜。

已经是下半夜两点钟了，刘伯承总参谋长仍兴致勃勃地要我带他和聂政委去看泸定桥。我提着马灯，陪着他们从桥东走向桥西。刘伯承总参谋长对每根铁索甚至铁环都看得十分仔细，好像要把整座泸定桥印在自己的脑海里。从桥西折回桥中央的时候，他停住脚步，扶住桥栏，俯视大渡河的急流，着力地在桥板上连蹬三脚，感慨地说："泸定桥！泸定桥！我们为你花了多少精力，费了多少心血！现在我们胜利了！我们胜利了！"

从缴获到的敌人文件中，翻出了一份刘文辉拍发的紧急通报。这份通报说，我军已面临石达开第二的危境；说前有大渡河，后有金沙江，消灭共军，在此一举。敌人的这种幻想，很快就彻底破灭了。我们走的虽然是石达开走过的旧路，但我们不会陷入历史的覆辙。因为我们是中国共产党、毛主席领导的人民武装。

第三天，军团的主力来到了。接着毛主席、朱总司令、周副主席也来了。千军万马从这英雄的泸定桥渡过了天险大渡河。

（原载 1975 年 11 月 1 日《解放军报》）

## 突破腊子口与哈达铺整编

杨成武

一九三五年九月下旬，红军胜利走出草地之后，张国焘坚持其南下的错误方针，并企图危害党中央，分裂红军。党中央毅然采取果断措施，决定率领一方面军的一、三军团及中央直属纵队近万人，继续北上。一军团为前卫，在此之前，已奔向腊子口，中央机关在一军团后面，彭德怀、杨尚昆同志率领的三军团为后梯队。

九月十四日，我们红四团到达甘肃境内白龙江边的莫牙寺。十五日黄昏，师部通信员送来一封信，信中写道："军团首长命令即速继续北进，着第二师第四团为先头团，具体向甘肃之南的岷州前进，三日之内夺取天险腊子口，并扫除前进途中拦阻之敌人！"接到命令后，我们立即召开团的主要干部会议，研究分析情况，作好行动的一切准备。到会的同志一致认为，腊子口可能是我们北上途中最后的、最险要的一道关口，突破了腊子口，国民党反动派企图挡住我们红军北上抗日的阴谋就会彻底破产，党中央北上抗日的正确路线就能胜利实现。如果拿不下腊子口，我们红军就要被迫掉头南下，重回草地。这将使革命向后倒退，是违背广大指挥员"北上抗日"的意志的。如果采取西进绕道出青海，或东进川东北取道三国时孔明六出祁山的旧地——汉中，就要踏进敌人早已布下重兵的口袋，那将对我军极为不利。因此，眼下只有突破天险腊子口，才是唯一的出路。

会上，我们摊开地图计算了一下，从莫牙寺到腊子口足足有两百来里。从情报得知，腊子口那里有鲁大昌的国民党陆军新编第十四师驻守。由于鲁大昌的老窝在腊子口不远的岷县，他为了保住自己的地盘，阻挠红军的前进，除了派出第一旅旅长梁应奎率领重兵在腊子口以南重重设防外，还在岷县城外，大拆民房，扫除障碍，扩大射界，添设碉堡，妄图阻击我军进入陕甘地区。

我们也分析了自己的条件，感到我们面前的困难是很大的。但是，我们坚信四团可以完成这个光荣而艰巨的任务，因为我们红四团是从南昌起义，井冈山斗争以来，一直在党中央、毛泽东主席、周副主席、朱总司令的直接培养教育下成长起来的一支老部队，打过各种各样的硬仗，有着优良的革命传统。现在，在执行党中央北上抗日正确路线的重要关头，只要全体指挥员懂得夺取腊子口的重大政治意义，就能发挥出无比的力量，扫除前进路上的障碍。

会议统一了认识，制定了计划。会刚结束，我们就立即到各个连队进行深入的政治动员，而且决定连夜行动。

漆黑的夜幕覆盖着山山岭岭，我们兴致勃勃地踏着黑黝黝的夜色，踏着崎岖的山路，走过悬空的栈道，跨过一个又一个的独木桥，听着白龙江在深谷里发出的流水声。经过近两天两夜的行军，我们离腊子口不远了。九月十七日午后四时许，腊子口方向传来了密集的枪炮声，我们的先头一营已与敌人交上火，天险之战的序幕揭开了。

黄开湘同志与我策马急驰，待我们到达腊子口时，一营正和敌人打得不可开交。由于是白天，加上周围都是石山，我们无法隐蔽，被敌人的机枪火力和冰雹般的手榴弹挡了回来。

黄团长和我回来后又立即领着全团的营、连干部，到前面察看地形。用望远镜抬头看去，果然地形极为险要，沟沿两边的山头，仿佛是一座大山被一把巨型的大斧劈开，既高又陡，周围全是崇山峻岭，无路可通。从下往上斜视，山口只有三十

## 红色记忆
——红军长征在藏族地区及其当代启示

来米宽,又像是一道用厚厚的石壁构成的长廊,两边绝壁峭立,腊子河从河底流出,水流湍急,浪花激荡,汇成飞速转动的漩涡,水深虽不没顶,但不能徒涉。在腊子口前沿,两山之间横架一座东西走向的木桥,把两边绝壁连接起来,要通过腊子口,非过此桥不可。桥东头顶端丈把高悬崖上筑着好几个碉堡,据俘虏说,这个工事里有一个机枪排防守,四挺重机枪对着我们进攻必须经过的三四十米宽、百十米长的一小片开阔地。因为视距很近,可以清楚地看到射口里的枪管。这个重兵把守的碉堡,成了我们前进的拦路虎。石堡下面还筑有工事,与石堡互为依托。透过两山之间三十米的空间,可以看到口子后面是一个三角形的谷地,山坡上筑有不少的工事。就在这两处方圆不过几百米的复杂地形上,敌人有两营之众,此外还有白天被我们击溃逃到这里的敌人。口子后面是腊子山,山顶覆盖着白雪,山脉纵横。据确切的情报,鲁大昌部两个营扼守着口子后面高山之间的峡谷,组成交叉火力网,严密封锁着我们的去路。

经过我们反复缜密的侦察和我一营攻击时敌人暴露的火力,我们发现敌人有两个弱点,一是敌人炮楼没有盖顶;二是口子上敌人的兵力集中在正面,凭借沟口天险进行防御,两侧因为都是耸入云霄的高山,敌人设防薄弱,山顶上没有发现敌人。

敌人石堡旁边的悬崖峭壁从山脚到顶端,约有七八十米高,几乎都是仰角八九十度,山顶端是圆的,而石壁既直又陡,连猴子也难爬上去,石缝里零零星星地歪出几株弯弯扭扭的古松。敌人似乎没有设防,可能是因为它太陡太险。团长和我边观察边研究,觉得倘若能组织一支迂回部队从这里翻越上去,就能居高临下的用手榴弹轰击敌人的碉堡,配合正面进攻,还可以向东出击,压向口子那边的三角地带。可这面绝壁看着都叫人眼晕,如何上得去呢?

现地观察回来,我们就在离口子两百多米远的小路旁一个小树林子里召开干部会,研究了战斗方案。会上研究的重点是能否攀登陡壁,可是讨论来讨论去,点子不少,把握不大。我们又召集连队的士兵开了大会,要大家献计献策。一个贵州入伍的苗族小战士"毛遂自荐",说他能爬上去。大家都惊奇地望着他。当然,只要有一个人能上去,就可以上去一个连,一个营。可是,他怎么能爬上去呢?事关大局,我专门同这个苗族小战士谈了话。原来他是从贵州苗区入伍的,从小受压迫,苦大仇深,反抗性强。入伍后经过教育,作战非常勇敢,战士们给他起了个绰号叫"云贵川"。他虽然只有十六七岁,但看上去俨然是个大人了,身体结实,脸上略带赭黑色,眼睛大而有神。他的汉话讲得还不太好,但能听懂。究竟他有什么好办法呢?他说,他小时在家采药、打柴,经常爬大山,攀陡壁,眼下这个悬崖绝壁,只要用一根长竿子,竿头绑个结实的钩子,用它钩住悬崖上的树根、石嘴,一段一段地往上爬就能爬到山顶上去。于是,我们把希望寄托在这个苗族小战士的身上,决心做一次大胆的尝试。

腊子河水流太急,难以徒涉,我们就用一匹高头大马把苗族小战士送过去。绝壁紧贴着腊子河,我们站在这边的小树林里,看他用竹竿攀援陡壁。这里离敌人虽仅两百来米,但向外突出的山形成了死角,敌人看不到我们。那小战士赤着脚,腰上缠着一条用战士们绑腿接成的长绳,拿着长竿,用竿头的铁钩搭住一根胳膊粗细的歪脖子树拉了拉,一看很牢固,两手使劲地握住竿子,一把一把地往上爬,两脚用脚趾抠住石缝、石板,到了竿头顶点,他像猴子似的伏在那里稍喘了口气,又向上爬去……

他终于上去了!我们这才感到脖子已经仰得有些发僵了,不由得长长地舒了口气。他在上面待了一会儿,又沿着原来的路线返回来了。我们握着他的手,向他表示祝贺。他咧着嘴笑了笑,仿佛在说:"我说了,能上去嘛!"

天将黄昏,我们又抓紧时间,做两面出击——翻山迂回和正面强攻的准备工作。团长和我研究决定,迂回部队由侦察队和通信主任潘锋带领的信号组以及一连、二连组成。正面强攻的任务由二营担任,六连是主攻连。在这个艰巨任务面前,为人笃厚的黄开湘团长对我说:"政委呀,过泸定桥你在前面,这回我来带翻山部队迂回敌人,你在正面统一指挥!"团长摆出一个无可争辩的姿态。我笑了笑,心想由团长带领迂回部队,当然是把握十足的,就说:"好!我在下面指挥强攻"。

我们当即把情况和决定向师和军团首长作了报告。军团政委聂荣臻和陈光师长等来到了前沿指挥所。首长询问了情况,又观察了一下地形、敌情,然后对我们说,你们的决心是对的,正面冲锋道路狭窄,敌人已经组成严密的火力网,我们的兵力展不开,英雄无用武之地,必须坚决从侧面爬上去,迂回敌人侧背,来它个突然袭击,这样定会奏效,这是攻占腊子口的决定一着,要打得狠,奏效快,迂回部队要大一些。同意由黄团长亲自率领部队,无论如何要插到敌人侧背去,正面由杨政委负责指挥。为了加强正面攻击的火力,军团的迫击炮配属给你们,炮弹不多,必须集中火力轰击隘口的炮楼和敌人兵力的集结点。最后,军团首长望着腊子口陡峻的山峰鼓励说,你们只要坚决这样做,天险腊子口就一定可以突破。

军团长林彪也到了现场。

于是,团长与我立即分头行动。我们预计迂回部队要在凌晨三时才能到达预定地点,便规定好,他们到达目的地后,发出一红一绿的信号弹,然后正面发起总攻,同时规定了总攻的信号为三颗红色信号弹。

指战员们看到各级首长都来观察地形,十分重视攻打腊子口的战斗,更充满了

**红色记忆**
——红军长征在藏族地区及其当代启示

必胜的信心,纷纷表示:"保证拿下天险腊子口!"

黄昏前,迂回部队已动员完毕,不用说同志们有多高兴了。他们和侦察连的同志们组成一个整体,并且集中了全团所有的绑腿,拧成了几条长绳,作爬崖之用。勇士们一个个精神饱满,背挂冲锋枪,腰缠十多颗手榴弹,在黄团长的率领下,开始渡腊子河。开始试图徒涉,但下去两个人还没到河心,便被水冲走,喝了几口水才被救了上来。于是,我们只好用骡子来回骑渡。人多时间紧,他们又想了个办法,砍倒沿河的两棵大树,叫它倒向对岸,一下子就添了两根独木桥。几百人渡过去了,太阳已经落山了。还是苗族小战士"云贵川"捷足先登,将随身带着的长绳从上面放下来,后面的同志一个一个顺着长绳爬上去。

正当团长率领迂回部队渡河、攀登时,我又跑到担任突击队的六连进行了紧急动员。六连在连长杨信义、政治指导员胡炳云同志的率领下,集结在茂密的树林里。我开门见山地说:"同志们,我们左边有杨土司的骑兵,右边有胡宗南的主力部队,北上抗日的道路只有腊子口一条。这里过不去,我们就不能尽快地到达抗日前线。"然后,我又提高嗓门:"乌江、金沙江、大渡河都没能挡住我们红军前进,雪山、草地我们也走过来了,难道我们能让腊子口挡住吗?""坚决拿下腊子口!"几乎在同一个时间里,六连的指战员喊出了同一个声音。"刀山、火海也挡不住我们!"霎时,我们面前站出几个虎彪彪的战士,他们齐声喊道:"首长,我们是共产党员,请考验我们!""好,主攻腊子口的光荣任务交给你们六连!"我说,六连同志们顿时欢呼雀跃。紧接着,六连选择了二十名突击队员,由连长、指导员指挥,组成突击队。

当晚,六连突击队乘着朦胧夜色,开始向敌人桥头阵地接近。为了麻痹敌人,六连从正面向敌人展开了猛烈的进攻,那二十个突击队员在连长、指导员的指挥下,以正面密集的火力作掩护,手持大刀和手榴弹,悄悄向隘口独木桥边运动。狡猾的敌人,凭着险要的地形和坚固的炮楼,有恃无恐地蹲在工事里一枪不发,等到我们接近桥边时,就投下一大堆手榴弹向我们反击,一团团的火光在隘口翻腾飞舞。突击队员们见此情景,急得直冒火,待敌人的手榴弹一停,又冲了上去,但几次冲锋都没成功,伤亡了几个同志。于是,我们向敌人展开了政治攻势,喊道:"我们是北上抗日的红军,从你们这里借路经过,你们别受长官的欺骗,让路给我们过去吧!""赶快缴枪,缴枪不杀,还发大洋回家!"顽固的敌人不管我们怎么宣传,还是骂我们并吹牛说:"你们就是打到明年今天,也别想通过我们鲁司令的防区腊子口!"

敌人的谩骂与手榴弹的还击,激怒了我们的勇士,他们纷纷要求再次冲锋,而

## 附　录

且立誓："明天一定拿下腊子口！"毛主席和军团首长这时又一次派人来前沿了解情况，问突击部队现在在什么位置？有什么困难？要不要增援？上级首长的关怀，激励了我们的斗志。我和营的干部一起分析敌情：已经打了大半夜了，再有三四个钟头天将破晓，鲁大昌拥有五六个团在岷县县城，只隔着一座大山，总兵力要比我们多得多，如若延迟下去，鲁部真的倾巢增援，他们几个钟头就能赶到，那局面将更严重，可是我们上山的那支迂回部队仍不见信息，到底发生了什么情况，也还不清楚。不过可以肯定，黄开湘同志他们一定也遇到了困难，但是眼下时间紧迫，任务逼人，不能再拖下去了。大家统一了思想，要重新组织火力与突击力量，再次向敌人发起了猛烈的进攻。

可是，接连攻了几次，还是接近不了桥头。敌人扔过来的手榴弹，一个个在地上乱滚，炸裂的弹片在桥头三十米内的崖路上铺了厚厚的一层。我命令六连不要再继续猛攻，只进行牵制性的战斗，等待迂回部队到达预定位置发出信号后，再一起给敌人来一个总攻击。

在黑暗中我忽然听到几个战士在低声谈论："敌人对崖路封锁太严啦！单凭正面猛攻怕不行。"战士们的话忽然提醒了我，可不，整个六连正面扑上去，也很难达到疲劳和消耗敌人的目的，倒不如抽出少部分同志组成突击队，以小分队的形式接二连三地向敌人轮番进攻，疲惫和消耗敌人，再伺机夺桥。于是，我交代党总支书记罗华生同志，要他与六连的领导一起从党团员中抽出十几个人组成突击队，其他同志仍旧原地休息。没多久，前沿又响起了枪声和喊杀声。

三点前，全团饭后进入总攻位置。我遥望河对岸山那边，急切地盼望黄团长发来信号。为了万无一失，让参谋长李英华指定三个通信员专门瞭望右岸悬崖上空。我看着表上的指针在不停地运转，四点过去了还不见动静。正在焦急，六连的通信员跑来向我报告，说六连的突击队冲到桥下去了！我立即赶到桥的附近，果真，六连的战士偷偷地涉水过河到了桥那头。原来，在一个多小时以前，当我们队伍拉到后面休息时，敌人真以为我们无能力进攻了，于是都缩进碉堡打起盹来。六连又组织了十五名突击队员。他们一个个背插大刀，身挂手榴弹，有的还配有一支短枪，趁着天黑，分作两路，一路顺河岸崖壁前进，摸到桥肚底下，攀着桥桩运动到对岸；另一路先运动到桥头，待前一路打响，就一起开火，给敌人来它个左右开弓，两面夹击。霎时，另一路也扑了过去。

我一边看着突击队勇敢冲杀，一边还想着对岸山顶上的信号弹。正当我万分焦虑与盼望之际，右岸高峰上面突然升起一颗红色信号弹。紧接着又升起一颗绿色信号弹。"黄团长的信号！"战士们顿时欢腾起来了。"发信号弹！"我命令通信员。

**红色记忆**
——红军长征在藏族地区及其当代启示

通！通！通！接连三颗红色信号弹射向天空。"总攻开始了！"战士们欢呼，山上山下响起了嘹亮的冲锋号。只见六连的同志抢起大刀，端起步枪在敌人中间飞舞，猛击。右面悬崖上的部队在黄团长指挥下，看准下面没有顶盖的炮楼和敌人的阵地，扔下一个接一个的手榴弹。所有的轻机枪和冲锋枪也一齐开火，直打得敌人喊爹叫娘。晨曦中，总攻部队开始过河了，全团的轻重机枪也一齐向隘口炮楼逃出来的敌人扫射。没有多久，我们就抢占了独木桥，控制了隘口上的两个炮楼。我见初战获胜，便命令总攻部队兵分两路，沿着河的两岸向峡谷纵深扩大战果。

我与部队一起跨过小桥，正向敌冲时，遇到了从山顶上摔下来的通信主任潘锋同志，经了解才知道，山顶到处都是悬崖陡壁，又不能照明，迂回部队只好摸黑行进，花了大半夜时间才找到了一条出击的道路。

经过两个小时的冲杀，我们突破了敌人设在口子后面三角地带的防御体系，夺下了一群炮楼，占领了敌人几个预设阵地和几个堆满弹药、物资的仓库。全团一边作战，一边就地补充弹药，随后向敌人发起了更加猛烈的攻击。敌人退至峡谷后段的第二道险要阵地后，又集结兵力，扎下阵脚，顽固抵抗，企图等待援兵到来之后一齐向我反扑。被我迂回部队截断的一个营的敌人，这时也疯狂向我侧击。我立即命令第五连配合崖顶上的我一、二连，消灭这股敌人。经过连续冲锋，敌人被压到悬崖绝壁上，然后就缴了他们的枪。与此同时，我们还集中其余所有兵力向敌人的第二道阵地冲击。在我炮火、机枪的猛烈射击下，经过我二营近一小时的连续冲锋，敌人终于全部溃败了，我全部占领了天险腊子口。

残敌向岷县方向败退，我们立即命令第二营、第三营跟踪猛追。我追击部队一鼓作气，连夜插向岷县，占领了岷县城东关。甘肃之敌为之震惊，以为我们一定要马上打岷县城了。但次日我们接到军委的命令，要我们挥兵东去，乘胜占领哈达铺，至此，腊子口一战结束。

哈达铺是甘肃的一个镇子，回民占一半以上，据说越往北走，回民越多。中央军委考虑到我们进入了回民聚居地区，为了认真贯彻党的民族政策，给我们临时颁发了《回民地区守则》。《回民地区守则》条目很多也很细，除了规定不得擅自入清真寺，不得任意借用回民器皿、用具外，还规定不得在回民住家杀猪和吃猪肉等等。我们到达哈达铺时，正是一个晴天的上午，当我们来到铺子边一条河坝上集合时，群众主动聚拢来看我们，他们毫无敌意，笑嘻嘻地看着我们。我们一边向他们招呼，一边集中传达《回民地区守则》，各连政治干部又一次宣讲了三大纪律八项注意。

趁部队休息的时间，我随先头营进镇联系，当镇上的老百姓听了我们的来意和主张后，都欢迎我们进去，而且主动让出房子给我们住。我们相互问长问短，像久别重逢的亲人一样。接着军团首长来了，毛主席、周副主席也率中央军委机关进驻镇里。毛主席就住在小镇上的一家中药铺子里。周副主席和司令部住在一起，那是一座低矮的木结构的两层楼房，还有个小院子，周围是土垒的围墙。红军到达哈达铺，国民党反动派一时未敢匆忙行动，一是可能鲁大昌惊魂未定，近处又无重兵，其次是国民党一时还摸不透我们的底细。趁此片刻，我们又得以休整。

  第二天，在关帝庙前的院子里，党中央召开团以上干部会议。当毛泽东同志和中央其他领导同志走向会场时，顿时响起热烈的掌声。毛主席挥挥手要大家坐下，然后笑笑说：同志们，今天是九月二十二日，再过几天是阳历十月，自从去年我们离开瑞金，至今快一年了。一年来我们走了两万多里路，打破了敌人无数次的追、堵、围、剿。尽管天上还有飞机，蒋介石连做梦也想消灭我们，但是我们过来了，过了江西、湖南、广西、贵州、云南、四川，过了金沙江、大渡河、雪山、草地，过了腊子口，现在坐在哈达铺的关帝庙里，安安逸逸地开会了，这本身就是个伟大的胜利！毛主席激动人心的讲话，使会场上又一次响起了热烈的掌声。接着，毛主席又分析了形势，还谈了四方面军与张国焘。讲到张国焘闹分裂对抗中央时，毛主席还特别提到：在关键时刻，叶剑英同志是立了大功的！

  毛主席谈到这里，略略停顿了一下，然后诙谐地说，感谢国民党的报纸，给我们提供了陕北红军比较详细的消息：那里不但有刘志丹的红军，还有徐海东的红军，还有根据地！听到这里，同志们都按捺不住内心的激动，热烈地鼓起掌来。

  毛主席又挥挥手，要大家安静，并且说，我们和同志们都惦念着还在四方面军的朱总司令、刘伯承参谋长。我们也都在惦念着四方面军的同志们和五、九军团的同志们，相信他们是赞成北上抗日这一正确方针的，总有一天他们会沿着我们北上的道路，穿过草地，北上陕甘，出腊子口与我们会合，站在抗日最前线的，也许在明年这个时候。此时掌声雷动，大家的心里热乎乎的。毛主席又笑笑说：同志们，我代表中央，宣布一个重要决定，为了适应新的形势，中央决定部队改编，组成中国工农红军陕甘支队，由彭德怀同志当司令员，我兼政委，下属三个纵队，即第一纵队由红一军团改编，第二纵队由红三军团改编，军委直属部队改编为第三纵队。毛主席接着又说，同志们，我们目前只有八千多人，人是少了一点，但小有小的好处，目标小，作战灵活性大。人少，更不用悲观，我们现在比一九二九年初红四军下井冈山时的人数还多哩！胜利是一定属于我们的！

  毛主席最后用洪亮的声音号召大家，经过两万多里的长征，久经战斗，不畏艰苦的红军指战员是一定能够以自己的英勇、顽强、灵活的战略战术、战斗经验，来战胜北上抗日途中的一切困难！你不要看着我们现在人少，我们是经过锻炼的，不

**红色记忆**
——红军长征在藏族地区及其当代启示

论在政治上、体力上、经验上个个都是经过了考验的,是很强的,我们一个可以当十个,十个可以当百个。特别是有中央直接领导我们,这是我们胜利的保证。"同志们,胜利前进吧,到陕北只有七八百里了,那里就是我们的目的地,就是我们的抗日前沿阵地!"毛主席挥舞着拳头,结束了鼓舞人心的讲话。顿时,"拥护中央北上抗日的正确路线!""到陕北根据地去!"等口号此起彼伏,响彻在哈达铺上空。

当夜,我们几个团的干部到各个连队分头传达,召开战士座谈会,回顾一年来长征作战的胜利和体会。同志们纷纷表示:今后不管天南地北,党中央、毛主席指到哪里,就跟到哪里;不管出现什么艰难险阻,党中央、毛主席下令,我们就冲,就上!什么路途坎坷、生活艰苦,这些都是小事,北上抗日,能打出个新局面,拯救中华民族,这才是真正的大事!我们共产党员要的是共产主义!

在哈达铺休息了两天。按照毛主席指示,部队进行整编。我们四团编为一纵队的四大队。第三天,即九月二十三日,我们精神抖擞地踏上了奔赴抗日征程的最后一段路程。

(原载《红军长征回忆史料》(2),解放军出版社 1992 年 9 月版)

## 腊子口上的红六连

胡炳云

腊子口上响着激烈的枪声。我们六连集结在腊子口附近待命投入战斗。战士们简直忘记了二百里的连续行军和沿途两次战斗所带来的劳累,个个精神抖擞,摩拳擦掌,巴不得立刻投入战斗。

正在这时,团里来了命令,叫连以上干部到团里去开会。

在一个茂密的树林里,团政治委员杨成武同志进行了动员。他开门见山地说:"我们左边有杨土司的两万多骑兵,右边有胡宗南的主力部队,我们北上抗日的道路只有腊子口这一条。这里过不去,我们就不能很快地与陕北红军会合,就不能尽快地到达抗日前线。"接着他激动地问大家:"乌江、大渡河都没能挡住我们红军前进,雪山、草地我们也走过来了,难道我们能让腊子口给挡住吗?"

"坚决拿下腊子口!"

"刀山火海也挡不住我们!"同志们雷鸣一般地回答。

就在这个动员会上,团首长把主攻腊子口的光荣任务,交给了我们六连,并问

# 附 录

了我们一句："你们有把握吗？"

"有！"我们连的几个干部齐声回答。

"好！团的轻重机枪，再抽出一部分由你们直接指挥！"团首长当场下了命令。

会刚一散，我们就飞快地往连队跑去。虽然快黄昏了，路又崎岖不平，天气已有些寒意，但我们心里却热得很。因为，这是党、是首长、是全军同志对我们的无限信任呵！战士们听说我们担负了主攻任务，都像小孩子遇上年节一样高兴地蹦跳起来。他们有的把手榴弹三个一捆，两个一束，挂满了全身；有的把刺刀、大刀擦得闪闪发光。战士们那股劲儿，甭说一个腊子口，就是十个腊子口也能拿下来。

黄昏时分，团、营首长带着我们连、排干部去侦察地形、敌情，并研究了打法。然后，我们便接替了二连的阵地。

腊子口可真称得起险要。从山下看上去，山口子宽约三十多公尺，两边是悬崖陡壁，周围全是高山峻岭，无路可通。山口下面的两座山峰之间，是一条流速很急、深不见底的石沙河。河上横架一座木桥，把两山连接在一起。要通过腊子口势必通过此桥，再无别路。甘肃军阀鲁大昌在木桥和山口处布置了两个整营的兵力，并在桥上筑有坚固的碉堡，桥西是纵深阵地，桥东山坡上也筑满了三角形封锁碉堡。除此而外，在腊子口后面，还设有他们的仓库，囤积着大批粮弹；在岷州城内驻扎着随时都可以增援腊子口的主力。但这一切并没有吓倒红军战士，战士们说："腊子口就是刀山，我们也要打上去；鲁大昌就是铁铸的，我们也要把他砸成粉末。"

夜幕笼罩了山谷，战斗开始了。我们的全部机枪轮番扫射，子弹像喷泉似的喷泻在敌人的阵地上。一排长带着三十多个勇士，在密集火力掩护下，秘密运动到桥边隐蔽起来，待命冲锋。狡猾的敌人，在我们射击的时候，躲在工事内不还手，但等我们火力一停，战士们开始向桥头冲击时，他们就集中手榴弹，向我们猛烈反击。我方地形不利，兵力无法展开，几次冲锋都没有成功，而且伤亡了十多个人。

"打！不让兔崽子抬头！"年轻果敢的一排长，见冲不上去，便命令机枪手狠命地射击。机枪喷射出的火舌映红了半个天，枪声激起的回音像暴雷似的一片轰响，子弹打得敌人阵地上的岩石直冒火星。但是仍压不倒敌人的火力。敌人的手榴弹不停地在我突击道路上爆炸，进展十分困难。毛主席和军团首长一次又一次派人来前面了解情况，问突击班现在在什么位置？有什么困难？要不要增援？

首长的关怀催促着我们。我们连的几个干部研究了一下，重新组织了火力和突击力量，再次向敌人发起猛攻。可是接连攻了好几次，还是接近不了桥头。敌人扔过来的手榴弹，一个个在地上乱转，炸裂的弹片和未炸开的（有的手榴弹没揭开盖就扔了过来）在桥头五十公尺以内的崖路上铺了一层，有的地方已经堆了起来。这

445

## 红色记忆
——红军长征在藏族地区及其当代启示

样激战到半夜,连续冲锋十几次,均未奏效。夜间两点多钟,上级命令我们暂时撤下来休息,准备重新组织进攻。

炊事员用在离腊子口十五里处缴获来的敌人的面粉,做了一顿好饭。我们一口也吃不下。四周黑乎乎的,不见一点光亮,只有河水翻起的浪花闪耀着白光。在黑暗里,我忽然听见几个战士在低声谈论:

"敌人对崖路封锁得太严啦!"说话的声音很清脆,听得出是个年轻的战士。

"我看,单凭正面猛冲,怕不行!"另外一个接着说。

战士们的话提醒了我。我跟一直同我们一起战斗的团总支书记罗华生同志商议了一下,决定召开党、团员大会,组织敢死队,以少数兵力,接二连三向敌人轮番进攻,疲劳和消耗敌人,伺机夺桥。

会上,总支书记讲完话,党团员都纷纷表示:"坚决夺取腊子口,走上抗日最前线!"当场就有二十多个战士报名参加敢死队。一排长并提出两路接敌的计划。我们从报名的人中挑选了十五名最坚强、最勇敢的党、团员,组织了三个突击小组。

这时传来一个好消息:一、二连已从腊子口的右侧攀登陡峭的崖壁,摸到敌人背后去了。这一消息,更给我们增添了勇气。参加敢死队的人齐声宣誓:"为英勇牺牲的同志报仇,不打开腊子口决不回头。"

每个敢死队员都配有短枪一支,子弹百余发,身挂手榴弹,背插大刀。突击时分两路:一路顺河岸的崖壁前进,准备摸到桥肚底下,攀着桥柱运动到彼岸;另一路两个组,先运动到桥边,等第一组打响,两面夹击,消灭桥上的敌人,夺取木桥。

深夜,天像一口大黑锅似的盖住了山谷和河流。河水的吼叫声更加震耳。敌人大概以为我们攻了一天零半夜,再也无能为力了,都缩进碉堡和工事里打盹去了。敢死队员们攀着崖壁上横生的小树,一脚实一脚虚,一步一步地往前挪动。浪花溅湿了他们的裤子,汗水又浸透了他们的上衣;崖壁上带刺的野草扎破了他们的手和脸。这一切,勇士们全不理会,一个跟着一个,相互盯着围在脖子上的白毛巾,静悄悄地向桥下摸去。近了,近了,更近了。离桥不远了。就在这时,"喀嚓"一声,一个同志攀断了一棵小树。大家立刻停下来,准备还击敌人。待了一会,却不见敌人的动静。可能是河水的急流声掩护了大家。勇士们继续往前摸去。离桥越近,心里越紧张。摸到了桥边,第一组的勇士们伸手抓住了桥肚底下的横木,一手倒一手地往对岸运动。前进了没有多远,又听见"喀嚓"一声,不知哪个同志掉下河里去了。这时敌人发觉了,机枪、手榴弹朝桥底下乱射乱打,直炸得河水"扑扑通通"、"哗哗啦啦"直响。目标已经暴露,无法继续前进,四个战士只得摸到一块岩石下,暂时隐伏下来,待机行动。

# 附 录

　　我听见枪声，立即带领一排的十个同志，趁敌人只顾朝桥下射击的机会，冲到桥边，先向敌人摔过去一排手榴弹，接着冲进了敌人筑在桥头上的立射工事。敌人根本没提防这一手，顿时慌了手脚，乱作一团。

　　我们杀向桥头。桥下的同志也从岩石下钻了出来。他们不顾桥上敌人的射击，翻上桥面，拔出大刀，喊着冲杀声跟敌人肉搏起来。桥窄人多，我们的大刀在短兵相接中，大大发挥了作用。一排长抢起大刀，如同武术家练武一般在敌群中挥舞。突然，他被一颗流弹击中了。他踉跄了一下又站定脚跟，大声呼叫："同志们冲呀！敌人已经支持不住了！"一排长的负伤，大大激怒了我们，十几把大刀，见着敌人就劈。不一会工夫，敌人就支持不住了。

　　正当我们拼杀得非常激烈的时候，突然从敌人后山上升起了一颗白色信号弹。这是一、二连迂回成功的信号。接着，又有三颗红色信号弹从我们的背后升起来。这是发起总攻的信号。四颗信号弹还没有熄灭，冲锋号、轻重机枪、迫击炮和呐喊声从四面八方一齐响了起来。正在与敌人拼杀的勇士们立刻勇气倍增，大刀挥舞得更欢。被我们杀得晕头转向的敌人听到阵地后面也打起来，周围的枪炮又连天响，以为被红军四面包围，摔下枪支就仓皇逃命了。

　　这时天已拂晓，我们的敢死队员，又紧紧追杀溃逃的敌人。敌人如同丧家之犬，一群群没命地向后跑。暂时还没有遭到致命打击的敌人，见成群的败兵乱窜，也不敢射击了，沿路丢下的枪械子弹不计其数。我们的战士越追越有劲，疲劳、饥饿早已丢在一边。有的追着追着，嫌自己身上背的手榴弹太重，就干脆搁在一边，手擎大刀往前追赶。我们一口气直追杀到敌人的营房、仓库，占领了腊子口的纵深阵地。

　　不一会，一、二连也从山上绕道过来。他们面带胜利的欢笑，大声地对我们说："同志们，天险的腊子口被我们砸开了！"

（原载 1975 年 11 月 5 日《解放军报》）

**红色记忆**
——红军长征在藏族地区及其当代启示

# 红二方面军的长征

## 回忆红二方面军的长征[①]

肖克

  红二、六军团退出湘鄂川黔根据地，是主动地、有计划地进行的，不是流寇式的单纯军事行动，也不是搬家式的消极逃跑。我们吸取中央红军及六军团自己的经验教训，退出时行李简化，只带一两天米，轻装前进。只要是有胜利的把握，就坚决勇敢地打仗。打好仗，就可以休整（多则十天半月，少则也三两天），就可以扩大红军。

  我们的运动方向是向西。为了迷惑敌人，则故意向东南，也就是古代兵法讲的"声东击西"。我们从桑植出发，走两天到大庸县城东三十里之兴隆街地区，乘夜突破了由敌十九师李觉部防守的澧水防线，再向南急行军两天，到沅江北岸之洞庭溪，突破了沅江防线，全歼敌一个营。继续向东南猛进，一下子插进湘中很富裕、人口很稠密的地区新化、锡矿山、辰溪、溆浦。经过十多天工作，才真向西走，到芷江、晃县之间的便水，与追敌十六师、十九师全部及六十三师之一部大战一场。这一仗虽然是个消耗战，但制止了敌人的急追，取得了在江口和石阡的短时休整，并迎回了我主力由湘鄂川黔苏区出发时留在苏区坚持斗争的部队——六军团第十八师之五十三团及地方武装。他们在强敌围攻下，不能立足，由师长张振坤同志（抗战时在新四军皖南事变中牺牲）率领，从苏区西面突围，采取迂回曲折，避实击虚的战术，突破敌人重重包围，几经艰苦，经招头寨、黔江、酉阳、秀山、松桃一带，到江口与主力会合，全军为之庆幸。

  我军在江口、石阡及以南地区稍事休整，即经余庆、瓮安、平越，进至贵阳北六十里之扎佐镇，歼守敌两个营，约一千人。又经修文西渡鸭池河，占领黔西、大定（大方）、毕节地区。敌万耀煌部十三师追来，占了大定，我十七师由遵义西之打鼓新场（现设金沙县）游击，遂回师大定，在大定城西十余里之将军山，将敌向

---

  ① 本文原为《红二、六军团会师前后》之一部分，原载《近代史研究》，1980 年第 1 期，1992 年 9 月收入《红军长征回忆史料》时由作者略作修改。

毕节进攻之先头部队七个连四面包围。经一小时半就解决了战斗，无一漏网，制止了敌之急追。我军控制将军山，形成在毕节、大定地区开展游击根据地活动的东西屏障。尔后，两军团与强大的追敌激战，并对驻威宁之滇军，严加警戒。同时积极开展了地方工作，使后方机关及伤病人员，也得到休整。近二十天，补充新兵五千人。

这时敌军越来越多，万耀煌、樊嵩甫、郝梦龄、郭汝栋等四个纵队，共七个师一个旅，向毕节地区进犯。当时地方工作，一时也不能广泛和深入开展。遂于一九三六年二月下旬，我们退出毕节城，进入乌蒙山区活动。敌又以十个师继续围攻，长江北岸又有大批川军防堵，我们就决定跳出敌人包围圈，从昭通、威宁之间，透过滇军孙渡纵队防线，向南直趋滇东，占领宣威、亦资孔及贵州之盘县，进至南北盘江之间。这时追敌由进攻黔（西）、大（定）、毕（节）地区的九十个团，只剩下五十多个团了，我则兵员充实（不减于从湘鄂川黔边出发的人数），士气旺盛，南北盘江及牛栏江东广大地区的政治、经济条件都比较有利。贺、任、关为首的军委分会，决定在这一带展开创立游击根据地的活动。这是我们在长征中第三次建立游击根据地的战略意图。

还在我们从湘鄂川黔快出发的时候，接到共产国际关于建立反对法西斯统一战线的指示，又接到中央关于统一战线和抗日救国的指示。国际和中央这些精神，我们认为切合中国当时政治形势的要求。南渡澧水后，夏曦同志起草了抗日反蒋的六言韵文布告，用六军团政治部名义发出。这是一个好的布告，原文记不全了，但前后几句话我还记得，前面几句是："我们工农红军，志在救国救民，实行抗日反蒋，消灭卖国巨憝。"末尾两句是："大家起来救国，胜利终归我们。"我们边走边打边宣传，严守三大纪律八项注意。六军团到新化，号召凡属愿意打日本的，我们都欢迎。许多群众踊跃参军，只七天就来了一千人。新化东六十里之锡矿山，是个有机器设备而规模不小的矿区，王震同志带十六师去游击，只三四天，也有二三百人来参军。这是六军团从湘赣苏区活动以来吸收现代产业工人最多的一次。二军团占领溆浦、辰溪、浦市广大地区后，广为宣传，发动群众，没收分配豪绅地主的财物，人民对红军的行动及其政治性，有了较好的认识，不过十天，参军的约两千人。这样一路宣传抗日救国和打倒蒋介石的道理，对国民党统治区的震动很大。敌人千方百计地要消灭我们，前堵后追，不断空袭，我们则千方百计地保存自己，扩大自己，消灭敌人。我们在湘中活动一个短时间就转向西南，敌人妄想利用湘西和黔东险峻山岳地带，构筑封锁线，阻我西行，我军打破敌人多处关隘，突破了敌人层层封锁。特别在黔东、石阡以西地区，突破敌二十三师守备的四十里纵深的碉堡封锁后，甩掉了新围拢来的敌人重兵集团，全军经湘西、横贯贵州，渡过干坝河，逼近贵阳，

**红色记忆**
——红军长征在藏族地区及其当代启示

又渡鸭池河，占领黔西、大定、毕节。走了不少路，打了不少仗，队伍却没有减少。为什么呢？就是一路宣传抗日救国和红军纪律，做群众工作，打土豪、分财物，得到广大群众拥护。敌人报刊说我们到处流窜、裹胁流亡。前一句从表面现象看，似乎像那样子，但他们根本不懂得我们是有政治目的的，并采取灵活的运动战、游击战的军队。后一句话更荒谬了，我们为工农和中华民族利益而英勇奋斗，人民自觉地参军，既不用裹，更不用胁。

根据中央统一战线的指示，在石阡休整时，我们在天主教堂召开了一次党的活动分子大会，由弼时同志作了扩大统一战线的报告，对统一全体指战员的思想起了很大的作用。所以，路上我们很注意做统一战线工作，六军团由夏曦同志直接主持。他在新化，不仅注意做工农的工作，而且在学生和知识分子、妇女中的工作，都有成效。在毕节，还注意团结开明士绅。如毕节旧知识分子和高级开明士绅周素园，是清朝末年的秀才，到贵阳办报，后来又在北洋政府供职，在袁祖铭部当过秘书长。我们快到毕节时，国民党专员莫雄叫他走，他说："我没有多少家当，不必走。"我们到后，到他家发现有许多马列主义的书，翻开一看，圈圈点点。政工人员立即把这种情况告诉王震和夏曦同志，他们马上去找他，问过他的经历后，又问他为什么看马克思主义的书籍，他说："我研究马克思主义十年了，我觉得马克思讲得对，我相信马克思主义。你们共产党、红军，是讲马克思主义的，所以我用不着走……"我们又说："你研究马克思主义好，现在我们共产党的政策要抗日反蒋，你赞成不赞成？"他说："赞成，完全赞成。"我们就请他出来号召，当了贵州抗日救国军司令，时间很短就发展到一千人枪。我们到毕节前，原来想在黔西、大定站住脚，到毕节后，请他给云南的国民党纵队司令孙渡写信，因为他和龙云、孙渡等上层人物都认识，他就把共产党和红军当时的政治主张告知孙，并说：蒋介石派中央嫡系万耀煌、樊嵩甫等进入云南、贵州来打红军，也叫你打红军，红军是不好打的；退一步说，即便你把红军打掉了，也是两败俱伤；万、樊挟天子以令诸侯，人多势大，那时的云南，还是你的？！假道灭虢，史有明鉴。正是由于龙云当时的处境，周素园给孙渡写信，打中了他的要害。所以孙渡就在威宁、昭通，按兵不动，形成与国民党追击军造成夹击之势，迫我北走四川。这种态势，就利于我们集中主力对付东面来的敌人，能在毕节停留近二十天，休整补充。（我们在乌蒙山向宣威进军时，也曾用六军团首长名义，把这个意思给龙云、孙渡写过信，并提出同他们缔结抗日停战协定，虽然估计不会有什么效果，但至少可以使龙云加深对蒋介石中央军入滇的戒心，加深其矛盾。后来事实也证明是如此。）

红二、六军团从乌蒙山地区分途到达宣威和盘县。在盘县时，接到总司令部的电报，署名是朱德总司令和当时的总政委张国焘，要我们西行渡金沙江，到西康同四方面军会合，北上抗日。这时我们对一、四方面军会合时张国焘闹分裂反中央的情况，一点也不知道。当时我们还想在滇黔边站住脚，虽然查明来包围这地区的敌人比进攻黔西、大定、毕节地区的少多了，但也还在五十个团以上，时间久了，敌情也可以变化，是否能站得住，是个未知数。总司令部要我们北上抗日，我们从当时整个的国内形势来看，认为北上抗日是大势所趋，经军分会的考虑，决定执行总司令部的指示，与四方面军会师，北上抗日。

我认为，当时张国焘之所以要二方面军渡金沙江与四方面军会合，有下列因素：第一，中央统一战线政策及北上战略方针的正确，以及一方面军（含红十五军团及陕甘地区红军）在陕甘地区胜利的发展，对全国尤其在西北有重大影响。第二，朱德、刘伯承、徐向前等同志在四方面军长期耐心的工作和同张国焘斗争的结果。朱德同志在同张国焘斗争中，在政治上、组织上坚持无产阶级政党的党内斗争原则，启发一些受张蒙蔽的干部的觉悟，但又不同张国焘决裂，以避免事态更复杂化，这完全是马克思主义的。第三,四方面军广大干部战士日益觉悟，西康中部人少粮缺，不能容纳大兵团长期留住，迫使张国焘不能不作考虑。第四，红二、六军团在云贵地区积极活动的形势及所造成的影响，不能不迫使张国焘同意朱总司令的意见。但这一切，对张国焘来说，都是客观影响,后来并没有使张国焘回到中央正确路线上来。

我们在南北盘江搞根据地的架势，敌人也看出来了，就布置新的围攻。由于敌长途与我作战，被我歼灭，死的、伤的、病的、逃的很多，兵员不足，加上北方和江淮一带出来的兵员，新到这层峦叠嶂和少数民族聚居的山区，敌人不如我军之耐苦及适应山区生活（当时我军多为湘西籍，又吸收许多贵州籍士兵），所以士气不高，行动较缓慢。贺龙同志为首的军分会（军分会受双重领导，即中央军委和省委）就决定经滇中到金沙江上游渡江。我军已拉开了在南北盘江站稳脚的架势，突然来个向西，就摆脱了强大敌人的追击。但进到昆明北面百余里准备渡过普渡河的时候，遇到强大的滇军的堵截，打了个恶战，西渡未成。我们就从普渡河向南，转向昆明附近，又摆出一副"攻其所必救"的架势，打个圈子转到昆明以西，继续西进，就把堵截的滇军主力甩到后面了。从此，虽然后有追兵，但前无堵截，行动就主动得多了。由于云南敌人对我们有个错误的判断，说红军没有炮，打不了碉堡、城市，在我军接近云南的时候，令各县迅速构筑碉堡，修理城垣，把各县重要物资运存于碉堡和城市之中，由各地民警团队守备。但这些团队训练不良，我们分两路前进，先头部队猛打猛冲，攻占禄丰、楚雄、盐兴、姚安、祥云、宾川、鹤庆、丽江等城和无数碉堡，吃的穿的，无所不有。"因粮于敌"，士气旺盛，虽然日行百里，而

**红色记忆**
——红军长征在藏族地区及其当代启示

体力强壮，士气高昂，从盘县东进才二三十天，就到了金沙江江畔的丽江县的石鼓等地，渡过金沙江。

当着中央红军在一九三五年要过大渡河的时候，蒋介石在昆明亲自部署大渡河地区的会战，电令所属，说大渡河是太平天国石达开大军覆没之地，红军进入彝汉杂处、山川阻隔和地形险峻的绝地，粮食困难，必蹈石达开之覆辙，要他的部属不失时机，建立"殊勋"云云。蒋介石和帝国主义御用的一些历史学家们，也学着蒋介石的滥调，大放厥词。然而，红军的胜利给了他们一记响亮的耳光，宣告了他们唯心史观的破产。所以，在二、六军团快渡金沙江的时候，他们噤若寒蝉，再不敢作愚蠢的预言了。只有独夫民贼蒋介石以无可奈何的心情，带着云南土皇帝龙云，乘坐帝国主义赏赐的飞机，在金沙江南的鹤庆、宾川、丽江一带上空，没精打采地盘旋，作一番"黔驴技穷"的表演而已。我们过江后，云南军队虽然跟上来了，但到了金沙江边也望江兴叹了。在二、四方面军会师后李伯钊等同志演了一个戏，叫《破草鞋》（黄镇同志在一、四方面军会合时编剧），说敌人追到金沙江边，只拣到红军丢下的一只破草鞋就收兵了。这是一出有政治意义的生动的讽刺剧，说敌人一无所得，红军胜利北上了。当时，我们看了这场戏都很高兴，直到现在，我仍有深刻的印象。

在长征途中，我们虽然消耗很大，但补充也很多。过金沙江，我们还有一万八千人。渡金沙江后，翻过大雪山，四月三十日，到达中甸，进入藏民区，分两纵队向甘孜前进。二军团为左纵队，经得荣、巴安、白玉，于六月三十日，在绒坝岔与四方面军的三十军会合。六军团为右纵队，经定乡、稻城、理化、瞻化，于六月二十二日到甘孜之蒲玉隆与四方面军总指挥部会合。见到朱德总司令、刘伯承总参谋长、张国焘和总司令部人员及四方面军一部分高级干部。

七月二日，二、六军团齐聚于甘孜，与四方面军胜利会师了。五日，按照中革军委命令，红二、六军团组成二方面军（将三十二军编入二方面军），贺龙为总指挥，任弼时为政委，关向应为副政委，我为副总指挥。从此，我们就用二方面军的番号了。

我们虽然和四方面军同志初次见面，但亲如兄弟，一种阶级的情感，体现在双方的容颜举止之中。四方面军总指挥徐向前同志虽去前方，但对两军团结非常关心，他在会合之前恳切地同其他领导人说，去年我们和一方面军没有搞好，现在二、六军团来了，一定要搞好啊！四方面军的同志们认真执行了徐向前同志的这个指示，当我们到蒲玉隆那天，后面有近百人掉队，四方面军立即派马数十匹去接回来。给我们大部分同志打了毛背心。还从理化和瞻化、甘孜送牛羊给我们。这时张国焘也装出一副伪善的面孔。然而他在两军会师前后，却施展了两面派的政客手腕。当二、六军团进至南北盘江的时候，虽然总司令部以朱（德）、张（国焘）名义要二、六军团西进，北渡金沙江与四方面军会合，但他们两人的立场完全不同。朱德及刘伯承同志是为了引二、六军团来，推动张国焘北上和三大主力会合，开赴抗日前线。张国焘则是妄图拉拢、控制二、六军团，以继续与中央路线对抗。他在两军会师后，派人来我军宣扬他的错误路线，妄图拉拢，但遭到任弼时、贺龙、关向应等同志的反对，逆谋未逞。这时（在甘孜）朱德同志建议任弼时同志随总司令部行动，张国焘却改变手腕，提出召开两军联席会议。任弼时同志马上看出张国焘的企图，表示不同意，并与贺龙、关向应同志向他提出：谁作报告？如发生不同意见，怎样结论？他们坚持组织原则，使张国焘无可奈何。这时期由于朱德同志一年来在四方面军的艰苦工作，对干部的影响越来越大，二方面军又热烈拥护他，他的发言权也大了，就推动了二、四方面军的团结并按预定计划北上。

讲到这里，说一下我在会师之初的插曲。当六军团元月三日在理化南之甲洼，与远道前来迎接我们的部队见面时，有的老战友对我说：张国焘与中央分裂了，责任在中央。我盲目地相信了。我本来对中央根据地的损失和一方面军在长征中的严重消耗与削弱有些不满，加上片面地听信了歪曲事实的说法，就把遵义会议前后中央的领导搞混淆了，曾在一些同志面前对中央表示过不满情绪，这是错误的。但当我见到朱总司令，他诚恳地向我说明了事件发生的经过后，我就改变了态度。这是我政治生活中一个最深刻的教训，书此以志不忘。

长征途中，我们同天斗、同地斗、同阶级敌人斗，克服了种种难以想象的困难，战胜了无数艰险，部队始终保持着旺盛的士气。在草地行军中，最大的困难是两个：一是自然条件的障碍，也就是大家熟知的雪山草地。我们绝大多数是湘、赣、江汉平原和贵州人，一下进入青藏高原，海拔在三千至五六千米，即便在一般盆地也不容易适应。我们去甘孜路上，都要翻雪山，左路二军团要翻两个海拔四千米和两个五千米的雪山。六军团也要翻瓮水、那坡两座大雪山，还要通过四个小雪山。大雪山上，终年积雪，气候严寒，瞬息万变。有时天晴气朗，有时漫天大雪。空气稀薄，呼吸困难。如不奋勇前进，停止休息，就有死亡的危险。从甘孜往北，向哈达铺前进，沿途大部分是广漠的草地。这里同样地势很高，空气稀薄，正值夏秋之交，几乎每天下雨，草深地湿。我们雨具不足，帐篷不够，露营不得安息。除了同天斗、同地斗，有时还要同动物斗。我们露营，通常把马拴在帐篷外。一次，有个单位天亮后发现少了一匹马，大家都奇怪，哪里去了？就派人去找，快到中午，在离宿营地四五里的山梁上，看到几十个猴子，有些拉马缰绳，有些骑在马上，我们打了几枪，猴子跑了，才牵回马来。这在草地行军虽然是稀有的例子，但也可见与自然界

## 红色记忆
——红军长征在藏族地区及其当代启示

斗争的严重性。第二个大问题，是粮食缺乏。在到甘孜之前，虽然感到粮食有困难，但西康南面人口不少，我们执行民族政策，得到藏民的帮助，比较好地解决了。从甘孜向北以后，草地人烟稀少，即便有些村落甚至村落较密的居民区，但农业不发达，群众主要以畜牧为生。反动土司常常把牛羊赶走。四方面军大队前面走，对后面虽然有照顾，也是杯水车薪（四方面军自己也很困难）。部队因粮少疲劳，体力下降，由这一段到那一段（多为二三百里至四五百里），虽然努力准备粮食，但常常不能完成行军计划。我们的口号是："走出草地，就是胜利。"动员全体同志节约粮食，规定每人的最低量，然而有时也难以为继，就吃野菜野果、煮牛皮、牛羊骨汤喝。部队体力不断削弱，生病掉队增多，有些同志有时失脚一倒或坐下，就不能再起来。他们为了党的抗日救国路线，为了中华民族的生存，在祖国大地上光荣地为国捐躯了。

除了前述两个大困难外，还要同反动土司的骑兵作斗争。人们通常的印象，以为草地行军，除了同自然作斗争外，没有敌情顾虑了。其实不然，同反动骑兵作斗争，也不是小问题。四方面军在草地有经验，组织了骑兵师，各军、师也有小骑兵部队。二方面军马少，也不懂骑术。侦察警戒，总得要求有一定的速度，所以也在军部、师部组织了少量骑兵侦察员、通信员。对同反动骑兵作斗争问题，我们初到甘孜是没有认识的。有一天，我们到甘孜总司令部，朱德同志在一个会议上就明确指出这个问题的严重性，并指定刘伯承同志教我们打骑兵的战术。伯承同志来二方面军，向干部讲述了打骑兵及草地行军注意事项，这是他以自己丰富的军事学识和作战经验向我们第一次直接传授。在湘赣苏区及湘鄂川黔，许多同志就读过他翻译的《游击队怎样动作》和他撰写的《步兵连怎样冲锋》、《战术、战役、战略在理论上的范畴》、《现在游击队要解答的问题》等著作。直到现在，我仍有深刻印象。由于有对抗骑兵的精神准备和战术教育，在遭到骑兵几次袭扰中，虽然不能消灭他们，但我们也没有吃亏。经过近两个月的艰苦奋斗，终于在一九三六年九月一日走出了草地，胜利地到达了岷县的哈达铺。

这时，全国红军三大主力都进至陕甘地区。中央的抗日民族统一战线政策，得到全国人民的拥护。对驻陕甘的国民党东北军及西北军，由于中央政策的正确和毛主席、周副主席直接进行工作，影响更大，实际上他们近于停战状态。在这极为有利的形势下，蒋介石十分恐慌，一方面加紧解决两广事件，准备把胡宗南部由湖南迅速调到陕甘；另一方面则命令位于定西、陕西和武山地区的第三十七军毛炳文部和位于天水、秦安和武都地区的第三军王均部，阻止红军会合；同时，阴谋撤换张学良，强迫东北军和西北军执行他的"剿共"计划，进攻一、二、四方面军。

附　录

在这样重要的战略关头，中革军委于九月拟定了一个战略计划，要求：一方面军西出并南下，占领西兰大道以北海原、固原地区；二、四方面军兵分两路，四方面军为左路，占领岷县、武山等地区，继续向东向北，会同一方面军向定西、陕西及西兰大道进攻，吸引毛炳文部，二方面军为右路，东出甘南和陕西省西南部，配合一、四方面军消灭毛炳文部，实现三大主力会师，并准备打击和消灭胡宗南部，进而逼蒋妥协，促进全国的抗日战争。但张国焘继续执行逃跑主义路线，按兵不动。结果，毛炳文部没有被消灭，两广事件已经解决，胡宗南先头部队已调到了西北地区。这时，中革军委为了掌握先机，争取主动，九月十八日，又提出了集中三个方面军在静宁、会宁地区打击胡宗南部的作战方案。要求二方面军在甘南和陕西省南部积极活动，牵制和侧击胡宗南部队，先敌北进，占领静宁、会宁、隆德、定西，以配合控制西兰大道的四方面军和同南下的一方面军，夹击胡宗南部队的行动。

静、会战役计划下发后，我二方面军对于三个方面军战略行动的统一，感到极大的欢欣，随即投入战役准备。当时，二方面军领导人还向中央发了电报，表示："静、会战役不独是适合当前的政治、军事需要之正确决定，且是一、二、四方面军胜利会合，三个方面军在军事上能得到统一集中领导之正确决定……党内统一团结自可随之解决。这是党与中国革命事业最可喜幸之条件。"为了执行静、会战役计划，二方面军即决定六军团进到宝鸡地区，牵敌西进，策应一、四方面军作战。(当时四方面军的三十一军军长王树声同志生病，为了不间断指挥，朱德同志派我接替他。)但张国焘反对静、会战役计划，星夜跑到前方，以家长方式命令部队自通渭、渭源、漳县地区向西撤，渡黄河，准备经青海、西宁大道翻祁连山进入甘肃西部。这时，朱德同志从后方赶到漳县之三十里铺，在西北局会议上，坚持北上，但并没能使张国焘转变，部队仍继续西撤，进至临潭，干部战士听说还要过草地，极为不满，如九军军长孙玉清同志这样的高级干部就愤愤地说：天天向太阳落去的地方走！不少人甚至离队，消极抵抗。朱德同志又在临潭西北局会议上，详说四方面军不应西进，而应北进的理由。徐向前同志语重心长地说：鄂豫皖来的老同志也不愿向西走了……他和陈昌浩、傅钟、李卓然等同志还有我都起来拥护朱总的意见。张国焘无可奈何，才同意部队回头。但因部队拉来拉去，耽搁时间，以致胡宗南、毛炳文、王均等部均靠拢起来。鉴于敌情严重，二方面军单独留在甘南有被敌隔断、各个击破的危险。于是，经请示中央同意，于十月四日向北转移。这样，全军人员以极大的勇毅，艰苦奋战，终于夺路前进，渡过渭河，通过西兰大道，继一、四方面军于十月八日在会宁会师之后，于十月二十二日，在会宁东北的将台堡同一方面军也胜利地会师了。

### 红色记忆
——红军长征在藏族地区及其当代启示

至此,我们完成了伟大的长征任务。这就是中国历史上有名的全国三大主力红军在陕甘宁的大会合。"长征是以我们胜利、敌人失败的结果而告结束。"[①] 这就是历史——中国共产党领导的千百万人民创造的历史,红军创造的历史。

回顾二方面军从一九三四年十月到一九三七年七月这一段的历史,可以这样说,是逐渐脱离第三次"左"倾路线统治,接受以毛泽东同志为首的党中央、中革军委正确领导的历史。特别是遵义会议之后,在中国革命最困难的时期,经历了创造和坚持湘鄂川黔边革命根据地的艰苦斗争。继中央红军到达陕北以后,也完成了自己的长征,并积极进行抗日准备,实行了由国内革命战争向抗日民族革命战争的转变。这一时期的斗争内容是极为丰富的,我们应当重视这段用鲜血换来的经验教训。

第一,要有一条马克思主义的军事路线。两军会合时,我们从实际斗争中,得到了退出苏区和搬家式转移的痛苦教训。所以,对过去那套以阵地战代替运动战、以堡垒对堡垒的打法已无兴趣了。那种打法,是近乎冷兵器时代兵对兵,将对将,"下战书"和先报姓名的愚蠢打法。孙子在两千五百年前就提出"毋要正正之旗,勿击堂堂之阵","左"倾路线的领导者,根本不懂得这个道理。我们在会师的时候,由于以前吃了大亏(丢了苏区及搬家),当时还不懂得从理论上来批判它,但却知道那种打法和做法是不行了,所以决心大踏步地前进——去湘西,找弱敌打,好开展游击战争,建立新的根据地。由于行动合乎实际,合乎我军的传统战法,也就取得了很大的胜利,并在两三个月内,奠定了建立湘鄂川黔边革命根据地的基础。遵义会议结束了王明"左"倾主义路线在中央的统治,重新肯定了毛泽东同志正确的军事路线,这个大转变有伟大意义。遵义会议不久,党中央、军委于二月十一日及时地指示湘鄂川黔省委、军委分会,认为反"围剿"的总方针是决战防御而不是单纯防御,是运动战而不是阵地战。从此,我们开始了由不自觉到自觉的战略方针的转变,改变了"左"倾路线统治时期的那种呆滞的战法。在强大敌人进攻根据地的时候,我们有时以外线作战为主要手段,集中兵力,突出敌后;诱敌出堡,聚而歼之;或围攻打援;预期遭遇、择险伏击,大量歼灭敌人;在战略转移中,有时曲线行军,声东击西,穿插于诸路敌人重兵集团之间,弄得敌人扑朔迷离,疲于奔命,有时以急速的行动,猛烈的动作,震撼敌人战略的要害,使敌人摸不着头脑,造成其仓皇的调动,使我摆脱强大敌人。因此在湘鄂川黔边根据地内的陈家河、桃子溪战斗中取得了一举歼敌一个师的大胜利,而后取得了忠堡、板栗园大捷,终于粉碎了敌人

---
① 《毛泽东选集》合订本,人民出版社,1967年11月横排本,第136页。

以堡垒主义为主的大规模的进攻。在长征开始时,张国焘曾以红军总部的名义发来电报,要我们与有堡垒地带的一百三十个团的强大敌人周旋,这种方针必然导致红军处于不利的地位。我们根据遵义会议精神,坚持了大规模的游击战、运动战的战略战术。一、四方面军会师后,为推动全国的抗日运动,决定北上是完全正确的,但张国焘拒不执行。我们和四方面军会师时,他还企图控制二方面军,与党中央对抗。这时,朱德、任弼时、刘伯承、贺龙、关向应等同志,坚持了正确路线,从而推动了红军三大主力会师陕北。两年来的实践证明,在历史的转变关头,必须有一条马克思主义的路线作指导(遵义会议就起到了这个作用)。正确路线一旦产生,必须自觉地、不失时机地实施战略转变,才能使革命沿着正确轨道走向胜利。

第二,加强革命团结。二、六军团会师,是一次团结的大会师。会师之所以能战胜艰难险阻,取得一系列重大胜利,其重要条件是坚强的团结、密切的合作。从黔东会师起,以任弼时、贺龙、关向应三同志为首的两军领导同志,把团结看做是加强党的领导和革命斗争发展的关键,如一双碧玉,合而闪烁。这种团结,首先是建立在两军团领导同志对形势任务认识一致基础上的。当时我们面临着策应中央红军突围和创建新根据地的重大任务,大家一致认识到,只有同心同德,亲密合作才利于完成这一重任。共同的认识,共同的革命目标,把两军团指战员紧紧连在一起,组成了一个以任、贺、关为核心的集体领导。领导的团结,进一步促进了部队的团结。互相交流干部、交流武器弹药、交流革命斗争经验,使两个地区成长的部队,很快形成为强有力的战斗集团。因此,从会师到长征胜利,都没有发生重大原则分歧。即便在张国焘继续搞阴谋的日子里,二方面军的领导同志依然进行了有力的抵制,维护了以毛主席为首的党中央的领导和红军内部的团结。团结就是力量,团结就是胜利,是二、六军团在长期艰苦斗争的实践中的体会。

第三,加强政治思想工作。二、六军团从会师以后,在以任弼时同志为首的省委及贺龙同志为首的军分会领导下,强调党的领导和建设,重视政治工作。两个军团一会师,就展开了反对夏曦同志的肃反扩大化和一度削弱党的领导和解散政治机关的错误。在二军团内进一步恢复和健全了党、团组织,健全了政治机关,调配了政治干部。为了加强二军团政治工作,六军团的政治部、保卫局都归属于二军团,另外还调出一大批政工干部,如袁任远、张平化、余秋里等同志到二军团做政治工作。在政治思想工作上,两军团不断加强无产阶级思想教育,反对各种不良倾向,同时,还经常进行党的方针、路线、形势、任务教育和党的统一战线(主要在长征中)教育,在两军团上下之间不断进行团结教育,保证了官兵一致,亲密团结。战斗中、行军中还进行了改造俘虏、教育新兵、实施不间断的政治动员和宣传鼓动等工作,战斗愈激烈、环境愈艰苦，政治工作就愈深入、活跃，党组织的战斗堡垒作用愈坚强有力。因而，长征途中，强大的敌人没有搞垮我们，人间罕见的艰难困苦没有压倒我们，张国焘的错误路线没有分裂我们，主要原因就是坚持了党的正确领导，发挥了政治工作的群众性、战斗性、及时性的强大威力。

第四，保持和发扬我军的光荣传统。在红军创建的初期，毛泽东、朱德等同志就领导我们打仗、筹款、做群众工作，为建立一支新型的人民军队奠定了基础，从根本上划清了旧式军队和人民军队的政治界限。从二、六军团会师到长征胜利，我们始终保持了这一光荣传统，不论战斗多紧张，都利用一切机会进行宣传、组织、武装群众的工作。在建立湘鄂川黔边根据地的斗争中，我们利用军事占领展开的大好局面，发动群众，打土豪、分田地，建党建政，建立群众武装，并依托根据地开展武装斗争，休整和壮大自己的队伍。长征中，沿途宣传抗日救国的方针，坚决贯彻三大纪律八项注意，严格遵守党的民族政策，扩大了我军的政治影响，并播下了革命火种。在频繁的战斗中，人民群众想尽一切办法积极配合部队作战。特别要提到的是青壮年的踊跃参军，使我军在战斗频繁和紧张行军中减员很大的情况下，获得不断的补充。总之，没有人民群众的密切配合和大力支援，要取得长征的伟大胜利是不可能的。

红二、六军团取得的这些成绩和经验，给我二方面军后来改编成一二〇师，东渡黄河，奔赴华北抗日前线，进行伟大的民族战争，提供了宝贵的精神武器，并载入了中国革命战争的光辉史册。今天，在新的长征中，也应认真研究和借鉴这些有益的历史经验，以加速我军现代化建设。

（原载《红军长征回忆史料》(2)，解放军出版社1992年9月版）

# 千里康巴念故人

何辉

好多年来，人们都知道红军长征过彝区时刘伯承与小叶丹头人歃血结盟的故事，也广泛流传着抗日战争时期人民群众帮助我军在敌后用鸡毛信传送情报的故事。但是，长征途中贺龙总指挥与喇嘛修好，由藏民送鸡毛信，帮助红二军团顺利通过千里康巴藏民区的事，却至今鲜为人知。我亲自经历的这件事，虽然时过半个世纪，有些细节已经淡忘，但事情始末梗概我还记得，写出来作为军史战史补遗。

# 附 录

一九三六年四月初,红二、六军团奉命从黔滇边境出发,开始了穿越云南、渡金沙江北上与红四方面军会师的行动。由于前进方向将是辽阔的藏民区,所以从行动一开始就对部队加强了民族政策和团结藏民的教育,并采取了具体措施。

我原在二军团破坏部(敌工部)工作。红二、六军团长征撤离黔西北时,军团补训团把在黔、大、毕扩大的大批新战士编了四个营,组织上把我从破坏部调到补训团当政委,随军团指挥部边行军边教育边给各师团补充输送。经过一个多月进到丽江时,只剩下一个营了。四月下旬,红二、六军团在云南石鼓渡过金沙江。高高的玉龙雪山,远远在望,部队进入藏民地区了。军团指挥部在金沙江边找了一个会说藏语的汉人作通司(翻译)。这个通司是四川人,四十来岁年纪,中等个子,瘦瘦的,很精干,对红军很有感情,跟随我们从金沙江边一直走到四川甘孜,为红军做了很多工作,可惜现在我怎么也想不起他的名字了。

翻过玉龙雪山,部队于五月初到达中甸。在这里将补训团最后一个营的新兵也分配出去,补训团机构就此撤销,我又回到政治部跟着机关走。从中甸起,二、六军团分为左右两个纵队:左纵队二军团经得荣、巴塘、白玉,右纵队六军团经乡城、稻城、理塘,共同向甘孜前进。二军团从中甸出发,两天以后进入了四川得荣县境。

听说快到四川省(当时为西康省)的一个县城,干部战士们都非常高兴,准备了不少零花钱,想进城买点香烟、纸笔和其他日用品。可是走呀走的,还是不见县城街市。遇到两个小商贩,问他们得荣县城在哪里?老乡用手一指说:"喏!就在那里。"顺着他手指的方向看去,有几棵大树,树旁有几间石砌的房子,还有一幢不到二十平方米的小楼房。人们介绍说,这就是本县县太爷住的地方。据说这个县长是湖南人,当过国民党营长,县政府机关一共只有四条枪的武装,红军到时,这些人员都已逃之夭夭。我进到楼房一看,满地都是文件乱纸。我们政治部机关就在几棵大树底下宿营。大家对进入四川的第一个藏民区县城如此荒凉,都感到很扫兴。

为了通过藏民区,做好团结藏民的工作,我们一路收留了几个藏民,加上金沙江边找来的那位通司,指挥部已集中了七八个藏民。就在进入得荣县城的第二天,甘泗淇主任把我叫去,交给我一个新任务,要我负责管理通司和几个藏民的工作,还从保卫处派了三名干部跟我一起,另外配备一个小勤务员和一匹牲口,自成一个小单位,与军团首长、司令部机关一起行军。任务是专做行军途中与藏民之间的联络工作,每天向军团首长直接汇报沿途与藏民的关系和群众反映。当时我们这个小单位没有名称,实际是一个小小的藏民工作组,归军团首长直接领导。贺龙、任弼时等首长特别指示我们,要执行好政策,做好团结藏民工作,还要学点藏语。

接受这个新任务后,我就整天和藏民一起生活了。部队从得荣县城出发,走了

## 红色记忆
——红军长征在藏族地区及其当代启示

半天路程,来到一个小山村。这里两边是高山,中间是一块很大的平坝子,一条山溪哗哗流过小村。山坡上有一片片的青稞、玉米,碧绿的草地延伸到森林的边沿。这个山村只有二三十户人家,我们到时,居民都跑光了。部队在这里宿营后,当即组织人员到附近山里去找老乡。不一会儿,通司找来一个藏语说得很流利的汉人。他告诉我们,他原是陕西人,做买卖来到康巴地区,遭抢劫落难在这里。村上有个藏族寡妇老阿妈,看他可怜但人很精明能干,就把他收留下来并招为女婿,给他四十只羊,一片青稞地,平时放牧种青稞,外加做点小生意,日子过得很好,受到村里藏民群众的称道。我们向他宣传了红军的政策以后,他首先自告奋勇出面接待红军,并带着我们几个机关干部到山沟里呼叫,找回了全村老乡,而且专门把当地的几个头人和一个有声望的"喇嘛头"请来与我们相见。当时我们对这位喇嘛是称呼其尊号的。现在事过几十年,尊号已经忘记,因后来与这位喇嘛一起随军行动的有八九个藏民,故此文姑且称其为"喇嘛头"。

这位喇嘛头年已五十出头,身材魁梧,长得挺结实,不胖不瘦,头上有长长的辫子,黑黑的脸膛,脸上带有烟色,一看就是个抽大烟的人。在当时那个年代,这个地区中上层人物抽大烟是常事。据说,这位喇嘛不是活佛,但当过住持僧,不仅在本村本县是一位管事的喇嘛头,而且在附近方圆几百里乃至整个康巴地区都是有影响的人物,与康区各有名寺庙都有来往。言谈之中,听得出来他有点文化,思想比较开明。当我们向他讲述了红军为了北上抗日路过康区和红军有关民族宗教政策后,他表示理解和钦佩,并愿意同红军合作,帮助红军做工作。我一听很高兴,随即报告贺总指挥。贺老总十分重视,让我带他们来当面谈判。我立即带着这位喇嘛头和四个头人一起去见贺龙和任弼时等首长。

贺总指挥等首长当时住在一个喇嘛庙的闲房里,大门洞里三间并排的正房,贺龙和任弼时各住一间,有用门板搭起的床铺;我们就住在相邻的另一间房子里。当我喊了一声报告后,贺总指挥即起身请客人进屋。这位喇嘛头和几个头人见了首长,按照藏民的礼节习惯,一下都跪倒在地,躬身弯腰,双手前撑,向前低头,几乎挨近地面,口中不断地说:"卡起欧!本巴!"(谢谢长官!)贺总指挥等赶忙上前搀扶,连声说:"别这样,别这样嘛!快起来,咱们都是自家人,藏汉人民是一家人嘛!"说了几次,头人们站起身来,但还不抬头,一边说着"卡起欧! 卡起欧!"一边用小碎步向后退到墙边。贺总指挥请他们坐下,问他们为什么跑上山。头人们回答说:"汉官说啦,红军青面獠牙,杀人放火,破坏寺庙,还说什么红军女人的奶子都搭到肩膀上,伤风败俗……现在我们亲眼看到了,你们红军跟我们一样,是好人,汉官说的统统是造谣。"贺老总听了哈哈大笑说:"那些汉官都是胡说八道,你们不要相信！不过我们确实与国民党汉官不一样，他们欺压老百姓，欺压藏族同胞，而我们红军是中国共产党领导的保护人民的队伍。这次是为了北上抗击日本侵略者才路过贵地的。来到这里以后，你们都看到了，红军决不伤害群众，而且保护寺庙，保护牛羊，请你们回去转告乡亲们，安心生活，照常拜佛念经，上山放牧，做生意。"喇嘛头一边听一边点头，连声说："喔呀！喔呀！"（对呀！是罗！）任政委接着说："红军有三大纪律八项注意，在你们村子里住，免不了要吃你们的粮食，牲口也要吃草吃料，我们都照价付钱，损坏了东西要赔偿。请你们回去对乡亲们讲清楚，希望头人们给我们多多帮助。"任政委刚刚说完，贺总指挥又接着说："请诸位头人回去好好向老乡们讲讲，红军北上打日本，为的是全中国的老百姓不受侵略压迫。红军要顺利北上，要打胜仗，也离不开老百姓的支援。我们一路上已经得到了包括汉族、苗族和藏族各族同胞的帮助，这才冲破国民党军队的封锁阻拦，渡过了金沙江，翻过了玉龙山。现在来到你们康区，山高路险，人不熟，路不熟，话也不懂，有很多事要请教你们，请你们帮助解决哩！"头人们异口同声地回答道："愿意为红军效力。"接着，贺、任首长向头人们询问了从得荣北去沿途的地理环境和气候情况，问他们有几条道路可以通甘孜，走哪一条路比较安全。喇嘛头情况最熟悉，他一一作了回答。他告诉我们，当前正是高原上的黄金季节，天气好，路好走，而且这一路的寺庙里有他的师兄弟，人也很熟，一定可以帮上忙。经过一番交谈，首长们非常高兴。最后，贺老总热情豪爽地站起身来，走上前去，双手握住喇嘛头的手，说："好，一言为定！从现在开始，就正式邀请你们各位头人为本军办事！至于干什么，具体的由我们这位戴眼镜的何辉同志负责和你们联系办理。"头人们都"喔呀，喔呀"地答应着。第一次与藏族喇嘛头人的谈判取得了成功。

送走喇嘛头等人后，贺总指挥和任政委对我说："何辉呀！这下你有工作好做了，这样的头人难得呀，真是踏破铁鞋无处寻。你要进一步去团结这几位头人，通过他们了解更多的情况，得到更多的支援，争取他们为我们多做一些工作。"说到这里，贺总指挥与任政委交换了一下眼色，然后郑重地对我说："我看，为了表示友好、团结，为了方便今后的工作，叫军需处拨出一些银元和烟土，送给喇嘛头和这几个头人，作为部队驻在这里吃粮和损耗青稞的赔偿，也是我们的见面礼。前面的路还长着哩，康巴历来多匪，如果我们能争取这位喇嘛头派人作向导，利用头人们在当地的关系，就可以比较顺利地通过这一带藏民区。"任政委说："这个办法好。我们过苗区，就有过很好的经验，也有一些教训嘛！现在我们有了好通司，再有个好向导，前面的路就好走了，可以少吃亏了！"我听首长们说得都很对，但不知能否办到，就说："试试看吧！"贺老总忙说："不是试试看，而是一定要去办，你最好想办法搬到那

### 红色记忆
——红军长征在藏族地区及其当代启示

位喇嘛头家里去住,跟这些头人们在生活上打成一片,一起吃糌粑,喝酥油茶,好好学藏语。"

根据贺总指挥和任政委的指示,我到军需处领了一包银元,数量记不得了,但清楚地记得,有全国通用的大银元,有云南自造的小银元,还有切成小块的碎银,另有几包烟土,我与通司二人拿着去见喇嘛头。

喇嘛头家住藏式二层楼房。进门以后,我向他转达了贺总指挥等首长的问候,送上礼物,并说:"红军在村里吃了你们的粮,牲口还吃了一些地里的青稞,按照红军的纪律,应予赔偿。请将这些薄礼收下,付给村民和各位头人。"喇嘛头十分感激,说:"谢谢红军的恩施,红军是我见过的最好的军队,红军缺什么,我们一定效力。"谈话很恳切。于是我就把首长想请他派向导的意图提了出来。对此,这位喇嘛头答复得很干脆,说:"本人就愿意跟红军走一趟,作向导,还可与各方做联络。"他接着又讲了好多他与康区一些寺庙平时来往的关系,说现在有强大的红军做后盾,说话更管用。经过这一番赠礼交谈,工作做成功了,达成了协议:由这位喇嘛头亲自出任向导,送我们一路到甘孜。我向首长们汇报以后,决定请喇嘛头随军出发。贺老总对我夸奖了几句,要我和喇嘛头搞好关系,好好照顾他,生活上打成一片,团结好这个关键人物。我当晚就搬到喇嘛头家住下,帮助他做出发准备。

部队在得荣县这个山村住了两三天,在附近筹了一点粮,就继续北上。这位喇嘛头还带了两个头人和他一起,参加向导联络。他们的行装很复杂:帐篷、铜锅、青稞、糌粑、酥油、砖茶,七八匹马都驮满了,成了一支小小的队伍。出发时,喇嘛头村里的男女群众都来相送,说着"平安"、"吉祥"这一类的祝愿话,显得很是热烈。

我根据司令部的命令,把当天行军的目的地和沿途经过的主要地名告诉喇嘛头,他拿出纸和笔写成信件让人预先送出。他用的纸是写经文的发灰的土造纸,那支笔既不是毛笔,也不是铅笔,而是一根一尺左右的窄窄的木片,下端削成斜面刀口状,和木匠的画线笔差不多,没有墨,而是用木匠用的"墨斗",把笔蘸着墨斗里的墨汁写字。不一会儿,一串串弯弯绕绕的藏文字写了好几行,我们不认识,但意思是按我们的要求写的。写完以后,还和翻译念给我听了一遍。然后,把信卷在一根小木棍上,用牦牛线捆了好几道,最后插上两三片鸡毛。这一切,都是喇嘛头事先就准备好的。我是生平第一次看到这种插上鸡毛的信,便好奇地问他:这有什么讲究?他说,这是这一带藏民祖辈传下来的规矩,插上鸡毛就是表明此信紧急重要,送信人和收信人都特别重视,路上无论何人都不得阻拦破坏。这样,喇嘛头把信交给一个从村里雇来的年轻藏民,快马加鞭,将信按地址送去。按要求,信送到第一站后再换人送第二站，一站接一站地传送。

我们红二军团左纵队大部队沿着金沙江边的崇山峻岭逶迤北上，一直有一封小小的鸡毛信在前面飞驰引导，一站又一站，一天又一天，准确无误地从得荣到仁波，到中咱，到巴塘……一路上不仅没有人阻拦我们前进，而且人不惊，犬不吠，藏民们见了红军，笑脸相迎，热情相送。大一点的县城、牛场还有人接待我们，还有个别藏民要求参加红军。使我们感到快慰的还有，这一路不仅藏胞对待我们好，而且山川大地似乎也变得特别美：本来是大山连绵海拔四五千米的高原，本来是雪山冰坡险峻地区，我们却都避开了，没有遇到什么危险和特别难忍的高山反应。这完全是由于喇嘛头他们人熟路熟，选择的行军路线好，加上六、七月份的天气是高原的黄金季节，因而我们行进在金沙江边大山的谷地，海拔低，气候好，山山水水，森林花草，各种飞禽走兽，甚至黑狗熊都看到了。

在喇嘛头的引导下，出得荣行军个把月，便到了白玉。这是个大县城，国民党县党部和县政府都在一个大门里，挂两块牌子。官员们都逃走了。当地藏族僧俗群众把我们待若上宾。这里虽然没有像样的街道，但有座很壮观的喇嘛庙，漂亮的琉璃瓦和金顶子，老远就闪着灿烂的金光。喇嘛庙附近有几十户人家，军团指挥部就驻在喇嘛庙旁。休息时，喇嘛头专门陪着我们几个人去参观了这座喇嘛庙，我们受到了热情的接待。喇嘛们取出银杯银碟，请我们喝牛奶，吃奶饼子，喝酥油茶，还领着我们在庙内参观了一圈。庙的规模很大，给我印象最深至今不忘的是，有一口很大的铜锅和两面比门板还大的牛皮鼓。据喇嘛们介绍说，这口大铜锅可以一次煮两条整牦牛。过年过节时，附近藏民群众就到庙里来，一边煮牦牛，一边唱歌跳舞。牦牛煮熟了，就抬着整牛出来，大家围着用刀割牛肉吃。庙里的一些橱柜里还存放着完整的牛羊和各种野兽的骨架，好像标本陈列所，使我大开了眼界。

在白玉，部队的生活也得到了改善。记得我还陪着贺总指挥等首长到离白玉几里地的四师驻地，在卢冬生师长那里吃了一顿好饭：酥油炒牛肉加辣椒，还有贺老总亲自钓的鱼，也是用酥油辣椒烧的。这种美味，在长征路上是十分难得的。

出白玉不几天就到了甘孜。在甘孜与红四方面军会师以后，决定要与四方面军一起北上。这时，司令部不需要这么多通司、向导人员了。再说，这几位通司和喇嘛头已经送了我们近千里路程，本该早日让他们回家团聚，只是喇嘛头他们几次坚持多送几程，这才到了甘孜。真是盛情可感哪！从甘孜出发北上之前，司令部专门请喇嘛头等吃了一顿饭，连我们一共十来个人，吃的是炒面、牛肉烧萝卜，一人一盆。饭后，贺老总、任政委等首长接见了喇嘛头等几个人，贺老总特地把一支象牙烟枪赠送给喇嘛头。这支象牙烟枪颜色淡黄，一尺多长，很精致，工艺很高，是在

**红色记忆**
——红军长征在藏族地区及其当代启示

云南境内打土豪时得来的。部队带着它过了金沙江,翻了雪山,走了几千里,可算得十分贵重了。喇嘛头接在手里,看了又看,很中意,不住地道谢,差一点又要跪下。贺老总说:"礼轻情意重,这表示我们对藏族同胞的一点谢意。我们红军要大大地感谢你呀。有了你,有了你的鸡毛信,使我们一路平安,顺利通过了历来多事的康巴高原。你们为红军立了一大功劳。这点礼物留作纪念吧!祝你们回家一路平安,吉祥如意!"这位喇嘛头也用藏语夹着四川话说着祝红军一路平安的话。军需处又给喇嘛头等人送了一些银元和糌粑、牛肉,最后告别。我们目送着这位令人尊敬的喇嘛头带着一支小小的牲口驮子队伍,离开甘孜南去,依依不舍!

过了几天,我们二方面军与四方面军部队一起从甘孜出发继续北上。过草地时,一路上就不那么平安无事了,有时就遭到受国民党影响的藏民反动骑兵的袭击。虽然我们学会了打骑兵的要领,嘴里唱着《打骑兵歌》:"骑兵来了,不怕他呀……"但心里总还是有点不踏实。这时,我们才更体会到安全通过千里康巴地区是多么难得,也更加怀念和感激这位藏族喇嘛头和他的鸡毛信。我们一面北上,一面默默祝愿他回得荣家乡的南下途中,平安无事。

全国解放后,听说这位喇嘛头离开甘孜返回得荣途中,在路过理塘时,被国民党反动派杀害了。这使我们这些受过这位藏族人士深恩大德的红军战士无限悲痛。虽然他的姓名现在我已无从记忆,但他那矫健的身影,他对红军千里相送的友好行动,他在艰苦的长征中慷慨地帮助红军的热心肠,却牢牢地留在我的记忆中,并将永远为后人所纪念和颂扬。我对这位喇嘛头的记忆片片断断,希望知情的老同志写出更详细具体的回忆。

(原载《苦斗十年》(下),解放军出版社 1989 年 12 月版)

# 印在心头的足迹

李真

长征路上,红六军团过草地留下的那一行行深深的脚印,一直印在我的心头,并不因天长日久而消失、淡漠。

一九三六年七月上旬,我们红十八师从甘孜出发。不久,就进入草地。开始看见这无际的草原,倒也开心。从表面上看,这平荡荡、浩茫无涯的草原,到处绿草茸茸、露珠滴滴;早霞射出的道道红光,将碧蓝的天空和茫茫的草原染成各种美丽的颜色。草叶上金黄色的珠子在颤动，远处闪烁着五彩缤纷的光环，微风吹拂着茸茸草丛，像翻滚着的海浪。在这辽阔的草海上，我们的队伍犹如海上的一排巨轮在绿色的海洋上航行。然而，这种美好的感觉不过是一种幻景，很快就被驱散得干干净净。一些不知名的花草和腐烂的草根污泥，溢出苦涩而有害人身体的气味，闻之欲呕；转瞬间，风和雨、冰雹和雪又劈头盖脸地袭来，有时整天笼罩着阴沉寒冷的迷雾。

从甘孜到阿坝的路上，开始几天，每人还能分到二三两青稞粉子，往后就不行了。许多部队只得以野菜、野草充食品，有的人把草鞋上的牛皮烤焦或煮熟来充塞饥肠。由于缺粮，战士们的脸由红润变成蜡黄，高高突出的颧骨像两个拳头贴在脸上，满头的头发蓬乱着。一张张像病入膏肓的脸，很难看。因为饥寒交迫，生病的人多了，掉队和死亡人数不断增加。据通报：七月二十二日，日夜雨雪，在抵达绒玉的途中，仅红六师就死亡一百四十余人！这些红色战士，为了北上抗日，口里含着野草，光荣地牺牲在草地上。所以，部队不能按时到达目的地。本来按部队常规行军能力计算，有十来天即可到达，结果走了二十多天才到阿坝。

从阿坝到包座，还有一段相当长的水草地。部队到达阿坝后多么想得到充足的粮食啊！因为部队多，阿坝这小地方哪能有多少粮食补充呢？可是，往后这一段草地的环境更加恶劣。这时，我已由军团教导团政治大队调到红十八师特务连任政治指导员。上任时，我们师长张振坤找我谈话。我们选择了沼泽地里的一个较高草堆上。他听我开腔，带出了江西永新土话的余音，就开玩笑地叫了一声"古拉！"然后既亲切又严肃地对我说："当政治干部，更要经得起考验。你已经看得清楚，部队确实很辛苦，几天过去了看不到人烟。宿营，连一块稍干燥的土丘都找不到。许多战士赤着脚在水草地里走，有的脚上裂开了一道道血口，有的肿胀流水流脓。做思想政治工作，既要看到这些实际困难，又要教育同志们有坚持克服困难的决心和信心。"他在膝盖上摊开不准确的西康地图说："我看过草地的时间不会太长了。告诉大家千万要坚持，不能掉队！在这样的水草地里，掉下队来就完了。要组织抢救小组，尽量想办法多带出去一个人，多一个人就使革命多一份力量！"他指着行军路上说："你看，前面两个战士架着一个人走，是一种好办法。"这些话是多么的语重心长啊！

我没有到十八师以前，张师长的英勇、谋略早就听说过。一九三五年十一月，我红二、六军团奉命突围离开湘鄂川黔边根据地时留下十八师执行牵制敌人的任务。当时他带领约三千人的部队以各种战略、战术手段迷惑敌人，一会儿长驱直入向根据地外的西南方向行动，一会儿又掉头向西北疾进。当敌人发现我主力到达湘中，

## 红色记忆
——红军长征在藏族地区及其当代启示

即集中十多个团的兵力，重重包围我十八师于龙山茨岩塘地区的一个山上。他指挥部队，在众寡悬殊的情况下，经四天四夜的浴血苦战，杀出重围。后来，这个部队在十几倍敌军的追击、截击和多次包围的险恶情况下，由于张师长的深谋远虑和镇定沉着，尽管部队伤亡很大，但没有一个人气馁，没有一个人动摇，一直坚持到与主力会合。可见，张振坤师长是一个胸怀革命大业和对红色战士充满无产阶级革命深情的领导！目前，我们遇到如此重大的困难，他又谆谆教育我们，鼓励我们前进。

部队又艰难地跋涉了六七天，才走出这段险恶的沼泽地。然而，为解救处于水深火热之中的人民，我们连里又有几位可爱的战士在通过这段草地时殉难了。使我一生难忘、一生懊悔的有这么一件事：我们连部通信员田维，在走了五天草地后，同其他两个战士一起被饥寒交迫致死。有人向我报告说，在包座出发前，分配给田维的少得可怜的那点青稞面，被上士李宏久扣发了一半；并说上士讨厌这个能说会道的人。在李宏久脑子里种下的印象是：小田说大话没有边际；他看不起别人；走起路来尽管饿着肚子也挺直身子，昂起脑袋，显出对困难无所畏惧的神态。有一次煮了一锅苦野菜，明明又苦又涩，他偏偏说比山珍海味还美。为此事上士跟他辩论，他反说苦菜有三大好处：一可以补充粮食不足；二营养价值高；三苦中有甜。上士却认为他打肿脸充胖子，装蒜。有时上士又觉得他是一个不大懂事的小孩。大家走了一天很疲劳了，他却不休息，到清澈的小溪里捉鱼，两只眼睛死死地盯着。突然有只野鸟钻进草丛，他就飞也似的追上去，结果什么也没有捞到。对反映的情况，我只作了个粗略的分析。我认为田维是个好战士，他年纪最小，还不满十五周岁，是我们突围到湘中，在新化县扩大来的。他是一个初中没有毕业的学生。他个头矮，但长得粗壮。听别人告诉我，过雪山时，天那么严寒，他把八角帽掀到脑盖顶上，一头蓬松的乱发向天冲起，就像黑火焰，汗珠子像密密的雨点，滴到雪路上，把雪路都溶化得像马蜂窝。从包座出发的头一两天，他情绪仍然那么高涨。而今，他显得非常疲惫，走着，走着，停下来，闭上眼睛，喘几口气休息一下，身子也战栗起来，好像是一阵寒战。他对我说："指导员，要能找上一个干燥的地方，睡个舒坦的觉，该多好啊！"他紧锁着眉毛下那对流光的眼睛，瞅着这漫无边际的水草地凝神。上牙咬着微厚的嘴唇，而嘴角上仍透出一缕带有苦涩意味的笑纹。他的两条腿终于瘫软下来。他坐在发绿色有毒的水草地上，两眼发呆了，脸色也铁青。挽他、扶他都不行，他一言不发地摇着头。

几天来，小田的肚子里除了咀嚼的草根，什么东西也没有。昨天，在路上我还问过他的粮食情况，他高高兴兴地拍打着米袋的下端说："这不是么！"他把身子仍站得笔直，伸出大拇指，显出若无其事的神气。其实，他米袋装的都是带泥沙的草末子。田维的死，使我万分悲痛。

听了上士扣发小田粮食的事，在小田死后，我更加恼火。见了上士像条件反射似的对他发出莫名其妙的怨恨。

有一天，宏久同志正在搜寻柴草和牛粪为战士们烧开水，我怒气冲冲地对他说："你吃得膘肥肉厚的，就不管别人的死活。"从表面看来，这个三十来岁的汉子，圆胖胖的脸，面皮绷得亮堂堂的，像是用汽筒打起来的皮球。但脸上没有血色，像是从缸里捞出来的黝黑的酱菜，似乎心头上有一片愁云涌到脸上，老是带着一种沉思的表情。宏久听了我对他这污辱而尖刻的话后，火冒三丈，把抱在手上的牛粪片摔到地下，嘴唇颤个不住，随后大声地喊叫，声音里充满着愤怒："你胡说，谁不管别人死活？"这时他的牙齿格格发抖。他站不住了，倒下了，他的感情和理智遭到了严重的打击。我见情况不妙，伸手去扶他，他猛地把我的手推开。当我的手指碰到他的脸时，他的脸就像发得不好的馒头，出现了一个个压得很深的指坑。这是严重缺乏营养的水肿。这时仿佛有人挥着鞭子在抽打我。看见这空荡荡的水草地里又躺下了一位奄奄一息的战友，我的心绪非常慌乱。我自愧又着急，觉得这是自己的鲁莽而给战友造成的生命危急，这后果是多么的严重啊！我把小田的事暂时放下，抢救上士是当务之急。我用手指撬开他痉挛发抖的牙，灌进一些温茶水，卫生员给他打了一针强心剂。过了一会，我用巴掌捂在他的鼻孔上，又把手贴在他的胸口上，摇摇他的头，摸摸他耷拉着的手，我感到绝望了，仿佛是一种无可挽救的深深的绝望。我想哭，却没有眼泪。我只是深深地怨恨自己。我那块怀表的时针缓慢地走动。一刻钟后，他那无力的胸膛微弱地呼吸着，干裂着的嘴唇好不容易地颤动起来……当时，战士们的情绪像经过千里奔驰而疲倦的老马，一个个地耷拉着脑袋。饥饿、疾病、死亡继续地威胁着，这有什么办法呢？我们只有默默地忍受。说实在的，我对这种恶劣的环境、艰苦的生活也是厌恶透了。我感到倘若三天还走不出草地……我简直不敢想下去了。

宏久同志终于醒过来了，我忐忑不安的心和满面愁苦的情绪顿时振奋了。我不时观察他的表情。他走不动，我就搀扶着他。到晚间露营时，我把棚子搭好，给他端去洗脚水，把他肿胀得像萝卜似的脚轻轻地放在温水里，清洗了裂口上的脓痂，用我剩下的最后一条纱布带子给他包住伤口。这些事做完之后，见他脸上渐渐地发出微笑。这时，我的心里也觉得轻松了许多。

"指导员，你不要记恨我！"说着，他的声音哽塞了。我看到他那两只闪光的眸子里溢满了晶莹的泪珠。

一刹那，我的心剧烈地蹦跳起来，浑身的血涌上了头，我感到一阵晕眩，似乎有点承受不了这突然而至的巨大喜悦！我终于以真挚的战友情谊赢得了这个倔强而耿直的同志对我的宽恕、谅解和信任！

事后我把"扣发粮食"的事搞清了。小田从包座出发的第二天，在路上遇到四方面军走错了路而掉了队的几个病号同志躺在路旁的草丛里，他们的身体非常虚弱，米袋瘪瘪的。他们直条条地躺着像砍倒的木头，迷迷糊糊地睡着了，叫喊也不醒。有的偶尔发出沉痛的呻吟，又不声不响了。小田费了很大的劲把他们叫醒了，他带着痛楚和怜悯的心，把自己米袋里的粮食大部分倒给这几个掉队的病号。然后，在米袋的一头装上沙土掺拌草梢。所以，表面上他的米袋总是鼓鼓的。

我在行军途中，两只脚机械地起落着，脑子里被这件事紧紧地缠住，觉着自己处理问题这么幼稚、这么荒唐，我非常懊悔。如果再鲁莽下去，可能会把李宏久同志置于死地。宏久是多么好的一个同志！同志们告诉我，长征的一路上，不管风里雨里，不管暑天寒夜，为了大伙儿吃好，在我军住地队伍多、蔬菜少的情况下，他常常走出十几里，甚至几十里路，翻山越岭，肩挑背扛把菜买回来。炊事员疲劳得睡着了，他就自己动手。他做的菜饭又香又甜，非常可口……我越想越痛心，要不是在几十人的队伍面前，我会号啕地哭起来。因为我那时还不满十八岁，还有些孩子气。后来，我对经历近两个月艰苦行军稍稍总结了一下，认为部队能战胜人类难以忍受的艰难险阻，胜利地通过草地，除了艰巨的政治思想工作外，抗日民族革命的大好形势是对部队的有力鼓舞。当时的口号是："走出草地就是胜利！"九月一日，我们到达了甘肃岷县境内的哈达铺。

（原载《红六军团征战记》（下），解放军出版社 1994 年 6 月版）

## 在雪山草地的艰难日子里

王恩茂

中国革命胜利是来之不易的，是中国共产党、毛主席和朱总司令领导中国人民、中国人民解放军经过二十多年艰苦奋斗取得的。中国工农红军二万五千里长征是中国人民解放军全部历史上最艰苦的历程，而长征中通过雪山草地的日子，则是艰苦的最高峰。

在一九三四年八月初，中央苏区红军主力一方面军还没有长征之前，我们湘赣苏区红六军团在中央军委命令下，在任弼时同志为红六军团军政委员会主席，萧克同志为军团长，王震同志为政治委员的领导下，开始西征，我有幸参加了红六军团这次西征，也就是开始参加长征。

一九三四年十月二十三日，红六军团和贺龙同志为军长、关向应同志为政治委员领导的红三军（也即红二军团）在贵州省印江县的木黄会师后，建立和发展了湘鄂川黔苏区，任弼时同志任中共湘鄂川黔省委书记，张子意同志任省委副书记，开头是袁任远同志任省委秘书长，不久，我任省委秘书长。一九三五年十一月十九日，红二、六军团又从湘鄂川黔苏区继续长征，张子意同志调红六军团任政治部主任，我跟他一起到红六军团政治部做秘书长工作，又继续参加长征。一九三六年四月下旬，红二、六军团长征到了云南省丽江县的金沙江边，在石鼓、木瓜寨、木柱渡等一线渡口北渡金沙江，我跟红六军团司令部、政治部、红十七师在石鼓渡江，只有一只船，远远不够需用，主要是靠部队和地方铁匠、木匠扎木排渡江。我和红六军团司令部、政治部的同志在石鼓一起乘坐木排渡过金沙江。渡江后我们在松树林里隐蔽休息，防敌机轰炸。下午北进，到达中甸县的四列宿营，这是我们进入雪山草地的起点，也是进入藏族地区的起点。

红二、六军团北渡金沙江后，战胜和摆脱了强大敌人的追击，敌人不敢渡过金沙江，因此，敌人原来企图在追击中消灭我军的计划彻底失败了；但是我军要通过雪山草地的最严重困难摆在面前，我们又有战胜雪山草地最严重困难的艰巨任务。

一九三六年四月二十七日，我军北渡金沙江到达四列后，经过中甸、定乡、稻城、理化（现改为理塘）、瞻化、甘孜、阿坝、包座，于八月二十五日一直到达哈达铺以前，走了四个月步行两千多公里，都是广漠无边际的雪山草地区，也都是人烟稀少和荒无人烟的藏族区。藏族区同汉族区的民族、宗教、语言、文字、风俗、习惯、生活等等都不同。我们部队进到这些地区，大多数地方没有房子，大多数时间都是露营，只有极少数时间极少数部队住过房子，而这些房子基本上都是极简陋的土块砌的土楼房，下面一层放养牛（牦牛）羊，上面一层住人，上楼只有一根独木楼梯，楼上中间的房间正面钉着一个大牦牛头，大多数人家家徒四壁，十分穷困。藏民只有戴的一顶帽子，穿的一件原始的羊皮大衣，其他任何衣服都没有。这些地区气候寒冷，只能经营一点畜牧业，放牧一点牛（牦牛）羊，种植业很落后，不能种小麦，更不能种水稻，只能种一点青稞。藏民吃的主要是青稞做的糌粑，少数喇嘛和牧主、地主才能吃到酥油糌粑，穷人只能吃到凉水糌粑，有很多穷人没有吃的。我们部队很难找到粮食，就是找到一点青稞，也不知道怎么吃，只知道用锅炒熟颗粒青稞吃，有的地方连锅也找不到，只能找到石板炒青稞，没有柴火，都是用牛粪当柴火。吃了青稞不好消化，胀肚，解大便很困难。许多地方连青稞也找不到吃，只能找野草、

**红色记忆**
——红军长征在藏族地区及其当代启示

野菜充饥,有不少人饥饿而死。

从中甸的四列到稻城的藏坝是多雪山区,我们翻越了一座又一座雪山。一九三六年五月二日,翻越了从格罗湾到中甸五千多米高的大雪山,上山五十公里,下山二十公里。五月十二日翻越了中甸的翁水到易窝四千多米高的大雪山,上下五十多公里。五月二十一日翻越了稻城的百根到桑川三千多米高的雪山,上下三十多公里。六月二日翻越了稻城的拉波到藏坝的四千多米高的大雪山,上下五十多公里。此外,还翻越了几座小雪山。我们部队是从南方到达雪山区的,穿的都是单衣,没有适应过高山高寒地区的气候,更没有翻越过雪山的经验。部队到达中甸的格罗湾准备翻越第一座大雪山,在那里休息了一天。萧克、王震、张子意同志调查收集了过雪山的资料。五月一日集合全军团直属队讲话,讲了过雪山应注意的问题。雪山寒冷,空气稀薄、缺氧,要多穿衣服,要吃辣椒、生姜、火酒等,但指战员都没有多的衣服,顶多只有一套换洗的衣服,有的连换洗的一套衣服也没有,辣椒、生姜、火酒等很难找到,翻越雪山没有什么物质保障。在雪山下面,看不到下雪,一上雪山就雪花纷飞,上得越高,雪下得越大,冷到零下一二十度。山上积雪几尺深到几丈深,有的走错了路,掉入雪坑,就没有命。雪山缺氧,行走费力,每走一步都很艰难,走一里要比平地走好几里还难。有不少同志走不动了,坐下来休息,就起不来,死在雪山上。有的同志喝雪水过多,死在雪山上。还有的同志冻死在雪山上。五月二日翻过第一座大雪山到达中甸,在那里休息了一天。鉴于过第一座大雪山掉队的太多,死亡的过多,萧克同志集合了军团直属队和教导团讲话,总结了雪山的经验教训,要求大家多穿衣服,打好绑带,裹好脚,特别是不可因为疲倦而在雪山停留坐下来休息,不可因为口干而多喝雪水,由于部队根本没有物质保障,过雪山还是避免不了死人,过一次雪山死一些人,减一次员,只有汲取了第一次过大雪山的经验教训,过雪山疲倦走不动了,还是咬紧牙走,挣扎拼命走,口干了还是忍受口干,不喝雪水,加强医疗卫生救护工作,加强互相帮助,体力强的帮助体力弱的,尽量减少雪山死亡、雪山减员。

从中甸的四列到甘孜,有些地方还有点村庄,但七月三日从甘孜出发到达东谷后,七月七日到达大吉岭,八日到达日庆(九日在日庆休息),十日到达塘牙沟,十一日到达西倾寺以前的地方,走了一百五十多公里,都是完全没有人烟的草地。从西倾寺到阿坝五百多公里的区域都是一望无边的没有人烟的大草地。七月十二日,部队在西倾寺休息,收集粮食准备通过这一大草地,但这里的藏民因受国民党反动派反共欺骗宣传而逃走一空,搬走和埋藏了粮食,不仅原要收集七天粮食过大草地的计划没有完成,就是在西倾寺吃的粮食也没有找到,还是靠从甘孜出发到西倾寺带的吃得剩下无几的粮食充饥,有的就根本没有粮食吃了,开始饿肚子吃野草、野菜。七月十三日到绒玉,十四日、十五日停留在绒玉,十六日到王楼,十七日到哑龙寺,十八日仍在哑龙寺,十九日到作木沟,二十日从作木沟前进四十公里到一个无名的地方,二十一日到阿坝之前的五百多公里荒无人烟大草地这个时间都是完全找不到粮食吃,日复一日地吃野草、野菜。我们在藏民地区把牦牛皮做的斗篷也烤焦吃掉了,把可吃的皮带也烤焦吃掉了,有的把马也宰杀吃掉了。大家饿得惶惶不可终日,有的饿得走不动,有的饿死了。大家忧心忡忡,不知哪一天才能熬过这饥饿的草地。二十二日到达阿坝,这是大草地的中心,有很大的喇嘛寺,很多的房子,很大的田垅,种了大片大片的青稞,但还只抽穗没成熟,不能收割来吃。原寄希望在这里能吃饱几顿肚子,收集多的粮食,通过从阿坝到包座的又一个千里荒无人烟的大草地。但是这里的藏民也被国民党反动派反共欺骗宣传逃走一空,带走和埋藏了粮食。还是没有粮食吃,大失所望。部队在阿坝停留了几天,动员突击收集粮食,我也参加了收集粮食工作,先到教导团动员粮食队收集粮食,后到模范师帮助动员突击收集粮食。开头找不到一颗粮食,以后七找八找在牛粪堆里找到了一些粮食,在喇嘛寺佛像里头找到了一些粮食,但杯水车薪,解决不了多大问题,既没有能吃饱几顿肚子,更未能找到粮食带上通过阿坝到包座的又一个千里大草地。七月三十日,我们从阿坝出发到贾诺,七月三十一日、八月一日两天到达箭步塘,八月二日到达嘎曲河,八月三日到达河东坪,八月四日到达牙磨河,八月五日到达离上、中色既塘三十公里的地方(没有地名),八月六日到色既塘,八月七日到达岩朵坝。这五百多公里每天到的地方都是荒无人烟的草地。这些日子在这荒无人烟的茫茫草地都是没有粮食吃,都是靠吃野草野菜度日,比过第一个大草地饿得更苦。人也饿得更瘦,饿死的人也不少。到达包座,这是相当于草地中心的第二个阿坝。包座也有很大的喇嘛寺,很多的房子,很大的田垅,大片大片的青稞已成熟了,部队到了这里喜形于色,找到了一个仓库,收集了一些粮食,收割了一些成熟的青稞,缓解了部队的一点饥饿,挽救了一些饥饿濒于死亡的同志,但没有完全解决粮食问题。曾涤同志是红六军团政治部民运部长,在草地我和他行军走在一起,宿营、露营住在一起。我们一起走到包座看到大片大片成熟的青稞,高兴得不得了,一起去收割救命的青稞,没有镰刀,就用手拔,他饿得要命,见了青稞急于要吃,拔几颗,烧几颗,吃几颗。我带了一张布单子,铺在地上,拔一撮青稞放在布单子上积累起来,又拔一撮青稞放在布单子上积累起来,然后打青稞带上慢慢吃。我们正在使劲拔青稞的时候。红五军团大量部队到了,进入青稞地,一会儿把青稞一拔而光。而曾涤同志因边拔、边烧、边吃青稞,没有积累青稞,我积累起来的青稞和他一起脱了壳,两人各分一半带上。

## 红色记忆
——红军长征在藏族地区及其当代启示

幸好有了这点青稞,从包座以后走完最后一段草地里程时起了维持我们饥饿生命的不小作用。

从甘孜到包座,除了阿坝有人烟外,其余的地方都是没有人烟,我们行军二十多天,行程一千多公里,都是一望无际荒无人烟的大草地,都是露营。草地的气候恶劣,一日数变,一会儿天晴,一会儿乌云满天,一会儿刮大风,一会儿下大雨,一会儿下大冰雹,有的冰雹像大碗那样大,有的人被冰雹砸死了,有的骡马被打死了。草地这样恶劣的天气,我们白天行军还能勉强承受,但夜晚露营就很难过了。我们总希望夜晚露营不下雨,但常常恰恰相反,总是下雨,十天露营,总有九天下雨。我们露营,天上大雨下个不停,地面积水成流。睡下,上面雨淋,地下水浸,全身湿透,难受得不能成眠,只能坐起来,大家围在一起,抵挡风雨。风吹雨淋,难受得要命,希望风停雨止,但往往一夜下雨越下越大,风越刮越狂,狂风吹人,大雨淋人,使人遭受难以忍受的痛苦。希望早点天亮,但越是这样希望,天越难亮,夜特别长,真是度夜如年,不可终夜。有不少体弱的同志经过草地长期露营经受不住风吹雨打的折磨而死亡。

从阿坝到包座一路基本上都是水草地。通过水草地比通过旱草地更困难。水草地的水草有毒,要打好绑带,穿好布袜。没有布袜,要找布裹好脚,否则,走水草地要烂脚,通过水草地烂了脚的同志很多。水草地上面有一层稀泥硬壳,下面有不知多深的稀泥坑,水草地上面的这一层硬壳有厚有薄,厚的坚固的,上面可以走人,如果走人走骡马,就会掉下稀泥坑里去;掉下去了,越陷越深,没法挽救。如要去拉人、拉骡马,连自己也要掉下去。走水草地,要调查和选择好行军路线,不能走错路,走错了路,就会掉下稀泥坑里去,遭受灭顶之灾,我们部队有的人和骡马走错了路,就掉进了稀泥坑里而死亡。

只是从甘孜到阿坝这一路,饿死、冻死、病死的就有七百五十多人,从阿坝到包座饿死、冻死、病死的人就更多。我们想到他们就心里难过。他们为了人民解放、民族解放,通过雪山草地光荣地牺牲了自己的生命,我们要永远纪念他们。

一九三六年八月二十五日,我们到达哈达铺,才算走出了最困难的雪山草地。第一次见到了有汉族人家的地方,那里有小铺子,有卖锅盔的、卖海棠果和花红果的,有卖其他东西的。曾涤同志身上还有两块银元,拿一块银元买了两块大锅盔,自己吃一块,送了一块给我吃。曾涤同志是一个性情奔放的人,想到草地没有粮食吃,死了不少人,他几乎也饿死,他吃到了大锅盔,把帽子抛到空中,跳了起来大声高喊:"饿不死我们了!"我们高兴得欢天喜地!到哈达铺后,通过岷山,真是"更喜岷山千里雪,三军过后尽开颜。"

附　录

　　敌人认为红军进入雪山草地，只能进不能出，不打自灭。但是红军不仅能战胜敌人，而且能征服雪山草地，渡过艰苦的高峰，像天兵天将一样从雪山草地胜利地走出来了，完全出乎敌人所料，大大震撼了敌人。

　　通过雪山草地是不容易的，历史上没有任何军队通过这样困难的雪山草地，只有我们红军。这是历史奇迹。红军是中国共产党领导的用马克思列宁主义和毛泽东思想武装起来的最有觉悟的人民子弟兵，是人民革命的军队，是为着人民解放、民族解放，不怕任何敌人，不怕任何困难，不怕任何艰苦，不怕任何牺牲，勇敢顽强，百折不挠的铁打的好汉，英雄好汉。

　　红军通过雪山草地，保存了有生力量，这是伟大的胜利。全国各族人民都把民族解放的希望，人民解放的希望和中国革命胜利的希望寄托在红军的身上。正是因为红军通过了雪山草地到达了陕甘宁边区，实现了红一、二、四方面军大会师，加上陕北红军保存了三万有生力量，这是最宝贵的革命财富，最宝贵的革命种子。依靠这三万红军革命种子，在抗日战争中发展到一百多万人，打败了日本帝国主义，在人民解放战争中发展到三百多万人，打败了蒋介石，解放了全大陆，取得了中国革命的胜利。红军长征通过雪山草地胜利的意义的确是伟大的，不可估量的。

（原载《红六军团征战记》（下），解放军出版社 1994 年 6 月版）

## 最后的脚印

李文清

把青稞分给全团让全团都能北上

　　草地远处的尽头，隐隐约约地可以看到一些小黑点，阿坝快到了。

　　"同志们！加油呀！到了阿坝就有粮食了！"

　　粮食！粮食！很久以来，我们就很少见到粮食了。记得是在一九三五年十一月间，我们红二军团的五师十五团①一千八百多人，怀着坚决跟毛主席走、北上抗日的决心，随主力从湘鄂川黔根据地出发，一路冲杀，于一九三六年七月到达甘孜。经过几天休整，每人只带着半个月左右的粮食（按每人每天三四两计算），就踏着

---

① 一九三六年九月七日，该师编入红三十二军建制，改称九十六师，十五团改称二八八团。

**红色记忆**
——红军长征在藏族地区及其当代启示

一、四方面军的脚印,向着这荒无人烟的原始水草地带进军。虽然历尽了千辛万苦,但在快要进到阿坝的时候,战士们却不知从哪儿来的一股子劲,唱着、笑着、喊着、闹着、越走越有劲。

慢慢地,房子的轮廓清楚了。奇怪!既没人走动,也没烟火。原来,藏民不了解我军政策,在当地封建主的挟持下都走光了。我们只好住下。但是,骑在藏民头上的封建主的骑兵老在我们周围来回兜圈子,嗥嗥喊叫,野心勃勃,企图袭击我军,阻挠我军北上。为了自卫,为了打击敌人,第二天部队分两路出动,同志们一听说打仗,力气就上来了,一个猛冲,敌人就扔掉帐篷落荒而逃。我们乘胜追击十多里,缴获了十多斤糌粑;团部通讯班的小鬼们在搜山中还捉住了一只古里古怪的扁矮的动物,背上有甲,四条短腿,足有七八斤。把它煮成了一锅汤,虽说是不多,但他们还是给各营都送了些。

敌人被撵走了,但还是没粮,我发愁了,对政委陈文彪同志说:

"老陈呀!明天就要出发了,啥也没有,咋走呢?"

"还得发动大家再找呀!"

正说间,一营通讯员兴冲冲地跑了进来:

"报告!"

"什么事?"

"青稞!""哪里?"

"我们缴获了敌人一袋青稞,我们营长说有吃大家吃,要饿大家都饿,请团长处理。"

我兴奋极了,把手一挥:"警卫员,叫供给处刘处长来!"

原来,一营营部通讯班在敌人扔下的帐篷里找到了一大袋青稞,大家像找到了宝贝一样高兴。因为饿极了,有人就要煮来吃,多数人不同意,有人说:"不能只顾我们自己吃饱,北上打日本需要大家都去;缴获应归公,应分给全营。"大家都同意这个意见。正好这时一营长张树芝走进来听到了,他接着就说:"还应该分给全团,让全团都北上。"营长的话还没说完,大家就都接下去说:"应该这样,还是营长比我们想的远。"就是这样,他们报告了团里。我们去看时,一粒也没动,我和政委都很感动,当场表扬了一营在极度艰苦的情况下首先想到的是全团的这种高度的阶级友爱和集体主义精神。虽然全团每人只分到一小碗青稞,但我们要用它征服草地,度完这征途的最后一个多月。

第三天,和着野草,每人只吃了一小撮撮青稞面。出发前,政委做了简单动员。他指着手里提的那一点点青稞面说:"粮食就这么多了,这是我们的命根子,不准乱吃，虽然肯定不够，但我们是红军，从来就没向困难低过头，草地挡不住我们北上抗日的决心，同志们！中央、毛主席都过去了，我们还过不去吗？"接着部队响起了雷一般的声音："爬也能爬过去！"

  出发不远，行军队伍的侧翼又发现了敌人的骑兵。我们团走在最后，担任掩护全师的任务，当即命令后面部队隐蔽起来待机歼敌，大部队仍照常前进。狡猾的敌人发现形势不妙，就空放几枪逃跑了。宿营时，我到师部去汇报，一进帐篷就闻到一股香味，口水就不自禁地流了出来。师长王尚荣同志一把拉我坐下说："先别忙汇报，这里搞了个牦牛脑袋，今天你们在后面完成了掩护任务，很辛苦，来！先喝它一碗。"说着，亲自盛了一碗给我，我接过来咕咕一气就喝了下去。多香呀！我好像这辈子才第一次喝过那么好的汤。这几天来每天都只能吃一小撮青稞面，还要走八九十里路，肠子好像在打结，真想敞开肚子，喝它个饱；但当师长又让我喝的时候我却没喝，我知道，师首长也和我们一样，而且，这锅汤是给整个师部喝的。

  茫茫草地似大海为了抗日冲过去

  第五天，青稞面全光了。我们这些人一路摇摇晃晃地蠕动在茫茫的草地里，就像航行在水天相连的大海里的帆船一样。这里，时晴、时雨、时雪、时雹，变幻无常；地上表面长着水草，脚一踩上去，草团根就像小船似的摇晃，而黑油油的污水马上就会淹过脚面，要是一不小心，陷入泥坑，那就等于石沉大海。更令人恼火的是：这里见不到人烟，甚至连飞鸟也绝迹。一到宿营地，周围可吃的野草也几乎被前面的兄弟部队吃光了，我们就只好挖些他们吃剩的草根充饥。有的吃上毒草，轻的就会四肢抽风，精神失常，口吐白沫，重的就会丧命。当时又缺医药，大家围在一起束手无策，眼看着自己的战友倒下去丧失了宝贵的生命，心里像刀割一样地难受。

  情况已到了极其严重的地步了，为了救下这些革命的种子，现在，只有把最后的一手拿出来了——把驮帐篷、物资的牦牛和首长骑的骡子杀了。杀一头全团要吃三四天，先煮汤和着野菜吃，再把煮过的肉分给每人一二两带着，不准吃，第二天再煮。至于牦牛和骡子驮的东西，带不动的只有扔了；帐篷要用就撕开，又能当大衣，又能搭小屋，宿营时就化大为小，化排为班。就这样，全团靠着八九头牦牛和骡子，勉强支持了二十多天。

  八月上旬，到了噶曲河边，正遇山洪暴发，既无桥无船，又不能涉渡，只好隔河露营，坐等水消。但是，这草地的西北风一阵紧似一阵，像针似地扎在我们这些单衣、赤脚（只有少数人才有草鞋）的红军战士身上。本来，在这海拔三千公尺以上的高原地带，即使是六月天，人们也必须备有羊皮袄，何况现在又已经是秋末冬初哩！入夜，阴云密布，风雪大作，我们就在小洋布帐篷里几个人挤在一起，靠彼

### 红色记忆
—— 红军长征在藏族地区及其当代启示

此的体温互相取暖。但是由于极度的累、饿、冻,少数同志却一直僵卧不起,从此与世永别了。多么坚强的战士啊!他们是来自湘鄂川黔地区的农民弟兄,忠诚的共产主义战士,为了革命,他们献出了宝贵的生命。我们怀着悲壮的心情,在噶曲河畔掩埋了同志的尸体。

水还是没消,可是,这里根本找不到吃的,身边的战友不断地倒下去,人员不断地减少,再等几天,也许我们这支北上抗日队伍的命运就会不堪设想了。为了活着,我们不能再等待了,一定要冲过河去。在下午水势稍退的时候,我们砍了些杂草捆起来,垫在脚下,手拉着手,强行渡过河。虽然到了对岸,但衣服全湿了,全身冻麻木了,加上累和饿,一步也挪不动了,只好就在岸边倒下休息,喘气。

共产主义是理想鼓舞大家向前奔

爬上河岸向东一望,远处发现一座小黑山。"巴西不远了,加油呀!"队伍里爆发出一片兴奋的口号声。倒下的人使尽最后的力气爬起来,挣扎着向前移动,路两边又出现了标语:"坚持到底就是胜利!""跟着毛主席走!""北上消灭小日本,解放东北同胞!"像以前一样,看到了标语就浑身是劲,大家互相搀扶着,虽是慢,但却是充满着信心和希望。队伍又闹腾起来了。一连长鲁绪金是个快乐的人,他扶着一根棍子,背着两支枪,瞅着我们的勤务员李娃,一步一嚷:

"嘿!李娃,你咋还没死呀?"

"你为什么还不死呢?"李娃是个机灵的小鬼,一点也不让人。

"我还要留着这条老命打日本呀,那么你呢?"

"我呀,我还要看看共产主义呢!"

"嘀!小鬼真行,你们看啦。两个包袱两把伞,两双筷子两个碗,小勤务员呀!哈哈!"一连长一边打着哈哈,一边指着李娃背的这些东西嚷着。原来,勤务员背的除自己的外,还有一套是首长的,挂得满身都是,活像个卖杂货的,惹得大家都大笑起来,这一笑,仿佛走路也轻快了几倍。接着,不知谁又在低声地哼着:"笛子吹起来,唱个歌来听,我们是红军战士,北上打日本……"随即大家也和着哼起来,声音越来越大,雄壮的歌声在草地上空荡漾。

巴西真不远了,要是往日,不出半天保管走到,但今天,路显得多么的长啊!我们每移动一步都需要极大的毅力。路旁不断有同志倒下去。情况已到最后严重的关头了。道理,我们的战士都知道,因为眼前的情况就是这么简单明了。为了革命谁也没有怨言。但是,要救下这些革命的种子呀,我和政委在研究:

"老陈呀!怎么办呢?"

# 附 录

"好好动员一下，无论如何也要坚持下去，我再去布置一下各单位开党团支部大会，给部队再作次动员，你看呢？"

"行，我去加强收容组织。"

党团支部会开过之后，我们派了几个走得动的党员，加上卫生所潘所长、卫生员、我、政治主任傅中海等人，还有那匹唯一的骡子，加强了收容组织，走在部队的最后面。前面不断有人掉下来，东倒西歪，像个醉汉，走着走着，身子就往下斜，傅主任就赶上去一把扶住，说："千万别坐下去呀（因为一坐下去就永远起不来了）！"几个人就七手八脚地把他抬上骡子。接着，又有人要倒下去，就叫他抓住骡子尾巴，另一个人又抓住他的衣服。这样，一匹骡子就救了三个人。走了一段路，人慢慢地清醒了，又要求下来坚持着走，好让别人再上去。再往前走，前面不远又有个同志倒下去了，另一个小鬼不顾一切地赶上去吃力地拖了几下，自己也跟着倒下去了，等我们赶上去时，他们已经靠在一起没气了。大家抑制着痛苦，刚毅的脸紧绷着。我蹲下去久久地抚摸着他们的额头和胸口，脑子里顿时浮起了小鬼的影子。提起这小鬼，没人不喜欢他。他姓王，家在贵州萨子坡，受尽了地主的欺压，跟我们当了红军。在贵州的一次战斗中，他一个人机智地缴了十几个敌人的枪，平时爱说爱笑，工作起来就像一阵风。这几天，我看他快要支持不住了，问他受不受得了，他冲我笑着说："团长，别看我小，可干革命以来也没落过后呀！敌人都能打垮，这点点苦算不了什么。"叫他骑我的骡子，说啥也不肯骑，别人去抢他的枪，他说啥也不给，甚至还去帮助别人呢！刚才他又何尝不知道自己已经支持不住了，去救别人是危险的呢！但是，他不顾一切地做了，牺牲了。我的喉咙似乎被什么东西塞住了，呆呆地看着别的同志把他们掩埋了，这才含着眼泪把他们的枪拿过来，默默地扛在肩上，心里说："好同志，你们的枪我们扛上了，你们没走完的路我们会继续走下去，你们未完成的事业我们会继续完成，革命一定会胜利的。"

红军不怕艰和险万里长征终获胜

这个礼拜，因为根本没有粮食，前进的速度慢得异常可怕，每天只能走八里十里。有一天露营时，通讯班的小鬼们饿得实在不行了，就把皮带放在火上烧，然后用刀子把烧焦的部分刮掉，切一块嚼一嚼，虽然苦，但是还可以吃。这个意外的发现马上就在全团推广了。于是，枪皮带、腰皮带、皮挂包，只要是皮，全吃光了。残酷的时日终于熬过去了，我们到了巴西。

巴西，又是没人没粮。但终究这儿住过人，多少可以找到前面部队吃剩的草根，甚至偶尔还能找到群众收割后掉下的几线青稞穗子。尤其是到了包座，路旁摆满了

**红色记忆**
——红军长征在藏族地区及其当代启示

敌人的尸体,这是胡宗南的部队在这里被我兄弟部队消灭了两个团的痕迹。大家特别兴奋,有人说:"兄弟部队不但很快就过去了,而且还大量地消灭了敌人,我们现在没仗打,难道还过不去吗?"这一段,虽没粮,但已经多少可以找点剩下的青稞、豌豆、蔓菁(萝卜)等吃了。

再过几天,又经过与饥寒、死亡的艰苦搏斗,在一个漆黑的夜里,冒着敌人(地方土匪)稀疏冷落的枪声,我们爬上了天险腊子口的顶峰。黎明时分,天空逐渐泛出了云霞,极目远望,只见一片青葱,缕缕炊烟正从山腰、平原的各个角落冉冉上升,这是一幅多么吸引人的图画啊!队伍沸腾起来了,一片欢呼声震撼着这霞光万道的山野。

我们终于甩掉了草地,在这极度困苦的绝境里,在这远非人类所能忍受的条件下,我们这些在共产党领导下的红军战士终于以令人难以置信的毅力坚持下来了,胜利了。回首草地,从甘孜出发时千人左右,现在就只剩下四百多个胡子像头发,头发像苎麻(半年多没有理发),衣衫破碎,蓬发垢面,就只见两只骨碌碌的眼睛仍然闪射着坚定的光芒的人了。就是这些人,在我军长征的道路上,骄傲地留下了最后的脚印。

(原载 1959 年 4 月 11、12 日《成都日报》)

## 组建战斗剧社的前前后后

罗洪标

一

一九三六年六月底,红二、六军团长征到达藏族聚居的甘孜地区同红四方面军会师后,中央命令二、六军团和红三十二军(原九军团)组成红二方面军。四方面军战友十分热情地欢迎我们红二方面军。他们派出红三十军的一个师到很远的地方迎接我们,并且给我们准备了衣服、粮草等物资,还召开了欢迎大会,表示慰问。在欢迎大会上,他们还给我们演出了生动、感人的戏剧、歌舞,给我们留下了非常深刻的印象。他们所表演的节目,有反映红四方面军英勇作战取得伟大胜利的话剧;有反映部队在藏民地区克服各种困难艰苦奋斗的剧目;还表演了苏联舞蹈:《红军战士欢庆胜利舞》《锄头舞》《镰刀舞》《丰收舞》等。这些节目给我们二方面军指战员以很大的启示,使我们感到,他们的部队文化生活十分活跃,对干部、战士一定可以起到很大的鼓舞作用。

　　会师后，我们逐渐得知张国焘反对党中央、毛泽东主席的北上抗日路线，还自立中央，搞分裂党、分裂红军的活动。张国焘由于南下失败，党中央和共产国际反对他的分裂活动，南下部队广大指战员要求北上，以及朱总司令、贺龙总指挥、任弼时政委、关向应政委和王震等同志同他进行了坚决又非常耐心的斗争，他才被迫勉强同意北上抗日，去同中央红军会师。为此，红二、四方面军共同发布了北上抗日的号召书，动员全体指战员团结一致，以坚忍顽强的战斗意志、不怕牺牲的革命精神，战胜各种艰难困苦，走出草地，到抗日前线去，同中央红军会合。

　　北上抗日的号召书，表达了红二、四方面军广大指战员的共同心愿。我们二方面军各部队，都召开了动员大会，在精神上和物质上（主要是干粮）做好准备。就在这期间，有一天下午，贺龙总指挥、任弼时政委、关向应政委到方面军政治部驻地喇嘛庙来看望我们政治部的全体同志。几位首长由甘泗淇主任陪同来到我们战斗宣传队。这时，我们正在准备干粮，看见首长们到来，大家都非常高兴，立即精神抖擞地站起来表示欢迎。贺龙总指挥非常亲切地走到我们跟前，拍一拍这个小同志的肩膀，摸一摸那个小同志的头，问我们："这些天休息好了吧！干粮准备得怎么样了？能吃多少天？"我们的宣传队长吴桂三同志回答说："可以够一个月吃的，每人都有十五六斤粮，有的有二十斤左右的青稞炒面。"贺老总说："这很好，要多准备一些，免得在路上饿肚子。"我当时任第二分队分队长，也向首长汇报了我们准备过草地的情况，贺老总等首长鼓励我们说："你们准备得不错嘛！有股子战胜一切困难打先锋的劲头！"贺龙总指挥接着又说："你们看了红四方面军政治部火线剧社的表演了吧！怎么样，有什么感想？"队长吴桂三同志回答说："他们的演出很不错。"我接着说："他们表演得很好，给我们很大的教育和启发。"贺老总说："红四方面军宣传文化工作搞得很活跃，值得我们学习。"他转过身去，征求甘泗淇主任和宣传部副部长金如柏同志的意见说："怎么样？我们能不能也组建这样一个剧社呢？"性格开朗的甘主任哈哈大笑起来，说："总指挥说了，当然可以啰！组建一个吧！"贺龙听了很高兴，又和任政委、关政委商量，首长们都表示同意，并且说，组建一个像四方面军这样的剧社，可以活跃部队的文化生活，鼓舞士气，提高全体指战员的革命乐观主义精神和战胜困难的信心。组建起来，就要为部队服务。贺龙说："好！就这样决定，由甘主任、金如柏同志负责组织筹建起来！"并说，要快，组建起来，首先要向四方面军学习，很好地把部队的文化生活活跃起来，把我们部队过雪山、草地、作战行军，怎样同天斗、同地斗、同阶级敌人斗的好人好事、英雄事迹编成戏剧、快板、莲花落子。通过这些表演，教育部队，鼓舞部队，战胜困难。

### 红色记忆
——红军长征在藏族地区及其当代启示

他还说,你们记得吗?我们通过中甸县过来的第一个大雪山时,你们宣传队的同志,在那山顶上最艰苦的地段设立了宣传鼓动站,敲锣打鼓,大声喊着:"同志们,加油呀,过了雪山,下山就到宿营地了!""这里可不能停下休息,停下休息是会冻死人的!""大家要互相帮助,把走不动的同志的枪、背包接过来,帮助背下去!""走不动的同志,互相推着走!""不要让一个同志掉队! 各级干部要带头,要负责,要拼命往上爬! 不要让我们的同志冻死在这里!"这些喊话起了很大作用啊!所以我们部队顺利通过第一座大雪山,没有死一个人,也没有一个掉队的,都胜利地到达了目的地嘛。贺老总这些话,给我们宣传队的同志很大鼓舞。他记得那么细,那么重视宣传鼓动工作,这本身就是对我们的鞭策。贺老总又说,红四方面军火线剧社能做的事情,我们也应该做到。请甘主任、金如柏同志考虑,是不是就在我们宣传队的基础上组建起来,这些小鬼不是都很活泼、很精干吗?甘主任说:"这样好,来得快,就是我们的人手太少。"贺老总说:"这好办,可以到部队去挑选,把那些能弹、会唱、会拉的人调上来,没有女的,必要时可以男扮女装嘛!明天我到红四方面军去开会,见到陈昌浩主任时,向他求援,请他们政治部火线剧社的同志帮助我们把剧社建起来。火线剧社、战斗剧社的任务都是相同的。我们组建起来以后,请甘主任给陈昌浩主任写封信,派人去把我们组建战斗剧社的情况向他们汇报。据说,他们剧社的负责人是从苏联回来的,相信他们是会帮助我们的。"首长们说笑着走了,我们宣传队的同志们为剧社的即将诞生都高兴得眉开眼笑。

### 二

根据贺老总等方面军首长对组建剧社的具体指示,甘主任、金如柏副部长很快就召集宣传队队长吴桂三、第一分队分队长陈鲁炎和我去研究如何尽快组建剧社问题。我们提出应该先挑选人才,建议从二军团第四师、第五师、第六师的宣传队中挑选。事后,从四师挑选了陈静、从六师挑选了梁定商、从五师挑选了龚国范等十几位同志,第三天他们就报到了,共集中了二十五人,由金如柏副部长宣布,战斗宣传队改编为战斗剧社。一九三六年七月中旬,红二方面军战斗剧社在甘孜地区正式建立了。

战斗剧社组建后,任命我为指导员,社长暂缺。编成三个分队:一分队负责宣传鼓动,由吴桂三、陈鲁炎负责;二分队为音乐分队,由陈静负责;三分队为戏剧分队,由我负责。剧社成立后的第四天,甘泗淇主任给陈昌浩主任和傅钟副主任写了一封信,派我去红四方面军政治部联系帮助我们培训业务骨干的问题。陈主任非常热情地接待了我,这时我才认识了陈昌浩主任和傅钟副主任。我汇报了红二方面军首长关于组建战斗剧社的指示和要求。陈昌浩主任立即派人去请火线剧社的负责人李伯钊同志到政治部来。陈主任给我们介绍了李伯钊同志,她非常热情,像大姐一样,待人异常亲切。我又向她具体汇报了战斗剧社组建的情况。我说,我们什么都不会,不会舞蹈,不会编剧,更没有人会导演;火线剧社的演出,给我们部队的教育鼓舞很大,方面军首长指示我们,一定要很好地向你们学习。李伯钊同志说:"我们互相学习吧。我谈两点意见:一,你们的人可以到我们这里来,我们帮助你们训练;二,可以给你们一个同志,帮助你们编剧兼导演。"我听了以后,非常高兴,立即回到方面军政治部,向金如柏副部长作了汇报,后来见到甘主任,也将四方面军政治部陈、傅两位主任接见我的情况和李伯钊同志的两点意见作了汇报。甘主任和金副部长决定,由我带领二十人去火线剧社学习。

我们在火线剧社学习了二十余天,部队要准备行动。我们根据甘主任、金副部长的指示,跟火线剧社的同志一起行动,以便在行动中向他们学习如何开展文化娱乐工作。我们看到火线剧社的每个同志都在努力学习文艺工作的专业技术,跳舞的同志练功非常认真,演戏的同志在导演的指挥下认真排演,使每个动作尽量符合角色的要求,我们每个人都长了不少见识。火线剧社的同志,对我们也体现了深厚的阶级友爱精神。他们教我们每个动作都很耐心,常常反复多少次才教会一个动作。我们去学习的虽然都是十五六岁的小青年,但因为是男孩子,学起来比较困难。我们练累了,他们就叫我们休息,送水给我们喝。特别是在一个多月的行军中,他们把牛肉干也分给我们吃。在行军路上,过草地的最困难地段,他们帮助部队插上行进路标,设立宣传站,向同志们喊话:"同志们,通过了这困难地段,就好走了!""同志们要小心,每脚都要踩在草墩上,不要走在黑泥里去,那里有危险!"等等,这些喊话,对于顺利地通过草地起到了不小作用。八月底,在阿坝地区,当我们要同火线剧社的同志分别时,大家都恋恋不舍。战友的情谊,给我们留下了深刻的印象。为了表示我们之间的革命友谊,他们又为我们召开了一个欢送晚会,不化妆地进行表演,有唱歌、跳舞等。我们为表达对战友和老师的谢意,也表演了在那里学会的三个舞蹈:《红军战士欢庆胜利舞》、《锄头舞》、《镰刀舞》。我们的表演,受到李伯钊同志的称赞,她说:"没有想到,在这样短的时间里,你们学得这样好,这样快。"她希望我们还要继续努力提高表演水平。第二天,李伯钊同志对我说:"我们给你们派一名能编剧、会导演的刘文泉同志到你们战斗剧社去工作。"我们都非常高兴。刘文泉是四川人,他到我们战斗剧社以后,工作积极热情,与我们同甘共苦,为我们战斗剧社编写了不少活报剧、话剧、红军歌曲等,对战斗剧社的建设、发展做出了重要贡献。我们战斗剧社从此就开始自己编写、排演节目了。

## 红色记忆
—— 红军长征在藏族地区及其当代启示

　　九月初，红二方面军的部队单独行动，经过十余天的行程，到达四川的包座地区。因为大部分部队都是经过这里出草地、离开藏族地区的，经过的部队多，时间也比较长，又加上一些群众对红军还不够了解，等我们到达时，村镇里的一些群众都跑到森林里去躲藏起来了。可是地里的庄稼已成熟了，我们还没有粮吃。上级指示我们，就地休息三天，准备七天的干粮。群众家里没有粮食，部队又要吃饭，上级指示，只好自己到地里去收割粮食（青稞、蚕豆及其他豆类）。在这种情况下，方面军政治部甘泗淇主任指示我们战斗剧社派人出去，到深山老林里动员群众回来，因为到地里收割的粮食不知道是哪一家的，按价付钱也不好办。我们把全体同志分成了两部分，一部分到深山老林去寻找老百姓，另一部分同志到地里收割粮食准备干粮。第一天，我们上山去的二十多人都没有吃饭，只喝了一些开水就出发了，可是寻找了一天，嗓子都喊哑了，又饿又累，连个人影都没有看见，只好回来。第二天我们再去。走到一个更远一些的大森林里，同志们就喊话："我们是中国工农红军，是穷人的军队，借路经过你们这里，我们不拿你们的任何东西，请你们回家吧！我们是一家人，你们不要怕！"我们有一位同志走到一棵大树跟前看了看，发现大树洞里有干草，我们就向洞里喊话，说："老乡，请出来，不要怕，我们是穷人的军队，是一家人。"洞里面有一位六七十岁的老大爷答应了，走出来，看见我们都是一些小孩子、年轻人，说话又和气，他就点头，开始说话了。他说："你们这么多人路过这里，又要吃，又要喝，又要住房子，我们老百姓受不了，又有一些害怕，就都跑到这深山老林来了。想等你们走了以后，再回村里去。"我们向他解释说，我们的军队是买卖公平的，因为我们从草地出来，没有粮食，要向你们买一些粮食，你们家里一点粮食都没有，地里青稞、蚕豆都长熟了，我们只有自己去割一些，割回来，我们都过秤，然后照价付钱。可是你们村里没一个人，一斤粮食多少钱，钱交给谁？这些地里的粮食都是谁家的？我们都弄不清楚。所以，请老大爷帮帮忙，同我们回村去。他同意了。回到村里以后，我们给他做饭吃，有一个同志把剩下来自己舍不得吃的一点牛肉干也给他吃了。老大爷看到这种情景，态度就变得亲切了。我说："我们交个朋友吧？"老大爷笑了。休息了一个晚上，第二天起床后，我要求老大爷同我一起上山去，请他帮助动员老乡们回来。开始，他摇头说，都跑远了。我说，不怕远，我们一起去，请你帮个忙。老大爷看我一定要去，就答应了。可是，我们跟着老大爷跑了一上午，也没有再找到一个老百姓。因为部队在驻地收割了老百姓不少粮食，当部队要离开时，甘主任指示我们派人到各部队检查一下执行群众纪律的情况。我们派人同那位老大爷一起，到村里各家检查，见基本上都付了钱，写了条子，说明割了多少庄稼，付了多少钱。最后，我们请老大爷转告我们对乡亲们的谢意,并表示特别感谢老大爷对我们的帮助,我们永远忘不了您。老大爷听了这些话很高兴。他说,今后也难得见到你们了。

我们经过六天路程,到达了甘肃南部的重镇哈达铺。这里的老乡不怕红军,商店都开着门,满街都有卖东西的,特别是卖大饼的很多,一块白洋可以买两个五斤重的大饼,还有卖猪肉的。我们剧社共买了二十八个大饼、十几斤猪肉。这是长征以来第一次享受这样的美餐。我们战斗剧社全体同志,在爬雪山、过草地的行军中,大家同甘共苦、互帮互爱,有了粮食分着吃,有了困难大家帮,发扬了我军阶级友爱的革命精神。在一九三六年大半年的时间里,在非常艰难困苦的行军中,我们不仅没有一个人掉队,没有一个人饿死在雪山草地,而且还完成了上级交给我们的宣传鼓动、发动群众的工作,胜利地到达了目的地。这胜利真是来之不易啊!

## 三

红二方面军出草地后,党中央、毛主席指示我们向甘南挺进,几天以后我军连克徽县、成县,歼灭国民党裴昌会部和地方民团七百余人。部队有饭吃了,又打了胜仗,对全体指战员鼓舞很大。为了适应新的情况,方面军政治部甘泗淇主任向我们讲了形势和任务,红四方面军已向甘肃兰州东北方向挺进,在甘肃省境内的国民党军队和地方民团,听到我军到达,闻风丧胆。我们红二方面军的任务是要在甘南一带创建革命根据地。甘主任给我们战斗剧社提出了三大任务:一、积极向广大人民群众宣传我军的宗旨,以扩大我军的影响;二、迅速开展调查研究,发动群众告发土豪劣绅恶霸地主,搬掉压在人民头上的敌人;三、动员穷苦的人民群众踊跃参加红军,扩大我军力量,配合民运部门组织人民革命政府,成立没收委员会,没收地主恶霸的财产分给劳动人民群众,同时,也为我军筹集粮款。根据上述任务,我们剧社全体同志不顾刚出草地、身体比较虚弱的情况,在徽、成两县展开了轰轰烈烈的宣传鼓动工作,编写了街头活报剧:有的戴着高帽子,化妆成帝国主义分子;有的化妆成蒋介石卖国贼,主题是蒋介石伙同土豪劣绅勾结帝国主义出卖东三省。我们敲锣打鼓沿街游行,群众都出来观看,特别是青少年儿童兴高采烈地跟着,满街都是人。我们走到适当地点就站在高台子上,向人民群众宣传我军是穷人的队伍,就是要打倒压在人民头上的坏家伙,不打倒帝国主义,不消灭蒋介石军阀官僚豪绅地主恶霸,我们穷人就永世不得翻身;不打倒日本侵略者,我们还要当亡国奴。同时,我们又分头到大街小巷书写标语口号,张贴和散发传单。经过我们几天的大力宣传,人民群众又亲眼看到红军这样严格地遵守纪律,秋毫无犯,一心保护人民群众的利益,跑到乡下的群众也就陆续回来了。我们又协助民运部门找到一些工人、城市贫民、

### 红色记忆
——红军长征在藏族地区及其当代启示

教师及进步的青年知识分子，召开座谈会，进一步向他们讲解我党我军的政策，并请他们对我军提意见。从座谈会中我们发现了一批积极爱国的工人、城市贫民、进步青年知识分子和开明士绅，同他们协商，动员他们出来协助组织人民政府。很快在这两县组织了抗日人民临时革命政权，并且用临时抗日人民政府和红军的名义共同发布了告示，要求广大人民群众恢复生产，商店开门。几天后大部分商店都开门营业了，小商贩更加活跃。我们在这两县虽然时间不长，但是扩大了我军在人民群众中的影响。尤其是我们在徽县城内，向人民群众宣布了没收一家地主恶霸的大当铺，临时政府又发出了通告，凡持有当铺条子的人，可以领回他们当出的各种物件，几天内共发放了几万件金银首饰、衣物等。人民群众得到了切身利益，认识到我们的军队、政府是真正为人民办事的革命军队和抗日的政权，就自发地送猪肉、羊肉慰问我军。在这样高涨的人民群众革命热潮中，我们又号召工人、农民和青年学生自愿参加红军，我们还在一个当铺门口设立了报名处。就这样，在徽、成两县扩大了三百余人，争取了被俘的国民党民团士兵二百余人（都是劳动人民的子弟）参加红军。我们还协助没收委员会，筹集白洋万余元，还有几千匹各种布料，给部队做棉衣。抗日人民政府把群众组织起来后，即准备在农村开展打土豪分田地的斗争。

就在我军准备向甘南继续挺进，决定再打一个较大的战役，扩展更大的地区的时候，一九三六年九月，由于张国焘反对中央关于集中主力先行夺取宁夏的战略计划，二方面军继续单独留在甘南，就有被敌各个击破的危险。因此，党中央急电要二方面军停止向甘南挺进，火速东进，经过天水以西地区，通过西兰公路，渡过渭水河，到达甘肃东部靖远县回族地区同一方面军西进支队会师。接到命令，我们红二方面军立即行动。在急行军中，首长要求部队全体指战员必须保持高昂的战斗士气，并且要求每个部队尽量争取没有掉队的。甘主任指示我们剧社的同志在部队行军中，积极开展文化娱乐和宣传鼓动工作。根据首长们指示，我们剧社分成两部分：一部分同志跟先头部队行动，一路上写标语口号，张贴抗日宣言传单。到达宿营地就进行调查研究，向地主筹措粮草，使部队能吃上饭、喝上水；另一部分同志分配在部队经过的交叉路口，利用部队大休息时间，演唱歌曲，表演简短节目，如对口词、打竹板等，并教唱自己编的歌曲，很受部队欢迎。

在十余天的急行军中，除夜行军通过封锁线外，都进行了宣传文化活动。部队胜利到达隆德西北的将台堡，受到了红一方面军广大指战员的热烈欢迎。会师后在将台堡召开了胜利会师庆祝大会，这时我们剧社已有四十余人，为大会准备了节目。在大会上，我们演出了自编的歌曲《红军会师大合唱》和舞蹈，还演出了由红二军团四师宣传科长黄忠学编写的在湘西根据地反"围剿"中活捉敌师长张振汉的话剧，最后演出了《军民是一家人》的活报剧。演出后全体指战员热烈鼓掌,尤其是男扮女装和小同志表演老大爷,得到战士们的好评。当时演女角的梁定商、龚国范、杨建鼎等同志表演得很好、很成功。活报剧《军民是一家人》内容是尊重少数民族(回民)的风俗习惯,使当地人民和干部战士受到了很深的教育。群众唱歌称赞说:"红军是工农的军队,不拿人民一针一线。我们拥护又喜欢……"这次演出得到了方面军贺龙总指挥的表扬。

会师后,我们一、二、四方面军合在一起力量更大了,在党中央、毛主席的直接领导和指挥下,又发起了山城堡战役。我们剧社的全体同志,为配合部队打好这一仗,动员起来,分成两部分:一部分同志由吴桂三、陈鲁炎负责,随部队到前线去,做宣传鼓动工作,并向敌人喊话;另一部分同志由我负责,协助地方政府动员广大群众支援我军作战。我们一共动员了五百多人抬担架、送粮食,保证了前线部队有饭吃,能及时将伤员转送到后方医院。我军在山城堡战斗中取得了歼灭敌人一个师、击溃两个师的伟大胜利。由于我们剧社全体同志的努力,在这次战斗保障任务中,出色地完成了组织上交给的任务,得到方面军政治部甘主任的表扬。

## 四

红二方面军的战斗剧社,在长征中诞生,也在长征中不断地发展壮大。在党的领导下,经过艰苦的战斗环境的锻炼,战斗剧社走出了一条正确的道路。那就是:紧紧围绕着党的中心任务和革命形势发展的需要,用生动活泼的、形式多样的方式,去宣传群众,教育群众,一心一意地为全体指战员和广大人民群众服务;并且坚持永远生活、战斗在群众之中,向人民群众学习,为人民群众服务的方针。

正由于我们坚持了正确的方针和方向,不仅战斗剧社曾经受到贺龙总指挥等首长的表扬,而且在战士和人民群众中的威信也越来越高。剧社中的许多人还在干部、战士中交了不少朋友。随着剧社的队伍不断发展壮大,活动范围越来越广,剧社的思想、演技水平也在不断提高,有效地扩大了我党我军的政治影响。

西安事变发生后,我们又马上深入宣传党的抗日民族统一战线政策。因此,我军每到一地,都受到广大群众的欢迎,广大爱国青年,尤其是青年学生纷纷参加红军,战斗剧社也吸收了青年男女五十余人,使剧社总共有了九十多人。如建国后曾任北京军区政治部文艺处长的刘伍同志等就是那时自动参加战斗剧社的。为了加强战斗剧社的领导,方面军政治部又任命陈积同志为战斗剧社的社长。一九三七年二月间,红二方面军司令部、政治部移驻富平县庄里镇时,甘主任派我到韩城中学去招生,又招来高、初中学生一百四十余人,分配给战斗剧社十余人。其他一百三十余人编成一个学生队，归方面军教导团，编为第四队。后来，剧社到延安学习时，又从中央文艺系统派来了成荫同志，还有《延安颂》歌词的作者莫耶同志。战斗剧社由延安回到方面军时，组织上任命成荫同志为社长，王克同志任指导员。一九三七年九月，红二方面军改编为八路军第一二〇师，开赴敌后抗日。这时战斗剧社已发展到一百八九十人，可以演出比较大型的歌剧和舞蹈。一九三九年欧阳山尊被任命为社长，成荫为指导员。

战斗剧社能够从小到大不断发展，主要是由于方面军首长的亲切关怀，特别是贺龙总指挥非常关心重视战斗剧社的壮大发展，许多文艺人才都是他到各地区点名要到剧社工作的。对剧社的建设，他经常过问，有什么困难只要向他提出，立即可以得到解决。他只要有时间，就到剧社里看望大家，问寒问暖，关心备至。从红军时期到八路军时期，每次演出后，他都要作讲评指示。他特别重视战斗剧社的作风和人才培养，充分体现了我军的光荣传统。战斗剧社培养了大批文艺骨干，如著名的电影戏剧导演艺术家成荫同志、人民艺术剧院的领导欧阳山尊同志、八一电影制片厂的著名导演严寄洲同志等都是原战斗剧社的骨干。

战斗剧社的建立和发展，大大活跃了部队的文化娱乐生活，对鼓舞士气、提高部队战斗力起到了很好的作用。战斗剧社是现在成都军区战旗文工团的前身。愿它在社会主义现代化建设时期，为保卫社会主义祖国，为部队现代化建设和社会主义精神文明建设作出新的贡献。

（原载《红军长征回忆史料》（2），解放军出版社 1992 年 9 月版）

# 从毛尔盖到俄界

邓飞

毛尔盖位于松潘以西，是毛尔盖土官属下十八寨地域的总称，方圆一千多平方公里，是红军北上必经之地。当时，驻守毛尔盖的敌人是胡宗南第一师西北补充旅补充团第一营。由于敌人占据有利地形，并有预先筑好的阵地为屏障，加之我红军武器装备较差，因此，我红一军团和三十军的先头部队九日到达此地后，十六日才占领该镇。我团是十七日到达毛尔盖的，而我到毛尔盖之后的任务就是养伤。

到毛尔盖之后，我住在一军团卫生部第一休养所。卫生部长是姜齐贤，政委是萧望东，一军团野战医院总支书记是易秀湘，一所所长是王奇才。当时一军团卫生部卫生主任姬鹏飞亲自给我开刀。姬鹏飞原来是学医的,开始时在五军团,后调到八军团任卫生部长,红军长征到贵州黎平整编时撤销了八军团的番号,他就调到了一军团。

手术室设在一个没有四壁、仅搭了一个顶盖儿的草亭子下面,大约有六米见方。我是右肩负重伤,手术时就坐在一个用草垫着的土堆上。姬鹏飞同志坐在小凳上,因条件所限,他仅给我打了一点儿麻药,之后就开始施行手术。我的伤是被开花子弹打的。所谓开花子,就是进口很小,出口很大。我肩膀后面的伤口约有两寸长、一寸宽,子弹击中了肩胛骨,距动脉两厘米左右。姬鹏飞同志用镊子把我的碎骨头夹出来,把与血肉还粘连着的碎骨用手术刀剔下来,对还需保留的伤骨用手术刀刮干净,刮得骨头嘎嘎直响。在手术过程中,姬鹏飞不断地问我:"疼不疼?"我因只打了少量麻药,痛得难以忍受,但仍然咬着牙说:"不疼,不疼。"整个手术做了三个多小时,剔出的碎骨有半小茶杯。手术后我的右臂用纱布吊在脖子上,吃饭写字都只有用左手了。

在毛尔盖的日子里,当地的藏族同胞给了我们宝贵的支援。他们把自己本来就不富裕的口粮匀出一部分给我们红军,在一定程度上缓解了我们的燃眉之急。我住在第一休养所干部伤病房。在这里,我这重伤员一天吃两顿,每顿吃四小两带皮的青稞麦煮饭。有一次休养所分给我一些野牛肉干,我舍不得吃,放在布袋里,没想到第二天一看,却已被人偷吃了。

我在毛尔盖养伤前后大约有一个月的时间。这期间我听到了三件重要的事情。回忆起来,至今仍然记忆犹新。

第一件事情是:八月一日,中共中央发表了著名的《为抗日救国告全体同胞书》(即《八一宣言》)。大意是:号召全国各党派无论过去和现在有任何政见上的不同,无论各界同胞有任何意见上或利益上的差异,无论各军队过去和现在有任何敌对行动,大家都应当停止内战,以便集中一切人力、物力、财力、武力,去为抗日救国的神圣事业而奋斗。《宣言》还号召一切愿意抗日救国的人民,要组织国防政府和抗日联军。中国共产党愿作这一政府的发起者,红军首先愿意加入这支队伍。这个宣言得到了全国人民广泛的拥护和赞成。

第二件事情是:八月六日,中央在毛尔盖沙窝寨召开了政治局会议。会议讨论了一、四方面军会合之后的形势和任务,重申了六月下旬两河口会议决定的北上的战略方针,对张国焘在四方面军的工作提出了批评。同时会议还解决了组织问题,增补了四方面军的一些干部为中央委员,并决定陈昌浩等三人参加政治局。我还听说张国焘在会议上为他受到的批评进行了辩解,千方百计地拒绝决议案草案对他所

### 红色记忆
——红军长征在藏族地区及其当代启示

作的正确批评。

第三件事情是：沙窝会议之后，党中央为了迅速北上，根据新的情况，调整了红军指挥机构，决定朱德任中国工农红军总司令，张国焘任总政治委员，刘伯承任总参谋长。同时中央改变了原来分左中右三路北上的计划，将一、四方面军混编为左右两路军北上。左路军由红军总司令部指挥，辖五军（原五军团）、九军、三十一军、三十二军（原九军团）、三十三军、军委纵队一部，以马塘、卓克基为中心集结，先占领阿坝，再北向夏河，向东发展。右路军由前敌指挥部指挥，总指挥徐向前，政委陈昌浩，参谋长叶剑英，该部辖一军（原一军团）、三军（原三军团）、四军、三十军、军委纵队（不包括红军总司令部）和红军大学，以毛尔盖为中心集结，拟占领包座、班佑地区，再向夏河前进。

八月中旬，右路军对北越草地的部署作了调整，决定分左右翼平行前进。右翼是三十军、四军，由洞垭、腊子山入草地向班佑前进。左翼是一军（团），拟经毛尔盖进入草地再过色既坝、年朵坝进抵班佑。三军为后卫，循一军路北进。

八月二十一日，我们左翼部队出发了。一军团四团为先头部队，我们卫生队的全体人员（包括工作人员和伤员）随军团直属队一并前进。我们从毛尔盖出发，于第一天走了四十里路之后，八月二十二日，便踏上了茫茫草地的艰难行程。

川西北的草原，又有松潘草地之称，纵横六百里，面积约一万五千二百平方公里，海拔三千五百米以上。整个草地水流淤滞、杂草丛生，形成了大片大片的沼泽地，一望无涯；草原上阴晴不定，雨雪冰雹来去无常，鸟兽不到，荒无人烟。这里根本无路可走，前面的部队在向导的带领下摸索着前进，他们画好路标，每逢岔路时便插上路标，好让后面的部队沿着路标前进。我们沿着前卫部队指示的方向，踏着长满草根的松松软软的草甸缓缓行进，软绵绵的草甸，随着脚步的移动，发出"喊嚓喊嚓"的声音。稍不留神，把草甸踩翻就会陷入沼泽。抢救不及时，就会被全身淹没。我看到前面部队有的牲口陷进了泥潭，战士们费尽了九牛二虎之力也拉不出来，牲口在努力地挣扎着。后来，牲口越陷越深，外面只剩下半个身子和一个头，大口大口地喘着粗气，十分可怜。饲养员只好把鞍子卸下来，眼看着可怜的牲口被淤泥吞没。我当时虽然有一匹骡子，但由于骑牲口不方便，所以还是步行。

在穿越草地的日子里，由于严重缺粮，我们每天只能吃一点儿炒麦子充饥。不仅根本吃不饱，而且也难于消化。于是就只好再采些野菜、揪些野草，用脸盆煮着吃。没有柴火，就撅一些小柳树枝子对付着烧。晚上，战士们燃起一堆堆的篝火取暖，然后各自寻找一块干地，铺上油布、斗篷或者光板羊皮坎肩，将就着露宿。我有一块油布、一把雨伞，每到夜晚，我便找一块高地，躺在铺好的油布上，把雨伞打开，遮着脑袋和半个身子过夜。由于草原上没有路，肚子里没有食，我们行军速度很慢。我们是卫生队的伤员，我又是团级干部，受着特殊优待，至于部队战士的给养状况就更可想而知了。我看到有的战士饿得没法子，只好把屙出来的麦粒洗一洗再煮着吃，还有的煮牛皮带充饥。据说过草地时我们一军团掉队、牺牲的同志达四百人以上。经过五天五夜的艰苦跋涉（只有白天才能走路），我们终于走过了二百五十多里路的艰难行程，于八月二十六日越过了这块死神日夜威胁着的茫茫草地，到达班佑。

九月的一天，当我们正在宿营休息的时候，我接到通知，说军团组织部副部长刘道生要找我谈话。于是我便来到了组织部，这是我第一次见到刘道生。记得一九三三年我在粤赣军区第三军分区当政委时，就听说他与独立二十二师师长程子华、政委方强在一起工作，任独立二十二师（粤赣军区的主力师）政治部主任，但却一直未曾见面。这次相见，还是第一次。他让我坐下后，问我说：

"你的伤口怎么样啊？"

"还可以吧。"我说。

"能工作吗？"

"勉强还可以吧。"

"组织上想派你去军团教导营接替蔡树彬的职务，去当政委，同时想让军团教育科长陈奇涵接替陈士榘的职务，担任教导营营长。看你有什么想法啊？"

"服从组织的安排。"

于是，我便到了军团教导营工作。

一九八六年夏天，我在北京文津街俱乐部游泳，在岸上休息时见到了刘道生。我问他："你还记不记得长征时你分配我去教导营工作时，我右肩膀的伤口还没好，右手还吊着绷带呀？"他看了看我的伤疤，点头说："记得，记得。"说着，我们两人不约而同地笑了。

我们军团教导营实际上是一所军队干部学校，担负着训练军队干部的职责。一连培养连长级干部，二连培养连级政治工作干部，三连培养排级干部，全营共三百余人。除特殊情况外，教导营一般不担负战斗任务。它的主要任务一是训练，二是保护供给部的金子银元，三是在必要时担任警戒。这次和我同时调至教导营的陈奇涵同志是我的同乡，是江西兴国竹坝村人，离我村十二里路。他曾任过黄埔军校的队长、连长，南昌军官教育团参谋长，是我的老首长。我和他来到教导营后的一项重要任务，就是要做到在北上途中全营不减员或少减员。我们二人到教导营后，千方百计地搞一些吃的东西，尽可能地使同志们恢复体力。同时我们号召大家在行军过程中发扬互助友爱的精神，互相搀扶，互相帮助，努力巩固部队。结果在此后行

## 红色记忆
——红军长征在藏族地区及其当代启示

至哈达铺的二十多天的时间里,基本上做到了部队没有减员。

九月十日凌晨两点,正当部队休息的时候,我们突然接到命令:立即出发,到甘肃省迭部县的俄界待命。我们感到非常意外,因为头一天晚上根本未预先通知,无此思想准备。但军令如山,大家只能依令而行。拂晓,我们坐在路边休息的时候,看到一军团的几位首长——林彪、聂荣臻、左权、朱瑞、罗瑞卿走过我们身边时,闷闷不乐,忧心忡忡,脸色不好看。我们更加意识到可能是出了什么事情。不久就得到消息说,张国焘率领的左路军不想北进,而要南下。我们右路军的四军、三十军也要南下。

原来,一、四方面军会合之后,张国焘便利用他在四方面军的领导地位,开始了一系列向党伸手要权的错误行动。同时,在红军会师后的战略方针问题上,他也与党中央产生了尖锐分歧。中央认为,两军会合以后,红军的战略方针应该是集中主力向北进攻,创建川陕甘革命根据地;张国焘却认为,两军会合以后,红军的战略方针应该是集中主力西进或南下。于是,中央政治局召开了两河口会议,进一步明确了红军北上的战略方针,严肃地批评了张国焘的错误,同时也增补了四方面军的一部分干部进入中央机构。在这种情况下,张国焘不得不表面同意北上的方针。但在实际上,他始终没有放弃西进或南下的错误主张。

八月二十日,中央政治局在毛尔盖召开会议,一致同意并肯定了毛泽东同志关于红军向北行动之后,应以岷州洮河为中心向东发展的正确意见,决定左路军要向右路军靠拢,进而向东发展。会后中央将这一方针及时电告左路军负责人张国焘。但是,张国焘却制造种种借口,拒不执行红军北上的战略方针。他极力排斥朱德、刘伯承对左路军的领导,借口河水暴涨不能渡河,强行率领已经进到噶曲河边的左路军第一纵队西返,并准备率领左路军南下回到西康地区(西康当时是一个省,省会在甘孜)。九月八日他给右路军指挥员陈昌浩、徐向前发出电报,命令他们率右路军南下。陈、徐将情况及时报告了中央。随即中央复电张国焘,促其北进。九日,张国焘又一次电告徐、陈并转中央,依然反对北上,坚持南下。并且暗示:如果原一方面军的部队坚持北上,就武力解决。

后来,我听说张国焘给徐向前、陈昌浩的电报被参谋长叶剑英接到了。他立即骑马将电报转交给了毛泽东同志。毛泽东同志抄了下来,之后让叶转给徐、陈二人。陈表示要按照张国焘的指示南下,不南下就动武。徐向前说:"我就没见过红军打红军。"九日深夜十日凌晨,中央紧急命令一、三军立即出发,赶到俄界。我们一军是先头部队,已经走在前面。毛泽东同志则告诉走在后面的三军军长彭德怀,不要被可能出现的麻烦所纠缠,立即北上。同时为避免发生冲突,他应付陈昌浩说"你要南下就南下吧。"随后便与三军团一起悄然出发，昼夜兼程北上，脱离险境。

九月十日下午，我们到达俄界。第二天，我们教导营所属的连队买了几口肥猪，吃了一顿肉，但却没有盐。我和陈奇涵营长在营部一起吃。我看着他，他看着我，心里真想吃呀，可是嘴里又实在咽不下去，那滋味儿真是难以形容。我问他：

"你吃过没有盐的猪肉吗？"

"没有。你呢？"

"我也没有。那就让我们闭着眼睛吃吧。"就这样，我在俄界吃了我平生第一次也是最后一次没有放盐的猪肉。

从五月三日先头部队渡过金沙江进入四川，到九月十二日第一方面军大部抵达甘肃省的俄界，我中央红军之一、三军团和中央军委直属队（包括干部团）在四川境内行军、作战，前后共四个月零九天的时间。在此期间，我们强渡大渡河，飞夺泸定桥，战胜了蒋介石几十万大军的围追堵截；我们翻过了终年积雪的夹金山、梦笔山（一部分翻过了长板山），与兄弟的红四方面军胜利会师；我们战胜了严重缺粮的重大困难，越过了荒无人烟的茫茫草地。虽然，由于张国焘对中央指示阳奉阴违，在北上与南下的问题上与中央意见对立，直至分裂红军，致使红军在毛尔盖耽搁了一个来月的时间，但是，在党中央毛泽东同志英明决断和正确指挥下，我中央红军主力终于摆脱了张国焘制造的重重干扰，继续北上，到达甘肃省的俄界。按照中央政治局俄界会议的决定，部队到达哈达铺之后，于二十日将中央红军改编为中国工农红军陕甘支队，彭德怀任司令员，毛泽东兼任政治委员，一军团改为一纵队，三军团改为二纵队，军委纵队和干部团改为三纵队。

（节选自《老区建设》，江西省社会科学学会联合会，江西省革命老根据地建设委员会主办，1989 年第 5 期）

# 过松潘大草地[①]

徐占

甘孜地处荒凉的西部，这里的藏人被称为"康巴人"，由于历史上备受清兵的

---

[①] 来源：新华网，责任编辑：周贺。

## 红色记忆
—— 红军长征在藏族地区及其当代启示

袭扰、镇压，因此普遍存在着敌视汉人的心理。红军到达这里后，不进喇嘛寺庙，尊重藏民的风俗习惯，严格执行群众纪律，为贫苦藏民送粮治病，结果甘孜的藏民都管红军叫"新汉人"。对那些袭击红军的藏族上层土司武装，红军往往是出兵将他们三面围住，攻而不打，留出一面让他们逃走。这是红四方面军政委陈昌浩的主意。红军还去甘孜县城北面的绒坝岔举行了一个阅兵式，为的是让那些土司看看红军的威风和力量。

从绒坝岔回甘孜的路上，第三十军政委李先念遇到一位藏民骑着一匹黄马跑得飞快。李先念赶上去问藏民他这匹黄马换不换，藏民说：换呀，两匹小母马，换我这一匹。李先念就让他在警卫班的马里挑，藏民挑了两匹马，乐呵呵地走了。李先念也笑了，他把这匹黄马给了军里的司号长，因为那个十八岁的小红军行军总是掉在后面。李先念原来以为他不会骑马，谁知小红军说他的军政委说："我会骑！可我的马不跑只走。"

在这里，红军忙着将羊毛捻成毛绳，再用毛绳织成衣服，不久，全军服装都是各种颜色的毛织品，其中以白色最多。红军组织了"野菜委员会"，在朱德的带领下漫山遍野地寻找可以吃的野草。红军官兵还在甘孜举办了体育比赛和文艺比赛。体育比赛的内容有：两百米赛跑，通过障碍，跳高、跳远等。文艺比赛的内容有：出墙报，团体唱歌，政治表演。

一九三六年五月五日，由贺龙、萧克、任弼时、关向应率领的红二、红六军团由云南进入四川后，分兵两路继续向北前进：红二军团偏西，沿着川藏边界，走得荣、巴塘和白玉一线，然后从白玉东进，进入甘孜；红六军团走定乡、稻城、理化和瞻化，自南向北穿过甘孜地区的中部，到达甘孜县。一九三六年六月二十二日，红六军团与前来接应的红四方面军第三十二军到达了甘孜附近的普玉隆。红军总司令朱德特意从炉霍赶到了普玉隆迎接红六军团的官兵。

六月三十日，红二军团到达甘孜北面的绒坝岔，与红四方面军第三十军会合。朱德又从普玉隆赶往绒坝岔迎接红二军团的官兵。然后，朱德骑马十几里去甘孜附近的干海子迎接贺龙。

一九三六年七月一日，中国工农红军第二、第六军团全部到达了甘孜。七月二日，在甘孜举行了庆祝红军两大主力胜利会师的联欢大会。其后，红二、红四方面军共同北上。这是一支人数多达六万的巨大人流。一年多前，这种规模惊人的移动在中国国土的腹地曾经出现过，那是在中央红军渡过湘江之前，滚滚人流穿行在江西与广东的翠绿山谷间。而这一次，规模巨大的移动发生在中国最荒凉的高原上，那里空气稀薄，人烟罕至，雪山间纵横着纷乱的冰河。

从甘孜到包座，要翻越大雪山，穿越大草地，没有任何物资补充的必经之地至少有七百公里以上。红军出发前做了大量的准备工作，一张羊皮或者一双结实的鞋子是十分必要的，更重要的是干粮。红二方面军官兵对将要走上的路一无所知，而红四方面军中许多官兵已是第三次走这条路了。

红军出发了，出发的队伍平静而有序。红四方面军新成立的骑兵师，是中国红军中第一支正规的骑兵部队，师长许世友为此觉得甚是风光。三千多人马，风尘滚滚，担负在最前面侦察道路和筹集粮食的任务。许世友已经走过两次草地，他知道筹集粮食的重要。通过藏族向导的解释，牧民们知道了停在河边的红军没有任何恶意，只是对他们的粮食和牛羊特别感兴趣。红军出的价钱绝对公平，付钱时不欠分文。牛羊、青稞、豌豆、酥油、奶渣、土豆，凡是可以吃的东西红军都接受。骑兵师用白花花的大洋购买了四百多头牦牛，一千多只羊，还有一些粮食。在到达阿坝之前，又筹集到三千头牛羊和五万多斤粮食。尽管对于长途行军的数万红军来说，这些食物可谓杯水车薪，但是终究能给后续部队的官兵带来极大的希望。

半个月之后，红二、红四方面军各路纵队相继进入了松潘大草地。

九十一师十六岁的小红军谭清林是"打旗兵"。打旗兵要举着红旗走在连队的最前面，因此谭清林特别留心先头部队留在草地上的毛绒绳，顺着这条弯弯曲曲地延伸到草地深处的绳子就不会迷路，也不会掉到泥潭里去。但是，沼泽中的草墩子往往踩上去就会沉下去一截，接着黑水就泛了上来，谭清林脚下的毛绒绳几次都差点没在黑水里。进入大草地的第四天，一场冰雹过后天降大雪，官兵们只有躲在用手撑起的被单下。

雪停了，打旗兵伸出头来先看绳子，却发现绳子不见了！连长命令全连排成一路横队，一个草墩一个草墩地寻找。谭清林急得掉了眼泪，四野茫茫。没能找到毛绒绳，只好原地等待后续部队。一天又一天过去了，全连只有谭清林还剩最后一碗炒面，他把这碗炒面倒在炊事班的大锅里，用水搅拌得稀稀的，让全连官兵每个人都喝了一口。后续部队仍不见踪影，这支掉了队的连队必须走了，因为再等只能全都死在这里。这个连队一百多人，走出草地的时候，只剩下不足二十人。

七月七日，红二方面军从甘孜出发。贺龙把所有可能遇到的困难都想到了，但是部队出发不久遇到危机还是令他吃惊不小。由于奉命跟随红四方面军前进，他们严格地走在红四方面军的行军路线上，这样一来带来一个严重的问题，就是宿营地可以筹集到的粮食已经全部被前面的大部队筹走了。

更为令人担忧的是，前面大部队的伤病员和掉队人员全部被收容到了红二方面军的队伍中，人员的增多使粮食危机更加紧迫，部队很快就出现了因冻饿而减员的

## 红色记忆
### ——红军长征在藏族地区及其当代启示

现象。贺龙给各师都下了命令:"不管多么难,都不许丢掉伤病员。活着的人只要有一口气,就要抬着他们走!"贺龙把自己剩的一点炒面给了身负重伤的警卫连连长朱声达。他命令成立一个由党员组成的"试吃组",尝试着吃各种野草,然后把不会引起中毒的野草挑选出来,仅这个工作就牺牲了不少党员。

胡子已经长得像乱草的贺龙心急如焚,因为这些红军还是孩子的时候就与他一起出生入死。贺龙把一个倒在路边的战士扶上了自己的马,然后对警卫员说:"把他送到军医院去,不许半路让他死了,让军部给我打个收条回来!"

松潘大草地上,那些倒下的红军官兵为了不拖累其他同志,索性拒绝收容。他们用草把自己的脸盖上一动不动,希望走过他们身边的同志以为他们已经死了。收容队很快知道了这个情况,于是他们扒开每个人脸上的草,只要发现还有一口气,就要抬到担架上。可是他们看见的更多的是已经冰冷的尸体。

由于是后卫部队,红二方面军不断遭到藏族土司武装的袭击。开始的时候,没有与骑兵作战经验的红军伤亡很大,他们没有力气抵挡旋风一样冲过来的马和从马上劈下来的锋利的刀。但是,后来红军还是摸索出了办法,比如坐在地上背靠背围成一个大圆圈,然后射击。最猛烈的袭击发生在二方面军总部宿营地。七百多敌人的骑兵从一座小山丘的背后突然冲了出来,担任警卫的特务连人少力单,附近的二八八团听到枪声立即赶来增援。贺龙赶回来,看见二八八团一营营长正命令战士们坐下来围拢成一个圆阵,这给土司的骑兵造成了红军投降的假象,他们毫不迟疑地再次冲了过来,红军的枪一齐响了。

为了让更多的人活下来,十八师师长张振坤提出了"交公粮"的建议。所谓"交公粮",就是大家把携带的干粮或者其他可以吃的东西都拿出来,然后所有的人平均分配。张振坤向红军官兵强调的理由是:"革命不是一个人能干成功的。"这是草地中最艰苦的时刻,身边随时都有人倒下去,一粒粮食比金子都宝贵。张振坤在地上铺了块雨布,首先把自己的干粮全倒在了上面,红军官兵们都跟着他这样做了。然后,张振坤拿着个小碗叫名字,全师每个官兵都分到了一份。分配的时候,张振坤听见有战士说:"要是能抽上口烟,就不会感到那么饿啦。"张振坤放下小碗就骑马走了,一会儿他带回来一小袋子烟叶,说:"这是贺老总交的'公粮',他的烟我要来了一大半。"三十八岁的红军师长张振坤后来在"皖南事变"中被俘,被国民党当局杀害于上饶集中营。

六师是红二方面军的后卫,或者可以说,他们是中国红军穿越松潘大草地的最后一支队伍——当六师走出草地的时候,他们从这片苍茫荒凉的土地上带走了最后一个关于生命的不朽故事。[1]

## 我在藏民独立师当政委[2]

记者:能不能讲讲藏民独立师怎么作战和处理与藏民的关系?

李中权:藏民独立师大部分是藏族,那时候的藏民受国民党欺负,听到红军宣传,受到影响很大,藏民组织起来,组织一些游击队,然后成立一个师,师长叫马骏,是一个藏民。红军到了康巴。把我调到藏民独立师当政委。我当时藏语也不懂,到那儿去,衣服都要换成藏民衣服。傅崇碧跟我说:"中权同志,不要怕困难,少数民族同志,你只要好好带,那是一个很有战斗力的部队。"

我去的时候,还带着二百多干部去藏民独立师。师长马骏专门来欢迎我,还讲了很多藏民的故事,他还笑着告诉我:"李政委,女的在前面骑马,你千万别跑到她前面,否则她认为你是向她求爱的。"

当时的藏民独立师,主要的任务是为红军部队筹集粮食,为主力红军三过草地做准备,该师担负丹巴以东至边耳,西至绥靖,长达数百里地的警戒。

记者:那第二次、第三次过草地比第一次还苦吧?

李中权:我们再回来,路上的草都吃光了,已经到了9月份了,长征路上死的人,被雪盖着,人的原形看得清清楚楚。路上看到牺牲的同志也来不及管,如果管那你就死掉了。所以第二次过草地、爬雪山的时候,牺牲比第一次要大。

最苦的是第二次翻雪山过草地,第三次也苦,我们准备了一些干粮,比较充足,但是中间的时候也不敢吃了,留一点点,这样有一种精神鼓励,说我还点粮食。主要是吃草、皮带。曾经有报道说长征时吃皮带是夸大其词,我认为那是胡说,他一定没经历过长征。因为我就亲自吃过皮带。现在这个皮带是塑料做的当然不能吃,过去的皮带是牛皮、猪皮,我都吃过。其他就是吃草,第一次、第二次过草地不知道哪种草有毒,很多红军中毒牺牲了,第三次过草地时,总部就画了一个图,告诉哪些草能吃,哪些草不能吃。

---

[1] 王树增:《长征》,人民文学出版社,2006年9月版。
[2] 来源:新华网,责任编辑:周贺。

**红色记忆**
——红军长征在藏族地区及其当代启示

  记者：那这个皮带是怎么吃的呢？

  李中权：皮带要先在火上燎燎，然后再在开水里煮，煮熟后皮带好吃的很，如果有盐就更好吃了，而且不敢一顿吃完，一顿就吃一点点。

  记者：红四方面军和中央红军两个方面军会师是什么样子？

  李中权：红四方面军和中央红军在夹金山会师，两大主力会合大家都高兴得很。两军会合，兄弟互相拥抱，高兴得不行。我们筹备了很多粮食，猪、牛、羊慰劳中央红军。

  记者：您觉得现在怎么让年青一代继续继承和发扬这种精神？

  李中权：我们要好好地教育我们的后代。长征过去了，但是这种精神是我们中国共产党领导的红军，也就是打日本的八路军，也就是现在的解放军的。没有共产党就没有新中国，没有毛主席、党中央领导的红军，也不会有新中国。

  记者：在长征路上还有很多红小鬼是不识字的，是边长征边学文化，那您是有文化的，在长征路上会不会教他们识字学文化？

  李中权：我是中学毕业，红军很重视知识分子。但是红四方面军不一样，凡是知识分子，张国焘就觉得有问题，我的大哥是张国焘杀的。在红四方面军，我说我高小都没毕业，我不是一个知识分子。到了延安，批判张国焘路线，我在批判大会上痛哭流涕。我说："我在红四方面军不敢说我是知识分子，要说是知识分子，那是要杀人的。我不是高小毕业，我是中学毕业的，我的大哥被张国焘杀了，我的独立师长也被杀了。"

## 三位老红军讲爬雪山过草地的故事[①]

  70 年前，工农红军在中国共产党的领导下，战胜数十万敌人的围追堵截，征服雪山草地、峡谷激流等难以想象的艰难险阻，走完了二万五千里长征，谱写了一曲惊天动地的英雄史诗，为后人留下一笔弥足珍贵的精神财富。在长征胜利 70 周年之际，本报采访了生活在我省的老红军李布德、马志选、李国策，请他们回忆了那段难忘的岁月，以此纪念长征，让后人永远铭记长征，让长征精神代代相传。

---

① 来源：历史故事网，http://www.gs5000.com/gs/changzhenggushi/2440.html。

# 附录

夜过鬼门关

[人物档案　李布德，四川营山人。1918年6月出生，1933年9月参加中国工农红军。曾任红四方面军第九军战士、文书等职。参加过平津、太原战役、抗美援朝等。1988年获一级红星功勋荣誉奖章。]

1936年2月，我在红九军当文书，虽然只有16岁，但已参加红军3年多了，经历过很多生死考验，但第三次过草地前翻越"万年雪山"党岭山，使我至今难以忘怀。

党岭山位于现在四川甘孜藏族自治州境内，主峰海拔5400多米，积雪终年不化，气候变化无常，时而狂风漫卷，时而暴雨倾注。当地群众中说：爬上党岭山，如进鬼门关；若无大圣胆，难以再生还。先头部队白天翻越党岭山时，因狂风暴雪袭击，损失比较大，所以我们决定夜间行军。这天，我们来到党岭山脚下，只见山势悬崖叠峭，冰封雪锁，给人一种神秘诡异的感觉。黄昏时分，部队出发了。我们连行进在大部队中间，连长在前头带队，我跟着指导员断后。队伍借着残月微光，踩着前面趟出的冰雪路，一个紧跟一个，踏着蜿蜒崎岖的雪路向上摸索行进。开始行军时，大家情绪还十分活跃，又说又笑，行军速度较快，掉队的也少。越往上爬，积雪越厚，天气越冷，空气也越稀薄，人的体力消耗越大。有个和我年龄相仿的小战士，一瘸一拐，一步一喘，慢慢掉下队来，停在路旁。指导员赶忙上前去对他说，来，我搀着你走，停下来就会冻死的！随即，从这位小战士身上摘下长枪，背在自己肩上，扶着他继续前进。

夜越来越深，风越刮越紧，雪越下越大，战士们个个都变成了雪人，整个队形好似一条银蛇，在雪山上缓缓移动。又有一个战士掉队了，指导员上前拍拍他的肩膀说，咬咬牙，再努把力，坚持就是胜利。说着，又要帮这位战士背枪。指导员身上已经扛着两支长枪了，不能把他累垮啊。我抢上前去，把枪拿过来，背在了自己身上。枪虽不重，但当时我年小体弱，而且又累又饿，多背一杆枪，顿时感到眼冒金星，每迈一步都像要用出全身的力气。这时，突然听到指导员说：小李，抓住马尾巴。话音未落，马尾巴就递到我手里，我紧紧抓住马尾巴，踩着马蹄印，踉踉跄跄走了一段，人借马力，才缓过劲来。

越往上爬，山势越陡，道路越滑，好多战士的双脚都冻得失去了知觉，甚至走一步跌一跤。有的战士摔进了深谷，有的战士滑入了雪坑，还有的战士硬挺挺冻死在路旁。接近山顶时，战士小张突然摔倒在雪地里，不省人事，指导员急忙把他抱在怀中，伸手一摸，浑身冰凉，赶快拿了床棉被盖在他身上。

### 红色记忆
——红军长征在藏族地区及其当代启示

一会儿小张苏醒过来,看着指导员和战友们焦急的脸庞,气息微弱地说:指导员,你们走吧,别让我连累了队伍。指导员紧紧抱着小张的脸,哽咽地说:别说傻话,我们就是抬也要把你抬下山。大家互相搀扶着艰难地站立起来,又迈开了前进的脚步。就这样,我们战胜了严寒、饥饿和死亡威胁,翻过了风雪弥漫的党岭山。

三过草地
[人物档案 马志选,四川平昌人。1918年2月出生,1933年8月参加中国工农红军。参加过松潘战役、百团大战、平汉战役等。1955年被授予三级独立自由勋章、三级解放勋章,1988年获二级红星功勋荣誉章。]

我16岁走上了长征路,历经了三过草地的艰险,留下了难以磨灭的记忆。

1935年8月中旬,我第一次过草地。出发前营政委作动员,让我们做好克服一切困难的思想准备。我们自己动手用稻草打了几双草鞋,还领了7斤磨的很粗的青稞炒面和一个木头碗。走在草地上,我们经常跳跃着前进,有时一不留神就掉下去,被没入泥潭里。草地上喝水很困难,喝水得拿着木头碗去找,有时一天也找不到能喝的水。青稞炒面按规定一天只能吃一斤,我们就挖野菜、拾蘑菇煮菜汤喝,有的野菜蘑菇有毒,大家喝了后,全身发肿。宿营时,我们以班为单位背靠背睡觉,冷的时候就互相拥挤着坐在一起,靠体温抵挡寒冷。经过五天艰苦行军,终于走出了草地。

一出草地紧接着就攻打包座,打了三天后,部队突然接到命令重返草地南下,我们又开始了二过草地。一次,我在路旁小便,与部队落下100米左右的距离,跟在后面拼命追赶却怎么也赶不上。营政委骑马过来,看见我追赶队伍,就让我揪着马尾巴,人借马力,才赶上了队伍。以后,谁也不敢轻易掉队了,大家都是边走边吃,边走边尿,只有到晚上休息时才能方便。这次虽然只用了三天时间就走出了草地,但感觉比第一次过草地还累,我们连队100多人,走出草地时只剩下60多人。后来才知道,是张国焘搞分裂令部队南下,造成了四方面军第二次过草地。

1936年7月,四方面军与二方面军在甘孜会师后,纠正了张国焘错误,一起北上,我们又第三次过草地。这次上级要求我们,野菜不许多挖,柴和牛粪不许多烧,给后面的同志多留一些,每到宿营地,连队干部都要巡视检查。但就这样,走在最后的三十一军的同志们仍然找不到吃的,很多人饿倒了,后来总部派二十八团三营送去吃的才帮助他们走出了草地。经过20天的行军,我们终于克服了重重困难,走出了草地。草地是人间地狱,夺走了很多红军战士的生命。在阿坝附近,天上突然下起了鸡蛋大的冰雹,几位身体虚弱的同志当场就牺牲了。

## 附录

生死刹那间

[人物档案　李国策，四川苍溪人。1917年8月出生，1934年9月参加中国工农红军。曾任红四方面军医院院部书记、青年干事等职。参加过临汾、晋中、太原战役。曾获三级八一勋章、三级独立自由勋章、二级红星功勋荣誉章等。]

我1933年8月加入红四方面军，编在红三十军八十九师二六七团，参加了长征，亲身经历了九死一生的艰难历程。

一次，部队前进到天全、芦山时，遇到四川军阀的疯狂进攻，部队损失很大。我们团受命在百丈关一带防御，进攻的敌人很猖狂。攻击前，地面炮火轰击，空中飞机轰炸。攻击时集团冲锋，战况很惨烈。一天，我和两个战友正在工事里奋勇战斗，突然一发炮弹落在我们面前，只听到一声巨响，我就失去了知觉。等我清醒过来，明白自己还没有死，就想爬起来继续战斗，但怎么也动不了，才发现两名战友压在我身上已经牺牲了，费了很大劲把他们推开后，想坐却怎么也坐不起来，一摸才发现大腿受伤，血流不止。这时，敌人又冲了上来，离我只有几十米远了，面容都看得清清楚楚……这时，一名通信兵跑来，背上我拼命往回跑，送到后方医院，让我拣了一条命。

过草地之前，我们团在毛尔盖与松潘县之间的拉子梁担任防御任务，敌机天天来轰炸扫射，很多战友不幸牺牲。为防止敌机袭击，我们用松树枝搭了些棚子，敌机一来，就躺在里面隐蔽。一天，敌机又来轰炸，我和两名小战士迅速躲进了棚子里。刚隐蔽好，就听到一声巨响，棚子像被狂风连根拔起一样瞬间不见了踪影，灰尘和烟雾弥漫开来，我意识到，用来做隐蔽的棚子被炸弹击中了。我不敢多想，试着动了动双手双脚，抖了抖身上的尘土，发现自己竟然没受伤，突然看到躺在我身体两边的小战士都牺牲了，我恨不得把敌机一把抓下来撕个粉碎。

恶劣的自然环境，总是有意想不到的危险发生。我在第一次过草地时，就差点沉入泥潭里。那天，部队正在草地中艰难行军，我顺着战友踩出的路径慢慢往前走，突然一脚踩空，一下子掉进了深不可测的泥潭里，人缓缓向下沉，不挣扎还好，一挣扎沉的更快。我大声叫喊起来，剧团一位姓朱的战友，把手中的笛子伸了过来，安慰我说：别慌，抓紧笛子，不会有事的。我紧紧抓住他递过来的笛子，用力往上爬，终于脱离了险境。

"70年过去了，现在我们祖国繁荣昌盛，人民幸福安康，我们当年的苦没白受，血没白流，我相信那些牺牲了的战友也会含笑九泉！"

**红色记忆**
——红军长征在藏族地区及其当代启示

# 难忘的记忆
## ——老红军天宝谈长征与解放四土

我已年过九旬，一生中最为难忘的是长征和解放家乡建设社会主义祖国。

我的家乡"四土"是指封建王朝册封土司制度的嘉绒藏区的梭磨宣慰司、卓克基长官司、松岗长官司和党坝长官司四个土司地区。

1935年春天，被禁锢得像铁桶一样的"四土"，传来了中国共产党和红军的消息，这真是破天荒的喜讯。可是，在此之前，国民党政府和土司头人散发了大量红军"杀人放火""共产共妻""灭族灭教"等谣言，一是闹得人心惶惶，不但土司头人上山躲避，连普通百姓也逃到山里，我所在寺院的僧众也随即躲藏起来（按照传统习俗，作为长子的我，当时在灌县读了三年私塾后，就进寺院当了一名小扎巴〈即小和尚〉）。

红军进入四土不久，藏民族同胞发现这支汉人队伍纪律严明，秋毫无犯，不进寺院，不住民房，又和蔼可亲，虽然语言不通，也总是笑笑眯眯地打着手势与他们交流。渐渐有些胆大的人下了山，也知道了红军是穷人的队伍，专打国民党军队，是为穷苦百姓打天下的。他们宣扬和实施的民族团结平等政策和宗教信仰自由政策，深得藏族群众的拥护和欢迎。群众的疑虑和恐惧开始消失，称红军为"救苦救难的活菩萨"，躲避到山林中的群众也纷纷返回家园。就这样，在中国共产党的民族宗教政策感召下，在相信红军是真正为穷人办事的，可以信得过的信念支持下，18岁的我也毅然参加了红军，被任命为共产主义少年先锋队副队长。由于自己既能通藏语文又懂得一些汉语文的基础知识，政治思想觉悟提高很快，工作积极，打仗勇敢，年内就加入了中国共产党，成为一名光荣的中国共产党党员。

1935年底，藏区最早的民族自治政权——格勒得沙革命政府建立，它是由藏民族中觉悟最先进、斗争最坚决、承认本党党章，能为本党党纲坚持奋斗，不顾一切牺牲的分子所组成。我也担任了青年部部长兼青年团中央团部长。不久，由于红四方面军南下受阻，回到川康地区，我被调任藏民独立师政治部任青年部部长，师政委老将军李中权曾对我赞誉道："是一个很能干的年轻人"。他们担负着全国警戒和筹集粮草的重任。1936年秋，少数民族革命武装——时称"番族人民自卫军"成立，我被调任党代表，同金世柏等人率领这支由来自懋功（小金）、卓克基、党坝、梭磨、绰斯甲等地优秀青少年组成的队伍随红四方面军主力再次穿越雪山草地，时而走在前面为大部队开路，时而断后阻击追兵，时而护送伤病员，时而收容掉队人员。同时，我遵照上级指示，还挑选出一批政治思想好、身强力壮、熟悉地形的藏族战士当翻译、做向导。到达了甘肃省的岷州后，撤销了"番族人民自卫军"的建制，所有人员编入了其他部队继续北上。

"军无辎重则亡"。对边走边打的红军来说，物质保障必定是一大难题。

红军长征时脱离根据地，转战在敌占区、少数民族聚居区或无人区，衣、食、住、行几方面都遇到常人无法想象的难题，克服这些难题付出的代价通常不亚于征途中的战斗。

各主力红军长征出发前，大都由苏区政府保障军服供应，样式都是仿苏俄红军的八角帽、列宁装，缀红色帽徽和领章。不过农村根据地多靠民众手工制衣，样式、颜色不完全规范。中央红军从苏区突围前，每人发放了一套新军装，经过近3个月转战多已磨损。红军占领遵义后休整半月，被服厂日夜开工，为每人补充了一两套新军衣，此后行军9个月未能更换，到达陕北时多数人已衣衫褴褛。红四方面军从川陕苏区开始长征后，进入荒凉的川、康边藏区达一年多时间，布匹难得，指战员们用羊毛和牦牛皮自制毛衣、皮衣。红军三大主力会师时，各部队人员服装颜色杂乱，但唯一统一的标志是仍戴着一顶红五星八角帽。徐特立老先生的红军帽就是自己在长征路上做成的。

红军征途中的宿营，在有老百姓的地区通常分住民房，不论如何疲劳，仍要求指战员保证缸满院净。在进入高原荒僻地区后，民房难寻，为执行宗教政策又不允许进寺庙，部队只得野外露营。住宿条件最困难的阶段是过草地。晚间有时找不到一块干燥地面，许多人只好坐在背包上背靠背偎着取暖。天亮时，有些战士怀抱枪支，因冻饿已长眠不醒。

长征途中的粮食供应，主要靠打土豪，少数由捐助、欠借方式解决，筹粮筹款成为各部队一大重要任务。中央红军西征出发正值秋收后，地主大都谷物满仓，便于没收征发。对贫苦农民，红军采取花钱买粮，不许无偿索取。长征中最缺粮的时期，是进入人烟稀少的川康少数民族地区这段时间，部队执行民族宗教政策，不允许打土豪，主要是通过土司购买粮食。阿坝地区藏、羌、回、汉各族人民为供给前后在此过往的10万红军的粮食作出了巨大贡献。毛泽东到延安后曾说过，长征在川西北，我们是欠了藏、羌人民的债的。

长征中的红军受到大批敌军围追堵截，主要靠快速行军摆脱险境。当时对胶鞋是难得的宝贝，布鞋不耐磨，每个指战员身上都带两三双草鞋，一路行军一路自己打草鞋。

"红军都是钢铁汉"。红军靠着钢铁般的意志，克服衣食住行方面的特殊困难，创造出了举世公认的人间奇迹。

### 红色记忆
——红军长征在藏族地区及其当代启示

就是在我的家乡"四土"这块地盘上，红军长征时一场关系中国革命命运的生死斗争在这里展开，那就是张国焘南下路线和毛主席北上路线的斗争。乃至于张国焘最后发展到在四土卓木碉的白赊村召开川康藏民万人大会，公开宣布分裂红军的主张。经过斗争的实践和四方面军广大指战员的斗争和努力，最终仍坚持了北上，回到了党中央决策的正确路线上的。对这段历史在马尔康县委、县政府所整理编辑出版的这部《红色记忆——红军长征在四土》一书中有详细记述，在此我就不再赘述了。

1936年10月，红军长征胜利到达陕北后，在定边县创办中共中央党校。中央党校专门设立了少数民族学员班，因我有一定文化基础，我藏族名叫桑吉悦希，被任命为班长，全班共有藏、彝、羌、回、蒙古等民族学员20名。

毛泽东、周恩来、朱德、刘少奇、张闻天等中央领导同志每周轮流前往中央党校讲课。有一次，毛泽东主席同少数民族学员座谈时，问到各学员叫什么名字，是哪里人？当问到我时，学校领导介绍我叫桑吉悦希是民族学员班班长。毛主席称赞：了不得，叫什么名字？在我回答了主席后，毛主席又问：桑吉悦希，在藏语中是什么意思？我向主席解释说："桑吉"是佛祖的意思，"悦希"是宝贝的意思，这是活佛取的名字。毛主席听后笑道："你们都是我们党和红军的宝贵财富，是佛祖赐给我们红军的宝贝。长征时经过你们家乡，你们家乡物华天宝和'桑吉'差不多，我看你就叫天宝吧。"大家鼓起掌来，我的名字叫天宝，这个名字很快就传开了并沿用至今。

1937年初，中央党校从定边县迁至延安，专门为培养少数民族干部而设立第七班，我任班长兼党支部书记及党校党总支成员。在党校民族班系统学习的一年多时间里，我的思想觉悟和汉语文知识水平有了较大提高。

艰苦卓绝的八年抗战胜利了，蒋家王朝又掀起内战，我们展开了推翻蒋家王朝解放全中国的斗争。

毛主席在怀仁堂对我讲："你们的民族很伟大，你家乡的老百姓真好，在中国革命的危急关头，是他们帮助了我们。在那里我们是犯了纪律，把老百姓的牛羊杀来吃了和把他们地里的粮食也给收割了，他们没有计较，他们还把家里所有吃的都供给我们过雪山草地用，在大草地上，我们又把他们的牦牛杀了才走出了茫茫大沼泽地。所以，我曾讲过中国革命在某种意义上讲是'牦牛革命'，我们是对你家乡欠下了债的，请你回去后代我向他们问候和感激，待到全国富裕起来后，我们是一定要去向他们还债的。"对毛主席的这段话我在全国解放后，首先在中央民族学院给藏族学员做了传达。尔后在90年代，我为《阿坝州志》顾问时，曾对时为《阿坝州志》总编的李茂同志讲述了毛主席的这段话，而且要他在阿坝州志中记下人民领袖的这段话，这是记下一个伟大民族的爱国主义精神和对中国革命的奉献。对主席的这段话，在纪念红军长征70周年时，报刊专门有所刊登。

为了解放全中国，也为解放我的家乡四土，党调派我回到了大西南，担任了当时西康省和四川省两个藏族自治区的主席。单就对四土的解放几件事想说说。大家都知道在全国解放十周年时，我国公布解放后的三大军事行动是抗美援朝、和平解放西藏、黑水剿匪战役。这个黑水剿匪战役就是解放我的家乡四土的军事行动。

黑水原系四土梭磨土司所辖地，苏永和是梭磨土司下面的一个头人，红军长征时我们就和他打过交道，曾在支红开道上，也做过有益的事情，特别是他爱人还支持过红军，向红军捐赠过物资。可是，在国民党残匪和美、蒋中央情报局的挑拨教唆下，一大批国民党军、警、特逃窜聚集在这里，有国民党军统特务、少将稽查处长周迅宇（后晋升中将），原国民党七十二路军少将军长傅秉勋（后晋升中将），原国民党十六区专员何本初，还有原国民党重庆警备司令杨森所部一三四师少将师长李福熙，原国民党中央陆军学校少将教育长兼任"游击骨干训练班"主任王旭夫，原国民党中央陆军学校少将政治部主任兼《阵中日报》主编周勉之等。仅原国民党正牌少将一级军官就达20多名。他们在蒋介石撤出大陆前专门拟定了全国15个重点游击根据地之一的"甘青川边游击根据地"。蒋介石最后在成都的那段日子，曾经就这个根据地的组织方针等等问题，作过专门的部署，授权周迅宇"甘青川边游击根据地"中将游击司令军衔。通过电报加封委任的原懋功和四土当地的藏汉实力实权派人物、土司、头人为少将军衔者又有40多名。此外还给他们调拨了一大批武器弹药及与台湾方面保持联络的电台等。毛人凤又从军统局本部中挑选了一些人员，组织了一个包括他亲侄儿毛兆兴在内的参谋班子，一同潜往懋功和四土地区，留在周迅宇的身边工作，并且亲自向周迅宇转达蒋介石的许诺，将来等到"戡乱复国"的大业告成，"甘青川边游击根据地"实绩显著，四川省省主席就是他这个中将游击司令的。由此，可以想见，当时聚集在懋功和四土的土匪，完全不同于那些仅限于啸集山林，以拦路剪径，打家劫舍为根本目的的惯匪，而是具有很浓厚的政治色彩。他们占据懋功后，频繁通过电台与溃逃到台湾昀毛人凤进行联系，有着明确的反共反人民目的和决心，幻想利用靖、懋两地和四土地处偏僻等优势，占据一隅，发展和壮大土匪武装力量，建立所谓巩固的"甘青川边游击根据地"，长期与我人民解放军部队和共产党相对抗。懋功在首次失陷后，人民解放军西南军区各部队，一开始因为忙于川西平原以及其他四川腹部地区的剿匪和斗争，一时无力顾及这些偏僻山区，致使这里的土匪一段时间内不但没有得到抑制，反而迅速泛滥成灾。

### 红色记忆
——红军长征在藏族地区及其当代启示

到了 1950 年 5 月底，土匪总数实际人数已发展到了 3 万余人。周迅宇、刘野樵等还勾结四土、黑水、阿坝当地的土司和头人苏永和、华尔功臣烈、索观瀛及懋功的女匪首、军统特务、原国民党中央陆军学校"游击骨干训练班"学员杨孙永贞（藏名阿斯曼）等，在靖、懋两县各地自立法规，自收捐税，封锁交通，恢复原国民党县、区、乡、保等各级政权，公开组织和训练"部队"。周迅宇、傅秉勋、杨孙永贞等，常奔跑于四土的卓克基土司和松岗土司之间，把战场分为多层次布防，声言共产党的军队用 5 年时间也休想再能夺回懋功县城。1950 年 8 月，人民解放军西南军区决定，彻底解决懋功极其猖獗的匪患，重新解放懋功，军区命令所属六十军一七九师再抽调一个团，由该师师长吴仕宏率领，茂县军分区副司令员门国梁和分区政治部主任姚晓程同志带领分区部队 4 个连队，西康军区康定军分区侦察科的席科长带五五八团一部，分别由东、西、北三个方向同时向懋功开进。

当靖懋叛乱平息后，所谓国民党的"精英"们全数都由四土撤退到黑水，重新聚集反动势力，与西北马步芳残匪相勾结，在美、蒋中央情报局的指挥下，大肆空降武器弹药和电台人员，派来上尉田华、王明旭等协同周迅宇、傅秉勋、何本初、苏永和指挥黑水的叛乱，一时间把四土的黑水称为是"陆上台湾"。梦想以黑水为大陆反共基地，敌人嚣张得不可一时。我人民解放军展开了"黑水剿匪战役"，组成以郭林祥为书记，我和茂县军分区门国梁副司令员等 10 人为成员的中共黑水前线党委会。向黑水盘踞的美蒋特务匪徒分东西两路大进军。我以自治区主席分工负责地方支前工作和对民族上层展开统一战线工作，他们负责军事。

黑水战役很快以国民党残余势力的彻底灭亡而告终。值得一提的事有两件，一是头人苏永和被枪炮和人民解放军的强大所惊醒和教训，他在大山林中对天哭嚎，自以为要受到人民的审判和处决。我受前敌委员会的决定，去教化拯救他出来自新，此后，还委以他重任。可是，他在西藏叛乱时又叛逃出境，在海外几十年的漂泊中，又回国来，我党不计前嫌，仍恢复了他的职位，有不少人不理解。我曾同《阿坝州志》总编李茂同志讲：苏永和从长征时我就同他接触，尔后又在战火和和平建设中相处，他是一个极不稳定的人，在与我党近半个世纪的交往中，他最终的归宿还是靠向了人民靠向了党，这正是说明了我党的英明和伟大，证明我党统一战线的正确，你们应在阿坝州志中记述。

其二，黑水战役胜利，周迅宇等罪魁祸首们已亡命而潜逃，除负责黑水战役军事指挥的中将傅秉勋被安曲藏民抓获后，他从马背上故意滚下安曲河中淹死外，周迅宇、王旭东、何本初三匪首逃往阿坝，利用少数民族宗教信仰的心理，与阿坝土司华尔功臣烈歃血立盟求其保护救命藏匿下来。

# 附 录

  我们的侦察和追踪到了阿坝,华尔功臣烈是一个川西北土司中最先迎接和欢迎解放阿坝的开明土司,彭德怀副总司令亲自任命他为阿坝保安司令。我们就相信和利用他本质思想基础是拥护中国共产党的,便对他进行开导,对他重情感,讲义气,救生灵的佛教心理充分肯定,并说明现今的形势和希望他自己明辨是非,认清前途,维护真理。

  我和当时茂县专区副专员张承武同志,在华尔功臣烈土司官寨的二楼上对他做工作。虽然我们知道阴暗中会有无数的枪口随时对着我们的,但不知华尔功臣烈早同敌特已约定,他们在楼下用枪炮向上对着我和张承武同志的,一旦谈判失败,华尔功臣烈以丢茶碗为号,周迅宇等就会开火把我们干掉。这一切我们也是后来才知道,那是非常惊险的。

  华尔功臣烈所管辖的地区历史上虽属于四土的梭磨土司辖区,但华尔功臣烈本人又属历史上受朝廷册封的土官之一,后被称为土司职位号称为"墨坤土司"。因苏永和为了扩张势力,1948年双方发生了"墨黑之战"。华尔功臣烈在马步芳、拉卜楞寺庙司令黄正清势力与苏永和的三方夹击之下,在他走投无路时,幸遇上全国的解放,他选择了投奔向共产党,希望我人民解放军进住阿坝的。

  在经过我们的工作后,他开了心窍,同意交出台湾空降的中将谍报负责人王旭东和周迅宇、何本初三匪首。但是,华向我们提出了三个条件。一是他同三匪首立誓保护他们的生命安全,华是政教合一的土司,是个虔诚的佛教徒。我们马上答应了。二是不许我们在阿坝地方对三罪犯游街示众。这我们也答应了他的要求。说到第三条时,他失声痛哭了,他说你们是知道的,我们藏人对违背誓言和不守信誉的人是最为看不起的,按照宗教的"仪理"讲是永世不得超生的。我是真心拥护共产党和人民解放军的,现在只有对不起他们三人了,既然我做了违背信誉的人,我无脸见世人,希望你们为我保密,在我有生之年不对外公布是我把他们三人交出来的好不好?

  对于他的三条要求,我们按照当时的有关政策和上级指示,都一一地答应了他。

  三匪首被擒,黑水剿匪战役才算彻底胜利,美、蒋的陆上台湾梦破灭了,我的家乡四土也才得以了真正解放。后来西康省撤销并入四川省,原两省的"藏族自治区",改设建置为"藏族自治州"了,我又兼任了两州的州长和甘孜州委书记。在行政区划建置中,在原"四土行政委员会"基础上,把部分地区划给了今黑水、理县、红原、壤塘、阿坝以外,设置了今马尔康县。

  从红军长征在四土到解放四土,真是漫漫岁月而又是弹指一挥间。今天我已是九旬之人,家乡的人们不忘对红军长征的记忆,马尔康县委、县人民政府编辑出版

**红色记忆**
——红军长征在藏族地区及其当代启示

《红色记忆——记红军长征在四土》，这不仅是对我党我军和家乡一段历史的写记，而是为教化我们的子孙后代，不要忘记过去，继承发扬红军长征的精神，承先启后，继往开来。在此我对马尔康县委、县人民政府和参与编写此书的所有工作人员，致以衷心的谢意！

## 巴格寨·巴太的回忆

红军长征过党坝时，果尔维是他们的根据地。因为果尔维地处高山，地势险要，红军容易守，反动派难于攻上来，红军先后在果尔维住了一年零三个月，建立了各种组织。1935年底，我在果尔维参加了革命军，随后就派往小金一带配合红军搞宣传，当时我还是个小小的负责人，年轻力壮，工作是很起劲的，红军首长也很喜欢我。约在6、7月份，跟随红军到了卓克基，当时我是决心参加红军的，因为我深知，如果参加红军，就要遭地主的毒害。

有天晚上，我所在的红军遭到地方武装的突然袭击，人被打散，我未受伤，躲在一块麦地内。第二天去找红军时，大部队已开走，只有少数伤员在卓克基。去梭磨方向的路被土匪截断，我回转往金川方向跑，到党坝时，被金川党坝一带纠集起来的反动武装捉住，关押在果尔维一家叫亚格的两层民房里，在肉体上百般摧残我，实在无法忍受下去了，等到天黑，我就从两层楼上跳下去，准备逃跑，不幸腰折断，土匪又从楼上开枪将我肩膀打伤，他们断定我死了，没有再来理我。当晚，大雨滂沱，伸手不见五指，我就在泥水中忍受着剧烈的疼痛，那种痛苦是不可言状的。天未发亮，正当我奄奄一息时，几个好心的农民救了我，把我抬回我家，藏在一间漆黑的牛圈内，尔后就在亲友们的照料下才幸存下来。我能幸存下来，这是反动派的愿望和预料之外的事。

果尔维是红军聚集最多，为时最长的地方，也是反动派最猖狂，而百姓受难最深的地方。但是，历史雄辩地证实红军的宣传，革命胜利了，人民成了国家的主人，自己能在如此幸福的社会主义社会里欢度晚年，要永远感谢中国共产党。

# 附 录

# 红四方面军的长征

## 红四方面军的英勇长征

徐向前

一九三六年十月，红一、二、四方面军在甘肃会宁大会师的日子，已载入我国民主革命的光荣史册。它是举世闻名的红军万里长征胜利结束的标志，同时，又是中国革命的战略重心从南方移到北方，从国内革命战争向民族革命战争过渡的重要里程碑。

从那时到现在，过去了整整半个世纪。我们今天纪念长征，仍具有伟大意义。中国共产党及其领导的红军，在长征中显示的革命英雄主义气概，自力更生、团结战斗的精神，百折不挠的毅力，共产主义必胜的坚定信念，不论过去、现在或将来，都是推动我们事业前进的巨大动力。

红四方面军的长征，是整个红军长征的重要组成部分。这支部队从撤离川陕革命根据地起，先后转战于川西平原、川西北、川西南、西康东部及甘南地区。广大指战员英雄奋战，流血牺牲，不畏艰难险阻，数翻雪山，三过草地，打破数十万敌军的围追堵截，有力策应了红一、二方面军的北上，为革命武装向大西北的战略转移，作出了积极贡献。但是，由于张国焘的分裂主义和南下方针，也一度使这支英勇的红军队伍，遭受过不应有的挫折和损失。红四方面军的长征历程，艰难、曲折、复杂，有丰富的经验教训可资借鉴。

一

具有历史意义的长征，以红军主力在敌人重兵压迫下，脱离原有根据地，流动转战，寻机建立新的革命根据地为主要特征。毫无疑义，这是党和红军在土地革命战争后期进行的一次战略大转移，或者叫战略总退却。"这种战略的目的就是要赢得时间，瓦解敌人，养精蓄锐，以便后来转为反攻。"[①] 继红一方面军和红二十五军之后开始的红四方面军的长征，当然也不会例外。

---

① 《斯大林全集》第6卷第140页。

### 红色记忆
——红军长征在藏族地区及其当代启示

红四方面军源自鄂豫皖革命根据地。一九三二年十月，因未能粉碎蒋介石的第四次"围剿"，被迫西征转战三千里，年底进军川北，开创了以通（江）南（江）巴（中）为中心的川陕革命根据地。这块根据地的鼎盛时期，面积达四万二千平方公里，人口逾五百万，建立二十二个县市的革命政权，红军发展到五个军八万余人，严重危及四川军阀的反动统治，有力配合了各革命根据地红军的反"围剿"斗争。毛泽东同志高度评价川陕革命根据地的战略意义和作用，认为它是"中华苏维埃共和国的第二大区域"，"是扬子江南北两岸和中国南北两部间苏维埃革命发展的桥梁"（《中华苏维埃共和国中央执行委员会与人民委员会对第二次全国苏维埃代表大会的报告》）。中共驻共产国际代表团，也曾要求党中央速派一批得力干部，加强对陕南和陕北游击运动的领导，以便使川陕革命根据地有巩固的战略后盾，直至与新疆打通联系，进而发展西南、西北的革命形势。可见，巩固和发展川陕革命根据地，乃是土地革命战争进程中党的重要战略目标之一。

那么，至一九三五年上半年，川陕革命根据地才形成两年多时间，红四方面军为什么会撤出那里，实行战略转移呢？

回答这个问题，必须从当时的形势和条件说起，因为一定历史时期、历史环境的形势和条件，是规定红军战略行动方针、任务的基本出发点。

红四方面军进军川北，立脚生根，基本原因之一，就是利用了敌人营垒的矛盾和缺口。那时，四川军阀各领"防地"，混战不已，并且反对蒋介石的势力入川"剿赤"，从而给了红军以可乘之隙。但是，从一九三三年秋末起，这个条件便逐步发生了变化。四川军阀混战结束，形成以刘湘为头子的相对统一局面；红军经过反三路围攻和三次进攻战役，迅猛发展，直接危及各路军阀的生存。于是，他们联合起来，集中二十多万兵力，向我根据地发起六路围攻，持续时间达十个月之久。一九三四年八月，敌六路围攻被彻底粉碎后，四川军阀更是惶惶不可终日，只得向蒋介石告急求援，请其派兵入川，统一指挥"围赤"事宜。早就觊觎"天府之国"的蒋介石，岂能错过此等良机！他立即制定"川陕会剿"计划，令胡宗南部入川，上官云相等部向川陕边逼近，准备纠合川陕两省的军阀势力，东西堵截，南北夹击，一举消灭我军于大巴山下。短时间内，敌在我根据地周围集结的兵力，达二百个团以上。一旦"会剿"开始，我军势必处于腹背受敌的危险境地。因而，如何对付优势敌人的"川陕会剿"，是摆在我们面前的紧迫任务。

蒋介石"围剿"红军的新战略是：并进合围，步步为营，全面封锁，持久作战。我军要固守根据地，打破敌人的新"围剿"战略，就必须拥有足够支持持久战争的人力、物力、财力。然而，川陕革命根据地经过连年不断的战争消耗，尤其是十个月反六路围攻战役的巨大消耗,已是元气大损,疮痍满目;张国焘推行王明一套"左"的东西,更加剧了自己的困难。要粮没粮,要款没款,要兵员没兵员,叫民穷财尽。根据地到了这般地步,要再去支持一场类似反六路围攻那样的持久战,已是不可能了。

在这种情况下,方面军总部在清江渡召开军事会议,讨论战略方针和任务。会议制定了依托老区、收缩战线、发展新区的"川陕甘计划",拟集中主力,打击胡宗南部,夺取甘(肃)南的碧口及文(县)、武(都)、成(县)、康(县)地区,补充自己,冲破敌人的"川陕会剿"。接着,我军即发起广(元)昭(化)战役。但这仗打得不理想,未能消灭胡宗南伸进四川的力量,只好另寻战机。那时,党中央率红一方面军已转移到川黔边,急需四方面军策应。一九三五年一月二十二日,中央电令我军全力西渡嘉陵江,在广大无堡垒地带机动作战,策应红一方面军从泸州上游渡江入川。据此,我们重新调整部署,一面令部队迅速造船;一面以一部兵力出击陕(西)南,调动沿江敌人,为强渡嘉陵江创造条件。东线那边,逐步收缩,尽力迟滞敌人。

陕南战役,达到了调动沿江敌人的目的。但红一方面军土城一战受阻,决定改向川黔滇边转移。我军因受中央一月二十二日作战方针的牵动,在东线、南线敌人压迫下,已陆续放弃万源、通江、仪陇等县城,主力集中在嘉陵江东岸的苍溪、旺苍、南江、巴中间,如箭在弦上,非进不可。方面军总部决定,发起强渡嘉陵江战役:一是为了策应红一方面军北上;二是为了创造战机,进取甘南,实现"川陕甘计划"。

嘉陵江西岸北起广元、南至南部沿江防线,由川敌邓锡侯、田颂尧两军扼守。据侦察,阆中、苍溪附近的沿江地段,敌守备力量薄弱,江面宽阔,水流较稳,便于我军偷渡、强渡。我们决定:采取偷渡与强渡相结合,多种突击,重点突破的战法,在这带渡江;而后北卷西扫,摧毁敌人江防支撑点,乘胜进击甘南。

三月二十八日夜,方面军总部下达了渡江命令。位于苍溪以南塔子山附近的中纵队三十军,首先强渡成功,席卷沿岸守敌。阆中以北的左纵队九军及苍溪以北的右纵队三十一军,亦相继突破敌江防,向纵深发展。次日,第二梯队四军渡江,投入战斗。我各路部队如猛虎扑羊,横扫沿江敌人,取南部,克剑阁,四月二日一举拿下天险剑门关,进而攻占昭化,包围广元,沿江四百里的江防地段,均落入我手。战役第一阶段,至此结束。

第二阶段是进击,西向摧毁敌人的纵深防御,解除我进取甘南的后顾之忧。我以一部兵力居右,遏阻胡宗南部南下;一部兵力居左,监视田颂尧部北进;而以主力迳取梓潼、江油、中坝,打击邓锡侯部。邓锡侯为解江油之围,亲率十八个团从

### 红色记忆
——红军长征在藏族地区及其当代启示

绵阳北进，被我在江油附近打援，歼敌四个团，余敌溃逃而去。我军乘胜进占中坝、彰明、北川。这时，我们想集中兵力，北进迂回碧口，进取文（县）、武（都）、成（县）、康（县）地区。我给张国焘发报，左催右催，但他就是不表态。那时，他已决定放弃川陕革命根据地，正和陈昌浩忙于指挥大搬家，部队只好就地发动群众，待命行动。强渡嘉陵江战役，遂于四月二十一日结束。

战役历时二十四天。我军跨江而进，横扫直荡，先后攻克阆中、南部、剑阁、昭化、樟潼、青川、平武、彰明、北川等九座县城，歼敌十二个多团，共一万余人。因张国焘迟疑不决，致使北进甘南的战机丧失，"川陕甘计划"未能实现。这是战略上的失策。红军撤出川陕革命根据地，仅留下千把人枪打游击，力量太小，后被敌人瓦解和消灭。如果把红三十三军（原川东游击军）留下，情形会好些。

总之，红四方面军撤出川陕革命根据地，有多方面的原因。优势敌人的联合压迫，根据地民穷财尽，策应中央红军的战略需要等等因素，决定我军主力西渡嘉陵江，另寻出路，图存发展。这与整个红军的战略大转移密切相关，不是孤立的、偶然的。

### 二

一九三五年五月初，党中央率红一方面军渡过金沙江，继续北上，准备在川西北建立根据地。西进川西北，接应中央红军，遂成为红四方面军的主要行动方针。

蒋介石为防止我一、四方面军"合股川西"，以便各个击破，调动刘湘、邓锡侯、孙震、胡宗南等部，四面围堵，企图将我军主力聚歼于江油、中坝地区。五月上旬，我军先后撤出彰明、中坝、青川、平武等地，向岷江地区西进，沿途经激烈战斗，突破邓锡侯在土门、北川河谷设置的数道防线，中旬进占茂县（今茂汶羌族自治县）。继以一部沿岷江南下，控制了文镇关、雁门关、威州等要点，进克理县，逼近汶川。另一部沿岷江北上，进据松潘以南的镇江关及平武以南的片口等地。这带为汉、藏、羌、回等民族杂居区域，高山连绵，人口稀少，粮食产量甚低，交通运输不便，绝非大军久驻之地。

两军会师，指日可待。我们一面指挥前线部队，遏阻川敌和胡宗南部的进攻；一面分兵发动群众，筹集粮食、被服、牛羊、盐巴、茶叶、羊毛等，在全军开展制作和捐献慰问品的活动，准备迎接红一方面军。从军队到地方，从总部到连队，一派紧张而热闹的景象。五月下旬，我们派第三十军政治委员李先念率领该军第八十八师和第九军第二十五师、第二十七师各一部，翻山越岭，西进小金地区，消灭守敌邓锡侯一部，迎接红一方面军。在此之前，我和李先念曾就两军会合后的战略发展方向问题，交换过意见，认为还是原来的"川陕甘计划"，比较理想。

# 附 录

六月中旬，红一、四方面军先头部队，胜利会师在夹金山下。毛主席和党中央领导同志，在懋功（今小金）会见李先念，向红四方面军广大指战员表示亲切慰问。消息传来，大家极为振奋。各部队派人将一批批慰问品，送往一方面军驻地，以表达对党中央和兄弟红军的怀念、爱戴、崇敬之情。欢庆会合、相互学习、加强团结的气氛，达到了高潮。

两军会合后面临的主要问题，是确定战略行动方针。也就是说，要解决在哪里建立立脚点，创造根据地，休养生息，进图发展的问题。党中央和毛主席听取了李先念介绍的情况，经过认真研究，提出北上川陕甘边建立根据地的方针。但张国焘想南下川康边。为此，六月二十六日，中央政治局于两河口举行会议，讨论战略行动方针问题。二十八日，作出了"集中主力向北进攻"，"首先取得甘肃南部以创造川陕甘苏区根据地"的决定。二十九日，中央军委制定了松潘战役计划，以松潘为突破口，打开北进甘南的通道。具体部署是：以岷江东岸四方面军一部，组成岷江支队，由王树声率领，牵制川军及胡宗南部南向。岷江西岸红一、四方面军主力，分三路北进松潘地区及其东北地带，突击胡敌侧背，攻取松潘。右路由陈昌浩率领，中路由徐向前率领，左路由林彪、聂荣臻、彭德怀、杨尚昆率领；以中、左两路为中心，迂回攻击松潘守敌。

松潘一带，山高谷深，粮缺人稀，大部队运动十分困难。该城城墙坚厚，地势险要，确有"一夫当关，万夫莫开"之势。自明朝以来，就是扼控川西北至甘南的军事重镇。根据那里的地形条件和军委的作战部署，我们决心以黑水、芦花为战略后方，北出迂回松潘，实行多路突击。七月六日，我和陈昌浩分别率中、右纵队，从理县、茂县出发，岷江支队也开始行动。七月中旬，一、四方面军先头部队攻占毛尔盖，岷江支队进占距松潘十余里的塔子山，与胡敌对峙；右路纵队一部，攻克松潘附近的要点毛牛沟；中路纵队沿途拔除一些敌据点后，进至维谷附近，因受黑水河所阻，经先期到达芦花的彭德怀率一个团架桥接应，才顺利渡河，于中旬末抵黑水、芦花地区。

胡敌发现红军企图攻击松潘，北进甘南，乃将主力二十七个团，集结在松潘、漳腊、南坪一线，凭险遏阻。追击中央红军的薛岳部，亦从川南北进川甘边，配合胡敌截击我军。我一、四方面军主力北进后，懋功、绥靖、北川、茂县、威州等地，均为川军占领。敌前堵后追，企图将红军压入荒无人烟的草地，陷我于不战而毙的绝境。

大敌当前，情势艰险，党和红军的团结，具有头等重要的意义。但是，两军会合后不久，这种团结便受到损害，并且发展到日趋明朗的地步。

**红色记忆**
——红军长征在藏族地区及其当代启示

察其原因,主要是张国焘怀有野心,想当头头,和中央闹对立。同时,教条主义者对四方面军横加指责,乱扣帽子,也起了不好的作用。张国焘与中央闹矛盾,始自战略方针问题。当两军会合时,中央主张北上,他则主张南下,这才召开两河口会议,统一战略思想。他见一方面军损失很大,兵力不多,野心便油然而生。两河口会议后,中央慰问团到理县杂谷脑慰问四方面军,他竟借口"统一军事指挥",公然伸手向中央要权。此后,又不断向下面散布"中央政治路线有问题"、"中央红军的损失应由中央负责"、"军事指挥不统一"、"人家瞧不起四方面军这些老土"等,还派人找一方面军的同志,了解会理会议、遵义会议的情况,实际上是进行反中央的活动。博古、凯丰等教条主义者,亦不顾两军团结的大局,指责四方面军撤离鄂豫皖和川陕革命根据地是"逃跑主义",还有什么"军阀主义"、"土匪作风"、"政治落后"等等,甚至公开写文章抨击。这套"左"的做法,伤害了四方面军广大指战员的感情,也给了张国焘以挑唆的借口。

在芦花,我第一次见到毛泽东、朱德、周恩来、张闻天等领导同志。毛主席亲自将一枚金质五星奖章授予我,以表彰四方面军的英勇斗争。朱德总司令语重心长地同我谈过两军加强团结、取长补短的问题。鉴于一方面军兵员损失很大,我们建议,从四方面军抽几个建制团补给他们;也请他们调些干部来四方面军,以利相互学习。经中央批准,我们调了三个团共三千八百人去一方面军;从一方面军调来李卓然、张宗逊、陈伯钧、李天佑、李聚奎、朱良才等同志,在总部工作或任军参谋长、政治部主任等职。七月十八日,军委公布了由朱德任红军总司令、张国焘任红军总政委的命令。二十日,决定调整军队组织系列,组成红军前敌指挥部,由徐向前任总指挥,陈昌浩任政治委员,叶剑英任参谋长。接着中央政治局召开扩大会议,听取四方面军领导人的汇报。会上,张国焘介绍了撤出鄂豫皖根据地、川陕根据地的原因和经过,我汇报了军事工作情况,陈昌浩汇报了政治工作情况。这是一次缓和矛盾、增强团结的会议。中央领导同志对四方面军的英勇斗争,作了肯定评价,没有出现新的争执,大家都很高兴。

为夺取松潘,我和陈昌浩、叶剑英率红军前敌指挥部及一部兵力,于七月二十二日出发,向毛尔盖进军。在毛尔盖,组织部队多路突击松潘。但因敌人兵力集中,凭险固守,我军装备太差,不论正面进攻或迂回突击,均难奏效。此路不通,只得另辟北进的通道。

三

八月初,军委在毛尔盖召开军事会议,重新研究敌情,确定行动方针和部署。

会议决定，放弃攻打松潘的作战计划，红军主力改道经阿坝出夏（河）洮（河）流域，进据甘南。会上，我和陈昌浩提议，最大限度地集中兵力，向一个方向突击。张国焘则主张，兵分左右两路北进。会议采纳了张国焘的意见，制定了《夏洮战役计划》。以五军、九军、三十一军、三十二军、三十三军组成左路军，由红军总司令部率领，取阿坝，控墨洼，继出夏河；以一军、三军、四军、三十军组成右路军，由红军前敌指挥部率领，穿越草地，出巴西、班佑地区北进，万一无路可走，再改道经阿坝前进。彭德怀率三军及四军一部殿后，掩护中央机关前进。

张国焘野心不死，会后又节外生枝，要中央政治局开会，解决"政治路线问题"。于是，中央政治局举行沙窝会议，作出《中央关于一、四方面军会合后的政治形势与任务的决议》，粉碎了张国焘的篡党夺权企图。那时部队在毛尔盖地区陷于绝粮困境，吃野菜、黄麻，嘴巴都吃肿了。我着急万分，催张国焘出发。中旬，朱德、张国焘、刘伯承率左路军出动。右路军这边，则积极进行穿越草地的准备工作。

八月二十日，中央政治局在毛尔盖召开扩大会议，再次讨论战略行动方针。出席会议的有张闻天、毛泽东、博古、王稼祥、陈昌浩（沙窝会议上补选为政治局委员）、凯丰、邓发，列席会议的有李富春、徐向前、林彪、聂荣臻、李先念。毛泽东首先发言，强调了北出夏洮流域后向东发展的方针，与会同志均表示同意。最后，毛泽东作了结论，大意是：第一，红军北出后向东还是向西，是全局中的关键。向东，是积极的方针，向西，将陷红军于不利地区。第二，从洮河左岸或右岸前进，可视情况而定。如有可能，即采取包座至岷州的路线，北出甘南。第三，左路军应向右路军靠拢而不是相反。阿坝可速打一下，但后续部队应不经阿坝而向右路军靠拢。总之，必须以岷州（今岷县）、洮河地区为中心，向东发展，决不应因遇到一些困难，转而向西。会议一致决定，以毛泽东的发言为基本内容，形成《中央关于目前战略方针之补充决定》。

这次会议，改变了《夏洮战役计划》的部署，变右路军为北出主力；左路军为战略预备队，从阿坝地区东折，向右路军靠拢，共出甘南。会后，党中央及红军前敌指挥部分别将这一决定，电告已占领阿坝的左路军。

根据毛尔盖会议的决定，右路军从八月二十一日相继出动，开始了征服草地的艰难进军。茫茫大草原，草深过膝，沼泽遍地，荒无人烟。气候乍暖乍寒，变幻无常，忽而骄阳高照，忽儿雨雪交加。有不少绿草覆盖的泥沼，都是陷人坑，人和牲口掉到里面，越陷越深，直至被吞没。没有粮食，靠挖野菜啃皮带充饥。红军指战员发扬高度的革命英雄主义气概，不为饥饿、疲乏、寒冷、暴风雨、伤病、死亡所屈服，万众一心，前仆后继，奋勇前进。经五昼夜行军，终于穿过草地，到达班佑、

**红色记忆**
——红军长征在藏族地区及其当代启示

巴西地区。这带系半农半牧区，粮食和牛羊较多，部队安顿下来，清点人数，补充给养，消除疲劳，准备迎接新的战斗任务。

据侦察，离巴西、班佑不远的上下包座地区，有胡宗南部一团多兵力扼守，卡住我军北进的通道。胡宗南发现红军穿过草地，遂急派其驻漳腊的伍诚仁第四十九师，星夜驰援包座。该地处于群山之间，周围尽是原始森林，地势险要，碉堡密布，易守而难攻。强占包座，是摆在我们面前的紧迫任务。

我们向党中央和毛主席建议，攻打包座的任务，由四方面军的四军、三十军承担。毛主席同意。具体作战部署是：以三十军八十九师二六四团攻击包座南部的大戒寺；八十八师两个团及八十九师另两个团，布于包座西北地区，相机打援；四军一部攻击包座以北的求吉寺；一军作预备队，并负责保护党中央的安全。八月二十九日，战斗打响。经三天激战，我歼灭包座守敌及援敌第四十九师，毙伤俘敌约五千人，缴获大批粮食、马匹、牛羊和军用物资，为全军打开了北进通道。这一仗，红三十军立了大功，发扬了近战夜战威力和"狠、硬、快、猛、活"的战斗作风，攻坚破垒，伏击打援，分割歼敌，都很出色。

为集中兵力，火速北进，党中央和我们连电左路军，催其速离阿坝，横穿草地，向右路军靠拢。我们已令四军抽出一个团，预备粮食、马匹、牦牛，以便前往草地接应他们。可是张国焘变了卦，借口噶曲河涨水，部队缺粮，无向导，竟令已到达草地边沿的左路军停止前进，重返阿坝，准备南下。电报打来打去，毫无结果。北上和南下之争，成为关系党和红军命运、前途的斗争焦点。

张国焘顽固坚持南下方针，拒不执行党中央的北进指示。九月八日，电令我和陈昌浩率右路军南下。事态发展到这种地步，我们夹在中间，十分为难。陈昌浩和我商量，决定由他带上电报，如实向党中央汇报。当晚，中央领导同志召集我们在周恩来驻地开会，针对张国焘南下电令，以恩来、洛甫、博古、向前、昌浩、泽东、稼祥七人的名义，电告张国焘，陈说南下之弊与北进之利，着其执行北进方针。张国焘九日复电，仍坚持南下。陈昌浩这时改变了态度，同意执行张国焘的南下命令，我不愿把四方面军分成两半，也同意南下。

十一日凌晨[①]，党中央率一、三军团单独北上，我们得知后大吃一惊。前面有的干部不明真相，打电话来问：一方面军单独走了，还设警戒哨，我们打不打？陈昌浩拿着电话筒问我怎么办？我说：哪有红军打红军的道理！叫他们听指挥，无

---

① 另一种说法为十日凌晨。

论如何不能打！避免了事态的进一步恶化。过后，我们根据张国焘的命令，率四、三十军及红军大学部分人员，再次穿越草地，开始了南下的进军。

四

南下之初，左右两路军向马塘、松岗、党坝一带集结。在卓木碉（今马尔康县足木脚），张国焘召开高级干部会议，利用党中央单独率一、三军团北上一事，大肆煽动，公然另立"中央"，打出了分裂主义的旗帜。会上，朱德、刘伯承同志对张国焘的分裂行为，进行严肃斗争，反映了一、四方面军广大指战员的共同心声。

南下部队，包括红四方面军的五个军及原一方面军的五、九军团（即五军、三十二军）。蒋介石发现红军少部兵力北上，大部兵力南下，乃令薛岳等嫡系部队和川军向川西南地区集结，准备与我决战。

我军南下的第一个战役，是攻取绥靖、崇化、丹巴、懋功，打通进军川西南的通道。总部决定以五军、九军二十五师、三十一军九十三师组成右纵队，沿大金川西岸前进，抢占绥靖、丹巴；以四军、三十军、三十二军及九军二十七师大部组成左纵队，在大金川以东地区进攻，夺取崇化、懋功；三十三军及九军二十七师一个团，驻守马塘、梦笔山地区，屏障红军总司令部；三十一军九十一师师部及二七七团、红军大学，留守阿坝，掩护后方。

十月八日，我左、右两路纵队发起进攻。大小金川地区，地势复杂，多高山绝壁、峡谷急流。我军机智英勇，灵活迅速，充分发挥山地战、隘路战、近战、奇袭、夜袭的特长，大胆迂回穿插，斩关夺隘，消灭敌人。十多天内，连克绥靖、丹巴、崇化、懋功及日隆关、巴郎关、火烧坪、邓生等地，共击溃敌刘文辉部、杨森部六个旅，毙俘敌三千余人。

第二个战役是攻取天全、芦山、名山、雅安、邛崃、大邑，以便进而直下川西平原。具体部署为：以四军、三十二军为右纵队，由丹巴经金汤攻取天全，并以一部向汉源、荥经活动；以三十军全部、三十一军九十三师及九十一师之两个团、九军二十五师为中纵队，取宝兴、芦山，得手后向名山、雅安及其东北地区进攻；以九军二十七师为左纵队，除以一部巩固抚边、懋功外，主力向东伸进，威胁理县、灌县、大邑之敌。另以五军为右支队，巩固丹巴地区；三十三军为左支队，留驻马塘、两河口，相机威胁理县，占领威州；以三十一军九十一师师部率二七七团，驻守汶维、懋功。

十月二十四日，我军展开进攻。十余日内，连克宝兴、天全、芦山等县城，进围名山，前锋直逼邛崃县境，共毙俘川敌五千人以上。再打下去，便是人稠粮丰的川西平原，利于我军获得较大补充。刘湘为确保成都、重庆，急调其主力王缵绪、

### 红色记忆
—— 红军长征在藏族地区及其当代启示

唐式遵、范绍曾等部及李家钰部，向名山东北集结，连同原来的守敌，共八十余团，堵击我军。十一月中旬，我军再次发起进攻，集中十五个团的兵力，沿名山、邛崃间的大道，破垒前进，连克重镇百丈及黑竹关、治安场、王店子。十九日，刘湘挥军反扑，以十九个团在飞机掩护下向百丈猛攻。敌我双方，恶战七天七夜，打得尸横遍野，血流满地，战况惨烈至极。这场决战，我军共毙伤敌一万五千余人，自身伤亡近万人，但未能战胜敌人。刘湘的后续部队源源不断，薛岳的大军又压了上来，我们深感兵力不足，遂被迫从战役进攻转入防御。部队撤离百丈、荥经地区，转至九顶山、天品山、莲花山一线，与敌对峙。

　　这时，川军主力集中于东面的名山、邛崃地区，薛岳部六个师向南面的雅安、天全地区集结，李抱冰部则位于西南的康定、泸定地区，层层筑碉，严密封锁，伺机发起大规模进攻。我军东出或南出已不可能，只好蹲在川康边过冬。那里汉藏杂居，人口稀少，粮食、物资极为短缺。当年冬天，气候异常寒冷，部队靠制棕榈衣御寒，挖土豆、野菜充饥，伤病员大量增加，缺乏医药治疗，真是到了山穷水尽的地步。事实证明，张国焘的南下方针，是毫无出路的。

　　张国焘的南下方针，招致失败的主要原因何在呢？

　　第一，脱离了全国尤其是北方日益高涨的抗日救亡形势。他置中日民族矛盾空前激化于不顾，看不到正是这种矛盾，已成为变动国内阶级关系和规定历史进程的支配力量；看不到由于日寇的侵略，已在"落后"的北方，掀起民族革命的巨浪，造成有利红军生存和发展的条件；看不到党和红军的基本力量，只有向北方转移，勇敢担负起民族革命战争的领导重任，才能取得各阶层的同情和支持，粉碎蒋介石的"灭共"阴谋。因此，否认党的战略重心和武装力量，从南方向北方转移的必要性、迫切性，致使四方面军的作战仍局限"苏维埃运动"范畴，与民族矛盾上升的总趋势脱节。这就不能不孤立自己，限制自己，直至走向进退维谷的境地。

　　第二，无视敌人营垒的重大变化，与蒋介石的"灭共图川"计划，碰个正着。红四方面军南下期间，正是蒋介石大力笼络和控制四川军阀，加紧其"灭共图川"步伐的关键时刻。四十万川军奉蒋介石的命令整编，砍掉三分之一，军官普遍进峨嵋军官训练团轮训，向部队各级派政工人员监督，装备物资得到很大补充，战斗力有相当大的加强。蒋介石为把"天府之国"，变成他"复兴民族"的战略大本营，还利用嫡系大军入川之机，将"剿匪"指挥中心"武汉行营"迁到四川，改为"重庆行营"，并大力鼓吹"建设四川"，采取取消军阀"防区"制、"刷新"川政、训练和委派各级政权骨干、整理财政金融、兴建五大干线公路、层层筑碉设防等一系列措施。截至当年八月，四川境内修筑的碉堡达一万四千八百座，比历年在江西"剿共"修筑的碉堡，还多二百余座。其决心之大，可见一斑。张国焘无视蒋介石的战略企图和敌情的重大变化，捧着老"皇历"不放，要"大举反攻"，赤化四川，只有碰壁一途。

第三，夸大了在少数民族地区建立革命根据地的可能性。张国焘乍到川西北，就建立所谓"联邦政府"，一直宣扬在川康边一带少数民族地区，存在着和内地一样的革命形势，可以形成军队和政权去战胜敌人。殊不知革命的不平衡性，乃是中国革命的规律之一。那些地区的少数民族，虽受军阀和本民族上层统治者的双重压迫，具有自发革命愿望，但他们在历史上与汉族形成的民族隔阂，相当深重，短期内绝不易消除。奴隶制盛行，宗教势力极大，盘根错节，牢牢控制着多数处于愚昧状态的群众。加之，地广人稀，刀耕火种，粮食和物资匮乏。这就说明，少数民族地区同内地有很大差别，不具备列宁所说的"革命形势"。张国焘抹杀这种差别，要在落后的少数民族地区制造革命形势，搞块天下，纯粹是不切实际的幻想。

最后，分裂不得人心。张国焘南下之初，便另立"中央"，从组织上公然分裂党。他的错误战略行动方针，是同分裂主义搅在一起的，必然遭到广大指战员的怀疑、不满和抵制。随着时间的推移，战局的困难，处境的恶化，这种不满和抵制，愈来愈扩大，愈来愈增长，波及全军上下，不可遏止。因而，南下作战或建立根据地，也就丧失了群众基础。军心不稳，士气不振，要战胜强大敌人，实现既定战略目标，当然不可能。

## 五

红四方面军南下期间，党中央率一方面军到达陕北，会合红二十五军、二十六军、二十七军，立住了脚跟。共产国际高度评价中央红军的英勇长征，肯定了党的北进路线的正确性。同时，派张浩（林育英）同志回国，与党中央建立了联系。

一九三五年十二月，中央政治局举行瓦窑堡会议，作出《关于目前政治形势与党的任务的决议》，奠定了抗日民族统一战线的战略策略路线基础。"决议"要点发来，我们极为兴奋，深有"柳暗花明"之感。朱德同志和大家趁机做张国焘的工作，要他取消这边的"中央"，接受党中央的领导，以便在新的战略策略路线基础上，团结起来，一致对敌。张国焘被迫"急谋党内统一"，加紧同中央电报来往。经中央同意，这边取消"中央"后可组成西南局，直属共产国际中共代表团领导，暂与陕北党中央发生横的关系。这样，重新恢复党和红军的团结，就有了好的势头。

党的战略策略路线的重要转变，开阔了大家的视野，更使我们认识到党中央北上方针的深远意义。一九三六年二月间，蒋介石集中薛岳等部六七个师及川军主力，

## 红色记忆
——红军长征在藏族地区及其当代启示

向我大举进犯。经一周激战,我军被迫撤出天全、芦山。中央来电指出:"育英动身时,曾得斯大林同志同意,主力红军可向西北及北方发展,并不反对靠近苏联。"同时,提出三个行动方案,供四方面军选择:一是北上陕甘;二是就地发展,夺取四川;三是南下与二、六军团取得近距离的会合,向云贵边发展。方面军总部讨论的结果,一致同意北上。

二月上旬,我们制定了《康(定)道(孚)炉(霍)战役计划》,分兵三路,向道孚、炉霍、甘孜进军,准备在该地区稍加休整补充,即北上陕甘。我军顶风雪,熬饥寒,翻过大雪山脉中段海拔五千多米的折多山,取道孚、炉霍,继占甘孜。至四月上旬,控制了东起丹巴,西至甘孜,南抵瞻化(今新龙)、泰宁,北接草地的大片地区。总部指定由李先念、何长工、李天焕、曾日三等同志组成粮食委员会,负责筹足全军平均每人半月需用的粮食,以备北上。但因当时二、六军团已转战到川黔滇边,拟与四方面军会合。朱德总司令决定,四方面军暂就地休补,待接应二、六军团后一道北上,我们都同意。

部队一面发动群众,一面整编训练。整编后的四方面军,辖四军、五军(原五军团与三十三军合编而成)、九军、三十军、三十一军、三十二军及骑兵师、抗日救国军、红军大学等。因南下期间部队损失很大,由八万人降至四万余人,故整编中砍掉了一些师、团的建制,并尽力精简机关人员,充实连队。地方工作在红军帮助下,甘孜、道孚、丹巴等县,均成立了"波巴依得瓦"政府(藏族人民政府)。根据新的策略路线,注意开展藏族上层人士与喇嘛的统一战线工作。我军与藏民的关系处得比较好,扩大了党和红军的影响,基本保证了筹集物资任务的完成。四月中旬,我们派四军、三十二军一部南下,歼敌两个多团,占领东、西俄洛,将李抱冰部阻于雅江以东,以策应二、六军团北上。二、六军团即将与我军会师的消息,鼓舞着全军指战员和藏族同胞,赶制慰问品,捐献粮食、牛羊、衣物,准备文娱节目,气氛十分感人。

在此期间,西北的局势发展很快。我党与张学良建立了统战关系,并积极开展杨虎城的工作。红一方面军东征胜利回师,继而转为西征,向宁夏境内发展。五月下旬,中央来电,要求四方面军和二、六军团早日北上,或出青海,或出甘肃,以便红军三大主力并肩战斗,打通苏联,首先造成西北的抗日局面。红军总部和方面军总部一致决定,待二、六军团到来后,立即北进。六月上旬,张国焘宣布取消伪中央。这是张国焘分裂主义的破产,也是党的团结方针的伟大胜利。

七月初,二、六军团和四方面军在甘孜会师,二、六军团和三十二军组成二方面军,四方面军先行,二方面军跟进,共同北上。任弼时同志高度评价两军会合后的团结气氛，积极为促进党和红军的团结而努力。他在七月十日致电党中央："四方面军曾以很大动员迎接慰劳二、六军团。现在二、四方面军阶级友爱的关系极好，在目前政治形势和党的策略路线决议基础上是团结一致的。"他不顾劳累，在甘孜，在行军途中，分别找红军总部和四方面军领导同志谈话，了解过去党内分歧的经过，实事求是、珍重团结之情，溢于言表。弼时同志向中央建议，在三个方面军靠拢时，召集一次中央扩大会议或政治局扩大会议，并请共产国际派代表出席，分清是非，清除以往的分歧与隔阂。中央同意他的意见。七月二十七日，中央批准组成西北局，张国焘任书记，任弼时任副书记，统一领导二、四方面军的工作。

二、四方面军的广大指战员，团结战斗，排除万难，于八月初胜利通过草地，到达包座地区。红军三大主力会合在望，展现在我们面前的是一片令人鼓舞、令人振奋的光明前景。

## 六

蒋介石发现我军北上，急令甘南、青海的王均、毛炳文、鲁大昌、马步芳等部，布防堵截。同时，令解决"两广事件"的胡宗南部，从长沙回师，兼程向陕甘开进。中央指示我们，速出甘南，抢占腊子口，攻占岷州，以打破敌人的堵截计划。

据此，我们制定了《岷（州）洮（州）西（固）（今宕昌）战役计划》。决心乘敌尚未部署就绪，先机夺取岷州、洮州、西固地区，以利北进陕甘苏区。八月五日至十二日，由四方面军组成的第一、二纵队，二方面军组成的第三纵队，相继出动，向甘南突击。至八月下旬，先后攻占了漳县、洮州、渭源三座县城及岷州、陇西、临洮、武山、西固等县的广大乡镇地区。敌人要想阻止三个方面军的会合，已绝不可能。

但这时，中央为尽快形成西北抗日局面，正在调整战略部署。而且，陕甘苏区人口仅四十万，粮食无继，物资奇缺，境内多深沟秃岭，不利大部队运动和久驻。两个方面军都挤到那里，根本没有出路，因而，中央一面提出红军占领河（黄河）西地带的计划，与各方协商；一面令二、四方面军暂据甘南，创造根据地，适时担负新的战斗任务。

八月二十五日，党中央向共产国际中共代表团报告了"河西计划"的依据和内容："为着避免与南京冲突，便利同国民党成立反日（战线），为着靠近苏联反对日本截断中苏关系的企图，为着保全现有根据地，红军主力必须占领甘肃西部、宁夏、绥远一带。""无论如何困难，我们决心乘结冰时节，以主力西渡接近新疆与外蒙"。具体部署为，以一方面军一万五千人攻宁夏，十二月渡黄河，其余部队保卫陕甘苏

**红色记忆**
——红军长征在藏族地区及其当代启示

区；以四方面军十二月从兰州以南渡河，首先占领青海一部地区为根据地，待明年春暖向甘西前进；以二方面军在甘南地区，与陕南、陕甘苏区互为策应。"以上是基于今冬至明年以占领黄河以西为基本方针之作战计划。"如这一计划暂时无法实现，"则我们只好决心作黄河以东之计划，把三个方面军之发展方向放到甘南、陕南、川北、豫西与鄂西，待明年冬天才执行黄河以西的计划。"接着，中央即将陕甘根据地的困难情形及上述计划的内容，陆续向西北局通报，并询问四方面军有无把握，独力进取青海、甘西。我们对河西的敌情、民情作了初步调查了解，认为是有把握的，同意担负这一任务。

对九至十一月份三个方面军的行动，中央作了如下布置：（一）一方面军主力占领海原、固原及其以南地区，余部保卫陕甘苏区及关中苏区。（二）四方面军占领临潭、岷州、漳县、渭源、武山、通渭地区，发展甘南根据地。（三）二方面军东出陕甘交界的凤县、宝鸡、两当、徽县等地，将陕南苏区与甘南苏区连接起来。这是一个临时的、机动的部署。如共产国际同意河西计划，一方面军即可从陕甘宁边西出，夺取宁夏；四方面军则从甘南西进，取青海、甘西；二方面军和其余部队在河东牵制敌人，配合一、四方面军渡河作战。如共产国际不同意河西计划，二方面军东出陕南、甘南交界处，对实现向"甘南、陕南、川北、豫西和鄂西"发展的河东计划，亦是有利的。根据上述要求，二方面军在贺龙、任弼时、关向应、刘伯承率领下，向西和、礼县、徽县、两当一带进击。四方面军一部，进克渭源、通渭，但岷州屡攻未下，与敌成对峙状态。

共产国际批准了河西计划，同意红军占领宁夏、甘西，接通苏联。

当时回开西北的胡宗南部先头旅即将抵达咸阳，后续部队正兼程急进。中央决定，红军先取宁夏，后取甘西，以一部主力遏阻胡敌西进。要求一方面军十一月份攻取金积、灵武，十二月渡河占领宁夏北部；四方面军立即北上，控制西（安）兰（州）通道，阻击胡敌，十一月攻取靖远至中卫一线，十二月渡河北进宁南；二方面军在陕甘边积极活动，陕甘苏区派出游击支队至泾水以南，共同牵制胡敌。这一部署，以四方面军北上控制西兰通道，迎击胡敌，保证先取宁夏为重点。"至于占领甘肃西部，候宁夏占领取得国际帮助后，再分兵略取之。"为接应四方面军北上作战，九月中旬，中央令聂荣臻率红一师、二师南出，向静宁、会宁一带前进。

九月十八日，西北局发布《通（渭）庄（浪）静（宁）会（宁）战役纲领》，准备北上迎击胡敌。这是岷州会议的决定。我们的前敌指挥部设在漳县，已据此开始调动队伍。但张国焘持反对意见，连夜跑来漳县，召集我和周纯全、李特、李先念等同志面谈，说明四方面军独力在西兰通道地区与胡敌决战不利，北上陕甘苏区无法解决就粮问题。提出四方面军应以一部吸引胡敌南下，主力先机渡河，抢占兰州以北的永登、红城子一带作立脚点，冬季策应一方面军渡河，共取宁夏。我们认为，从军事上看，这个方案不无道理。一是避免主力在不利地区与胡敌决战；二是以一部兵力吸敌南进，可减轻对一方面军的压力；三是利于解决部队的就粮问题；四是并不违背中央先取宁夏，后取甘西的战略方针。因此，同意照此方案行动。张国焘遂一面调动部队，一面电告朱德、陈昌浩，来漳县面商。朱总司令和陈昌浩来后，见这边意见一致，部队已向河边开进，便未再坚持岷州会议通过的方案。

我率先头部队向洮州以西进发，准备从循化（今循化撒拉族自治县）地区渡河。途中向老乡作调查，都说黄河对岸已进入大雪封山季节，大军难行。于是，折回洮州，向朱、张汇报。这时，中央亦电令四方面军停止西进，迅速北上。方面军总部一致决定，回师执行原定的《通（渭）庄（浪）静（宁）会（宁）战役纲领》。二十九日，下达了北进命令。

九月三十日，我军分为五路纵队，撤离甘南，向通渭、庄浪、静宁、会宁地区疾进。接着，二方面军亦奉令北上。十月上旬，三个方面军的先头部队在静（宁）、会（宁）地区胜利会师，准备阻击胡敌，跨河夺取宁夏，及早实现西北抗日局面，推动全国抗日民族统一战线的形成。会宁会师，激动着千万颗红军指战员的心，会师门前，欢声雷动。从此中国革命揭开了新的篇章。

"长征是历史记录上的第一次，长征是宣言书，长征是宣传队，长征是播种机。"伟大的长征以红军的胜利和敌人的失败而告终，证明中国共产党及其缔造的人民军队，具有无比强大的生命力。红四方面军的长征，既要战胜强大敌人的围堵和恶劣自然条件的影响，又要克服张国焘的分裂主义，更有它特殊的艰难性。但是，依靠着党的领导，依靠着人民的支持，依靠着兄弟方面军的策应，依靠着广大指战员百折不挠的英勇奋斗精神，这支英雄部队终于冲过层层暗礁险滩，保存了有生力量四万人，胜利到达目的地。中国工农红军万里长征的光辉业绩，将流传千秋，永放光芒！

（原载《红军长征回忆史料》(1)，解放军出版社 1990 年 11 月版）

**红色记忆**
——红军长征在藏族地区及其当代启示

# 红军长征过藏区

天宝

中国共产党领导的震惊世界的红军长征已过去五十多年了。长征的胜利，是我国各族人民为了中华民族的解放事业共同奋斗、英勇献身的历史丰碑，也是党领导的人民军队模范执行党的民族、宗教、统战政策的光辉范例。在永垂史册的壮举中，作为一名少数民族的红军战士，我愿把自己亲身感受和所见所闻写出来，以唤起过来人们的战斗热情，激励后来者的奋进脚步，也为研究历史，为长征树碑立传的人们作参考。

### 挣扎在死亡线上的藏族人民日夜盼望光明和解放

一九一七年，我出生在四川省"四土"藏区（"四土"就是梭磨、卓克基、松岗、党坝四个藏族土司管辖的地方，在今阿坝藏族自治州境内）党坝的一个贫苦藏族农民家里。父母早亡，我和两个弟弟生活无着，受尽了人间的折磨。大弟流落他乡，乞讨为生；二弟被人拐卖到草地。为了生活，我只好到本乡一个喇嘛寺当扎巴——供人驱使的未取得喇嘛称号的苦役。那时，我们藏族人民多么盼望脱离苦海。可黑暗的日子哪里是尽头啊？那时，四川藏区以及滇、甘、青藏区，都处于帝国主义、国民党军阀和土司头人的严酷统治之下。以蒋介石为代表的国民党集团，集历史上反动统治手段之大成，对国内各少数民族，说"民族平等，五族共和"，实则实行大汉族主义，摧残镇压，无所不至。他们一方面采取"怀柔羁縻""以夷治夷"和宗教麻痹的政策，利用高官厚禄收买、扶持藏族的土司、头人、活佛，帮助政府统治、剥削劳动人民；一方面又实行血腥镇压，武力封锁，并且严禁藏汉各族人民间的经济文化交流，制造民族间的壁垒，破坏民族团结。尤其毒辣的是，他们还加紧推行其强迫同化政策，把民族问题简单地称之为"边政问题"，不断地制造民族纠纷，挑起民族内部的冤家械斗和血亲仇杀，以削弱直至消灭藏族和其他少数民族。

军阀和官僚对藏区的经济掠夺亦十分猖獗。他们相互勾结，毁我们的神教，占我们的田地，挖我们的金矿，掠夺我们的财产。苛捐杂税、无偿劳役名目之多，难以计数。一九一四年甘孜藏区上徼税收总数为二十万元，一九二七年即增至三十三万元，到三十年代中期便激增至五十万元以上。在我的家乡阿坝藏区，四川军阀设置茂县、汶川垦务局，霸占群众的土地。对当地出产之药材山货和进口之边茶、布匹、铜铁器、杂货等，实行垄断专卖，牟取暴利。他们还致力于保持藏区落后的封建农奴制经济并使之永久化,让藏族民众永远沦于半开化的地位。这就更加重了藏族人民的苦难。英帝国主义也在甘孜藏区加紧侵略。他们增设据点、领事,以外交官身份进行种种阴谋活动,同时设立教堂,蛊惑人心,仅康定教区就有大批外国传教士频繁活动。一些外国银行、洋行、商号,也在藏区设立派遣机构,操纵金融,垄断土特产收购,倾销洋货,大肆进行经济掠夺。

正当我们藏族人民陷于求生不能、求死不得的苦难深渊的时候,毛主席、朱总司令和徐向前、贺龙等同志率领的一、四、二方面军三大主力红军先后来到了我的家乡阿坝、甘孜藏区,解放了川边和阿坝各族人民。

红军长征在藏区的革命实践活动

我们这些在苦难中挣扎的藏族人民虽然盼望解放和光明,但是红军到来之前,对共产党和红军并不了解。我们只是风闻红军是穷人的队伍,是为穷苦百姓打天下的;领袖是朱毛。我当时还认为朱毛是一个人,后来才知道是朱德和毛泽东两个人。在此以前,我们藏语中也找不到共产党、红军等词汇。何况,当红军来到我们"四土"藏区前,国民党反动派一方面勾结土司头人妄图进行武装阻击;另一方面散布谣言恐吓群众,说什么"红军是红头发,来了要开红山、杀人"等。并大肆挑拨民族关系,驱逼群众离寨上山,不准在村里留下粮食和牲畜,不准给红军带路、当通司(翻译),妄图置红军于绝境。因此,群众心里对红军还存在着疑惧。

但是,谣言和迷雾很快就被事实驱散了。红军所到之处,军纪严明,秋毫无犯,特别是宣传党的民族平等团结、自治政策,打土豪(汉官军阀、地主、反动土司),分田地,遵守宗教信仰自由等等,深得藏族人民的欢迎和爱戴。人们奔走相告:"救苦救难的活菩萨降临了!"一些躲避到山林里的群众在红军模范行动的感召下,都逐步返回了家园。就我亲身的见闻,红军在藏区主要进行了以下的革命实践活动:

一、主张并实践民族平等、团结

由于历代反动统治阶级推行大汉族主义政策,在旧中国各民族之间是不平等的。处于西南、西北边陲的广大藏族人民,横遭摧残和镇压,受到百般歧视和侮辱,藏汉民族之间的隔阂也较深。中国共产党则以解放全人类为己任,主张民族平等、团结。红二、四方面军进入云南、西康藏区后,也曾宣布:境内藏、汉、回各民族一律享有平等权利,禁止民族压迫和民族歧视,任何人不准称呼藏族同胞为"蛮子";号召各族人民像兄弟姐妹一样团结友爱,共同反抗国民党军阀的统治,打倒英、日帝国主义,建立回番民族自己的政府,管理回番民族的事。

红军不仅大力宣传民族平等、团结的主张,而且积极实践。贺龙在滇、康藏区,

**红色记忆**
——红军长征在藏族地区及其当代启示

曾以中华苏维埃人民共和国中央革命军事委员会湘鄂川黔滇康分会主席名义庄严声明:"本军以扶助番民,解放番民的痛苦,兴番灭蒋,为番民谋利益之目的,将取道稻城、理化进康川。军行所至,纪律严明,秋毫无犯,幸望沿途番民群众以及喇嘛僧侣,其安居乐道,勿惊惶逃散……"同时,他还亲临云南省中甸喇嘛寺,向藏族僧侣宣传党的抗日主张和民族平等、团结政策,并题赠一幅红布横匾,上书:"兴盛番族"四个大字。红四方面军在川西北绥(靖)、崇(化)藏区也帮助当地少数民族建立了格勒得沙政府(格勒得沙是嘉绒藏语,"格勒"是藏民的自称,"得沙"是民众之意。"格勒得沙政府"就是藏族人民政府之意)。在康北藏区建立了中华苏维埃波巴(藏族自称)自治政府及其所辖各县、区、乡波巴政府,使藏族人民破天荒第一次实践了管理本民族事务的权利。

二、认真执行党的宗教信仰自由政策

党和红军深知宗教的产生、存在有其深刻的社会历史根源,而西藏佛教在藏族人民中又有特别深远的影响。宗教问题实际上已和民族问题有着密切的联系,成为其中的重要部分。因此,红军一到我们家乡立即郑重宣告:"回番民族宗教信仰自由。""念经敬佛当喇嘛听其自愿。"准许人们信菩萨,不愿当喇嘛的准许还俗,反对伤害回番民族的宗教感情等。

红军进入藏区后,规定部队不得进入喇嘛寺,不准撕毁藏民贴在门上的封门"神符"和红布条。贺龙、关向应都十分尊重喇嘛,叮嘱部队尊重藏民的信教自由。李先念率领的红四方面军第三十军在甘孜特颁发布告说:"此系合则觉母寺院,凡一切人不得侵扰,此告!"署名为:"中国抗日红军先遣军政治部李。"

红二、六军团进驻西康省乡城县,王震、萧克同志亦非常尊重藏族人民的信仰自由,他们还向桑披喇嘛寺的纳瓜活佛赠送了一面锦旗,上书"扶助藏族解放"。

波巴自治政府不仅在革命政纲中规定:"信教自由,还俗自由,喇嘛庙的土地财产不没收。"而且张贴出保护寺庙的布告,颁发了我国最早最完整的宗教法规——道孚县波巴政府关于喇嘛寺暂行条例。

三、尊重藏族人民的风俗习惯、语言文字,保护群众利益

民族的习俗反映了该民族的传统和心理素质,这和民族的语言文字一样,都是民族特征的重要组成部分。因此,尊重藏族的习俗和语言文字就是尊重藏族人民。为此,红军总政治部发出通知,要求各部队绝对遵从少数民族群众的宗教、风俗、习惯,并将这些习惯向战士说明。各部队每到一个地方,立即派出人员深入调查少数民族的社会经济、风土人情。红四方面军在甘孜藏区就曾把调查到的藏族性格与习惯、历史沿革、社会制度、土质气候、耕种收获、家庭、宗教、婚丧、忌讳,买

卖借贷以及挖药、打猎与工艺等情况编印成《情况通报》，供干部执行政策时参考。

红军十分尊重藏语藏文，提倡汉族指战员认真"学习番民语言"。请喇嘛教授藏语、藏文和藏族的歌谣，优待通司。发布的通告有的同时用藏汉文对照。红军还把尊重少数民族语言文字的政策编成通俗的歌谣来唱。这与国民党政府歧视藏语藏文的态度形成鲜明的对照。

党和红军严格遵守"三大纪律八项注意"，尤其注意保护藏族人民的利益。一、四方面军在川西北草地，二、六军团进入滇、康藏区时，缺粮问题都相当严重。为了不侵犯少数民族人民的"一丝一粟"利益，红军颁发了保护藏民利益的布告，在藏民青稞地里插上保护牌，责令一切部队不得侵犯。红军总政治部在我家乡发布的《关于割番民麦子问题的通令》中规定得尤为详尽具体：

"（甲）各部队只有在其他办法不能得到粮食的时候，才许派人到番人田中去收割已熟的麦子。

（乙）收割麦子时，首先收割土司头人等的，只有在迫不得已时，才去收割普通番人的麦子。

（丙）收割普通番人的麦子，必须将所收数量，为什么收麦子的原因等，用墨笔写在木牌上，插在田中，番人回来可拿这木牌向红军部队领回价钱。

（丁）只收割已成熟的麦子及粮食，严格禁止去收割未熟的麦子及洋芋等。

（戊）收麦子时应连根拔起或用镰刀去割，应将全丘麦田割干净，严禁零星拔表头、践踏田中麦子。"

四、坚持争取团结民族宗教上层人士的统战政策

长征时期的民族统战工作也做得十分出色，在党和红军颁发的文告，如一九三五年八月，中共中央在《关于一、四方面军会合后的政治形势与任务的决议》中都有明文规定。

根据党的统战政策，红军的各级领导人特别是高级干部，如毛泽东、朱德、贺龙、刘伯承、徐向前、曾传六等，都亲自做少数民族上层人士的工作，有的还与藏族的公属领袖订立了各种政治的或军事的联盟。李先念率领的红三十军，在康北就与藏族大头人夏克刀登达成了互不侵犯的协议，并吸收夏参加了中华苏维埃波巴政府的领导。红四方面军政治部主任曾传六多次与四川黑水藏族头人苏永和进行谈判，依靠党的民族政策借路北上，并互赠礼物以示友好和亲善。在党的政策感召下，甘南藏族卓尼土司杨积庆在红二、四方面军到达时，主动撤出迭部辖区的防务，将鹦歌花园的两个粮仓贮存的四十万斤小麦用来接济过境红军，红军总政治部在仓板上写下"此仓内粮是杨土司庄稼粮，希望各单位节约用粮"。同时留下苏维埃纸币两

### 红色记忆
——红军长征在藏族地区及其当代启示

捆以作粮款。国民党政府西康宣慰使诺那呼图克图受命赴康,曾率部阻击红军,被俘后送红四方面军总部,态度顽劣。红军考虑到他是一位年迈的藏族宗教上层人士,王维舟等领导亲自向其宣传党的宗教统战政策,以除疑惧。诺那态度转变,与红军亲善友好。后来诺那染疾病故于甘孜县,红军又尊重其遗言,按藏族习俗和宗教规矩,停尸、念经、火化,并派代表前往致哀。

此外,红军在协助藏族人民建立各级自治政府时,也都注意了吸收当地的土司头人、喇嘛活佛中的爱国人士参加。党的争取团结民族宗教上层人士的政策,团结了一切可以团结的人,最大限度地孤立了最顽固的敌人,保证了红军顺利地越过藏区并播下了革命火种。

五、帮助藏族人民建立第一批红色政权

党和红军十分重视帮助藏族人民建立民族自治政权。在红军的帮助下,藏族地区破天荒第一次建立起一批民族自治政权,其中比较著名的有:

一九三五年夏天,在川西北懋功、瓦钵梁子等地建立的藏族苏维埃;

一九三五年秋,在绰斯甲周伞地区建立的藏族苏维埃,主席甲着喇嘛,军事部长瓦士匹;

一九三五年秋,在丹巴县建立的县、区、乡各级苏维埃,县苏维埃主席曾广才;

一九三五年底,在绥(靖)崇(化)地区(今金川县境)建立了格勒得沙政府。该政府辖绥靖、崇化、懋功、马尔康、丹巴、阿坝等藏族聚居区。政府的领导成员,主要由当地民族的进步青年、与民众有联系的上层人士以及红军中熟知地方工作的代表组成。政府主席是克基,副主席是杨海山等,内务部长阿木参,我当时任青年部长。

一九三六年春,在泰宁(乾宁)巴里秋卡等六个乡建立的波巴自治政府,主席仁钦多吉(王寿才)。

一九三六年夏,在川边藏区的甘孜建立的中华苏维埃波巴政府及其所辖的甘孜、炉霍、道孚等县、区、乡各级波巴政府。该政府有明确的施政纲领:推翻军阀官僚统治,打倒英、日帝国主义,没收他们的金厂、矿山,土地分给波巴人民;实行民族平等、自主,成立波巴自卫军,波巴坐自己的江山;实行政教分离,废除一切苛捐杂税,解放奴隶,保护妇女儿童;与抗日红军订立永远的盟好,无条件地为红军筹军粮、马料,调派向导,救护伤病员等。波巴政府还有一套较完整的有效率的组织系统,中央政府设主席(多德)、副主席(达吉、孔撒),尚有总务厅、农业部、畜牧部、民族部、宗教部、军事部(部长夏克刀登)等。

各自治政权的负责人多数由各族人民民主协商选举产生,其民族成分和阶级成分以藏族的农奴为主体，并注意吸收各阶层的代表人物参加，因而具有鲜明的革命性和广泛的代表性，受到群众的衷心爱戴，被称为"自己的政府"或"郎加尼玛夏"（天上出来的太阳）。

跟随红军北上抗日

正是在党的民族宗教政策感召下，在红军的教育启发下，我们这些原来什么也不懂的藏族青年，第一次懂得了革命的道理，知道世界上还有共产党和红军这样的好人。因此，我们都把红军看作是"菩萨兵"，自觉地为他们送粮草，当向导，报告敌情，救护伤病员，协同红军作战，并踊跃参加红军。仅丹巴县巴底乡参军的就有二百七十人，我家所在的党坝乡参军的少先队员就有七十二人。从此，红军里有了第一批藏族战士。

我就是在"相信红军是真正为穷人办事的，可以信得过"的信念下，首批参加了红五军团。与我同时参加红军的还有原青海省顾问委员会副主任扎喜旺徐、已故国家民委副主任杨东生和已故甘孜藏族自治州州长沙纳等同志。少先队、革命军有自己的军纪和礼节，头戴没有帽檐的五星八角帽，行拳头军礼。在一年多的时间里，少先队、革命军不仅协同红军作战，而且经常主动出击，独立作战。记得在打几毛山土司武装的战斗中，为了掩护友军撤出阵地，我和吴瑞林率队绕到敌人右侧面袭击，给敌人以很大杀伤。吴瑞林在战斗中负了伤。再如，有一次我们侦察获知，土司头人在金川与卓斯甲交界处藏有牲畜、粮食，于是我们主动出击，很快打垮了敌人，缴获了几十驮粮食、三百多匹牛马，受到了金川省委军事部的通令嘉奖。

一九三六年秋①，红四方面军总部集中大金、党坝、卓克基、绰斯甲、梭磨等地的革命军和少先队，组编成立了"藏民独立师"。马骏任师长，李中权任政治委员，金世柏任副师长。独立师与红军一道长征，其行动根据任务需要灵活多变，时而在前，时而断后，并精选出政治思想可靠、身强力壮、熟悉地形的同志为各路红军当翻译、作向导。独立师在协同红军爬雪山、过草地的征途中，作出了积极贡献，有的同志还献出了宝贵的生命。红军到达甘肃岷县时，独立师完成了北出藏区的使命，撤销了原来建制，干部、战士有的编入其他部队继续北上，有的自愿回乡坚持斗争。我随红军到达陕北。

党中央十分重视培养民族干部。在陕北定边县，中央党校成立了少数民族班，廖志高同志任班主任，我任班长。一九三七年初，中央党校迁至延安，党又专门为少数民族干部组织了第七班，我任班长兼学员支部书记。一九四一年，党又在延安创办了我国第一所民族学院，我担任过学院的学生会主席。

**红色记忆**
——红军长征在藏族地区及其当代启示

在延安窑洞里,党的阳光雨露,温暖、培养着我们这些来自藏、彝、苗、回、蒙等各民族的干部战士,加上我们自己的努力,进步很快。过去一字不识的我们,不仅学会了读汉语,写汉字,而且受到了马列主义的启蒙教育,懂得了一些革命道理,坚定了革命到底的信念。一批批党培养的民族干部,后来在艰苦的战争年代和社会主义建设中发挥了重要作用。

回顾红军长征过藏区这段光辉难忘的历程,使我更加坚信,只有伟大的中国共产党及其领导的人民军队,才是全心全意为各民族利益奋斗到底的政党和武装。我也从自己切身的感受中理解了一个真理:只有马列主义武装起来的中国共产党,才能正确地解决我国复杂的民族问题,才能消除民族间的对立和隔阂,实现各民族真正的平等和团结。毫无疑问,这一点在建设社会主义物质文明和精神文明的今天,同样具有重大的现实意义。

红军长征在藏区的历史功绩永存!

(原载《红军长征回忆史料》(2),解放军出版社 1992 年 9 月版)


## 在雪山草地的红军大学

王波

在震惊世界的中国工农红军二万五千里长征中,一、四方面军在四川西部的夹金山会师。会师后,总司令部随四方面军行动。鉴于日本帝国主义对我国加紧进攻和全国抗日运动的高涨,在《八一宣言》指引下,为保存和培训军、政干部,提高各级干部的军事政治水平,以便适应抗日救国战争的需要,成立了中国工农红军大学。学校于一九三五年十一月底在草地松岗(今金川县以北)四方面军总部所在地成立,由中国工农红军总参谋长刘伯承同志任校长。

我是先于校长刘伯承同志两天到松岗报到的红军大学高级指挥科第一期的第一个学生。三个月学习期毕业后留校部工作,担任步兵学校的军事教员,直到一九三六年"西安事变"前。对在雪山草地创办的这个红军大学(以下简称"红大")的整个情况,我是比较清楚的,四十多年以前的事,至今记忆犹新。

一

"红大"在松岗成立后,沿大金川西岸南下,进驻金川县以北沙尔泥村(今沙尔泥公社）地区时，充实和健全了校领导机构。除刘伯承校长外，又调来了校参谋长张宗逊。在参谋长领导下，成立了一个负责行军、宿营、分配房子、伙食及生活管理的行政科（后改为供给科），同时调来原九军政治部主任王新亭同志任校政治部主任。在学生方面，开始只有一个高级指挥科，由部队抽调下来的在职军、师两级干部二十余人。我被编入高级指挥科学习。在沙尔泥村驻军两个星期中，高级指挥科逐渐扩大为三十几个人。

在战争环境中，规定每一师级干部可随带牲口两匹，饲养员、炊事员、勤务兵各一人，警卫员二人；每一军级干部可随带警卫员三人，牲口三匹，炊事员、饲养员、勤务兵各一人。三十几个军、师级干部的高级指挥科行起军来，就是一百多人的大队人马；驻军时，住房就要一个村庄，一大片。在这期间，除高级指挥科一个连队外，又集结了营、团两级军政干部三百多人，分别组成了上级政治科、上级指挥科两个队。李井泉任上级政治科科长，曹里怀任上级指挥科科长，张宗逊兼任高级指挥科科长。随着学校的扩大，相应地又增设了在校参谋长领导下的供应科、卫生科、警卫连。在沙尔泥时，建立了各科（队）班、排的行政组织，同时也建立了党的支部和党的小组，尚未有计划地组织学习。

在沙尔泥地区集结学生，建立校的领导机构及整理党内外组织工作两星期后，随着战争形势的发展，"红大"即奉命沿大金川西岸随军经丹巴县东渡大金川，翻越夹金山（大雪山）南下。经宝兴到天全、芦山地区的红岩坝驻下来，开始按教育计划学习。高级指挥科由张宗逊担任本科军事教员。"红大"在红岩坝的两个多月中，完成了教育计划的三分之二。在这期间，学校又进一步扩大，把由部队抽调来的班、排、连干部组成了"红大"附属步兵学校，内分步、骑、炮、工、辎等多兵种，共三个营。"红大"校长刘伯承兼任步校校长。

在那艰苦异常的战争环境中，在气候和物质条件都十分恶劣的雪山草地上，创办了中国工农红军大学，实在是举世无双的奇迹。被调到"红大"学习的每个学生都高兴地说："我们这些穷苦农民出身的黄泥巴脚杆，一个大字不识的粗脚粗手的大老粗和地主老财的放牛娃，有机会进'红大'学习，真是梦想不到的幸福。在学校既学文化，又学军事、政治知识，这是一件了不起的大事啊！"因此，每个学员都能抓紧时间勤奋学习。

二

高级指挥科的教学计划，军事方面是从步兵的单个教练、队列和步枪的瞄准、射击，测绘地图等各种基本动作及基本军事常识开始。战术方面，由利用地形地物

## 红色记忆
——红军长征在藏族地区及其当代启示

的单人动作开始,到班、排、连的作战指挥(以上都是野外作业),连以上的营、团、师、军、兵团级的战略、战术指挥(都是沙盘作业),以及五万分之一至三十万分之一的军用地图的图上作业。

政治教学方面,由政治部作出教育计划,协同司令部的军事教育计划统一协调安排。由政治部直接领导全校政治教员。张际春同志担任高级指挥科政治教员。学习的内容有中国革命历史、中国共产党党史及马列主义理论常识。

文化教育方面,就我们高级指挥科的学生来说,除一位军参谋长陈天池同志读过几年小学、我读过一个月的高中外,其他同志都是一字不识的文盲。虽然他们在军事指挥方面都是身经百战、有丰富作战经验的指挥员,红色的战斗英雄,但都没有文化,好多人连自己的名字都写不好或根本写不出来,还得从一、二、三、四、五学起。校领导为了提高大家的文化水平,在校政治部宣传科专门配备了文化教员,由五军团调来洪水同志(越南人)担任,他除了负责全校的文化学习外,还开设了中国及世界地理等常识课。

在高级指挥科的政治教员张际春同志动员下,我们利用军事、政治学习的业余时间创办了墙报——《战火》。墙报由我负责编辑。陈天池同志和我帮助不会写字的同志代写墙报稿子。在三个月的学习过程中,我们的《战火》墙报坚持每星期出版一次,共出了九期。一次,刘伯承同志来高级指挥科视察,发现我编辑的墙报,感到很惊奇,并表扬说:好得很!你文化程度比大家高一点,要帮助大家学好文化。刘伯承同志的表扬给我和全体同志以很大的鼓舞。从此,高级指挥科的同志写稿的人更多了,人人投稿。我还为每期墙报的刊头画了漫画。墙报的内容都是大家学习、生活与思想情况的反映。每次行军时,我还专门把这些墙报包好收藏起来。如有一两天的休息时间,我就把它用钉子钉在墙上让大家学习,很有趣味。

在红岩坝时,"红大"校部还创办了《红炉》校刊。刘伯承同志亲自书写刊头并题词。题词说:我们学校就是一个红炉,我们学习军事、政治、文化,以及向一切恶劣的自然环境作斗争,克服一切困难,就要在这个"红炉"中来锻炼。坚强的革命意志就是在通红的炉火中锻炼出来的(大意)。《红炉》校刊一共办了十七期,开始为四开张(油印),以后在炉霍就改为小册子了。

因为每期学习时间只有三个月,要学的内容很多。为了使学员们在这样短的时间内能学到更多的东西,刘伯承同志亲自抓教学计划,抓得很紧、很细。他经常深入各科学员中了解学习情况,和学员们一起参加听课、学习。对于学员们向他提出的问题,他都耐心细致地一一回答。他还以他在莫斯科东方大学学习俄语的经过鼓励大家刻苦学习,不要被困难所吓倒。每一项军事课程作业学习结束,张宗逊讲完后，他都要亲自讲评和总结。刘伯承同志讲话很风趣，他善于运用四川俏皮话（四川方言），有时使大家笑得肚子疼。因此，尽管当时的学习是紧张的，条件是艰苦的，但我们的学习生活却充满着乐趣。就是在红岩坝这两个多月的时间，我们在"红大"真正学到了一点东西，学员们感到受益不浅。

### 三

一九三六年三月初，"红大"奉命撤出红岩坝，再由南下时的原路经过宝兴、夹金山、丹巴，进驻丹巴西北革什扎河的红光、大嗓。在行军的大小休息中，在红光、大嗓驻扎的两个星期中，为了完成教学计划，"红大"学员都抓紧时机进行学习和讨论。

"红大"在红光、大嗓休息后继续沿革什扎河而上，翻越了海拔五千四百七十米的党岭山，经道孚进驻炉霍。"红大"的宣传鼓动工作是十分活跃的，在从沙尔泥村南下到天全、芦山的红岩坝，再由红岩坝北上到炉霍的过程中，政治部首先派出宣传队，先于部队半小时出发，在前进途中预定的大小休息地点进行宣传鼓动。等部队到达休息地点时，宣传队员们送茶送水，并为大家表演快板，演唱歌曲，高呼口号，进行宣传鼓动，以减少部队的疲劳。此外，他们还在沿途用石灰水、墨水书写各种宣传标语、口号。形式多样，内容丰富多彩，不断提高了部队战胜困难的勇气。

就是在由红光、大嗓向炉霍出发的途中，第一期高级指挥科宣布学习毕业了。毕业后，我被留校分配工作，任步兵学校政治连队的军事教员（皮定均任连长，黄志勇任指导员），行军时指挥这个连队行动。

"红大"进驻炉霍后，又继续招收了军、师两级干部四百余人次组织了两期高级指挥科及上级指挥科和上级政治科。同时扩大了步兵学校，还扩大了工兵、炮兵（迫击炮）、骑兵等兵种，连同校部领导机构共约一千五百多人，与总部同驻炉霍庙内。

随着"红大"的扩大，增设了相应的机构和充实了校部领导。步兵学校调来原红九军军长何畏任校政治委员；增设了教育科，由郭天民任科长，负责全校的军事教育计划。在教育科下又成立了军事教员班，有马良俊（回族）、李奇柱和我等五个军事教员。在政治部下又设立了政治、文化教员班，由政治教员李培南、洪水等同志任教。我在军事教员班一个月后调到校部教育科任科员，负责全校军事教育计划，并兼任步校政治连队的军事教员。

在炉霍期间，《红炉》校刊办得十分活跃。刘伯承同志不但号召全体学员努力学习文化，为校刊投稿，他还亲自为校刊撰写稿件。记得我还为校刊画了幅漫画，

**红色记忆**
——红军长征在藏族地区及其当代启示

画面是学生们用木棍作笔,以大地为纸,在沙土上写字学文化,克服当时无笔无纸的困难。校刊上还发表过当时打骑兵的战术教材及打骑兵的歌词,其歌词大意是:

指挥员和红色战斗员们,努力学习打骑兵呀!骑兵目标高又大,沉着勇敢不要怕。就地组织起火墙,最好打。卧射、坐射、跪射和立射,精确瞄准打敌人!……

一边教学,一边举行各种学习的比赛和表演。"红大"教育的方式方法和内容多种多样,非常生动活泼。在炉霍期间,是"红大"的黄金时代。

炉霍地处草地,交通不便,气候恶劣,经济条件很差,粮食被服缺乏。因此,我们还进行了一些适应环境的补助教育:

自制毛衣,解决缺衣问题。炉霍大喇嘛寺的羊毛很多,都是奴隶对奴隶主(反动的大喇嘛头子)的贡品。在草地的第二个寒冬又快到来之前,整个驻炉霍的部队("红大"也不例外)就地取材,由朱总司令发动普遍地学习打毛衣、毛裤、毛袜等各种防寒的毛织品,以解决部队缺衣问题。

学烧牛粪,解决烧柴问题。大草原地区烧柴比较困难,草地居民普遍是烧牛粪。校领导便请当时参加红军的少数民族战士为教师,教部队学习烧牛粪、架设帐篷露营的实习表演。

这些辅助教育,对当时克服生活上的许多困难起了不小的作用。

四

"红大"很注意少数民族政策教育和做好驻地群众工作。

当部队到达宿营地安排就绪后,便根据村子的大小、民族习惯、群众情况、驻军时间长短,由政治部的宣传人员配合群工干部及党员干部,立即在群众中开展调查研究,与群众交谈,打扫卫生,帮助群众做好事,进行各种宣传教育,动员青年参军等活动。时间稍长一点就进行军民联欢,组织群众唱歌跳舞,召开各种大小不同的会议,宣传党和红军对少数民族的各项政策,检查红军的三大纪律八项注意的执行情况。离开宿营地时一定要把驻地打扫干净,并与群众亲切话别。这是红军的光荣传统。

"红大"住在沙尔泥村时,政治部宣传队调查到当地的一首民歌:"兵占平,民占坡,蛮家住在山窝窝!……"("蛮家"是藏族同胞对大汉族主义愤怒的自卑之称)。这首民歌反映了中国封建社会以及国民党统治时期,我国少数民族在大汉族主义压迫下的苦难生活。在校政治部组织的一次有方面军总政治部副主任傅钟同志参加的军民联欢晚会上,校政治部主任王新亭同志从这首民歌谈起,讲到了大汉族主义对兄弟民族的压迫。他说:我们是中国共产党领导的工农红军,是穷苦人民的军队。

我们坚决反对大汉族主义欺负兄弟民族。中国各族人民都是在一个国家、一块土地上生活的兄弟姐妹，是一家人。他还着重宣传了我们党的民族政策，我军的三大纪律、八项注意及当时的各种政策。王新亭同志的讲话得到到会群众的拥护，对"红大"全体学生也是一次很好的政治教育。会后，藏族同胞男女中青年百余人，还为我们红军举行了一次我们从来没有见过的藏族集体歌舞。红军同兄弟民族的关系亲如一家。这是多么生动活泼的政治工作啊！

在炉霍期间，"红大"驻在炉霍庙里。庙内尚有百余喇嘛未跑，与我们一起生活。当时，在学员和部队中普遍进行了党对少数民族的政策教育，尊重少数民族的生活习惯和信仰自由，保护他们的安全。对留下的百余喇嘛的生活资料和生产资料，秋毫无犯，保证他们生活下去。我们学习，他们照常诵经拜佛，互不干扰。从一九三六年三月下旬"红大"随总部进驻炉霍，一直到八月初奉命离开炉霍继续长征北上，整整驻了五个月。

五

一九三六年六月，由任弼时、贺龙、关向应、萧克等同志率领的红二、六军团长征到达甘孜，与四方面军会合后继续北上。"红大"随四方面军总部由炉霍出发，经壤塘喇嘛寺、嘎曲河北上。

"红大"在炉霍住了五个多月，已将存粮吃完。部队由炉霍出发时，每人只配给了十五斤糌粑（青稞炒面），酥油、食盐、茶叶各一斤。此外，学校供给科还统一准备了全校每人一头牦牛及一些羊群随军行动。当时不知道过草地要走多少时间，规定每人每天只准吃二两炒面，不够由自己采野菜补充。

部队由炉霍出发，每天只走三十华里。随后，由于整个部队粮食紧张，刘伯承同志命我指挥步校皮定均政治连，离开校部前往右侧绕道沿途筹粮，到嘎曲河会合前进。经过三天的侧翼行军筹粮，结果只碰到一个小小的喇嘛寺，搞到几百斤牛羊肉干和几百斤鲜牛羊肉，只能解决该连一点问题。部队的粮食一天天紧张，随军带的牦牛，每天每个伙食单位杀一头，牛一天天减少。由于营养不足，同志们的身体一天天垮了下来。我们"红大"由红光、大嗓翻越党岭山时，我被分配到步校政治连随行。当时我还有两匹牲口。一匹驮运随我一路的四大员的行李、口粮，一匹由我骑用。但在翻越党岭山时，学员病号很多。由于我的身体很好，在行军中我一人替学员背三支步枪，一手牵牲口，一手扶病号。马背上驮一个病员，马尾巴又拉一个病号，翻越了大风刺骨吹人欲倒的山顶垭口，胜利地克服困难走下山坡。过了嘎曲河以后，我的两匹牲口在一个露营的夜晚被少数民族的骑兵盗走了。这时，校部

**红色记忆**
——红军长征在藏族地区及其当代启示

已离开了,只有校政治部未走。没办法,校政治部主任王新亭同志临时写了个条子,给了我一头大牦牛,才解决了驮运行李的问题,自己步行。可是,三天以后牦牛病了,交队伍伙食单位杀后吃了。在缺粮、少吃、营养不足的情况下,我的身体也大大削弱了,每日扶杖而行,天天又拉肚子。一天走三十华里都很吃力,实在不行了。在警卫员苏武明同志一再催促下,我利用宿营时间找到校部参谋长张宗逊同志,正好刘伯承同志也在,他见我病成那样,马上批准我使用一匹参谋长用的大肥马,没有那匹大肥马,我是过不了草地的。

好不容易冲破敌人的重重封锁,克服了各种困难,胜利通过了草地,于九月下旬翻越了天险腊子口,到达哈达铺,休息一天后,经岷山以南进驻岷州以西三十里铺。

"红大"在三十里铺驻了两个星期。此时调来原四方面军总参谋长倪志亮同志任"红大"步校校长。我调到步校任教育长,与倪配合负责整个"红大"附属步校的教育及行政事务工作。于八月底奉命由三十里铺西进,到了洮州。

一九三六年十月上旬,红一、二、四方面军在甘肃会宁胜利会师。"红大"在洮州奉命东返,经三十里铺、岷州南面、武山、通渭、华家岭,进入会宁以北甘沟驿休息。这时"红大"的高级指挥科、上级指挥科和上级政治科、全校教职员及营以上干部专门返回会宁参加了一次四方面军直属干部扩大会议。四方面军总政治委员陈昌浩同志作了一、二、四方面军胜利会师后的形势报告。"红大"在甘沟驿住下休息三天后,又继续北进郭城驿到陈家塬时,校部立即派我和几个军事教员,随带通信警卫数人到靖远渡河点去侦察地形、道路及船只情况,准备西渡黄河。当天下午我们返回校部郭城驿后,晚上靖远渡河点即被敌胡宗南部占领。他们截断西进去路,迫使我们不得不由郭城驿经陈家塬、海塬、预旺堡、甜水堡、山城堡到达洪德城。

"红大"自八月初由炉霍北上,经过大草原到陕北与一、二、四方面军及陕北红军会师,在这期间,由于当时的恶劣环境,根本不可能进行计划教育了。我们的主要任务成了在长征行军中与饥饿、疲劳和疾病作斗争。"红大"学员们都在这个"红大"中经受了千锤百炼。

六

"红大"进驻洪德城的当天晚上,周恩来副主席来到"红大",他代表党中央来看望和慰问全校干部和学员。当晚"红大"举行全校大会,会议由刘伯承同志主持。会上,周副主席讲话,他说:我们一、二、四方面军经过长途行军,战胜了一切困难而胜利会师了,与陕北红军会师了。这是我们党的胜利,是全中国人民的大胜利!

同志们辛苦了。我代表党中央和毛主席来看望你们，欢迎你们和慰问你们！紧接着他讲了当时全国的政治、军事形势及日本帝国主义进攻中国，妄图灭亡中国的局势，号召大家团结在党中央周围，准备反对日本帝国主义的侵略。周副主席的讲话，使全校同志受到极大的鼓舞。

周副主席在洪德城与我们见面讲话的第二天，"红大"即经环县进入木钵休息。这时，刘伯承同志奉命调回中央。中央另派袁国平同志继任校长，郭化若同志任教育长。原"红大"参谋长张宗逊、政治部主任王新亭、政治主任教员张际春等同志均调回中央。政治部撤销了，其他机构未动。十一月初进入曲子镇，直到"西安事变"。根据当时形势，"红大"的高级指挥科、上级指挥科和上级政治科均调延安与抗日军政大学合并。一、二、四三个方面军的步校奉命集中于庆阳县城。我们教员班随步校到庆阳以后，于一九三七年一月上旬，我便被调到延安抗日军政大学第二期编入第二队（师级干部）学习。

回顾"红大"的创办过程，虽然时间不到一年，条件极差，又处在长征过程中，在战斗极为频繁的情况下，却克服了重重困难，为党和红军培养了大批干部，实在是一件了不起的事情。在不到一年的时间里，"红大"先后培养了班、排、连、营、团、师、军干部三千多人次，学习了文化，总结了自己的作战经验，初步掌握了一些军事、政治理论常识。有人说，这个红军大学是世所罕见的。现在还健在的许世友等许多党的优秀的高级干部都是当时"红大"的学生。"红大"的贡献是很大的。

（原载《艰苦的历程》（下），人民出版社1984年12月版）

## 长征中的红四方面军红军大学

张宗逊

一九三五年六月中旬，红一方面军和红四方面军在四川西北部的大小金川地区会合。两大主力红军的会师给全党全军带来了无比的兴奋和力量。为了创造陕甘根据地，党中央决定统一两个方面军的组织和行动，红军分兵左右两路向甘南进军。

当时，提高干部的军事政治水平，适应抗日救国的需要，也是一项重大的战略任务。为此党中央决定，把红一方面军干部团和红四方面军红军学校合并，成立中国工农红军大学。任命倪志亮为校长（未到职），原红军九军军长何畏为政委（后叛变），刘少奇兼政治部主任，李特为教育长，莫文骅为总支书记。中国工农红军

**红色记忆**
——红军长征在藏族地区及其当代启示

大学随右路军行动。

右路军过草地到达班佑、巴西地区后，张国焘率左路军抵达阿坝地区，借口噶曲河涨水，违抗党中央北上的决定，命令左路军停止北上，还电令右路军一起南下。党中央识破张国焘的阴谋，决定率领红一、三军团和中国工农红军大学一起继续北上，速出甘南。

在中国工农红军大学，李特鼓动红四方面军的学员南下，编为一个红军大学干部队，随同红四方面军部队行动。当时，我奉叶剑英参谋长的命令，由红四军（我任参谋长）调到驻夹溪的总指挥部。我去报到时不知道党中央北上的决定，没赶上北上的队伍。九月十二日，我被分配到红四方面军红军大学干部队当教员，由李特和何畏介绍同学员见了面。该队有学员二三百人，随总指挥部沿老路由夹溪南下，重过草地，于九月三十日到松岗附近的邓家桥休整。

十月五日，张国焘在理番县（今马尔康县）的卓木碉公然打出反党旗帜，组成非法"党中央"、"中央军委"和"中央政府"，继续破坏党和红军的团结统一。十月九日，以红四方面军原红军大学干部队为基础，在卓木碉又成立了红四方面军的红军大学（以下均称红军大学）。张国焘派刘伯承总参谋长到红军大学工作（后正式任命为校长）。刘伯承同志就利用这个阵地，有计划地提高红四方面军指挥员的军政素质和管理教育部队能力，耐心地向干部和学员宣传党中央的正确主张，引导他们走上党中央、毛泽东同志所指引的"团结一致、北上抗日"的正确道路。

回顾长征中红军大学的历史，至今记忆犹新。

一

红军大学的领导机构很精干。校长刘伯承，政委何畏。我任参谋长兼高级指挥科科长，协助刘校长做教学组织和行政工作。参谋长下面设有一个行政科（后来改为供给科），负责行军、宿营、伙食和生活管理工作。以后随着学校扩大，又增设了卫生科和警卫连。原红九军政治部主任王新亭任红大政治部主任，政治部下设宣传科。

红军大学原干部队的学员都是团营两级军政干部，组成上级政治科和上级指挥科两个队。上级政治科科长彭绍辉，教导员李井泉；上级指挥科科长周子昆（后为陈伯钧、曹里怀、马良骏），教导员李培南（后为李园芳、黄志勇）。高级指挥科的学员是在卓木碉新招的，从部队抽调了三十余名军政干部来学习。当时，规定在作战行动中师级干部可以随带牲口两匹，饲养员、炊事员、勤务兵各一人，警卫员二人；军级干部可随带牲口三匹，文书、勤务兵、炊事员各一人，警卫员三人。这样，只有三十几个学员的高级指挥科实际上就有一百多人,宿营的时候也要一个村才能安顿下来。红大的每期学员规定学习时间为三个月。

一九三五年十月下旬,原军委总队的防空机枪排和工兵连归红大建制,编为一个特科中队。以后又将高级指挥科军、师级学员带来的文书组成青年队,将公勤人员和九军交通队(都是部队的优秀战士和班排长)组成一个干部队。以上几个队统编为中级干部队,由皮定均任队长、黄志勇任指导员。同时,还成立了一个政治连,学员大都是各军调来的支部书记和少数排长。中级干部队和政治连的学习期限规定为半年。

一九三六年四月,红大转移到炉霍时,各科又招收了第二期学员。在校部新设了教育科,郭天民担任科长。这时,红大已扩大到一千五百多人。九十月间,在甘南以红大中级干部队为基础成立一个步兵学校,直属总部领导,校长倪志亮。

我记得在红大担任过教学工作的,军事教员有周子昆、陈伯钧、彭绍辉、郭天民、曹里怀、马良骏、李奇柱、赖先勋、符显禄、王波等;政治教员有张际春、毛庭芳、黄志勇、李培南、陈志芳、罗世文、潘自力、朱光等;还有洪水同志(越南人)担任文化教员。

红军大学各学员队一开始就建立了较为健全的科(队)、排班等行政组织,校部和学员队都建立了党支部和党小组。刘校长经常以普通党员身份参加校部的党组织生活,积极帮助党支部了解思想情况,做好思想工作,为全体干部作出了榜样。

红大的学员,都是有丰富作战经验的各级指挥员,但大多是出身贫苦的工人农民,不少人从小就当放牛娃,根本没有念过书。他们说:"我们有机会进'红大'学习,真是做梦也想不到的。学校里既学文化,又学军事和政治知识,这是一生中了不起的大事。"所以,每个学员都能抓紧时间勤奋学习。

二

在长征路上办红军大学,环境特殊,气候恶劣,物质条件很差,还要边打仗、边行军、边教学,真是史无前例。

刘伯承同志针对当时的具体条件,为红大提出了"理论联系实际,全面培养干部"的教育方针。就是说,把马列主义的原理,特别是军事方面的理论,结合当时斗争的实际,需要什么学什么,缺什么补什么。要求把学员培养成为有高度政治觉悟,有指挥作战本领,有管理教育能力,有艰苦奋斗不怕牺牲精神的红军干部。刘伯承同志亲自主持制订学校的教学计划。他在中央苏区时就有丰富的办学经验,深知办学的重要,反复向我们讲明办学的目的、意义和方法。他经常对我们讲,古今

### 红色记忆
——红军长征在藏族地区及其当代启示

中外能打胜仗的军队都没有"不教而战"的,没有训练的部队是乌合之众,不讲战术的指挥员是无头苍蝇,打起仗来东撞西碰,四零五散,各不相顾,没有不失败的。

红大的教学课程主要设政治课和军事课。在政治教育方面,开设了中国革命史、中共党史、马列主义理论知识和军队政治工作等课。着重讲红军的性质、任务和宗旨,把大家的认识逐步统一到毛泽东同志为代表的党中央制定的"团结一致,北上抗日"的政治路线上来;再就是组织学习党的抗日民族统一战线政策,为将来开展工作做准备。除了正式讲课以外,还结合当时部队在少数民族地区活动,要求大家了解少数民族的风俗习惯,遵守保护寺庙和宗教信仰自由等政策,并且向群众宣传民族自治、民族平等、民族联合和国家统一的道理。为此,要求大家都学会点常用藏语。针对四方面军当时存在一些军阀主义倾向,学校狠抓了"三大纪律,八项注意"的教育,强调官兵平等和军民团结,反对打人、骂人。刘校长提出了我们的拳头不能打在工农阶级兄弟身上,只能打在敌人身上的口号。

在军事教育方面,开设了《苏联红军战斗条令》和《苏军野战条令》课程。这是刘伯承校长在戎马倥偬之中,一字一句翻译出来的。他开设条令课为的是红军的长远建设。另外还有军事地形学和射击原理等课程。战术从单兵训练开始到班排连的作战指挥进行野外练习,营到兵团的作战指导则采用沙盘作业或图上作业训练。红大的学风是在实践中学,学以致用,从来不讲空洞的理论。一方面边学习理论、边总结过去的作战经验,一方面联系当时实际,提出要学会"打"和"走"。"走"是长征的一门主课,一是给学员们讲爬雪山过草地等不同地理环境的行军、宿营、警戒各方面的知识;二是讲红军北上可能经过的地区情况,如地形特点、气候变化规律、沿途民情和物产分布,以及敌人的部署情况等等。"打"就是可能遇到的不同战斗,在各种情况下,如何对付敌人。要求学会打骑兵、打平地战、打山地战、打河川战、打隘路战、打麻雀战。这些学习内容,既实用又生动具体。

刘伯承同志提倡教员讲课多做示范,学员要多做操练,使学员们能够较快地掌握运用所学知识,学会怎样带兵、练兵、用兵。

因为红大的学员们文化程度大都很低,有的甚至不识字,红大专门从红五军团调来洪水同志,负责全校的文化学习。刘校长经常对大家讲自己的经历,鼓励大家刻苦学习。他说他在莫斯科东方大学学习的时候,为了学习俄语,吃饭、散步都在思考,甚至上厕所也用小木棒在地上练单词,很快就掌握了这一语言工具,大家听了都很受启发。当时,红大油印出版了一个校刊,名为《红炉》,给大家提供了一个很好的学习园地。刘校长为《红炉》题写了刊头和发刊词。发刊词的大意是:我们学校就是一个"红炉",我们要在这个"红炉"中锻炼,努力学习军事、政治、文化，向恶劣的自然环境作斗争，坚强的革命意志在这通红的炉火中锻炼出来。刘校长还带头为校刊写稿，当时红四方面军转战于四川、西康交界的险山急流之中，经常发生隘路战斗，刘校长认真总结了隘路战斗的经验，考察隘路的大小、长短、暴露或隐蔽，定出适应隘路环境的战术，写出了《当前的隘路战斗》一文，发表在《红炉》第一期上。

红大的学习期限很短，而学习的内容很多，时间安排很紧。刘伯承同志抓紧落实教学计划，和学员一起听课，了解学习情况，耐心细致地回答学员提出的问题。学员们经过紧张的学习，都能学到一定的知识，达到预定的教学目的。

## 三

红军大学没有固定校址，按着战局的发展和粮秣筹集等情况，不断地行军转移，只能抓紧宿营的时间进行教学训练。起先在卓木碉成立之后，只训练了一个星期。一九三五年十月二十一日转移到绥靖县的沙尔泥，在那里搞了大约三个星期的训练又继续南下。红大随总部行动，途经丹巴、懋功、达维、夹金山（大雪山）、宝兴等地，于十二月五日到达天全县的红岩坝。这次行军，沿途都是走路，找粮食搞饭吃，没打什么仗。

在红岩坝才正式按教学计划上课。我担任高级指挥科的军事课，刘伯承同志只要有空就跟着听课。当每一项军事课程学习结束时，他都亲自作讲评和总结。他讲话通俗易懂，由浅入深，生动风趣，还善于运用典故，举例形象。例如他在战术课小结时，非常生动地比喻：我们千万不要学牛抵角的战术，去消耗、胶着。要学狼的战术。当一个人推车过来的时候，它不咬，只在旁边跟着。瞅准上坡的时候，才突然跳出来咬推车人的屁股。推车人不敢撒手，白白让狼咬掉一块肉。学员们听着笑声不断，印象十分深刻。

红军大学在天全县红岩坝共驻了两个月零八天，完成了教学计划的三分之二。一九三六年二月十三日向北行动，途经宝兴、夹金山、达维、懋功、丹巴、道孚，于四月四日到达炉霍。高级指挥科在转移途中利用休息时间继续上课，甚至在丹巴休息一天，准备翻越五千米的党岭山主峰时还坚持学习。那时学习条件极差，没有纸笔，就用打土豪时寻到的一点旧书翻过来写，用子弹壳做成笔，找货郎担买点颜色冲成墨水。住在道孚的时候，大家从山上找来石片，在烂墙下拣些石灰块作纸笔。晚上没有灯就点松脂照明。高级指挥科第一期学员到达炉霍之前，终于完成了教学计划并进行毕业分配。

进入炉霍以后，红大驻在一个喇嘛庙里。这座喇嘛庙的房子很多，都是金色屋顶，有的还是两层楼，下面堆放东西，上面住人。庙里原有七八百名喇嘛，因为他们不了解红军是什么队伍，都纷纷出逃了，只留下少数喇嘛看庙。在炉霍期间，刘伯承同志特别强调在学员中普遍进行少数民族政策教育，要求大家尊重少数民族的生活习惯，宗教信仰，保护群众安全，提出人人要做群众工作，开展调查研究，打扫卫生，帮助群众做好事。刘伯承同志以身作则，经常带着通司（翻译）找没逃走的喇嘛谈话，向他们解释红军的政策，说明红军是穷人的队伍，和国民党军队有本质的不同，请他们把山上的喇嘛找回来。经过我们耐心细致的宣传工作，跑上山去的喇嘛和群众陆续返回。他们还多次和红军举行联欢会，表演歌舞，欢迎红军的到来。在喇嘛庙里，我们上课学习，喇嘛念经拜佛，大家相安无事。

炉霍是藏族聚居地区，地处草地，交通不便，气候恶劣，经济条件很差，补给困难。朱总司令和刘伯承同志号召全体同志努力适应环境，自己动手，克服困难。炉霍的大喇嘛庙里，存有许多羊毛，我们利用这些羊毛，人人学习捻线、织毛衣、毛裤、毛袜，打草鞋，准备过冬。不久，每人都织成一套半毛衣、打好三双草鞋。炉霍烧柴很困难，当地群众都是烧牛粪。校领导便请当时参加红军的藏族战士为部队表演烧牛粪和架帐篷。部队随带的粮食到炉霍不久就吃完了，只能就地筹粮，吃青稞面。为了弥补粮食的不足，校部号召大家挖野菜来补充。学校还举办了采野菜的短训班，组织挖野菜比赛来推动这项工作。

在炉霍，红大举行了一次阅兵和体育运动会，当时在喇嘛庙前搭了一个检阅台，在军事体育表演之后，朱总司令和刘校长检阅了队伍。阅兵之后，刘伯承同志讲了话。他说：将来革命胜利了，我们的人民武装要组成浩浩荡荡的分队，接受党和国家领导人的检阅。他的讲话鼓舞了全体学员学习军事政治的积极性。

四

一九三六年六月底、七月初，红二、六军团和四方面军部队在甘孜会师。消息传到红大，大家非常振奋。刘伯承同志号召校部的党员们每人织一件毛衣、毛裤或毛袜来迎接红二、六军团的同志，他自己在工作之余也熬夜织毛衣。

七月初，红二方面军与红四方面军经过阿坝，沿着红一方面军走过的路线北上。红军大学在炉霍随红四方面军总部出发，经壤塘喇嘛寺、噶曲河北上。这时，刘伯承、陈伯钧等同志到红二方面军帮助工作。后来红二方面军抵达甘肃时也组成一个红军大学，刘伯承同志兼校长。

红大在炉霍训练了将近三个月。由炉霍出发时，除每人配给十五斤糌粑和酥油、食盐、茶叶各一斤外，学校供给科还准备了大批牦牛和一些羊群随军行动。当时不知道到底要走多长时间,所以规定每人每天只准吃二两炒面,其他主要靠挖野菜充饥。后来随带的粮食吃完了,沿途又筹不到粮食来补充,就规定每个伙食单位每天杀一头牛。牛也一天天减少了,人员营养不足,行军很吃力。这期间根本不可能进行教学了,只能在行军中与饥饿和疾病作斗争。

红四方面军冲破重重困难,直到九月下旬,才经阿坝、巴西、腊子口到达岷县附近。这时,张国焘提出分兵西渡黄河的方案。后来,中央来电,指出:"我一、四方面军合则力厚,分则力薄。"明令禁止四方面军西渡,迅从通渭、陇西线北上。月底,方面军继续北进。

一九三六年十月,红一、二、四方面军在甘肃会宁地区会师。十月二十一日红军大学由会宁的张城堡出发,十一月中旬抵达环县的洪德城。十一月二十四日,接到中革军委电令:命何畏带红四方面军红军大学高级指挥科去保安,张宗逊带红大的其余部分去木钵与红一方面军红军大学第三科会合。我即带红大上级指挥科、青年队和部分教职员去木钵。会合后,根据中革军委命令组成中国工农红军第二校。十一月二十八日,红二方面军的红军大学学员由谭家述同志带领也来到木钵,编入第二学校。

红四方面军红军大学从成立到和陕北的红军大学合并,仅一年的时间。一年来,在战斗极为频繁,条件极为艰苦的长征途中,红大全体人员克服了种种困难,培训了从班排到军师干部三千多人次,使这些同志的军事水平、政治水平以及管理教育部队的能力,都有明显的提高。红大为党和红军的建设作出了很大贡献。

(原载《红军长征回忆史料》(2),解放军出版社 1992 年 9 月版)

# 忆红军藏民独立师

金世柏

长征途中,我有幸在藏民独立师工作,同藏族战士们一块战斗生活了大半年时间。这是一段令人难忘的、值得永远珍惜的日子。在纪念红军长征胜利五十周年的时候,我不由得回想起这段往事。现写下来,借以表达我对藏族人民和藏族战友们的深切怀念。

## 红色记忆
—— 红军长征在藏族地区及其当代启示

一

红四方面军在长征途中，曾派出大批干部开展地方工作。一九三五年九月，我被派往宝兴担任县委书记。不久，大金省委①派李维海同志来接替我的工作，并向我传达了省委的指示，要我立即办理县委工作的移交手续，赶到丹巴，与大金省委宣传部长李中权同志一起，负责组建和领导藏民独立师的工作。我从来没有带过藏族部队，这可是个新鲜事。听到这一指示，心里既高兴，又感到紧张。忙问："就我们两个人去？""不"，李维海同志补充说："省委早已考虑好了，为了加强领导和便于工作，除你们两人外，准备再从省委机关和红三十一军抽调一百多人随同你们一道去。"接着，李维海同志又把丹巴的情况向我作了进一步介绍。他说："在丹巴县城以北的巴旺村，有个头人叫马骏，其父马老太爷（名字忘了），是个有名的大头人，在当地群众中很有威望。因过去国民党对少数民族实行政治上歧视、经济上掠夺的政策，使他们非常反感，矛盾很深。为了反抗国民党军队，以保住其财产和势力不受侵犯，便拉起了一支队伍。红军进入藏区后，广泛宣传和实行民族平等与民族团结的政策，尊重少数民族的风俗习惯，团结争取爱国上层人士，在当地产生了很好的影响。于是，马骏表示愿意接受共产党和红军的领导。根据这一情况，方面军指挥部和大金省委决定，继续保留和发展马骏这支部队，并把它扩建成一个独立师，任命马骏为师长，李中权为政治委员，你为副师长。省委特别强调，你们去以后，一定要和马骏搞好团结，共同努力把这支民族部队组建好，带领好。"

二

接受任务后，我深感自己肩上的担子实在不轻。于是，很快办理了县委工作移交手续，于十二月中旬奔赴丹巴县城。不几天，李中权同志和调来的其他干部也先后到达。我们见面后，尽管彼此不熟悉，然而共同的任务却把我们紧紧连在一起，大家都从心里感到无比的喜悦。

为了尽快开展工作，我同李中权同志商量，立即会见马骏和马老太爷。马骏在县城有一幢住房，门口还放有岗哨，显然这是他的指挥部。马骏得到我们要去的通知后，早已迎候在门口。一见面，他非常热情，首先向我们献了"哈达"（这是高贵的礼节），接着领我们到客厅叙谈。我看他大约三十来岁，身材高大魁梧，穿一

---

① 一九三五年十月，红四方面军在绥、崇、丹、懋战役后，为了恢复和发展大小金川地区根据地的工作，成立了党的领导机关大金（又叫金川）省委。

件藏式皮大衣，腰间挂一支盒子枪，显得很精神。经简单谈话后，他带我们去见马老太爷。

老头人盘腿坐在铺上，从他的神态看是个老成持重的人。见面后，他用犀利的眼光打量着我们这两个年轻人（那时我和李中权都才二十七岁），半晌才说出一句话来："嗯，坐吧！你们都是汉人？"看来，他对我们还不太信任，因老头人过去同国民党军队打交道是吃过不少苦头的。

到底还是李中权同志是搞宣传工作出身的，应付这种场面很有经验。他立刻回答："是的，我们是汉人，可我们是红军！"当他说到"红军"二字时，故意把嗓门提得很高，说得很清晰，仿佛让人一听就能听出红军与国民党军队是完全不同的。

我们坐定后，李中权同志又把我们党的民族政策、红军的主张和我们来此的目的，向老头人作了一番介绍。最后他郑重宣布："请老头人放心，我们来，绝不是想吃掉你们，而恰恰相反，是要帮助你们把部队进一步扩大，建成一个独立师，并任命马骏头人为师长。今后让我们联合起来，共同反对国民党的反动统治。"

我见老头人眼神稍露喜色，忙插上去说："为了改善你们部队的装备，我们还带来了一点枪支弹药，等一会请老头人过目。"

"很好！很好！"经过我们阐明党的政策，又听说有枪，老头人豁然开朗起来，忙起身亲自去为我们端来奶茶，又叫佣人捧来点心，热情地接待我们。

从那以后，又经过多次酝酿协商，终于拟定了一个《独立师的编成和各级干部配备方案》。当时全师共编三个团，无营的建制，每团辖五至六个连（又称队）。各连人数不等，多则百把人，少则六七十。师部有个警卫排，三十多人。全师发展到最盛时期将近两千人，除红军调去的同志外，全系藏族。为了便于工作，红军调去的同志也一律穿藏族服装，并要求学藏语，与藏族战士过同样的生活。

## 三

经过紧张的筹备，藏民独立师于一九三五年十二月底的一天上午，在马师长的指挥部召开了有师团干部参加的成立大会。这一天，马师长的驻地红旗招展，锣鼓喧天，真像节日一般。他的客厅里特地供奉了菩萨，燃起了酥油灯，给人一种庄严神圣之感。大会开始，首先由我宣读了独立师的编成和各级干部任职名单。记得那时双方商定的原则是：团长、连长和部分副连长，由马骏原有的骨干担任；团政委、副团长、各连指导员和警卫排长由我们调去的干部担任。接着，李中权同志宣讲了红军的政策、独立师今后的任务和部队的纪律。最后特别要求所有人员要坚决服从马师长的领导，搞好军民团结和内部团结。马师长和马老太爷也发表了简短的讲话。

**红色记忆**
——红军长征在藏族地区及其当代启示

马老太爷在讲话时,还捧起酒碗,面对菩萨,按照民族宗教礼仪,为红军祈祷祝福,祝愿独立师吉祥兴盛。会后,马师长还设酒宴招待了大家。

藏民独立师成立以后,根据当时的敌情和师担负的任务,部队作了适当的部署。确定:一团驻丹巴县城以西的一条沟里;二团驻县城以北的小巴旺;三团驻丹巴与金川之间的大巴旺;师部和警卫排,开始驻在县城,后来为了指挥方便,移驻到小巴旺背后半山坡上的一个寨子里,靠近二团。各部队住下后,抓紧时间进行了军政训练,部队的军政素质得到了明显提高。

四

藏民独立师在完成各项任务中,发挥了特殊的作用,作出了积极的贡献。

一是配合红军主力作战,开展对敌斗争。部队担负着以丹巴为中心,东至绥靖(今金川),西至夹金山约三百公里交通线的警戒任务,并常与国民党军队和当地反动上层武装作战。记得有一次,驻丹巴县城的红军第九十一师围歼丹巴南面后山的敌人,独立师以两个连担任阻击。战斗打响后,敌人向独立师阵地猛扑,企图吃掉我们。参战的藏族战士个个顽强抗敌,而且枪法相当准,打得敌人死伤惨重,狼狈溃逃。最后在红军主力部队的围攻下,全歼了这股敌人。红九十一师首长特地表扬了参战的藏族战士,并将缴获的武器分给了我们一部分,同志们受到很大鼓舞。以后,每次战斗,红九十一师都从独立师抽调少数藏族同志担任带路、翻译,向敌人喊话等任务。

二是维护社会治安,巩固后方安全。红军进入藏区后,少数反动上层人士勾结国民党军队,采取造谣欺骗等手段,煽动和裹胁部分群众外逃,给红军造成很大困难。独立师战士多系本地人,熟悉当地情况,他们通过各种方式,用藏文向群众宣传共产党和红军的政策,不断揭露敌人的谣言,动员外逃群众逐步返回家园,从而恢复了正常的社会秩序。一九三六年三月以后,红四方面军主力逐步向道孚、炉霍一带转移,金川和丹巴地区成为大后方。这时,国民党军队和当地反动势力经常对我进行袭扰。尤其是丹巴城东南有座铁索桥,是通往外地的咽喉,此桥一旦遭到破坏,将对城内军民的生活供应带来严重威胁。因此,敌人千方百计地企图进行破坏。独立师派出小分队配合红九十一师,日夜警惕地守护这座桥梁,直到红军撤走时,此桥仍安然无损。

三是为红军筹集粮食物资。在这方面,马师长和马老太爷发挥了特殊的作用。他们很讲义气,重感情,一旦同红军交上朋友,就千方百计地为红军办事,日夜辛勤奔忙。在粮食奇缺的情况下,他们利用头人的身份和在当地的影响,用藏文写条子派人送往各村，要求限期将红军所需粮食物资送到指定地点，从而保证了驻丹巴红军的供应。

四是扩大我党我军的政治影响，动员群众参加红军。独立师在当地具有广泛的群众基础，他们通过访亲串友，介绍红军情况，不断扩大红军的影响，使许多青年纷纷报名参加红军。现中央顾问委员会委员天宝同志，就是那时参加独立师的。当时，他虽然年纪很小，但非常精干，又能吃苦，还懂汉话。所以，部队每次执行任务，总要派他带路，当通司（翻译）、搞宣传、向敌人喊话等，真是一个难得的人才。

五

在独立师，使我最难忘记的是同马师长和藏族战士们相处的那些日子。广大藏族战士勤劳朴实，能骑善射，喜歌爱舞，而且作战非常勇敢，真是一群可爱的小伙子。他们走到哪里，那里就充满了生气。当然，对他们的教育管理，是要讲究一点方式方法，否则便会招来麻烦。一次，二团一个干部向我报告，说有两个战士不大听招呼，还张口骂人。以后，我到部队检查工作，见到了这两个战士，他们长得身材剽悍，肩宽背厚，古铜色的脸上嵌着一对机灵的大眼睛，显示出青春的活力。从交谈中才了解到，原来他们曾跟一个头人当"马弁"（即私人保镖），还懂一点汉语。因我们有个别干部工作方法简单，使他们感到别扭。我对二团这个干部交代了工作方法，他主动找这两个战士交心、道歉，并交了朋友。听说以后这两个战士表现特别好，每次战斗争着参加，北上过草地时，生活再苦也不愿离开部队，一直到了陕北。可惜时间久了，我忘记了他们的名字。

在同马师长朝夕相处中，我们彼此尊重，感情十分融洽。马师长为人诚恳朴实，很重感情，深受战士们的拥戴。我曾跟他一道多次下连队检查工作。每到一地，他都给部队讲：要拥护共产党，听红军的话，要遵守纪律。话虽那么几句，但很起作用。一次，我们从小巴旺返回路过他老家时，他特邀我去他家作客。他老家住在半山坡一座藏式平顶土房里。爱人是个年轻纯朴的农家妇女，一见面，便热情地招呼我，给我捧来酥油茶。马师长围着火堆给我烧烤玉米面饼。我们一边吃着，一边叙谈着家常，憧憬着未来。马师长见我嘴上糊了一圈黑炭，止不住大笑起来，抱歉地说："实在对不起，我家没有好吃的来招待你。"我忙说："这就很好！这就很好！"后来我才知道，马师长为了支援红军，把家里仅有的口粮也献出来了。我不禁暗暗称赞："这是个多好的同志啊！"可谁能想到，他因未得到张国焘的"信任"，北上前夕，被张国焘下令杀害了。现在想来，实在可惜。解放后，党和政府特地为他平反昭雪。

藏民独立师于一九三六年九月初奉命北上，随九十一师之后，向毛尔盖、包座方向前进。因我们担任后卫,粮食得不到补给,过草地时生活极端艰苦。一部分同志不愿远离家乡,经上级批准,留在当地继续坚持革命斗争。天宝等部分同志坚决要求跟红军北上,编入其他部队,历尽千辛万苦,终于胜利到达陕北。他们是经过长征洗礼的民族精英,是藏族人民的光荣和骄傲!

(原载《红军长征回忆史料》(2),解放军出版社1992年9月版)

## 攻克懋功　会师达维

韩东山

一

　　一九三五年六月初,部队在四川西北的汶川活动,当时我任红四方面军第九军二十五师师长。一天,接到紧急通知,命令我立刻赶到总指挥部去。徐向前总指挥一见到我便兴奋地说:"告诉你个大喜讯:我们马上就要和中央红军会师了!""真的?"我实在不敢相信。

　　"真的!"徐总指挥收敛了笑容,神情严肃地说道:"有项重大的政治任务交给你:你师立刻做好战斗准备,为中央红军进入懋功打开通道。会师后,向中央首长汇报我们四方面军的情况,还要掩护中央红军安全通过夹金山,以后的具体行动,将由三十军政委李先念指挥你们。"

　　接着,徐总指挥又详细地讲解了这次会师的意义。他说:"毛主席和中央首长率领的红一方面军撤离中央苏区后,蒋介石调集大量敌军前堵后追,天上还有飞机轰炸。但是在毛泽东同志正确指挥下,四渡赤水,突破乌江,强渡大渡河,抢占泸定桥,即将翻越大雪山和我们红四方面军在懋功会师。这是一个具有伟大意义的历史时刻!你韩东山是迎接毛主席的第一个红四方面军的代表,说不定将来还得给你上书呢!"

　　这次谈话足足有两个小时,会师前后应注意的事项尤其是如何保卫毛主席的安全,以及搞好和一方面军的团结,指示得非常具体,反复强调了多次。

　　怀着兴奋而又紧张的心情,我踏上了返回的路程。望着身前身后逶迤起伏的野岭,望着远方银装素裹的雪山,真是百感交集,心潮激荡。一、四方面军都走过了艰难曲折的道路,战胜了强大凶恶的敌人,付出了壮烈惨痛的牺牲。今天,终于要胜利会师了,中国革命就要出现一个新的伟大的高潮了!想到这里,不禁加快了步伐。我知道，全师指战员听到这一喜讯，一定会兴奋得欢呼起来。

果然，我向全师传达了徐总指挥的指示以后，全师沸腾了！人们喜形于色，奔走相告，好像在庆祝盛大节日，很多连队当晚举办了文艺晚会，战士们跳呀唱呀，不少干部则用大碗当杯，以水代酒，纷纷痛饮起来。

## 二

第二天凌晨，部队开始了急行军，三天走了三百多里，挺进到了懋功县城。

这一路大大小小打了二十余仗，我们是无心恋战，敌人是肆意骚扰，穷缠不舍。为了完成会师任务，一些伤病员不得不留在原地。

汶川到懋功，途中几乎都是少数民族地区，这些地方交通不便，人烟稀少，连个向导都找不到，给我们带来很大困难。到达懋功东北二十余里的抚边镇时，遭遇到四川军阀邓锡侯部队的拦阻。为了确保中央红军顺利翻越大雪山，我当即决定：坚决消灭当前之敌！

此地南靠群山，北临大河。消灭敌人非强渡大河不可。夜里强渡开始了，战士们冒着敌人密集炮火，抢搭浮桥，冲过大河。接着全师猛冲，不到半个小时便攻克了懋功。共歼灭了七百多敌人，邓锡侯的残部则纷纷逃进深山里去。战斗结束，天尚未亮。我命令两个营据守懋功县城。其余部队星夜兼程，又奔赴县城东南的达维镇。

## 三

达维位于夹金山以北的山窝里。这里四季寒冷，房舍很少。我只好命令部队露宿野地。到达当晚，北风呼啸了一夜。部队轻装行军，衣薄腹饥，可人人心中都燃烧着一团火。

次日拂晓，我指令七十四团团长杨树华带领三营向夹金山出发，一方面警戒灌县之敌，一方面寻找中央红军。

三营行进到巴朗地区时，与敌遭遇了。战斗中全营上下争先恐后、奋不顾身向敌冲去。大家只有一个念头：消灭敌人，用胜利迎接毛主席！战斗胜利了，营长陈玉清等六十几个同志都牺牲了。这是会师前的最后一仗。他们没能看见中央红军，可他们却用鲜血赢得了两大主力红军会师的来临。

六月十日中午，一个参谋冒冒失失跑进了师部驻地，人未到声先至："师长，师长，电话，电话！"我腾地跃起："什么电话？哪来的电话？"参谋手舞足蹈，结结巴巴地报告说："来了！来了！七十四团……电话……和中央红军——会师了！"

喜讯像长了翅膀，飞遍了全师驻地。用不着下命令，人们争着抢着清整驻地，挑水做饭，张贴标语。当天晚上，全师上下都"失眠"了。达维镇内外到处是三三两两的人群，人们议论着，猜测着，有不少战士站在镇外的几处高坡上，向着朦胧中的夹金山方向久久地眺望……

此情此景深深地激励着我，使我至今难忘。

四

"毛主席来了！"

"中央红军来了！"

"欢迎一方面军老大哥！"

六月十二日下午，震天动地的欢呼声响彻了达维镇，真是欢声如雷，山应谷鸣。毛主席、周副主席、朱总司令和刘伯承、王稼祥等中央军委首长率一方面军胜利翻过夹金山向我师驻地走来。

我急忙迎了上去，可首长们一个都认不得，我只好一一敬礼。正当我焦急万分的时候，我的老师长陈赓同志突然出现在我面前，紧紧地握住我的手（陈赓同志在鄂豫皖任十二师师长时我是三十六团副团长）。因为我以前听说老师长从鄂豫皖根据地回上海养伤时被捕了，还担心他被害了。这一见面，甭提多高兴了。在老师长介绍下，我才认识了毛主席、周副主席等中央首长。这时，一、四方面军的指战员早就像久别重逢的亲人一样，紧紧地握手，热烈地拥抱在一起，人人都满含着激动的泪水，跳呀蹦呀，喊呀说呀……

我领着毛主席等中央首长走进了一座喇嘛寺庙。毛主席等中央首长也没休息，亲热地让我坐在身边，关切地询问起部队情况来。首长们询问的可仔细了，从军队的建制、干部的成分、思想状况，战士们的生活、训练、学习，一直问到师团的历史、党组织建设、部队战斗力、军民关系等等。这种场面我是第一次经历，心情十分紧张，生怕说错了话。首长们看出我的紧张情绪，便和蔼地叫我慢慢讲，周副主席爽朗地笑着，递过一碗水说："师长同志，讲得很不错嘛，别慌，别慌！"看着毛主席亲切的目光，周副主席和蔼的笑容，朱总司令等都在认真地记着笔记，我放松了，把我知道的红四方面军的情况都扼要地讲了出来。最后我说："我们部队的指战员都是来自鄂豫皖和四川的贫苦农民，打仗都非常顽强勇敢，一上战场没有一个怕死的，都是拼命地往前冲"时，毛主席高兴地笑了，从座位上站起来："是啊！这就是红军的作风！我们从江西出发那天起，飞机在头上飞，敌人在地上追，我们还是闯过来了，而且……"毛主席把两个拳头举到胸前，有力地合到一起："更发展了，更壮大了！嗯？哈哈！"

屋内的首长们都会意地笑了。这笑声里充满了对蒋介石的蔑视,对会师的喜悦,更向往着对明天胜利的希望。

第二天,我带着团以上干部去看望首长,返回的路上遇到陈赓同志。老师长还是那样朝气勃勃、乐观豪爽。他一把拉住我的胳膊,半认真半玩笑地说:"老韩啊,中央首长都到这儿了,不弄点好吃的说得过去吗?伙计,怎么官越大越小气啦?"

这话可说冤枉我了!临行接受任务时,徐总指挥就反复交代了这一点。可是紧急行军,屡逢战斗,又来到了达维这么个偏僻地方,伙食班里连点肉星都没有哇。为这事我专门开了团以上干部会合计了一阵子,决定派两个排到深山里去打牦牛。运气还真不错,一下子搞到两条牦牛,现在正在锅里炖呢。我向老师长报告了以后,陈赓同志呵呵笑着说:"这还差不多,老韩,真有你的!"

当天下午,接到通知说晚上一、四方面军要开联欢晚会,并指定由我代表四方面军讲话。这下我可呆了,虽说我是师长,可没读过一天书,这样大的场合,当着老大哥部队和中央首长的面讲话,可把我愁坏了。晚饭一口也吃不下,赶快召集干部会议,请大家凑词。结果七凑八凑,足足凑了一个多小时,总算有了点谱,就这样,怀着忐忑不安的心情,我来到了联欢会场。

五

会场设置在镇外山脚下。前面搭了个简易讲台。台周围悬吊着数盏油灯,为了挡风,在四周挂上了许多军用篷布。

周副主席是会议主持人。他还亲自点燃了一个大气灯,使会场显得更加明亮。开会时,周副主席第一句就是:"今天,我们在这里召开一个联欢晚会,热烈欢迎四方面军的同志们……"

当宣布我讲话时,中央首长和一方面军同志们热烈地鼓掌。一股暖流冲击着我,使我激动万分,结果好不容易凑起来的讲话词也忘了。我猛然想起徐总指挥的指示,想起了红四方面军走过的战斗道路,就放声讲起来了。没想到话刚讲完,我还没来得及敬礼,就掌声雷动,口号声四起了。

"向四方面军学习!"

"感谢四方面军对我们的帮助和欢迎!"

"庆祝伟大的会师胜利!"

我们四方面军的同志则高喊着:

"向一方面军老大哥学习!"

"向中央首长致敬!"

## 红色记忆
——红军长征在藏族地区及其当代启示

"争取更大的胜利!"

这千百人的欢呼声,像松涛,似狂潮,压过高空长风,在无垠的阔野中久久回响。会场内外洋溢着团结、热烈和欢乐的节日气氛。

接着,毛主席、朱总司令相继在会上讲了话。毛主席说:"这次会师具有伟大的历史意义,是红军战斗史上的重要一页,是中华苏维埃有足够战胜国民党反动政府和完成北上抗日任务的力量表现。我们在中央苏区就知道四方面军的同志在党的领导下,作战英勇,创造了川陕苏区,消灭了很多敌人,各方面都有很大成绩。

"我们红军是打不垮、拖不烂的队伍,是劳动人民求解放的队伍。我们从离开中央苏区那天起,每天都是同超过我们几倍的敌人作战,但是敌人的围追堵截不仅没能消灭我们,而我们却大量消灭了敌人。战斗中虽然有一些伤亡,但我们却锻炼得更加坚强,扩大了革命影响,沿途撒下了革命种子……

"今天胜利会师了,我们一、四方面军是一家人,要在党中央领导下为彻底消灭蒋介石反动派,赶走日本帝国主义而共同奋斗!"

朱总司令在讲话中谈到了各地红军的历史作用和会师的意义,以及今后的任务。

我们师的指战员都是第一次聆听毛主席、朱总司令讲话,大家都屏住呼吸极认真地听着,千百双眼睛都聚精会神地盯着毛主席和朱总司令,听到精彩处,都情不自禁地鼓起掌来。

讲话结束后,在热烈的掌声中和口号声中,周副主席宣布军委文工团的演出开始。团长李伯钊告诉我:"军委文工团经过长期行军、作战,通过敌人封锁线,道具大部分丢失了,演员也牺牲了一些。今天的演出只能表示点心意。"

演出中有两支歌至今难忘:一支名叫《三大任务歌》,另一支名叫《两军会师歌》。

我们师没有文工团,可是在一方面军同志们的热情邀请下只好合唱了几首歌子,记得唱了首《大刀歌》:

万源保卫战,作战要勇敢;

子弹消灭敌人算不得好汉;

冲上去,用刀砍……

晚会的节目也许今天登不上大雅之堂,可当时却都真实地反映了红军的现实生活,歌颂了我们艰苦卓绝的长征。那些简朴、生动的节目使我们感到亲切,指战员很受鼓舞。许多节目在雷鸣般的掌声中只好一再重演。晚会持续到深夜。散会后,满山遍野的歌声还久久不息。

清晨时分,太阳从雪山峰顶后升起,整个达维笼罩在彩色夺目的朝霞中。我们二十五师全体指战员早已排列整齐,等待着欢送一方面军的同志。

毛主席等中央首长虽然整夜未睡，可依然精神抖擞地来到队伍前面。我疾步而出，向毛主席敬礼请示。毛主席亲切地握着我的手说：

"我们走后，部队还得几天走完，你们的任务是把警卫布置好。提高警惕，坚决消灭敌人，掩护部队完全通过。现确定将五军团三十七团交给你指挥，我们在懋功要开一个重要会议，等我们从懋功出发，你们再向懋功行动。明白吗？"

"明白！徐总指挥也早指示我们要在这里坚守七天，坚决完成掩护警戒任务！主席放心，我保证完成任务！"

"好，好！韩师长同志，再见啦。"毛主席再次紧握了我的手，又转身对部队全体指战员挥手喊道："同志们，再见！"

"再见！"

"再见啦！"

几千人的辞别声在山谷中轰响着，几千顶军帽在手中挥舞着，几千双眼眶里滚动着泪珠，几千颗心脏都在沸腾着、激荡着。那时我们以为最艰难的岁月已经过去了，黑夜消失了，黎明来临了。全体红军团结在党中央、毛主席周围，中国革命的胜利就要到了！

这次激动人心的会师，已经过去近五十年了，有些具体情节，也回忆不起来了。但在会师中毛主席讲的这两句话，我却永远忘怀不了：

"一、四方面军是一家人！"

"会师的胜利证明我们的红军是不可战胜的！"

（原载《艰苦的历程》（下），人民出版社 1984 年 12 月版）

# 懋功会师

徐向前

一九三五年五月初，中央红军胜利渡过金沙江，继续北上，准备在川西北建立新的革命根据地。

这时，红四方面军主力集中在涪江地区，就地休补，发动群众，筹粮扩红。我还记得，我们的电话机工作人员有一百二十名。三天中就扩进一百多名。因电话机有限，用不上这么多人，只好把他们分配到部队中去。四军十师第二十八团，强渡嘉陵江战役中减员二百来人，但扩红近九百人，全团人数达一千七百余人。武器、

## 红色记忆
### ——红军长征在藏族地区及其当代启示

弹药、粮食、被服、经费等，各部队亦获得较大补充，比在川陕根据地后期的日子，要好过得多。全军共八万多人，加上从川陕根据地撤出的党政机关人员和革命职工，总计不下十万之众。

蒋介石为防止红一、四方面军会合，实行各个击破，正调遣兵力，企图以江油、中坝为中心，对我实施东西堵截，南北夹击。敌人的部署是：以刘湘主力王缵绪部十三个旅为右路纵队，由罗江地区出绵阳、魏城，沿涪江东岸向彰明、两河口、重华堰进击；以邓锡侯第二十八军和孙震第二十九军各一部为左路纵队，由三台、绵阳出动，沿涪江西岸经香水场、双合场向中坝、江油进攻；以胡宗南部南下青川、平武配合左、右两纵队的夹击。广元以北的邓锡侯一部南下，向剑阁推进；唐式遵一部守备昭化至阆中一线，防我东返；邓锡侯另一部封锁土门及北川河谷，防我西进；李家钰部防守阆中及其以西左壁垭、店子垭一线，阻止红军南下。

涪江流域的江油、中坝地区，枕山面水，紧邻川西平原，物产丰富，利于我军休养生息。然而，"梁园虽好，终非久恋之乡"。要打破蒋介石的合围部署，要策应中央红军北上，我军不能在这里久留。这时，张国焘、陈昌浩已经上来，立即在江油附近召开了高级干部会议，各军的负责同志均参加。会上，张国焘讲了我军撤出川陕根据地，是为了迎接中央红军北上。两军会合后，要在川西北创造根据地，赤化川、康、陕、甘、青等省。为打破蒋介石的合围部署，方面军下一步应首先占领北川、茂县、理县、松潘一带地区，背靠西康，作立脚点。他还提出，那带是少数民族杂居地区，应成立苏维埃西北联邦政府，以利开展工作，云云。陈昌浩也发了言。大家没有异议，一致同意按张国焘的指示行动。

西向岷江地区，建立川西北根据地，迎接红一方面军北上，实现两个方面军的胜利会师，成了动员和鼓舞部队的巨大动力。全军指战员，士气高昂，精神焕发，纷纷表决心，做准备。我们计划，首先突破邓锡侯在土门、北川河谷设置的防线，占领岷江流域的松潘、茂县、理县、汶川。五月上旬，部队先后撤出彰明、中坝、青川、平武等地，向西进发。从此，红四方面军开始了为时一年又五个月的艰苦长征。

松、茂、理、汶一带，是邓锡侯的地盘。境内高山连绵，河谷错列，地形险要，为汉、藏、羌、回等民族杂居区域，盛产黄金、木材、烟土、药材、牛羊、兽皮等。为防止我军西进，邓锡侯在进入川西北的咽喉要地北川至茂县的土门险关，设置了三道防线，陈兵约三万余人，凭险筑垒，封锁土门，全力守备北川河谷。

五月十二日，我先率九军、三十军主力，由北川西进，翻山越岭，直抢土门。沿途多原始森林，人烟稀少。我军经激烈战斗，连续击溃邓锡侯部十一个团和各地民团的防堵，强占北川河谷，夺取土门险关，先头部队于十五日占领茂县。我和前线指挥部在土门住下，指挥部队消灭附近顽抗的残敌，扼住南面的制高点，接应后方机关转移。从成都、绵竹方向来援之敌，拼命向我进攻，想把红军的通道截断。我掩护部队在土门以南的山上，抢筑工事，顶住敌人。敌人处于仰攻的不利地位，死伤惨重。我后方机关包括从川陕根据地撤出的兵工厂、被服厂、造船队、医院、妇女组织、地方干部等，相当庞大。男男女女，抬着机器、粮食、担架、物资，走了几天，才转移完毕。伺后，方面军总部进驻茂县。先头部队一部沿岷江南下，控制了文镇关、雁门关、威州等要点；一部直逼汶川，占领理番（今理县）。后续部队四军、三十一军一部，则北进至松潘、平武以南的镇江关、片口等地。北进的这一路，本想占领松潘县城，扼控从甘南通往川西北的咽喉要地，屏障茂、理。但胡宗南部先我一步，进驻松潘。松潘是座古城堡，城墙厚达三四米，周围皆崇山峻岭，敌筑有坚固防御工事。我们的部队缺乏炮火，攻也攻不动，遂退至松潘以南的镇江关，与胡敌对峙。从镇江关、片口、北川、观音梁子、千佛山至汶川一线，敌我双方不时发生激战。

　　方面军总部住地茂县，即现今的茂汶自治县。县城内有几百户人家，全县约六七万人口。羌族占总人口的百分之八十以上，是川西北羌族人民最集中的县份。民房多为山石垒砌而成，依山面水，方方正正，相当坚固。境内烽火台不少，矗立在高山顶上，远远望去，像擎天柱似的。寺庙也多，一座不大的县城，就有二三十座大小不等的寺庙。羌族人民多从事畜牧业或经商。农业以种植苞谷、红薯、土豆为主，刀耕火种，靠天吃饭，产量甚低。尚白色是他们的民族传统，一切以白色为上，蓝色、黑色次之。我们见到的男女老少，衣着一般为白、蓝、黑三色，显得格外朴素。

　　这个民族勤劳、朴实、好客、喜歌舞，性情开朗。但是，由于过去长期受汉官军阀的压迫和掠夺，对汉人积恨较深，戒备心很强。红军到来以前，邓锡侯部大肆进行反动宣传，诬蔑红军"普烧普杀"、"共产共妻"、"青面獠牙"、"头长八只角"、"专吃人脑花和小娃娃"等，更加深了羌族人民的疑惧，不少人弃家出走，逃进深山老林里去。红军来后，使敌人的宣传不攻自破，彻底破产。我军指战员不仅长得和常人一模一样，不烧不杀，不抢不夺，而且积极帮助群众背水、劈柴、治病，提倡宗教信仰自由，尊重少数民族的风俗习惯，宣布取消一切苛捐杂税，强调加强各民族的团结。我军的模范行动和政策的威力，颇见成效。许多人打消了原先的疑惧情绪，把红军视为亲人，纷纷杀猪宰羊，献馍敬酒，载歌载舞，慰劳红军。一些跑到深山老林去的群众，也陆续回来。报名参加红军的青壮年不少，红四方面军有些羌族干部就是那时入伍的。

　　红一方面军已进入川康边，正经会理、冕宁北上。两军会合，指日可待。方面

## 红色记忆
——红军长征在藏族地区及其当代启示

军总部在茂县开会，研究迎接中央红军的工作。首先是派部队前往接应的问题。确定由三十军政治委员李先念，率该军第八十八师及九军二十五师、二十七师各一部，西进小金川地区，扫清敌人，迎接中央红军。其次是动员部队做好两军会师的思想准备和物质准备。要求各部队层层深入动员，以坚持战斗岗位、多多消灭敌人、认真执行民族政策、大力筹集和捐献慰劳品等实际行动，迎接兄弟部队。川西北高原气候变化多端，昼暖夜寒，要多筹集些羊毛、羊皮，制作毛衣、毛袜、皮背心，作慰问品。根据我军西征转战的经验，炊具容易丢，伙夫不够用，部队经常开不上饭，直接影响行军和作战，是件叫人恼火的事。估计转战中的一方面军，也会遇到同样的困难。所以，我提议从各部队抽一批炊事员，带上粮食、炊具，跟八十八师行动，会师后立即补充到一方面军，先解决吃饭问题。大家都赞成。

我印象最深的是，陈昌浩在会上提出了"欢迎三十万中央红军"的口号。当时我有点反感，觉得这是吹牛。就说："恐怕中央红军没有那么多吧，还是留点余地为好。"但是，会后还是那样宣传的，标语也是那样写的。会师后的事实证明，中央红军还不到两万人，哪来的三十万嘛！我们的宣传打了自己的嘴巴。弄得四方面军的指战员，议论纷纷。可见，不论任何情况下，政治宣传都要实事求是，留有余地，决不能忘乎所以，信口开河。

李先念率八十八师和九军一部出发后，为便于指挥前线部队作战，我即移住理县下东门。张国焘、陈昌浩仍在茂县。下东门为岷江和杂谷脑河汇流的地方，是块平坝子。四周环山，林木葱茂，蹦跳腾窜的猴群，嬉闹在山林间，逗人喜爱。有时我和警卫员、参谋一大早起床，站在山边看猴子玩耍，别有一番情趣。

进入理县境内，藏族逐渐多起来。越向川西北和西康地区深入，藏族越多，约占总人口的百分之七八十。为了发动藏民，团结藏民，部队派人做了不少调查研究工作，使我们第一次对藏族社会，有了概略的了解。

当地有句俗话："官住平，民住坡，蛮家住到山窝窝。"所谓"蛮家"，又称"番民"，是历史上沿袭下来歧视藏民的称呼。他们大都散居在山区，从事农牧业生产。二三十户人家为一寨，不少寨子筑在人迹罕至的高山顶上；每寨是个小小的社会单位，自给自足，与外界很少往来。民房系石头砌成，一般分三层：上层供佛、晒谷，中层住人、烧饭，底层圈牛、羊、马等。家有二三十条牛以上的为"发财人"，有十多条牛的为中等人，仅有二三条牛或没有牛的为穷苦人。阿坝的大土司是川西北藏民的最高统治者，各地分别设有大小不等的土司，行使统治权力。大土司每年要向成都军阀交几万两银子。奴隶制盛行，每个土司头人家里有十多个以上的"娃子"（奴隶），供剥削役使。奴隶没有人身自由，像牲口一样，任凭奴隶主生杀予夺。

奴隶主划个圈圈，奴隶们就不敢越出圈子一步，真是"画地为牢"。平民百姓每年需向土司头人、汉官进贡银钱、物品，担负种种劳役，生活极端贫苦。"以物换物"的原始交换形式，依然保留，许多藏民甚至以经商赚钱为耻辱。出口货物以毛皮、麝香、鹿茸、贝母、金子为主；入口货物以茶叶、布匹、油、盐、糖等为主。离我们住地不远的杂谷脑，就是一个出入口货物交换的地点。藏民性情朴实、慓悍、直爽。善骑射，喜着皮衣、革履，食物以牛羊肉、青稞、糌粑、酥油、牛奶为主。信仰喇嘛教，崇奉活佛、喇嘛。家家供有佛像，每寨均有喇嘛寺庙。活佛就是"活神仙"。藏民平时见到土司头人不叩头，只需脱帽垂目即可，见到大小活佛则必须下跪叩头。喇嘛教的地位和影响，可见一斑。

我军进入川西北地区时，即组成了中华苏维埃西北联邦政府、少数民族委员会和党的西北特区委员会。张国焘任联邦政府主席，周纯全任民族委员会委员长。提出了建立藏族苏维埃和人民政府、民族自决、信教自由、取消一切苛捐杂税、没收汉官和发财人的土地分给穷人、武装藏民劳苦群众、藏回汉穷人联合起来打倒国民党军阀等项纲领、政策，发动群众，建党建政。这是我军第一次开展少数民族地区的工作，一切要从头做起。

这里的条件远不及通、南、巴，发动群众的工作困难重重。一是语言不通，障碍甚大；二是历史上形成的民族隔阂很深，短期内不易消除；三是地广人稀，走上百多里山路，往往见不到一个寨子；四是少数上层反动的土司、喇嘛，利用他们的统治势力和影响，暗地进行破坏活动，甚至公开组织反革命武装抵抗和游击袭扰活动。尽管如此，由于我军抓住了汉、藏统治阶级同广大劳动群众之间的尖锐对立这一主要矛盾，打倒汉官、反动土司，分田分粮，不断进行艰苦细致的工作，因而发动群众是有成绩的。许多藏民分得土地后，把"分配土地证"当神物供奉起来，烧香念佛，祈求神灵保佑土地，保佑红军。各县、区、村的人民政府相继建立，吸收了一批藏民积极分子当家做主；藏民地方武装组织，也逐步建立；有些地方还建立了党、团支部。总之，党和红军的影响已经在藏族人民中日益扩展开来。

筹集慰问中央红军的物资，是和发动群众的工作结合进行的。部队一面走家串户，发动群众；一面筹集粮食、羊毛、羊皮、牛羊等。群众工作愈深入，筹集物资愈好办些。指战员普遍会打草鞋，又学会了剪皮衣服，撕羊毛，捻毛线，制毛衣、毛背心、毛袜子。物少情意重。大家制作的每件慰问品，都渗透着对一方面军的兄弟情谊。从前线到后方，从总部机关到连队，从地方政府到人民群众，处处在为迎接中央红军忙碌，气氛热烈而紧张，十分感人。

前线的战斗，相当激烈。北面的胡宗南部，东面和东南面的川军，频频向我发

**红色记忆**
——红军长征在藏族地区及其当代启示

起进攻。我军凭借山险和工事固守,不断予敌以重大杀伤。我最担心的是灌县、汶川方向的来敌,因为那带是从川西平原通向川西北的大道,敌人运输方便,增兵容易。我们利用山险河谷,布下了几道防线扼守。敌攻我防,部队天天打消耗战,够恼火的就是了。北川、松潘、茂县、理县、汶川地区的各族人民群众,在各级苏维埃和人民政府的组织下,冒着敌机轰炸和炮火杀伤的危险,源源不断地向前线运送粮食,帮红军砍柴、烧饭、送水、护理伤病员等,给前线指战员们极大鼓舞和有力支援。

六月八日,李先念率领的迎接中央红军的部队,攻占懋功,歼邓锡侯部近千人,继占达维。这时红一方面军已先后占领安顺场和泸定桥,渡过天险大渡河,经天全、芦山向宝兴急进。大家盼望很久的两军会师,就在眼前。消息传来,我们极为兴奋。六月十二日,张国焘从茂县打来电话,要我代表四方面军领导人写一份报告,火速派人去懋功转送中央。因我住理县,距离懋功近些。我连夜写报告,介绍了敌军和我军在川西北的部署情况,请示两军会合后的作战方针,表示热烈欢迎艰苦转战的中央西征大军。连同两幅地图,第二天一大早,就派人送走了。

一、四方面军的前锋部队,十三日胜利会师在夹金山下。毛泽东等中央领导人抵懋功,会见了李先念,部队驻地一片欢腾。各部队将慰问品集中起来,赶着牲口,一批批送往会师地区。仅三十一军,一批就送去了衣服五百件,草鞋一千四百双,毛袜五百双,毛毯一百条,鞋子一百七十双,袜底二百双。翻身的藏族同胞,跳起"锅庄",表示庆贺。红一、四方面军的会合,使蒋介石企图各个击破红军力量的计划,彻底破产。

(原载《回顾长征》,人民出版社1985年12月版)

# 忆懋功会师

李先念

一九三六年十月,中国工农红军一、二、四方面军会师于甘肃省会宁,标志着长征胜利结束和中国革命新局面的开始。红军二万五千里长征,已成为中国各族人民和外国许多朋友称颂的历史奇迹,成为鼓舞我国各族人民克服艰难险阻去夺取胜利的巨大力量。为纪念长征胜利五十周年,中央党史资料征集委员会和中央军委党史资料征集委员会等单位,要我写一篇回忆长征过程中懋功会师的文章。这段历史距今半个多世纪了,许多细节已记不清楚,只能把主要经过写出来,以资纪念,并

# 附　录

供研究长征史的同志们参考。

一九三五年六月，一、四方面军在四川省懋功（今小金）会师，是有重大历史意义的事件。这是在党中央领导下，两个方面军英勇奋斗、共同努力的结果。两军会师的实现，有着丰富的历史内容，我所知道的仅仅是其中的一个方面。一九三五年一二月间，党中央和一方面军经过英勇艰苦转战到了川黔边境，准备北渡长江进入四川，电示四方面军派部队去迎接。消息传来，广大指战员都非常高兴。我们早就盼望见到党中央和一方面军了。过去只听说过毛泽东、朱德、周恩来等中央领导同志，可是四方面军的同志见到过他们的不多。我们对一方面军非常敬佩。早就知道一方面军在中央根据地英勇奋斗，粉碎了敌人四次"围剿"，发展壮大到十多万人，创造了光辉的业绩。一方面军开始长征后，我们知道的情况就少了。根据我们从鄂豫皖西征到川陕时经历的艰难困苦，心里常想到，一方面军离开根据地，多次冲破敌人的围追堵截，行军作战好几个月了，各方面的困难一定很大。因此，大家都想尽快地前去策应和会合。

一九三五年三月，四方面军离开川陕根据地进到嘉陵江和涪江之间地区不久，为了两个方面军的靠拢，又继续西进。这时，蒋介石调胡宗南部已进入甘南，企图从北面堵截和进攻红军，以配合南路、东路的国民党中央军和川军追剿一、四方面军。针对这种敌情，奉军分会和四方面军总部的命令，我们三十军（我任政治委员）八十九师（邵烈坤同志任师长）从剑阁开赴青川、平武一线，抢占摩天岭，堵击胡宗南部队南下，以保障方面军向西行进的右侧安全。摩天岭是甘南进入四川的天然屏障，山势险峻，易守难攻，战略地位很重要，历史上称之为阴平古道。三国时期诸葛亮为防御曹魏从北面进攻，保卫蜀国的安全，曾在此屯兵驻守。我们到青川和平武之间的山梁上还看到诸葛亮庙的旧址。史书记载，魏国进兵蜀国时，邓艾得知这里无兵防守，指挥部队攀越摩天岭，攻取江油，进入成都，灭掉了蜀汉。我们迅速占领了摩天岭，就打乱了胡宗南部企图夹击红军的计划。

五月上旬，党中央率一方面军已进入川西彝族居住区，准备经冕宁北上，这时，四方面军总指挥部决定，向岷江地区进发，继续向一方面军靠拢。我们从摩天岭撤下来，急速向西南前进。与此同时，徐向前同志指挥许世友同志率领的九军和程世才同志率领的三十军一部，经过多次激战，击溃邓锡侯部陶凯师和当地民团，突破敌人防线，抢占北川河谷，夺取了墩上和土门险关，打开了进入岷江的门户。随后，他们又攻占了茂县（今茂汶羌族自治县）、汶川和理番（今理县）。一、四方面军会师，指日可待了。

五月中旬，即两军将要会合的前夕，四方面军总部在茂县召开了各军领导同志

## 红色记忆
—— 红军长征在藏族地区及其当代启示

的会议，研究布置迎接党中央和一方面军的各项准备工作。总部决定由我们率领三十军八十八师和九军二十五师、二十七师各一部，开往小金川地区去迎接党中央。四军、三十一军的一部在松潘以南的镇江关、松平沟地区，抵御北面的胡宗南部；另一部在北川、片口一线抵御东面的川军，以保障会师的顺利实现。会上，徐向前、陈昌浩、王树声同志都讲了话，说明了这次会师的重要意义，要求各级领导干部，深入基层，广泛动员，奋勇杀敌，认真执行民族政策，大力筹集给养和制作慰劳品，以实际行动热烈欢迎党中央和一方面军。向前同志特别强调，会师后，一定要搞好团结，一切行动要听党中央和中央军委指挥。会后，他还把我们留下，说：一方面军长期转战，一定非常辛苦和劳累，要动员部队发扬不怕艰难困苦和连续作战的战斗作风，争取早日会师。

接受任务后，我和李天焕同志（三十军政治部主任）立即同二十五师师长韩东山等同志，研究迎接党中央和一方面军的具体行动计划，动员部队尽快做好出发前的准备工作。随后，我带少数部队，从茂县赶到理番，又向八十八师师长熊厚发和政治委员郑维山等同志传达总部的命令和部署。经过讨论确定熊厚发同志率二六三团留在理番继续同敌人作战，郑维山同志率二六五、二六八团和我们一起行动。

五月底，部队分两路出发：一路是九军二十七师一部，从汶川向西南的卧龙方向前进，阻击由巴郎山方面西进的敌人；一路是九军二十五师和三十军八十八师，分别从汶川、理番出发直取懋功。从理番到懋功有三百多里，中间必须翻越海拔四千多米的红桥山。翻越这样终年积雪的大山，还是红军创建以来的第一次。我们有打硬仗、打恶仗的经验，有走险路、强渡江河的经验，还没有爬过雪山。当地人烟稀少，也找不到向导，可是指战员为完成迎接党中央的光荣任务，心急如焚，纷纷表示一定要爬过雪山去。百闻不如一见。从山下向山上爬，先是很大的太阳，后是大雾，快到山顶时，飞下了鹅毛大雪，一时好像进入银色的世界里了。大家第一次看到这样奇异的景色，非常兴奋。由于山路陡峻崎岖，空气稀薄，指战员互相搀扶着，防止倒下去爬不起来。没想到下山后，因为强烈雪光的刺激，部队中有三分之一的同志得了雪盲症，还有很多同志高山反应头痛很厉害，部队只好暂时停止行进。记得休整了半天，大家的眼睛才慢慢地恢复正常，部队又继续前进。这次过雪山得到了一条经验，就是群众说的，雪山不能白天过，要在半夜时候过。我们懂得了这一点，后来在其他地方几次过雪山，就再没有人得雪盲症了。

六月初，前锋部队二十五师遵照我们的命令和部署，先攻占了两河口，随后又歼灭邓锡侯部两个营及地方反动武装近千人，攻占了懋功，并乘胜向达维进发，准备南出夹金山，到宝兴、芦山、天全一带去迎接党中央和一方面军。六月十二日，我们和八十八师部队进驻懋功后,接到韩东山两次电话报告,说九军二十五师的先头部队和一军团二师的先头部队在达维以南、夹金山北麓的木城沟胜利会师了。喜讯传来,群情振奋。我当即发电报向总部作了报告。我们在懋功一方面分析敌情,察看地形,部署警戒;另一方面动员部队和发动当地群众,腾出房子,打扫街道,筹备给养,编文娱节目,写欢迎标语,集中慰问品等,准备热烈迎接党中央和一方面军。有八个兄弟民族居住的懋功空前热闹起来了。

同日,向前同志代表军分会和四方面军总部,在理番写了一份给毛泽东、周恩来、朱德诸同志的报告,详细报告了敌情、民情和四方面军各部队的位置,介绍我们率领部队带着电台已经到达懋功,如何行动请中央指挥。他建议两军会合后,一方面军先休息补充,让四方面军在前面御敌。报告还说:四方面军及川西北千百万工农群众,正准备以十二万分的热忱欢迎百战百胜的西征军。这些话,确确实实表达了我们全体指战员的心情,说出了我们的心里话。这份报告,是派专人传送的,还附送了两份地图,供中央领导同志更具体地了解四川地区的情况,以便研究确定会合后的战略方针。

六月中旬的一天,我们在懋功迎接了党中央和一方面军。当时喜悦之情,难以言表。毛主席和中央几位领导同志住在一座法式建筑的天主教堂院内,我们住在小金川河边的新街。当天晚上,毛泽东、周恩来、朱德、张闻天等同志和一方面军的几位领导人,在天主教堂的东厢房里,亲切会见了我。我第一次见到这么多中央领导同志,心情特别激动,也有一点拘谨。毛泽东同志充分肯定了四方面军的战绩,给四方面军很高评价,并代表党中央和一方面军全体同志,对四方面军全体指战员表示亲切关怀和慰问。毛主席说,过去两支红军独立作战,现在会合了。这样,我们的力量更大了。他打开地图,边看边问,岷(江)嘉(陵江)地区的气候怎样?地形怎样?人民群众的生活条件怎样?还能不能再打回去?我说,岷、嘉两江之间地区,大平坝子很多,物产丰富,人烟稠密,是汉族居住地区,部队的给养和兵源都不成问题。从战略地位看,东连川陕老根据地,北靠陕甘,南接成都平原,可攻可守,可进可退,回旋余地大。如红军进入这一地区,有了立足之地,可以很快休整补充,恢复体力,再图发展。而且这时茂县、北川还在我军控制之下,可以打回去,否则再打过岷江就难了。我还说,来懋功的一路上,只看到很少的藏族牧民,筹粮很难,大部队久驻无法解决供给。大小金川和邛崃山脉一带高山连绵,谷深流急,大部队很难运动,不容易在这里站住脚。向西和向北条件更差。总的思想是说明无论从地理条件、群众基础,还是从红军急需休整补充的实际情况和发展前途看,会师后向东北方向,首先是向岷、嘉地区发展比较有利。早在川陕反六路围攻胜利后,

**红色记忆**
——红军长征在藏族地区及其当代启示

向前同志同我们就议论过沿嘉陵江两岸作战和向甘南发展的问题。所以，当时心里是真想打回去。广大指战员也是这种心情。毛主席听我汇报情况时连连点头。这个时候，毛主席正在考虑全局的大问题。听取各方面的意见，准备制定会合后的战略方针。我还清楚地记得，那天晚上，大家兴致勃勃，一直谈到深夜。在懋功和中央领导同志的会见，使我终生难忘。六月十六日，党中央和毛主席提出在川陕甘建立根据地的战略方针和首先向岷、嘉地区发展的行动计划，致电四方面军领导人征求意见。可是，由于敌人很快占领了茂县、北川一带地区，失去了战机，致使这一计划未能实现。不久，中央政治局在两河口召开的会议上，对红军行动又作出了新的部署。

党中央领导同志和一方面军的领导人在懋功休整了三天。这期间两支部队互相联欢、慰问、交谈，非常亲切。我们和一方面军的部队举行了一次联欢庆祝大会。会上，一方面军的代表讲话说，红军两大主力会师，开创了中国革命史上的新纪录，是对国民党反动派的重大打击。过去就耳闻过四方面军的光荣战绩，相信两军会合后，一定会打更多的胜仗，消灭刘湘、胡宗南、邓锡侯等军阀更多的部队，创造新的根据地。我们的代表讲话中，表示坚决听从党中央的指挥，一定虚心向一方面军学习，团结奋斗，并肩前进，争取新的胜利。在天主教堂里，两军一些团以上干部还集会一次，一起吃过饭。当然没有什么好吃的东西，无非是让大家吃一顿饱饭，而这在当时来说也是很难得的。同志们都非常满意。朱德同志还特意到住处看望我们，询问四方面军部队的休整情况，对广大指战员非常关怀。

六月十八日后，党中央率领一方面军，沿抚边河北上，向两河口进发。我们按照中央的部署，二十五师继续留在达维镇，防御东面敌人的进攻；又派出一部分部队沿小金川河西进丹巴，再沿大金川河北进，以保障党中央北上的左翼安全。我们和一部分部队又在懋功驻了几天，负责党中央的后卫。

一、四方面军会师后，敌人从东、南、北三个方面继续向我军进逼，企图把我军困死在人烟稀少的川西北少数民族地区。在这种形势下，部队保持会师时的团结合作、共同奋斗的精神特别重要。为此，在党中央领导下，双方都做了许多工作，对加强部队建设、执行中央北上战略方针，创造了有利条件。懋功会师形成的团结局面，后来虽然经历了曲折复杂的发展过程，但是最终实现了一、二、四方面军和全国红军的大团结。历史证明，我们党的团结，军队的团结，是符合革命历史发展潮流的，任何人、任何力量都破坏不了。

懋功会师，标志着我们党和我们军队团结胜利的一个新开端，在我党、我军历史上写下了光辉的篇章。五十年过去了，懋功会师所体现的党和人民军队团结一致、争取胜利的精神，我们要永远继承和发扬。

在长征中死难的烈士永垂不朽！

长征精神永放光芒！

（原载《红军长征回忆史料》（1），解放军出版社 1990 年 11 月版）

## 在跟随徐总北上的日子里

孙继争

一九三六年初春的川西原野，披着郁郁葱葱的绿装。村舍周围的苍松翠竹随风摇曳，像是同远征红军挥手告别，送别红军的乡亲们依依不舍地说："盼望红军早点打回来"。是的，我们一定要打回来！

四方面军总部机关和直属队的指战员们，排着长长的队伍，于二月中旬的一天早晨，分别从芦山县的胡家坪、卫家山、禾林坝整装出发了。我们终于迈出了再次北上的第一步，但这是多么艰难的一步啊！自去年九月，张国焘擅自率红四方面军南下川西以来，与敌重兵相峙，陷入被动局面，使部队遭到损失。特别是后来，川军及蒋介石的嫡系薛岳、周浑元、吴奇伟、李抱冰部从东南和东北方向围攻上来，激烈的战斗不停，伤亡不断扩大，兵员得不到补充，局势一天比一天严重。在这段时间里，我们这些在徐总身边工作的参谋、警卫员都看到一向指挥若定的徐总显露出焦虑不安的神色。徐总常常通宵达旦地翻阅侦察局每天送来的敌情资料，研究分析敌情，或是伫立在悬挂着的大幅作战地图前，沉思默想。由于日夜操劳和精神上的焦虑，他的身体明显消瘦了。我们还看到，在这些日子里，徐总不断地向朱总司令汇报敌情及我军的情况，并提出建议：红军不能再继续与敌人长期对峙拼消耗了，而应迅速撤离川西，到夹金山以西休整，然后北上与一方面军会师。朱总司令完全同意和支持徐总的正确意见。由于朱总司令和徐总既坚持原则，又采取了灵活的方法对张国焘做了工作后，张国焘才被迫同意四方面军转移到党岭山以西地区筹粮休整，准备过草地北上。一九三六年二月初，在纪念"二七"大罢工大会上，徐总对北上的准备工作提出了明确而具体的要求，就连干粮怎么带、着装怎么整理都讲到了。开完会，徐总的警卫员熊家林跑过来笑眯眯地对我说："你是参谋应知道，我正在为上路的准备工作发愁呢，徐总指挥这样一讲，我照着一件件做，不就行了吗？"

在徐总指挥的计划下，北上的准备工作紧张而有秩序地进行着。先是搞干粮。

## 红色记忆
——红军长征在藏族地区及其当代启示

四川的天全、芦山一带是鱼米之乡，虽然一时住了那么多部队，但粮食还不算很缺。我们向群众购来大米后，先放在锅里煮熟，然后再炒一炒装进米袋。每个人连生带熟都带了四十余斤米，准备走千多里路程的干粮。至于个人的行装，那简单得很，就是三大件：一个斗笠、一副脚码（铁打的，有四个码钉）、两条干粮袋。至于军衣，有的是把缴获土豪的长袍，拦腰剪断，胸前开个口，缀上几个布扣子，就穿起来；有的是用稻草灰染的灰布衣服。多数战士没有棉衣，更谈不上被褥了。当时徐总穿的还是在川陕苏区发的一套棉衣，已穿得补丁摞补丁了。徐总除多一个望远镜外，其他和干部战士没有什么两样。

出发的军号吹响了。我们这支服装不一而思想一致、步伐整齐的红军队伍，雄赳赳、气昂昂地向夹金山挺进。紧跟在方面军总指挥部直属队后面的是"红大"。"红大"政治连连长是皮定均。皮连长身材不高，但结实有劲。他身上斜挎着一支盒子枪，肩上还挑着粮食和行李，一直走在队伍的最前头。徐总站在路旁观察部队行军情况，看到了满头冒汗的皮连长，向他赞许地点了点头。这时，"红大"行军纵队吹起休息的号声，徐总便让我招呼皮定均同志过来，要他谈谈全连同志的思想、学习情况，军、政课目的训练进度，以及这次北上每个学员携带的粮食等情况，皮连长一一向徐总作了汇报，还未讲完，行军号又吹响了。皮定均刚站起时，徐总笑笑说："讲完吧，你给我讲了这么多，我还没有给你讲呢。"他要皮连长让指导员带着连队先走，并把自己的乘骑牵过来让皮连长驮行李，这样好和皮连长边走边谈，皮定均手里拿着扁担，徐总那睿智的目光朝皮连长看了一眼，然后语气柔和地说："定均同志，你在军里通信营当营政委时，管理严格，打仗勇敢，但好训人，有时还骂人，现在改了没有？"皮定均同志羞赧而直率地说："有时一看到有的同志捅了点漏子后，就好发火、训人，还没有全改。"徐总亲切地说："发火训人是不好的，你把人训跑了，不敢接近你，你怎么了解战士的心呢？你是政治连连长，培养的干部主要是指导员和教导员。首先你就要会做政治工作。作为一个政工干部，寒冷的冬天是连队的一团火，全连战士围着你感到温暖；炎热的夏天是一把扇，人家靠近你感到凉爽！"皮定均听了徐总语重心长的话，不断会心地点点头。他们并肩走着谈着，徐总时而挥动着手势，不知不觉来到了夹金山山脚的宿营地。徐总让皮连长骑上他的马去追赶连队。

一天清晨，东方刚现鱼肚白，清脆的军号声就把战士们从"金丝被"（稻草铺）的酣睡中唤醒了。今天就要翻越夹金山了，大家心情激动，连队干部仔细地检查了翻山的准备工作。徐总要作战科在头几天就通知部队，各连要准备些生姜、辣椒，以便到了冰封雪冻的山顶，每人嚼点生姜、吃些炒面拌辣椒，可以发热御寒。

# 附　录

夹金山上下有百十里路。部队必须在中午十二点前翻过山顶，以免遇上凶恶的暴风雪。因此，部队凌晨三点就出发了，浩浩荡荡地向山上攀登。徐总和大家一起步行，脚踩着冻得硬邦邦的"水晶路"，一步一滑地向上爬。他虽然日夜操劳，休息比谁都少，是够累的，但是爬起山来还能把年轻小伙甩在后头呢。在将近到达山顶转弯的路旁，徐总停下脚步，回过头来俯视下面，只见队伍像一条巨龙，沿着雪山崎岖的道路盘旋而上，望着这支百折不挠的部队和眼前壮丽的情景，徐总那饱经风霜的脸上舒开了笑纹。

徐总沉思着踱了几步，大有感慨地说："去年六月，一、四方面军就是在这里会师的，这是座不平凡的雪山，它永远铭记在人们的心中。"站在旁边的识些字的参谋，触景生情，脱口而出："夹金山呀，夹金山，高耸云霄戳破天，我站在你头上歇歇脚，凑着太阳抽袋烟。"徐总称赞地说："不错，谁再来一首。"参谋杨文先沉思片刻，吟诵着："夹金山，有人说离天只有三尺三，人过要弯腰，马过要卸鞍。红军战士多豪迈，不弯腰，不卸鞍，要拨开乌云见青天。"

已经中午了，我们爬上山顶，身上的汗水润湿了单薄的衣服，觉得冰凉。一片乌云遮住了太阳，这时云雾翻滚，狂风大作，山风卷着雪花，发出刺耳的呼啸声。我们冻得浑身哆嗦，大家咬牙坚持着，加快步伐向山下走去，顺着溜滑的冰雪道，有的同志如坐滑梯哧溜哧溜地滑了下来。约摸走了三十多里路，到了一个名叫夹金水的地方。这是只有四十来户人家的小村子，村里设有一个小兵站，原是红军南出川西时，后方人员及通信人员翻越夹金山的中转站。到兵站时天快黑了，我给徐总端来一杯开水，徐总却说："走吧，把这里留给后面的部队，咱们到前面达维去。"在夜幕下，马蹄铁掌碰在石头上迸出的火星与天上的繁星交相辉映。在嗒嗒嗒的马蹄声中，我们又向前方驰去。

过了懋功以后，一天赶了百余里的路程，跨过两座悬挂河床上空的铁索桥。人走在铁索桥上，桥身摇摇晃晃，如同走浪木。桥下波涛汹涌，吼声如雷，令人眼花心惊。过了铁索桥，便来到五军军部驻地丹巴。

董振堂军长远远地前来丹巴铁索桥头迎接徐总，徐总询问了部队的情况，在五军军部只休息了一天，给董军长、罗南辉副军长、杨克明主任作了有关北上的指示，又率部队沿着奔腾咆哮的大渡河支流石扎河向西北继续前进。

湍急的河水咆哮声震耳欲聋，傍山临河的羊肠小径曲折险峻，上看是悬崖，下望是深渊。沿河两岸的大山里黑压压的原始森林遮天蔽日，时而太阳从树枝缝隙里透出灿烂多彩的光柱；时而天昏地暗，云罩雾绕，仿佛人在云里来雾里去。相隔十几里，才偶尔有几个稀疏的小山寨。山寨都坐落在半山腰，要到这些山寨宿营，需

563

**红色记忆**
——红军长征在藏族地区及其当代启示

爬一两个小时的山。战士们跋山涉水太疲劳了，为了使战士多休息些时间，徐总指示就在河岸边上就地露宿。总部露营点设在一段河水比较平缓的岸边一块平地上。我们砍些树枝，搭起棚子，顶上盖些茅草、细松树枝；里面铺上厚厚一层枯草、干树叶，就是我们夜晚的"绿色旅店"。徐总走进棚子，往地铺上一坐，学着四川腔风趣地说："小娃子哎，你们硬是把这地铺搭得很安逸哩，都赶上沙发床罗！"我问："沙发床是啥玩意呀？"徐总说："等将来革命胜利了，人人都睡上了沙发床，你就知道了。反正就跟这一样，软和、舒服！"我们和徐总躺在"沙发床"上，仰望银灰色的天空，憧憬着美好的未来！

夜幕垂落下来了。河沿岸到处燃起了通红的篝火。部队有的用铁锅、有的用瓷缸烧水、煮饭。没有油，也没有盐，白开水拌点炒面，便是一顿美餐。饭后休息的滋味也不好受，由于连日来战士们负重五十多斤，爬山涉水日行七八十里，大家脚上穿的是草鞋，走在冰天雪地里，风吹、冰凌刮，脚上裂出了一道道血口；行军时，注意力集中在赶路上，有时还不觉怎么痛，可是在这夜凉如水的寒夜里一歇下，那张着的血口像猫抓似的疼。徐总脚上裂的口子也不比别人少，但他的吃苦精神和忍耐力是惊人的，一脸轻松愉快的表情，口里哼着鄂豫皖苏区时的红军歌曲："高山岩洞是我房，青枝绿叶是我床，哪怕白匪来围剿，海枯石烂心向共产党！"歌声伴着哗哗的流水声和松涛声，久久地、久久地飘荡在我们心中……

这一带原始森林有许多珍禽异兽，成群结队的猴子聚在一起，吱吱哇哇乱叫，逗得战士们发笑。部队顺着格石扎河接连走了两天，越过一座终年积雪、上下百余里的雪山，接着又翻过比夹金山还高的党岭山，继续走了几十里，便来到当地土司衙门的一座庙宇。土司、头人听说红军来了，早已跑光了。阴森森的庙堂里坐、卧、站着各种奇形怪状的神像。徐总尊重藏族"喇嘛庙里不住兵"的风俗习惯，让部队避开庙堂住下。第二天，就直奔鲜水河边的道孚县城。道孚、炉霍、甘孜是康藏大道上的重镇。为了正确执行少数民族政策，部队一进藏民区，徐总就派人通过各种途径了解这里的社情民情。这里的藏民半牧半农，以牧为主。藏民都信奉喇嘛教，喇嘛教的势力很大，其中黄教派的势力最强。道孚县城有一个很大的黄教喇嘛庙。小小的道孚县，有喇嘛八百多。在狭窄的街道上到处可以看到穿红袍子的喇嘛。喇嘛庙里有维持教规的铁棒喇嘛。喇嘛庙建筑得比较精美。喇嘛在当地居民中，文化水平比较高。藏民群众医病、建筑、畜牧生产都得依靠喇嘛。大喇嘛如活佛呼图克图则是道孚县政教合一的首脑。这里的经济落后，一般群众一年四季不分冷暖总是穿着一件油渍的羊皮统子，一件皮统子往往重达二十来斤；文化水平也低，结绳记事的方法在群众中还很普遍。藏族人民群众受着宗教和封建农奴主的奴役和压榨，过着人间地狱般的悲惨生活。由于封建军阀多年来对藏族人民的残酷剥削压迫,他们对汉人充满仇恨,对红军是不理解的,经过我们耐心的宣传,略微好些。道孚、炉霍、甘孜是四方面军准备过草地北上的出发地,是休息备粮的中转站。因此,徐总特别强调部队要注意群众纪律,搞好同群众的关系。方面军总部三月初到达道孚时,除坚决执行"三大纪律,八项注意"外,针对具体情况又提出了"一遵四不准"的要求,认真宣传我党提出的各民族一律平等、抗日反蒋、反对帝国主义瓜分中国、只有共产党才能救中国等,扩大我党我军的政治影响。徐总经常对我们这些身边的工作人员说:"宣传是重要的,但更重要的是做。"三月的道孚,仍是寒风凛冽,雪花飞卷。我见徐总穿的单薄,房子又左右透风,便找了一个破瓷盆,到伙房的炉灶里夹了些大块炭火,端进他的房间。徐总见盆中有大块木炭,就对我说:"告诉作战科,通知所有的部队不能乱砍藏民成材的树木烧火,要爱护群众的利益。"少数民族的大部分群众见我军纪律严明、说话和气、买卖公平、尊重风俗习惯,逐渐同我们亲近起来,并给我们许多帮助,部队吃粮困难基本得到解决,也能买到了牛羊肉,生活上稍有改善。

徐总的住处是个喇嘛寺旁边的一座厢房,壁上挂满了地图。徐总每天都要听取作战局欧阳毅局长搜集的敌情汇报,并根据敌我情况的变化,用红蓝铅笔在地图上标出敌我态势。

这天,天气特别冷。但是因房子里生了盆炭火,便显得暖和多了。当四方面军副总指挥兼三十一军军长王树声推门进来时,徐总立即从凳子上站了起来,走上前去,高兴地拉着他的手,把他迎进内屋。王副总指挥是来参加团以上干部会议的。这位在黄麻起义中冲杀出来的、叱咤风云的战将,一向对徐总很敬佩,军事政治上遇到什么难题,总是愿意向徐总请教。徐总也很喜欢王树声同志性格耿直、英勇善战。徐总平时虽然少言寡语,但今天和王副总指挥在一起时,仿佛有说不尽的话。他们从全国抗日浪潮的高涨说到一方面军与陕北红军胜利会师;从南下指战员英勇作战、打了许多胜仗说到南下我军兵力消耗过半的教训。王副总指挥说南下虽然打了绥(靖)崇(化)丹(巴)懋(功)战役,击溃杨森、刘文辉六个旅,俘敌三千余人;天(全)芦(山)名(山)雅(安)邛(崃)大(邑)战役,虽毙伤敌人一万五千余人,但我伤亡很大。徐总叹了一声说:"军事上的努力挽救不了政治错误带来的损失,这血的教训是深刻的。"两人谈了很长时间,对一些重大问题都有一致的看法,对张国焘明显地流露出不满。

三月中旬至四月一日,张国焘在道孚召开的四方面军团以上干部会议和活动分子会议上,一方面被迫承认"红军如果长期停留在川康地域内是不利的","不能

**红色记忆**
——红军长征在藏族地区及其当代启示

适应目前全国抗日反蒋的形势";另一方面仍坚持认为南下是正确的,为他的错误辩解。会上,徐总讲了南下几个战役特别是百丈关一仗的经验教训。正在这时候,党中央、毛主席不断地给四方面军来电,热烈期望四方面军迅速挥师北上。三月二十六日,中央来电指示四方面军:"第一步向川陕甘及陕南行动为宜。"徐总随即将原电向到会的各军领导干部宣读了,并提出了北上出甘南的各项准备工作的具体意见,要求各军抓紧筹备过草地的物资。他说:"要动员部队,多带些干粮,多打草鞋,做一些帐篷,用生羊皮做一些背心,多搜集一些药材。要练习用牛粪烧火做饭,尽量减少再次过草地中的非战斗减员。"会后,徐总深入各军检查执行情况。

五月二十六日,党中央来电询问红四方面军行动计划。徐总及时把方面军行动计划电报中央。在党中央的批评及中共驻共产国际代表张浩(林育英)电告张国焘,共产国际完全同意中央路线,令其取消"第二中央"的情况下,张国焘于六月十日复电中央,同意六月底出动北上,准备向夏河、洮州西北行动,但仍不愿与中央会合。经朱总司令、徐向前总指挥及方面军其他首长与张国焘坚决而灵活的斗争,特别是徐总经常对张国焘微言大义,终于使张国焘勉强接受。六月二十五日,徐总制定了红四方面军准备北上,分左、中、右三个纵队北上向松潘、包座进军的部署。六月二十六日,徐总命令四方面军三十军李先念政委率领先遣军经西倾寺出阿坝,为后续部队筹粮。二十七日,左纵队五军一部攻占崇化。六月二十九日,徐总向四方面军发布了二次北上的政治命令;四方面军政治部亦下达了北上抗日的政治保障计划。七月二日,四方面军开始踏上向陕甘的征程。徐总为四方面军北上与一方面军会合,日夜操劳,殚精竭虑,作出了巨大的贡献。

(原载《艰苦的历程》,人民出版社 1984 年 12 月版)


# 艰苦的草地行军

潘峰

一九三五年六月,红四方面军同红一方面军在川西懋功地区胜利会师。尔后,在党中央和毛主席的直接领导下,红军兵分两路开始北上。左路军由朱德总司令、张国焘率领,右路军由毛主席、周副主席率领。徐向前同志为前敌总指挥,也在右路军。我所在的三十军编在右路军。我们二六九团是全军的后卫,担负着阻挡尾追之敌和收容全军掉队人员的任务。

## 附 录

二六九团是个在战火中诞生成长的硬邦邦的部队。她于一九三三年七月组建，在川陕边苏区两年多的时间里，先后参加了大大小小数十次战斗，每次都是出色地完成任务。全团从干部到战士，上上下下劲儿总是鼓得足足的，在战斗中总想抢个"硬骨头"啃啃。特别是跟红一方面军兄弟部队会师以后，想到今后能够在党中央的直接领导下战斗，情绪更加高昂了。这次过草地，虽说没有当上"先锋"，但捞上了个"殿后"，大家也挺高兴，认为这个任务也很重要、很光荣。出发前，我们计算好到达草地北沿目的地的路程，准备了七天的干粮。等主力部队出发三天后，我们全团三千多人也雄赳赳地跨上征程，大踏步地向草地开进了。

草地，当人们还没有真正接触它、认识它的时候，或许会被这带着诗情的名字和它那富有画意的外貌所吸引，以至痴情神往。这里，没有硝烟，没有弹坑，没有枪炮声，沉睡了千百年的草地，始终保持着它那死一般的寂静。然而，对我们来说，它却不是友好的"主人"。当我们这些远方来客一踏上这块土地的时候，它便像一头饿急了的野兽，张开大口，向我们扑来，其凶狠不亚于敌人的进攻。饥饿、寒冷、泥沼……在我们的前进路上布下了一道道难关。

当时，我们这个团一无电台，二无向导，就靠一个指北针定方向。开始，我们想得很简单，认为这段路上既没有山，也没有河，平平坦坦的，只要认准了方向，一直朝北走就行了。再说，前面有大部队带路，怕啥！谁知一碰到实际，问题就来了。方圆数百里的草地，一片荒凉，没有人烟，甚至连鸟都很少见到。到处是沼泽和泥潭，哪有路好走！我们不得不经常避开这种危险地带，绕道而行。这样七绕八拐，便迷失了方向，有时走了好半天又转回到老地方。想沿着前面部队的脚印行进，更难。在那茫茫无际的草地上，水草深浅高矮不一，有的地方像草坪，有的地方草长半人高，人踩过之后，草很快地又竖起来，后面的人很难看出足迹。我们进草地走了不到三天，便再也找不到前面部队的踪迹，同主力部队失掉了联系。加上我们收容了一部分伤病员，行进缓慢，与前进中的主力部队之间距离越拉越远。

面对这种情况，怎么办？从上到下，每个指战员都很焦急。然而，大家的信念依然十分坚定：走出草地，完成北上！同志们表示，红军战士是钢铁汉，打不垮，拖不烂。只要有口气，就要战胜困难走出草地，就是倒，也要让身体向前方倒！走！就这样，我们这个团便独自开始了艰难的草地行军。

困难，预想不到的困难，就像讨厌的蝗虫一样，纷纷向我们飞扑而来。

首先是饥饿的袭击。进入草地我们天天往前走，干粮全部吃光了。饿着肚子又走了两天，仍然是既望不到草地的边，又找不到大部队的影。人是铁，饭是钢，多日在草地上跋涉的劳累，又处于断粮状态，只好暂停下来，想办法。可是，办法在

### 红色记忆
—— 红军长征在藏族地区及其当代启示

哪里？我们这一支孤军在漫无人烟的不毛之地上，连一丁点口粮都没有了啊！怎么办？我们只好把骡马杀掉，分到连队去让干部战士们吃，然后又在驻地周围挖野菜吃，最后只好把仅有的皮带煮熟充饥。因为那一带大部分是水草地，地下水是多年淤积腐烂发臭的死水，想找到一点干净水和牛粪作燃料都是比较困难的。野菜中灰灰菜算是上等菜，其次是大黄叶子、野芹菜、野韭菜、籽籽菜、刺儿菜、花菜、锯齿菜、野蒜等。有好多野菜，其实我们并不晓得它们的真名实姓，大部分是按它长的形状起的名字。这些野菜因肚子饿的关系，吃起来也感觉不到什么怪味（大黄叶子、籽籽菜经过烤干可以当旱烟抽）。寻找野菜时，不管是哪个单位或个人发现有大片野菜，就马上通知兄弟单位来挖，大家分享，这种革命友爱精神用语言难以形容。由于连续光吃野菜，又缺盐，有的野菜因缺少燃料煮的半生不熟就吃，部队发生了水肿，病号日增，困难就更大了。不久，连营地周围的野菜也吃光了。我们只好转移到新的营地。一天，有几个同志发现一种罕见的山萝卜，类似山药蛋形状，颜色是灰的。当时因为采的数量很少，大伙儿还互相谦让，由部分同志分着吃了。哪晓得到了半夜，这些同志上吐下泻，有的还大叫大闹。卫生队长带着医生立即查明情况，原来是吃"山萝卜"中了毒，精神错乱。闹到天明，中毒轻的同志呕吐、头晕、头痛、四肢无力，中毒重的同志竟被夺去了宝贵的生命。根据这种情况，我们决定马上向北转移到新的营地寻找野菜充饥。面对许多病号怎么办？各支部召开临时紧急党员会，任务是："把牺牲的同志立即掩埋好，不准丢掉一个病号、一支枪、一粒子弹"，干部和党员分工带头。团卫生队有几副担架，实在不能走的重病号，由各单位轮流派人抬，一副担架由四个人或者六个人换着抬，轻病号由两个人负责搀扶一个。同志们发扬了高度的阶级友爱精神，身体比较强的同志争先恐后地帮助身体弱的有病的同志，大家互相勉励，拖着沉重的双腿，一脚水一脚泥地艰难前进着。即使在这种情况下，我们的同志依然很乐观，战士们编了许多顺口溜，如："身无御寒衣，肚内饥，晕倒爬起来，跟上去，走到宿营地"，"天上无飞鸟，地上无人烟，茫茫草原，蓝蓝的天，只有红军亲眼见"，"天当被，地当床，暴雨来了当蚊帐"，"翻雪山，过草地，锻炼红军真本事"，"同志们鼓足劲，前面就是宿营地。"用这些顺口溜，鼓动着大家前进。

饥饿加劳乏就够受的了，老天爷也在残酷地欺负我们这些远方来客。草地上的气候，变化无常。时而风雨交加，冷得让人发抖；时而烈日当空，热得人全身是汗。可是一转眼工夫，又会乌云满空，大冰雹铺天盖地的砸下来，砸得人躲都无处躲……

天欺侮远来客，地也欺侮"外乡"人。草地的地形地貌地物与内地大不相同，那里是川西高原，平均海拔在三千米以上，空气稀薄，自然氧供应量小，观察易误，行走易乏，搞得我们非常疲劳。更叫人恼火的是小片沼泽地和泥潭、死水坑太多，毫不夸张地说，真是星罗棋布。这给草地行军又增加了一层困难。那些小洼洼，水不深，泥层厚，稍一不慎掉进去，一会儿工夫就被淤泥吞没了，有不少同志就是这样牺牲了的。后来我们才学会了一种营救陷入泥坑者的办法。谁掉进泥潭都不要动（越动陷下去越快），由岸上人伸出枪支、扁担或绳子，小心翼翼地把"失足"的人拖出来。这个办法说来简单，可在当时，这办法不知挽救了多少人的生命。

　　面临着这么多困难，大家都这样想：我们二六九团组建两年来，打了许多恶仗、硬仗，能攻善守。在阶级敌人面前，我们是英雄部队，难道就这样被困死在草地上？不行！得想办法排除万难，摆脱险境，尽量减少损失，为党为革命把这个团保存下来，走上新的征途。走不动了，停下来，开会研究办法。在各级干部和党组织会议上，克服困难的办法虽然一下子想不出多少，但是大家有一个共同信念，我们一定能战胜困难，胜利前进。大家想到，我们红四方面军自打黄麻暴动起家，在最困难的时候只剩下六七十个人，跑到木兰山上打游击。就凭那么点星星之火，终于发展成鄂豫皖三省边区割据燎原之势，后来又西进创建了川陕苏区。在与自然界斗争中，我们也曾有翻越大雪山接应兄弟部队的经历，走雪山所遇到的困难，也是相当严重的，但我们都挺过来了。马列主义必胜，这一信念是坚定不移的。

　　我们统一了认识，也就有了战胜困难的信心。要解决的最紧迫的问题是食粮。野生动物又被已过去了的大部队惊跑了，怎么办？杀马吃。吃光了牲口还是找不到大部队，挖野菜吃。从团的领导干部到每一个战士，确实做到了完全平等，真是有难同当了。有时候野菜也找不到，就煮皮带吃，我们红二六九团把皮带都吃光了。古话说："饥不择食。"我们在吃皮带的时候，还觉得蛮可口哩。

　　再一个是燃料问题，草地上根本无树木柴火，草是青的，烧不着。那就只有拣干兽粪作燃料。在当时条件下，干兽粪很宝贵，一摊都舍不得丢，烧不完还得带上。

　　这样我们就得跟随野菜和兽粪的踪迹而行动。行动中又常会遇到风雨和冰雹袭击，草地一夜间就等于内地一年四季的气候变化，夜间是很冷的。那时候我们也没有防雨和御寒装备，住下来只能三五人一群，枪架作撑杆，蒙上两层褴褛的破被单，挡风遮雨。大家身上都淋湿了，只有相互靠紧，实在冷得无法了就烧起兽粪火来取暖。这样一天天熬下来，也记不清有多少天了，普遍水肿，病号日增，行动更加困难。愈是困难，干部的模范带头作用，党支部的堡垒作用，就愈是发挥得好。部队日常工作制度始终坚持不懈，在严重的困难面前，部队的团结和组织纪律观念更强了。每天的大小休息，照常开展文娱活动，唱歌、做游戏，有时还演些小节目。四川籍战士很多人会说评书，摆龙门阵，逗得大家捧腹大笑，忘记了疲乏和病痛。革命乐观主义精神，完全压倒了困难，从未被困难所压倒。在种种困难面前，团里统一提出行动口号："不丢一个人，不丢一支枪和一粒子弹。"其实到了这时候，全团身体好的不多了，行动中就是轻病号抬着重病号，而此时所谓轻病号，在通常情况下也都是重病号。六个人抬一副担架走几里地就要换人，不分干部战士都轮换着抬担架，不抬担架时也是相互搀扶着走，全靠毅力支撑着挪动脚步。在这种情况下，共同信仰和阶级友爱就像一根无形的精神纽带，把大家联结在一起，全团更加团结，意志也更加坚定，不找到大部队决不止步。

有一天正在途中休息，突然发现左前方来了一支队伍。一遇"敌情"，同志们顾不得疲乏和伤病苦痛，立刻抢占有利地形，准备战斗。那支队伍越来越近，这时我们才看清来的是自己部队。大家高兴极了，欢呼着一拥而上，迎接兄弟部队。从他们口中才得知，自从我们团失掉联系后，上级非常着急，关心我们的安危，曾经派部队四出寻找，这支部队就是军团首长派来接应我们的。他们带来了食物和药品，更重要的是带来了党的温暖。红军都是在烈火中炼出来的钢铁战士，出入枪林弹雨，从来是流血不流泪的。可是，这一次，我们和接应部队相互拥抱着，都情不自禁地流下了热泪。二六九团得救了！我们终于胜利地走出了草地！

我们到达包座附近只休整了三天，就参加了包座之战。战场上，同志们依然个个像小老虎一样，精神抖擞，猛打猛冲，丝毫看不出是一支刚刚历尽千辛万苦的"疲惫之师"。这一仗，我们和兄弟部队一起，全歼装备精良、物资充足的胡宗南部四十九师六千余人。当我们扛着战利品，押着战俘凯旋的时候，每个同志脸上都露出了胜利的微笑。

（原载《艰苦的历程》（下），人民出版社1984年12月版）

## 包座之战

### 程世才

红四方面军在懋功与中央红军会师之后，经过了一个时期的休整，开始北上。在我军到达毛尔盖以前，敌胡宗南部已派兵扼守我军必经之地——救济寺、包座；与此同时，又调驻松潘的四十九师向包座增援，企图阻止我军北进，并防止我军东进。

在这种情况下，上级命令我们三十军去歼敌四十九师并打下包座。我们接到命令后，就带领部队出发，路过中央驻地毛尔盖时，见到了毛主席和其他首长。

徐向前总指挥作过介绍后，毛主席和我们一一握手。毛主席穿一身普通的灰布衣裳，戴着八角帽子，手里拿着一张北上路线略图。因为是在一座寺庙里，没有桌椅和凳子，地图只好铺在地下。大家环绕着地图，有的坐一块木板，有的干脆蹲下。毛主席详细地询问着我们部队的情况，如掉队多少，各连多少人，战士们情绪高不高，生活怎样，休息了几天，是不是解了疲乏，粮食困难是否克服了，打仗准备了给养没有，等等。然后毛主席就我们将要执行的战斗任务作了指示，并着重谈到建立抗日根据地的问题，说明全国抗日高潮即将到来，整个形势对我们有利。毛主席对当时形势的分析和那关怀部属和战士的问话与和蔼可亲的态度，给我们留下了不可磨灭的印象。

离开毛主席以后，我们全军指战员都怀着最大的决心和必胜的信心经过草地向包座进发。包座守敌是胡宗南部独立旅的一个团。团部驻在大喇嘛寺内。这座寺庙紧靠着一座五六百米高的大山。寺前有一条小河，虽然只有两丈宽，但因为正值草地雨季，河水深而湍急，是一道天然屏障。敌人控制了制高点，在山坡上的松林里建立了六七个外围据点，构成一个防御区。

外围据点的敌人从隐蔽的碉堡里向我进攻的部队射击，使我军每前进一步都要付出代价。但战士们打得十分勇猛顽强，当天便攻占了许多碉堡，歼灭了两个连的敌人。

入夜，侦察处根据已掌握的敌情和俘虏的口供，绘制了包座守敌和增援部队路线图，并将地图和俘虏中的敌军一个排长、两个班长送来军指挥部。这三个人已经知道了我军宽待俘虏的政策，因此并不怎么害怕。我们审问了俘虏，将他们的口供和侦察处的报告相对照，进一步查明了敌人的情况。之后，我们就去察看地形。这夜虽有月光，但夜雾蒙蒙，看不甚远。我们时而骑马，时而步行，摸到包座跟前察看后，又对敌增援部队的来路进行了重点勘察。

我们知道，增援的敌四十九师是胡宗南的主力军，共约一万二千多人。而我们虽然是一个军，但由于过雪山、草地缺乏粮食，没有油盐，战士们的体力已受到严重的损害，减员也很多；加上拨出一个师部和一个团编到一方面军后，全军总共只有一万三千多人，要歼灭装备比我们好、数量几乎和我们相等的敌人，确实是一个艰巨的任务。在这种情况下，要把仗打好，就更要依靠正确的判断和周密的计划。因此，我们一夜之间除察看地形外，并反复研究，特别仔细地制定了作战方案。

翌日上午，我们除用一个团的兵力继续围攻包座外，将主力布置在敌人援军必经之地——西面山上，并派小部兵力控制了东山制高点。

本来据俘虏供称，敌人增援部队在这天下午到达，但敌人没有按时来。我军经

#### 红色记忆
——红军长征在藏族地区及其当代启示

过连续急行军是很疲倦的,尤其是各级指挥员因通夜未眠,两个眼皮常常不自觉地合拢来。然而,大家都想尽办法不打瞌睡,焦灼地等待着战斗。又等了一夜零半天,敌人才沿着松潘通包座的道路浩浩荡荡地来了。同志们的精神立即振作起来,兴奋地说:"该死的敌人,你到底来了!"

中午十二点钟,战斗打响了。为了全歼敌人,我们预定在敌主力进入我埋伏圈后再出击。可是敌人十分狡猾,先用一部分兵力搜索前进,企图在与我接触后先进行局部战斗,抢占有利地形,然后再将主力向前推进。我们看穿了敌人的这一诡计,命令山上的主力部队隐蔽好,只以正面的一个团在一些次要的小山头上抗击,给敌人大量杀伤后就节节撤退,以诱敌大胆深入。这座山顺着山势下来有许多小山包;山上是森林,净是一搂粗的大松树,十分便于隐蔽。因此,骄傲的敌人像瞎子一样摸不透我军的情况;又因为距离包座只有十几里路了,敌救急心切,推进很快,这样正中了我军之计。

在节节抗击中,我军不仅使敌人受到不小的伤亡和消耗,而且摸到了敌人的战斗力与作战特点:敌方的小集团(连、排)战斗打得比较灵活,并相当顽强;火力也很强,每待冲锋时,除了有很多轻重机枪掩护外,还用迫击炮、小炮等武器轰击我前沿和纵深,距离火线只有二三里的我军指挥所附近,不断有炮弹爆炸。针对上述情况,我们决定采取多梯队的疏散队形进攻;同时集中火力狠打猛打它一点。

敌主力进入我预定的埋伏圈时,已到下午三点了。照预计,在黄昏前发动猛攻较为有利,但是敌人主力既然已经来到,就需要提前发起总攻击。军指挥部在五点钟发出总攻命令和信号后,隐蔽在山上的我军一齐向敌人出击,枪声、炮声和手榴弹的爆炸声响成一片,六七里长的战场打成了一片火海。

从地势上来讲,我们是居高临下,但敌人有纵深配备,并占据着许多小山头;漫山遍野都是大松树和灌木丛,敌人运动兵力我们看不到。我军冲到哪里,哪里的敌人就利用树林、山包或河坎作掩护,拼命地守卫,拼命地反击。在这种情况下,我军展开了更猛烈的攻击,把敌人拦腰斩成了三段。同时用仅有的几十发迫击炮弹轰击集群的敌人。战士们用手榴弹、刺刀同敌人厮杀,前边的倒下了,后边的又冲上去,整个战线都展开了肉搏战。一个山头被敌人抢占了,我们就把它夺回来。

师、团掌握的所有预备队和机关的干部、宣传员、炊事员、饲养员也都拿起枪来参战。军的指挥部起初用电话通信和指挥,最后出击时我们军部的几个同志也随部队到了前线。

切断敌人第一段的我二六八团打得最出色。左右两面的敌人向他们夹击,他们像一把钢刀一样横插在中间,左右猛冲,数次打垮敌人的反扑。当我们经过这段阵地的时候,几乎每一步都会踏到烈士们洒的鲜血。有一个烈士,一只胳膊打断了,另一只手里还紧紧握着大刀片。这种情景是十分令人感动的。

战斗一直激烈地进行了七八个小时。我军终于把截成三段的敌人一段段啃掉了。敌人的师长伍诚仁受重伤后跳了河,另有一个团长和一个副团长作了俘虏。

敌主力被歼,后勤部队企图逃跑,我军以一部兵力猛追,缴获了七八百条牦牛和马匹,这些牲口驮的粮食和弹药也都成了我们的战利品。

与此同时,围攻包座的我军也向喇嘛寺里的敌人发动了几次猛攻。夜间两点钟,守敌除有二三百人趁大雾向南坪方向逃跑外,全部被歼。逃跑的敌人,曾放火烧寺里的粮库,我军攻占后迅速地将火扑灭。有的战士跳到冒着烟的粮仓里,抓出烧得焦煳的粮食,大口地吞嚼。他们是忍着饥饿同敌人厮杀取得胜利的!

守在喇嘛寺后高山上的敌人约有二百人。我军为了减少伤亡,只将他们团团围住,没有进行攻击。在攻占喇嘛寺以后,正像我们所预料的一样,敌人看到大势已去,就乖乖地交了枪。

至此,包座战斗全部胜利结束。一万多敌人,除了四千多被打死和少数的逃跑了以外,其余全都当了俘虏。包座的胜利,为红军继续北进清除了一块绊脚石,也是红四方面军战斗史上光荣的一页。

(原载 1975 年 10 月 18 日《解放军报》)

## 百丈决战

徐向前

我军南下川西南作战,与蒋介石的"剿匪"大军,碰个正着。

蒋介石的"攘外必先安内"方针,包藏着"一箭双雕"的企图:一方面,彻底消灭红军,扼杀革命力量;另一方面,乘机削弱和收服地方军阀势力,形成蒋家的一统天下。四川一地,正如诸葛亮所谓:"益州险塞,沃野千里,天府之土。"蒋介石早就垂涎三尺。他借着追剿中央红军的机会,派大批嫡系部队入川,进而控制了四川的各派军阀势力,正力图把"天府之土"变成他的战略大本营。十月间,蒋介石确定结束其"剿共"指挥中心"武汉行营"的工作,正式成立"重庆行营",宣布"指挥剿匪之军事重心,即移于重庆"。他鼓吹四川"不愧为我们中国的首省,天然是复兴民族最好的根据地",随即派大批国民党军政要员入川"建设四川",并对川军

## 红色记忆
—— 红军长征在藏族地区及其当代启示

进行了整编。

整编后的川军,编制情况如下:

二十军军长杨森,辖一三三、一三四、一三五师,共十五个团。

二十一军军长唐式遵,辖第一、第二、第四师,共十六个团零十二个独立营。

二十三军军长潘文华,辖教导师、第五师,共十四个团零六个独立营。

二十四军军长刘文辉,辖一三六、一三七、一三八师及军直属旅,共十五个团零一个特务大队。

四十一军军长孙震,辖一二二、一二三、一二四师,共十八个团零一个特务团。

四十四军军长王瓒绪,辖一师、二师,暂编一师,共十六个团零十一个独立营。

四十五军军长邓锡侯,辖一二五、一二六、一二七、一二八、一三一师,共二十四个团。

第一〇四师师长李家钰,共九个团零一个补充团。

四川善后公署直辖部队,包括暂编第三师、第四师,模范师,暂编第三旅,独立第五、六、七旅,警备第一路及边防第六混成旅等。

由此,四川军阀即被蒋介石一手控制,天府之国,遂成蒋土。

整编后的川军,紧缩约三分之一的名额,但充实了建制,补充了武器弹药,战斗力有所增强。这时,蒋介石令川军集中力量对付我军:胡宗南部北向甘南,对付中央红军;吴奇伟部南下,对付红二、六军团;李抱冰部则扼守西康一带。我们估计,我军趁势南攻,打击川敌,夺取天全、芦山、名山、雅安、邛崃、大邑地区,有较大把握,遂制定了《天芦名雅邛大战役计划》。

我军的具体作战部署是:以四军、三十二军为右纵队,由丹巴经金汤攻取天全,并以一部向汉源、荥经活动;三十军全部、三十一军九十三师及九十一师之两个团、九军二十五师为中纵队,取宝兴、芦山,得手后向名山、雅安及其东北地区进攻;以九军二十七师为左纵队,除以一部巩固抚边、懋功、达维外,主力向东伸进,威胁灌县、大邑之敌。另以五军为右支队,巩固丹巴地区;以三十二军为左支队,留驻马塘、两河口,相机威胁理县、占领威州;以三十一军九十一师师部率二七七团驻守达维、懋功。这一部署,以主力夺取天、芦、名、雅、邛、大等县为目的,对康定、汉源、荥经、灌县方向,采取佯攻姿态,配合主力行动。

朱德总司令完全同意以上部署,并就战术问题作了重要指示。他认为,这一战役与绥崇、丹懋战役的不同点在于:部队已经打出了川西高原的山险隘口,作战形式将由山地战、隘路战变为平地战、城市战,由运动战变为阵地战、堡垒战。为打破敌人的堡垒封锁线,在战术上必须充分注意集中兵力,择敌弱点攻击,尽可能在野战中溃敌，乘胜追击，袭取堡垒和城市。要熟悉攻击敌人堡垒和阵地的方法，详细侦察，周密计划，多用夜袭手段取胜，并注意对付敌人的阵地反击。针对部队在开阔地形条件作战的情况，他特别强调加强防空教育的重要性。既要消除畏惧敌机的心理，又要采取应付敌机的具体措施，万万不可掉以轻心，等闲视之。他说，我们是工农红军，不是拜物教主义者，绝不惧怕帝国主义的清道夫——蒋介石的飞机大炮。但是，我们又要承认敌人的飞机确有杀伤威力，是要吃肉的。口头上空喊不怕，而不去研究对付它的科学方法，只会使红色战士经受无代价的牺牲，他对如何组织对空射击、对空侦察、对空隐蔽和伪装、疏散队形及战斗中应注意之点，都作了具体要求。

川敌为遏阻红军前进，自南而东加强兵力，筑碉封锁。以刘文辉部防守金汤、泸定至汉源、雅安一线；杨森部防守宝兴至大碛碛一线；邓锡侯部防守宝兴以东大顺场至水磨沟一线；郭勋祺模范师九个团集中于天全；另从绵竹等地抽调十八个团，向西增援。

十月二十四日，我军翻越夹金山，向天全、芦山、宝兴发起进攻。我和陈昌浩随中纵队行动，直趋宝兴。守敌杨森部是被红军打怕了的，一触即溃。我军"打狗如打狼"，毫不松懈，猛打穷追，溃敌三个旅，于十一月一日进占宝兴。继而乘胜前进，连续打垮刘湘教导师一个旅和一个团的阻击，直逼芦山城下。沿途共俘敌千余，缴步枪两千余支，轻重机枪五十余挺。与此同时，我左、右两纵队亦顺利进展。七日，左纵队攻占大顺场，歼邓锡侯第七旅一部，前锋抵近邛崃县境。右纵队克金汤后，又溃敌模范师一个旅，十日占领天全，随即向东迂回，协同中纵队包围芦山。刘湘急令其独立旅向名山地区增援，遭我三十军、九军各一部钳击，全部被歼。名山西北之王家口镇一团守敌，亦被全歼。十二日，芦山守敌在我军猛烈攻击下，弃城溃逃，该城遂被我占领。

我军战若雷霆，声威大震。十多天内连下宝兴、天全、芦山等县城，共歼敌五千多人，击落敌机一架。邛崃山以西、大渡河以东、青衣江以北及懋功以南的川康边广大地区，均被我控制，造成了东下川西平原，直掠成都的战略态势。成都告急，重庆震动，国民党军政要员和大小军阀，无不惶惶然。

战役过程中，红军就以主力西取康定、泸定，还是东扣名山、芦山，发生了不同意见。张国焘要我们重点夺取康、泸，将来以道孚为战略后方，在西康地区发展。我和陈昌浩商量，觉得还是按原定的作战计划，重点加强左翼的攻击，以夺取天、芦、名、雅地带为上策。一是这一带人烟和粮房较多，部队易于补充；二是我军与川敌作战，较易得手，如能乘胜东下川西平原，可获更大补充，过冬不成问题；三是距

## 红色记忆
### ——红军长征在藏族地区及其当代启示

离转战于川黔边的红二、六军团较近,能对他们起到有力的策应作用。如果重点向西康发展,则人、粮补充不易,气候寒冷,过冬困难,不利策应二、六军团的转战。我说,现在早已不是"山大王"的时代了,我能往,寇亦能往,蒋介石不会让我们僻处一方,优哉游哉的。陈昌浩和我的看法一致,认为蹲到川康边,被敌人封锁住,我们的处境将会更困难。张国焘未再坚持他的意见,我们遂挥军向名山、邛崃地区进击。

刘湘唯恐川西平原有失,成都难保。于是,急调其主力王瓒绪、唐式遵、范绍增等部及李家钰部,星夜赶赴名山及其东北的夹门关、太和场、石碑岗地区,遏阻红军。连同原来的守敌,合计兵力达八十余团。

川军是我们的老对手,对付他们,有点把握。我们计划从名山和邛崃间的通道上,实施夜袭突破,完全切断两城敌军的联系,进而围攻名山,吸打邛崃方向的援敌,伺机发展攻势,打到岷江西岸,控制青衣江以北、岷江以西、邛崃以南的三角地带。

十一月十三日,我们集中中纵队全部及右纵队四军的兵力,计十五个团,向朱家场、太和场发起猛攻。当天,溃敌两个团,乘胜前进。十六日,直下邛崃、名山大路上的重镇百丈。再打下去,我军即将进入人粮极丰的川西平原。

敌人着忙,出动六个旅的兵力,进行反扑。经半日激战,被我三十军及九军一部击退。九军二十七师乘胜沿百丈通邛崃的大路进击,势如破竹。仅七十五团一营人即连破敌堡二百多个,当天下午占领了黑竹关、治安场、王店子。由于敌人沿邛、名公路纵深配备,碉堡林立,兵力集中,我军继续突进不利,我们遂令部队停止前进,主力向百丈左右靠近。以九十三师围攻名山,三十二军向名山至洪雅的大路突击,吸引邛崃方向的援敌出动。

十九日拂晓,敌十几个旅从东、北、南三面向我进攻,拉开了百丈决战的战幕。据俘虏供称:刘湘下了死命令,要川军拼死夺回百丈,援救名山守敌,临阵不前者,一律就地枪决。战斗一打响,敌人即集中强大炮火,向我阵地猛烈轰击。成批敌机盘旋上空,疯狂实施轰炸。整营整团的敌军,轮番向我阵地猛攻。从黑竹关到百丈十多里的战线上,处处是战火硝烟、刀光剑影,是爆炸声、枪炮声、喊杀声,是敌我双方的殊死搏斗。

百丈一带,地势开阔,多丘陵、树丛、深沟、水田。战斗开始后,我骑马赶到这里,观察情况,现地指挥。三十军指挥所设在百丈附近一座小山包上,我绕来绕去,好不容易才摸到。见了李先念他们,简单问了问情况。我们当时判断,刘湘是狗急跳墙,孤注一掷,如果我军顶住敌人的攻势,灭敌一部,有可能胜利转入反攻,直下岷江西岸。唯敌机太讨厌,对我前沿至纵深轮番轰炸,威胁甚大。部队在开阔地带运动和作战，不易隐蔽，对付敌机又缺炮火，伤亡增大，叫人很伤脑筋。我军坚守在月儿山、胡大林、鹤林场及黑竹关至百丈公路沿线的山冈丛林地带，与敌反复拉锯，血战三昼夜。敌用两旅兵力企图通过水田进占百丈，在我几十挺机枪扫射下，整营整连的敌军，被击毙在稻田里，横七竖八，躺倒一大片。但因该地交通方便，敌人调兵迅速，后续力量不断增加，攻势并未减弱。二十一日，我黑竹关一带的前锋部队被迫后撤，敌跟踪前进。二十二日，百丈被敌突入，我军与敌展开激烈巷战，我到百丈的街上看了一下，有些房屋已经着火，部队冒着浓烟烈火，与敌拼搏，打得十分英勇。百丈附近的水田、山丘、深沟，都成了敌我相搏的战场，杀声震野，尸骨错列，血流满地。指战员子弹打光，就同敌人反复白刃格斗；身负重伤，仍坚持战斗，拉响手榴弹，与冲上来的敌人同归于尽。百丈战斗，是一场空前剧烈的恶战，打了七天七夜，我军共毙伤敌一万五千余人，自身伤亡近万人。敌我双方，都打到了筋疲力尽的地步。

战局没有打开，薛岳部又从南面压了上来，敌我力量悬殊，持久相峙对我不利。我军只好放弃原计划。从进攻转入防御。十一月下旬，我三十军、九军撤出百丈地带，转移到北起九顶山，南经天品山、王家口至名山西北附近之莲花山一线。四军在荥经方向，遭薛岳部猛攻。因敌众我寡，被敌突进，部队遂撤至青衣江以北。在西面大炮山的三十三军，则继续巩固阵地，与李抱冰部对峙。我军遭敌重兵压迫，堡垒封锁，南下或东出已不可能。

我军百丈决战失利，教训何在呢？第一，对川军死保川西平原的决心和作战能力，估计不足，口张得太大。川军是我们的老对手，被红军打怕了的，历次作战中往往一触即溃，闻风而逃。但这次却不同。经过整编，蒋介石向各部队都派了政工人员，多数军官又经峨嵋军官训练团的训练，敌军战斗力有较大加强。为确保成都平原，刘湘亲自坐镇，不惜代价，挥军与我死打硬拼。加上敌人兵力众多，运输方便，地形熟悉，堡垒密布，炮火强大诸条件，便成了难啃的硬骨头。战役过程中，薛岳部又压了上来。对于这些情况，我们战前缺乏足够估计，想一口吞掉敌人，打到川西平原去。这是导致决战失利的主要原因。第二，与此相联系，我军高度集中兵力不够。刘湘在这带集结的兵力，达八十个团以上，纵深配备，左右呼应，凭碉堡坚守。我们只集中了十五个团的兵力进击，一旦遇到敌人的拼死顽抗和反扑，深感兵力不足，捉襟见肘。部队两过草地，体力消耗很大，乍到新区，人地生疏，群众还没发动起来，无法积极配合红军作战。这样，就难以取得战役战斗中的优势地位。第三，战场的选择失当。百丈一带，地势开阔，部队的集结、隐蔽、攻防受很大限制，极易遭受敌机袭击与炮火杀伤。当敌发起反攻时，我军处在十余里的长弧形阵

**红色记忆**
——红军长征在藏族地区及其当代启示

地上,三面受敌,相当被动。另外,部队习惯于山地战、隘路战,而对平地、水田、村落战斗,则缺乏经验。有些干部到了平川地带,连东西南北都辨别不清;敌机来了,无法对付;部队撒出去作战,抓不住,收不拢,影响了指挥信心。仗打得比较乱,有的部队"放了羊";有的部队你打你的,我打我的,协同配合不好;有的部队不讲战术,增大了伤亡。如此种种,都与我们在战役指导思想上的急躁和轻敌有关。广大指战员的浴血奋战精神,是可歌可泣的。

百丈决战,是我军从战略进攻转入战略防御的转折点,也是张国焘南下方针碰壁的主要标志。战后,我军遂以巩固天全、芦山、宝兴、丹巴地区为中心任务,在这带与敌相峙,发动群众,准备过冬。红军总部和方面军总部,住芦山城北任家坝。

那年冬季,天气异常寒冷。临近川中盆地的宝兴、天全、芦山,本属亚热带地区,冬日气候较暖,但却一反往常,下了十多年未遇的大雪。位于大小雪山——折多山和夹金山附近的丹巴、懋功地区,更是漫山皆白,地冻三尺。部队派出筹集粮食、牦牛的人员,大都得了雪盲症,有些同志冻死在雪地里。当地人口稀少,粮食、布匹、棉花无继,兵员扩充有限。敌军重兵压迫,战斗不止。我军处境日趋艰难,广大指战员愈来愈清楚地认识到,张国焘的南下方针是错误的。

(节选自徐向前《历史的回顾》中册,解放军出版社1985年10月版)

## 尝过分离苦更觉会师甜

郑维山

"由贺龙、任弼时同志等率领的红二、六军团快要进到西康,靠近我们啦!"
"我们就要和兄弟部队会师,共同北上啦!"
一九三六年三月中旬,我们红三十军随方面军总部进驻甘孜地区。不久,就从上面传来了这振奋人心的消息。

在当时那种艰难困苦的环境中和紧张战斗的岁月里,还有什么能比红军两大主力相会合令人感到兴奋和激动呢?对我们这些曾亲身经历过一、四方面军会师的欢乐和分离之苦的人来说,就更懂得再次和兄弟部队会师的珍贵。

回想一年前,我们离开川陕苏区根据地,西渡嘉陵江,中经江油中坝、北川土门等激战,打通了西进之路,在四川懋功(今小金)地区与中央红军胜利会师。会师后,我们满怀胜利豪情,同兄弟的一方面军并肩北上,通过了茫茫大草地,进至

## 附 录

巴西、包座地区。包座之战，歼灭了敌胡宗南派来阻止红军北上的第四十九师，打开了进军甘南的门户。就在这时，风云突变，张国焘闹分裂，强令右路军回头南下，去实现他的南下川康的主张。这样一来，不仅破坏了两支红军主力团结战斗的大好局面和会师后的大好形势，而且也给四方面军带来更加艰苦的历程和灾难。我们二过草地，又翻终年积雪的夹金山，气候严寒，环境险恶，许多同志在饥寒交迫中倒下。孤单南下川西，陷入以疲劳之师同优势敌军决战之中，我军与敌多次恶战，虽歼灭大量敌人，取得一些胜利，但我军亦损伤严重，始终未摆脱被动局面，最后不得不向西康的炉霍、甘孜一带转移。敌薛岳乘我军连续苦战未得休整之机，又纠集近二十个团的兵力向我猛扑过来，我八十八师奉命由芦山驰往天全，同兄弟部队相配合，又一次以大刀、手榴弹同敌作殊死拼搏，将敌击溃，为我转移西康省境赢得了时间。说实在的，打恶仗和吃苦我们并不怕，流血牺牲也无所畏惧，问题是这些仗和流血牺牲本来是可以避免的，损失本来是不该有的。只是由于张国焘的错误路线所导致，使部队几次走上险境，战斗力受到极大削弱，带来严重后果。在这种情况下，我们越发思念北上的并取得胜利的红一方面军，盼望着有一天能再同兄弟方面军会合，共同团结战斗。

现在，这一天又快到了，同志们怎能不分外高兴和激动呢！

方面军总部向部队进行了有关会师的政治动员。记得徐总在一次动员会上满怀激情地说：红军是一家人，我们和中央红军与红二、六军团的关系，好比老四与老大、老二之间的兄弟关系。上次我们和老大的关系没搞好，要接受教训。"兄弟阋于墙，外御其侮。"吵架归吵架，团结归团结，不能分家。现在老二就要到来了，再搞不好关系是说不过去了。每个部队都有自己的长处、短处，方针是相互学习，取长补短，加强团结，一致对外。徐总道出了我们的心里话，反映了他对张国焘南下政策的不满，也向部队提出了热切的希望和更高的要求。各部队按徐总的要求，立即行动，以各种不同方式，满腔热情地进行着迎接二、六军团的各项准备工作。

五月中旬的一天早晨，我和熊厚发师长正准备到各团去，李先念政治委员和程世才军长从总部回来了。

"郑维山同志，根据总部的命令，有一件重要任务交给你们完成。"李先念政委当时显得格外兴奋，接着说："红六军团已经进入稻城一带。由你带二六五团进驻西边的绒坝岔地区。你们的任务：一是掩护主力在甘孜地区休整；二是宣传动员群众，筹粮筹款，做好北上的物质准备；三是迎接红二、六军团的到来。"

"什么，迎接红二、六军团？"李政委话音刚落，我又高兴地问了一句。当时那种激动劲儿真是无法形容。一年前，我奉命带二六五、二六八团跟随李先念政委

## 红色记忆
### ——红军长征在藏族地区及其当代启示

迎接中央红军,现在又奉命迎接二、六军团,这是总部和军首长的信任啊!同时也感到自豪和光荣。于是便信心百倍地回答:"请首长放心,我们要把这次会师搞得更好,让红军永远团结,永不分离!"

李政委和程军长含着期望的目光看着我们,满意地笑了。

熊厚发师长率师部及二六三、二六八团仍驻守甘孜。我向二六五团进行了简短动员后,大家欢欣鼓舞地开向绒坝岔。

行军途中,指战员们热烈地议论着。"咱们怎样迎接兄弟部队呢?""他们历经艰辛,远道而来,咱们可不能空着手见面,得想法慰劳慰劳老大哥啊!"

同志们提得有道理,我们是要好好地开展慰问活动,表达我们的无限敬意。可是,当时我们也处在极端困难时期。一年前,占领中坝后筹集的粮食、药材、布匹等物,一部分捐赠给中央红军,留下的早已消耗净尽。百丈关和天全战斗后,时已隆冬,部队的棉衣尚无着落。战士们把棕树上的棕毛撕下来,缝在单衣上御寒。到甘孜后,部队虽然可以获得短期休整,但这里气候寒冷,地广人稀,群众不习惯种粮,是个以牧为主的地方,因而物资缺乏的局面并没有得到好转。方面军总部也把筹粮问题提到重要议事日程,专门成立了筹粮领导小组,曾派代表前往杂谷脑喇嘛寺,向藏胞买了一些牦牛、炒面和藏布等物。但这些东西分到每个红军指战员手里,实在少得可怜。在这种情况下,该用什么去向兄弟部队表达自己的心意?我作为带队的干部感到担负的任务既光荣又很艰巨。

"咱们到草原上想法买一些牛羊来慰问老大哥部队吧!"团长邹丰明同志向我提议。

"咱们还可以动员大家,一方面节衣缩食,另一方面自己动手,编织衣物,献给兄弟部队。"年轻的团政委黄英祥,皱着眉头,若有所思地接过话头。

"好啊!"我笑着对他们说:"到绒坝岔后发动群众,献计献策。'车到山前必有路',在英勇的红军面前没有克服不了的困难!"

那时,我们师团干部都是二十岁上下的青年。打起仗来,干部总是冲锋在前,没有攻不克的敌人。无论遇到什么难题,大家一起商量,很快就有解决的办法。和这样的战友在一起,我心里感到熨帖和踏实。

从甘孜出发西行约七十里,很快就到达绒坝岔。这里是甘孜管辖的一个重镇,四周地形开阔,是一片茫茫的大草原,夹有一些丘陵起伏地。镇子就坐落在起伏地的低洼处。居民大都是藏族牧民,只有少数汉人,后来都成为红军的"通司"(翻译)。由于长期以来反动统治者所造成的民族隔阂,加上当地一个国民党反动派保安团的威胁,我们到达后,镇子里已空空如也,一个老乡也看不到。我让部队先住下来。

这里藏民的住房一般都很简陋，四周墙壁是用石块或土块垒成的，比较厚，门很窄很小。房子分为上下两层，下层圈牛羊，上层住人。稍富点的，多了一层，加了佛堂。很少有平房。我和邹丰明团长、黄英祥政委以及通信队住在一个牧主的家里。这一家的住房比较讲究，四周的墙壁整齐、坚固，而且高出房顶，形成一圈用来防护的围子。

部队住下后，我和营、团干部立即研究筹粮等问题。大家认为，只要先把群众找回来，就会有办法。我们决定，首先派出武装宣传队，外出宣传，动员群众回来。宣传队在绒坝岔南面的一个山沟里，发现了那个国民党保安团，他们约有百八十人，都是一些兵痞流氓和烟鬼赌棍，平时打家劫舍，欺压藏胞，无恶不作。红军一到，又把牧民裹胁出去，企图切断我军与群众的联系，伺机对我突袭。得知这一情况后，我们派出两个连的兵力，两路包抄，打得他们措手不及。我们从保安团那里缴获了不少罐头、好酒及虾皮、木耳、鱿鱼、海参等山珍海味。有些东西，我还从来没有见过。可是，谁也没有私自留下一点。缴获这些东西的连队把它原封不动地交到营里，营里又全部送到团部珍藏起来，都说要留给二、六军团的首长和同志们。我望着这些多日来忍饥受饿、面黄肌瘦，捧着山珍海味不肯吃一口，仍旧以糌粑野菜充饥的部属和战友，眼眶湿润了。人世间，难道还有比战争年代革命战友之间这种感情更纯洁、更珍贵吗？

我们一举歼灭了那股反动民团后，被裹胁去的藏族同胞开始还有些胆怯，不敢接近我们。宣传队的同志通过通司反复喊话，向他们说明，我们是共产党领导的红军，是工人农民及各族人民自己的队伍，这个队伍专门打国民党反动派和欺压人民的反动军阀；红军和藏胞是一家人，不会白拿藏胞的东西。有几位年长的藏民带着试探心情首先回到镇子上。他们回到家，看到一切东西完好无缺，态度和蔼的红军战士给他们端水端饭，顿时感动得流下了眼泪，很快就和我们亲热起来了。他们说："大家不知道还有你们这么好的队伍。这一看，什么都明白了，人可以叫回来。"他们连夜赶到藏胞躲藏的山沟里，介绍红军的这些实际行动，并作动员解释。第二天藏胞们便三三两两地陆续回来了。

群众回来后，事情好办得多了。我们从镇上的藏胞那里购买了一些牛羊和青稞，解决了部队的燃眉之急。但要满足两支红军会合后共同北上的需要，那是远远不够的。我们曾派出筹粮队，由藏民带路到草原上寻找牛羊群，准备购买一些。但反动土司一听我们来买，早就把牛羊赶得远远的了，派出去的小分队还常常受到不了解我军的藏兵的袭击。有一天，绒坝岔西面的德格土司（土司相当于专署）的叶巴（土司下面分管军事的官员），纠集了五个县的藏民骑兵，横枪跃马，突然包围了我们

581

## 红色记忆
—— 红军长征在藏族地区及其当代启示

住的镇子。怎么办，冲出去厮杀？绝对不能，工农红军怎么能同兄弟民族自相残杀；喊话宣传，一时又起不了作用，真急人哪！好在他们是骑兵，离不开马，我们守在藏民的房里不出动，他们也没有办法。就这样相持了整整一天。

"咱们也来个'七擒孟获'吧！"黄英祥同志还懂点历史典故，他想起《三国演义》里的"七擒孟获"的故事，倡议学一学诸葛亮，趁夜暗把我们的"夜老虎"撤出去，擒一批"俘虏"来，然后教育释放，请他们帮助红军当宣传员、联络员。

"要得！这个点子想得好！"我高兴地赞成这个提议。黑夜摸营擒俘虏是二六五团的拿手戏。他们在行动中能静得过村庄不惊动鸡犬，夜战时能在敌人鼻子底下穿行自如而不被敌人发现，反六路围攻后，被总部授予"夜老虎"的称号。他们擒几个"俘虏"当然没问题。我吩咐邹丰明和黄英祥同志迅速做好"战斗"准备。

夜半，包围我们的藏兵，有的围着火堆吃着牛羊肉，有的呼呼睡觉。"夜老虎"团一次放出四个连，神不知鬼不觉地摸过岗哨。藏兵哪是对手，一触即溃，捉了一批"俘虏"，其他的都逃散了。我们干部连夜谈话做工作，向他们讲明我们的来意，耐心地解释我党北上抗日的主张，并和他们同吃同住，施以教育，还告诉他们绒坝岔的藏民和我们相处很好，如果不信，你们可以去问。这些藏兵起初半信半疑，经过一天多的观察，感到我们确无伤害他们的意思，渐渐地改变了敌视态度。后来，我们发现那个叫夏格刀登的叶巴也在"俘虏"中，又耐心做他的工作，把他请到甘孜，李先念政委热情地接见了他。他深受感动，见人就说："红军，泽冒泽冒的！"（"很好"的意思）他和我们签订了"和约"，并参加了我党协助成立的波巴依得瓦政府（藏族人民政府）。我们和当地藏胞的关系改善后，物资奇缺的困难，也随之在很大程度上得到解决。在藏胞的支持、协助下，我们很快就筹集购买了一批牛羊和羊毛等物，制作了不少牛肉羊肉干，以备两支红军会师后北上途中之需。有了羊毛，我们就发动大家人人动手捻线，打毛衣、毛袜子。大家积极性很高，从干部到战士每人至少都打了两件毛衣，一件自己穿，另一件作为同二、六军团老大哥会师时的见面礼。为了抢时间，赶在会师前打好毛衣、毛袜，许多同志一连几个晚上不休息，坐在月光或酥油灯下，剪羊毛、捻毛线，一针一针地编织。许多藏胞也纷纷跑来帮我们织。一边织，一边还哼着歌儿。一件件厚厚实实的毛衣、毛袜，渗透着革命战友和兄弟民族同胞的深情厚谊！

在会师喜讯的鼓舞下，干部战士用不着动员，就自觉地开展了工作、学习和练兵的竞赛。那些天，军营内外笑语盈盈。"五一"劳动节那天，部队还在草滩上组织了军事技术表演和文娱体育比赛活动。负责宣传鼓动工作的同志还用白灰在墙壁上书写了"向英勇善战的红二、六军团学习！""迎接兄弟的二、六军团，共同北上抗日！"等大幅标语。各连都把最好的房子腾出来，打扫得干干净净，床上铺着厚厚的青稞草，时刻等待着战友们的到来。

盼呀，望呀，终于迎来了老大哥部队。一九三六年六月三日，红六军团在理化同三十二军会师之后，六月三十日，贺龙、任弼时、关向应等同志率领的红二军团，经过长途跋涉，来到了绒坝岔。两支从未见过面的兄弟部队，在艰苦的长征中相逢，谁能抑制住内心的激情呢，那股亲热劲儿，比懋功会师更为动人。记得那天，风和日丽，草原上充满了欢乐的节日气氛。指战员们远远望见红二军团的队伍，像条"巨龙"朝着绒坝岔飞腾而来时，便飞也似的奔向前去，抢过战友的行装背在自己的身上，再紧紧地握手，打量着，问候着，叙长道短，显得格外亲切。许多藏族同胞也簇拥路旁，捧着酥油糌粑夹道欢迎。口里还不住赞叹："耶莫！耶莫。"（顶呱呱的意思）到了宿营地，炊事班同志立即打来热气腾腾的开水，让战友洗脚解乏。有的看到二军团战友的衣服已经破烂不堪了，不等我们统一安排，就先拿出亲手打好的毛衣、毛袜，让战友们赶快换上……往日寂静的绒坝岔，顿时沸腾了，处处洋溢着欢笑声，回响着嘹亮的歌声。大家又唱起了同中央红军会师时学会的《红军两大主力会师歌》：

铁的意志，血的牺牲，
换得伟大的会合。
为着奠定中国革命巩固的基础，哎！
为着奠定中国革命巩固的基础，
高举红旗向前进！

为欢迎远道而来的贺龙、任弼时等首长和二军团的同志们，我们在会师的第二天中午举办了一次会师宴。早晨起床后，我亲自到伙房吩咐："把从保安团那里缴获的好东西都拿出来，给首长和同志们接风！"那天的午餐，是从来没有过的丰盛。入席后，贺老总首先举杯笑着说："这些东西，你们没舍得吃，拿来招待我们。来，让我们干杯，共庆胜利！"一句话表达了我们红军的心声，说得大家心花怒放。我们随着贺老总、任政委、关向应和甘泗淇等首长频频举杯，开怀畅饮，沉浸在无限幸福之中。

席间，贺老总、任政委等首长关心地询问了四方面军和三十军及八十八师的情况，谈笑风生，态度十分亲切和蔼，平易近人。饭后，首长们向我详细地询问了四方面军与中央红军分裂的情形。我尽自己所知，毫无保留地作了汇报。并且拿出当时所谓"临时中央"（后来才知道是张国焘自立的"中央"）下发的文件，给首长们看，也向首长们谈了自己积在心中的疑虑、不解和希望。谈话中，贺老总、任政委神情专注，只是时而提问，时而沉思，不加评论。当时，屋子里的空气分外严肃和紧张，十多个人，似乎每个人的心脏跳动声都能听得到。看得出，首长们当时的心情是十分沉重的。谈话临结束前，甘泗淇同志向我询问在草地如何筹粮筹款以及民族政策等问题时，大家才又重新活跃起来。我说，四方面军总部对筹粮问题很重视，专门成立了筹粮领导小组，李先念、何长工、李天焕、曾日三等同志都是领导小组的成员。为了取得藏族同胞的信任和支持，总部还组织一部分团以上干部朝拜喇嘛寺。甘泗淇等首长一听很感兴趣，连声说道："这样做很好，这样做很好，我们只有尊重藏胞的风俗习惯，取得他们的信任，和他们打成一片，胜利才有保证！"

分别时，贺老总亲切地对我说："郑维山同志，谢谢你们的盛情招待，你说的情况很好。对的，我们会合了，就要北上，革命一定要发展到最后胜利！"说完，首长们和我们紧紧地握手，尔后跨上战马，向四方面军总部驻地——甘孜方向驰去。我们伫立在大路旁，眼望战马驰去的方向，直到飞尘消尽。

（原载《红军长征回忆史料》（2），解放军出版社 1992 年 9 月版）

## 雅江阻击

张贤约

一九三六年四月初，我们红四军十二师驻进了道孚南面的黄金喇嘛寺附近的几个寨子里。为适应新的战斗任务，部队展开了整编、训练、筹集物资等项工作，积极准备北上与党中央会合。就在这时，红二、六军团从黔滇边赶来，准备与四方面军会合，共同北上。消息传来，全军上下欢呼雀跃，在"消灭李抱冰"、"迎接二、六军团"、"开展创造西北广大抗日根据地的伟大战斗任务"的口号鼓舞下，部队士气振奋，更加积极地进行迎接二、六军团和北上的准备工作。

红四方面军由于张国焘分裂党、分裂红军的罪恶活动，被迫南下西进，往返雪山草地，由于连续苦战，倍遭挫折，部队损失严重。为充实连队，适应新的战斗任务的要求，部队进行了整编，整编后的十二师直辖营，不设团部，全师人员实际上只相当于一个大团。

部队整编以后，根据北上所面临的敌情和地形，立即展开了紧张的军事训练，着重学习打骑兵、打堡垒、夜间战斗和强渡江河等战术。同时进行了政治、文化教育，积极开展文娱、体育活动。与此同时，部队还派出大批干部深入农牧区，宣传党和红军的政策,帮助藏族人民建立政权和群众组织。并积极筹集粮、盐、牛、羊等物资,全军上下人人动手,打草鞋、织毛衣、缝制帐篷,以备北上之需。

四月中旬的一天,军部通知我和政委胡奇才同志去开会,我们立即赶到军部驻地道孚,独立师张德发师长和政委也来了。军长王宏坤和政委王建安向我们传达了总部的命令:红二、六军团已胜利渡过金沙江,正沿玉龙大雪山北进。为了迎接二、六军团北上,实现两支兄弟部队的胜利会师,方面军决定三十二军和四军的十二师、独立师由道孚出动,南下雅江狙击敌人,保证二、六军团安全到达甘孜,与我红四方面军会合。因为雅江在雅砻江上游,是康定方向敌李抱冰五十三师西进理塘,妄图切断我二、六军团北上甘孜胜利会师的必经之路,战略地位十分重要,我们必须先敌攻占雅江,才能保证二、六军团北上侧翼的安全。

会后,回到驻地,我们马上向部队作了传达,稍作准备,部队就出发了。红三十二军作为前卫已经先走了,红四军由王建安政委率领,以十二师在前,独立师为后的梯次前进。

部队沿鲜水河、雅砻江西岸向南开进。时值初春,满山盛开着山桃花,沿途两边是陡峭的高山,中间是汹涌的河水,很少遇到居民点,队伍只能沿着崎岖的山道依次前进。走了两天,我们到了卡巴附近,队伍突然停止前进。我搞不清是怎么回事,正准备派人到前面去了解情况,忽见三十二军罗炳辉军长骑马来了。我忙迎上前去,罗军长说,前卫的通司(藏语翻译)昨晚都逃跑了,部队失去向导无法行进,只好向十二师借通司来了。我说:"就这点事怎么还要军长亲自来呢?"罗军长说:"怕别人来讲不清楚,耽误事。"我对他说:"我们在这一带呆得长些,对通司的情况熟悉一点。我们的经验,对待通司除了做好宣传、教育、鼓励工作外,还必须让他们吃得要好,再给他配上好马好枪,这样,他们就不会跑了。十二师差不多有一个班的通司,一个也没跑过。"罗军长听了很高兴,我立即调了三个通司连马带枪跟罗军长到前面去了。不久,部队又继续前进。

沿鲜水河走,中间还要渡过许多叉河。我们师有一个船工水兵连,集中了许多会水的、会撑船的、会造木船和羊皮筏子的人才,这些人当中有鄂豫皖的干部战士,还有在川陕招来的民工。这一带山上没有竹子,虽然有很多树木,但新砍的木材浮力小,不能造船。我们只有到附近的寨子和喇嘛寺去借木料。这里的河岸坡度都很大,水流急,落差大。而且河水是从雪山上流下来的雪水,冰凉刺骨,在这种情况下架桥是很困难的,只能编成木筏浮在水面搭成简易浮桥。水兵连的同志们干劲很大,沿路遇河搭桥,使部队很快通过。快到雅江了,这时波涛翻滚的雅砻江却横在部队的前面,渡口原有两条破旧的小船,三十二军过江时都是勉强使用的,我们来

**红色记忆**
——红军长征在藏族地区及其当代启示

后已不能再用了。水兵连的同志四处奔忙，找来造船的木料，一夜功夫造了三条可坐十几个人的小船，就靠这三条船，部队顺利地过了江。

从道孚到雅江之前，部队没有遇到大的战斗，部队逼近雅江，向东侦察，抵达东俄洛，消灭了敌人在这一带活动的一支别动队，大约有百十来人。开始我们还以为是地方反动武装，但他们装备精良，清一色的驳壳枪，还有轻机枪。抓到俘虏以后才弄清是康定的敌五十三师派出的别动队。

大约十九日我军进驻雅江县城。所谓县城实际上就是雅砻江东西两岸各有一个藏民的寨子，江上原有一座外国人修的铁索桥连接两岸，军阀混战时毁掉了，只剩下刻有外国字的石桥墩。我军捉到国民党派驻的县长，他是"光杆司令"，一个人住在一个草棚里，藏民也不理会他，他没啥事可干，就整天打草鞋卖。

三十二军在雅江稍作休息即继续西进西俄洛方向，四军留在雅江作掩护准备阻击康定之敌。我们十二师迅速展开，在雅江西岸布防。江的两岸都是绝壁，只有一些小滩，我们经过勘察，打算重点防守敌人可能易于偷渡的一些河口。部队就分散在沿岸的小沟内，战士们住在老百姓遗弃的挖金沙的矿洞里。部队一边修筑工事，一边派出连队到附近筹粮。当地的群众在红军到来之前都跑掉了，后来我们找到一个土司的老婆，她是四川人，会说藏语，通过她才把土司和群众陆续动员回来。这样我们才向群众买到了一些盐巴和青稞、豌豆、苞谷等东西。

过了几天，敌李抱冰的部队逼进了雅江，我军全部撤到西岸阵地内，占据了有利地形，凭险据守，并不断向他们喊话宣传，敌人不敢强渡，只是隔江连连向我打枪打炮。这样对峙了一个多月，一直将敌李抱冰部阻于雅江以东，胜利完成了阻击任务，保证了红二、六军团安全的北上与红四方面军会合。

在雅江的一个月里，部队除执行阻击任务外，还进行了射击、投弹、打骑兵等军事训练和政治教育，为做好北上与中央会合的物资准备，我们抽出部分部队筹集粮食、牛、羊、皮、羊毛等，指战员们自己做皮草鞋、搓毛线、打毛衣、做简易帐篷等。

六月三日，第三十二军在理化甲洼地区和红六军团部队会师。六月三十日，红二军团在绒坝岔同第三十军会师。七月二日，红二、六军团齐集甘孜，同红四方面军胜利会师，部队为之欢欣鼓舞。

七月初，二、四方面军开始并肩北上陕甘，十二师和独立师奉命撤离雅江，从原路返回道孚。我们与军部会合后进到炉霍，这时方面军其他部队已全部出发，红四军就担任第三次过草地的后卫。

（原载《艰苦的历程》，人民出版社 1984 年 12 月版）

附 录

## 保卫金川

余洪远

  天气越来越冷，飞飞扬扬的雪花早已裹住了金川周围的山头。吃过早饭，省委、政府和医院的工作人员又扛着背篓，纷纷出门挖野菜、剥树皮、掘草根了。突然，一个血肉模糊的人跌跌撞撞走进了省委和省政府的办公室。省委书记邵式平和我都吓了一跳。这不是芳草坪工作队的给养员吗？怎么变成这个样子？"匪徒太残忍了！"给养员愤怒地控诉道："昨天晚上，一千多国民党军和藏族上层反动武装突然包围了工作队，我们三十来个人大多是女同志，寡不敌众，被他们冲了进来。在搏斗中，我的脖子被砍开一条大口子，肩部、腰部也被砍了几刀，躺在了血泊中。醒来时，看见我们所有的人都被他们剁死了，鼻子、耳朵被割掉。女同志被削掉了乳房，下身被打进木棒。我因躺在尸体最底层，才幸免于死。当时，敌人正在抢东西，我便趁机悄悄爬了出来。首长，一定要为同志们报仇哇！"说着，他痛哭起来。听完给养员的控诉，不由人义愤填膺。前天在卓木碉，敌人刚残酷地杀害了我们一个工作队的三十多个同志，今天，类似的事件又发生了。

  想到这里，我不禁又回忆起南下以来的艰苦日子。张国焘不顾中央多次劝阻，拖着部队南下，真把部队整苦了。我们省委、政府机关带着几千伤员共计两万来人，从阿坝搬至金川。眼下主力部队远去天（全）、芦（山）、名（山）、雅（安）一带，敌人乘我后方空虚，纠集了两万余人围困并企图吃掉我们。在金川东北面茅草坪、梭磨，北边党坝和松岗以及西边的卓斯甲都麇集了上千敌人。他们大肆抢掠财物，疯狂破坏革命政权，捕杀红军战士和革命群众，并控制我出入道路。由于敌人的封锁围困，金川很快缺了粮食，尽管机关人员都上山下地挖野菜剥树皮，仍然维持不了两万余人的生活。眼下大雪封山，野菜树皮也难找到，不少同志饿躺下了，伤病员更是一天天增多，部队一天天在减员。为了打破围困，我们曾在茅草坪、梭磨、卓斯甲打了几仗，但由于指挥不当，都没打好。敌人的气焰越来越嚣张，以致发展到如此疯狂残忍的地步。

  "不能再让敌人横行了，一定要消灭他们，打破封锁！"这是全体同志的共同心愿。省委经过研究，决定由我接替军事部长。接着，把机关人员、妇女独立团、筹粮工作队和轻伤员统统组织起来，编成班排连，在周围山上和要道构筑工事，拿上武器担任守备任务，敌人来了就依据有利地形还击。同时，把九军团的一部分约两个营，加上政府警卫营、金川独立团（实际上只有一营人），共一千余人，组成

**红色记忆**
——红军长征在藏族地区及其当代启示

战斗队,由我指挥,采用以攻为守的办法,主动出击敌人。

战士们对敌人的罪行早就恨之入骨了,一听说要打出去,都摩拳擦掌,巴不得一下子把敌人扫个精光,为牺牲的同志报仇。

怎么打法?经过分析,我们决定先拿茅草坪开刀。这里离金川只有二十里,南控小金,北挟松岗,拔掉这颗钉子,可以减少对我们的很大威胁。一个大雪纷飞的夜晚,我们从金川出发,于午夜时突然对敌人发起了攻击。经过激战,打死了一百多敌人,俘虏了一百多,因为包围不严,大部分跑掉了,一部分跑到了松岗。

松岗有个很大的喇嘛庙,四周是两丈多高、一丈多厚的寨墙,全用几百斤重的大石头砌成,四角筑有大碉堡,十分坚固。这里,盘踞着好几千相当顽固的敌人。

又是一个风雪交加的夜晚,我们仍然用长途奔袭的办法,将松岗喇嘛庙突然团团围住。我们吸取了打茅草坪的教训,首先在周围布置好封锁火力,连夜赶修工事。为了防止敌人骑马快速突围,我们把凡是牲口能通过的地方都垒上石墙,堆上树干。敌人当时摸不清我们来了多少人,只躲在碉堡里瞎打枪。到了白天,见我们人并不多,便拼命向外冲锋。战士们见敌人冲来,都忘记了一夜的疲劳和寒冷,以猛烈的机枪和手榴弹火力奋勇还击,打得敌人在我工事前死的死、伤的伤,横七竖八倒了一大片,剩下的只得龟缩回去,凭险顽抗了。我们当时没有攻坚的武器器材,要冲上寨墙和打开寨门要付出极大代价。为了减少伤亡,我们采取白天与敌人对峙,加强政治攻势,宣传红军政策,不断喊话劝降。到了晚上,又加紧构筑工事,把交通壕挖到离寨门二十米的地方,再搬来许多干柴,一直堆到寨门前。柴下留个洞,然后把七八百斤造手榴弹的炸药从洞里悄悄送上去。在我们一切准备就绪,正要点火爆破开寨门时,敌人慌了手脚,集中一切火力疯狂地扫射,打得火星四溅,寨墙周围的干柴也被他们自己打燃了。火势借着风力蔓延开来,很快接近了炸药,只听"轰隆隆"几声巨响,几个寨门几乎同时都被炸塌了。一眨眼,火苗又卷到了庙宇四周的房顶和庙壁上。这是一座古庙,全是木头壁、木头柱、木板或树皮顶,一着火就燃。刹时,浓烟滚滚,直冲云天,整个庙宇笼罩在一片火海之中。敌人开始还打枪,后来就只顾奔命了,有的往墙下跳,可跳下来都被摔死了。大火直到第二天下午才熄灭。寨子里数千名敌人咎由自取,一个不剩地烧死了。看见疯狂一时的敌人如此下场,战士们无不拍手称快。但是,看到由劳动人民亲手建造起来的这样一座雄伟壮观的庙宇也在这场大火中焚毁,又感到实在可惜。

接着我们又打下了卓斯甲后山森林里敌人的一个老巢,瓦解了近万名敌人。

经过这几仗,金川周围的敌人算是消灭殆尽,再不敢对我袭击骚扰了。但我们的吃饭问题仍未解决。经过找当地人调查,我们得知壤塘有个大牛场,东谷、卓斯甲、梭磨、松岗和上、中、下阿坝七八个大土司的七千来头牦牛在这里过冬。真是太好了，那么多牦牛足够我们吃一两个月了。省委经过研究，决定仍由我指挥那支一千余人的部队去买牛。

壤塘离金川四百来里，间隔一座大山。我们在齐腰深的雪里走了五六天到了牛场，买下了七千来头牦牛。牛是买回来了，可各个土司的牛赶到一起怎么也不听召唤，这一群打那一群，奔腾咆哮。特别是那些叫做"骚包子"的公牛，见了生人或生牛就鼓起红眼，挺起犄角，扬起四蹄冲过去拼个你死我活。我们一千多人东奔西跑地"劝架"，仍然有些牛打得两败俱伤，甚至肝脑涂地。不少战士受了伤，有的还被撞断了肋骨。为了让牛群增加"了解"、"和睦共处"，加上有些战士患了雪盲，我们不得不在这里住了一个星期才往回走。回来的路上，我们把牦牛绑上毯子驮伤病员，对那些实在不听召唤的"骚包子"或者企图逃跑者，就开枪打死，把肉穿在木棒上用火烤着吃，吃不完的驮着走。烧牛肉没有盐，我们一个个吃得满嘴乌黑，有的同志吃下去还解不出大便。这样走了十来天，把牛赶回金川时，除逃跑和"枪毙"的，还剩五千多头。这可是宝贝啦，大家把牛肉多半分给伤病员，自己尽量吃野菜树皮。在我们赶牛的同时，省委又派出工作队，四处筹粮，恢复遭敌人破坏的党组织和革命政权。就这样，经过一个多月的斗争，我们渡过了这段艰苦的日子，金川仍在红军手中。

（原载《艰苦的历程》（下），人民出版社 1984 年 12 月版）

# 第二次北上

徐深吉

一九三五年九月至一九三六年七月，红四方面军在长征中，由于张国焘的分裂主义错误，在川康边转战、徘徊了近一年之久，经历了二次北上、三过草地的艰苦历程。朱德总司令、刘伯承总参谋长和徐向前总指挥，同张国焘分裂党、分裂红军的罪恶活动进行了抵制和斗争，带领广大指战员，英勇奋战，迭摧强敌，为执行中央的北上战略方针，实现一、二、四方面军会宁大会师的伟大胜利，作出了历史性的贡献。

## 红色记忆
——红军长征在藏族地区及其当代启示

一

一九三五年九月十日凌晨，党中央率领红一方面军北上后，张国焘就更积极地推行他的南下错误方针。九月十五日，发布《大举南进政治保障计划》，提出了"大举向南进攻，消灭川军残部，在广大地区内建立根据地。首先赤化四川"的战斗口号。九月十七日，下达了南下命令，已经过了草地的前敌指挥部和四军、三十军，同左路军的九军、三十军、五军和三十二军，以及红军大学部分同志，分别从阿坝和巴西、班佑地区出发，再过草地，向川康边的马塘、松冈、党坝、大金川一带集结。这时，我们踏着川西北高原的茫茫草地，生活更艰苦，更难熬，许多战友在敌人的枪林弹雨中没有倒下，而被恶劣的自然环境夺去了宝贵的生命。为了让更多的阶级兄弟走出草地，各级领导干部的乘马都让给伤病员骑，同志间互相搀扶，互相勉励，友爱之情，难以言表。有的拽一下马尾巴，就能转危为安；有的被推上一把，就能继续前进。一口水，一把干粮，都能救活一个同志。

十月五日，张国焘在卓木碉（今马尔康县白莎寨）召开高级干部会议。他不顾朱德总司令、刘伯承总参谋长和徐向前总指挥的反对，公然宣布另立中央，打出了分裂主义的旗帜。

在张国焘分裂主义错误方针指导下，我军自九月中旬至十一月底，南下川康边地区。广大指战员历尽千辛万苦，连续作战，先后打了绥（靖）崇（化）丹（巴）懋（功）战役和天（全）芦（山）名（山）雅（安）邛（崃）大（邑）战役，取得了歼敌二万三千余人的伟大胜利，但我军伤亡也很惨重，于是被迫由战略进攻转入战略防御。这是一个转折点，也是张国焘南下错误方针的严重碰壁。

十月，党中央率领一方面军胜利到达陕北吴起镇，与红二十六军、红二十七军和红二十五军会合，随后又打了著名的直罗镇战役，歼敌一个多师。消息传来，全军指战员感到欢欣鼓舞．对张国焘的南下错误方针，产生了怀疑和不满。

中央北上战略方针的胜利，和张国焘南下错误方针的失败，恰成鲜明对比。事实教育了干部，也教育了群众。红四方面军广大指战员要求维护党和红军的团结，要求北上与中央会合的情绪，日益强烈和高涨。

这期间，全国政治形势发生了急剧变化。日本帝国主义侵占东北后，正大举向华北逼进，民族矛盾上升为主要矛盾。十二月，北平爆发了"一二·九""一二·一六"声势浩大的抗日救亡运动，标志着全国抗日民主运动新高潮的到来。十二月二十五日，党中央在瓦窑堡会议上作出了《关于目前政治形势与党的任务决议》，规定了抗日民族统一战线的战略方针。十二月二十七日，根据中央决议，毛泽东同志又作了《论反对日本帝国主义的策略》的报告，系统地论证了抗日民族统一战线问题。

# 附 录

一九三六年一月中旬，收到中央决议的电报后，红军总司令部和四方面军总指挥部领导同志，认真讨论，一致拥护。同时，也收到张浩同志来电，告知国际同意中央的路线。而张国焘仍然坚持分裂主义错误，继续攻击中央，蛮横地压制部队对他的批评。

这一年，我们在天全、芦山地区过的冬，遇到了这里最冷的一个冬季。部队衣服单薄，给养不足。经过整编后的国民党川军，集中了八十多个团的兵力，向我大举进攻。二月上旬，蒋介石嫡系部队薛岳部六七个师尾追中央红军，进到川西平原，一步步向我进逼，使我军处在既不可能南进，又不能东进的困难境地。二月十四日，张国焘收到林育英（张浩）、张闻天来电，就红四方面军的战略行动方针问题，提出了三个方案供选择：第一个方案是北上陕甘；第二个方案是就地发展；第三个方案是南下转战。就以上三个方案，中央认为执行第一个方案为上策。究竟如何实行，由四方面军视敌情、地形条件而定。红军总司令部和四方面军总指挥部领导同志认真讨论了中央来电，一致赞同北上陕甘的第一个方案。于是，就制定了《康（定）道（孚）炉（霍）战役补充计划》，决定西进道孚、炉霍、甘孜地区，争取时间进行休整补充，筹集粮秣物资，待机北上。

## 二

二月十一日至二十三日，我红军主力陆续撤离天全、芦山、宝兴地区，翻越夹金山，经达维、懋功、丹巴转向西进。

当时，我在三十一军九十一师任师长，率领二七三团、二七六团，受命担任方面军北上的后卫掩护任务。我们的行动，由徐向前总指挥和陈昌浩政委直接指挥。总部拨给我一部无线电台，直接同总司令部、总指挥部联系。师政治委员桂干生同志，率领师直属部队和二七七团，已在夹金山以北的懋功、达维地区。我向部队传达任务时，干部高兴万分，纷纷表决心。二七六团政委张国学说，太好了，一定保证完成上级交给我们的任务。二七三团政委庄振风（庄田）说，我们五军团（二七三团原是五军团的三十九团和九十一师二七三团对调的）从中央苏区出发后，就常担任后卫掩护任务，这次任务虽然艰苦些，但我们有决心、有信心完成。总部规定：部队从天全、芦山出发时，必须尽量多带粮食，所有干部的乘马，一律驮粮食，还要筹备布匹，做帐篷和衣服。大家心里明白，这是为再过草地做准备。

那些日子，每天总有几架敌机在我们头上投弹和扫射，几乎天天要打仗。我记得宝兴一仗打得最激烈。当时我军主力尚未翻越夹金山，敌人突然以两个团的兵力猛攻宝兴城南关。我们师二七六团和九军二十七师一个团，予敌以坚决打击，毙伤

**红色记忆**
——红军长征在藏族地区及其当代启示

敌百余人，将其击退。

我们过夹金山时，已到三月初了。夹金山是海拔四千多米的雪山。由于高山缺氧，越接近山顶（分水岭），越感到吃力，使人气喘吁吁。上午十二点钟，我们部队爬上山顶，越过分水岭，迎面吹来的是刺骨的寒风。我冷丁打了一个寒噤，上山时汗湿的衣服，变成冰铠甲，紧紧地贴在身上。可是山南峡谷中，山清水秀，春光明媚。这真是一山之隔，两个世界。

我率部到达维、懋功，同桂干生同志会合后，二七七团即随三十一军军部去道孚、炉霍地区。师直属部队和二七三团、二七六团留驻丹巴地区，受红五军董振堂军长指挥。

丹巴，在大渡河上游的大金川河边。周围有夹金山、大炮山、折多山环抱。地形十分险要，是西进甘孜、东出懋功的主要道路。一、四方面军会师后，曾走过这里。丹巴县城无城墙，只有一百多户居民，坐落在大金川河右岸。县城北边有一条由西北流来的小河。每年春夏季的下午三四点钟，顺两河刮来的风相遇，将河水卷成高高的水柱，然后洒在河岸的一块巨石上，在阳光照射下，像珍珠洒落，色彩绚丽，蔚然壮观。站在很远的地方，都能看到这奇观美景。这里空气湿润，气候温和，山上山下，一片葱绿。到处生长着又鲜又嫩的野韭菜。它已成为我们师直属部队不用播种而食之不尽的美味蔬菜。多吃野菜，也补助了部队粮食的不足。

在丹巴，我们师直属部队驻县城关区。二七六团驻县城西北十里外的卓斯尼。二七三团驻县城以南党岭寨地区，向南警戒，并控制大金川河上通向懋功的铁索桥。

一天，敌邓锡侯部一个营带领一千多名不明真相的藏族群众，夜间偷袭我二七三团第二营阵地。激战两小时，被我二七三团主力击溃，毙伤敌五十余人，缴获轻机枪一挺，步枪二十余支，刀数十把。第二天，敌人一部，携带迫击炮，进至丹巴县城大金川河东岸的山上。天刚拂晓，乘我部队出早操时，向我开炮二十余发。因为山高五百余米，又有大金川河阻隔，我军无法反击。约一小时后，敌人退去，我无伤亡。

三

红四方面军主力进入道孚、炉霍、甘孜地区后，积极进行第二次北上的准备工作。三月初，我们从电报上看到红军总司令部指定李先念、何长工、李天焕、曾日三等同志，组成了粮食委员会，负责筹集粮食和牛羊肉（制肉干），要求每人平均达到十五天的需求量。我们师在丹巴地区，遵照红军总司令部的指示，积极进行物资准备，加强部队训练。在筹粮准备的同时，北上的组织准备工作也在加紧进行。为适应新形势、新任务的要求,方面军总指挥部决定,精简机关,充实连队,进行整编。共编六个军,十六个师,二十八个团。我们三十一军二个师、六个团未变。全军共计四万余人,与南下时的人数相比,减员过半,这是张国焘分裂党、分裂红军的罪恶活动造成的严重恶果。部队整编后,立即展开了紧张的军事训练。我记得训练内容主要是根据敌情、地形,着重演练打骑兵、打堡垒、隘路、夜战和强渡江河等战术和技术。

四月一日,红军总司令部又发出《关于目前我军行动任务的指示》,明确提出:"我们的行动计划与当前任务,为实现西北广大抗日根据地的战略方针。我们最近的行动计划:一、首先消灭李抱冰,配合二、六军团。二、首先赤化西康道(孚)、炉(霍)、甘(孜)、瞻(化)等县,完成准备工作,以便将来向北发展。"

六月六日,张国焘在炉霍召开党的活动分子会议,正式宣布取消第二中央,至此,张国焘的分裂主义和南下错误方针彻底破产。六月八日,我们接到关于取消张国焘成立的第二中央的电报。

六月二十五日,红军总司令部作出了分左、中、右三个纵队分路北上的部署。六月二十六日,即派三十军政委李先念同志率八十九师组成北上先遣军,由甘孜出发,北出阿坝,为后续部队筹集粮食等物资。六月二十八日,正式颁发了《四方面军二次北上政治命令》。命令要求:"党目前战略方针是在创造、扩大与巩固西北抗日根据地任务之下,主力红军首先向松潘、甘南行动,消灭该地区之敌王均、毛炳文等部;进而与一方面军呼应,横扫而东援,(策)应两广,坚决抗日,扩大与加深民族革命战争,争取全中国人民苏维埃的胜利。"

六月二十八日,收到红军总司令部命令我师集中丹巴北进的电报。要我们逐步将分驻各地的部队全部收回丹巴:"你们直率三团仍住丹巴,准备七月七日撤收警戒,全集丹巴;八日向绥出动,直受董、黄指挥(指五军军长董振堂、政委黄超)。但此时须佯言我军要向天、芦进攻以迷惑敌人。"后来,我们就是按总司令部的命令执行的。

四

一九三六年三月底,红二、六军团已转战到川、黔、滇边地区,由于敌人的围追堵截,与党中央失去了联系。朱德同志是中央革命军事委员会主席、中国工农红军总司令,对二、六军团的前途极为关心。鉴于二、六军团已经转战到滇西北地区,正继续北进,准备与四方面军在川西会合。为此,朱总司令提议:四方面军暂在现地补充休整。接应二、六军团北进。刘伯承、徐向前、陈昌浩等同志和张国焘,都同意这个提议。四方面军全体指战员更是兴高采烈，激情满怀，积极准备迎接二、六军团的会合。

四月二十一日，徐向前总指挥致电朱德总司令和张国焘："与二、六军会合后主要目的是北上。"部队中广泛进行了迎接二、六军团会合的政治动员和物资准备。徐向前总指挥在动员大会上讲话，他说，红军都是一家人，上一次（指张国焘率军南下）我们和一方面军没有搞好关系，要接受教训。兄弟之间闹意见是难免的，吵架归吵架，团结归团结，说什么也不能闹分家。现在，二、六军团又要上来了，再搞不好关系是说不过去的。必须指出，每一个部队都有自己的长处和短处，我们的方针是：互相学习，取长补短，加强团结，一致对敌。这些话，讲得何其好啊！徐总指挥的动员讲话我们虽然没有当面聆听，但过了些日子就看到了这个讲话材料，深受教育和鼓舞。全师指战员对搞好同二、六军团关系的重要意义，有了进一步的认识，增强了信心，决心按照徐总指挥的讲话精神去做。在甘孜、炉霍地区的部队，更是满腔热忱地投入迎接二、六军团老大哥部队的准备工作。从领导干部到每一个战士，人人动手，打草鞋、织毛衣、缝帐篷、写标语、排节目、赶制慰问品。真是群情振奋，热闹非凡。与此同时，各部队在驻地人民群众中也进行了热烈欢迎二、六军团的宣传活动。我们师虽然相隔很远，不可能送物资慰问，但同样在部队和群众中进行了欢迎二、六军团的思想动员和宣传活动。

从六月三日至三十日，红二、六军团先后在甘孜地区与红四方面军胜利会师。这是红军主力在长征中的第二次会师，具有重大意义。我们及时向部队传达了会师的喜讯。指战员们欣喜若狂，受到很大鼓舞。

七月二日，红军总司令部和四方面军领导人朱德、陈昌浩等同志和张国焘，同二、六军团领导人任弼时、贺龙等同志在甘孜亲切会见。会师后，根据中革军委的指示，正式宣布成立了中国工农红军第二方面军，下辖二、六军团及三十二军。二方面军全部集结于甘孜地区，旋即与四方面军共同北上。

五

部队从道孚、炉霍、甘孜地区出发，第二次北上，第三次征服草地的伟大行动开始了。

红军总司令部命令方面军部队按原定北上战略部署，分三路先后开始出动。徐向前总指挥率领集结在炉霍地区的九军、四军十二师和独立师、三十一军九十三师及方面军总部为中央纵队，于七月二日出发。朱德总司令和张国焘率领集结在甘孜地区的四军十师、十一师、三十军八十八师为左纵队，于七月三日出发。二方面军休整后于七月九日出发,在四方面军左纵队后开进。董振堂同志率领集结在绥靖、崇化、丹巴地区的五军、三十一军九十一师为右纵队,于七月七日出发。我们师于七月八日由丹巴出发,当天到八地,九日到马奈,十日到卡卡脚,十一日到独松,随五军后跟进,经黑水、芦花、毛尔盖,向草地挺进。

黑水、芦花是第一次北上红军走过的路。黑水河水清流急,两岸高山岩石嶙峋,树木参天,野花盛开,风景如画。我们赶到时,已近黄昏,虽是七月天气,山风吹来近似深秋。我们想找避风的凹地搭帐篷露营,终于找到一条长十米、宽十余米的平沟。天黑了,走进沟里,脚下踩着柴火棍一样的东西,打开手电一看,啊!是人的成堆白骨。我们顿觉沉痛心酸,那是第一次北上时阶级兄弟留下的遗骨,被大雨、山洪冲到这里的。从黑水、芦花到毛尔盖,要翻过几个不太高的山梁,但由于海拔很高,上山费力,每过一山,都要付出生命的代价。

第三次过草地,路程最远,是我最难忘的。那里处处是沼泽,遍地是水草,似河非河,似湖非湖,一片片,水汪汪。我们走的每一步都要踏在草墩子上,一步落空,就会陷进污泥不能自拔。进入草地,必须带柴火、粮食。草地有的草可以吃,但大多数草不能吃。水多,露营难得找到一块干燥地方,我们就折些灌木的树枝,把树枝上的雨水甩干,垫在地上睡觉。草地的气候,一日多变,一会儿骄阳似火,晒得浑身冒汗;一会儿倾盆大雨,夹带冰雹,衣服淋得透湿;昼夜温差大,露水多,夜晚多风,凉气逼人。由于衣服单薄,腹内少食,长时期缺乏营养,疲劳过度,身体虚弱,加上海拔平均高度在两千米以上,一遇到疾病,就难以支持,能够走出草地,实在不容易啊!

这次过草地,最大的问题是粮食缺乏。虽然经过长时间准备,但是绥靖、丹巴地区人烟少,粮食本来就不多,加上大部队往来几次,我们师又住了四个月,能带走的粮食很少。一天,部队到达毛尔盖,三十七团筹集到几头牦牛,送了一头给五军军部。我们刚进帐篷,董军长巧借"有要事商量",通知我和桂干生同志立即赶到军部。当我们骑马赶到军部时,董军长笑嘻嘻地说:"什么要事商量,我请你们吃牦牛肉,改善一下生活,明天好过草地!"董军长对部下、对同志这种深厚的阶级感情和无微不至的关怀,感动得我们说不出话来。

从丹巴出发时,我准备了三十多斤炒面。北上途中,由于翻了几座大山梁,一路上不少同志因缺氧、饥饿而倒下。遇到这种情况,我就抓两把炒面给他们吃,再把他们拉起来,有的还被扶上马……就这样,挽救了一些同志的生命。进入草地两天后,我没有干粮了,每到休息吃饭时,就避开同志们到一边去喝开水。这事被桂干生同志发现了,每到吃干粮时,他就让警卫员送给我半碗炒面,这是他忍饥挨饿

**红色记忆**
——红军长征在藏族地区及其当代启示

省出来的。半碗炒面含深情，它凝聚着深厚的无产阶级感情和革命的伟大力量。桂干生同志的深情厚谊，我是终生难忘的。

党中央对于二、四方面军并肩北上，表示极大欣慰。在我们第三次过草地的艰难岁月里，不断来电指示和鼓励。七月二十二日，中央来电指示："我们正动员全部红军并苏区人民粉碎敌人之进攻，迎接你们北上。""待你们进至甘南适当地点时，即令一方面军与你们配合南北夹击，消灭何柱国、毛炳文等部，取得三个方面军的完全会合。开展西北伟大的局面。"七月二十七日，中央批准成立西北局，张国焘任书记，任弼时任副书记。八月一日，我们刚刚出草地，中央又来电庆贺，并指示："四方面军到包座略作休息，宜迅速北进；二方面军随后跟进到哈达铺后再大休息，以免敌人封锁岷（州）西（固）线，北出发生困难。"党中央的关怀和指示，及时为我们指明了前进方向，成为鼓舞我们克服困难，奋力北进的巨大力量。

从甘孜到甘南期间，任弼时同志随红军总司令部行动。他十分关心全党全军的团结。他一到甘孜，就分别与朱德、陈昌浩、刘伯承、傅钟等许多同志以及张国焘交谈，了解张国焘闹分裂的经过情况，积极提出消除隔阂，促进团结的建议。七月十日，他在北进途中致电中央，建议在一、二、四方面军靠拢时，召集中央扩大会议，并请共产国际派代表参加，解决一、四方面军会合后党内的争论问题。任弼时同志对二、四方面军会合后的团结、政治、军事工作的成绩，给予高度评价："二、四方面军部队战斗情绪极高，政治军事工作都有极显著的进步与成绩。""二、四方面军会合后二、六军情绪亦甚好，四方面军曾以很大动员迎接慰劳二、六军。现在二、四方面军阶级友爱的关系极好，在目前政治形势和党的策略路线决议基础上是团结一致的。"在草地，他第一次见到徐向前同志，便热情、诚恳地谈了加强红军团结问题，并征求了徐向前同志的意见。八月九日，他在给贺龙、关向应、萧克、甘泗淇等同志的信中，再次表达了他对我党我军团结问题的极大关注："我这次随朱、张等行动，力求了解过去一、四方面军会合时的党内争论问题，并努力促成我党的完全团结一致。我与朱（德）、张（国焘）、刘（伯承）、向前、傅钟、卓然等同志的谈话，大家对党在组织上的统一建立最高集体集权领导是认为迫切重要的问题，陕北同志亦同样是认为迫切需要的。在这一基础上我党团结一致想可能得到顺利的成功。"他建议中央召开党的六中全会，着重讨论"目前形势与战斗任务"，解决团结问题。

任弼时同志的电报和信，现在我们读了，仍然感到十分亲切和中肯。

## 六

按照党中央的战略部署,红四方面军于八月下旬打了岷(州)洮(州)西(固)战役,先后攻占了漳县、临潭、渭源、通渭四座县城及岷县、陇西、临洮、武山等县的广大地区,有力地打击了王均、毛炳文、鲁大昌等敌军,并打乱了其阻止红军北进的计划。

我们进入甘南地区后,一直与中央保持着密切联系,并随时准备北进。八月三十日,中央电示:"发展甘南,作为战略根据地之一。"九月七日,我三十一军军部率九十三师攻占并控制通渭。九十一师驻武山西十余里的山丹镇。二七六团进占武山县城西之高地,监视武山之敌,掩护鸳鸯镇渭水河渡口,保证方面军北进的通道安全。二方面军出了哈达铺后,九月一日占领礼县,继续向陕甘边发展,连克成县、徽县、两当、康县等城。西北局根据中央关于陕甘宁根据地地广人稀,土地贫瘠,粮食困难,兵员缺乏,不能供给大军久驻的通报,对红军战略行动方向提出两个方案:一是北出西北,据黄河以西的甘、宁、青三省地区;二是东出川、陕、豫、鄂。这时中央着眼于夺取宁夏,同意出西北,而不赞成出东南。并电告,已派邓发同志经新疆去莫斯科,正等待共产国际批准。不久,就传来了共产国际已批准红军夺取宁夏和甘西的计划。中央认为,第一步应由一、四方面军合力夺取宁夏;第二步进据甘西。鉴于一方面军兵力有限,需固守现有根据地,抽不出更多兵力与四方面军共同夹击胡敌,故决定派一方面军的红一师向静宁、会宁出动,策应四方面军主力北进,控制以界石铺为中心的有利基点,准备在通渭、庄浪、静宁、会宁地区迎击敌人。

九月中旬,西北局在驻岷县三十里铺的红军总司令部召开会议,讨论红军战略行动方向问题。会上张国焘与陈昌浩同志的意见发生了分歧,引起争论。陈昌浩同志主张立即北出静宁、会宁地区,在西兰通道地区与胡敌决战;张国焘则认为,既然一方面军主力不能南下,四方面军独立在该地区作战十分不利,坚持西渡黄河,进据古浪、红城子一带,伺机策应一方面军渡河夺取宁夏,实现冬季打通苏联的战略目标。张国焘的意见被会议否决,心里很窝火,他在回忆录《我的回忆》中写道:"这是我与陈昌浩共事以来第一次发生的一件冲突。"

九月二十日,张国焘星夜赶到驻漳县的前敌总指挥部,向徐向前、李先念、周纯全、李特等同志陈述自己的意见,并说,我这回"主席"干不了啦,让昌浩干吧!当时,他很激动,还掉了泪。一九八二年我听徐向前同志回忆说:当时部队在甘南久停不走,天天打消耗战,我多次催促说,这里既不能建立根据地,就应快点走,避免拼消耗。我警告张国焘说,如果敌人上来,你再让部队去过雪山草地,可没有

## 红色记忆
——红军长征在藏族地区及其当代启示

人干啦。至于往哪里走？从军事上看，我认为北上、西进都可以考虑。因为冬季要打宁夏嘛！所以，大家都同意了张国焘的意见。当场拟定了部队行动部署：准备以两个军从永靖、循化西渡黄河，抢占永登、红城子作立脚点；以一个军暂留黄河渡口附近活动，吸引和牵制青海的马步芳；以两个军继续布于漳县、岷县地区，吸引胡宗南部南下，尔后，这三个军再渡河北进。红军主力出靖远、中卫方向，配合一方面军西渡黄河，共取宁夏，实现中央确定的战略计划。张国焘当即电告朱总司令和陈昌浩同志来漳县会商。

九月二十一日晨，陈昌浩同志赶到漳县，见大家已同意张国焘提出的方案，就没有再坚持自己原来的意见。这时，部队已回头走到漳县南三十里铺，朱德总司令来到总指挥部驻地盐井镇，因部队正在行动，为顾全大局，维护团结，只好随军西进。张国焘一面起草电报向中央报告，一面催促部队行动。我们师接到朱德总司令和张国焘关于停止北进改为西行、撤出武山附近阵地、向临洮方向跟进的电报，即命令监视武山城之敌的二七六团拂晓撤出，跟师部后西进。这时，部队情绪发生很大波动。各团干部带着不理解的语气问我，为什么停止北进而要西进？据当地老百姓说，西面是大山，那里已大雪封山了，再往西又是草地，天已冷了，我们的指战员穿着破烂的单衣能过得去吗？各营、连的干部也议论纷纷。部队走了三十余里，到达宿营地。二七六团团长陈武和（陈康）同志报告：拂晓集合部队时，有十八名老战士开了小差。这说明部队对西进思想反映强烈。我和桂干生同志商量，召开连以上干部会议作些解释工作，解决思想问题。徐向前总指挥带着先头部队向临洮进发。走过临潭，他向老乡调查，了解到黄河对岸已进入大雪封山的寒冬季节，气候变化无常，雪山草地，小路难行，人稀粮缺，原定渡河计划难以实现。于是，即返回临潭向朱德总司令和张国焘汇报。朱德总司令完全赞同徐向前同志的意见，部队立即停止西进。西北局又在临潭召开会议，讨论行动方向。这时，中央来电明令四方面军立即北上，指出："我一、四方面军合则力厚，分则力薄。合则宁夏、甘西均可占领，完成国际所示任务；分则两处均难占领，有事实上不能达到任务之危险。一、四方面军合力北进，则二方面军可在外翼制敌；一、四两方面军分开，二方面军北上，则外翼无力，将使三个方面军均处于褊狭地区。敌凭黄河封锁线，将来发展困难，且胡敌因西兰路断，怕我攻击，又怕东北军不可靠，不敢向隆德、静宁，拟向天水靠近王均。如四方面军西渡，彼将以毛军先行，胡军随后，先堵击青、兰线，尔后敌处中心，我处偏地，会合将不可能，有一着不慎，全局皆非之虞。""因此，中央认为四方面军仍宜依照朱、张、陈九月十八日之部署，迅从通渭、陇西线北上，不过半月左右即可到达靖远、海原地域，从靖远渡河；一方面军跟即渡河或合力先取宁夏，或分途并取宁夏、甘西，二方面军仍在外翼制敌,则万无(一)失。一方面军目前一面确占界石铺,一面立即出四团以上通过隆、静线,直迫秦安、天水,使胡敌不敢动作,以便四方面军十分安全的北上。务请顾及整个局势,采纳此方针。"西北局在临潭会议上讨论的结果,一致决定执行中央的指示,放弃西进计划,立即北上。

九月二十七日、二十八日,总指挥部根据中央指示制定了《通(渭)庄(浪)静(宁)会(宁)战役计划》。九月二十九日,方面军总指挥部下达了北上进军的命令。我们师正要召开连以上干部会议时,译电员陈明发送来总指挥徐陈致徐(深吉)、桂(干生)的电报。电示:奉总司令部命令,立即停止西进,继续北上。三十一军九十三师以最快速度恢复通渭阵地,九十一师尽快恢复武山城西阵地,如果敌人已经占领该阵地,就坚决夺回来,以掩护方面军北上通道鸳鸯镇渡口。接此电报后,我们立即集合部队传达总部电令,宣布停止西进,继续北上和尽快恢复占领武山城西阵地,并命令二七六团为前卫,提出了重新恢复原阵地的任务和注意事项。部队情绪立即活跃起来,指战员喜笑颜开。二七六团部队行动迅速,只用了两个多小时,走了三十余里路,恢复了原来的阵地。两个命令只相隔一天,部队情绪一低一高,成为鲜明对照。北上是如此得人心,违背中央指示的西进,遭到指战员如此强烈的不满和抵制。徐向前同志警告张国焘说的"你再要让部队爬雪山、过草地,可就没有人跟你走啦!"这句话,表达了广大指战员的共同心愿。

从九月三十日起,我四方面军部队分五个纵队,先后由岷县、漳县等地出发,向静宁、会宁地区进发。与此同时,中央也指派一方面军一军团一师南出隆德、静宁、界石铺一线,二师出庄浪、渭水与平凉大道之间,纵横游击,威胁胡敌,积极策应四、二方面军共同北上。

一九三六年十月,红军三大主力一、二、四方面军在甘肃会宁大会师,胜利地结束了红四方面军历尽艰难险阻、曲折复杂的斗争、转战一年另七个月的长征。这是党中央正确的战略方针战胜张国焘分裂主义错误取得的伟大胜利,是红军广大指战员在党的领导下英勇奋斗的重大成就。从此,三大主力红军在党中央和中央军委领导下统一行动。

回顾四方面军第二次北上的战斗历程,我的心情非常激动,深深感到道路艰难曲折,胜利来之不易。第二次北上与第一次北上相比,路程更远,时间更长,部队体力更差,生活更艰难。但是,整个部队行动比较顺利,其经验值得认真总结。我认为,首先是由于张国焘南下错误方针的破产,东进、南进和西进都不可能,在川康边建立根据地已成泡影,只有北上才是出路,这已成为当时的必然趋势;二是党中央对红四方面军无微不至的关怀,对张国焘的分裂主义错误,不断地斗争,劝导

**红色记忆**
——红军长征在藏族地区及其当代启示

并耐心地等待其觉悟;三是朱德总司令对张国焘不失时机地、诚恳地、热情地帮助、批评和必要的斗争;四是徐向前同志积极地支持朱德同志的正确意见和拥护党中央的决议和指示,对张国焘的错误进行了抵制和斗争;五是陈昌浩同志认识到第一次北上支持张国焘的错误,想在第二次北上中转到党中央正确方针上来,从而,对张国焘的西进错误进行了斗争;六是四方面军广大指战员从北上、南下两个方针、两种结果的鲜明对照中,受到深刻的教育,从而,积极拥护中央北上的战略方针,对张国焘的南下错误方针和分裂党、分裂红军的罪恶活动,产生了强烈不满并进行抵制。张国焘的分裂主义错误,再也不能为所欲为。红四方面军第二次北上的胜利,促成了红军三大主力会宁大会师,取得了历史性的伟大胜利。

(原载《红军长征回忆史料》(2),解放军出版社 1992 年 9 月版)

## 噶曲草原设兵站

杨以山

一

一九三六年初秋,我们经过多日的行军,来到了黄河上游的草地——噶曲河。部队在泥沼地带稍稍休息一下,又继续向陕北方向前进。

这一天,约莫四更时分,部队就收起了"帐篷",静静地集合在噶曲河的草原上。同志们为了振作精神,都用冰凉的河水洗了脸。几头累坏了的牦牛在同志们的大声吆喝下,才勉强地站了起来,等候着出发。

这时间,忽然从队列前面传来了一阵急促的脚步声。我抬头一看,原来是一个小鬼飞也似的迎面跑来,嘴里不住地喊着什么。起初,我还以为他和别人打招呼,谁知道他指着的却是我。

"同志,你是杨以山同志吗?"

我说:"是呀!"

"快去吧,朱总司令叫你呢!"他指着前面说。我朝他所指的方向走去,只见一个很壮实的人,背向着滚滚的河水站立着,他的牛皮斗篷被风刮得一起一落。是他,是我们敬爱的朱总司令。我急忙跑上去。总司令听到我的脚步声,转过身来向我招招手,我跑得更快了。

"同志,你是四局做供给工作的吗?"总司令问。

我答："是的。"

"是四局指定你驻在这里设兵站，给部队分发牛羊吗？"

"是。"

"好！同志，这个任务很重要。我们后卫还有几万红军，总指挥部决定将四方面军直属队所有驮帐篷、驮行李的牦牛留下来，供应后卫部队。从这里走出草地还得六天，咱们每人每天发的牛羊肉，连皮带肉不能超过一斤，其余的都留下。否则，后卫部队就过不了草地。"总司令又特别指示说："羊子杀了用开水烫，牛皮用火烧，肠肚也要吃掉。"

总司令交代完了，就走到队伍前面的一个小土坡上，对着队伍举了举手，说：

"同志们，谁都知道，草地是北上最艰苦的一段路。红二方面军的同志们在后卫，那就更苦了，沿路的野菜都被前边部队吃光了，他们连野菜都吃不上。所以，总指挥部决定：各单位所有驮东西的牦牛全部留下来，必须带的东西自己背上。把昨天缴获的羊和牦牛，也全给二方面军留下……"

不等总司令说完，大家就激动地欢呼起来。各单位的同志都愿意援助兄弟部队，纷纷从牦牛身上卸下驮子，将牦牛交给我们。

部队出发了。总司令在临走时对我说：

"同志，你看，交给你的任务就是这个。记住，告诉部队负责同志，牛皮羊皮、肠肚可不能丢掉，要珍惜每一块牛皮！"

二

接受了朱总司令的指示后，我们和红三十军一个营共三百余人，便在噶曲河一带驻扎下来。在草地的中央支起"帐篷"，就算做了我们的临时兵站。把牛羊藏在一人多高的荒草中，由一个团政委带着部队看守着。

红四方面军过去，红二方面军的先头部队就要到了。我们的心情是激动的，准备工作也更紧张起来。但谁知意外的事情发生了。一天拂晓前，敌人的骑兵突然来偷袭，抢走了不少牦牛。

这个不幸的事情发生后，大约过了五天，贺龙总指挥带领着红二方面军总指挥部来到了。

我们还没有看见部队的影子，远远地就听见一片热烈的欢呼声。大概红二方面军的同志们已望到我们兵站的牛羊群，或者已知道这是兄弟部队留给他们的。本来，红二方面军同志们的到达，是我们最期待的、最感兴奋的事。但是想到丢失的牦牛，听着他们满怀希望的欢呼，我们感到万分惭愧。

### 红色记忆
——红军长征在藏族地区及其当代启示

贺龙总指挥一到就问：

"谁在这儿分发牛羊？"

我跑步向前说："报告总指挥，是我。"接着，他详细地问我关于分发牛羊的事。我就将分发的情形和遭到敌人抢劫的事向他作了报告。

贺龙总指挥听说敌人抢走了牦牛，看着我们惭愧的样子，将一只手向下一摇，说："算了，天大的困难也不能阻止我们前进。"接着把我们召集在一起，重新研究供应问题。

他仔细地计算了现存的牛羊数和后面部队的人数，最后决定：把原来打算发给每人六天食用的六斤牛羊肉，又减少了些，动员部队多想办法，多钓鱼，少吃牛羊肉。

我们当即遵照执行了。将肉重新分过后，也给贺龙总指挥分出一份。我拿着这份肉，正准备交给警卫员同志去煮，却被贺总指挥看到了。他说："拿回去！"

我想：这么远的路，他不吃东西怎么能成呢！说什么也不肯把肉拿回去。贺总指挥这时从我手里把肉拿过去，亲自送回了原处，对我说："同志，别替我发愁，我的伙食我自己办理，留着那份肉发给后面的同志吧！"我问他有什么办法，他仰头笑了，用手比划了一下钓鱼的姿势说："看吧，我们还要改善生活呢！"

从那以后，听说贺龙总指挥每天在行军休息时，就跑到水塘去钓鱼。

### 三

红二方面军最后一批部队过去了，我们结束了兵站工作，和守卫部队一道，沿着前面同志们的足迹继续前进。

大约走了三天，来到一个山高林密的地方。地上泥糊糊的，梅花似的野兽足印遍地都是。我们的向导此刻也迷失了方向。

"怎么办？路又看不见了！"前头的同志跑来问我们。这是早料到的事，但不走怎么办？和部队离得越远困难会越多，因此决定还是走！

沿着树林走了一刻，忽然遇见咱们的一支小部队。起初，还以为是追上大队了，大家都高兴得什么似的。但跑过去一问，才知道是红六军团的一个连。他们是奉命在途中执行警戒任务的，任务完成后，因为没有粮食吃被困在这里。

同志们大都瘫软地躺在地上，有的已饿得昏了过去。

看到这种情形，我们马上拥上去，将同志们抱在怀里。这时连的指导员吃力地对我们说：

"同志，你们走吧，赶快走吧，路还远得很！我们是不能走了，不能拖累同志们在这儿和我们一块牺牲。"他停了一会，又说："在牺牲前，能见同志们一面，就是很大的安慰了！你们赶上部队以后，请替我们全体同志向党汇报，说我们已经完成了党交给我们的任务。"

我们怎么能忍心丢下同志们不管呢！还有一条牦牛，是驮枪支的，几次都没舍得杀，便把这头牛送给了他们。

出草地不久，我们和这个连又遇见了。相见之下，真是说不出的高兴。我们拥抱着，喊着，跳着，彼此为胜利通过草地而庆幸。大家几乎是同声地说："我们终于从草地走过来了！"

（原载《星火燎原》选编之三，战士出版社1980年11月版）

## 回顾岷洮西战役

杜义德

一九三六年八月上旬，红二、四方面军走出草地，到达川西北的班佑、包座地区之时，全国形势发生了很大变化。抗日救亡运动兴起新的高潮，党的抗日民族统一战线政策成效显著，陕北红军与一部分东北军、西北军已经处于停战状态，红一方面军一部进行西征，为红军三大主力会师创造了有利条件。在此期间，党中央对红二、四方面军极为关怀，不断指示行动方针，通报甘南敌情。电示二、四方面军"迅速出至甘南为有利。待你们进至甘南适当地点时，即令一方面军与你们配合南北夹击，消灭何柱国、毛炳文等部，取得三个方面军的完全会合，开展西北的伟大局面"。"四方面军到包座略作休息，宜迅速北进；二方面军随后跟进到哈达铺后再大休息，以免敌人封锁岷西线，北出发生困难。""以一部速占腊子口天险。"党中央还电示红二、四方面军北出草地后应迅速攻占岷县，使红军在"战略上大占优势"，电告二、四方面军："我们……准备一切条件欢迎你们，达到三个方面军的大会合。"

蒋介石为阻止红军三大主力会合，一面急调其嫡系胡宗南部第一军由湖南兼程北上，抢占陕甘大道上的静宁、会宁、定西一线，以割断我三个方面军会合的通路；一面在甘南仓促布防：令王钧第三军之第七师、第十二师，总兵力二万三千人左右由陕南向甘南前进，固守文县、武都、天水、西固（今舟曲）地区；毛炳文第三十七军第八师、第二十四师，总兵力约一万七千多人，西移陇西、定西地区设防；鲁大昌新编第十四师（辖三个旅、一个特务团、一个骑兵团及机炮营）共一万五千余人，固守岷县、临潭、西固地区。企图构成西固至临潭、天水至兰州两道封锁线，

### 红色记忆
——红军长征在藏族地区及其当代启示

阻止我红二、四方面军北进。在青海方面,则由新编第二军马步芳部扼守循北至贵德和新城至湟源一线,防止红军西进。但敌人点多线长,兵力分散,部署尚未就绪,加之"两广事件"尚未解决,胡宗南部羁留长沙,一时不可能赶到。故甘南地区敌人兵力比较薄弱。

在这种有利于我二、四方面军北上的情况下,中共西北局根据党中央关于速出甘南、抢占腊子口、攻占岷县的指示,于八月五日在求吉寺召开会议,研究分析了甘南敌情,决定乘敌主力尚未集中岷、临之前,先机夺取岷县、临潭、西固地区,以利继续北进,与党中央和红一方面军会合。会上,制定并发布了《岷洮西战役计划》,集中主力于岷临方向,采取钳形攻势,东西夹击,在运动中各个歼灭敌人,实现战役的胜利。战役部署是:以四方面军之三十军、九军和五军为第一纵队,其主力由包座经俄界、旺藏寺出哈达铺攻岷县,一部取道白骨寺、爪咱之线,相机夺取西固并向武都方向佯动,以威胁武都之敌;以四军、三十一军为第二纵队,首先夺取洮州旧城,得手后主力向临洮方向活动,一部向夏河、临夏发展,以保障我左翼安全;以红二方面军为第三纵队,出哈达铺,策应一、二纵队的行动。由于红二、四方面军的广大指战员急切盼望早日与党中央会合,实现党和军队的统一,走上抗日前线,因此对中央西北局北进之战役行动非常拥护,个个信心百倍,以极大的革命热忱和英勇献身精神执行这一战役计划。

八月五日至十二日,各纵队按计划先后由包座地区出发,向甘南挺进。当时,我任红四方面军直属纵队司令员兼四局局长,率领所属部队随方面军指挥部行动。广大指战员沿着崎岖的山路攀悬崖、过栈道、涉山涧、跨急流,风餐露宿,疾速前进。八月九日,一纵队先头部队三十军八十八师抢占天险腊子口,全歼守敌一个营,为后续部队开辟了前进通道。十日,八十九师一举攻占岷县漩窝、大草滩、哈达铺,击溃守敌,歼敌千余人,缴获各种枪千余支。随后,八十八师、八十九师分路向岷县方向攻击前进,当晚扫除了岷县敌外围据点大沟寨、西川和南川,击溃鲁大昌部约三个团,毙敌四百余人,包围了岷县城。

此时,红军前敌总指挥徐向前派我去二纵队四军了解战斗准备情况,并指示我协助十师师长余家寿、政委叶道志指挥攻打洮州旧城。我非常高兴。心想,自离开三十一军九十一师政委的工作岗位后,已经很长一段时间没有指挥大部队作战了。这是一次难得的机会,决心以战斗的胜利回答徐总的信任。在稍事准备后,连夜赶到四军指挥部。

那时候,虽然食不能果腹,衣不能御寒,装备也很低劣,但英勇善战的四军指战员求战心切,情绪非常高昂。

部队展开了紧张而有秩序的战前准备工作。指挥部召开作战会议,具体区分了各团的战斗任务、行动路线及完成任务的时限。八月十四日,第四军在军长王宏坤率领下,从岷县野狐桥兵分两路向临潭进军。十一师沿洮河西行至羊北桥过河,由新堡向临洮方向挺进;十师、十二师及妇女独立团顺三岔沟而进,击溃守敌一个营后,十二师一举攻占临潭新城,并以一部向渭源、临洮方向发展,十师和妇女独立团乘胜沿山梁大道向洮州旧城疾进,八月二十日拂晓前,逼近了洮州旧城。

洮州旧城是座很古老的县城,坐落在巴童河与无名小河的汇合处。四面环山,西与西峰山相依,山势陡峻,是这座城的依托;东南有东陇山,西北为石零山,与城成掎角之势;北面属"挂地"小山,地势较缓。卓洛滩紧接城北。巴童河由北向南从城的东侧流过。城池方圆九里。城墙高约十米,厚约八米。城分东、西、南、北门,东曰武定门,西曰怀远门,南曰镇南门,北曰仁和门。另有水西门一座。东、西、南门有瓮城。守敌在瓮城上各建碉楼三座。护城河深约五米。守敌约一个团。见我军大兵压境,惧怕被歼,即以一个营的兵力据城顽抗,掩护团部及团的主力向临洮方向撤退。我获知情报后,即令部队从行进间发起攻击。英勇的十师指战员们忘却了连日急行军的疲劳和饥饿,以迅雷不及掩耳之势扑向旧城。霎时间,枪声、爆炸声、喊杀声响成一片。在妇女独立团一部配合下,一举攻占该城,全歼守敌一个营,缴获各种枪三百余支,俘敌数十名。此次战斗,战士们都像小老虎一样,猛冲猛打,丈余宽的壕沟一跃而过,数米高的城墙以人梯攀越。妇女独立团的战士也个个动作神速,打得英勇顽强。战斗结束后,部队举行了入城式。

部队进城后,师指挥部及时组织营以上干部勘察地形,布设阵地,防敌反扑。同时,部署部队广泛开展群众工作,积极宣传党和红军的政策,扩大红军影响。

二十三日清晨,警戒小组发现西北方向尘烟飞扬,嘈杂声从远处向县城传来,即向指挥部报告:"可能是敌骑兵袭击。"我即令部队撤出城外,分别埋伏在西峰山、东陇山及城北的有利地形上,准备兜击敌人。

敌人排成人字队形,个个像煞神一样,举刀驱马顺着北坡奔将而来,足有七八百人马。我军沉着待敌。当敌钻进我伏击圈后,师长余家寿举起手枪,"叭!叭!"两声枪响,接着,所有的机枪、步枪、驳壳枪一齐开火,子弹像雨点一样射向敌群。顿时,敌人人仰马翻,乱作一团。我见战机有利,即向余师长建议:"迅速出击,围歼敌人!"

冲锋号吹响了。我十师部队如猛虎下山,锐不可当。敌人官兵各不相顾,纷纷夺路逃命,有的跪在地上缴械投降。这一仗,共打死打伤敌二百余人,俘敌三十四人,缴获战马近百匹,各种枪支、马刀三百余件。经审俘得知,来犯之敌为马步芳所属

### 红色记忆
——红军长征在藏族地区及其当代启示

海南警备第一骑兵旅马彪部的一个加强营。该敌企图夺回洮州旧城,恢复敌之防线。

敌人第一次进攻失败后,接连数日,轮番向我石岭山、西峰山阵地攻击,尤其是西峰山阵地,成为敌我双方争夺的要点。战斗在这里打得非常激烈。敌人在屡遭失利后,抬出银元、烟土,驱使亡命徒挥刀上阵。我十师和妇女独立团的指战员们,发扬了连续作战、不怕牺牲、誓与阵地共存亡的革命精神,奋勇拼杀,抗击敌人。子弹打光了,刺刀捅弯了,石块也成了与敌相搏的武器。二十五日中午时分,敌旅长马彪亲自提刀督战,一连突破我数道阵地。我随即使用师预备队(约一个团的兵力),配合一线部队对敌实施反冲击。有些战士英勇地抱起点燃的炸药包,拉响捆绑在一起的手榴弹群,冲入敌阵……经过两个多小时的激烈争夺,终于把敌人压下山去,夺回了失去的阵地。

为了更有效地保存自己,消灭敌人,在以后的几天里,我们采取了灵活多变的战术手段。有时利用既设阵地抗击敌人,有时设伏兜击敌人,有时把敌人放进城来,展开巷战。战士们打巷战很有一些发明创造。有的在巷内设置绊马索,待敌马接近时,突然拉起,在马绊索的同时,拉响吊在房下的手榴弹群,顿时,手榴弹在敌人头顶上开了花,炸得敌人血肉横飞。有的在敌必经之巷挖好陷马坑,当领先的敌马陷进去后,瞄准后尾的敌人猛打,同时,手榴弹群在敌群中间开花。战士们风趣地说,这叫"堵蛇头、截蛇尾、斩蛇腰"战术。敌骑兵在狭长的巷道内,犹如"老牛掉井,有劲使不上"。还有的同志有意制造出近似枪炮声的音响筒来迷惑敌人,乘敌惊慌之际,突然开火,打敌措手不及。由于我军采取灵活多变的战术,经过一周艰苦鏖战,重创了敌军,残敌溃至黑措(今合作)地区。我十师攻打洮州旧城的任务遂告胜利结束。这一仗先后共歼敌二千五百余名,俘敌七百余名,缴获各种武器二千余件。指战员们沉浸在胜利的欢乐之中。

在我四军攻占临潭和激战洮州旧城的同时,一纵队三十军已在攻打岷县县城。

岷县为陇南重镇。这里北通漳县、陇西,南至西固、武都,东去礼县、西和,西连卓尼、临潭,既是甘川交通要道,也是陇南政治、经济中心,在战略上占有十分重要的地位。岷城于明朝洪武年间重建。东临迭藏河,西接子城后所,北俯洮河,南仰二郎山。滚滚东去的洮河与滔滔北流的迭藏河,似张开的双臂环抱着岷城,海拔三千多米的二郎山,峭壁峥嵘,山脚与城相连,如一扇天门翼护城区。这种两面临水,南面面山的险要地形,形成了易守难攻的局势。守敌鲁大昌自重岷县,拥兵自保。为了占据这块地盘,多年来苦心经营,除筑有坚固的城防工事外,还顺着二郎山山势的三个台阶,各修筑一个巨型碉堡和数道环形堑壕,同时以交通壕将三个巨型碉堡及二郎山主峰与城连为一体,构成了山、城互为依托的较为完备的防御体系。当红军抵达包座一带时,蒋介石就急电鲁大昌凭险据守,"远侦严防"。鲁大昌也感到形势不妙,只得弃窝保巢,一面令驻武都、漳县、临潭、陇西之部队火速回防岷县,一面带领部下到大小卧龙沟、白家湾、白土梁、二郎山等地察看地形,增设阵地,在南川、小沟山、王家山、申家山、大沟寨、三十里铺等地占领前哨阵地。同时加固城门城堡,急筹粮草弹药。还搜罗一大帮便衣侦探四处活动,窥测我军行动。因此,攻打岷城是摆在我一纵队面前一项十分艰巨的任务。

八月十日凌晨,清扫岷城外围据点的战斗打响。第八十九师在吴家大山与敌特务团第一营激战,歼敌三百余名,残敌退守白土梁和二郎山。尔后又攻打城西麻布台、大沟寨等敌前哨阵地。经一天战斗,扫清了岷城外围的据点,占领了南川、白土梁、南小路、王家山、麻布台、大沟寨等十多个阵地,从东、西、南三面包围了岷县城。当晚十一时许,我军向守敌最后一个外围据点二郎山发起攻击。曾四次突破敌阵地和三号碉堡,击毁敌轻、重机枪十一挺,迫击炮五门,重创敌机炮营。因敌骑兵增援,夺回了已失阵地。十一日凌晨,我军再次攻击二郎山,战斗十分激烈。敌人死伤枕藉,枪弹告罄。敌特务团长王咸一急向鲁大昌求援。鲁派第二旅旅长蒋汉城率两个营又一个连的兵力来增援。我军毙敌少校团副杨肇林,伤敌旅长蒋汉城、团长王咸一等。鲁大昌慌忙收缩防线,决定以二郎山和岷城为防守重点,并在南城门和二郎山之间部署一营兵力,以保持山、城之间的联系。

当夜八时许,三十军一部攻占岷城西之子城后所后,便开始了直接攻打岷城的战斗。在火力掩护下,数百名红军战士抬着五十余架云梯,攻击城西南部。与此同时,第三十军另一部涉过迭藏河,架云梯强攻东城。守敌惊恐万状,一面点燃木柴抛下城墙,一面拼命投掷手榴弹。敌炮兵也向我攻城部队猛烈射击。一时火光冲天。红军战士毫无所惧,冒着弹雨,登着云梯,冲上城头,同敌人展开了激烈搏斗。经三个多小时的殊死争夺,歼敌一千四百多名。但终因敌居高临下,城防工事坚固,地形对我不利,我军猛攻数次均未破城,遂暂停攻击。

八月十二日中午时分,三十军主力从三个方向向二郎山守敌发起攻击,三次突入敌阵,攻占敌第三、第二号碉堡。守敌凭借二个一号碉堡的猛烈火力及有利地形,进行反冲击,夺回了阵地。此后四天内,三十军曾集中全力向岷城和二郎山守敌发起进攻,虽未克城,但打乱了敌人部署,歼灭了大量敌人。我军亦伤亡严重。鲁大昌一面急电蒋介石、张学良、朱绍良等,要求增援,一面调整部署,加修工事,死守岷城。

八月十七日,敌毛炳文部由陇西驰援岷城。三十军决以八十八师奔漳县方向阻敌增援,八十九师继续围攻岷城。同日,朱绍良电告鲁大昌,称:"十日之内,各

#### 红色记忆
——红军长征在藏族地区及其当代启示

方援兵不来。"鲁大昌得知援军无望,只好放弃城外阵地,集中残部死守二郎山及岷城。为防止红军沿城外民宅接近城垣,鲁大昌下令强行拆除距城墙十米以内的房屋。当晚,又将城南接近二郎山的民房,以及东关、南寺、洪家桥等处民房纵火烧毁。随后焚烧了城北洮河渡口的船只,企图孤注一掷。

八月十八日,一纵队第九军到达岷县,接替三十军围攻岷城之任务。八十九师开漳县一带。十九日我占漳县。九军为攻打岷城,一面认真察看地形,组织火力,研究打法,一面赶制云梯,进行爬城攻坚演练。经充分准备后,采取多层次、多方向爬云梯勇猛作战和沿城墙下水道进击敌人等战法,给敌以重大杀伤。二十三日,一纵队五军赶到岷县参加攻城战斗。九军一部去临潭,一部同五军共同围攻岷城。由于红军刚出草地,指战员们体力还未恢复,武器装备低劣,弹药不足,因而久攻未下。

在我九军、五军围攻岷县十多天后的一天,红四方面军一局侦察参谋(名字记不清了)领着两个人来到陈昌浩的住处。这两个人见陈昌浩后,恭敬地递上一封书信,并讲明来意。原来,我军围攻岷县虽未破城,但已毙伤敌三千余人,给敌以沉重打击。鲁大昌困守城池,孤立无援,已经到了山穷水尽的地步。为保全自身,便连夜起草书信,请求停战谈判。来人说,井水不犯河水,只要我军不再攻城,不占他们的地盘,红军愿走哪条路就走哪条路,鲁大昌决不放一枪。谈话后,陈昌浩当即写了一封信让来人带交鲁大昌,信的具体内容不清楚。此后,我军即以部分兵力围困、监视敌人,大部兵力在岷城周围进行休整,发动群众,扩大红军,建设政权。嗣后,二十六日,第八十九师克渭源。九月七日,第三十一军九十三师攻占通渭县城。第三纵队红二方面军九月一日到达哈达铺,先头进抵礼县。

至此,岷洮西战役遂告结束。此役我攻占了临潭、漳县、渭源、通渭四座县城及岷县、陇西、临洮、武山等县的广大地区,总计歼敌七千余人,缴获了大批武器、弹药、物资及马匹,粉碎了敌人阻止红军北进的企图,造成了红二、四方面军与党中央和红一方面军会师的有利态势。

在岷洮西战役中,我军同时进行了扩大红军和建设政权的工作。在一个多月时间里,岷临西地区就有三千多名青年参加红军。许多被俘蒋军官兵,也在我优待俘虏政策影响下,在红军致力于拯救中华民族的革命精神感召下,纷纷弃暗投明,加入了革命队伍的行列。我军还先后建立了岷县、临潭、渭源、陇西、通渭和武山等县苏维埃政府,还帮助当地群众建立了区、乡基层苏维埃政权和抗日义勇队等组织,领导并武装群众打击恶霸地主、官僚封建势力,开展抗日宣传,教育群众树立救国救民的革命信念和理想,扩大了红军的影响,播下了革命火种。

经过此次战役,我红二、四方面军实现了北进甘南的计划,打开了一个新战略区域，获得了休整补充，为三大主力红军会师西北创造了有利条件。

(原载《红军长征回忆史料》(2)，解放军出版社 1992 年 9 月版)

## 难忘的川康少数民族

李中权

一九三五年三月，红四方面军从川陕苏区西渡嘉陵江开始了长征。不久，渡过了涪江、岷江、大金川等大江大河，进入川西高原少数民族地区。

过嘉陵江后，组织上叫我担任川西道委组织部长和红四方面军总政治部地方工作部部长。

那是五月里，我们初次进入川西少数民族地区。这里，人口稀少；民族，主要是藏族，少量回族，羌族、彝族、汉人也较少。人们从事畜牧业、打猎，农产不富，种植的部分农作物有青稞麦类，根本不产稻谷，人民生活极其艰苦。长期以来受封建军阀、土司头人和帝国主义压迫剥削，加上大汉族主义严重，少数民族群众只好居住在高山穷苦地方，平川和较富庶地方为汉族的地主所有。当地一般称少数民族为"蛮子"。这是对少数民族污辱的称呼。少数民族也自卑地叫"咱们蛮家"。军阀封建势力对少数民族兄弟施以重税上粮纳款，稍有反抗，就进兵"讨伐"。

由于历史上大汉族主义造成的民族隔阂，一般少数民族对汉人，特别对汉人军队是抱仇恨的。在红军初到时，少数民族不了解我军的性质、宗旨，持反对态度，这是可以理解的。红军到达以后，国民党趁群众对红军缺乏了解，就进行反动宣传，并制造谣言中伤红军。加之语言不通，没有翻译，有些群众在反动土司头人鼓动下，在高山上对红军部队开枪、砸石头……

为了粉碎国民党的阴谋，孤立和打击反动土司头人，融洽少数民族同红军的关系，我们首先大力开展了宣传工作。上从方面军总政治部，下至军、师、团政治机关及地方省委、县委，到处张贴石印的四字句或五字句、六字句大布告，阐明共产党和红军的主张和政策。部队和省委的文工团或宣传队，用文艺演出形式宣传群众、接近群众，群众很乐意。

当时宣传的口号是：打倒帝国主义！打倒军阀封建势力！汉族和各少数兄弟民族联合起来！汉族和各少数民族穷人是一家！汉族和各少数民族一律平等！共产党、红军、苏维埃是少数民族的救星！

### 红色记忆
——红军长征在藏族地区及其当代启示

在开展宣传工作的同时,方面军总部指示各部队严格执行"三大纪律,八项注意",还具体规定"一尊四要四不"。其内容是:尊重少数民族的风俗习惯;要严格执行对藏族的民族政策,不进住藏民的喇嘛寺;要严格执行回民政策,不在回民家吃大荤;要宣传实行政教分离,不干涉少数民族的宗教信仰自由;要爱护少数民族农作物,不践踏少数民族的青稞大麦。也有单位规定"四要十不准"和其他一些要求,内容都是有关同少数民族搞好关系、严格遵守群众纪律问题。部队为使少数民族认识红军与过去任何军队不相同,使其了解红军的性质、宗旨和政策,付出了极大的努力,但这又是必须做到的。为了这些,我们的一些地方工作人员还穿起少数民族的服装,吃糌粑用手抓而不用筷子,刻苦学习少数民族的语言……同部队一样严格遵守纪律执行政策。

经过一段艰苦的工作后,少数民族逐渐认识到汉、藏、回、羌、彝各民族本是一家,都是平等的。随着工作不断深入,少数民族广大群众不再把红军当敌人了。在共同劳动之余,大家还一起跳起我们红军从来没有见到过的藏族集体舞。那翩翩多姿的舞蹈,那嘹亮雄壮的歌声,使我们红军感受到了另一个异乡的可爱,而久久不能忘怀。

一九三五年九月,由于张国焘南下方针的错误,红四方面军进入了川康边少数民族地区。这里也是人稀物寡。大军到此,不可避免地形成了军民争食的状况。面对这种情况,我们认真总结了进入川康以来的工作,特别是吸取了红一方面军很多地方工作的经验,在进一步加强对部队进行政策教育的同时,开展了对少数民族上层的统一战线工作。红军进入西康之道孚、炉霍、甘孜等县后,又成立了少数民族政府,即"波巴依得瓦"政府。所有红军控制的懋功、丹巴、绥靖、崇化、道孚、炉霍、甘孜等县均成立了中共县委和县苏维埃政府或县革命委员会。县政府中吸收了当地的一些少数民族人士参加工作。

在经济文化落后的少数民族地区开展工作,我们没有去搞阶级斗争,去反对土司头人,而是团结少数民族全体来反对我们共同的敌人——军阀封建势力和帝国主义的压迫剥削。一些土司头人是较有文化、有见识的,也乐于接受我们的主张。如我们在西康省的炉霍、甘孜等县,与甘南的德格土司订立了"互不侵犯协定"。又如我们俘虏了国民党政府派赴甘孜等地活动的所谓"蒙藏委员会"副委员长诺那呼克图(活佛中的尊称),我们优待他、争取他,并礼送出境,事后对我们工作的开展起了良好的作用,在群众中的影响也很大。再如我们红三十军,在西康绒坝岔地区战斗中俘虏的叶巴(土司头人下面管军事的官员)名叫夏格刀登,红军对他耐心作争取工作,请他到甘孜,受到军政治委员李先念同志的接见。结果,同他订了"和约",还请他到"波巴依得瓦"政府参加工作。所有这些,都大大改善了我们与藏族群众的关系。我们对少数反动的民族武装一般不采取军事打击，而主要采取政治争取的办法。只有在说服无效而又危及我安全时，才坚决予以反击。如我主力南下四川天（全）、芦（山）、雅（安）一带，留在后方的大金川省委遭到国民党和藏族反动派一千多人的进攻，大金川省委组织机关人员、政府警卫营、野战军的两个营和金川独立团一个营，共一千多人的武装，在省军事部余洪远同志指挥下，先后两仗，把来犯之敌歼灭，随之又开展政治攻势，瓦解了很多敌人。这就把军事打击与政治争取密切结合起来了。

一九三六年五月，方面军总部总结了在少数民族地区的工作经验教训，特又制定了《藏回地区工作须知》，还分别发布了《藏区十要十不要》、《回区十要十不要》有关政策的具体规定，对改善部队和少数民族关系起了很好的作用。

由于红军和地方党的共同努力和统一战线工作的展开，川康边地区的少数民族群众虽很贫困，但还是竭力承受了对红军的供给需要，使部队的物资供应基本有了保障。一九三六年七月，当红四方面军迎接红二、六军团，在西康甘孜、理瑭会师时，红四方面军已充分准备了几百万斤粮食和牛、羊、盐、油等物，整个供应还算可以。这众多的红军部队，在这高原艰苦的地方，由于少数民族的支持，保障了两个方面军的供应，并得以过草地北上长征，这是一个很大的成绩。在红军离开炉霍、甘孜时，一批重伤病员实在不能走，地方群众给以有力掩护并安置下来。

在群众工作和统一战线工作巩固发展的情况下，各县一直到省均建立了军事部。干部来自老区或由军队抽调，并发动少数民族参加地方游击队。当时，有的县还成立了"百姓联合会"、"青年队"、"姊妹团"等群众组织。特别难忘的是，在大金川丹巴县，我们争取了藏族土司头人郎中和他的儿子马骏的支持，成立了三个团有两千多人的少数民族武装——红军独立第二师，马骏任师长，我任政委。该师为过往主力红军筹集大批粮食，并警戒长达一百多公里的哨卡交通线，与反动武装打过几次仗。这支部队后来还参加了长征，许多同志到了陕北，成长为党的高级干部，如天宝等一批少数民族高级干部。另在大金川绥靖县，还成立了少数民族武装红军独立第一师，也起了不少作用。

马骏同志是一位英俊的青年，高高的个子，身子很魁梧，一双闪亮的大眼显露出诚恳和开朗。他会一口流利的汉语，有较深广的学识。有一次，我问他："如果将来全国都解放了，你父亲还当头人吗？"

他笑笑说："这要由人民安排，他能被人民信任，会干的，不过——他说他年纪大了，让年轻人来干。"

在独立二师，我们俩结下了深厚的友谊。可恨的是，张国焘主观怀疑马骏同志

611

## 红色记忆
—— 红军长征在藏族地区及其当代启示

不愿长征，竟将马骏同志杀害了。

一九三六年七月后，我们奉命北上，继续向陕北长征。在长征路上，我进入了红军大学学习。一天，我们刚刚踏入草地，忽听后面有人呼唤着："李政委！李——政——委……"

我转过身去，只见几个藏族战士兴致勃勃地向我跑来。他们满脸的朝气，一双双眼睛热情地望着我，我一时懵住了。

"你是——独二师，李政委。"一个战士用不大熟练的汉语说着，便拉起了我的手。

我仔细打量着这位战士，好像在什么地方见过，面孔和神态是那么熟悉。

我认出来了，他是抬担架的那个战士。

那是一九三六年六月，我带领红军独立第二师师部警卫连和另一个连队去进剿刘文辉的残部时，刚进山，一颗子弹就打中了我的左腿。当我从昏迷中醒来时，才发现自己躺在担架上，抬着我的竟是两名藏族青年战士。顿时，我的眼睛湿润了。

这两位藏族青年，同许许多多的藏族青年一样，朴实可爱。在红军到达他们家乡的日子里，他们总是骑着马，跑出很远来迎接部队，还用那不太熟练的汉语说："欢迎红军！"我们就是在那时认识的。后来成立了波巴政府，他俩都参加了青年团，阶级觉悟提高得很快，对反压迫、反剥削、求解放的道理理解得很快。不久，他俩就自愿参加了独立第二师。

算来我们分开的时间并不很长，但却像"久别重逢"似的，大家都有说不出的亲热、高兴。临别时，他把自己身上的干粮袋取下来，将仅有的几块牛肉干要分一半给我。我再三推让。最后，还是收下了几块。

我们又分别在各自的单位里长征了。但在我的心中却永远忘不了川康地区的少数民族同胞。

红四方面军在川康少数民族地区一年多的时间，成了迎接红一方面军又迎接红二方面军的一座桥梁，而川康地区的少数民族便是这一桥梁的基石。虽然张国焘的错误使我们深受其害，但是川康少数民族曾支持了红军，使我们终于胜利完成了长征。光荣的川康少数民族对红军万里长征作出了伟大贡献，将永远铭刻在中国人民革命的历史纪念册上。

（原载《红军长征回忆史料》(2)，解放军出版社 1992 年 9 月版）

附 录

# 忆红四方面军的兵站工作

吴先恩

一九三五年春，红四方面军退出战斗了四年的川陕根据地，强渡嘉陵江西进，准备到川西北与红一方面军会师。

六月中旬，四方面军的三十军与一方面军在懋功胜利会师，粉碎了蒋介石妄图阻止一、四方面军会师的恶毒计划。如果按照预定设想，两支主力红军合力挥师北上，那中国革命定会出现一个前所未有的大好局面。但是，由于张国焘的分裂活动，使四方面军在北起阿坝，南到天全、芦山，西到甘孜的川西北与西康东部一带盘桓了一年半，不仅使部队大量减员，遭受巨大损失，而且给后勤保障工作带来了极大的困难。

这是一段艰苦异常的日子，部队几次翻过雪山，三次穿越草地。后勤战线的广大干部战士，想方设法为部队筹集粮食和物资，克服重重困难运送伤病员，为红军主力（包括一、二方面军）长征的胜利做出了贡献。青山处处埋忠骨，许多同志献出了宝贵的生命。他们的名字鲜为人知，但他们的业绩应永垂青史。

一

三月，部队开始长征后，控制了嘉陵江与涪江之间的广大地区，继而向西——岷江地区进击。兵马未动，粮草先行。我作为方面军经理部军需处长兼前方办事处主任，一直随前线部队行动，负责筹集粮食和物资。四川素有"天府之国"之称，这一带又接近四川盆地的中心，气候宜人，物产丰富。部队边打边走，随口就粮，基本沿用缴获、打土豪征集粮食的办法，部队的供应状况还是好的。

五月上旬，部队先后撤出彰明、江油、青川、平武地区，向岷江地区西进。中旬，相继占领了松潘、汶川、理番（今理县）、茂县（今茂汶羌族自治县）。此地是川北高原，是青藏高原的一部分，一般在海拔三千米以上，空气稀薄。天气是一时晴，一时雨；一会是大雨瓢泼，一会又是狂风冰雹，一天几变。这种恶劣气候，我走了那么多地方，还是第一次见到。

对于我们来说，地势、气候等困难还都不是主要的。这一带是人烟罕迹的大草原，又是以藏族为主的多种民族杂居地区。当地居民除种少量青稞外，基本上过的是游牧生活，征集物资、粮食本来就有困难，再加上历代反动统治阶级推行大汉族主义，造成了很深的民族隔阂，少数民族，特别是他们的上层人物，对红军的到来

### 红色记忆
——红军长征在藏族地区及其当代启示

是存有戒心的。为了在这里站稳脚跟，避免造成民族摩擦，方面军总部做出决定，一定要尊重少数民族的风俗习惯，特别是不得随意进入喇嘛寺。这项决定，对部队来说不算什么，可对于我们这些搞吃穿的后勤部门的同志来说，无疑带来了更大的困难。藏族，是政教合一的民族，寺庙是藏胞的圣地，不仅享有宗教大权，也是政治、经济和文化的中心。据我们了解的情况，寺庙除了屯集大量粮食外，还有为数不少的牛羊。不进喇嘛寺，到哪去搞那么多的粮食？

当时，整个方面军尚有正规部队五个军十一个师，连同地方武装和随军行动的地方党政机关、学校及军工工厂职工在内，共约十万人。要管这么多人的吃穿，还要为一方面军的到来做准备，如何解决这一个又一个矛盾，成了我们后勤工作同志的一块心病。

当部队行进距理番县城杂谷脑大约五十多里的一个村庄时，方面军总政治部副主任张琴秋同志来电话，通知我去开会。会的规模不大，是专门研究部队的供给问题的。记得除张琴秋同志外，还有方面军经理部部长郑义斋、三十三军军长王维舟等同志。我们分析了形势，认为这里虽然偏僻，但物产还是富足的。对汉人地主的财物我们当然还可继续采取没收的办法，但对少数民族的头人，特别是权力很大的寺庙也采取这种办法，势必使原来已很深的民族矛盾更加激化，从而使我们在这一带无法立足。张琴秋同志说，寺庙对藏胞有剥削压迫的一面，但长期受汉人反动统治阶级的欺侮，只要我们坚决贯彻执行党的民族政策，是完全可以争取他们中立乃至对我们支持的。因此，改变过去靠缴获、打土豪的方式，采用购买的办法来解决部队供应问题，不是行不通的。面对新的形势，我们建议总部设置一个兵站部，直属总部领导，统筹解决部队供应问题，并尽快派一个高级代表团去和寺院谈判。

很快，总部下达了成立兵站部的命令，并任命我担任部长，张雨滴同志为政治委员。张也是湖北黄安人，当时已四十多岁，在我们中间年龄算较大的。他从小就给地主当长工。参加红军后，一直在后勤战线工作。为了搞好兵站工作，他经常深入部队，征求意见，了解情况，勤勤恳恳、任劳任怨，可惜，由于积劳成疾，在翻越党岭山时不幸牺牲了。兵站部的人员，以原来军需处和前方办事处的同志为主，并从部队调了一些同志组成。任务主要有三条：一是筹备粮食物资，二是转运伤员，三是管理枪支弹药。随着形势的发展，兵站部还先后在道孚、炉霍、甘孜等地设置分部，开展工作，为部队筹集了大批物资。不久，成立了波巴依得瓦政府（藏族人民政府），邵式平同志任主席，何长工同志任粮食部长。这样，筹集粮食和物资的工作就由地方政府担负起来，兵站部就只负责运送伤员和管理弹药这两项任务了。

兵站部成立后，总部又批准了去喇嘛寺谈判的建议，指定张琴秋、王维舟和我为代表去完成这个任务。当地的头人把我们的愿望转达给杂谷脑喇嘛寺。寺院同意我们前往，但不准带部队和武器。经过简单的筹备，我们三人和通司（翻译）带着礼物，计五百块银元，藏民最需要的棍子茶和盐巴各千余斤，去进行了这次不平常的"朝圣"。

二

对于这次谈判能否成功，我是没有多大把握的。好在负责的是张琴秋、王维舟二位同志。别看张琴秋是个女同志，但很能干，也很有水平。她曾去苏联学习过，有一定的外交经验。王维舟同志年纪较大，我们都称他王老。他是四川人，对当地的民情风俗较了解。因此，我们商定，谈判以张琴秋同志为主，王维舟同志为辅，如果谈判顺利，则由我负责和对方交涉价格、付货方式、地点等具体事宜。

杂谷脑的喇嘛寺是个有相当规模的寺院，不仅是理县各地小寺院的中心，而且是邻近几个县较大的一个。我们来到寺院后，按照藏族习惯向喇嘛们献上了哈达和礼物，并参拜了只有六七岁的小活佛。他们对我们的接待也是很隆重的。经过一阵寒暄之后，开始了谈判。从交谈中可以听出，他们对部队到这一带后能够尊重他们民族的习惯还是满意的，但对这种状态能否持久下去则有疑虑。张琴秋同志力陈了我党、我军的民族政策和宗教政策。王维舟同志则以军事长官的名义向他们担保，如发生侵犯藏族利益和违反宗教规定的事件，请他们及时向我军报告，或由我们对肇事者进行严惩，或由他们按民族惯例进行惩处。并表示，对所需物资一律用银元结算，按商定的价格，一手交钱，一手交货，实行公平交易。诚恳的态度，终于打消了他们的顾虑，答应供应我们青稞、牛羊等物资。但是在数量的多少上，双方分歧很大。根据掌握的情况，他们的粮食、牛羊都是不少的，但答应卖给我们的数量却很少。我们想尽量多买些，以保证部队的需要。从上午到下午都谈不拢。后来我和张琴秋、王维舟同志商议，认为这次谈判主要是摸索经验，为今后开展工作打下基础，不宜搞僵。因此，我们主动作了些让步，他们也同意增加一些数量，达成了成交牦牛一千头、羊三万只、青稞麦和炒面四十五万斤的协议。同时，我们也答应供应藏民比较缺乏的茶叶、盐巴和日用品。

这次谈判的成功，其意义不仅在于搞到了一些物资，更主要的是取得了经验，找到了一条在少数民族地区解决供应问题的有效途径。总部立即转发了这次经验，通知各部队都用这种办法，以军、政、后首长组成代表团，和当地的寺院及藏族头面人物进行谈判，筹集物资，并将结果和搞到物资的数量报告兵站部。很快，各部队都行动起来了。杂谷脑喇嘛寺也将我军尊重他们民族习惯和严守纪律的事实告知了其他寺院。因而谈判总的来说是顺利的，各部队都买到了不少物资。由于条件不同，有的部队所在地域比较富些，搞到的青稞和牛羊就多些，有的部队驻地比较贫瘠或谈判不顺利，搞到的东西就少些。对此，兵站部根据各部队人员情况进行调剂。虽然大家都知道粮食和物资关系到部队和每个人的生死，但都能顾全大局，如实上报，没有一支部队隐瞒，也没有一支部队对调出物资提出异议。

但是，并不是每次谈判都取得成功。在上阿坝，有两个相邻的寨子，由于头人受了国民党特务的挑唆，不仅拒绝与我们谈判，而且多次对我军进行袭扰。奉总部命令，由我出面和他们再次进行谈判。为了防止不测，这次我带去了一个加强连。我们首先到了那个较小的寨子，进去后才发觉是一座空寨。我知道中了埋伏，立即命令撤退，可是已经来不及了，四面山上的牛角号响成了一片，子弹雨点般的打来，我们只好依托寨子进行抵抗。我看实在突不出去，就派几个同志趁黑夜摸出去报信。九军政委陈海松同志闻讯后，带了一个团，才把我们接了出去。这次不仅没有搞到粮食，还伤亡了十几个同志。

### 三

一、四两个方面军会师后，中革军委根据两河口会议所确定的战略方针，于六月底拟定了《松潘战役计划》。后由于张国焘干扰和敌人兵力集中，我军丧失了歼灭胡宗南部和控制松潘地区的有利战机，遂决定放弃攻打松潘的部署，改为执行夏洮战役计划。于是红军不得不穿越自然条件极为恶劣的松潘水草地出甘陕。

松潘水草地，纵横数百里，是个神秘的地方，自古以来杳无人烟。草地上空阴森迷蒙，气候变化莫测，地上遍地沼泽，茂密的草下尽是深不可测的烂泥，只有细细寻找才能找到可行之路，稍不留意就有"人陷不见头，马陷不见颔"之危。

在这次行动中，我带兵站部随左路军行动。兵站部一分部部长程儒珍同志带领部分同志随右路军行动。各部队都将已筹集的粮食和牛羊制成炒面和肉干，以备路上食用。

左、右两路军于八月十五日和二十日分别向阿坝和班佑地区挺进。经过近一个星期的艰苦行军，右路军终于通过了被人称为绝境的草地。我们左路军也已到达阿坝地区，右路军穿过草地后，忍着饥饿和疲劳，在包座歼敌五千余人，缴获了大批武器弹药以及粮食、牛羊等。正当右路军等待左路军前去会合时，张国焘公然违抗中央命令，不仅令左路军按兵不动，并令右路军南下。这样，右路军中的红一方面军不得不单独北上。在四方面军所属部队南下时，程儒珍同志和兵站部的同志除将部分物资分发给部队外，又在部队的帮助下，克服重重困难，带着粮食和弹药，再次穿过水草地，返回阿坝。这些粮食和左路军在当地征购的部分被集中到阿坝后，作为预防不测和突发事件的储备，由兵站部掌握起来。到一九三六年七月，红四方面军和红二方面军会合，战胜张国焘的分裂活动，决定继续北上后，这些东西又拿出来，一部分调剂给了红二方面军，一部分下发部队，保证了整个部队再次穿过水草地。

四

从一九三五年五月至一九三六年七月，部队在川康地区活动了一年多点时间，忽而南下，忽而北上，分散在数百公里的高原上。在这种情况下，部队的衣食全靠兵站部包下来是不可能的。兵站部除掌握一定数量的机动物资外，日常工作主要是为部队调剂余缺，制定发放标准，推广经验。部队的日常供应，主要是靠各部队自己解决。红军所以能克服重重困难，是与领导的亲切关怀和战士们的创造精神分不开的。

在这一段时间里，徐向前同志一直在前面活动。我和他见面不多，但他对兵站部的工作还是经常关心的。一九三六年七月，大约是我们撤离甘孜后一次行军时我们碰到了一起。他问我："怎么样，困难不少吧？"我如实地回答："主要是伤员太多，吃的不好搞。"他感慨地说："是呀，部队损失不小啊，又遇到这么个鬼地方，你身上的担子不轻啊！"当时，我对张国焘进行分裂活动情况还不甚了解。现在回想起来，他对张国焘不执行中央北上方针的做法是非常不满的。他说："有什么困难，可以找部队，我已和他们都打了招呼，也可直接请示朱总司令，他会帮助你们的。"

事实上，兵站部一直在朱总司令的领导下工作。他不仅给我们的工作作了许多重要的指示，而且帮助我们解决了不少具体困难。

一九三五年八月中旬，左路军在朱总司令的率领下到了阿坝，准备沿右路军的行军路线穿越水草地。我正忙着为部队筹备过草地的物资，朱总司令派人把我找去。一见面，他就风趣地说："要过水草地了，你这个管粮草的准备得怎么样了？"我回答说："粮食和肉干已按规定的数额分配给部队。根据工作性质不同，我们规定了每人每天的定量。"他又详细询问了是怎样规定的。我说："战斗部队的战斗员和担架员最多，每人每天六两（旧制十六两秤），伤员每人每天也是六两，机关干部和勤杂人员每人每天四两。"他听了点点头说："干部嘛就要吃苦在前．享受在后。"他又问我："这些够了吗？"我说："每人每天还有不少牛羊肉做的肉干，估计问题不大。"谁知，听了这话，他脸上的笑容消失了，严肃地说："问题不大？看来你们还是蛮轻松的。估计可不行噢。同志，这块地方我到过。水草地跟我们脚下的草原可不同，到处是烂泥塘，气候变化无常，什么困难都可能遇到。你们要把困难想得多些，想些应急办法才行啊！"接着他拿出一个厚厚的本子说："我助你一臂之力吧。"他掂着本子又说："这可是我保存了多年的宝贝，是个大粮库啊！"听了这话，

### 红色记忆
——红军长征在藏族地区及其当代启示

我一时懵了。一个本子怎么会是粮库呢？打开一看，真是喜出望外，原来是各种各样的野菜标本。

听当地藏民同胞讲，水草地里有的地方水有毒，一些植物也有毒，搞不好就会丧命。总司令这个本子里，不仅有可吃野菜的标本，还有一些毒草的标本。这可真的解决了大问题。回到兵站部，我们将标本进行了复制，并通知每个师来一个人，进行了识别野菜的培训。培训的办法很简单，人员集中后，先对大家进行简单的动员，把朱总司令在草地见到的情况向大家作了介绍，然后就到山上对照标本采集。回来后以百分之八十的野菜加百分之二十的青稞煮一大锅，每人吃一碗。这个地方几乎没有蔬菜，几个月来吃的多是酥油、糌粑、炒面和牛羊肉，所以大家尝了以后有的说好吃，有的说味道不错。待做到每人都能确认后，就让他们将复制的标本和采集的鲜野菜带回去，照此办法逐级培训，要求务必做到全军每人都能正确识别。

由于张国焘的分裂活动，我们左路军未能按计划北上，但这次培训还是起了作用的。以后，我们在这一带活动了一年，为了不与民争粮，有的部队就只好靠野菜度日，后来真的过水草地时，它的作用更加显示出来。整天在泥水里行军，靠每人每天几两粮食是根本不行的。每到休息时大家就自动到周围去寻挖野菜。靠着这些野菜，挽救了不少同志的生命。

这一带地处高原，气候本来就恶劣，如果在雪山、草地，气候对每个人的影响就更大。战士们衣单鞋缺，有的走着走着就栽倒了，许多同志再也没有醒过来，长眠在这块土地上。后来，我们慢慢地取得了一些经验，多准备些辣椒、胡椒，遇到这种情况，就喝点辣椒水，抵御寒气，或在鼻子里撒点胡椒面，打个喷嚏，清醒一下。不要小看这些土办法，还真派上了大用场，救了不少人的命。

吃，是我们行军中的第一个大难题；穿，则是第二个大难题。在这方面，战士们发挥了极大的创造性。

经过行军、打仗，战士们退出川陕根据地时带的衣服已基本穿烂，鞋子也已磨穿，靠着草鞋虽然能够走路，但却无法抵御高原的寒冷。我们从藏族同胞那里买了不少毡子发到部队，战士们就用牛羊皮板包起来，做成"鞋子"，总算解决了"鞋"的问题。至于穿，我们曾设想买一部分蒙自布（藏民织的一种土布），但搞到的很少。这里不出产棉花，但盛产羊毛。由于交通闭塞，许多藏民家里和喇嘛寺，都有不少存货。我们买来后，发动战士自己加工。买来的羊毛较硬，当时又没有加工工具，战士们便把羊毛摊在地上，用红柳条抽打软了以后再纺成毛绳（由于加工粗糙，只能说它是绳，而不能称之为线），再织成毛衣、毛裤、毛袜和毛手套。还有些战士，更是别出心裁，他们把牛羊皮剪成两块板，搞些羊毛厚厚地铺一层，再用柳条或羊毛绳固定，胸前一块，后背一块，就成了一件御寒的背心。时间一长，"鞋子"磨穿了，背心穿破了。就这些破烂，战士们也舍不得扔掉，细心地保存起来，后来过草地断粮时，才拿出来把它煮烂，成了救命粮，真是做到了物尽其用。

## 五

当张国焘违抗中央命令，带着四方面军的部队南下时，中央曾连电张国焘，再三指出："目前方针只有北上是出路，向南则敌情、地形、居民、给养都对我极端不利，将要使红军受空前未有之困难环境。"后来事实证明这个预见是非常正确的。川康地区地广人稀，农作物很少，数万部队在这一带停留，短期尚可，长期征战，不能不给部队的供给带来极大的困难。我们搞供给工作的同志尽管作了最大努力，仍然不能满足部队需要。刚到川西北时，还能购买到一些粮食和牛羊。随着时间的推移，不但这些越来越难搞到了，就连野菜也越挖越少。特别是一九三五年冬季，困难更大。部队之所以能克服物质上遇到的一个又一个困难，是靠革命军队那种一往无前的精神，靠部队与部队、战友与战友之间的阶级友爱、团结协作。

在与一方面军会师之前，总部就号召全军指战员每人送给老大哥部队战友每人一件礼物。我们设在杂谷脑的兵站除通知各部队的供给部门负责为将到达的一方面军部队准备物资外，自己也为此准备了二十来万斤青稞、一万多头牛羊。战士们都积极行动起来，有的打草鞋，有的织毛袜、手套，还有的把随身携带的衣物拿出来，准备送给战友们。可惜由于地域广大，两个方面军的许多部队没能见面，所以，准备的东西没能全部交到他们的手中。

一九三六年七月初，红二、六军团排除了千难万险，到达了甘孜地区。在此之前，兵站部设在炉霍、道孚的分部已为他们筹集了不少粮食、牛羊和食盐。各部队也准备了一些物资。当他们到达驻地后，房子已打扫干净，开水也已烧好，一批批由战士们亲手制成的毛衣、毛袜等慰问品送到战友手中，充分显示了兄弟部队的亲密团结。

会合后的二、四方面军分三路共同北上。我们左纵队由朱总司令率领，从甘孜等地出发，经东谷、西倾寺、阿坝准备穿越水草地向包座、班佑前进。到达阿坝后，我们正在为过草地紧张地做准备工作时，朱总司令又一次把我找去，听取关于兵站工作和伤员安置情况的汇报。经过一年的辗转作战，特别是天全、芦山战役后，部队减员很大。除每个军、师、团都组织了担架队外，我们兵站部还担负着运送六百名伤病员的任务。他问我用多少付担架和牲口运送这些伤病员时，我回答只有一百多付担架。他听了摇摇头，问我："你们还有多少牲口？"我说："有二百多匹，但

### 红色记忆
——红军长征在藏族地区及其当代启示

都驮着枪支弹药。"他听到这里时说:"把枪统统毁掉,都用来驮伤员。"看到我面有难色,他关切地问:"有困难吗?"我告诉他,在四方面军毁枪是要受处分的。他说:"现在情况变了,人是最宝贵的,要人不要枪。要是处分你,你就说我决定的。"他看到牲口还不够用,马上给各部队打电话,下令抽调牲口。他还从为自己驮文件的牲口中抽出一匹马给了我们。第二天部队出发前,他还派了两个参谋,检查落实情况。在朱总司令直接关怀和带领下,各部队有两匹牲口的领导同志都抽出一匹,有些年轻力壮的领导同志还轮流骑一匹,把马让给了伤员。靠着部队的支援,我们才得以将伤病员妥善安置,该坐担架的坐担架,能骑牲口的就骑牲口,为顺利通过水草地奠定了基础。

尽管听过朱总司令和其他同志讲水草地的情况,但真的进了水草地,才体验到它的厉害。人们都说这里的气候是属猴的,一天要变多少次,更令人担心的是脚底下,看着是长着茂密的草,挺硬的地,可一踩上去,就会陷下去。遇到这种情况不能慌张,越挣扎越糟糕,只能站着不动,接过别人递过来的扁担或棍子,让战友把你拉上来。稀薄的空气,走一会就累得不行,为了保持体力,我们规定五里一小休息,十里一大休息。每天出发前,要派出一个由干部、战士和炊事员组成的前站组,负责探路。他们一路作出路标,部队就沿着他们作出的记号,踩着前人的脚印,摸索着前进。打前站的同志很辛苦,在路上要找块较干的坡地,支好锅,挖些野菜,放点盐煮一锅,等部队到来。当部队吃饱了,喝好了,还在休息时,前站组的同志又背起锅出发了。在这种艰苦环境下,革命队伍中那种特有的战友间的深厚阶级感情和友爱精神,就越发显出她的光彩。一个人陷了下去,大家都争着抢救。有人病倒了,大家主动搀扶,或用担架抬。记得有个战士,走着走着就晕倒了。等他醒来时,发现自己躺在担架上,抬他的竟是自己的营长。这位战士再也躺不住了,翻身下了担架,恭恭敬敬地给营长敬了个礼,就赶部队去了。我本人在过草地时得了急性痢疾,又吐又泻,烧得糊里糊涂的。多亏了陈明池、吴维继等几个同志硬是用担架抬着我走出了草地。

使我难以忘怀的是那些担架员同志们。无论是翻雪山还是过草地,单人行走都很困难,但他们却要抬着一百多斤重的战友,一步一步地艰难跋涉。每次休息和宿营,他们还要照顾伤病员吃喝,付出的辛苦比常人要多得多。一些同志由于饥饿和过度疲劳,抬着抬着就倒下了,有的同志就再也没有苏醒过来。

看着担架员同志这样辛苦,伤病员同志们也表现了很高的精神境界。在过草地时,发生了一次伤病员集体"罢走"的事件。一天早晨,部队正要出发,突然一位同志向我报告,说伤病员同志都不肯上担架了。我不知是怎么回事,立即赶到现场,看到担架员连说带拉要伤病员上担架,而伤病员却挣扎着死活不肯,双方正争得不可开交。看到我来了,一位伤病员代表对我说:"首长,不能再拖累同志们了。我们都商量好了,给我们留下点武器,如果找到人家,我们就在这一带打游击。如果找不到人家,甩掉我们这些包袱,给同志们减轻点负担,也算是为革命尽了最后一点力。"听了这话,我鼻子一酸,泪水直在眼圈里打转。我们怎么能把他们丢下呢?我强忍着泪进行了说服工作,但无济于事。我一看软的不行,就只好来硬的,命令他们上担架。这时,伤病员们提出了一条要求,允许他们每天把自己的口粮分给担架员一些,否则就违抗命令也不上担架。望着这些可爱的战友,我只好答应了他们的要求,平息了这场"风波"。

八月初,我们克服了重重困难,终于胜利地穿过了水草地,到达了包座,进而继续挥师向甘南地区北进。又经过两个多月的征战,于十月在甘南会宁地区和一方面军胜利会师。这次是他们迎接我们了。为了我们的到来,一方面军的战友们准备了大批慰问品,送来了毛衣、毛袜等日用品,还有大批肉和蔬菜。看着这些丰盛的衣物,我这个管了多年物资的老后勤眼睛也湿润了。为了这一天,我们经历了多少曲折,克服了多少艰难困苦,又有多少同志倒下了。但是,我们毕竟胜利了。铁的事实说明,无论是敌人的围追堵截,无论是恶劣的自然环境,还是张国焘的分裂活动,都不能阻挠我们前进的步伐。中国共产党领导下的工农红军是不可战胜的!

(原载《红军长征回忆史料》(2),解放军出版社1992年9月版)

# 附录四  红军长征中的部分藏族人物

（按姓名汉语拼音排列）

## 目　录

| | |
|---|---|
| 蔡金廷……………………623 | 孟特尔……………………639 |
| 格达活佛…………………623 | 孟先发……………………641 |
| 高基达……………………626 | 沙纳………………………642 |
| 顾清廷……………………627 | 天宝………………………643 |
| 胡宗林……………………627 | 王寿才……………………645 |
| 姜秀英……………………629 | 王兴发……………………646 |
| 姜萍………………………629 | 席元春……………………647 |
| 甲尔格·捷克生…………631 | 席元华……………………648 |
| 卡格尔·江根……………632 | 杨东生……………………648 |
| 克基………………………634 | 杨金莲……………………651 |
| 喇嘛拉波…………………634 | 杨积庆……………………652 |
| 梁跃堂……………………635 | 杨秀英……………………653 |
| 罗真荣……………………637 | 袁孝刚……………………654 |
| 罗树生……………………637 | 扎喜旺徐…………………655 |
| 马骏………………………638 | |

# 附　录

## 蔡金廷（1918—）

蔡金廷，男，1918年出生于四川省理番即今阿坝州理县朴头乡朴头村。

年幼时父亲去世后母亲改嫁，一家搬进梭罗沟帮工。1935年6月，红军到梭罗沟宣传，他就参加了红军，分在三十军后勤经理处当通司（翻译）。1936年在金川时编入七七一团，再过草地，年底到了陕甘边界。1938年在河北攻县入党。1940年他到延安，参加过南泥湾开荒，并自办肥皂厂、酒厂，努力生产自给。1945年，日本投降后他随部队到东北，先后在哈尔滨、长春、佳木斯一带驻防，并调任汽车队当大队长。

1949年蔡金廷南下转地方工作，在四川富顺县当财政科长。1952年川西、川东、川南、川北四行署合并时，调成都在省联社（商业厅前身）任科长。1953年到温江工农干校学习，结业后于1957年调阿坝州商业局任局长。后在阿坝州石油公司任支部书记，1980年离休，住都江堰市阿坝州干休所。

## 格达活佛（1903—1950）

1903年，格达活佛降生于四川省甘孜县白利土司辖区德西地村一个穷困家庭。

他的父亲是当地白利土司属下的一名"差巴"[①]。7岁时，他被认定为当地有名的藏传佛教寺庙——白利寺的活佛，取法名为洛桑登真·扎巴他耶。为了学习佛理知识，格达活佛17岁时赴西藏拉萨，进入甘丹寺朝佛苦读。经8年深造，他以出众的学识获得甘丹寺佛学"格西"学位，然后重返甘孜，主持白利寺的各种事务。格达活佛不仅谙熟藏族的宗教、历史、文学、艺术，而且对天文、历算、藏医学等都有较深的造诣。他为人俭朴、公正、廉明，学识渊博，且帮助穷苦群众，深受藏区群众的崇敬和爱戴。他把白利寺所得的布施和其他收入，除寺庙供奉外，大都用来周济附近的穷人。他还经常用藏医药为家乡的群众治病解痛。他是活佛，又是医生，还是诗人、歌手。他创作出的藏族歌曲被群众广为传唱，让人们驱逐寂寞和悲伤。他极富正义感和同情心，痛恨国民党反动派和地方军阀对藏族的民族压迫。一

---

[①] "差巴"是藏语的音译，意为"支差的人"，属于当时藏族地区封建农奴制度下农奴中的一个等级。他可领种一份土地，占有少量的牲畜和农具，但必须给农奴主缴纳租税并无偿地服各种差役；他的人身也依附于农奴主。

### 红色记忆
——红军长征在藏族地区及其当代启示

些遭受迫害、无家可归的藏族群众，经常得到他所在寺院的保护和救济。

1936年春夏，中国工农红军第四方面军和红二、六军团长征来到青藏高原，两大主力就会师于格达活佛所在的甘孜县草原。红军的革命宗旨和民族宗教政策，迅速解除了广大藏族同胞的疑惧。格达活佛见到红军的所作所为，接触了红军将领朱德、刘伯承和贺龙等人。中国共产党的民族宗教政策和朱德等人的非凡谈吐，感召着这位年轻的活佛。他逐渐认定，只有工农红军才是为各民族人民谋利益的军队，只有跟共产党走，藏区群众才能获救，人间才有净土可居。于是，格达活佛走出了他的经楼禅房，投身到人民革命的洪流之中。1936年5月，藏族历史上第一个人民革命政权——中华苏维埃波巴（藏族）自治政府在甘孜县宣告成立。这对灾难深重的藏区群众来说，是一件破天荒的大事。年仅33岁的格达活佛，当选为自治政府的副主席。自治政权的诞生，给在苦难中挣扎的藏区人民带来了光明和希望。作为副主席的格达活佛，以其特殊的身份，向群众宣传党和红军的革命主张和政策。他主持下的白利寺对红军有过突出的贡献。

1936年7月，红二、四方面军继续北上。国民党反动派和封建农奴主还乡团疯狂进行反扑。波巴政府成员和革命积极分子惨遭杀戮。红军离开的第二天，波巴政府的工作人员被杀者即达40余人。惨案发生后，格达活佛十分震惊。他挺身而出与敌人进行各种形式的斗争。他先以自己在宗教界的地位和身份，与大金寺、甘孜寺等和统治集团关系密切的首领进行说理、劝阻，力图制止进一步的屠杀行为。同时想方设法保护红军伤员，并组织僧俗群众进行自卫，保护了大量的革命群众。

在那血雨腥风的艰难岁月里，格达活佛曾给桑根寺的活佛桑根顿珠写了一封充满激情的信，表达他坚定不移的信念，并告诫桑根顿珠不要辜负贺龙总指挥的期望。桑根顿珠活佛接信后，立即向在森林中苦斗的红军伤病员转达了格达活佛的信息。在以格达活佛为代表的藏族僧俗群众齐心努力下，红军北上后留在康藏草原的三千余名伤病员，绝大多数得到救护或得以安全转移。

由于格达活佛在甘孜藏族群众中的声望和地位，国民党反动派一时不敢对他下毒手，而是改以威逼利诱的手法，主动要封给他种种官衔如"民意代表""国民党党员"等头衔。但是格达活佛严词拒绝了国民党反动当局的种种利诱，并公开以自己是"红军方面的人"而自豪，显示了高尚的革命气节和民族尊严。后来，为了避免反动派的纠缠和迫害，格达活佛带着红军和波巴政府留下的文件，告别家乡，悄悄地出走西藏拉萨避难。

1949年冬天，中华人民共和国诞生的喜讯传到藏区。格达活佛率先与波巴政府时期共过忧患的战友夏克刀登、邦达多吉一起派代表穿过敌人的严密封锁线，绕道青海、甘肃赴京向毛主席、朱总司令、周总理献旗致敬,表达藏区群众盼望解放的心愿。1950年春,西康重镇康定解放后,格达在甘孜县召开了三千人的庆祝大会,并组织代表团赴康定欢迎解放军。西南军政委员会成立后,他被任命为委员兼西南民族事务委员会委员;西康省人民政府成立时,他又当选为政府副主席兼康定军事管制委员会副主任;1950年6月举行的中国人民政协全国委员会第二次会议,他被聘为特邀代表,毛主席、朱总司令电邀他赴京出席盛会、共商国家大事。

恰恰就在这段时期,英美帝国主义和印度反动派加紧分裂中国,进行各种干扰西藏解放的活动。在他们的策划下,1949年夏,西藏拉萨发生了所谓"驱汉事件",企图断绝西藏与祖国的联系,阻止人民解放军进驻西藏。1950年7月,中央人民政府派遣格达活佛前往西藏进行规劝,以消除西藏地方政府(噶厦)对中央人民政府的一切误解,实现西藏的和平解放。为了完成这项重任,7月10日,格达活佛毅然奔赴拉萨。一路上,他不断向藏族僧俗群众宣传中央人民政府的政策法令,还宣传了中央人民政府维持西藏现行制度与一切改革事宜由西藏人民及领导人协商解决的决策,劝说喇嘛寺及头人、官兵不要与人民解放军为敌,汉藏民族必须紧密团结等。

7月24日,格达活佛抵达昌都,立即受到英国驻昌都电台台长福特(实为间谍)的阻挠。滞留昌都期间,他曾亲往西藏地方政府派驻昌都的"西藏边使府"(总管府),苦口婆心地宣传中国人民政协通过的《共同纲领》和党的民族宗教政策,未得要领。8月13日,格达拟用电报直接与拉萨西藏地方政府协商,拟致电拉萨友人,请为西藏和平解放出力。福特以茶"款待",格达活佛饮茶后,头痛、腹痛不止,并被软禁在福特家里,连随行人员和亲信弟子都难以接近。但他仍然念念不忘西藏的解放,想尽办法与身边的人说:"解放军和藏区群众是一家人,我们应帮助解放军解放西藏,能为西藏解放出力,我死也不悔。"他充满着对共产党、人民政府的信任。延至8月21日,昌都总管拉鲁派私人医师前往进行"诊断",并给格达恢复服用了一剂药。格达活佛服药后当即不能言语。8月22日午前,格达活佛圆寂,年仅47岁。他"去世后,全身发黑,口吐黄水,鼻孔流血流脓,皮肤裂口"。福特等很快将格达活佛遗体焚毁,并将随行人员一起押送拉萨"主持超度"。向家乡报丧的人员也被阻滞到同年10月昌都解放后才得以返回甘孜县。

1950年11月25日,在重庆市为格达活佛举行了隆重的追悼大会。中共中央西南局、西南军政委员会、西南军区的负责人邓小平、王维舟、李达、张际春、梁聚五等亲临大会致哀。出席追悼大会的各族各界代表共八百余人,一致决心以解放西藏的实际行动来告慰英灵。同一天,中共中央西南局机关报《新华日报》发表了《西藏一定要解放——悼念格达活佛》的社论和贺龙同志撰写的《悼格达委员》的纪念文章。曾经和格达在甘孜高原共过患难的西南军政委员会主席刘伯承将军赠送的挽联，颂扬了他的伟大历史功绩：

具无畏精神，功烈允垂民族史；增几多悲愤，追思应续国殇篇。

西南军区司令员贺龙、政委邓小平送的挽幛，高度赞扬了他的献身精神：

为和平解放西藏，惨遭帝国主义和反动分子的毒害而光荣殉国的格达委员永垂不朽！

1951年5月23日，《中央人民政府和西藏地方政府关于和平解放西藏办法的协议》签字生效，西藏和平解放了。格达活佛生前为之奋斗而未竟的事业，得以实现。党和政府派人将格达活佛的骨灰从昌都运回其故乡甘孜县，安葬在那苍松翠柏绿杨环绕、肃穆、幽静而美丽的白利古寺之中。

### 高基达（1916—1992）

高基达，男，1916年3月出生于四川省松潘县一户农民家庭。

1935年5月，红军长征来到他的家乡，19岁的高基达参加了红军，成为红军某警卫连的战士，跟随红军走完了长征，胜利到达陕北。高基达于1936年10月加入中国共产党。

抗日战争时期，他先后担任八路军一一五师警卫连班长，八路军冀鲁豫军区湖西军分区七支队一连排长，湖西军分区炸弹所工人、副班长、班长、排长、副所长、所长。

解放战争时期，他先后任解放军平源军区军政干校队长、华北军区后勤部五分院总务股长，运输科科长、器材库库长。

新中国成立后，高基达先后任西藏军区后勤部运输科科长，昌都营业所主任，成都桥梁工程处招待所所长、行政科科长，重庆船厂总务科副科长、基建科科长。1972年12月退休。

在长期的革命生涯中，他主要从事警卫工作和后勤工作，服从命令、工作认真，多次受到表彰和奖励。1992 年 8 月 5 日，他因病在重庆逝世。

### 顾清廷（1919—2004）

顾清廷，又名水生，男，藏族，1919 年 9 月生于四川理县朴头乡朴头村。

1935 年 8 月，顾清廷参加苏维埃少先队，后随红军参加长征，编入红四军三团团部当通讯员。由于张国焘的分裂主义，致使两过草地。在西渡黄河期间，发生了"西安事变"。他所在部队被编入十八集团军一二九师，他先在供给部工作，后在通县、左权县一带任供给部警卫班班长，1938 年 8 月加入中国共产党，1939 年成立晋南银行时，调晋南银行，主要担任监印钞票、押运钞票等重要工作，直至日本投降。

1949 年调入北京，年底他随部队南下，在总行驻重庆招待所任所长。1950 年 7 月，顾清廷调茂县专区理县银行任副行长，不久调任杂谷脑区为区长，1951 年调来苏区（后改米亚罗区）任副区长、区长。进军"四土"开辟米亚罗工作时，他任支前委员会主任，1953 年去眉山进修一年。1954 年阿坝藏族自治州（今阿坝藏族羌族自治州）成立，顾清廷调州政府，先后任过行政科主任、办公室主任、副秘书长，1957 年调马尔康县任县长、县委副书记等职，1964 年又调回州政府任副秘书长、办公室主任职，1979 年离休后住都江堰市阿坝州干休所，2004 年去世。

### 胡宗林（1920—2015）

胡宗林，藏名仁钦索朗，男，1920 年 1 月出生于四川省理县薛城乡甲米寨。

他三岁时，父亲去世，母亲改嫁。为家庭生活所迫，从小便替人放羊，长大了就外出帮工以维持生活。1935 年 5 月，中国工农红军第四方面军长征路经理县时参加了红军，分配在三十三军政治部新兵大队。受张国焘分裂活动的影响，致使几经爬雪山，过草地。历尽艰辛。长征路上他曾参加名山战役、天水铺伏击战等较大的战斗。1936 年年底到达陕甘边界与中央红军会合。1936 年 7 月加入中国共产党。

抗日战争国共合作时，胡宗林在国民革命军十八集团军第八路军一二九师三十一团政治部、保卫部等部门工作。曾参加东洋关大战、九路围攻反击战、百团大战、晋东南战役等数次大的战斗。1939 年曾获"抗日民族英雄奖章"，同年调抗

**红色记忆**
——红军长征在藏族地区及其当代启示

胡宗林与爱人张华合影①

大六分校学习，其间兼任刺杀教员。结业后他被分到太行敌后武工队任分队长，参加过冀西高（奕）占（盘）元（氏）怀（陆）攻击战。抗战结束调蒙古骑兵部队一大队任教导员。后调东北，成立冀热地区队（1947年）时任政治部主任兼一营教导员。1948年成立东北抗日联军独立三师，任九团政治部主任，这时参加了著名的辽沈战役。由于当时部队损失大，三师又与八师合并为民主联军十一纵三十三师，他任炮兵营教员，参加了平津战役，获"团结友爱模范"称号。进京时，胡宗林作为中国人民解放军代表，负责改编国民党傅作义的刘华南部，他担任一二三团政治部主任，三个月后又被调回炮兵营，随即南下参加渡江战役。新中国成立时调任师政治部主任，1953年合并到四野二十一兵团，后改为五十五军，仍为师政治部主任。

1954年胡宗林转业到地方工作，在广东粤西区党委垦殖部任组织干部科科长兼雷南县委书记。1959年为开辟西藏工作而调到西藏，任日喀则地委副书记兼山南专区专员、党委副书记。1965年西藏自治区成立时，担任自治区民政厅厅长、党组书记。1979年任自治区人大副主任、党组书记直至1985年离休，离休后住成都西藏干休所。2015年11月11日因病医治无效，在成都逝世，享年96岁。

---

① 照片来源：国家人文历史杂志社编：《我们这些年》，人民日报出版社，2013年4月。

## 附 录

### 姜秀英（1913 —）

姜秀英，女，1913年出生于四川省阿坝小金县木龙乡王家寨。

她15岁时，父亲病逝，母亲带着三个孩子，日子更难煎熬。作为大孩子的秀英，不得不挑起生活重担，到处帮人，甚至走几十里山路去帮别人把地里的庄稼背回来。在家乡实在无法谋生了，她便一路帮人，翻过鹧鸪山直到朴头住下来，给朴头马千总当娃子。为了女儿生计，妈妈把秀英给了杨长命作童养媳。杨长命有点傻，家也穷，但更欺负外乡人，他经常毒打秀英，使得秀英饱受折磨，实在无法忍受便逃跑，被抓回去又是一顿毒打。一年后秀英生了孩子，不幸，孩子夭折，秀英也被赶出家，住在山洞里，过着"野人"般的生活。

1935年5月，红四方面军到了理县，姜秀英被红军解救，参加了红军。红军离开理县时，秀英回家告别，得知继父又去世，家庭更为困难，便动员母亲也参加红军，于是母亲带妹妹姜萍和小弟唐子全一道参加了红军。

姜秀英先在理县保卫局当通司（翻译），西进至金川，中国共产党在这里建立了金川省委，她被调到省委保卫局，后又调粮食科工作。这时她参加了中国共产党。长征路上，翻雪山时她的脚被冻坏，在一次敌机空袭隐蔽时，受伤的脚碰在石包上，一双脚趾全碰骨折。在医药条件极端困难的条件下，秀英忍痛借来小斧子将断指砍掉，用盐水洗后包扎起。过草地时，用牛皮裹住脚走走爬爬，终以顽强的毅力走出了草地。

在延安时被安排在机关工作，全国解放，她调入北京，在中央直属机关档案部门工作直至离休。

### 姜萍（1921 —）

原名山兰金措（桑娜金措）、姜秀珍，女，藏族，1921年8月18日出生在四川省阿坝藏族羌族自治州小金县（原懋功县）山区一个穷苦家庭。四岁时父亲去世，随母亲、哥哥、姐姐逃难到理县朴头，给朴头马千总当娃子。

姜萍曾是川西高原的奴隶娃子。1935年红军长征先头部队路过四川小金县时解救了她全家。因为她家居住在藏汉混住区，既懂汉语，又会藏语，于是她一家五口人包括母亲和四个兄弟姐妹一起参加了红军，根据工作需要，被分到各个不同的部队当翻译。母亲和大姐给中央红军，也就是红一方面军当翻译，姜萍和大哥、小

## 红色记忆
——红军长征在藏族地区及其当代启示

弟在红四方面军当翻译。年仅14岁的姜萍与部队走完了雪山、草地。

姜萍参加红军时年纪虽小，但起的作用却很大。在极度缺粮的情况下，她要帮红军把土司们逃跑前埋在地下的粮食找出来。找不到粮食时，就帮忙辨别采来的野菜、蘑菇是否有毒。1936年3月初的一天深夜，姜萍和大哥、小弟随部队到达道孚县。一到道孚县就听到密集的枪声，原来是道孚喇嘛寺约100名喇嘛持枪对我先头部队进行武装抵抗。经过战斗，喇嘛逃跑了，藏民也跑光了。为了避免流血，先遣部队首长要做通喇嘛的工作，然后通过喇嘛再做藏族群众的思想工作，便派姜萍给喇嘛寺送去一封信，耐心细致地向藏民进行宣传，讲清红军不侵犯喇嘛和藏民的利益，并保护他们的利益。

姜萍还利用自己懂得的一点卫生知识，为贫困的藏民诊断治病，用藏语和藏民亲切交谈，她的这些举动得到了藏民的信任和爱戴，后来部队到东固时，喇嘛和藏民就没有抵抗和逃跑的了。红军进入藏区后，一开始，藏民把粮食都藏起来了，家家户户闭门不出。红军筹不到粮食，姜萍和大哥、小弟就分头敲开藏民家的门，用藏语挨家挨户做工作。藏民们逐渐加深了对红军的了解，不仅主动把粮食送给部队，还积极送子参军。

1936年在保安、吴起镇一带与红一方面军会师后，她参与第一被服厂的筹建工作。1937年到延安调第二女厂，后合并为警备旅供给部被服厂，曾获多次奖励，并获"劳动英雄"奖章。上级安排她母亲进文化补习班。这样她才与分别已久的亲人杨金莲、姜秀英相见。1937年7月她光荣地加入了中国共产党。女厂合并后建立了师范学校，姜萍任三排排长。后到抗属学校在医务室当护理。1939年，整个解放军的衣、食、住已能基本自给，她又被调到联防司令部所属工厂工作。1946年，姜萍随部队挺进东北，任被服厂厂长兼指导员，1947年又调到三十师家属队任队长。

1949年全国解放，姜萍随军南下到武汉，又经历了湘西剿匪。任务完成后调四十七军供给部工作，还参加过抗美援朝战争。1950年8月，在四十七军供给部任行政股长的姜萍，毅然前往野战医院服务5年。当时她收养了时任护士长日本人松尾夏子的孩子，她们给这个日本血统的女孩取了一个中国名字叫傅建军。松尾回日本后，姜萍对傅建军倾注了自己的全部母爱。在她的关怀教育下，傅建军参了军、入了党，成为了一名优秀的部队医院护士。"文革"中，因为是日本血统，傅建军受到了许多不公正的待遇，一度感到难以承受，姜萍对她的关怀和引导使她走出了迷雾，更加坚定了革命的信念。1972年中日邦交正常化后，姜萍有意让她回日本去找自己的生母，面对优越的生活条件，傅建军选择了留在中国，留在姜萍身边，她说，中国才是她的祖国，姜萍才是她的妈妈。

姜萍既是老红军，也是长征精神的传播者。她经常被请去为各个单位做关于长征的报告。1955年8月，她被授予"三级八一勋章""独立自由勋章""解放勋章"各一枚；1961年她离职后住在湖北省军区第一干休所。

### 甲尔格·捷克生（1886—1936）

甲尔格·捷克生，又名亚各让俄章，男，四川省金川县集沐乡人。

1886年7月出生在绥靖（今四川金川县）俄郎寨的一个农奴家里，从小进寺院当喇嘛，读经书。1916年，30岁的他到西藏哲蚌寺学经，获得格西学位。回家乡后他取得了一个下层喇嘛（重松伯）的资格，直接给绰斯甲土司当差，成为给土司扯索卦（即问卜）的7个喇嘛之一。他们每人用一个月的时间自带口粮轮流到土司官寨当差扯索卦。由于他扯索卦时对事情的分析推测讲求逻辑推理，土司认为他索卦扯得准，百姓很相信他，因此在当地有着一定的影响。他在俄郎寨成了家，爱人叫哈姆，有一子一女，从事农耕生活。

1935年10月，红四方面军南下执行绥崇丹懋战役计划，右路军进驻甲斯沟。甲尔格·捷克生在这里接触到了红军。红军反对民族歧视、压迫，主张民族平等、自决（治）。红军推翻军阀、反动汉官统治的政治主张和严明的纪律使甲尔格·捷克生深受感动。随后，他参加了地方革命工作，在甲斯沟就动员了一批群众，和红军一起住进了土司放弃的周山官寨。甲尔格·捷克生利用自己的威望，动员藏族群众，宣传红军的政策，对于促进群众觉醒，推动周山地区的地方工作起到了积极的作用。

后来他受命筹组格勒得沙绰斯甲县革命政府。11月底，在中共绰斯甲县委陈庆先书记和杨秘书的领导下，通过选举被任命为格勒得沙绰斯甲县革命政府主席。他在工作中认真负责，对革命事业和格勒得沙革命政权忠心耿耿。在他的领导和带动下，周山赤区人民与红军一道曾连续三次打退了绰斯甲一带土司联军对周山格勒

**红色记忆**
——红军长征在藏族地区及其当代启示

得沙绰斯甲县革命政府驻地的武装进攻。战斗中他亲临战场,通过喊话进行战地宣传,对分化瓦解敌人起到了很大的作用。

1935年7月,红军撤离周山北上,中共金川省委、省军区领导人考虑到他年岁较大,决定让他和一批地方工作干部留下来组织革命军,在敌后坚持斗争和掩护照料100多名重伤病员。红军撤离后,他在绰斯甲继续开展工作,及时阻止了当时部分群众要烧掉官寨的冒险行为,并决定保存官寨,以便和土司谈判时作为保护红军伤病员生命的交换条件。他号召群众团结一致,坚持斗争,等待红军归来。面对凶恶的敌人,他没有畏惧,仍然坚持斗争。后来他和阿木初等4人被抓,敌人对他进行残酷的吊打,他几次被打得昏死过去,依然坚贞不屈,最后被杀害,卒年50岁。甲尔格·捷克生被害后,周山官寨的百余名伤病员也全部被那帮匪徒杀害。

甲尔格·捷克生是藏族宗教界和知识分子中的革命先驱,他坚贞不屈、视死如归的革命气节令人肃然起敬,他的英勇事迹至今还在周山一带群众中广为流传。1979年10月5日,金川县革命委员会追认他为革命烈士。

### 卡格尔·江根(?—1936)

卡格尔·江根,四川绥靖屯(今金川县城关地区)照壁山人。

他身体强壮,善于骑射,有着一手好枪法。在绥靖一带的年轻人中很有威望。1935年6月,红四方面军九军一部,为实现红一、四方面军两大主力会师执行侧翼掩护,沿大金川东岸北进,6月底来到江根的家乡照壁山。由于受反动寨首的蒙蔽,江根和大多数乡亲一样,躲藏在丛林中,默默地看着这支从未见过的"红汉人"军队。红军平等待人、尊重藏民风俗习惯和宗教信仰、秋毫无犯的感人事迹,深深吸引了江根。

1935年10月,红四方面军回师南下,在绥靖开展了轰轰烈烈的创建根据地活动。红军反对汉官军阀歧视压迫少数民族,主张民族平等,实行土地革命,提倡民族自治,所有这些使江根无比钦佩。11月中旬的一天,江根带领几个亲友下山,找到刚刚成立的格勒得沙中央革命政府,坚决要求参加红军。此时,中共大金省委、金川军区正在筹建我党历史上第一支藏族革命武装——格勒得沙革命军。由于江根态度坚决,略通汉语,在藏民中又有一定的威望,并且有一定的组织才干和指挥作战能力,便被受命从事格勒得沙革命军的筹组工作。在部队组建以及搜山肃反的活动中,他表现得坚定果敢,机智英勇。不久,上级任命江根为革命军司令。江根率领这支由当地藏族青年组成的革命武装,担负起了保卫红色根据地的艰巨任务。在艰苦的革命战斗中，江根以他聪明的智慧和优秀的指挥才能，率领这支新生的革命力量，在金川（绥靖）军区领导下，配合红五军主力和金川独立师、绥靖回民独立连等部队，与当地反动土司联军和国民党川康边防军余松林所部多次作战，屡立战功。他带兵有方，勤奋好学，虚心向红军指挥员请教，很快地提高了政治、军事素质和指挥才能，初步掌握了山地战、奔袭战、阻击战等战术要点，使这支部队的战斗力很快得到提高。1935年12月，江根率领革命军参加了"绰斯甲保卫战"和"绥靖后山围歼战"，初步显示了革命军的力量。1936年年初，江根率领部队配合五军和独立师部队在丹巴境内参加了阻击国民党剿匪第二路军十六军五十三师李抱冰所部的北犯。战斗中，江根指挥果敢，身先士卒，使这支部队表现非常勇敢，胜利的配合了兄弟部队完成阻击来犯之敌的战斗任务，受到了金川军区的表扬。经过血与火的考验，江根逐步成长为一名坚定的革命战士。

卡格尔·江根是格勒得沙革命军的优秀指挥员。他骁勇善战，刚毅果敢，为保卫和巩固大小金川革命根据地屡建战功。但是，1936年2月7日"沙尔尼围歼战"中革命军战斗失利，这给江根和革命军罩上了不幸的阴影。战斗之初，江根指挥部队成功地将200多名准备突击抢粮的土匪包围在沙尔尼一寨房之内。3天以后，寨房内断了水和粮，红军部队立即从丹巴调来一门迫击炮，匪势危如累卵。革命军乘机用藏语喊话，发动政治攻势，要求被围匪众投降。天黑以后，寨内匪作了一番准备后，妄图迷惑我军，突然打开寨门，口里高喊红军口号，冲了出来。负责守卫大门的革命军三连，由于有部分是牧区新来的战士，没有战斗经验，一时不明真相所在，措手不及，遂被敌人冲散，混乱之中分不清敌我。致使革命军牺牲8人，被围匪众几乎全部脱逃。战后，西北联邦政府裁判部错误地执行张国焘的"左"倾路线，对少数民族指挥员采取不信任态度，指责革命军用藏语在阵前喊话是通匪，卡格尔·江根应负主要责任。虽然许多革命军干部战士出面证明用藏语喊话中没有通敌行为，但还是错误的处决了包括三连长三格头在内的三名革命军官兵，关押审查了卡格尔·江根。这些错误的做法在革命军中产生了极坏的影响。不久，卡格尔·江根被秘密杀害。这位藏族革命的先驱，悄悄告别了他的队伍和他为之浴血奋斗的革命事业，用生命和鲜血走完了短暂的一生。但是，他为中国革命所做的贡献是不可泯灭的。

### 红色记忆
——红军长征在藏族地区及其当代启示

## 克基（1910—1962）

克基，本名格底肯崩，音译克基，人称杨克基，汉名杨正福，男，四川省金川县崇化屯（今金川安宁乡）马尔邦乡黄土岗人。

1935年，红军长征驻留金川，他深感红军确是穷人的队伍，积极拥护。11月格勒得沙政府成立时被推选为主席。他身材魁梧，气宇轩昂，穿上军装更显英俊威武，受到红四方面军妇女独立团唐连长（女，潼南人）的爱慕而结为夫妻。任主席期间，分管红四方面军（驻松岗）、红三十三军（驻绥靖崇化）和红五军团（驻观音桥），领导群众创建金川赤区，是年底加入中国共产党。1936年2月，改任格勒得沙中央政府副主席。7月中旬，他和妻子随红军北上，途中与黑水大头人苏永和的反共武装交火，战斗失利被俘。妻子腿负重伤后失踪，他被押至成都审讯，因始终不露身份被释放，行乞返乡，后娶妻成家，以当差、种地为生，直至解放。

1952年，他参加修筑成阿公路，任民工运输组组长，从汶川至米亚罗，全用人力背运粮食，途中，巧与执行公务路过理县的时任四川省藏族自治区（今阿坝藏族羌族自治州）人民政府主席天宝相遇，红军战友欣喜重逢。天宝遂给大金县人民政府发函证明他的历史。大金县人民政府县长武光华即通知他回县工作。后来他被选为乡人民代表去成都参观。他从不炫耀自己当红军时的光荣经历，也从来没有向组织上提过任何物质待遇要求，默默勤劳务农。

1954年，被选为马邦乡人民政府委员。1955年，任马邦乡乡长直至1958年因病卸职。1962年，克基病故于金川，享年52岁。

## 喇嘛拉波（1890—1936）

喇嘛拉波，本名格桑次仁，男，1890年出生于巴塘县中咱村一户农民家庭。从小进寺庙当喇嘛学习藏文。年轻时去德格深造，藏语文造诣很高，并具有一定的汉文水平。

1936年5月24日，红二军团在贺龙的指挥下，从得荣经巴塘的白松、茨巫到达中咱。由于红军初来乍到，加上反动派蛊惑人心，喇嘛拉波和许多村民躲进山里，不敢出来。过了几天，群众断了炊。喇嘛拉波邀约部分村民偷偷回村取粮，见红军纪律严明，整个村寨秋毫无犯，深受感动，顾虑顿消。于是他和村民准备了些麦饼给贺龙送去。贺龙非常感谢，并对他们说："我们是红军，是为人民服务的。你们不要听信谣言,要做好说服工作,叫村民们赶快回村生产。以后,我们还要回来的。"贺龙还讲了共产党的民族政策和宗教政策,祝愿藏民兴旺发达。贺龙的话,深深打动了喇嘛拉波的心,使他产生了为红军办事的念头。他向贺龙表明自己的心迹后,贺龙留他在左路军总部为红军带路、买粮、当翻译和文书。喇嘛拉波用他那熟练的藏文向各村的寨老、头人和寺庙活佛、堪布发出书信,广泛宣传红军的民族政策和宗教政策,宣传红军停止内战,一致抗日的主张,动员离村群众回家生产,离寺僧俗回寺修行,号召僧众积极筹集粮草,支援红军。经喇嘛拉波的宣传动员,僧俗群众不仅纷纷回村回寺,而且还积极支援红军北上抗日。仅中咱仁波寺和亚日贡竹瓦寺便先后支援红军粮食70000余斤,酥油230余斤,大小肉畜113头,骡马34匹。红二军团于5月29日离开中咱,经亚日贡、东南多、翻越藏巴拉山,于6月2日到达巴塘城外的东隆山。贺龙总指挥用望远镜观察了一阵,便派喇嘛拉波等人潜入巴塘城附近侦察敌情,掌握了国民党的兵力部署情况,决定绕开巴塘城,向北挺进。红二军团以喇嘛拉波为向导,在党村(党巴)边休整边筹集粮草,于6月16日出巴塘县境到白玉县,进入甘孜与红四方面军胜利会师。

红二、六军团与四方面军会师后,喇嘛拉波便在甘孜波巴政府工作。不久,红军派喇嘛拉波等人取道新龙回巴塘执行任务。他们途经理塘时,由于叛徒告密,国民党十六军工兵营在喇嘛拉波行李中搜出红军证件,喇嘛拉波被捕后惨遭杀害,时年46岁。他在刑场上临死不屈,视死如归,就义时仍高呼:"红军万岁!"1951年年底,巴塘县人民政府在清理登记革命烈士时,认定喇嘛拉波为1936年牺牲的革命烈士。1982年由巴塘县人民政府补发了革命烈士证明书。

**梁跃堂(1923—)**

梁跃堂,男,1923年5月出生于四川省阿坝州理县杂谷脑打色尔沟村。梁跃堂家境贫寒,父母去世早,他很小就成了孤儿。'梁跃堂'是他参加红军取的汉族名字。

1935年5月上旬,红四方面军撤离川陕苏区以后,为摆脱敌人南北夹击的不利局面,决定主力向川西北发展,于是在理县驻留了一段时期。年仅12岁的梁跃堂也就是在这个时候参加了红

**红色记忆**
——红军长征在藏族地区及其当代启示

军,在四方面军第九军二十七师特务营当勤务员。由于生活在汉藏杂居地区,他从小就会汉语和藏语,所以就当起了通司(翻译)。1935年红四方面军在懋功(今小金)与一方面军会师。因张国焘搞分裂活动,致使他们饱受几过雪山草地之苦。1936年10月与一、二方面军在甘肃会宁会师。

红军到达藏族聚居地带时,梁跃堂这个"小翻译"就开始发挥作用了。红四方面军严令部队执行民族政策和纪律,尊重少数民族的风俗习惯,与少数民族群众坦诚相见,与他们交朋友。有些藏民起初并不了解红军,他的工作就是通过宣传红军的革命宗旨来让他们了解红军。由于藏民们的互相转告,红军一到藏民聚居的地方就会受到欢迎,他们都主动向红军提供粮食,红军都一一付给他们钱。红军那时还发动贫苦牧民、农民联合起来,分田地、牛羊、财物,并坚持打击进行破坏活动的反动分子,使广大藏民摆脱了重重枷锁。随着对红军了解的深入,有越来越多的藏民支持革命,他们帮助红军带路、探消息、运送物资、转移伤员等。

1936年10月,红一、二、四方面军大会师,长征胜利结束。两个月后,梁跃堂调入延安抗大总校一支队机枪连任通讯员。1939至1940年期间,他参加了著名的百团大战,经受了战火的考验和洗礼,16岁即加入中国共产党。新中国成立后,梁跃堂调任沈阳空军后勤部第二分部政治部主任。1958年,他从部队转业到沈阳变压器厂任厂长,后调任沈阳市机械局副局长,于1983年离休。离休后参与组建沈阳市离退休科技工作者协会,出任理事长,这期间还参与全国离退休科技工作联合会的筹建工作,1988年全国科联正式成立,任理事。1990年因年事高从全国科联和市科协退下来,在沈阳安度晚年。①

梁跃堂老人在讲述长征往事
——《沈阳日报》2006年5月30日

梁跃堂(一排左三)和他的战友们

---

① 李海峰:《我为红军当翻译》,《沈阳日报》,2006年5月31日。

# 附录

## 罗真荣（1922—1994）

罗真荣，又名帕尔根根，男，1922年5月出生于四川省理县下孟乡四门关村。

1935年5月他参加中国工农红军。先后在红四方面军三十一军后勤部任战士、班长、排长、卫生员、司药等职，到陕北后在延安中央警卫团、后勤部工作，1941年3月加入中国共产党。1945年抗日战争胜利后到东北四十五军(后改为五十四军)卫生队任外科医生。1949年随军南下，任卫生队副队长。第二年8月任卫生队队长。1955年4月在广州军区后勤部任团职干事。1956—1958在部队速成中学学习毕业。1958年10月至1961年8月在湖南医学院学习。毕业后调到广州军区罗浮山高级疗养院工作，先后任副院长、院长，其间于1966年12月至1968年12月在广州军区某师挂职任师政委。

罗真荣在部队曾经历长征，平型关战斗、辽沈、平津、淮海战役，多次受嘉奖。1955年授少校军衔。1961年晋升中校，1965年晋升上校。1956年荣获三级八一勋章、独立自由勋章、解放勋章。1981年5月离休享受副军职待遇，1994年4月27日在广州病逝，享年72岁。

## 罗树生（1920—1993）

罗树生，男，汉族，藏名格黑让，1920年出生，四川省宣汉人。1932年8月底，年仅12岁的罗树生受到舅舅的鼓动，加之其他人对红军的赞颂，在家乡双河场参加了红军队伍，被编入红四方面军九军二十五师七十五团。1932年9月至11月，罗树生所在部队在双河场进行大规模军事训练，12月初大部队从宣汉县城出发，一路扫清障碍，经过通、南、巴一带同国民党军队的3次激战，有力地打击了反动军队的气焰，壮大了红军的力量。1934年经汉中县、江油县、北川县等，一路杀富济贫，横扫反动武装。1935年年初由北川县进入茂县土门，尔后进入松潘，在毛尔盖经过短期整训后经黑水至阿坝，在查尔玛与当地反动武装进行数次战斗。由于张国焘的错误路线，罗树生所在的部队再过草地南下，从下阿坝的格尔登玛寺进入马尔康境内草登的科拉基。经过草登、脚木足、绰斯甲、金川、小金达维，在此小住两日，就翻夹金山到天全、芦山，在百丈场与国民党军队激战数日。由于大举南下在政治上是错误的，军事上是失策的，正中敌意，故到处受挫，于是又原路返回。1936年6月二翻夹金山到丹巴渡河到道孚，在此休整数日后，到达炉霍，经

### 红色记忆
——红军长征在藏族地区及其当代启示

炉霍进入壤塘境内。

由于年幼体弱,加之生活极度艰苦,成天辗转不止,罗树生身患重病,昏迷不醒,被迫在破庙中的战地医院里治疗,虽有战友精心照料,仍不见恢复。此时大部队已经开走,罗树生到处寻找未果,流落到马尔康境内的草登乡。1993年去世,终年73岁。

#### 马骏(1906—1936)

马骏,藏名阿布,房名麻孜,男,四川省丹巴县二十四村白呷依村人。

他4岁丧母,父亲麻孜阿交以种地和骡马驮运为业,抚养子女成人。当时教堂为推行天主教,免费招生授学。1919年,父亲将13岁的阿布送到教堂读书。阿布入学后,勤奋好学,克服语言障碍,数年后,不仅学习成绩优异,而且能说流利的汉语。17岁开始,他随父帮人驮运货物,逐渐成熟,成为遇事冷静、头脑机智、行为果敢的有主见的青年。20岁起,他独立经营茶、盐、粮、油、布匹、牛羊、皮毛等生意。由于他为人诚恳,讲义气,守信用,不仅在读书时结识了不少藏、汉、回族青年,成为他后来参加红军的可靠帮手,而且在经商时因诚实守信得到朋友们的帮助,故获利颇丰。他用一部分资金家用外,多数资助穷困朋友,由此朋友越来越多。

1935年5月,红四方面军为了策应党中央和红一方面军北上抗日,撤离川陕革命根据地西进,派遣红三十军政委李先念率该军八十八师和红九军的二十五、二十七两个师向金川地区进军,并于6月8日攻占懋功(今小金县)。是时,反动派诬蔑红军的谣言四起。身为千户衙门译字房翻译的麻孜阿布和纳交村的杨哈基被二十四村千户杨国林派去侦察红军的政策与动态。两人受红军言行感动,自愿带红军去丹巴。6月14日,在他们的引导下,红九军二十七师八十一团抵达丹巴县城大渡河对岸一带。因甲楚桥(索桥)板已被敌军拆除,桃花汛、河水涨,部队无法过河。22日,麻孜阿布带领一部红军,经中路乡翻越大寨梁子进占梭坡乡,立即找朋友寻熟人,宣传群众,组织群众。当天,他又带领部分红军抢渡大渡河。因红军后续部队渡河未果,麻孜阿布只好护送先遣部队回河东归队,并接受了"发动群众,等待时机,迎接红军"的光荣任务。

10月15日,南返红军右纵队沿大金川右岸而下,麻孜阿布组织十几名青年朋友,连夜抢修便桥,迎接红军入丹巴县城。16日,红军部队占领县城。从此,他正式参加了红军。经过党的培养教育和红军干部的帮助及革命实践,他的阶级觉悟迅速提高，军事才能有长足进步。红军首长据其房名"麻孜"的谐音，起名马骏，意为藏区群众的骄傲。

红军占领丹巴后，当即建立丹巴县委。11月，在帮助建立各级红色政权和乡村游击武装的同时，红五军团（军团长董振堂）直接帮助组建以藏族青年为主的八百余人的丹巴番（勇武意，藏族古称）民独立团，马骏任团长，后任扩编的丹巴藏民独立师师长，该师后又划归金川军区建制。丹巴建立苏维埃政权时，他与父亲还担任丹巴县格勒得沙政府的副主席，发动和争取各界人士支援红军。

在贯彻执行党的民族政策中，对于张国焘的过"左"的统战工作的做法，马骏直率真诚地提出了尖锐的批评意见。加之，马骏曾在千户衙门译字房里当过翻译，其姐夫又是千户手下的世袭头人，姐夫若底彭措，其先祖因参加平定康地营官（第巴）昌侧集烈作乱时有功，清康熙四十年（1701年）被封为鲁米章谷（今丹巴）十七土百户之一的祖卜柏哈土百户。由此，张国焘怀疑马骏有二心，不愿随红军北上，反而会背后助反动派攻击红军。1936年7月初，驻丹巴红军开始北上时，遂强令将马骏秘密杀害。当时，马骏年仅30岁。8月，这支以藏民为主的民族武装结束了它的光辉的革命历程。

马骏遇害，红军北上后，马骏的妻子扎实拉姆，被土司头人迫害，投入狱中，关押8个月之久，经马骏生前亲朋好友营救，用马骏家的财产、房屋和土地，才将扎实拉姆赎出监狱。为躲避土司头人的再度迫害，扎实拉姆带着两个儿女外逃到绥靖（今大金县）的旦巴。其间，两个孩子由亲戚好友资助，先后接回丹巴抚养成人。解放后，扎实拉姆才返丹巴与儿女团聚，于1966年去世。

党的十一届三中全会之后，1988年中共丹巴县委根据国务院国发（83）91号文件精神，经过反复调查核实，终于对沉冤50余年的马骏平反昭雪，追认他为革命烈士。

### 孟特尔（1915—1953）

孟特尔原名净多·孟特尔，男，四川省阿坝藏族羌族自治州马尔康县本真公社窝底村人。

1935年7月，中国工农红军一、四方面军两大主力会师后，部队进驻理番县卓克基长官司属地马尔康。孟特尔由于通晓汉语，在红军队伍的影响下，他很快懂得了不少革命道理，遂投身于革命行列。他担任红军翻译、向导，配合红军队伍组

## 红色记忆
——红军长征在藏族地区及其当代启示

建地方革命政权、游击队武装和搜山肃反等活动。他在从事各项革命工作中,表现积极,坚定勇敢,密切联系群众,组织领导能力也较强,不久就被接收为中国共产党党员。

为了适应高寒山原地带作战的特点,1935年秋,大金省军区组建了一支具有高度机动性能、耐受力持久、长于奔袭突击的骑兵部队,孟特尔被选拔任命为番(藏)民骑兵连连长。这支骑兵连队是我国现代革命史上也是藏族历史上第一支藏民骑兵革命武装力量。它在雪山草地坚持斗争近一年,粉碎敌人袭扰根据地的企图,为保卫革命根据地做出了可贵的贡献。

1935年12月,中共大金省委在绥靖筹组格勒得沙革命党时,孟特尔被推选担任了革命党中央党部长的职务。格勒得沙革命党党章明确规定:"本党完全接受中国共产党的领导",党员是由藏民中"觉悟最先进,斗争最坚决,承认本党党章,能为本党党纲坚决斗争,不顾一切牺牲的分子"所组成。党纲规定有:"格勒要独立,要自由平等……","联合苏维埃红军……"等"十二大主张"。出任中央党部长之后的孟特尔,认真积极地开展工作,在短时期内就在大小金川根据地内各县和格勒得沙共和国中央政府机关,以及革命军中组建了革命党的分支党部、分支党部基层组织,并发展了党员300余人。格勒得沙革命党的基层组织和党员为贯彻实施共产党的方针、政策,加强革命党在地方民族革命政权和武装部队中的领导地位,发挥了重要的作用。

1936年7月,红二、四方面军会师之后,孟特尔率番民骑兵连及格勒得沙革命党、中央革命政府机关工作人员随右路纵队北上。三大主力红军胜利会师之后,中共中央为了适应革命形势发展的需要,大力培养了一批民族干部,孟特尔也先后被选送到中央党校、延安民族学院学习深造。抗日战斗胜利后,中共中央根据当时形势的特点提出:"对内蒙的基本方针,在目前是实行区域自治。首先从各旗开始……准备建立内蒙自治筹委会的组织,统一各盟、旗自治运动的领导。"在内蒙古地区各族人民面临着两种命运、两个前途、走向何处的关键时刻,孟特尔被派往兴安盟出任扎鲁特旗旗长,后调至伊克昭盟工作。

1947年内蒙古自治区人民政府正式成立后,他被任命为自治区人民政府行政科科长。1949年春,为准备进军西南、解放西藏,孟特尔奉命调至中央中共西北局工作,负责筹组进藏工作事宜,后因病到北京治疗。1951年出任中央民族事务委员会藏事组组长,一司副司长等职。

1953年2月,这位我党早期培养和在战斗中历练出来的藏族优秀干部因心脏病突发,不幸英年早逝,当时年仅38岁。

### 孟先发(1896—1936)

孟先发,藏名肯崩,男,1896年出生于四川金川县城厢乡八步里村。

1935年10月12日红军占领绥靖后,大金省委当即开展工作,由于多数群众听信反动分子造谣躲进了深山,红军做了大量的宣传工作才使群众陆续返乡。当时,孟先发是一个寨首,四十来岁,身体强壮高大,能说会道,在群众中颇具影响。他虽跟着土司阿靖峰等进了山,但自己却住捏沙地方,不与那些守备千总混在一起。大金省委民族部了解到这一情况后,决定争取他参加红军,以加强地方建设工作。红军派人到捏沙找到他,宣传了党的民族政策,讲清了红军的宗旨和任务。一向很有正义感的孟先发深感红军是广大藏区群众盼望的军队,随即下山,于1935年11月参加红军,并担任了格勒得沙中央政府副主席的职务。他在工作中积极肯干,善于动员说服群众,工作很有成效,深得大金省委信任。他还让儿子孟青山也参加了红军,成为格勒得沙革命军的排长。孟先发在金川期间,参加过省委和联邦政府主持召开的一系列重要会议,参与了在金川地区的筹粮、肃反、建政和土改等工作。他经常带领工作组在观音桥、卓克基、河东、崇化、党坝等地深入开展工作,有力地推动了格勒得沙自治政府的工作,是我党民族区域自治工作的先驱者,也是一位坚定的革命战士。

1936年,红军二、四方面军在甘孜会师后,决定北上。孟先发参加了由董振堂率领的红五军。7月11日,孟先发与先头部队一起从金川出发,经卓克基到马塘集中,后经黑水过草地到达甘肃。在甘肃境内与马步芳的骑兵激战时他光荣牺牲。

孟先发参加红军后,工作积极,义无反顾,在地方工作和多次作战中英勇顽强,为革命流尽最后一滴血。他的光荣事迹,值得人民深深地怀念。

**红色记忆**
——红军长征在藏族地区及其当代启示

### 沙纳（1918—1967）

沙纳，又名沙拉、木亚咕咕、古古拉拉，男，出生在今四川省马尔康县党坝乡尕兰村一个农奴家中。

沙纳幼年即随父母为庄园主干活，艰辛的农奴生活，使他倍受磨难，也养成他坚毅的反抗性格。1935年7月，中国工农红军二万五千里长征到了党坝，在红军的感召和领导下，年仅17岁的沙纳投身革命行列，成为当地第一批藏族革命积极分子。沙纳积极参与打土豪分田地和筹建苏维埃政权的工作。党坝成立苏维埃时，他当选为委员兼少先队队长。由于他工作积极、表现出色，同年被选送到专门培养藏族革命干部的"格勒得沙"（藏族自治政府）举办的红军大学学习。学习期间参加了中国共产主义青年团（少共）。学习结业后，即留校任职，负责宣传工作。次年春，沙纳担任格勒得沙革命党宣传部长。由于战斗的需要，格勒得沙红军大学的干部和学员都作为战斗员编入红军右路纵队，随一方面军转战于懋功（今小金县）、毛尔盖一带。"巴西会议"后，毛主席和党中央决定挥师北上，沙纳随红军右路纵队爬雪山，过草地，出腊子口，历尽艰辛，胜利到达陕北。

红军二万五千里长征到达陕北后，沙纳被选派到中央党校学习。党校结业后，被分配到中共中央宣传部西北工作委员会工作。1937年2月加入中国共产党。由于抗战建国的需要，1941年沙纳是首批进入延安民族学院就读的学员。三年里沙纳认真、系统地学习文化知识和革命理论，思想水平和工作能力得到提高。延安民族学院毕业后，他被分配到延安民族招待所工作。解放战争时期，党组织安排沙纳到内蒙古从事民族工作。他是抗战结束后第一批派往内蒙古自治区开辟工作的干部。1947年任中共内蒙古工作委员会总务处长、扎来特旗旗委副书记。新中国成立后，沙纳随中国人民解放军第一野战军南下。1950年3月，他被安排到西康省工作，历任康定专区副专员、西康省人民政府民政厅副厅长、省民委副主任。沙纳还在西康区党委组建"中国人民解放军西康军区基干第六团"（简称藏民团）兼任团长。1955年，他又先后担任中共四川省委委员、四川省民族事务委员会副主任、甘孜藏族自治州州委书记、州长等职。

"文化大革命"中,因受林彪、"四人帮"迫害,1967 年 4 月 26 日沙纳含愤而死,当时年仅 49 岁。1976 年 4 月 26 日,中共四川省委在甘孜州委召开追悼会,为他平反昭雪。①

## 天宝(1917—2008)

天宝,又名桑吉悦希,男,出生在四川省阿坝藏族羌族自治州马尔康县党坝乡石果坝村的贫苦农民家庭,隶属"四土"藏区(即民国时期梭磨、卓克基、松岗和党坝四个藏族土司统治区)中的党坝土司。

他从小父母早亡,和两个弟弟受尽生活的折磨,尝尽人间艰辛。按照当地的藏族习俗,一家人有一个男孩,首先要送去当小喇嘛;桑吉悦希是家中的老大,就由他出家。大弟弟长期流落异乡,以乞讨为生,二弟弟被人贩子拐卖到牧主家里做了奴隶。

1935 年红军队伍到达桑吉悦希的家乡,当时只有 18 岁的桑吉悦希在红军的宣传教育影响下,参加了红军。在军队中,他的政治思想觉悟提高很快,工作积极,作战勇敢,当年便光荣地加入了中国共产党,成为中国工农红军的第一批藏族战士和中国共产党的第一批藏族党员之一。1935 年年底,中国共产党在桑吉悦希的家乡绥(靖)崇(化)地区建立了最早的民族自治政权——格勒得沙革命政府,并成立了格勒得沙革命党,桑吉悦希在格勒得沙革命党中央党部任青年部部长兼青年团中央团部长。1936 年秋,他任少数民族革命武装——"番族人民自卫军"党代表,和金世柏等率领部队随红军主力长征再次穿越雪山草地。

1936 年 10 月,红军长征胜利到达陕北。桑吉悦希在中共中央党校学习,任班长、党支部书记等职,接受了更多的马克思主义教育。有一次,毛主席在党校讲完课后,在与学员交流中给桑吉悦希取了"天宝"这个名字。"天宝"这个名字就在中央党

---

① 蓝宇翔、周锡银主编:《四川少数民族红军传》,人民出版社,1996 年。

## 红色记忆
——红军长征在藏族地区及其当代启示

校和延安传开了,一个藏族革命先驱也日益成长起来。在延安学习期间,天宝还兼任陕甘宁边区政府民族事务委员会委员,并参加过一些民族政策的实践活动。1938年4月结业后他被派往新疆西路军新兵营担任学生队队长。抗日战争后期和解放战争期间,天宝被派往内蒙古伊克昭盟从事地下工作,出色地完成了组织交给的各项艰巨任务。1943年至1949年担任蒙古抗日支队的教导员。

1949年6月,天宝作为藏族代表,赴北京参加中国人民政治协商会议的筹备工作。同年当选为中国人民政治协商会议第一届全国委员会委员、政务院民族事务委员会委员。同年底,奉调中共中央西南局统战部工作,并担任西南军区政治委员会委员、西南军政委员会民族事务委员会副主任。1950年年初,中国人民解放军第十八军奉命向西藏进军,天宝作为十八军先遣队的领导成员率先进藏。同年11月,新中国第一个民族自治区——西康省藏族自治区(后改称为四川省甘孜藏族自治州)成立,天宝当选为第一任自治区人民政府主席,并任中共康定地委副书记、西康省人民政府委员、中共西藏工委委员等职。他认真贯彻执行党的"慎重稳进"方针,与其他同志一道夜以继日地开展工作。对促进自治地方各级人民政府建设,加强各民族之间和藏族内部的团结,起到了重要作用。1952年12月,当选为四川省藏族自治区人民政府主席。1954年9月,出席全国人大一届一次会议,参与审定通过了我国第一部宪法。1955年,他出任四川省副省长兼四川省民族事务委员会主任,中共四川省委常委、省委民族工作委员会副书记。1955年12月,四川省藏族自治区改为四川省阿坝藏族自治州(今阿坝藏族羌族自治州),天宝当选为州长。"文化大革命"中天宝遭受迫害,被周恩来总理救出恢复工作后,他先后出任四川省、西藏自治区革委会副主任。粉碎"四人帮"后,出任西藏自治区政府主席、区党委书记和四川省委书记、副省长兼省委民族工作委员会书记,是中共第九、十、十一届中央委员,中共第十二、十三届中央顾问委员会委员。

天宝同志是参加过二万五千里长征的红军老战士,是中国工农红军的第一批藏族战士和中共第一批藏族党员之一,也是我党早期培育出来的优秀民族干部之一。著名美国作家埃德加·斯诺在他的《西行漫记》中曾对红军在长征中通过多少年"没有一支汉族军队通过的少数民族聚居区"大为赞赏,而天宝曾被斯诺誉为"藏族革命的先驱者"。60多年来,他忠于党、忠于人民,为中华各民族的解放,为各民族的团结事业做出了非凡的贡献。①

---

① 白瑞雪:《天宝——藏族"扎巴"红色路》,新华社记者。

# 附 录

## 王寿才（1895—1976）

王寿才，藏名仁钦多吉、雍中尼玛，汉名阎德昌，男，四川省康定县孔玉区人。1895年11月5日，他出生在一个贫苦农民家里，自幼聪明，勤于思考，吃苦耐劳，为人热情、正直诚恳，经父亲和师傅传授，会做生意。少年时在家务农。1917年因躲债逃到乾宁县（今道孚县）以帮人做工或挖药材卖维持生计。翌年经人介绍到康定昌义发商号当学徒，由于忠厚诚实，勤劳节俭，深得掌柜（老板）阎俊义的赏识，收为养子，取名阎德昌，习艺从商。1924年他回乾宁县同莫洛钟寨一农家女结为夫妇，成家立业，以务农为主兼营小本生意。在他当红军走后，妻子被国民党和土司头人杀害，儿子降泽幸被亲友及时救护方幸免于难。

1935年，当中国工农红军第四方面军长征路过乾宁县时，深受国民党和封建土司头人残酷的政治压迫及经济剥削，饱尝人间疾苦，深感世道不公的王寿才，在党的民族政策和抗日救国道理的宣传教育下，看到红军纪律严明、平等待人的作风，没有民族歧视，认识到红军才是穷人的军队，是年底他毅然参加了红军，被分配到红军三十一军政治部当翻译。由于他情况熟悉，会藏汉语，对人热情、大方、正直，工作积极主动，深受红军和群众的信赖。当红军在西康省乾宁县莫洛钟寨建立"中华苏维埃波巴政府"时被推选为主席。

1936年5月，王寿才便离妻别子随军北上，长征途中他经常向藏区群众宣传党的民族政策和宗教政策，大讲红军是穷人的队伍，藏汉是一家人，应该团结起来共同抗击日本侵略者等道理。同时，向汉族战士介绍藏族生活习俗，积极帮助战友克服困难。由于他工作积极，不怕困难，勇挑重担，团结同志，认真学习，思想进步快，政治觉悟提高大，于1937年11月光荣地加入中国共产党。胜利地完成了通司班长、民主干事、三十一军一科测绘参谋等职的任务。

当红军到达陕北后，王寿才服从组织安排，立即到延安中央党校、延安民族学院学习革命理论和文化知识。在1936年至1943年的7年间，他的马克思列宁主义水平和文化知识都得到提高。其间，他担任西北民族工作委员会七一食堂主任，为了让学员安心学习，自己千方百计为改善伙食生活而辛勤操劳，受到人们的赞扬。

为了打破国民党的经济封锁，坚持抗日，1943年王寿才在民族学院毕业后就被安排到延安西北局生产科和安塞县商店负责。1949年5月，为迎接全国解放胜利的到来，需要广泛宣传党的战略方针，开辟新区，王寿才被调到西宁西情处青海站工作（对外称青海省民族研究委员会）。他积极发动和组织群众支援解放战争，忘我工作。

### 红色记忆
——红军长征在藏族地区及其当代启示

　　为落实毛主席"进军西藏宜早不宜迟"的伟大指示，1951年4月，王寿才被调到十八军进藏西北独立支队民运科负责进军所需的后勤保障。他认真发动群众、组织民工，筹集了大批粮草，组成庞大的支前运输队，日夜奋战，确保进军需要。到拉萨后，历任拉萨十八军联络部总务科、西藏民族工作委员会统战部联络科副科长、科长等职，为解放西藏做出了重大贡献。

　　由于长期在艰苦困难的恶劣环境中行军作战，年逾花甲的王寿才，积劳成疾，不宜继续在西藏高原工作。1954年5月，经组织再三劝说，他才同意到成都治病。同年，他调回家乡康定工作，任西康省藏族自治区人民政府公安处处长。1956年7月，他当选为四川省甘孜藏族自治州副州长，中共甘孜州委常委。他曾历任全国人民代表大会第二、三届人民代表，中共四川省委监察委员会委员、中国人民政治协商会四川省常委、甘孜州第四届政协副主席等领导职务。"文化大革命"中，他对林彪、"四人帮"的倒行逆施进行过抵制。王寿才于1976年2月26日因病在康定逝世，享年81岁。

　　王寿才，从一个贫苦农民经过党的教育走上革命道路，参加过长征、抗日战争、解放战争、和平解放西藏及民主改革，在长期的革命生涯中，成长为中国共产党的一名优秀党员和领导干部。他是甘孜藏区群众参加革命最早的前辈之一。几十年来，无论是当战士还是担任领导，他都能团结同志，平易近人，功高不骄，位尊不显，对党忠诚老实，对人民和革命事业任劳任怨，从不计较个人得失，用自己的满腔热血和模范行动带领群众，坚决执行党的各项方针政策，加强民族团结，维护国家的统一，为各族人民的翻身解放，为民族地区的革命和建设事业而贡献了毕生精力。

### 王兴发（1009—1977）

　　王兴发，男，四川省小金县两河乡大寨村人。

　　他自幼随母过着困苦生活，6岁开始帮人放猪，13岁后帮人放牛、种地。民国二十一年在马尔康脚木足乡帮阿珠头人种地时，因不能忍受阿珠的折磨逃回家乡懋功（今小金县）。

　　1935年中国工农红军长征到懋功，在红军传播的革命思想启发下，王兴发离开八角头人杨全志，毅然参加了中国工农红军。入伍后，被分配在红一方面一八九团炮兵连当战士。在长征途中王兴发吃苦耐劳，革命意志坚定。翌年4月在甘肃省新村子加入中国共产党。在党的培养教育下，王兴发的思想觉悟和工作能力不断提高。1943年至1951年6月先后在炮兵连担任班长、副排长、连长职务。在解放战争时期参加了解放华北、东北、天津三大战役,右腹部负过伤。在营校休养期间他关心同志,经常为伤病员端水送饭、打扫清洁卫生。在生产劳动中,自带被盖守护粮食,免遭损失。

1952年5月转业回到小金县工作。1953年3月任小金县民政科长。1955年1月任中共小金县委组织部长,1957年至1964年上半年先后任小金县副县长、中共小金县委副书记。1964年下半年至1966年任阿坝州民政处副处长。1968年至1972年6月任中共阿坝州委党校斗批组副组长。1972年6月28日离休,1977年3月24日因患肺心病经医治无效逝世,享年68岁。

### 席元春(1923—1967)

席元春,又名谢延珍,男,四川省绥靖屯甲咱(今金川县河西乡)人。

1935年秋,席元春随兄去道孚县挖金时,与四兄席元华一起参加中国工农红军第四方面军,先在总部给总指挥徐向前当马夫,后任班长、排长,1936年7月随红军北上,于甘肃张县三岔与国民党鲁大昌部遭遇,战斗中两次负伤,翌年12月,在曲子县禾镰湾与国民党胡宗南部作战又负伤,后在定边与国民党十一旅的战斗中,又多处负伤。到陕北后,由部队领导帮助取名谢延珍,因年幼,误将"席"字写成"谢",取延安之"延",珍惜之"珍"得名。1937年他转业到中共三边特委当勤务员,三边特委改为三边分区党委时任通讯员,工作积极,学习努力,吃苦耐劳。1940年加入中国共产党,分配至专署保卫科警卫队当战士,曾担任三边分区党委书记白治民的警卫员。1941年谢延珍被派送去三边分区师范学校文化班学习3年,1944年初回三边地委。当时机关搞生产自给,他被派去负责地委组织部所办的纸烟厂,由于领导有方,烟厂生产效益好,因而解决了部分机关经费来源的困难。1947年,国民党军队进犯边区,地委组织部派他带妻子党秀英到成都、重庆同王德军、永新阳接头联系工作。由于白色恐怖,党组织遭受严重破坏,无法联系,加之身患重病,只得返回靖化(今金川县)甲咱乡,改名席元春,当时母亲已饿死,夫妻俩靠织毡做针线活为生。

1950年年初,人民解放军击溃的胡宗南部一个师由陕西窜经靖化,要当地派粮、派款时,谢延珍鼓动群众在敌军过境时隐藏起来,抵制交粮交钱,并冒险到县城贺家油房(溃军驻地)做瓦解敌人工作,机智地缴获两支步枪,使胡伯文等十余人脱

### 红色记忆
——红军长征在藏族地区及其当代启示

离敌军。同年 9 月下旬，懋功解放，杨森二十军一三四师师长李福熙带 6 名残兵窜至靖化，他带领 3 名青壮年在苟尔寨阻击。李福熙漏网逃窜，他急赴县城，向解放军汇报，终于在安宁区将李捕获。

靖化解放后，谢延珍发动河西郊百名群众，慰劳人民解放军，庆祝县人民政府成立。并成功地完成争取在逃的河西屯守备阿靖峰出席人民政府成立大会的任务。1951 年 1 月底，谢延珍及时组织畜力协助靖化县人民政府撤退至丹巴，又协助被土匪围困在安宁的 20 余名解放军安全脱险，回到河西后搜集敌情，向丹巴方面通报。3 月 18 日，匪特围捕他未遂，捆绑、吊打其妻党秀英致残。平息匪乱中，他任河西乡清匪生产委员会主任，动员头人沙洪发投械自新，并追踪逃窜残敌，获清匪先进团体，他个人被评为清匪甲等功。1952 年调安宁区工作。1954 年他去茂县学习，后调县建设科工作。1956 年回家务农。

1967 年，"文化大革命"中，他被诬为假红军、逃兵。3 月 21 日，在河西乡群众大会上横遭批判斗争，会后，他悲愤难抑，高呼"共产党万岁！""毛主席万岁！"投河自尽。1979 年，金川县革命委员会为他平反，1983 年 12 月 1 日，金川县人民政府认定他为退伍老红军。

### 席元华（1918—）

席元华，男，四川省绥靖屯甲咱（今金川县河西乡）人。

1935 年因天旱，随母亲和弟弟去道孚县挖金时，加入红四方面军，随军北上至陕西，曾在八路军总部警卫团工作，担任过朱德的警卫员和警卫排长。抗日战争和解放战争时期，历任连长、营长。他作战英勇，头部、上肢、腹部、下肢多处负伤。1949 年在渡江战役中腹部中弹，被评为残一等乙级残废，治愈后转业到地方工作。

他先后在山西省左权县任县委组织部副部长、民政局局长、交通局长。1980 年离职休养后住在山西省左权县红军幸福院。

### 杨东生（1918—1982）

杨东生，又名协饶登珠、东周，男，四川省金川县集沐乡雅京村人。

1918 年 11 月，杨东生出生于四川绥靖屯（今金川县）一个农奴家庭。父亲夏

拉是绰斯甲神职官员朗松的科巴,即农奴主准许成家立户的农奴。夏拉一家五口除长年累月为土司头人、寺庙无偿耕种土地和服徭役外,自己只有少量贫瘠的土地耕种,还得向领主交很重的地租。一家虽终年劳累仍难以糊口,不得不向领主借高利贷过日。杨东生10岁那年由于天旱,家里的旱地颗粒无收,他和母亲为了还债被迫到卡拉足头人阿江家。母亲为头人家煮饭、喂猪。杨东生则当羊倌为头人家放羊,由于他聪颖、忠厚,且做事认真,受到阿江喜爱,被阿江作为随身跟班(男仆)带到马尔康县的党坝土门。

1935年6月,红四方面军进入金川流域。10月,红五军团南下,进驻绰斯甲土司驻地周山,在这里开展了根据地的创建工作。随着地方工作的广泛开展和宣传、教育工作的深入,红军的政治主张和政策逐步被人民理解,不仅人们开始信任红军,有的还积极投身革命斗争。杨东生的表叔勒乌尔甲就在这时参加了革命,后来担任了格勒得沙革命党周山区委书记;他的哥哥代格桑根也参加了大金军区番民骑兵连,并担任了班长。党坝与周山隔江相望,杨东生也与姐姐阿初一起参加了红军,从此走上了革命道路。

参加红军后,他先后在红五军团军团部和绰斯甲县委担任翻译工作。1936年1月,不满18岁的杨东生因为工作出色,加入了少年共产党,成为藏族中最早的共产主义者之一。随后,他进入大金省委党校,随后被派往康北波巴政府担任巡视员,帮助和指导波巴政府政权建设。7月,红四方面军集中北上,他作为地方干部被编入工作团随军行动,走过了二万五千里长征最艰难的历程。10月到达陕北后,他被派往红四方面军党校二队学习,又先后在中央党校少数民族班、中央党校十四队进行了长达两年的学习。1938年8月,他正式转为中国共产党党员,成为一个坚定的、成熟的共产主义革命者。

1938年11月,他学习结束,适逢中央要求新四军挺进华中敌后,开展抗日游击战争,开辟华中敌后战场,配合正面战场作战。为此,中央从陕北抽调大批干部充实新四军。杨东生被派往新四军第六支队工作,从事政治工作,初步打开了豫东

**红色记忆**
——红军长征在藏族地区及其当代启示

敌后的抗战局面，为发展豫皖苏边抗日根据地创造了有利条件。

新四军在敌伪顽三股势力交错的复杂形势下进行游击战争，急需建立相适应的通讯网络。杨东生被组织派去学习无线电，改做电台通讯工作。1941年皖南事变后，党中央决定重建新四军军部，并要求新四军坚持华中敌后抗战。在这段斗争过程中，杨东生的表现非常出色，因而在1944年被任命为新四军四师二十六团电台台长，1945年被任命为豫皖苏军区司令部二电台队长。他以顺畅、准确的通信联络保证了前线部队的顺利进军。

抗日战争结束后，杨东生又参加了解放战争。1949年4月，解放军渡江战役胜利后，杨东生调任皖北军区滁县军分区政治部直工科长、机关党委书记。1950年1月，又奉调随二野进军大西南。1950年，中央决定进军西藏。为保证进藏工作需要，1950年4月，杨东生被调往十八军政策研究室，为部队进藏做准备工作，并参加了促进西藏和平解放的昌都战役。

1952年9月，他担任西藏军政委员会筹备处干部处副处长；1953年1月又调任西藏工委组织部副部长；1956年4月兼任西藏自治区筹委会民政处副处长。1959年3月平叛斗争胜利后，杨东生被选为自治区筹委会委员，兼任西藏自治区筹委会民政处处长，主管干部、公安、司法工作。到拉萨后，他模范地执行党的民族政策。1965年，西藏自治区正式成立，杨东生当选为自治区人民委员会副主席，同时任中共西藏自治区工委书记处书记。1971年自治区开始恢复工作时，他出任自治区党委书记。1976年粉碎"四人帮"后，杨东生担任中共西藏自治区党委书记。他坚决执行中央的决定，使中央拨乱反正的方针政策在西藏逐步得到贯彻落实。

1979年，中央考虑到杨东生在高原工作30年，身患多种疾病，已不适宜继续在西藏工作，而将他调回北京，任国家民委副主任。他虽离开西藏，但仍时刻关心着西藏的建设，关心着西藏人民生活的改善。1981年4月，杨东生当选为西藏自治区人大常委会主任后，再次回到西藏工作。不久，他又一次病倒，于1982年11月13日病逝，终年64岁。《人民日报》登载新华社电讯，称他的逝世是民族工作和西藏工作的重大损失，赞扬他是"我党的忠诚战士，是藏族的革命先驱者之一"。肯定他的一生是"为我国各族人民的解放事业和社会主义建设事业奋斗不息的一生"。

## 杨金莲（1875—1977）

杨金莲，又名板登卓，女，1875年出生于四川小金县的一个娃子家庭。

杨金莲成年后与内地进山谋生的汉族男子结婚，定居木龙乡王家寨，后丈夫病逝，便带上一儿两女一路帮人逃难到理县朴头，给千总作娃子，不久，与当地汉族穷人唐洪山结婚。

1935年6月，红军长征路过理县，唐洪山当上了苏维埃的筹粮委员，一次在筹粮时被土匪打死。眼见全家生活更为困难，这时身为童养媳、被逼外逃的大女儿姜秀英已为红军解救而参加了红军。在其影响下，年已花甲的杨金莲毅然率小女姜萍和小儿子唐子全一同参加了红军。

杨金莲及女儿姜秀英、姜萍和已牺牲的儿子唐子全曾经都是光荣的红军战士②

长征路上，她在随军家属队当通司（翻译）。因她年龄较大，同志们处处都照顾着她，革命大家庭温暖了她，她也尽力帮助大家，除了当好翻译外，她还每天给大家煮饭、洗衣服、挑水泡。她是红军中年龄最大的。长征结束时她已经65岁。在革命的同志情意鼓励下，她走完了艰难的长征路，胜利到达陕北，与两个女儿在延河边相聚，她的小儿子却在西路军的英勇奋斗中献出了自己的生命。

到延安后，她在后勤部门工作，全国解放后到中直机关休养。1977年11月在北京病故，享年102岁。①

---

① 官祥、伏虎：《百岁藏族女红军——记老妈妈板凳卓》，《党史纵横》，1995年第3期。
② 图片来源：《红军长征在四川》，四川省档案馆网。

**红色记忆**
——红军长征在藏族地区及其当代启示

## 杨积庆（1889—1937）

杨积庆，藏名罗桑丹增南杰道吉，号子余，男，生于1889年，是甘肃卓尼世袭第十九代土司。甘南藏族自治州位于甘肃省的西南部，卓尼是其现今的一个县，但在解放前卓尼杨土司管辖今天的迭部、卓尼两县和舟曲、临潭县的部分乡村，共二万余户，近10万人。

1928年，国民党甘肃省督办刘郁芬以"临岷屏蔽于西南"为由，委任卓尼土司杨积庆为洮岷游击司令。司令部仍设于原土司衙门内，军事上隶属于西北边防督办，行政上隶属甘肃省政府第一行政督查区专员公署。1932年，甘肃宣慰使孙蔚如委任卓尼土司杨积庆为洮岷路保安司令。自此，保安司令部替代了土司衙门，掌管卓尼地区的一切政治、军事、宗教大权。内部机构除仍保留原土司衙门的机构外，又增设了八大处。其基层仍设"旗"，旗长仍称"长宪"。属民改称土司为"司令"。①

杨积庆早期交往广泛，因与吉鸿昌、范长江、宣侠父等共产党人和革命进步人士来往密切，对共产党的性质和宗旨有所了解。1935年中国工农红军到达甘南迭部俄界，当时甘肃军阀鲁大昌的新编十四师驻防岷县、甘南。卓尼土司杨积庆的两万藏兵长年在此防守巡视。如果双方联合起来对红军进行夹击堵截，腊子口天险不仅不能顺利突破，而且必将使红军的处境更加艰难。杨积庆决定对身处绝境的红军施以援手。当鲁大昌命令杨积庆的藏兵从后路堵截，将红军先遣部队一举消灭在腊子口的深山峡谷之中时，杨积庆一方面假装响应命令，一方面冒着风险，暗中派心腹与红军取得联系，表示愿意帮助红军。因此，1935年9月和1936年8月，红一方面军与红二、四方面军长征分别到达今甘南州迭部县达拉乡，突破天险腊子口，

---

① 《洮岷路保安司令部》，来源：中国·卓尼网站中的文章，作者不详。

抵达哈达铺。红军在两次途经甘南的历程中，横跨了土司杨积庆统辖的达拉、尼傲、麻牙、花园、洛大、腊子、桑坝等7个（旗）乡，行程600多里。这里全是密林峡谷和雪山栈道，但从未受到杨土司下属大股藏兵的拦击和堵截。

当得知红军粮食特别紧缺后，杨积庆便密令部属把迭部崔古仓粮仓的粮食偷偷献给红军，指示守仓官和库兵以躲红军为名，跑进深山回避。特别是1935年9月17日，红一方面军在途经迭部县麻牙乡的然尕沟时，还开仓吃了杨土司崔古仓的二三十万斤粮食。红四方面军四军的十师和十二师等部队，在甘南临潭县停留了40多天，不但未受到杨土司藏兵的袭击，而且当红四方面军于1936年8月20日到达临潭县新城后，杨土司还主动秘密派人星夜赶到红军总部，呈送书信，馈赠马匹、羊只，表示亲善和慰问。总之，在红军过甘南的两年中，杨土司迫于客观形势和国民党反动派的压力，表面上对过境红军保持"互不侵犯"的中立立场，但实际上却采取了明智、友好的态度。这对当时处境极端困难的党和红军来说，起到了很大的援助作用。他对中国革命的贡献是不可磨灭的。

红军经过后，鲁大昌把腊子口战役失利的责任，全部推卸到未出动藏兵的杨土司身上。红军过后，军阀鲁大昌大肆搜捕屠杀掉队的红军，杨积庆暗中保护红军战士。鲁大昌以私通红军、开仓供粮为借口，威逼唆使并派兵协助杨土司部下姬从周团长于1937年8月25日发动"博峪兵变"，将杨土司及其长子杨琨和关联眷属7人杀害。当时杨积庆年仅48岁。

1994年10月，甘肃省人民政府追认杨积庆为烈士，卓尼县在县城修建的"杨积庆烈士纪念馆"，现已成为全县的爱国主义教育基地。①

### 杨秀英（1910—1992）

杨秀英，本名阿初，女，出生于四川金川县厢乡炮台村的一个贫苦家庭。其父常年给千总当差。1935年10月红四方面军到绥靖时她参加红军，在县苏维埃学习半月后，她当上了大金省委保卫局的通司，到各地宣传红军的政策。在争取逃离群众回乡工作中她成绩突出，被任命为绥靖苏维埃宣传部长，不久又任格勒得沙中央

---

①《感动甘肃人物候选人——杨积庆》，来源：中国甘肃网（http://www.gscn.com.cn）2009年8月28日。

#### 红色记忆
——红军长征在藏族地区及其当代启示

政府妇女部长。后和红军指挥员、中共大金省委书记邵式平结婚。1936年春红军北上时,她随邵式平到炉霍,因其母病重她请假返回金川,照料完母亲的丧事时,红军已开拔北上走了几天,追赶部队已来不及,卷土重来的国民党反动武装四处搜捕枪杀红军伤病员,迫害苏维埃干部和群众。加之与邵式平结婚后,知名度大,杨秀英后退无路,只好隐姓埋名,避居丹巴县巴底乡开荒种地。1962年她在异乡几经周折后才回到金川家乡务农。1979年10月,被金川县革命委员会认定为失散红军,1983年在阿坝州第三次优抚对象先进个人代表大会上,被评为先进个人,受到表彰奖励,1992年4月病故,终年82岁。

### 袁孝刚(1910—1993)

袁孝刚,又名三朗德尔依,男,1910年10月出生于四川省理县甘堡乡熊乐村哈尔木寨。

12岁时父亲陈海山去世,母亲难以抚养8个孩子,便送人的送人,帮人的帮人。三朗德尔依帮人放过羊,又学过银匠手艺,后抱养给表叔袁启堂家,改名为袁孝刚。

1935年5月在家乡参加红军,分到政治部新兵连,曾任副连长,后调总部保卫局任战士、班长。过草地时,已到包座,又奉命南下,到金川、宝兴、雅安,后又翻夹金山。严冬翻雪山,他不幸冻掉两个小脚趾。1936年2月在道孚入党。红四方面军与红二方面军两大主力在甘孜会师后,7月他们又第三次过草地,8月在会宁为与一方面军会师,袁孝刚调特务队。部队西渡黄河,损失很大,在梁平时,特务队与总部失去联系,直到年底才到保安,不久即调到西北国家保卫局任班长、青年干事。1939年6月组建中央警卫团时(内警),他调到延安直属政治营任指导员,年底去抗大学习。1937年6月延安民院成立后,袁孝刚调去学习,主要学习党的民族政策、历史和少数民族文字等。结业后他被调到特殊运输大队任协理员。新中国成立后,袁孝刚在西北军区后勤重二团任政委,兰州解放后南下参与接管成都工作,1949年12月到绵阳,调西南军区后勤教导三大队当政委,接管邓锡侯部队。

1950年在简阳训练结束后袁孝刚调回成都,1952年8月转业到西南民族学院,历任总务处副处长、处长、师专科主任、党委办公室主任、院工会主席等职,1977年3月离休,1993年6月22日在成都病逝,享年83岁。

## 扎喜旺徐（1913—2003）

扎喜旺徐，男，出生在四川甘孜新龙县一个贫苦牧民家庭。从7岁开始，他给牧主放羊，当长工，受尽了阶级压迫和民族压迫之苦。整整过了14年的娃子生活。后来离开老家，到甘孜谋生。

1935年年底，红军要到甘孜县的消息在康北高原一带传开了。当时，在国民党军阀的统治之下，藏族群众对红军还不了解，加上官府和反动农牧主散布谣言，于是有钱有势的人如土司、头人、大喇嘛、大管家等就逃到玉树、德格、昌都等地；贫苦农牧民也纷纷躲到附近一带山沟或森林里躲避起来。在红军到达之前，牧主已决定逃走，并要扎喜旺徐赶着牲口随主子逃离。而扎喜旺徐悄悄离开牧主，和两个老大爷留了下来。

1936年2月的一天，红四方面军抵达甘孜县。红军到达的第二天，扎喜旺徐一人独自来到县城。当时城内到处都是红军，他在旧县政府门口，见到两个红军哨兵，就在大门旁边的石头上坐下来观察情况。一名哨兵向他打招呼，扎喜不懂汉语，摇了摇头。红军找来翻译，问他有什么事？扎喜说："没有事，就是来看看红军，看看红军怎么样。"正说着，从院内走出一个干部模样的人，非常和蔼可亲地询问扎喜是哪里的人，家里的情况等。红军干部看见他穿得十分破旧，就给了他一件衬衣、一条毛巾和一块肥皂，同时还把一块红布条挂在扎喜胸前，布条上写着"民族代表"几个字。扎喜旺徐后来才知道，在红四方面军领导下，当时正在甘孜召开各界僧俗人民代表大会，准备成立苏维埃"波巴政府"。他们村子没有人参加会议，他自己找上门来，就让他当了代表。这是扎喜旺徐第一次与红军直接交谈，红军平等待人，尊重藏胞，爱护群众的态度，给他留下了难忘的印象，原来所有的恐惧心理一下子全部消除了。第二天他带着两位老大爷来到县城。没想到，红军哨兵见到扎喜旺徐胸前戴着头天红军干部发给他的那个红布证件，便向他敬礼。扎喜很奇怪：以往国民党的官员和军队见到我们藏胞动辄打骂、歧视压迫少数民族，而红军战士却向我这个藏族穷长工敬礼。看来是一个简单的礼节，却使他体会到了人与人之间平等友爱的关系，印象极为深刻。扎喜旺徐走进红军指挥部之后，红军干部邵式平通过翻译，给他讲，红军是中国共产党领导的军队，要帮助穷人翻身解放，实现藏族和汉

### 红色记忆
—— 红军长征在藏族地区及其当代启示

族平等。这些浅显的道理，句句打动着扎喜的心，于是他参加了红军。

扎喜旺徐回到家乡后立即上山以自己的亲身经历向躲在山林里的老乡讲述了红军言行和民族政策，许多藏胞纷纷回到了家里。当时格达活佛对红军也没有什么了解，在红军到来之前，悄悄地在寨子里隐藏起来。扎喜旺徐找到他，告诉活佛，红军是劳苦群众自己的军队，经过甘孜，是为了北上抗日，反对日本侵略者。很多道理，当时扎喜旺徐自己也不懂，他说，他是照着邵式平和其他红军战士讲的话，讲给格达活佛听。虽然他从小没有学习机会，但是悟性高，记忆力和理解力强，往往能抓住问题的实质，并用三言两语准确地表达出来，这一特点，后来在领导岗位上表现得更为明显。没有想到，活佛听得很认真，还真的起了作用。活佛看了红军的布告和有关的宣传材料，通过别的渠道，也作了一些调查研究。经过一段时间的观察和思考，带着随行人员回到了寺院。

红军在经过认真紧张的筹备之后，在甘孜县召开大会，正式宣告成立波巴自治政府。邵式平任自治政府主席，格达活佛、德格土司的大头人夏克刀登等为副主席。扎喜旺徐被任命为自治政府的警卫连（骑兵部队）连长。此后扎喜旺徐便全身心地投入到了革命之中。在波巴政府的领导下，他主要参与了五个方面的工作，即：帮助部分基层建立人民政权，使藏区群众行使当家做主的权力；废除军阀的苛捐杂税、乌拉、差役，减轻人民的负担；清剿地主武装和土匪，安定社会秩序；参加藏族干部培训班的学习，以提高政治军事知识，宣传党的尊重少数民族风俗习惯、宗教信仰自由的政策，等等。

1936年7月2日，红军二、六兵团（改编为红军第二方面军）抵达甘孜与红四方面军胜利会师。两大主力红军随即继续北上。邵式平安排扎喜旺徐为红二方面军筹备粮草和随军应付急需。扎喜不仅自己坚定地跟红军走，而且还动员了波巴政府警卫连的其他藏族青年一起随红军北上。大家又经过艰难困苦，爬雪山、过草地，终于在甘肃省会宁县实现了红一、二、四三大主力红军胜利会师。

抗日战争开始以后，扎喜旺徐又进入延安的中央党校少数民族班学习深造。1938年他入了党。随后，又在延安的大生产运动中受到锻炼。解放战争期间，扎喜旺徐先后出任内蒙古自治运动联合会锡林郭勒盟、察哈尔盟行政委员会处长。

新中国成立之后，扎喜旺徐先后出任青海省果洛藏族自治州州长、青海省第一届政治协商会议副主席、第四届政协主席、国家民族事务委员会司长、青海省人民政府副省长、中共青海省委书记、青海省第五届人大常委会主任、青海省顾问委员会副主任等重要职务。扎喜旺徐还是中共八大代表，第一届至第三届全国人大代表，第六届、七届全国人大常委委员，第五届全国政协常委。

# 附录五　红军长征在藏区大事记

1935年4月至1936年10月间,红军长征经过了藏族同胞聚居的地区。红军在藏区停留的时间长达一年以上,驻扎的地区包括云南、四川、西康、青海和甘肃等藏区。在这一年多时间里,红军进行了多次激烈的战役,召开了很多重要的会议,同时也在藏区开展了大量重要活动。

## 1935年

4月,红四方面军确定进军川西北地区,中共川陕省委着手进行松理茂赤区地方党组织的筹建工作,先后建立了茂县、汶川、理番、懋功、松潘等5个县委。

4月23日,中央红军主力进入云南境内。

4月23日,红四方面军为策应中央红军北进,占领岷江上游地区,创建新苏区,并陆续进入松潘、茂县东部。

4月底至5月22日,红四方面军发起土门战役,历时20余天,共歼灭国民党军1万余人。

5月8日,中共西北特区委员会在茂县宣布成立。

5月16—29日,红四方面军总指挥徐向前指挥雁门关战斗。此次战斗历时13天,红四方面军牺牲了上千人。此战击溃国民党军1个团,歼灭国民党军1个营,缴枪200余支。

5月18日,张国焘在茂县召集部分红四方面军高级干部开会,会上正式成立中共西北特区委员会。会议还决定成立中华苏维埃共和国西北联邦政府。

5月20日,张国焘以主席名义在茂县发布《中华苏维埃共和国西北联邦政府成立宣言》及《中华苏维埃西北联邦临时政府回、番、夷少数民族委员会布告》。

## 红色记忆
——红军长征在藏族地区及其当代启示

5月24日,红一方面军即中央红军,由毛泽东、朱德率领,从云南、四川交界的皎平渡过金沙江,到达大渡河南岸的安顺场渡口。中革军委在安顺场召集刘伯承、聂荣臻、林彪、罗荣桓、罗瑞卿等开了一个小会,研究全军过大渡河的问题。

5月25日,红一军团一师一团一营17名勇士成功抢渡大渡河。

5月29日,飞夺泸定桥战役取得胜利。当日红二团在红三团的支援下,取得了海子山战斗的胜利,这一仗有力地促成四团飞夺泸定桥的胜利。下午4时,先头部队红四团发动夺桥总攻,占领东桥头,为后续部队渡河打开了道路,接着与右纵队会合。

5月29日,毛泽东和朱德、周恩来、王稼祥、张闻天、秦邦宪、陈云,以及邓小平同志召开了著名的"磨西会议"。

5月30日,中共茂县县委在凤仪镇建立,这是川陕省委在岷江上游地区建立的第一个县级地方党组织,是今四川省阿坝藏族羌族自治州历史上第一个组建的中共县委。同时成立了中华苏维埃共和国川陕省茂县苏维埃政府。

5月31日,中共中央在泸定县城附近召开了中共中央政治局常委会议,即泸定会议。这次会议讨论过大渡河以后的形势与任务,决定中央红军向北走雪山草地一线,避开人烟稠密地区。

6月4日,红二方面军红六军团与红四方面军前来接应的三十二军在甲洼会师。两军领导在甲洼村向阳喇嘛寺内,举行了中共西康南路工作会议。

6月5日,红四方面军以西北特区委员会名义作出了《关于党在番人中的工作决议》,对藏族解放运动的路线和策略等问题作出了具体阐述,指导红四方面军在川西北根据地的各项地方工作。

6月5日,红四方面军发起了对敌军四团的岭岗战斗,经激战,共毙伤敌军800余人,俘获300余人,缴枪200余支。

6月8日,红四方面军第九军一部到达懋功东北抚边,遭到国民党川军及地方武装近千人的拦阻。红军发起了懋功战斗,向守军猛烈攻击,毙俘川军700余人,攻占懋功城,并到达该城东南达维镇。

6月14日,党中央、中革军委到达达维镇。当晚,两方面军举行了庆祝大会。

6月18日,中共中央、中革军委和红一方面军主力达到懋功,与红四方面军主力会师。

6月18日,总政治部发出赤化川陕甘任务大纲。中央红军全部集中懋功、两河口之线。同时,中共中央和中革军委电张国焘等,指出南下方针不行,应力攻平武、松潘。

6月19日,"中共妇女部"和"少共妇女部"在杂谷脑向喇嘛寺发起正面猛攻,在打退近300名喇嘛和屯兵后,红军占领了寺院,取得了喇嘛寺战斗的胜利。

6月21日,总政治部在懋功县城天主教堂召开了两军驻懋功团以上干部同乐会,即懋功会议。毛主席在驻地接见红四方面军在懋功的高级干部,分析当前形势,提出了会师后的方针和任务。

6月24日,张闻天发表《夺取松潘、赤化川陕甘》的文章。

6月25日,总政治部发出征粮通知,并发布了收购粮食中的纪律。

6月26—28日,中共中央政治局在懋功的两河口举行会议。会议通过了《关于一、四方面军会合后战略方针的决定》,确定了"集中主力向北进攻,在运动战中消灭敌人,首先取得甘肃南部,以创造川陕甘苏冈根据地"的战略方针,决定两个方面军要统一指挥,指挥权集中于中革军委。会议决定委托张闻天起草中央政治局决定。

6月28日,中央政治局正式发布《关于一、四方面军会合后战略方针的决定》。

6月29日,中央政治局在两河口召开常委会议,研究了"目前时局问题"和"组织问题"。中革军委根据两河口会议决定,拟定了《关于松潘战役计划》。

6月30日,中共中央、中革军委率一方面军主力离开两河口北进,翻越第二座大雪山,7月1日,到达卓克基。

6月,红四方面军李先念率领部队在猛固桥和川军展开了激烈而悲壮的战斗,一举粉碎了国民党的守军严密封锁,率先抢占了这一战略要地,为迎接中央红军顺利进驻小金县城彻底扫清了障碍,铺平了道路。

6月,红四方面军九军七十四团第三营奉命向巴朗山以东游击、警戒。红军于山东坡向阳坪与国民党邓锡侯部李勋伯团进行了巴朗山战斗。战斗中,红军歼灭邓部300余人。

6月,红四方面军在小金建立了苏维埃政府。

7月1日,朱德、周恩来、洛甫等发布《中央决议售粮政策》。

7月2日,中央红军翻越第三座大雪山——长板山。一军团二师等部到达芦花(今黑水)。

7月3日,中共中央在卓克基召开会议,通过了《告康藏民众书——进行西藏民族革命运动的斗争纲领》以及《关于民族政策的决议》。

7月5日,中革军委和总政治部发布《关于在松潘筹借粮食的规定》。

7月初,红一军团执行经草地绕出松潘以北的探路任务。在龙日坝附近与阿坝土司杨俊扎西所率1000余藏族骑兵遭遇,发生龙日坝战斗,官兵伤亡400余人。

7月9日,张国焘以"川康省委"名义致电中共中央,提出加强红军总司令部与增设军委常委，并建议陈昌浩任红军总政委。

7月9日，担负掩护任务的三十七团抵达达维，成为最后一支北越夹金山的一方面军部队。

7月12日，毛尔盖战斗打响。红一军团一部和红三十军第二六八团抵达毛尔盖，拔除胡宗南部李日基营外围3个警戒哨，夜间向其一、二连阵地进攻。李营以有利地形和坚固工事拒守，红军攻克不下就将其包围。李日基乘夜率部向寺院东北方突围。除李日基率少数人逃脱，红一军团侦查连和三十军二六八团2个连全歼李营残部。

7月上旬，中央红军连日在人烟稀少的藏区行军，严重缺粮。中革军委、总政治部于2日、3日、5日和8日，就筹粮问题连续发出指示，为筹足过草地的粮食，要求各部队每人带足15斤粮食和足够吃一个月的食盐，组织筹粮别动队，解决粮食困难。

7月18日，中央政治局在芦花召开党委会议讨论组织问题。会议决定由张国焘任红军总政治委员，博古任红军总政治部主任，还增补陈昌浩任中革军委常委。

7月19日，中革军委又制定了《松潘战役第二步计划》。

7月下旬，中共川康省委、川康省革命委员会和川康省军区成立。

7月21—22日，中央政治局在芦花召开会议，会议的中心议题是总结四方面军从鄂豫皖根据地到川陕根据地这段历史的经验教训。

7月21日，中央军委决定组织前敌总指挥部。原红四方面军总指挥部为红军前敌总指挥部，徐向前任总指挥（兼），陈昌浩任政治委员（兼），叶剑英任参谋长。另将红一方面军的第一、三、五、九军团依次改称第一、三、五、三十二军；红四方面军的第四、九、三十、三十一、三十三军的番号不变。

7月21日，中央军委重新确定松潘战役的部署，决定组成5个纵队1个支队。

7月23—28日，红军向毛尔盖开进。毛泽东、周恩来等翻过仓德山、打鼓山，28日到达松潘县毛尔盖。

7月31日，因为战机贻误，中共中央、中央军委决定撤销松潘战役计划，改经草地北上。

8月1日，中国共产党发表《为抗日救国告全体同胞书》（即《八一宣言》），要求国民党停止内战、一致抗日。提出抗日救国十大纲领，号召组织国防政府和抗日联军。

8月3日，中央军委制定《夏洮战役计划》。

8月5—6日，中共中央政治局在毛尔盖附近的沙窝召开政治局会议，会议就松潘战役计划未能实施所造成局面、当前任务及组织问题进行了讨论。5日，政治局草拟了《中央关于一、四方面军会合后的政治形势与任务的决议》，指出"创造川陕甘苏区根据地，是放在一、四方面军前面的历史任务"。6日会议通过了这个决议。9日公布此决议。

8月7日，国民党第二路军薛岳所部由川西转移至川北全部完毕。至此，红军在四川所占县城全部放弃，红军被困于岷江以西，大小金川以东的地区。

8月初，"番民游击队"大队长安登榜奉命率部进入毛尔盖，为红军右路军北上过草地筹集粮食。在一次筹粮途中，与潜藏的反动武装遭遇，安登榜与10名羌、藏、回红军战士、游击队员英勇牺牲。

8月20日，中共中央政治局和中革军委在毛尔盖召开会议。会议着重讨论红军主力的发展方向问题。通过了《关于目前战略方针之补充决定》，要求红军主力"迅速占取以岷州为中心之洮河流域（主要是洮河东岸）地区，并据这个地方向东进攻，以便取得陕甘之广大地区，为中国苏维埃运动继续发展之有力支柱与根据地"。

8月20日，红一方面军政委周恩来、政治部主任李富春发布《关于北进前的政治保证工作指示》。

8月21日，红军左路军先头部队二十五师到达阿坝。当地土司华尔功臣烈封建武装对左路军展开了猛烈阻击，但终被击溃。左路军占领阿坝县城后随即组建中共阿坝特区委员会和阿坝人民政府。

8月21日，川康省委在查理寺发布《关于赤化川陕甘与通过草地时地方党的工作指示》。

8月24日，中共中央政治局就《目前战略方针之补充》（即毛尔盖会议决议）电告张国焘。

8月29—31日，红军右路军发起包座战斗，以第三十军和四军一部向大戒寺、达吉寺进攻。三十军全歼堵击增援的胡宗南部第四十九师。困守大戒寺后山高地的200余敌人，在红军政治攻势下全部缴械投降，求吉寺之敌也被全歼。这次战役打开了红军进军甘南的门户。

9月2—9日，中共中央政治局在巴西召开会议，会议分析了红一、四方面军会师后张国焘分裂党和红军，抗拒中央命令的种种表现，分析了张国焘仗优势兵力，妄图凌驾和危害党中央的危险处境。为了坚持北上建立川陕甘根据地的方针，同时为了给整个红军北上开辟道路，会议决定采取果断措施，立即决定率领一、三军团（即一、三军）和军委纵队先行北上，脱离危险区域，会议还决定以后右路军统归军委副主席周恩来指挥，并委托毛泽东起草《中共中央为执行北上方针告同志书》。

**红色记忆**
——红军长征在藏族地区及其当代启示

9月3日，左路军先头部队五军抵墨洼附近。张国焘找借口，强令部队返回阿坝，并致电中共中央提出要右路军"回击松潘敌，左路军备粮后亦向松潘进"的主张。

9月8日，张国焘下达左路军南下的命令。

9月10日，中共中央发出《为执行北上方针告同志书》。中央率领右路军中的红一、三军和军委纵队离开阿西，到达拉界。

9月11日，党中央率军委直属纵队和红一方面军红三军团进入今甘南藏族自治州迭部县达拉沟，与先期到达的红一方面军红一军团汇合。

9月11日，中共中央为贯彻北上既定方针，再次电令张国焘"立刻率左路军向班佑、巴西开进，不得违误"。"中央已决定右路军统归军委副主席周恩来同志指挥，并已令一、三军团在罗达、俄界集中"。

9月11日夜—12日，中共中央在达拉沟高吉村召开政治局紧急扩大会议，史称俄界会议。会议通过了《关于张国焘同志的错误的决定》。会议决定改变川陕甘计划。会议采纳了彭德怀的建议，决定将北上红军改编为中国工农红军陕甘支队。陕甘支队以彭德怀为司令员，林彪为副司令员，毛泽东为政治委员，王稼祥为政治部主任，杨尚昆为副主任。12日，党中央发出了《中共为贯彻战略方针再次致张国焘令其北上》的电文。

9月12日，张国焘电令右路军第四军、三十军南返。14日，四军、三十军自班佑、包座由原北上路线过草地南下。19日前后，到达毛尔盖地区。

9月15日，张国焘在阿坝召开党的活动分子会议和"川康省委扩大会议"，不顾朱德、刘伯承等的反对，决定率部南下。当日，他发布了《大举南进政治保障计划》。

9月16日，聂荣臻、左权指挥攻打腊子口的战役。晚上7时，腊子口战役正式打响，经过一夜激战，终于夺下了天险腊子口。

9月17日，张国焘发布南下命令，命令左路军和右路军中的四军、三十军分别由阿坝和包座地区再次通过草地南下，于10月初集中卓克基、马尔康、松岗和党坝一线。

9月18—22日，红军陕甘支队占领甘肃的哈达铺。同时，中革军委颁布《回民地区守则》。

9月22日，中央军委在哈达铺关帝庙召开团以上干部会议，毛泽东作政治报告，宣布要北上抗日。同时正式宣布组成中国工农红军陕甘支队，全支队共7000多人。

9月下旬，红四方面军及红五、九军团（即五军、二十二军）南下，分别集结于马塘、松冈、党坝一带。

1935年秋，大金省军区在绥靖（今金川县）组建一支番民骑兵连，由红军直接领导,连长由西北联邦政府民族部副部长净多·孟特尔担任。

10月5日,张国焘在绥靖(今金川)东北的卓木碉(今四川马尔康县境内)另立"中央",成立所谓"中央委员会""中央政治局""中央书记处""中央革命军事委员会",并自封"主席",做出所谓组织决议,要求取消以毛泽东、周恩来、张闻天等为核心的中共中央。

10月7日,张国焘以"军委主席"名义在卓木碉发布《绥崇丹懋战役计划》。

10月8日,红四方面军左右两路纵队在白杨城会合。两路纵队按《绥崇丹懋战役计划》开始行动。左纵队红四军从党坝地区出发成功西渡大金川,12日夺取绥靖,16日攻克丹巴县城。红三十军也于11日渡过党坝河,15日攻占崇化,20日攻克懋功。红二十七师15日攻占两河口,16日攻克抚边;19日夜袭击达维。红三十军在攻克懋功后迅速向东南方向发展,于22日连占日隆关、巴郎关、火烧坪、邓生等地。至此,绥崇丹懋战役结束。

10月16日,红四方面军南下占领丹巴后,在组建丹巴县苏维埃政府的同时,即开始组建丹巴民族地方武装。

10月19日,党中央率领陕甘支队进驻陕甘革命根据地吴起镇。随后又同十五军团胜利会师。党中央和中央红军主力终于找到了长征立足点,抵达最后的目的地。

10月20日,张国焘以"军委主席"名义发布《天芦名雅邛大战役计划》。该战役自10月24日开始,至12月中旬结束。此战红军先后攻克宝兴、天全、百丈、荥经、汉源等地,歼川军2万余人,缴枪2000余支,击落飞机1架。

10月,红军在今甘孜地区建立了金汤苏维埃政府。红四方面军在金川组建中共大金省委和政权机构的同时,组建大金省军区,11月改称金川省军区,1936年3月又改称绥靖军区,均属省军区级,曾一度由红五军代行省军区职权。

10月,红军南下曲靖后,成立了中华苏维埃共和国西北联邦政府,回民马显文与藏族兰卡担任副主席。

10月至11月,丹巴地区陆续建立县、区、乡苏维埃政权,马骏被推选为县苏维埃副主席。

11月8日,红二方面军在甘孜建立中华苏维埃波巴政府,白利寺格达活佛当选为政府副主席。红四方面军在泸定岚安区召开了人民大会,成立了岚安区苏维埃政府及下属昂州、昂乌、乌泥岗、若泥岗、足乌5个乡苏维埃政府及丹巴县巴底乡苏维埃政府。

11月12日,红军四方面军占领了芦山县城。至此,红四方面军占领了川康边广大地区。红四方面军在绥靖地区成立"格勒耶尔考古鲁蒙革命政府",即川康边革命政府。

11月18日，红四方面军在藏族聚居的金川流域帮助藏区群众建立格勒得沙共和国。这是藏族历史上第一个人民革命政权。在成立格勒得沙中央政府的同时，成立了"格勒得沙革命军团"。由藏族青年组成，革命军团在绥靖有一个建制稳定的营，兵员400余人，卡格尔·江根担任军团总司令员。

11月18日，"中华苏维埃西北联邦政府"在绥靖（今金川）恢复，主席邵式平，副主席熊国炳、刘伯承、马显文（回族）、兰卡（藏族）。

11月底，中国工农红军大学在草地松岗（今金川县以北）四方面军总部所在地成立。

12月，格勒得沙革命党在绥靖（今金川县金川）组建成立共产党领导下藏族先进分子的最高领导机关。

12月6日，红四方面军召开战时政治工作会议，通过了《政治工作会议决议》。

## 1936年

1月1日，格勒得沙革命党中央党部发布《格勒得沙革命党党章》。

1月10日，红五军同红三十三军在丹巴合编为红军第五军。

1月下旬，红二、六军团向黔西挺进。2—3月间转战黔南、黔东地区。

1月，红四方面军总部决定，将丹巴藏民独立团及各区乡游击队扩编为丹巴藏民独立师。师长马骏同时兼任丹巴格勒得沙政府（苏维埃）副主席。红军派去的李中权任政委，金世柏任副师长。

2月上旬，红四方面军制定了《康（定）、道（孚）、炉（霍）战役计划》。红军主力翻越党岭山，攻占道孚县城。红三十军同时也陆续从丹巴向道孚进军。

2月7日，中共大金省委作出《中共大金省委第一次全省党代表大会关于目前政治形势和金川党的任务的决议》。

2月14日，中共金川省委在绥靖县沙耳尼召开了第一次全省党代会。会议作出了《关于目前政治形势和金川党的任务的决议》及《关于民族工作的决议》。

3月初，红三十军攻占道孚后，先后达到道孚、炉霍、甘孜地区。红四方面军发布《康（定）、道（孚）、炉（霍）战役补充计划》。

3月上旬，红四方面军政治部发布了《关于少数民族工作的指示》。

3月15日，张国焘在道孚召开四方面军干部会议，继续攻击党中央，并鼓吹南下的胜利。

3月29日，红三十军八十八师进到朱倭，由于益西多吉事先做了觉日寺的工作，该寺扎日活佛便率全寺喇嘛，大开寺门迎接红军。

3月30日，红八十八师翻越罗锅梁子，当天进抵甘孜。诺那所部无力相抗，仓皇溃逃。其中秦仲文率别动大队，逃向甘孜绒坝岔。红八十八师二六五团在郑维山率领下，连夜从甘孜出发，在绒坝岔追上逃跑的秦仲文别动大队，经过一场激战，大部被歼，只有秦仲文率少数随从经白玉逃到巴塘。

3月30日，红三十军进抵甘孜。诺那率宣慰公署人员100余人逃向瞻化，准备取道瞻化到康南，途经尤拉西时，被瞻化河西头人巴登多吉的武装包围，诺那一行缴械。

3月，红四方面军决定成立金川军区，丹巴藏民独立师划归其管辖，正式纳入中国工农红军编制，改番号为金川军区独立二师，是中国共产党领导下的第一支藏族武装。

4月4日，红四军十师进占瞻化县城，巴登多吉为表示欢迎红军，将诺那等人及电台一部交给红军。诺那等人受到红四方面军总部的宽大对待。

4月6日，红二、六军团占领滇中的寻甸。

4月12日，朱德、张国焘率领红四方面军抵达炉霍。同日，红军总政治部主任兼红四方面军政委陈昌浩与甘孜寺佛都督重撒（仲萨）、白利寺活佛格达通过谈判交涉而达成一致，签订了《中国红军总政治部、甘孜喇嘛寺、白利喇嘛寺互助条约》。此条约的签订标志着红军与藏、回等少数民族以及少数民族内部达成了广泛的团结。

4月14日，道孚藏汉人民在红军帮助下，召开道孚波巴（藏族）第一次代表大会，选举产生了波巴人民共和国道孚县独立政府。

4月15日，甘孜地区藏族人民在红军帮助下成立藏族人民政府。道孚波巴独立军成立，兵力近千人。同日，道孚县波巴依德瓦（藏族人民）第一次代表大会通过《土地暂行条例》，这是党在民族地区颁发最早、最完整、系统、明确的政策之一。

4月17日，红四方面军在甘孜发布文告："白利喇嘛寺联合红军共同兴番灭蒋应予保护，任何部队不得侵扰，违者严办"，使白利寺僧俗群众深受感动。

4月22日，夏克刀登在德格土司的授权下，与代表红军的李先念订立《互不侵犯协定》。

4月25日，红二、六军团在贺龙、任弼时率领下在石鼓、巨甸两渡口开始渡江。在纳西族上层爱国人士王瓒贤以及各族群众协助下，从5个渡口顺利渡过金沙江，到达迪庆藏区。

**红色记忆**
——红军长征在藏族地区及其当代启示

4月27日，红三十二军奉命西出理化（今理塘），南下稻城，接应红二、六军团。

4月29日，红三十二军由雅江西进理化，先后击溃了麻格宗的崇西土司300余武装和德差由木拉头人甲多彭错纠集的150名武装，进入木拉和甲洼一带，与红六军团会师。

4月30日，红二、六军团越过雪山到达云南藏族聚居的中甸县。贺龙在中甸藏经堂会见喇嘛，宣传党的民族宗教政策。并参加了松赞林寺特意为红军举行的"跳神"活动，还向该寺赠送了一面红绸绵幛，上书"兴盛番族"4个大字。

4月，红四方面军进军到绒坝岔。德格土司泽旺邓登派兵奔袭驻防甘孜绒坝岔的红军。当时，八十八师为争取和平解决，采取守势，撤至里拉村，并用强大的火力将土司的军事涅巴（总管）夏克刀登派的骑兵击退。当夜八十八师二六五团组织若干个小分队，夜袭土兵营地，俘虏了夏克刀登等人。经过红军的思想教育，夏克刀登对红军有了认识，于是下令集结在绒巴岔的德格土兵撤退。

4月，红一方面军帮助道孚、泰宁、炉霍、甘孜等地藏民成立了各级波巴政府及雅江农民协会。红四方面军在道孚、炉霍、甘孜等地吸收了200多名藏族青年参加红军。

4月，炉霍县召开各界代表大会选举成立炉霍波巴政府。之后又成立了2个区波巴政府和8个村波巴政府。

4月，甘孜县成立甘孜波巴政府，政府机构设在甘孜麻书土司的官寨里。

4月，朱德总司令主持，在炉霍寿灵寺召开了为期一个星期的红军高层会议，即炉霍会议。朱德在会上坚持二、六军团北进甘孜的原定决策，从而及时避免了因高层决策失误对正在北进的二、六军团可能造成的严重后果，为其顺利向北挺进和甘孜会师奠定了基础。

5月1日，波巴第一次全国代表大会在甘孜县召开，出席会议的有16个县的藏汉回各族代表700余人。在建立人民政权的基础上，红军在甘孜召开了炉霍、道孚、甘孜等地人民代表大会，成立中华苏维埃波巴中央政府，下辖炉霍、道孚、甘孜、白利波巴政府。

5月5日，中华苏维埃人民共和国中央人民政府主席毛泽东同中国人民红军革命军事委员会主席朱德发表《停战议和一致抗日通电》，要求停止内战，国共双方互派代表商讨抗日救亡办法。

5月5日，波巴第一次全国代表大会宣告中华苏维埃中央波巴自治政府成立，一致公举多德（德格藏族）为政府主席，达吉、孔撒、格达为副主席。并通过了《波巴第一次全国人民代表大会宣言》。

5月14日，红六军团抵达定乡县城。桑披寺特派代表欢迎。肖克、王震等领导前往桑披寺访问，给当地桑披喇嘛寺的纳瓜活佛赠送了一面锦旗和礼物，同时令部队不准进喇嘛寺。桑披寺为红军购买了大批粮食，红军给运粮群众专门发了通行证。

5月20日，红四师在巴安的仁波寺前受阻时采取围而不打的办法，争取和平解决。贺龙、任弼时等到达前沿，找到较有威望的喇嘛拉波，通过对其做工作，取得他对红军的理解和支持。在拉波的劝说下仁波寺打开寺门与红军谈判，双方经过协商，同意将寺内所存的粮食和牲畜卖给红军。

5月26日，红军第四军和六军团会师瞻化后，在瞻化县城召开瞻化波巴人民代表大会，选举产生了瞻化县波巴人民政府。日巴、甲拉西等21个乡波巴政府先后成立。

5月29日，红四方面军政治部下发《关于党对番民的策略路线的提纲》。

5月，雅江县波巴政府成立。

5月，红二、六军团分两路从中旬出发，进入康南藏族聚居地区时，总指挥贺龙发布文告，说明红军宗旨，号召广大藏族同胞和喇嘛僧侣"各安居乐道，毋得惊惶逃散"。

6月1日，毛泽东、朱德发布《中华苏维埃共和国中央政府、中国人民抗日红军革命军事委员会布告》，提出救国救民的20条主张，极大地鼓舞了全国军民抗日救国的热情。

6月3日，红六军团与红四军前来接应的三十二军在理化（今理塘县）甲洼村会师。两军领导同志在甲洼村向阳喇嘛寺内，举行了中共西康南路工作会议。会上红三十二军军长罗炳辉向红六军团领导介绍了张国焘分裂红军，另立中央的一些情况，使王震、肖克等领导第一次了解到张国焘的分裂活动。

同日，由总指挥贺龙等人率领的中国工农红军红二、六军团进入西康地区。

6月6日，党中央北上取得伟大胜利，张国焘被迫取消了第二"中央"。

6月9日，红六军团在萧克、王震率领下，与红四方面军先头部队红三十二军一起，进驻理化县。同日，红六军团和三十二军顺利进入县城。在城里进行几天休整，长青春科尔寺支援了红军一大批粮食和酥油，红军也赠给寺庙一批银两和财物。

6月14日，红二军团红四师、军团直属机关，在贺龙、任弼时、萧克、关向应、李达等的率领下，从巴安县党巴（党村）出发，历经郎翁、措翁、郎多、莫西等地，翻越了欧帕拉雪山，向白玉县进发。15日，抵达白玉县沙马乡。

6月17日，红二军团经沙马乡的门嘎、瓦西，与来迎接的"西康宣慰使署"地方武装组长邦达多吉、洛绒彭措一道，进驻白玉县境的盖玉头人官寨——朗嘎定

**红色记忆**
——红军长征在藏族地区及其当代启示

官寨、康翁寺。红二军团得到康翁寺僧众的友善接待。

6月19日,红二军团先头部队到达白玉县城。进城后,贺龙拜访了白玉喇嘛寺。部队在白玉休整5天后,兵分两路向甘孜进发。

6月23日,红六军团到达甘孜县的普玉隆村时,与专程赶来迎接的红四方面军政治部同志和红三十军八十八师会师。

6月25日,中央电告甘孜的红军总部,明确指出北上的战略目标是甘南,要求二、四方面军迅速北上。红军总部电告徐向前,决定两个方面军分左、中、右三个纵队北上,所属各部队即全面展开北上前夕的动员和组织工作。

6月26日,朱德、张国焘、陈浩昌、李卓然发布《四方面军二次北上政治命令》。

6月30日,二军团到达甘孜绒坝岔,与红四方面军的红三十军八十八师在甘孜县西面的绒坝岔会师。他们受到红四方面军及波巴政府代表和当地藏族群众的欢迎。

7月1日,红二、六军团和红四方面军在甘孜会合后,两军领导在甘孜喇嘛寺内召开了会议,决定离康北上的方针。朱德、张国焘、陈昌浩从炉霍去甘孜会见了贺龙、任弼时、关向应、肖克、王震等领导。根据党中央的指示,决定由红二、六军团组成红二方面军,同时将四方面军的三十二军划归红二方面军指挥。贺龙任总指挥,任弼时任政治委员。先在甘孜作短期的休整和准备,然后与红四方面军一起北上。

7月2日,红四方面军同红二、六军团在甘孜胜利会师,并召开了庆祝会师大会。

7月3日,红四方面军政治部下达了《北上抗日的政治工作保障计划》。

7月上旬,二、四方面军在朱德、贺龙、徐向前率领下,分左、中、右三路纵队,分别从甘孜、炉霍、丹巴等县出发,向甘南开进,开始北上。他们经过一个多月的艰苦跋涉,离开四川藏区北上,与中央红军会合。

7月27日,中共中央批准由二、四方面军领导同志组成党的西北局委员会,张国焘任书记,任弼时任副书记,统一指挥二、四方面军。

7月,格勒得沙革命军所属部队整编为番民自卫军。红军北上时,金川省军区所属军队全部编入右纵。

8月5日,中共西北局在求吉寺召开会议,根据甘南敌情和中共中央关于迅出甘南、抢占腊子口、攻占岷州的指示,拟定了《岷(州)、洮(州)、西(固)战役计划》,决定由二、四方面军共同组织此次战役。

8月5—9日,岷洮西战役打响。经此役,红二、四方面军进入甘南,控制了漳县、洮州、渭源、通渭4座县城,以及岷县、陇西、临洮、武山等县的广大地区。

8月12日,党中央制定二、四方面军出甘肃后的战略方针和部署。

8月19日,红军在新城召开了千人大会,成立了临潭县苏维埃政府,还建立了3个乡苏维埃政府。同时还发动群众,在临潭活动40余天。

8月30日,党中央发布基本作战方针,部署四方面军占领临潭、岷县、漳县、渭源、武山、通渭地区,发展和巩固甘南根据地。

8月,红四方面军在临潭一带成立了由汉、藏、回等族群众参加的"中国抗日救国军甘肃第一路军"。在岷县、漳县、陇西一带成立了"抗日救国军甘肃第二路军"。

9月22日、26日,张国焘推翻岷县三十里铺会议决议,两次电告中央,反对静会战役计划。同时还下令机要部门,未经他签署的电报一律不准拍发,妄图割断党中央同二、四方面军其他领导同志的联系。同时,朱德同志打破张国焘的封锁,直接向党中央发电,反映了张国焘的问题,并且还连夜在漳县召开了西北局会议。在这次会议上,朱德、任弼时、陈昌浩等同志都一致反对张国焘破坏岷县三十里铺会议决定,企图西进青海的错误主张,经过激烈斗争,迫使张国焘接受了继续北上的决议。

9月27日,中央明确电令红四方面军停止西进。

9月29日,二、四方面军指挥部重新下达了北进的命令。

9月30日,红四方面军驻临潭部队,分兵两路开始北上。一路过羊化桥后直抵岷县;另一路出新城经冶力关、莲花山北上。至此,红二、四方面军离开了甘南地区。红军在甘南境内的长征也宣告结束。

10月10日,红一、二、四方面军三大主力在甘肃会宁胜利会师。

## 附录六 主要专用名词汉藏对照及简释

阿坝：ང་བ，县名。在四川省阿坝州。

阿坝藏族羌族自治州：ང་བ་བོད་རིགས་ཆ྇ང་རིགས་རང་སྐྱོང་ཁུལ，自治州名。在四川省。

巴塘：འབའ་ཐང，县名。在四川省甘孜州。

巴西：དཔལ་སྐྱིད，地名。在四川若尔盖县。红军长征途中巴西会议会址。

白利寺：བད་རི་དགོན་པ，寺庙名。在四川甘孜县。也作白日寺。

白玉：དཔལ་ཡུལ，县名。在四川省甘孜州。

白玉寺：དཔལ་ཡུལ་དགོན，寺庙名。在四川白玉。又称贝域寺。

班玛：པད་མ，县名。在青海省果洛州。

班佑寺：བན་ཡུ་དགོན，寺庙名。在四川若尔盖。红军长征途中巴西会议会址。

邦达：སྤོམ་མདའ，家族名。

查理寺：མཚན་ཉིད་དགོན་པ，寺庙名。在四川阿坝县。也作查理贡巴。

绰斯甲：ཁྲོ་སྐྱབས，历史地名。在今四川金川。也作绰斯甲布。

绰斯甲土司：ཁྲོ་སྐྱབས་རྒྱལ་པོ，人物称谓。土司。其故地在今四川金川。

达维：ཏ་ཝེད，地名。在四川小金。

大渡河：རྒྱལ་མོ་རྔུལ་ཆུ，河名。岷江支流。

大金川：རྒྱལ་མོ་རྔུལ་ཆུ，河名。大渡河流经金川、丹巴时别称。

大金寺：དར་རྒྱས་དགོན་པ，寺庙名。在四川甘孜县。

党坝：དམ་པ，地名。在四川马尔康。

道孚：ཏུའུ，县名。在四川省甘孜州。

稻城：འདབ་པ，县名。在四川省甘孜州。

得荣：སྡེ་རོང，县名。在四川省甘孜州。

德格：སྡེ་དགེ，县名。在四川省甘孜州。

德格土司：སྡེ་དགེ་རྒྱལ་པོ，人物称谓。土司。其地在今四川德格一带。也作德格千户、德格王。

邓柯：འདན་ཁོག，历史地名。曾为四川省一县名。撤后其地划入德格、石渠二县。

迪庆藏族自治州：བདེ་ཆེན་བོད་རིགས་རང་སྐྱོང་ཁུལ，自治州名。在云南省。

迭部：ཐེ་བོ，县名。在甘肃省甘南州。

东谷寺：སྟོང་ལོག་དགོན་པ，寺庙名。在四川甘孜县。

俄界：མགོ་རྗེ，历史地名。红军长征途中俄界会议会址。今称高吉。在甘肃迭部。

嘎拖寺：ཀཿཐོག་དགོན，寺庙名。在四川玉白。也作噶陀寺、噶托寺、呷多寺、呷拖寺。

甘南藏族自治州：གན་ལྷོ་བོད་རིགས་རང་སྐྱོང་ཁྲུལ，自治州名。在甘肃省。

甘孜：དཀར་མཛེས，县名。在四川省甘孜州。

甘孜寺：དཀར་མཛེས་དགོན་པ，寺庙名。在四川甘孜县。

甘孜藏族自治州：དཀར་མཛེས་བོད་རིགས་རང་སྐྱོང་ཁུལ，自治州名。在四川省。

格达活佛：དགེ་དར་སྤྲུལ་སྐུ，现代人名，活佛转世系统名。四川甘孜县白利寺活佛。

格尔底寺：ཀི་རྟི་དགོན་པ，寺庙名。在四川阿坝县，也作格尔登贡巴。

归化寺：རྒྱལ་ཐང་སུམ་རྩེན་གླིང，寺庙名。在云南香格里拉县。又称噶丹松赞林、松赞林寺。

果洛藏族自治州：མགོ་ལོག་བོད་རིགས་རང་སྐྱོང་ཁྲུལ，自治州名。在青海省。

黑水：ཁོ་ཆུ，县名。在四川省阿坝州。

红原：རྨེད་ཡོན，县名。在四川省阿坝州。

呼图克图：ཧོ་ཐོག་ཐུ，人物称谓。清代皇帝赐给高层大活佛之名号。也作胡土克图、胡土胡图。

夹金山：གུ་གུ་ལ，山名。在四川小金、宝兴二县间。红军长征时翻越的雪山之一。

金川：ཆུ་ཆེན，县名。在四川省阿坝州。

九龙：བརྒྱད་ཟིལ，县名。在四川省甘孜州。

九寨沟县：གཟི་ཚ་སྡེ་དགུ，县名。在四川省阿坝州，原名南坪县。

久治：གཅིག་སྒྱིལ，县名。在青海果洛州。

觉日寺：ཚོས་རི་དགོན，寺庙名。在四川炉霍。

康定：དར་མདོ，县名。在四川省甘孜州。

康猫寺：ཁང་དམར་དགོན，寺庙名。在四川红原。

拉卜楞寺：བླ་བྲང་དགོན་པ，寺庙名。在甘肃夏河。

理塘：ལི་ཐང，县名。在四川省甘孜州。

理塘长青春科尔寺：ལི་ཐང་འཇམས་ཆེན་ཆོས་འཁོར་གླིང，寺庙名。在四川理塘。又称理塘寺。

理县：ལིས་རྫོང，县名。在四川省阿坝州。

临潭：ལིན་ཐན，县名。在甘肃省甘南州。

龙绒寺：ཕོང་བཟང་དགོན，寺庙名。在四川得荣。也作浪藏寺。

泸定：ལྕགས་ཟམ，县名。在四川省甘孜州。

泸定桥：ལྕགས་ཟམ，桥名。在四川泸定。

炉霍：བྲག་འགོ，县名。在四川省甘孜州。

马尔康：འབར་ཁམས，县名。在四川省阿坝州。

玛曲：རྨ་ཆུ，县名。在甘肃省甘南州。

毛儿盖：དམུ་དགེ，地名。也作毛尔盖。在四川松潘。

懋功：བཙན་ལྷ，历史地名。今四川省小金县。

茂县：མའོ་ཙོང་，县名。在四川省阿坝州。

岷江：རྨུང་ཆུ，河名。长江支流。

岷县：ཅིན་ཙོང་，县名。在四川省阿坝州。

壤塘：འཇམ་ཐང་，县名。在四川省阿坝州。

绒坝岔：རོང་པ་ཚ，县名。在四川省甘孜州。

若尔盖：མཛོད་དགེ，县名。在四川省阿坝州。

桑披寺：བསམ་འཕེལ་དགོན་པ，寺庙名。在四川乡城。

色达：གསེར་ཐར，县名。在四川省甘孜州。

石渠：སེར་ཤུལ，县名。在四川省甘孜州。

寿灵寺：ཤོར་ཕྲག་འགྲོ་དགོན，寺庙名。也称霍尔章谷寺。在四川炉霍。

刷经寺：ལྷ་རྒྱལ་སྒང་，地名。在四川红原。

松岗：རྫོང་འགག，地名。在四川马尔康。

松潘：ཟུང་ཆུ，县名。在四川省阿坝州。

梭磨：སོ་མང，地名。在四川马尔康。

天宝：སངས་རྒྱས་ཡེ་ཤེས，现代人名。也作桑吉悦西。

天祝藏族自治县：དཔལ་རིས་བོད་རིགས་རང་སྐྱོང་ཞིང་，自治县名。在甘肃省武威市。

同普县：སྟེ་དགེ་འཇོ་མདའ་ཙོང་，历史地名。清末民初时设于原江达宗地，治所在今西藏江达同普乡。

旺藏寺：བང་ཚང་དགོན，寺庙名。在甘肃迭部。

汶川：ཕུན་ཁྲིན，县名。在四川省阿坝州。

西康：ཁམས，历史地名。曾设西康省，辖今四川甘孜、凉山、雅安等地。

乡城：ཆ་ཁྲེང་，县名。在四川省甘孜州。

小金：བཙན་ལྷ，县名。在四川省阿坝州。

新龙：ཉག་རོང་，县名。在四川省甘孜州。旧称瞻对、瞻对。

雅江：ཉག་ཆུ，县名。在四川省甘孜州。

杨东生：ཤེས་རབ་དོན་གྲུབ་，现代人名。又称协绕顿珠。

杂谷脑：བཀྲ་ཤིས་གླིང་，地名。四川理县治所。

中甸：རྒྱལ་ཐང་，县名。云南省迪庆州香格里拉县曾用名。

朱倭：བྲེ་བོར་，历史地名。在今四川甘孜县。又称霍尔朱倭。

卓克基：སྨྱོག་རྗེ་，地名。在四川马尔康。清代卓克基土司驻地。

卓克基官寨：ཅོས་ཅིའི་རྒྱལ་ཁང་，土司官寨。故址在今四川马尔康。

卓尼：ཅོ་ནེ་，县名。在甘肃省甘南州。

# 主要参考文献

## 一、史料、文献及地方志

1. 阿坝藏族自治州政协委员会编:《阿坝藏族自治州文史资料选辑》(第二辑),阿坝藏族自治州政协委员会印,1985年;

2. 阿坝藏族自治州政协委员会编:《阿坝藏族自治州文史资料选辑》(第四辑),阿坝藏族自治州政协委员会印,1985年;

3. 阿坝州政协文史资料委员会编:《阿坝藏族羌族自治州文史资料选辑》(第六辑),阿坝藏族自治州政协委员会印,1987年;

4. 阿坝州政协文史资料委员会编:《阿坝藏族羌族自治州文史资料选辑》(第八辑),阿坝藏族自治州政协委员会印,1993年;

5.《阿坝藏族自治州概况》编写组:《阿坝藏族自治州概况》,四川民族出版社,1985年;

6. 阿坝州地方志编委会编:《阿坝州志》(上中下),民族出版社,1994年;

7.《阿坝州文史》[资料选辑]·第十八辑,综合类史料选辑,中国人民政治协商委员会,阿坝藏族羌族自治州委员会印;

8. 阿坝州档案馆:《民国档案》;

9. 阿坝州政协文史资料委员会:《民族宗教统战工作论文集》;

10. 阿坝州档案馆馆藏档案;

11. 董必武:《红军长征记》,解放军文艺出版社,2007年;

12.《邓小平文选》第一卷,人民出版社,1994年;

13. 甘南州州志编纂委员会编:《甘南藏族自治州志》(上)(下),民族出版社,1999年;

14.《甘孜州史志》编辑委员会编:《甘孜州史志》,甘孜州地方志办公室印;

15.《甘孜藏族自治州概况》编写组:《甘孜藏族自治州概况》,四川人民出版社,1986年;

16. 甘孜州志编纂委员会编纂：《甘孜州志》，四川人民出版社，1997年；

17. 甘孜报编辑部编印：《民族政策的光辉胜利》；

18. 全国人民代表大会民族委员会办公室编：《甘孜藏区社会调查资料汇辑》，1957年；

19. 《革命回忆录》，人民出版社，1982年；

20. 甘肃省甘南藏族自治州组织史资料办公室编：《中国共产党甘肃省甘南藏族自治州组织史资料》（1949.9—1987.10），甘肃省甘南藏族自治州组织史资料办公室印，1991年；

21. 《甘南藏族自治州概况》编写组编：《甘南藏族自治州概况》，甘肃民族出版社，1987年；

22. 果洛藏族自治州志地方志编纂委员会编：《果洛藏族自治州志》，民族出版社，2001年；

23. 周锡银编：《红军长征时期党的民族政策》，四川民族出版社，1985年；

24. 《红旗飘飘》编辑部编：《红旗飘飘》（第23、26集），中国青年出版社，1983年；

25. 军事科学院编：《中国工农红军第四方面军战史资料选编（长征时期）》，解放军出版社，1992年；

26. 金川县政协文教（史）卫体委员会编：《金川文史》（第一辑），2005年；

27. 马尔康地方志办公室：《红色记忆——红军长征在四土》，巴蜀书社，2008年；

28. 刘群主编：《迪庆方志》，迪庆州志办公室；

29. 罗开云主编：《中国少数民族革命史（近现代）大事记》，中央民族大学出版社，2000年；

30. 吕章申主编：《信念·精神·传承——纪念红军长征胜利80周年馆藏文物图集》，北京时代华文书局，2016年；

31. 桑梓侯等编：《阿坝史资料选集》（4），阿坝藏族自治州委员会文史资料委员会印，1986年；

32. 桑梓侯等编：《阿坝史资料选集》（6），阿坝藏族自治州委员会文史资料委员会印，1987年；

33. 树军等编：《万里长征亲历记》，中共中央党校出版社，1996年；

34. 王树增：《长征》，人民文学出版社，2006年；

35. 王超耀主编：《雪山草地红军人物》，西南交通大学出版社，1998年；

36. 习近平：《在纪念红军长征胜利80周年大会上的讲话》，人民出版社，2016年；

37. 《星火燎原》编辑部：《星火燎原》（选编之三），中国人民解放军战士出版社，1980 年；

38．《玉树州志》编委会编：《玉树州志》上下册，三秦出版社，2005 年；

39．云南省文化厅中共云南省委党史研究室编：《中国工农红军在云南革命文化史料选》，云南民族出版社，1996 年；

40．杨成武：《忆长征》，解放军文艺社，1982 年；

41．政协四川省阿坝藏族羌族自治州委员会文史资料委员会：《阿坝藏族羌族自治州文史资料选辑》（第十二辑），政协四川省阿坝藏族羌族自治州委员会文史资料委员会印；

42．中国工农红军第四方面军战史编辑委员会编：《中国工农红军第四方面军战史》，解放军出版社，1991 年；

43．中共甘南州委党史资料征集办公室编：《甘南党史资料》（第二辑、第六辑）；

44．中国现代史学会编，郭德宏主编：《长征档案：纪念长征胜利七十周年》，中共党史出版社，2006 年；

45．中共中央党史研究室第一研究部编著：《红军长征史》，中共党史出版社，2016 年；

46．中共四川省委党史研究室编：《红军长征在四川图志》（上）（下），四川人民出版社，2016 年；

47．中共甘孜州委党史研究室编：《红军长征在甘孜藏区》，成都科技大学出版社，1993 年；

48．中共中央统战部编：《民族问题文献汇编》，中共中央党校出版社，1991 年；

49．中共四川省委党史工作委员会编：《红军长征在四川》，四川省社会科学院出版社，1986 年；

50．中国科学院民族研究所、四川少数民族社会历史调查组编：《红军长征经过藏区及藏区群众反抗斗争史料》，1963 年；

51．中共中央宣传部：《习近平总书记系列重要讲话读本》，学习出版社、人民出版社，2016 年；

52．中共阿坝州委党史研究室编著：《阿坝红色旅游指南》，四川人民出版社，2007 年；

53．中共中央文献研究室：《建国以来重要文献选编》第一册，中央文献出版社，1992 年；

54．中共中央文献研究室、中共重庆市委员会编：《邓小平西南工作文集》，重庆出版社，2006 年；

55. 中国工农红军长征史料丛书编审委员会编：《中国工农红军长征史料丛书》（15 册），解放军出版社，2016 年；

56. 中共阿坝州委党史研究室、阿坝州地方志办公室编：《阿坝州志之红军长征在阿坝》，四川大学出版社，2006 年；

57. 中共阿坝州委党史工作委员会办公室编：《阿坝州党史研究资料》（内部资料）第 1—13 期，1984 年；

58. 中共阿坝州委党史工作委员会办公室编：《红军在雪山草地情况简介》（内部资料），1994 年；

59. 中共阿坝州委党史工作委员会办公室编：《红军长征在雪山草地、大小金川革命根据地编写征集提纲》（内部资料）；

60. 中共阿坝州委宣传部：《民族宗教问题学习材料》（内部资料）；

61. 朱成源主编：《长征在雪山草地》，四川民族出版社，1986 年；

62. 《征途》（革命回忆录丛书），贵州人民出版社，1981 年；

63. 《追求真理的足迹》，中国青年出版社，1979 年；

64. 中国人民革命军事博物馆编著：《中国战典》（下卷），解放军出版社，2008 年；

65. 中共甘肃省委党史研究室、中共甘南州委党史研究室、中共临潭县委人民政府编：《永恒的红色记忆——中国工农红军长征胜利 80 周年暨中共中央西北局洮州会议召开 80 周年座谈会纪念文集》，2016 年；

66. 中共甘南州委党史研究室编：《雪域丰碑——甘南藏族自治州红色文化资料汇编（1926–1953）》，2016 年；

67. 中共阿坝州委党史研究室编：《阿坝州志之红军长征在阿坝》，四川大学出版社，2007 年；

## 二、论著

1. 陈学志、范永刚主编：《红军长征过阿坝论文选编》，四川省阿坝藏族羌族自治州文物管理所编印，2006 年；

2. 程安辉主编：《二十世纪人类的奇迹：纪念中国工农红军长征胜利 60 周年文集》，光明日报出版社，1996 年；

3. 方素梅、蔡志纯等编著：《中国少数民族革命史（1840—1949）》，广西人民出版社，2000 年；

4. 方素梅、周竞红著：《播种之旅：红军长征与少数民族》，民族出版社，2006 年；

5. 刘群著：《迪庆藏族自治州志》上下册，云南民族出版社，2003 年；

6．罗开云等著：《中国少数民族革命史》，中国社会科学出版社，2003年；

7．[美]埃特加·斯诺著，李方准、梁民译：《红星照耀中国》，河北人民出版社，1992年；

8．[美]哈里森·索尔兹伯里著，过家鼎、程镇球、张援远译：《长征——前所未有的故事》，中国人民解放军战士出版社，1986年；

9．乔楠编著：《甘肃革命文化史料选萃》，甘肃文化出版社，2000年；

10．张日新、李祖荣著：《红军时期的陈毅》，中国档案出版社，1991年；

11．赵慎应著：《张国华将军在西藏》，中国藏学出版社，1998年；

12．周锡银编著：《为西藏和平解放而献身的格达活佛》，民族出版社，2013年。

## 三、论文

1．陈化水、陈金龙：《长征为马克思主义中国化造就主体力量》，《中国社会科学报》2016年10月14日第1066期；

2．陈学志：《格勒得沙共和国——红军长征中帮助建立的第一个少数民族革命政权》，《中央民族学院学报》1991年第6期；

3．曹智荣、邓勤俭、长明：《红军长征时期党的民族政策在阿坝藏区的实践初探》，《中国档案报》2006年10月9日；

4．干旭、郎维伟：《红军长征过藏区及藏区群众对红军的支援和贡献》，《西南民族大学学报》（人文社科版）2006年11月总第183期；

5．龚自德：《中国共产党与格勒得沙共和国的创建及革命斗争》，《川北教育学院学报》1994年第3期；

6．郝时远：《毛泽东对解决中国民族问题的历史贡献》，《民族研究》1993年第5期；

7．何洁：《长征时期汉藏民族关系的深化发展及其对藏区社会的影响研究——以四川藏区为例》，《中国藏学》2016年第3期；

8．蒋新红：《红军长征经过中甸所实施的民族与宗教政策》，《昆明大学学报》2007年1期；

9．李蓉：《论红军长征中民族政策的运用与发展》，《西藏研究》2006年第3期；

10．李星：《红军长征在雪山草地的粮食问题研究》，四川大学2006年硕士论文；

11．李星：《红军长征在雪山草地的粮食问题》，《西藏研究》2003年第1期；

12．李荣忠、刘君：《波巴第一次全国人民代表大会述评》，《西藏研究》1986年第4期；

13. 刘永国：《红军长征在川西北少数民族地区的政治动员工作论析》，《毛泽东思想研究》2015年第3期；

4. 孟凡东、康基柱：《长征时期中国共产党的民族工作纲领》，《中国民族报》2016年10月16日；

15. 彭露：《红军长征在甘南藏区——兼论红军在甘南的民族政策与实践》，兰州大学2012年硕士论文；

16. 隋立新：《中国国家博物馆藏长征红军过藏区文物研究》，《中国藏学》2016年第4期；

17. 天浩然：《长征时期马克思主义在四川藏区的传播研究》，西南民族大学2013年硕士论文；

18. 石仲泉：《中央苏区和苏区精神》，《中共党史研究》2006年第1期；

19. 石仲泉：《红军长征的基本内涵和红军长征史研究的若干问题》，《毛泽东思想研究》2012年第5期；

20. 田利军：《1930年代中期川西北及康北红色政权研究》，《四川师范大学学报（社会科学版）》2011年第4期；

21. 伍精华：《党的民族政策的光辉篇章——重温长征途中的〈中国工农红军布告〉》，《求是》2006年第19期；

22. 乌兰：《毛泽东民族自治自决思想转变的历史考察》，《中国民族报》2013年12月20日；

23. 王海燕，喜饶尼玛：《试析四川藏传佛教僧人支持红军长征的重要因素》，《西南民族大学学报》（人文社科版）2007年第4期；

24. 余宗琼、童晓玲：《雪山草地的通司、向导与红军》，《四川党史》1997年第5期；

25. 周锡银：《红军长征与党的民族政策》，《思想战线》1982年第3期；

26. 支绍曾：《红军长征与党的民族政策》，《军事历史研究》1996年第4期。

# 后 记

2016年恰逢红军长征胜利八十周年，时光飞逝，但是那些红色记忆不能遗忘，因为那时撒播的革命种子早已开花结果，那时留下的丰盛的精神遗产一直滋养着我们。

2007年，中央统战部设立"红色记忆——藏区群众支持与参加红军长征史录"课题。自设立之初，该课题就得到中央统战部领导特别是斯塔副部长的关心，他多次询问研究工作的进展，并指示：长征中各民族之间水乳交融的情谊为当代研究党的民族、宗教政策提供了宝贵的精神财富；长征时期中国共产党探索民族地区工作积累下的宝贵经验，对现今的民族工作具有重大的启示。

该课题以长征途经的今云南、四川、青海、甘肃藏区各阶层人士支持红军、帮助红军，使红军从危难中走出来的历史史实为研究对象。中央民族大学的王文长教授为该课题的负责人，中国藏学研究中心社会经济所的格桑卓玛副研究员负责课题的具体实施工作，中国社会科学院民族研究所副研究员张小敏和四川省民族研究所助理研究员刘俊波，以及格桑卓玛进行文献资料的搜集和编写工作。该课题于2013年结项，相关报告提交给了上级部门。

中国藏学研究中心的领导非常重视当年课题的成果，以红军长征胜利八十周年为契机，希望我们将成果修改完善后正式出版。

中国工农红军经过藏族地区的相关史料十分丰富，但散见于各处；许多资料需要反复甄别，需要芟芜去杂。于是在中国藏学研究中心科研办李德成主任亲自过问下，重新组织班子，由中国藏学杂志社黄维忠社长负责全书的结构设计、部分内容的撰写和资料甄选工作，社会经济所的格桑卓玛副研究员负责书稿主体内容的补充、撰写、全书的统稿工作，中国藏学网的沈红宇博士和历史研究所的邱熠华助理研究员参与部分章节文稿的修改工作，沈红宇同时参与搜集资料和校对档案文献等方面的工作。因此，本书虽以当年的课题成果为底本，但全书结构的重新设计、后期大量珍贵史料和最新的研究成果的运用和文字的精炼工作，使得该课题以全新的面貌问世，书名也随之改为《红色记忆——红军长征在藏族地区及其当代启示》，强调了红军长征对藏区的深远影响、长征精神、马克思主义民族理论中国化对当代的启示。

全书分工如下：黄维忠负责前言和第五章的撰写；邱熠华负责第一章的编写；格桑卓玛负责第二章和第四章的编写，其中沈红宇和邱熠华分别完成了对第二章第三节部分内容的修改；沈红宇负责第三章的编写。附录由黄维忠、格桑卓玛、沈红宇、张小敏、刘俊波等人综合完成。中国藏学出版社的永红副编审作为本书责任编辑在编写后期参与加入，提出了许多建设性意见，并负责附录中主要专用名词汉藏对照及简释的收集整理工作。中国藏学杂志社的王淑惠和中央民族大学的部分学生参与了本书资料的收集、扫描、核对工作。正是有了大家热情和辛勤的劳动，本书才能在较短的时间内编写完成，以一个全新而丰富的面目呈现给读者。

在此，我们要感谢上世纪至今许许多多从事相关研究的学者，我们的研究得益于他们成果中引用的大量重要史料，以及对史料的解读；也要感谢老红军孟特尔之女孟延燕老师、国家博物馆的隋立新老师、云南迪庆红军长征博物馆的和冬梅老师、《西北民族大学学报》编辑部的杨士宏老师、四川师范大学的王川老师等人，为本书提供了珍贵的图片资料。更要感谢2013年课题结项会上专家学者的诚恳意见，以及审稿会上郑堆、廉湘民、李德成、姜骁军等中国藏学研究中心领导和

## 后　记

专家的宝贵建议。

　　"红色记忆"中记载的一幕幕历史，不仅是藏区人民无法忘怀的记忆，也是全中国人民不应忘记的珍贵记忆。雪山依然巍峨，草地依然广阔，红军长征的足音依然在耳畔。从那里探索出来的各民族之间的相互尊重、信任、团结、互助的情谊也会如雪山、草地般长存。

　　马克思主义中国化依然是我们时代的主题。

　　伟大的长征精神正是中华民族的伟大复兴和中国梦实现的宝贵的精神基础和原动力。我们应"不忘初心，继续前进"，在新的长征路上发奋图强、奋发有为。

## 图书在版编目(CIP)数据

红色记忆：红军长征在藏族地区及其当代启示 / 黄维忠，格桑卓玛，王文长主编 . —北京：中国藏学出版社，2016.11
ISBN 978-7-80253-942-6

Ⅰ.①红… Ⅱ.①黄…②格…③王… Ⅲ.①中国工农红军长征–研究–藏族地区 Ⅳ.①K264.407

中国版本图书馆CIP数据核字（2016）第288079号

---

### 红色记忆：红军长征在藏族地区及其当代启示

| | |
|---|---|
| 主　编 | 黄维忠　格桑卓玛　王文长 |
| 出版发行 | 中国藏学出版社 |
| 印　刷 | 中国电影出版社印刷厂 |
| 版　次 | 2016年12月第1版第1次印刷 |
| 开　本 | 787毫米×1092毫米　1/16 |
| 字　数 | 700千字 |
| 印　张 | 43 |
| 定　价 | 78.00元 |
| 书　号 | ISBN 978-7-80253-942-6 / K・486 |

图书如有质量问题，请与本社联系
E-mail: dfhw@zzcb.com　电话：010-64892902
版权所有　侵权必究